FRANCISCO SÉRGIO MAIA ALVES
BENJAMIN ZYMLER

Prefácio
Marçal Justen Filho

PROCESSO DO TRIBUNAL DE CONTAS DA UNIÃO

Belo Horizonte

2023

©2023 Editora Fórum Ltda.

É proibida a reprodução total ou parcial desta obra, por qualquer meio eletrônico, inclusive por processos xerográficos, sem autorização expressa do Editor.

Conselho Editorial

Adilson Abreu Dallari
Alécia Paolucci Nogueira Bicalho
Alexandre Coutinho Pagliarini
André Ramos Tavares
Carlos Ayres Britto
Carlos Mário da Silva Velloso
Cármen Lúcia Antunes Rocha
Cesar Augusto Guimarães Pereira
Clovis Beznos
Cristiana Fortini
Dinorá Adelaide Musetti Grotti
Diogo de Figueiredo Moreira Neto (*in memoriam*)
Egon Bockmann Moreira
Emerson Gabardo
Fabrício Motta
Fernando Rossi
Flávio Henrique Unes Pereira

Floriano de Azevedo Marques Neto
Gustavo Justino de Oliveira
Inês Virgínia Prado Soares
Jorge Ulisses Jacoby Fernandes
Juarez Freitas
Luciano Ferraz
Lúcio Delfino
Marcia Carla Pereira Ribeiro
Márcio Cammarosano
Marcos Ehrhardt Jr.
Maria Sylvia Zanella Di Pietro
Ney José de Freitas
Oswaldo Othon de Pontes Saraiva Filho
Paulo Modesto
Romeu Felipe Bacellar Filho
Sérgio Guerra
Walber de Moura Agra

FÓRUM
CONHECIMENTO JURÍDICO

Luís Cláudio Rodrigues Ferreira
Presidente e Editor

Coordenação editorial: Leonardo Eustáquio Siqueira Araújo
Aline Sobreira de Oliveira

Rua Paulo Ribeiro Bastos, 211 – Jardim Atlântico – CEP 31710-430
Belo Horizonte – Minas Gerais – Tel.: (31) 99412.0131
www.editoraforum.com.br – editorial@editoraforum.com.br

Técnica. Empenho. Zelo. Esses foram alguns dos cuidados aplicados na edição desta obra. No entanto, podem ocorrer erros de impressão, digitação ou mesmo restar alguma dúvida conceitual. Caso se constate algo assim, solicitamos a gentileza de nos comunicar através do *e-mail* editorial@editoraforum.com.br para que possamos esclarecer, no que couber. A sua contribuição é muito importante para mantermos a excelência editorial. A Editora Fórum agradece a sua contribuição.

Dados Internacionais de Catalogação na Publicação (CIP) de acordo com ISBD

A474p   Alves, Francisco Sérgio Maia
          Processo do Tribunal de Contas da União / Francisco Sérgio Maia Alves, Benjamin Zymler.
Belo Horizonte: Fórum, 2023.
          615 p. 17x24cm

          ISBN 978-65-5518-571-3

          1. Tribunal de Contas da União. 2. Controle externo. 3. Processo. I. Alves, Francisco Sérgio Maia. II. Zymler, Benjamin. III. Título.

                                                                                                   CDD: 347.05
                                                                                                   CDU: 347.9

Ficha catalográfica elaborada por Lissandra Ruas Lima – CRB/6 – 2851

Informação bibliográfica deste livro, conforme a NBR 6023:2018 da Associação Brasileira de Normas Técnicas (ABNT):

ALVES, Francisco Sérgio Maia; ZYMLER, Benjamin. *Processo do Tribunal de Contas da União*. Belo Horizonte: Fórum, 2023. 615 p. ISBN 978-65-5518-571-3.

PROCESSO DO TRIBUNAL DE CONTAS DA UNIÃO

AGRADECIMENTOS

Agradecemos às nossas famílias e aos colegas do Tribunal de Contas da União pelo inestimável apoio na elaboração desta obra.

SUMÁRIO

PREFÁCIO
Marçal Justen Filho... 17

APRESENTAÇÃO.. 19

PARTE I
FUNDAMENTOS DO CONTROLE EXTERNO, COMPETÊNCIAS E RESPONSABILIDADE FINANCEIRA

CAPÍTULO 1
CONTROLE.. 23
1.1 As diversas acepções e manifestações do fenômeno do controle................... 23
1.2 Controle das atividades administrativa e de gestão de bens e valores públicos.. 27
1.3 Controle financeiro pelos Tribunais de Contas... 32

CAPÍTULO 2
EVOLUÇÃO HISTÓRICA DO TRIBUNAL DE CONTAS NO BRASIL................. 37
2.1 Sistema de controle prévio... 37
2.1.1 Origem... 37
2.1.2 Constituição de 1891.. 38
2.1.3 Constituição de 1934.. 39
2.1.4 Constituição de 1937.. 40
2.1.5 Constituição de 1946.. 40
2.2 Sistema de controle por meio de auditorias e inspeções............................... 41
2.2.1 Constituição de 1967.. 41
2.2.2 Constituição de 1969.. 45

CAPÍTULO 3
CONTROLE FINANCEIRO SEGUNDO A CF/1988... 47
3.1 Modalidades de fiscalização.. 49
3.2 Parâmetros de controle.. 50
3.2.1 Controle da legalidade... 50
3.2.2 Controle da legitimidade... 55
3.2.3 Controle de economicidade... 57
3.3 O espaço objetivo de incidência do controle financeiro realizado pelo Tribunal de Contas da União... 59

3.4	Relação com outras instâncias de controle	65
3.5	Sujeitos da jurisdição do TCU	66

CAPÍTULO 4
COMPETÊNCIAS DO TCU SEGUNDO A CONSTITUIÇÃO DE 1988 E AS DEMAIS NORMAS DE REGÊNCIA..... 71

4.1	Competência de emitir parecer prévio sobre as contas do presidente da república	74
4.2	Competência de julgamento das contas	75
4.3	Competência de registrar atos de pessoal	82
4.4	Competência de realizar auditorias e inspeções	85
4.4.1	Competência de realizar auditoria operacional	89
4.5	Competência sancionatória	97
4.5.1	Infrações e sanções processadas pelo TCU	98
4.5.1.1	Fraude comprovada à licitação	100
4.5.1.2	Condenação do responsável em débito	101
4.5.1.3	Irregularidades na gestão de recursos públicos sem a ocorrência de débito	101
4.5.1.4	Descumprimento do dever de cooperar com o exercício das atribuições de controle externo	104
4.5.1.5	Descumprimento de decisões do TCU	106
4.5.1.6	Infrações contra as leis de finanças públicas	108
4.5.2	Dosimetria das sanções	109
4.5.3	Sujeito ativo das sanções	112
4.6	Competência corretiva	115
4.6.1	Competência corretiva em contratos de obras públicas	118
4.7	Competência impeditiva	121
4.7.1	O ato de sustar	123
4.7.2	Caminhos possíveis quanto à sustação do contrato	126
4.7.3	A sustação do contrato pelo Congresso Nacional	126
4.7.4	A não sustação do contrato pelo Congresso Nacional	127
4.7.5	A omissão do Congresso Nacional e a atuação do TCU	128
4.8	Competência consultiva	134
4.9	Competência de apreciar em abstrato questões de direito	136
4.10	Competência de apreciar conflito de lei ou de ato normativo do Poder Público com a CF/1988	141
4.11	Competência de promover o exame incidental de inconstitucionalidade de lei ou de ato normativo do Poder Público	142
4.12	Competência para acompanhar, fiscalizar e avaliar os processos de desestatização	147
4.13	Competência cautelar	149
4.13.1	Afastamento temporário do responsável	153
4.13.2	Decretação da indisponibilidade de bens do responsável	154
4.13.3	Solicitação de arresto dos bens	157
4.13.4	Suspensão do ato ou procedimento	159
4.13.5	Suspensão da execução de contrato	160

| 4.13.6 | Retenção cautelar de valores | 168 |
| 4.13.7 | Apresentação de garantia processual | 171 |

CAPÍTULO 5
TEORIA DA RESPONSABILIDADE APLICADA AO CONTROLE EXTERNO ... 181

5.1	Princípios aplicáveis à responsabilização financeira pelos tribunais de contas	183
5.1.1	Princípio da reserva legal	183
5.1.2	Princípio da tipicidade ou da legalidade punitiva	184
5.1.3	Princípio da individualização da pena	186
5.1.4	Princípios da razoabilidade e da proporcionalidade	188
5.1.5	Princípio da absorção ou da consunção	191
5.1.6	Princípio da pessoalidade ou da intranscendência da pena	191
5.1.7	Princípio da vedação ao bis in idem	193
5.1.8	Princípio da independência das instâncias	195
5.1.9	Princípio da retroatividade da lei mais benéfica	200
5.1.10	Princípio da irretroatividade das normas	204
5.2	Pressupostos objetivos para a responsabilidade financeira	207
5.2.1	Pressupostos objetivos para a responsabilidade financeira reintegratória	207
5.2.2	Pressupostos objetivos para a responsabilização financeira sancionatória	214
5.3	Pressupostos subjetivos para a responsabilização financeira	216
5.4	Pressupostos para a responsabilização trazidos pela LINDB	220
5.4.1	Art. 22 da LINDB: avaliação da antijuridicidade e da culpabilidade do fato típico administrativo	220
5.4.2	Art. 28 da LINDB: avaliação dos elementos subjetivos do tipo administrativo	224
5.4.3	Dever de fundamentação reforçado	226
5.5	Precedentes sobre responsabilização	227
5.5.1	Responsabilização dos licitantes por fraude à licitação	227
5.5.2	Responsabilização de particulares estranhos à Administração Pública por débito e multa	229
5.5.3	Responsabilização de empregados de entidade privada	230
5.5.4	Responsabilização de administradores de entidade privada	231
5.5.5	Responsabilidade de pessoas jurídicas de direito privado e seus dirigentes na condição de gestores de recursos públicos	232
5.5.6	Responsabilização de pessoas jurídicas no âmbito do Programa Farmácia Popular do Brasil	232
5.5.7	Responsabilidade de agentes políticos	232
5.5.8	Responsabilidade dos prefeitos em face de recursos transferidos aos municípios mediante convênio e instrumentos congêneres	233
5.5.9	Responsabilidade de parecerista jurídico	236
5.6	Precedentes a respeito da configuração de erro grosseiro em contratações públicas	237
5.6.1	Ausência ou imprecisão nos critérios de medição definidos no edital, seguida da alteração irregular do contrato sem a devida fundamentação	237

5.6.2	Republicação de edital de licitação contemplando os mesmos indícios de irregularidades cientificados pelo TCU	239
5.6.3	Aprovação e ratificação de dispensa de licitação sem o cumprimento dos requisitos legais	240
5.6.4	Emissão de parecer jurídico com ausência de manifestação sobre cláusulas restritivas e sobre fixação de valor mínimo de remuneração	241
5.6.5	Abertura de licitação com base em orçamento deficiente	242
5.6.6	Atuação de dirigente em situação de conflito de interesse	244
5.6.7	Não adoção de providências em virtude de significativo atraso na execução do objeto por empresa contratada, gerando prejuízo à Administração Pública	245
5.6.8	Não exigência de comprovantes dos cachês pagos a artistas em contratos de eventos	247
5.6.9	Realização de pagamento antecipado sem a previsão no edital e sem a exigência de garantias	247

CAPÍTULO 6
ORGANIZAÇÃO, ESTRUTURA E COMPOSIÇÃO DO TCU ... 249

6.1	Organização e estrutura	249
6.2	Competências do Plenário	250
6.3	Competência das câmaras	252
6.4	Ministros	253
6.5	Ministros-substitutos	254
6.6	Ministério Público junto ao TCU (MPTCU)	254
6.7	Secretaria	256

PARTE II
PROCESSO DE CONTROLE EXTERNO

CAPÍTULO 7
PROCESSO DE CONTROLE EXTERNO ... 265

7.1	Jurisdição	265
7.2	Processo e procedimento	267
7.3	Tipos de processo	273
7.3.1	Processos de contas do presidente da república	273
7.3.2	Processos de contas dos demais administradores e responsáveis	274
7.3.3	Processos de tomada de contas especial	275
7.3.4	Processos de apreciação de atos de pessoal	276
7.3.5	Processos de fiscalização	276
7.3.5.1	Processos de auditoria	277
7.3.5.2	Processos de denúncia	277
7.3.5.3	Processos de representação	278
7.3.5.4	Processos de monitoramento	278
7.3.5.5	Processos de acompanhamento	279

7.3.6	Processos de consulta	280
7.3.7	Processos de solicitação do Congresso Nacional	280

CAPÍTULO 8
PRINCÍPIOS PROCESSUAIS APLICÁVEIS 283

8.1	Princípio do contraditório e da ampla defesa	283
8.2	Princípio da individualização da conduta	291
8.3	Princípio da mutabilidade da demanda	293
8.4	Princípio da consubstanciação	293
8.5	Princípio da motivação	294
8.6	Princípio da congruência ou adstrição	295
8.7	Princípios do formalismo moderado e da verdade real	296

CAPÍTULO 9
PARTES 297

9.1	Responsáveis	297
9.2	Interessados	299
9.2.1	Procedimento de habilitação como interessado	302
9.2.2	Interessado em processos de pessoal	303
9.2.3	Interessado em processos com destinatários indeterminados	304
9.3	*Amicus curiae*	306
9.4	Direito das partes e interessados	308
9.5	Representação processual	310

CAPÍTULO 10
DISTRIBUIÇÃO DO PROCESSO 313

CAPÍTULO 11
ETAPAS DO PROCESSO DE CONTROLE EXTERNO 317

11.1	Instrução	317
11.1.1	Atribuições da secretaria	317
11.1.2	Atribuições do relator	319
11.1.2.1	Suspeição e impedimento	321
11.1.3	Sobrestamento	324
11.1.4	Análise de admissibilidade de representações, denúncias, consultas e solicitações	325
11.1.4.1	Denúncias e representações	325
11.1.4.2	Consultas	328
11.1.4.3	Solicitações	330
11.1.5	Citação, audiência, oitiva e diligência	330
11.1.6	Apresentação de alegações de defesa, de razões de justificativa e de documentos novos	335
11.1.7	Memorial	336
11.1.8	Aproveitamento de defesa	338
11.1.9	Defesa em oitiva	338

11.1.10	Efeitos da revelia	338
11.2	Parecer do Ministério Público junto ao TCU	339
11.3	Julgamento ou apreciação	340
11.3.1	Pauta de julgamento	340
11.3.1.1	Inclusão em pauta de processos de alto risco e relevância	341
11.3.2	Rito da sessão	343
11.3.2.1	Discussão	343
11.3.2.2	Pedido de vista	344
11.3.2.3	Retomada da discussão	345
11.3.2.4	Adiamento da discussão	346
11.3.2.5	Sustentação oral	346
11.3.2.6	Votação	347
11.3.2.7	Desempate	350
11.3.2.8	Proclamação do resultado e demais providências	351
11.3.3	Decisão em processos de contas	352
11.3.3.1	Critérios para o julgamento das contas	352
11.3.3.2	Análise da resposta da citação	356
11.3.3.2.1	Boa-fé de pessoas jurídicas de direito público	358
11.3.3.2.2	Boa-fé de pessoas jurídicas de direito privado	359
11.3.3.2.3	Requerimento de pagamento parcelado do débito após a citação	359
11.3.3.3	Apresentação das contas em resposta à citação	361
11.3.3.4	Dever de enfrentar os argumentos apresentados	362
11.3.3.5	Responsável ouvido apenas em audiência em processo de contas	363
11.3.3.6	Julgamento de pessoas privadas	364
11.3.3.7	Análise da resposta da audiência	364
11.3.3.8	Expedição de determinações	365
11.3.3.9	Condenação em débito	365
11.3.3.10	Contas iliquidáveis	371
11.3.3.11	Arquivamento pela ausência de pressupostos de constituição e desenvolvimento do processo	372
11.3.3.12	Arquivamento de tomadas de contas de baixo valor	375
11.3.4	Decisão em processos de fiscalização de atos e contratos	377
11.3.4.1	Determinações, ciências e recomendações	378
11.3.4.2	Controle subjetivo	380
11.3.4.3	Controle corretivo	381
11.3.5	Dever de fundamentação	382
11.3.6	Consequências do falecimento do responsável (pessoa física) ou extinção da pessoa jurídica	385

CAPÍTULO 12
PROVAS 389

12.1	Ônus da prova	393
12.2	Provas emprestadas	396
12.3	Prova de sobrepreço	398
12.4	Força probatória dos documentos públicos	399

12.5	Alegação de dificuldade de obtenção da prova	400
12.6	Prova de caso fortuito ou força maior	401
12.7	Prova de fato novo em recurso de reconsideração	402
12.8	Exigência de prova específica	402
12.9	Fotografias e declarações	405
12.10	Prova diabólica	406

CAPÍTULO 13
EXECUÇÃO DAS DECISÕES 409

13.1	Autorização de pagamento parcelado	410
13.2	Pagamento integral da dívida	413
13.3	Cobrança da dívida	413
13.4	Compensação de dívidas	415
13.5	Demais efeitos das decisões condenatórias em processos de contas	419

CAPÍTULO 14
COMUNICAÇÕES 421

14.1	Regras gerais das comunicações processuais emitidas pelo TCU	421
14.2	Comunicação relativa aos processos de verificação dos atos de pessoal	425
14.3	Conteúdo das comunicações	425
14.3.1	Conteúdo comum de todas as comunicações	425
14.3.2	Conteúdo da citação	426
14.3.3	Conteúdo da audiência	427
14.3.4	Conteúdo da comunicação de rejeição das alegações de defesa	427
14.3.5	Conteúdo da oitiva da entidade fiscalizada e do terceiro interessado prévia ao controle corretivo de atos e contratos	428
14.3.6	Conteúdo da oitiva do licitante fraudador com vista à eventual aplicação da sanção do art. 46 da LOTCU	428
14.3.7	Conteúdo da notificação	428
14.3.8	Conteúdo da diligência	429
14.3.9	Conteúdo da adoção de medida cautelar e/ou de sua oitiva	429
14.4	Destinatários das comunicações	429
14.5	Precedentes relevantes sobre as comunicações do Tribunal	430

CAPÍTULO 15
NULIDADES PROCESSUAIS 431

15.1	Nulidades absolutas	432
15.2	Nulidades relativas	436
15.3	Procedimento	437

CAPÍTULO 16
PRAZOS 441

CAPÍTULO 17
PROCEDIMENTO CAUTELAR 447
17.1 Afastamento temporário 451
17.2 Decretação de indisponibilidade dos bens 452
17.3 Arresto 456
17.4 Cautelares suspensivas de atos, contratos e provimentos 458

CAPÍTULO 18
DESCONSIDERAÇÃO DA PERSONALIDADE JURÍDICA 463
18.1 Requisitos 466
18.2 Alcance 467
18.3 Competência 471
18.4 Desconsideração da personalidade jurídica para fins de aplicação de sanção 472

CAPÍTULO 19
RECURSOS 475
19.1 Requisitos de admissibilidade 475
19.1.1 Cabimento 478
19.1.2 Legitimidade 478
19.1.3 Interesse para recorrer 479
19.1.4 Inexistência de fato extintivo ou impeditivo do poder de recorrer 480
19.1.5 Tempestividade 481
19.1.6 Regularidade formal 483
19.2 Efeitos dos recursos 484
19.2.1 Efeito devolutivo 484
19.2.2 Efeito suspensivo 486
19.2.3 Efeito translativo 489
19.3 Princípios recursais 490
19.3.1 Princípio da taxatividade 490
19.3.2 Princípio da unicidade recursal ou da singularidade ou da unirrecorribilidade 491
19.3.3 Princípio da não supressão de instância 493
19.3.4 Princípio da fungibilidade recursal 494
19.3.5 Princípio do non reformatio in pejus 494
19.3.6 Princípio da voluntariedade recursal 496
19.3.7 Princípio da dialeticidade 496
19.3.8 Princípios da vedação à complementaridade 497
19.3.9 Princípio da adstrição ou congruência recursal 498
19.4 Espécies recursais 499
19.4.1 Recurso de reconsideração 499
19.4.2 Recurso de revisão 502
19.4.3 Agravo 505
19.4.4 Embargos de declaração 507

CAPÍTULO 20
PRESCRIÇÃO 513
- 20.1 Posicionamento inicial do TCU e do STF sobre o tema 513
- 20.2 Alteração da jurisprudência do STF 514
- 20.3 Regulamentação pelo TCU 517
- 20.3.1 Contagem da prescrição 517
- 20.3.2 Prescrição intercorrente 519
- 20.3.3 Demais disposições sobre o tema 522

CAPÍTULO 21
DECADÊNCIA 525
- 21.1 Decadência administrativa 526
- 21.2 Decadência e os processos de controle externo 527

CAPÍTULO 22
PROCESSO DE ACOMPANHAMENTO DE DESESTATIZAÇÃO 535
- 22.1 Acompanhamento do planejamento da desestatização 536
- 22.2 Acompanhamento dos atos de desestatização 537
- 22.3 Acompanhamento dos contratos e termos aditivos referentes a concessões e permissões 543

CAPÍTULO 23
PROCESSO DE FISCALIZAÇÃO DE OBRAS PÚBLICAS EM ATENDIMENTO ÀS LEIS DE DIRETRIZES ORÇAMENTÁRIAS 545
- 23.1 Rito do procedimento cautelar de bloqueio e desbloqueio da execução do orçamento de contratos de obras públicas no âmbito do Congresso Nacional 548
- 23.2 Rito do processo de controle externo de fiscalização de obras públicas em atendimento às Leis de Diretrizes Orçamentárias 560
- 23.2.1 Etapas preparatórias da execução das fiscalizações 562
- 23.2.2 Execução das fiscalizações 562
- 23.2.3 Comunicação ao Congresso Nacional 566
- 23.2.4 Etapas processuais subsequentes 567
- 23.2.5 Consolidação do Fiscobras 570

CAPÍTULO 24
PROCESSO DE APRECIAÇÃO DE ATOS DE PESSOAL PARA FINS DE REGISTRO .. 573
- 24.1 Atuação do órgão de pessoal 575
- 24.2 Atuação do órgão de controle interno 575
- 24.3 Atuação do TCU 576

CAPÍTULO 25
IMPACTO DA LEI Nº 14.133/2021 SOBRE O PROCESSO DOS TRIBUNAIS DE CONTAS 581
- 25.1 Estrutura do controle das contratações públicas 581

25.2	Falhas formais	584
25.3	Irregularidades que configurem dano	585
25.4	Irregularidades que não configuram dano	587
25.5	Contraditório	587
25.6	Direito de representação	588
25.7	Processo de fiscalização	589
25.8	Processo cautelar	591
25.9	Regras aplicáveis à decisão pela invalidação de contratos	592
25.10	Fiscalização da ordem cronológica de pagamentos	596

CAPÍTULO 26
OUTRAS QUESTÕES RELEVANTES INERENTES AO DIREITO PROCESSUAL 599

26.1	Cooperação ou colaboração direta	599
26.2	Participação em soluções conciliatórias no âmbito da Administração Pública	600
26.3	Prioridade de julgamento	605
26.4	Ordem cronológica para julgamento de processos	606
26.5	Participação em acordos de não persecução cível	607

REFERÊNCIAS 609

PREFÁCIO

Este livro contém a mais ampla e atualizada sistematização sobre as competências do TCU e sobre as interpretações prevalentes no órgão relativas à disciplina constitucional e infraconstitucional do controle externo. Toma em vista a órbita da União, mas produz orientações aplicáveis inclusive a outras esferas da Federação.

A obra reflete o esforço para a construção de uma teoria da separação de Poderes do Estado brasileiro, fundada na Constituição de 1988. O ponto de partida reside no reconhecimento da inviabilidade de reconduzir a função estatal de controle externo a qualquer um dos demais Poderes estatais. Sob esse enfoque, os autores enfrentam um desafio marcante, consistente em identificar o conteúdo e os limites da atuação dos tribunais de contas no âmbito da Constituição.

Trata-se de um tema caracterizado por incerteza, especialmente em vista da sua relativa novidade. Não é exagero afirmar que a determinação da extensão e da natureza das competências dos tribunais de contas, em face da Constituição de 1988, consiste em uma obra em curso de execução. Tem sido produzida por meio do exercício concreto das respectivas funções e, especialmente, do posicionamento adotado pelo próprio TCU ao longo desses anos. As decisões do TCU, a propósito de casos concretos, foram determinando as soluções cabíveis em face da Constituição e da Lei Orgânica (Lei nº 8.443/1992). Em alguns casos, verificou-se a intervenção do STF para definir as competências do TCU e os seus limites – tal como se passou especificamente no tocante à questão do poder cautelar implícito e da disciplina da prescrição.

Essa trajetória atingiu um estágio de relativa maturidade. Verificou-se a consolidação de entendimentos quanto à maior parte das competências do TCU (e, por consequência, dos demais tribunais de contas).

Este livro consolida, de modo muito amplo, os entendimentos prevalentes sobre todos os temas relevantes pertinentes ao TCU. Compreende, inclusive, as questões mais inovadoras, tais como as implicações da Lei nº 14.133/2021 sobre a atuação do TCU e a disciplina da Solicitação de Solução Consensual (CSC), prevista na Instrução Normativa – TCU 91/2022. Os autores apresentam uma abordagem clara e precisa, indicam a jurisprudência prevalente e, em muitas hipóteses, apontam a sua discordância relativamente ao entendimento vigente.

Trata-se de uma obra abrangente sobre o controle externo exercido pelo tribunal de contas. Ainda que o foco dos autores seja o exame das questões processuais, há a avaliação de uma grande variedade de temas de direito material. Essa circunstância reflete a dificuldade (e a inconveniência) do tratamento dissociado das questões processuais relativamente àquelas de direito material no âmbito da função de controle desempenhada pelos tribunais de contas (especialmente no Brasil). No livro, as considerações sobre as dimensões processual e procedimental da atuação do TCU se conjugam a propósito da exposição sobre os temas da legalidade, da legitimidade, da economicidade e de outros requisitos de validade de atos estatais.

A obra reflete o rigor dos autores, operadores do Direito que conciliam o conhecimento jurídico e a formação técnico-científica. Essas circunstâncias pessoais asseguram uma abordagem direta e pragmática relativamente aos temas jurídicos. Benjamin Zymler e Francisco Sérgio têm uma preparação diferenciada. São engenheiros e advogados, o que lhes fornece instrumentos de análise muito mais amplos para as controvérsias do mundo do Direito.

Por tudo isso, trata-se de um livro indispensável para todos os que atuam no âmbito do controle externo e que se constituirá numa espécie de divisor de águas para a produção acadêmica e para a atuação prática relativa ao TCU. Consiste em uma produção essencial para a evolução do Direito público brasileiro, configurando mais uma relevante contribuição dos autores para o progresso do Brasil, dentre tantas outras por eles já prestadas ao longo de sua trajetória no Tribunal de Contas da União.

Marçal Justen Filho
Mestre e Doutor em Direito do Estado pela PUC-SP.

APRESENTAÇÃO

A presente obra decorre das reflexões dos autores acerca do papel institucional do Tribunal de Contas da União e dos traços característicos de seu processo, visando à concretização de sua função de controle externo.

Como é sabido, a fiscalização contábil, financeira, orçamentária, operacional e patrimonial da União e das entidades da administração direta e indireta, quanto à legalidade, legitimidade, economicidade, aplicação das subvenções e renúncia de receitas, é exercida pelo Congresso Nacional, mediante controle externo.

Para o exercício dessa função, o Parlamento dispõe do auxílio do Tribunal de Contas da União, o qual possui as competências elencadas no art. 71 da Constituição Federal, visando à verificação da correta utilização dos bens e recursos públicos.

Considerando a multiplicidade de órgãos voltados ao controle da Administração Pública, é importante compreender e delimitar cientificamente o espaço de atuação do Tribunal de Contas da União. O adequado entendimento do papel institucional do TCU é útil para resolver eventuais sobreposições de sua atuação com as de outras agências do Estado, igualmente encarregadas de promover o controle da legalidade, da legitimidade e da economicidade do gasto público, em defesa do Erário.

Como sói ocorrer nas diversas manifestações estatais, a concretização da função de controle pelo TCU também ocorre por meio de um processo. Essa forma de atuação é importante para assegurar aos responsáveis eventualmente arrolados e aos órgãos interessados o pleno atendimento de suas garantias constitucionais, permitindo a sua participação na construção das decisões do Tribunal.

O processo do TCU é o instrumento por meio do qual ele exerce as suas atribuições de controle externo, especificadas no art. 71 da Constituição Federal e na Lei nº 8.443/1992. Tais atribuições são consubstanciadas em decisões tomadas a partir de um procedimento racional, no qual é assegurado o contraditório dos responsáveis e das entidades jurisdicionadas que possam vir a ser afetadas pela deliberação, conforme as regras estabelecidas na legislação de regência.

O processo do TCU se insere dentro do gênero processo de controle externo, o qual tem características próprias que o diferenciam do processo judicial e do administrativo. Por esse motivo, é substancial entender os ritos e os atos que formam o seu procedimento, bem como as várias formas de manifestação do Tribunal, na concretização de sua função de controle externo.

Este livro procurou estudar o tema a partir de uma ancoragem científica e da construção jurisprudencial do Tribunal de Contas da União. O propósito foi oferecer aos estudiosos e operadores do Direito uma visão teórica e prática acerca do assunto, baseada na experiência de seus autores, construída ao longo de décadas de atuação profissional perante a Corte de Contas.

PARTE I

FUNDAMENTOS DO CONTROLE EXTERNO, COMPETÊNCIAS E RESPONSABILIDADE FINANCEIRA

CAPÍTULO 1

CONTROLE

O controle dos atos praticados pelos agentes públicos constitui fenômeno que se encontra presente, com as suas variações de forma e intensidade, desde os primórdios da manifestação estatal. Por óbvio, os modos de exercício e a própria finalidade do controle se modificaram ao longo do tempo, tornando-se mais complexos e abrangentes, refletindo o aumento do tamanho e da complexidade do Estado.

O objetivo do presente capítulo é apresentar o significado, o desenvolvimento histórico e os diversos campos de expressão do fenômeno do controle, antes de se debruçar sobre o controle da atividade financeira desenvolvido pelo Tribunal de Contas da União (TCU), na ordem constitucional brasileira.

1.1 As diversas acepções e manifestações do fenômeno do controle

O termo "controle" surgiu na administração fiscal medieval, constituindo um galicismo da expressão *contre-rôle*, uma espécie de segundo papel ou registro, em que se anotava a comparação de uma coisa ou objeto de controle com outra coisa, o *rôle* ideal.[1]

A expressão possui variadas acepções que extrapolam o sentido que normalmente lhe é dado pelo Direito Administrativo.

Segundo Gérard Bergeron, a palavra está associada às ideias de dominação, direção, limitação, vigilância, verificação e registro, sendo que a primeira representa o sentido mais forte e a última a representação mais fraca do conceito.[2] Para o autor francês, o registro expressa o sentido original do termo "controle", que se materializava por meio da comparação entre um *rôle* ou registro oficial e um *contre-rôle* ou registro especial, por meio do qual era atestada a conformidade de uma coisa, o objeto de controle, com relação ao padrão ideal indicado no *rôle*.[3]

Com isso, depreende-se como sentido básico do termo "controle" a ideia de registro e de comparação de algo com um padrão preestabelecido, com o propósito de verificar a sua conformidade.

Porém, o significado atual da expressão extrapolou o mero registro e a comparação, passando a expressar, além de tais aspectos, a manifestação formal do controlador sobre

---

[1] MEDAUAR, Odete. *Controle da Administração Pública*. São Paulo: Revista dos Tribunais, 1993, p. 17.
[2] BERGERON, Gérard. *Fonctionnement de l'État*. Paris: Librairie Armand Colin, 1965, p. 77-78.
[3] BERGERON, Gérard. *Fonctionnement de l'État*. Paris: Librairie Armand Colin, 1965, p. 80.

a conformidade da atividade e, ainda, a expedição de uma medida decorrente desse juízo que acarreta efeitos (positivos ou negativos) sobre a eficácia da própria atividade.[4]

O controle adquire, nesse cenário, o poder de interferir na atividade da pessoa controlada, ao exigir a correção das ações que não estão conforme ao padrão de conformidade exigido ou impedir que elas produzam seus efeitos. Não é por outra razão que Odete Medauar assinala que o poder de impor um ato ou uma medida vinculada ao juízo formado acerca do ato controlado constitui a chave para qualificar uma atividade como de controle.[5]

Para Gérard Bergeron a presença de dois agentes diferenciados, em que um esteja em supremacia funcional, não necessariamente hierárquica, perante o outro, é condição para a existência do controle.[6] Nessa ordem de ideias, o controle se aproxima da noção de limitação, em que as ações do controlado estão sujeitas a crítica e a uma medida imposta pelo controlador.

Todavia, é preciso lembrar que existem várias formas de controle que se realizam sem a presença de supremacia funcional e sem a expedição de uma ordem para a revisão do ato controlado. Nessa tipologia, menciona-se o controle social, o exercido pela imprensa e, mesmo, o efetivado por vários de órgãos de Estado, como o *Ombudsmen* e as entidades de fiscalização dos modelos de Auditoria e Controladorias nos países que os adotam. Estes últimos atuam das mais variadas formas, segundo cada ordenamento jurídico, sem necessariamente deter o poder de revisar ou sancionar eventuais condutas irregulares.

Porém, mesmo nesses casos, o sistema de controle, como um todo, é concebido para que ao menos um órgão tenha poder de *enforcement*, ou seja, de impor consequências jurídicas às condutas tidas como irregulares.

A forma como esse poder se manifesta e a sua estrutura orgânica dependem, por óbvio, do arranjo de divisão de poderes estabelecido pelo ordenamento jurídico de cada país. Por esse motivo, as verdadeiras características da função de controle somente podem se reportar a uma dada condição de tempo e de lugar, ou seja, a um certo Estado e a um ordenamento jurídico, não havendo uma fórmula única e universal.

A ideia de controle também se encontra presente na relação entre os poderes estatais, principalmente com o surgimento do Estado de Direito e o advento da técnica de divisão e contenção recíproca dos poderes, surgida a partir das ideias de John Locke e Montesquieu.[7] Como forma de evitar o abuso do poder, as funções estatais foram distribuídas entre os diferentes departamentos do Estado, que eram dotados do poder

---

[4] FORTI, Ugo. I Controlli dell'Amministrazione Comunale. *In*: ORLANDO. Vittorio Emanuele. *Primo trattato completo di diritto amministrativo italiano*. Vol. II. Segunda Parte. Milano: Società Editrice Libraria, 1915, p. 609.

[5] MEDAUAR, Odete. *Controle da Administração Pública*. São Paulo: Revista dos Tribunais, 1993, p. 22.

[6] BERGERON, Gérard, *op. cit.*, p. 80.

[7] Sobre a adequação dos termos "separação" e "divisão" dos poderes ver COUTINHO, Pedro de Oliveira. O controle do poder e a ideia de constituição. *Lex Humana*, Petrópolis, n. 1, p. 250-297, 2009. O autor cita Hans Kelsen, segundo o qual "(...) foi um erro descrever o princípio fundamental da monarquia constitucional como 'a separação de poderes'. As funções originariamente combinadas na pessoa do monarca não foram 'separadas', mas antes divididas entre o monarca, o parlamento e os tribunais. [...] A significação histórica do princípio chamado 'separação dos poderes' encontra-se precisamente no fato de que ele opera antes contra uma concentração que a favor de uma separação de poderes" (KELSEN, Hans. *Teoria Geral do Direito e do Estado*. São Paulo: Martins Fontes, 1995, p. 263-274 *apud* COUTINHO, Pedro de Oliveira, *op. cit.*, p. 277).

de impedir a ação indevida dos outros mediante um engenhoso mecanismo de freios e contrapesos, instituído, originalmente, na França revolucionária e, em seguida, nos Estados Unidos.

A construção do regime de divisão e controle recíproco do poder em Montesquieu teve como fundamento a liberdade política dos cidadãos, que estariam protegidos da ação indevida do Estado, por meio da submissão deste aos limites impostos pela lei. Para o filósofo francês, a liberdade é o direito de fazer tudo o que as leis permitem.[8]

O poder de impedir constitui a essência do regime político concebido por Montesquieu para a proteção da liberdade dos cidadãos. Afinal, para que não se abusasse do poder, era preciso que, pela disposição das coisas, o poder freasse o poder. Todavia, como contraponto à faculdade de impedir havia a necessidade de os poderes colaborarem entre si, sem o que ocorreria a paralisação do Estado. No construto teórico do filósofo francês, os Poderes Legislativo e Executivo[9] estavam instrumentalizados a conterem um ao outro e a atuarem de forma harmônica em prol da liberdade dos cidadãos. Tal linha de pensamento é verificada na seguinte passagem de sua obra:

> Eis, assim, a constituição fundamental do governo de que falamos. O corpo legislativo, sendo composto de duas partes, uma paralisará a outra por sua mútua faculdade de impedir. Todas as duas serão paralisadas pelo poder executivo que o será, por sua vez, pelo poder legislativo. Estes três poderes deveriam formar uma pausa ou uma inação. Mas como, pelo movimento necessário das coisas, eles são obrigados a caminhar, serão forçados a caminhar de acordo.[10]

A noção de controle fez parte da construção da democracia dos Estados Unidos da América, estando presente no ideário de James Madison e Alexander Hamilton, que defenderam uma estrutura de governo que fornecesse os freios e contrapesos adequados entre os diversos departamentos como uma forma de obrigar o governo a controlar a si próprio. Nesse sentido, elucidativa a seguinte passagem extraída do artigo federalista nº 51, de autoria de James Madison, que assinala a importância de se desenvolver o controle do governo por ele próprio:

> Se fossem os anjos a governar os homens, não seriam necessários controles externos nem internos sobre o governo. Ao construir um governo em que a administração será feita por homens sobre outros homens, a maior dificuldade reside nisto: primeiro é preciso habilitar o governo a controlar os governados; e, seguidamente, obrigar o governo a controlar-se a si

---

[8] MONTESQUIEU. *Do espírito das leis*; texto organizado com introdução e notas de Gonzague Truc; tradução de Fernando Henrique Cardoso e Leoncio Martins Rodrigues. Vol. 1. São Paulo: Difusão Europeia do Livro, 1962, p. 179.

[9] O Poder Judiciário não exerce, em Montesquieu, função política, tendo sido por ele designado como "de algum modo, nulo" (MONTESQUIEU. *Do espírito das leis*; texto organizado com introdução e notas de Gonzague Truc; tradução de Fernando Henrique Cardoso e Leoncio Martins Rodrigues. Vol. 1. São Paulo: Difusão Europeia do Livro, 1962, p. 185). Tal concepção expressa o ideário do positivismo jurídico e da escola da exegese que sobressaiu da revolução burguesa do século XVIII, segundo o qual o juiz tinha um papel mecânico de ser a boca da lei.

[10] MONTESQUIEU. *Do espírito das leis*; texto organizado com introdução e notas de Gonzague Truc; tradução de Fernando Henrique Cardoso e Leoncio Martins Rodrigues. Vol. 1. São Paulo: Difusão Europeia do Livro, 1962, p. 188.

próprio. A dependência do povo é, sem dúvida, o controle primário sobre o governo; mas a experiência ensinou à humanidade a necessidade de precauções auxiliares.[11]

Com isso, o controle do poder pelo poder se soma à técnica de divisão de poderes para formar um sistema de contenção recíproca em que os poderes estão de tal forma repartidos e equilibrados entre os diferentes órgãos que nenhum pode ultrapassar os limites estabelecidos pela Constituição sem ser eficazmente detido e contido pelos outros.[12] Dessa forma, o controle surge como limite ao poder estatal, como garantia do Estado de Direito e como proteção à liberdade dos cidadãos, fruto do ideário liberal que se fez vitorioso após as revoluções burguesas do final do século XVIII. Não é por outra razão que Charles Pessanha assinala que a ideia de estabelecer controles e limites ao poder soberano é pedra angular do moderno estado democrático.[13]

A técnica de separação dos poderes e do controle do poder político encontra-se imbricada no constitucionalismo moderno. Segundo Manuel Aragón, o controle constitui elemento inseparável do conceito de constituição, de modo que só tem sentido falar em constituição, quando ela é concebida como um instrumento de limitação e controle do poder.[14]

A importância da função do controle do poder político como elemento estrutural do Estado Moderno foi destacada na obra de Karl Loewenstein[15] em meados do século passado. Em sua clássica "Teoria da Constituição", ele assinala haver quatro detentores de poder que possuem instrumentos de controles recíprocos estabelecidos na Constituição: o governo; o parlamento; os destinatários do poder estatal, ou seja, os cidadãos, e os tribunais.[16]

O autor propôs um novo esquema de divisão de poderes, em substituição à tripartição tradicional de Montesquieu. Para o autor alemão, os três poderes estatais nesse novo arranjo são: a decisão política fundamental; a execução da decisão política fundamental e o controle político.[17]

A determinação da decisão política fundamental ou a tomada de decisão política consiste na eleição de uma, entre várias possibilidades políticas fundamentais frente as que se encontra a comunidade estatal. Envolve a definição dos elementos estruturantes de uma dada sociedade, ou seja, dos vetores principais que influenciam a vida da comunidade.[18]

A execução da decisão política compreende levar à prática a referida decisão. No constitucionalismo, tal função está distribuída entre os diferentes detentores de poder,

---

[11] MADISON, James; HAMILTON, Alexander; JAY, John. *Os artigos federalistas 1787-1788*. Apresentação Isaac Krammick; tradução Maria Luiza X. de A. Borges. Rio de Janeiro: Nova Fronteira, 1993, p. 350.
[12] CAETANO, Marcelo. *Direito Constitucional*, vol. I. Rio de Janeiro: Forense, 1977. p. 237.
[13] PESSANHA, Charles. *Fiscalização e Controle*: O Poder Legislativo na Argentina e no Brasil Contemporâneos. (Axe VIII, Symposium 30). Independencias – Dependencias – Interdependencias, VI Congreso CEISAL 2010, Jun. 2010, Toulouse, France. halshs-00498846, p. 3. Disponível em: https://halshs.archives-ouvertes.fr/halshs-00498846/document. Acesso em: 25 set. 2015.
[14] ARAGÓN, Manuel. *Constitución y control del poder*. Buenos Aires: Ciudad Argentina, 1995, p. 12.
[15] LOEWENSTEIN, Karl. *Teoría de la constitución*. Traducción y estudio sobre la obra por Alfredo Gallego Anabitarte. Barcelona: Ariel, 1986.
[16] *Ibidem*, p. 36.
[17] *Idem*, p. 62.
[18] *Idem*, p. 63.

sendo exercida pelos poderes clássicos de Montesquieu. O parlamento participa por meio da elaboração da legislação pertinente à decisão fundamental e das demais regras técnico-utilitárias, o governo mediante o exercício da atividade administrativa de execução propriamente dita e os tribunais por intermédio da solução dos casos concretos de conflitos de interesse e do controle da legalidade da Administração.[19]

O controle do poder político, por sua vez, é o núcleo da nova divisão. Segundo Karl Loewenstein, ele se dá de duas formas. Por meio da atribuição de diferentes funções estatais a diferentes detentores de poder, que estão obrigados a cooperar para que seja possível a emanação da vontade estatal; e do impedimento à realização de um ato do outro poder, mediante técnicas de controle autônomas passíveis de serem usadas de forma discricionária e independente.[20]

Além de tais instrumentos, o constitucionalismo moderno instituiu a responsabilidade política dos detentores do poder. Trata-se da possibilidade de destituir ou simplesmente substituir os governantes eleitos, de forma constitucional, sem recorrer ao uso da força ou violência, constituindo, atualmente, a técnica mais eficaz para controlar os detentores do poder.[21]

Dessa forma, o constitucionalismo não é somente um governo com base no Estado de Direito, em que funções estatais estão distribuídas e os poderes se autocontrolam, mas também um governo responsável. Eis, portanto, a combinação ideal de instrumentos para a proteção do cidadão e da ordem jurídica: repartição de poderes entre diferentes órgãos, sistema de contenção recíproca e responsabilidade política.

Sendo assim, é possível afirmar que o controle tinha como objetivo precípuo, em sua gênese, corrigir os atos de uma organização que tivessem sido praticados em desacordo com um parâmetro ideal de performance.

Posteriormente, a ideia de controle foi assimilada pela dinâmica de funcionamento do Estado à medida que este foi aumentando de tamanho, arrecadando mais recursos e assumindo determinados encargos, que exigiram a instituição de um corpo burocrático e, posteriormente, uma segregação das funções estatais. Por fim, o controle passou a incidir sobre os atos da Administração Pública, o que será objeto de estudo no próximo tópico.

1.2 Controle das atividades administrativa e de gestão de bens e valores públicos

O controle não se dá apenas no nível dos poderes políticos, mas, ainda e principalmente, sobre o conjunto de atividades administrativas e de gestão dos recursos e bens do Estado. Tal ocorreu, principalmente, após o aumento paulatino das tarefas estatais e do crescimento do patrimônio público.

O crescimento da burocracia fez surgir a necessidade de criar uma forma peculiar de controle voltada ao contrasteamento da atividade administrativa do Estado com as leis e, mais, à correção dos desvios eventualmente identificados. Nesse sentido, o controle

---

[19] LOEWENSTEIN, Karl. *Teoría de la constitución*. Traducción y estudio sobre la obra por Alfredo Gallego Anabitarte. Barcelona: Ariel, 1986, p. 66.
[20] *Ibidem*, p. 70.
[21] *Idem*, p. 71.

ultrapassou as lindes da administração fiscal, seu local de nascimento, e o universo amplo das relações entre os poderes do Estado para alcançar a atuação rotineira da Administração Pública.

Para Odete Medauar, o controle da Administração Pública pode ser conceituado como a verificação da conformidade da atuação desta a um cânone, possibilitando ao agente controlador a adoção de uma medida ou proposta em decorrência do juízo formado.[22] Dessa forma, a autora trouxe para o Direito Administrativo a noção original do controle, segundo seu sentido etimológico, de verificação, e acresceu um segundo elemento importante, relacionado à sua evolução: a adoção de uma medida (corretiva) em razão da análise efetivada.

Vários autores enfatizam o poder de revisão como aspecto que integra a noção de controle. Para Carolina Dalla Pace o controle da Administração Pública pode ser definido como o conjunto de mecanismos que permite o exercício de fiscalização e de revisão da atividade administrativa com a finalidade de assegurar uma atuação confluente com os princípios constitucionais impostos pelo ordenamento jurídico.[23]

José dos Santos Carvalho Filho também dá ênfase a esse aspecto do controle ao assinalar que a fiscalização está associada a um poder de revisão que consiste na possibilidade "de corrigir as condutas administrativas, seja porque tenham vulnerado normas legais, seja porque haja necessidade de alterar alguma linha das políticas administrativas para que melhor seja atendido o interesse coletivo".[24]

A ideia de controle da Administração como poder de fiscalização e correção encontra-se presente, ainda, nas obras de Hely Lopes Meirelles,[25] Maria Sylvia Zanella Di Pietro[26] e Diogenes Gasparini.[27] Dessa forma, constata-se que a doutrina pátria dá bastante relevo à atribuição corretiva como aspecto intrínseco ao controle.

A despeito disso, entende-se que os diversos conceitos de controle da Administração Pública não são aplicáveis a todas as formas de controle existentes no ordenamento jurídico pátrio. Conforme visto, nem o controle social, nem o realizado na mídia, nem o próprio controle parlamentar, como será destacado adiante, detêm competência e mecanismos formais para exigir a correção do ato controlado, embora seja indubitável que tais atividades e agentes possam ser enquadrados como formas e instituições de controle. Nessa senda, as definições expostas somente se aplicam às estruturas formais de controle existentes no seio da própria Administração, que gozam de mecanismos de tutela e autotutela sobre o conjunto de atos que materializam a atuação administrativa do Estado.

Em um esforço de sistematização do assunto, a doutrina elaborou diversos critérios de classificação do controle da Administração Pública. Como divisão básica, o controle pode ser quanto ao órgão que o exerce, judicial, administrativo e parlamentar. Como será

---

[22] MEDAUAR. Odete. *Controle da Administração Pública*. São Paulo: Revista dos Tribunais, 1993, p. 22.
[23] PACCE, Carolina Dalla. Controle Parlamentar da Administração Pública na legislação brasileira: a eficácia dos mecanismos de solicitação de informação. *Revista Digital de Direito Administrativo*, São Paulo, v. 1, n. 2, p. 377-391, 2014, p. 380.
[24] CARVALHO FILHO, José dos Santos. *Manual de Direito Administrativo*. Rio de Janeiro: Lumen Juris, 2008, p. 879.
[25] MEIRELLES, Hely Lopes de. *Direito Administrativo Brasileiro*. São Paulo: Malheiros, 2016, p. 795.
[26] DI PIETRO, Maria Sylvia Zanella. *Direito Administrativo*. São Paulo: Atlas, 2005, p. 637.
[27] GASPARINI, Diogenes. *Direito Administrativo*. São Paulo: Saraiva, 2007, p. 834.

tratado adiante, propõe-se um quarto tipo de controle, de caráter autônomo: o realizado pelas instituições de fiscalização superiores, no caso do Brasil, pelos tribunais de contas.

No regime constitucional atual, o controle judicial se dá mediante a ação dos próprios administrados, no caso de lesão ou ameaça a direito praticado por agentes do Estado-Administração, por meio da utilização dos denominados remédios judiciais (habeas corpus, habeas data, mandado de injunção, mandado de segurança individual e coletivo). Há também instrumentos processuais destinados à proteção do patrimônio público, à moralidade administrativa e outros interesses difusos e coletivos, como a ação popular, a ação civil pública e a ação de improbidade administrativa, além do próprio sistema de persecução penal, no caso dos crimes praticados contra a Administração Pública, em que figura como ator relevante o Ministério Público, apoiado pelo sistema de polícia judiciária competente.

Quanto ao controle administrativo, ele corresponde ao poder de fiscalização e correção que a Administração Pública (em sentido amplo) exerce sobre a sua própria atuação, sob os aspectos da legalidade e mérito, por iniciativa própria ou mediante provocação.

No Brasil, o controle adquiriu o *status* de princípio fundamental da atividade da Administração Federal com a reforma da Administração Pública Federal, implantada pelo Decreto-Lei nº 200, de 25 de fevereiro de 1967 (art. 6º, inciso V). Segundo os arts. 13 e 14 da referida norma, ele deveria ser exercido em todos os níveis e em todos os órgãos da Administração Federal, de forma racional e levando em conta os custos e os riscos das atividades controladas.

Já o controle parlamentar é o realizado pelo Poder Legislativo sobre as atividades do governo e da Administração. Cuida-se de função de natureza política, que decorre da condição do Parlamento de representante do povo, de produtor das normas jurídicas primárias e de responsável pela autorização da realização de receitas e despesas mediante a aprovação de leis orçamentárias, o que lhe impõe o poder-dever de fiscalizar a Administração Pública.

O controle parlamentar se divide em controle geral da atividade político-administrativa e controle da gestão de bens e recursos públicos.

O primeiro incide sobre as escolhas políticas do governo, o mérito das políticas públicas e das ações realizadas para a sua consecução, seus resultados e sua juridicidade. No Brasil, ele se manifesta por meio dos pedidos escritos de informação a ministro de Estado ou quaisquer titulares de órgãos diretamente subordinados à Presidência da República; da convocação das referidas autoridades para prestar informações sobre assuntos inerentes a suas atribuições; da fiscalização e controle, diretamente, ou por qualquer de suas Casas, dos atos do Poder Executivo, incluídos os da administração indireta; do poder investigatório das comissões parlamentares de inquérito; das aprovações e autorizações do Poder Legislativo (previstas nos incisos I, II, IV, XII, XIV e XVII do art. 49 da Constituição); da sustação de atos normativos que exorbitem do poder regulamentar; da aprovação da escolha de magistrados dos Tribunais superiores, ministros do TCU, diretores do Banco Central, chefes de missão diplomática de caráter permanente, dentre outros estabelecidos na Constituição e na lei; da autorização de operações externas de natureza financeira; da aprovação de fixação do limite da dívida consolidada da União, dos Estados, do Distrito Federal e dos Municípios.

O controle geral da atuação político-administrativa se verifica, ainda, no dia a dia da atividade do Parlamento por meio dos discursos dos congressistas, quando as ações do governo são objeto de crítica ostensiva, de cobrança por resultados, enfim, de questionamentos sobre a sua adequação e legalidade. Nesse contexto, as eventuais fragilidades do governo são expostas ao público, constituindo oportunidade para que se amplie o universo de informações aos cidadãos, para que exerçam o controle vertical da Administração.[28]

O controle da gestão de bens e recursos públicos é o que incide sobre os atos destinados à obtenção, administração e aplicação de bens e valores públicos. Cuida-se, conforme visto, de função precípua dos Parlamentos de fiscalizar a execução do orçamento e a integridade do patrimônio público.

Segundo Aliomar Baleeiro, quem tem o poder de selecionar os serviços públicos que lhe interessam e de autorizar os impostos para esse fim, que notabiliza a atividade de elaboração dos orçamentos, será burlado se não tiver o direito de eficazmente verificar se o dinheiro foi gasto realmente para o fim especificamente designado.[29]

No mesmo sentido, Alfredo Buzaid ressaltou o Parlamento como o fiscal natural da execução orçamentária e financeira do orçamento por ele aprovado:

> Se o orçamento fosse executado sem qualquer fiscalização pela assembleia que o aprovou, prestar-se-ia facilmente à fraude, mediante estorno de verbas, malversação do dinheiro público e desvio de recursos além das raias estabelecidas para as despesas. Nada mais natural, pois, que o corpo legislativo, que votou a lei orçamentária, lhe verificasse o cumprimento.[30]

Para Álvaro Guilherme Miranda, tal modalidade de controle se transformou numa das funções clássicas do Poder Legislativo, no sentido de que, conforme expressa a Declaração dos Direitos de 1789, todo indivíduo tem direito a informações e satisfações sobre as contas públicas por meio de seus representantes,[31] consoante já destacado.

A complexidade da função de controle da gestão dos bens e recursos públicos, aliada à grande variedade de atribuições do Parlamento, fez com que fossem criadas instituições técnicas para auxiliar o parlamento no exercício dessa missão.

---

[28] Leany Lemos entende "a publicidade dada a informações que antes se circunscreviam à burocracia estatal favorece sua apropriação por grupos societais organizados e a mídia, promovendo e/ ou fortalecendo a *accountability* vertical e mesmo trazendo indícios que outras agências estatais autorizadas possam utilizar para a punição (Schedler, Diamond e Plattner, 1999; Smulovitz e Peruzzotti, 2003)" (LEMOS, Leany Barreiro de Souza. *Controle Legislativo em Democracias Presidencialistas*: Brasil e EUA em perspectiva comparada. Tese apresentada ao Centro de Pesquisa e Pós-Graduação sobre as Américas-CEPPAC, do Instituto de Ciências Sociais, Universidade de Brasília, como requisito parcial para obtenção do título de Doutora, Brasília, 2005, p. 39).

[29] BALEEIRO, Aliomar. Tribunal de Contas e Controle da Execução Orçamentária. In: Instituto de Direito Público e Ciências Política. *Estudos sobre a constituição brasileira*. Rio de Janeiro: Fundação Getulio Vargas, 1954, p. 97-109, p. 99.

[30] BUZAID, Alfredo. O Tribunal de Contas no Brasil. *Revista da Faculdade de Direito da Universidade de São Paulo*, São Paulo, v. 62, n. 2, p. 37-62. 1967, p. 38-39.

[31] MIRANDA, Álvaro Guilherme. *Desenho institucional do Tribunal de Contas no Brasil (1890 a 2013)*: da legislação simbólica ao "gerencialismo público" do ajuste fiscal. Tese apresentada ao Corpo Docente do Instituto de Economia da Universidade Federal do Rio de Janeiro como parte dos requisitos necessários à obtenção do título de DOUTOR em Ciências, Políticas Públicas, Estratégias e Desenvolvimento. Universidade Federal do Rio de Janeiro – UFRJ, Rio de Janeiro, 2013, p. 125.

Nesse sentido, Alfredo Buzaid ponderou que a atividade de fiscalização da execução orçamentária dificilmente poderia ser exercida pelo Poder Legislativo, porque lhe absorveria uma parte considerável do tempo que deveria ser dedicado à elaboração legislativa. Por isso, "o direito moderno dos povos civilizados houve por bem confiá-la a uma corporação distinta, chamada Tribunal de Contas, para que a sua atividade, exercida de modo permanente, ficasse a salvo das agitações políticas".[32]

A criação de instituições técnicas de controle da gestão de bens e recursos públicos constitui um mecanismo de reforço ao controle do poder pelo poder, efetivado pelo mecanismo de *check and balances*. Segundo Pedro de Oliveira Coutinho, a efetiva conjugação da divisão dos poderes com a previsão e a atuação concreta de mecanismos diversos de controle do poder é essencial à consecução de uma constituição característica do Estado Democrático de Direito.

Nesse ponto, cabe um esclarecimento da terminologia utilizada no presente livro. Para tanto, utiliza-se, preliminarmente, a distinção que Gomes Canotilho faz dos termos "competência", "função" e "tarefas", a fim de compreender a estrutura orgânico-funcional do controle externo da Administração Pública. Segundo o autor português:

> Competência é o poder de atuação atribuído a vários órgãos e agentes constitucionais com o fim de perseguirem as tarefas de que são constitucional ou legalmente incumbidos. [...] Função é a relação de referência entre uma norma de competência e os fins da mesma norma. [...] Tarefas são as atribuições exercidas pelos órgãos para o cumprimento de sua função.[33]

Dentre os aspectos indicados pelo constitucionalista português para a compreensão das estruturas orgânico-funcionais de um Estado, ele destaca a necessidade de articulação das competências e funções dos órgãos constitucionais com o cumprimento das tarefas atribuídas a eles.[34] Nesse sentido, as tarefas que são deferidas aos diversos órgãos do Estado servem como instrumentos para o exercício de suas competências, que, por sua vez, são formatadas para o cumprimento de suas funções.

Dito isso, é possível deduzir das normas constitucionais a existência de uma função de controle de bens e recursos públicos cujo exercício foi atribuído ao Congresso Nacional e ao TCU, mediante controle externo, e o sistema de controle interno de cada Poder. Tais órgãos detêm tarefas específicas catalogadas nos arts. 71 e 74, que, por sua vez, são instrumentais ao exercício daquela função.

Embora a seção IX do capítulo I do Título IV da Constituição, na qual os artigos em análise estão situados, seja intitulada "Da fiscalização contábil, orçamentária e financeira" e o art. 70 mencione "fiscalização contábil, financeira, orçamentária, operacional e patrimonial", estruturalmente, os artigos tratam da função de controle da gestão de bens e recursos públicos do Estado segundo os aspectos mencionados.

---

[32] BUZAID, Alfredo. O Tribunal de Contas no Brasil. *Revista da Faculdade de Direito da Universidade de São Paulo*, São Paulo, v. 62, n. 2, p. 37-62. 1967, p. 38-39. Em verdade, os Tribunais de Contas constituem apenas um dos tipos de instituição de fiscalização financeira, havendo, ainda, os órgãos de auditoria geral sem função judicante, como será ilustrado no item 1.3 adiante.

[33] CANOTILHO, J. J. Gomes. *Direito Constitucional e Teoria da Constituição*. Coimbra: Almedina, 2006, p. 543-545.

[34] CANOTILHO, J. J. Gomes. *Direito Constitucional e Teoria da Constituição*. Coimbra: Almedina, 2006, p. 542.

Para proceder a essa função de controle, promove-se a fiscalização contábil, financeira, orçamentária, operacional e patrimonial, por meio do exercício das diversas competências estatuídas no art. 71 da Constituição que envolvem a realização de várias tarefas (julgamento das contas dos responsáveis, realização de auditorias, aplicação de sanções, fixação de prazo para correção de irregularidades, sustação de atos, dentre outras). Todas essas tarefas são articuladas para um propósito: o controle da Administração Pública segundo os aspectos supramencionados.

Em que pese os diversos vetores envolvidos nesse tipo de controle, adota-se a expressão controle financeiro, por simplificação, pelo seu aspecto histórico, pela sua utilização recorrente na doutrina e, principalmente, pelo fato de o seu espaço de incidência ser a atividade financeira do Estado. Não é por outra razão que essa modalidade de controle constitui um dos objetos de estudo do Direito Financeiro.

Não obstante, deve-se tornar claro que, quando se fala em controle financeiro no presente livro, isso envolve a fiscalização contábil, financeira, orçamentária, operacional e patrimonial da União e das entidades da administração direta e indireta sobre os atos relativos à obtenção, à gestão e à aplicação dos bens e recursos públicos. O exercício dessa função se realiza, como já dito, por meio das diversas tarefas deferidas ao Congresso Nacional e ao TCU pela Constituição.

O controle financeiro realizado pelo TCU e pelo Congresso Nacional, também denominado de controle externo na Constituição, tem como finalidades verificar a regularidade da guarda e do emprego dos bens, valores e dinheiros públicos e a fiel execução do orçamento, constituindo "[...] por excelência, um controle político e de legalidade contábil e financeira, o primeiro aspecto a cargo do Legislativo, o segundo, do Tribunal de Contas".[35] O controle financeiro alcança todos os atos e contratos que digam respeito ao manuseio de recursos públicos.

É importante que o TCU exerça sua missão constitucional com independência, segundo os parâmetros jurídicos estabelecidos para a sua atuação. Ademais, é preciso que o Tribunal realize suas tarefas em tempo razoável, de modo a assegurar a eficácia de seu processo e permitir a atuação efetiva das demais agências encarregadas da efetivação do controle. Por outro lado, é necessário que os resultados de sua atuação sejam considerados seriamente pelo Parlamento, precipuamente nas formas de controle que dependam da ação conjunta dos dois órgãos, como é o caso do controle de contratos administrativos.

1.3 Controle financeiro pelos Tribunais de Contas

As instituições autônomas de controle da execução do orçamento estavam originalmente vinculadas a um dos poderes, Executivo ou Legislativo. Posteriormente, elas ganharam uma configuração institucional distinta, passando a ocupar uma posição equidistante dos poderes.

Com isso, assumiram historicamente dois desenhos institucionais distintos: o tribunal de contas, adotado na França, Itália, Bélgica, Portugal e no Brasil, para citar

---

[35] MEIRELLES, Hely Lopes de. *Direito Administrativo Brasileiro*. São Paulo: Malheiros, 2016, p. 842.

alguns exemplos, e a controladoria ou auditoria geral, instituída nos países de herança anglo-saxã, como os Estados Unidos, o Canadá, a Austrália e a Nova Zelândia, entre outros. Além desses dois modelos, há o sistema misto,[36] que possui as características dos dois desenhos, caso do Tribunal de Contas do Uruguai, além de outras instituições que não se encaixam perfeitamente em nenhum dos desenhos mencionados, como a *Controladoria General de La República* do Chile.[37]

Entende-se que o TCU não faz parte de nenhum dos poderes estatais tradicionais, constituindo um órgão autônomo e independente. Em particular, adota-se o entendimento de Carlos Ayres Britto de que, nos termos do art. 44 da CF/1988, o Tribunal não é órgão do Congresso Nacional nem do Poder Legislativo.

Nesse sentido, não há relação de subordinação entre o TCU e os órgãos superiores do Poder Legislativo, que decorreria caso ele fosse um órgão de sua estrutura e se tivesse sido instituído a partir da desconcentração de suas tarefas. Cabe ressaltar, ainda, que não há relação hierárquica entre os membros do TCU e os do Poder Legislativo, o que ocorreria caso o Tribunal estivesse inserido na estrutura funcional do aludido poder. Nas palavras de Carlos Ayres Britto:

> Quando a Constituição diz que o Congresso Nacional exercerá o controle externo "com o auxílio do Tribunal de Contas da União" (art. 71), tenho como certo que está a falar de "auxílio" do mesmo modo como a Constituição fala do Ministério Público perante o Poder Judiciário. Quero dizer: não se pode exercer a jurisdição senão com a participação do Ministério Público. Senão com a obrigatória participação ou o compulsório auxílio do Ministério Público. Uma só função (a jurisdicional), com dois diferenciados órgãos a servi-la. Sem que se possa falar de superioridade de um perante o outro.[38]

Os Tribunais de Contas foram constitucionalmente delineados como conjuntos autônomos, refratários à inclusão em quaisquer dos clássicos três blocos orgânicos normalmente designados como "poderes".[39] Até porque, como disse Pontes de Miranda, a criação das instituições do gênero ocorreu posteriormente à teoria da separação dos Poderes, tendo sido fruto da prática, constituindo um órgão *sui generis* que destoava das linhas rígidas da tripartição.[40] [41]

Bruno Wilhelm Speck faz uso de expressão adotada por Theo Pirkner para qualificar o TCU como uma instituição regulatória intermediária, dentro da estrutura das funções estatais tradicionais. Nesse sentido, ele apresenta como características um alto grau de

---

[36] TAVARES, José F. F. *O Tribunal de Contas*. Do visto em especial. Conceito, natureza e enquadramento na atividade de administração. Coimbra: Almedina, 1998. p. 32.

[37] GOMES, Emerson César da Silva. *Responsabilidade Financeira*. Uma teoria sobre a responsabilidade no âmbito dos tribunais de contas. Porto Alegre. Almedina. 2012. p. 62-63.

[38] BRITTO, Carlos Ayres. O regime constitucional dos Tribunais de Contas. *Fórum Administrativo – FA*, Belo Horizonte, ano 5, n. 47, jan. 2005. Disponível em: http://www.bidforum.com.br/bid/PDI0006.aspx?pdiCntd=5954. Acesso em: 15 maio 2015.

[39] MELLO, Celso Antônio Bandeira de. O enquadramento constitucional do Tribunal de Contas. *In*: FREITAS, Ney José de (org.). *Tribunais de Contas*: Aspectos polêmicos: estudos em homenagem ao Conselheiro João Féder. Belo Horizonte: Fórum, 2009. p. 63-72, p. 64.

[40] MIRANDA, Pontes de. *Comentários à Constituição de 1946*. Rio de Janeiro: Borsoi, 1960. p. 19.

[41] No mesmo sentido, Castro Nunes: o Tribunal de Contas é um instituto *sui generis*, posto de permeio entre os poderes políticos da nação, o Legislativo e o Executivo, sem sujeição, porém, a qualquer deles (NUNES, Castro. *Teoria e Prática do Poder Judiciário*. Rio de Janeiro: Forense, 1943. p. 25).

autonomia em relação à própria organização institucional e à interpretação da tarefa de controle, peculiaridades que estão ausentes nos mecanismos burocráticos de controle, subordinados ao princípio hierárquico (autotutela).[42]

A previsão do Tribunal de Contas como um órgão independente e autônomo materializa o ideal de Rui Barbosa, que, ao expor os motivos de sua criação, o colocou como "um corpo de magistratura intermediária à administração e à legislatura", situado em posição autônoma.[43]

A posição institucional do TCU fora dos três poderes concebidos pela teoria montesquiana e madisoniana vai ao encontro da nova configuração do Estado e do Direito Público contemporâneo, que é marcado pela "pluralidade dos centros constitucionais de imputação do poder",[44] pelo pluralismo orgânico45 e pelo policentrismo institucional.[46]

Para Diogo de Figueiredo Moreira Neto, o Tribunal de Contas constitui um órgão constitucionalmente autônomo de caráter subordinante, uma vez que lhe foram cometidas funções constitucionais que permitem evidenciar relação de supraordenação em face das funções de outros órgãos ou conjuntos orgânicos; é órgão constitucional essencial por desempenhar funções políticas, entendidas como expressões imediatas de soberania; e, por fim, constitui um órgão garantidor dos valores político-constitucionais do Estado Democrático de Direito.[47]

Por essas razões, entende-se que o TCU é órgão dotado de autonomia constitucional, que ocupa uma posição de supremacia frente aos demais órgãos integrantes do Estado quanto à atividade de gestão de bens e recursos públicos e que se situa fora da estrutura dos três poderes enumerados. Evidentemente, essa condição de superioridade somente se verifica no seu espaço de atuação, de promover o controle financeiro, nos limites estabelecidos pela própria CF/1988.

A instituição de um órgão como o Tribunal de Contas insere-se na ideia de especialização funcional, fruto da complexidade do Estado contemporâneo. Embora suas decisões não tenham idêntica força da dos tribunais judiciais, visto que não possuem eficácia de título executivo judicial e podem ser submetidas à apreciação do Poder Judiciário, no caso de lesão ou ameaça a direito, é de se reconhecer que o TCU exerce uma parcela do poder estatal por deferência da própria Constituição.

Nesse ponto, cumpre invocar as ideias de Gomes Canotilho, que se reportando à Constituição Portuguesa ressalta o abandono da expressão "poderes" e a sua substituição pela noção de "complexos orgânicos" e "órgãos de soberania".[48] Conforme visto, é

---

[42] SPECK, Bruno Wilhelm. *Inovação e Rotina no Tribunal de Contas da União*: o papel da instituição superior de controle financeiro no sistema político-administrativo do Brasil. São Paulo: Fundação Konrad-Adenauer-Stiftung, 2000, p. 17.

[43] BARBOSA, Rui. Exposição de motivos de Rui Barbosa sobre a criação do TCU. *Revista do Tribunal de Contas da União*, v. 30, n. 82, p. 253-262, out./dez. 1999, p. 254.

[44] DE VERGOTTINI, Giuseppe. *Derecho constitucional comparado*. Traducción de Claudia Herrera. Buenos Aires: Editorial Universidad, 2005. p. 38.

[45] MUSSO, Enrico Spagna. *Diritto Costituzionale*. Pádua: Cedam, 1992, p. 63-65.

[46] CANOTILHO, J. J. Gomes. *Direito Constitucional e Teoria da Constituição*. Coimbra: Almedina, 2006, p. 566

[47] MOREIRA NETO, Diogo de Figueiredo. O parlamento e a sociedade como destinatários do trabalho dos tribunais de contas. *Revista Brasileira de Direito Público – RBDP*, Belo Horizonte, ano 1, n. 2, p. 15, jul./set. 2003. Disponível em: http://www.bidforum.com.br/bid/PDI0006.aspx?pdiCntd=12523. Acesso em: 1 maio 2015.

[48] CANOTILHO, J. J. Gomes, *op. cit.*, p. 543.

possível afirmar que o TCU constitui, por absoluta dedução constitucional, um órgão de soberania, que forma um complexo orgânico absolutamente autônomo. Por esse motivo, nada mais natural que alçar a função por ele exercida com o caráter de função autônoma, o que vai ao encontro das ideias de Karl Loewenstein, consoante já destacado.

Para cumprir sua função de controle, o TCU encontra-se em posição de supremacia frente à atuação administrativa dos demais órgãos integrantes do Estado na gestão de bens e recursos públicos, especialmente quanto à definição do que é legal em matéria contábil, financeira, orçamentária, operacional e patrimonial. Tal posição de superioridade se manifesta em sua competência de assinar prazo para que o órgão ou entidade adote as providências necessárias ao exato cumprimento da lei, se verificada ilegalidade, conforme o art. 71, inciso IX, da CF/1988.

Na condição de órgão subordinante e de supraordenação constitucional, como assinalado por Diogo de Figueiredo Moreira Neto, dentro desse espaço objetivo de atuação, o Tribunal emite decisões em que substitui a vontade concreta dos órgãos fiscalizados, impondo a correção dos atos praticados em desacordo com esse fragmento da ordem jurídica – a legislação que disciplina a correta administração e gestão dos bens, valores e recursos públicos.

Da posição peculiar do Tribunal de Contas no mecanismo do Estado resulta que suas decisões são obrigatórias para os órgãos administrativos, em caso de ilegalidade, frente ao aludido parâmetro de controle. Tanto é assim, que os responsáveis estão sujeitos à multa se não cumprirem as decisões do TCU, nos termos do art. 58, §1º, da Lei nº 8.443, de 16 de julho de 1992 (LOTCU). Além disso, o TCU tem o poder de sustar atos, como será comentado adiante.

Com isso, conclui-se que o Tribunal possui o papel de supraordenação sobre a atividade de gestão dos bens, valores e recursos públicos das unidades administrativas dos demais poderes, no âmbito do controle de legalidade, em matéria contábil, financeira, orçamentária, operacional e patrimonial, nos limites impostos pela Constituição.

Sua relação com o Parlamento é de cooperação, no exercício da função de controle externo da Administração Pública federal.

CAPÍTULO 2

EVOLUÇÃO HISTÓRICA DO TRIBUNAL DE CONTAS NO BRASIL

O TCU foi instituído como um órgão vocacionado, primariamente, ao exercício do poder de exame e revisão dos atos concernentes à receita e à despesa. Ao longo de sua história, outras competências lhe foram atribuídas em matéria de controle financeiro, como o julgamento de contas e a imposição de débitos e multas. A CF/1988 é pródiga em outras funções, além da que motivou a sua criação.

Não obstante, a importância que foi dada às atribuições de corrigir e impedir atos irregulares faz com que a sua história do TCU possa ser dividida em dois períodos, segundo o momento em que o controle de atos poderia ser exercido: até 1967, quando vigia o sistema de controle prévio; e pós-1967, quando o controle de atos passou a ocorrer mediante auditorias e inspeções.

O objetivo do presente capítulo é descrever as principais competências do TCU antes de sua estruturação atual na CF/1988.

2.1 Sistema de controle prévio

2.1.1 Origem

O Tribunal de Contas (essa era a denominação do TCU) foi instituído pelo Decreto nº 966-A, de 7 de novembro de 1890, tendo sido obra do ideário de Rui Barbosa, na condição de ministro da Fazenda do Governo Provisório instalado após a Proclamação da República

Segundo o art. 1º do Decreto nº 966-A, de 7 de novembro de 1890, incumbia ao Tribunal de Contas o exame, a revisão e o julgamento de todas as operações concernentes à receita e despesa da República. Embora o dispositivo tenha atribuído o poder de revisão ao Tribunal, em verdade, a norma não lhe reservou expressamente a competência para determinar a correção das irregularidades, como consequência do exame dos atos concernentes às receitas e despesas.

Conforme o art. 2º do Decreto nº 966-A, de 7 de novembro de 1890, o Tribunal de Contas examinaria todos os decretos do Poder Executivo, ordens ou avisos dos diferentes ministérios que fossem susceptíveis de criar despesa ou interessassem às finanças da República, a fim de proceder ou não ao seu registro. Segundo a aludida disposição, tais atos, para poderem ter publicidade e execução, deveriam ser submetidos primeiro ao

Tribunal de Contas, que os registraria, pondo-lhes o seu visto, quando reconhecesse que não violavam disposição de lei, nem excediam os créditos votados pelo Poder Legislativo.

Se o Tribunal julgasse que não poderia registrar o ato, deveria motivar a sua recusa e devolvê-lo ao ministro que o houvesse expedido, nos termos do art. 3º do Decreto nº 966-A/1890. Consoante o dispositivo, o ministro poderia dar publicidade e execução ao ato impugnado pelo Tribunal caso julgasse imprescindível a medida, devendo o Tribunal nesta hipótese levar o fato na primeira ocasião oportuna ao conhecimento do Congresso, registrando o ato sob reserva e expondo os fundamentos desta ao Corpo Legislativo.

Assim, a legislação que criou o Tribunal o dotou do poder de impedir. Todavia, a norma não lhe reservou expressamente a competência para determinar a correção das irregularidades, como consequência do exame dos atos concernentes às receitas e despesas.

2.1.2 Constituição de 1891

O Tribunal de Contas ganhou *status* constitucional logo na primeira Carta, a de 1891. Conforme o seu art. 89:

> Art. 89 – É instituído um Tribunal de Contas para liquidar as contas da receita e despesa e verificar a sua legalidade, antes de serem prestadas ao Congresso. Os membros deste Tribunal serão nomeados pelo presidente da república com aprovação do Senado, e somente perderão os seus lugares por sentença.

A Constituição de 1891 não detalhou as atribuições do órgão, não tendo previsto o tipo de controle que seria realizado (prévio ou a posteriori), nem as decisões que poderiam ser adotadas. Durante a primeira república, a matéria ficou a cargo da legislação infraconstitucional, tendo sido, posteriormente, tratada nas demais constituições que se seguiram.

Do exposto, verifica-se que o Tribunal de Contas foi instituído, desde a origem, para ser uma instituição de controle com poder de impedir ou vetar, inserindo-se, portanto, no âmbito do mecanismo de *checks and balances*, como extensão técnica do Parlamento em matéria orçamentário-financeira. Ademais, o Tribunal se filiou, em sua gênese, ao modelo belga de controle, uma vez que atuava por meio de exame prévio, com veto limitado, isto é, não absoluto e registro sob reserva.[49]

O Decreto nº 1.166, de 17 de dezembro de 1892, que deu regulamento ao Tribunal de Contas, modificou o sistema de controle de atos estabelecido no decreto de criação do órgão. Conforme o art. 30 da norma, o exame de todos os decretos, ordens e avisos dos diferentes Ministérios suscetíveis de criar despesas ou que interessassem às finanças da República continuaria a ser realizado de forma prévia, mas não era mais possível a execução do ato que o Tribunal houvesse recusado registro, como no regime original. Consoante a referida norma, o Tribunal de Contas deliberava de modo definitivo sobre a regularidade, o registro e, por consequência, a possibilidade de execução de uma despesa pública.

---

[49] No mesmo sentido, ver LOPES, Alfredo Cecílio. *Ensaio sobre o Tribunal de Contas*. São Paulo: s. ed., 1947, p. 220.

Com isso, conclui-se que o Tribunal passou a adotar o modelo italiano de fiscalização dos atos de despesa, que se caracterizava pelo exame prévio dos atos do Poder Executivo e pelo veto absoluto aos autos considerados irregulares, impugnando-os quando assim os julgasse, sem a possibilidade de recurso a qualquer outro órgão ou instância.

Tal situação foi modificada por ocasião da aprovação do Decreto nº 392, de 8 de outubro de 1896, que reorganizou o Tribunal de Contas e o filiou novamente ao modelo belga. A norma previu o exame prévio de todas as ordens de pagamento expedidas e de todos os contratos que dessem origem a despesa de qualquer natureza e o poder de veto relativo, na forma do art. 2º, §2º, alíneas 2 e 3, e §3º.[50] Conforme tais disposições, o presidente da república poderia autorizar por despacho a execução de uma despesa cujo ato pertinente tivesse sido considerado ilegal pelo Tribunal, que efetuaria o registro sob protesto do ato e levava a matéria ao conhecimento do Congresso Nacional.

Por meio do Decreto nº 2.511, de 20 de dezembro de 1911, que regulava a tomada de contas ao governo pelo Congresso Nacional, foi tornada expressa a possibilidade de o presidente da república autorizar, por decreto, a execução de despesa decorrente de contrato que o Tribunal houvesse recusado registro. Nesse caso, o Tribunal de Contas procedia ao registro sob protesto do contrato e remetia a matéria ao Congresso Nacional, no mesmo prazo estabelecido no decreto de 1896 (por ocasião do envio do relatório anual das contas do Governo).[51]

2.1.3 Constituição de 1934

A Constituição de 1934 fez surgir um regime misto de fiscalização de atos e contratos em que usava simultaneamente os modelos belga e italiano,[52] ao prever a possibilidade de veto absoluto e relativo pelo Tribunal, a depender da natureza da irregularidade

---

[50] Art. 2º *omissis*
(...)
§2º Exercita a sua funcção fiscalisadora, instituindo exame prévio sobre os actos que entendem com a receita e despeza publicas e revendo as contas ministeriaes. (...)
2) Cabe-lhe em referencia á despeza: (...) b) instituir exame sobre as distribuições dos creditos, os contractos que derem origem á despeza de qualquer natureza, os mandados e avisos de adeantamento a fazer a repartições, a empregados ou particulares que tiverem a seu cargo a execução de serviços previstos no orçamento; (...)
3) Si os actos determinativos de despeza estiverem revestidos de todos os requisitos demonstrativos de sua legalidade, o Tribunal ordenará o registro; no caso contrario, recusa-lo-há. em despacho fundamentado, dentro de 10 dias, que será communicado ao Ministro ordenador da despeza.
(...)
§3º Si o Ministro ordenador julgar que a cobrança do imposto ou a despeza ordenada e não registrada deve ser executada, submetterá o caso ao presidente da Republica, em exposição escripta nos mesmos papeis onde constar o despacho fundamentado de que trata o n. II.
Si o presidente ordenar por despacho que os alludidos actos sejam praticados, o Tribunal os registrará sob protesto, dando de tudo conhecimento detalhado ao Congresso no relatorio annual de que trata o n. 2 letra g do art. 2º.

[51] Na redação original: "Art. 5º Os contractos celebrados pelo Governo serão publicados no Diario Official, dentro de 10 dias da sua assignatura e no mesmo prazo remettidos ao Tribunal de Contas, para o seu julgamento, que será proferido dentro de 15 dias; findo e este prazo, sem ter havido julgamento, o contracto será tido como registrado para todos os effeitos. Si o Governo não fizer a remessa do contracto ao tribunal, no referido prazo, o representante do Ministerio Publico promoverá o julgamento do contracto, em petição instruida com o numero do Diario Official em que elle estiver publicado. O presidente da Republica poderá usar da attribuição que lhe confere o art. 2º, §3º, alinea 2ª, do decreto n. 392, de 8 de outubro de 1896, quando o tribunal recusar registro ao contracto, observados para a communicação ao Congresso os prazos já estabelecidos em o art. 3º".

[52] No mesmo sentido ver LOPES, Alfredo Cecílio. *Ensaio sobre o Tribunal de Contas*. São Paulo: s. ed., 1947, p. 252.

apurada. Conforme o art. 101, §2º, se a recusa do registro tivesse como fundamento a falta de saldo no crédito ou imputação a crédito impróprio, ela tinha caráter proibitivo. Todavia, se o motivo da recusa fosse outro, a despesa poderia efetuar-se após despacho do presidente da república, registro sob reserva do Tribunal de Contas e recurso *ex officio* para a Câmara dos Deputados.

Com relação aos contratos, a Constituição de 1934 aboliu o mecanismo de registro sob protesto estabelecido na legislação ordinária ao impor, no caso de recusa de registro pelo Tribunal, a suspensão da execução do contrato até o pronunciamento do Poder Legislativo. Dessa forma, a consecução dos contratos com irregularidades detectadas pelo TCU passou a depender da manifestação do Parlamento, que, nessa hipótese, detinha a última palavra no controle da legalidade dos instrumentos contratuais, respeitadas, por certo, as disposições do supramencionado art. 101, §2º, da Constituição de 1934.

Desse modo, desde que a recusa do registro não tivesse sido motivada pela falta de saldo no crédito ou por imputação a credito impróprio, o Poder Legislativo poderia, contrariando a deliberação do Tribunal, determinar o registro sempre que reconhecesse "conveniente aos interesses da Nação relevar o facto determinante da recusa", o que não afastaria a responsabilidade dos funcionários que concorreram para esse mesmo fato, conforme estabelecido no art. 28, §9º, da Lei nº 156, de 24 de dezembro de 1935 (regula o funcionamento do Tribunal de Contas).

2.1.4 Constituição de 1937

Segundo o art. 114 da Constituição de 1937, o Tribunal de Contas tinha por funções acompanhar, diretamente ou por delegações organizadas de acordo com a lei, a execução orçamentária, julgar as contas dos responsáveis por dinheiros ou bens públicos e a legalidade dos contratos celebrados pela União.

O Texto Constitucional não tratou expressamente das atribuições do órgão, tendo remetido à disciplina da matéria para a lei. Nesse sentido, foi editado o Decreto-Lei nº 426, de 12 de maio de 1938, que restabeleceu o mecanismo do registro sob reserva de contratos (art. 29) e extinguiu o veto absoluto por negativa de registro em razão da falta de saldo no crédito ou imputação a crédito impróprio.

2.1.5 Constituição de 1946

Com a Constituição de 1946, o registro de qualquer ato de Administração Pública de que resultasse obrigação de pagamento readquiriu o *status* de competência constitucional do Tribunal de Contas. Todavia, o registro de tais atos passou a se dar de forma prévia ou posterior, conforme especificação legal, nos termos do art. 77, §2º.

Ademais, a Constituição fez retornar o sistema de veto absoluto e relativo, com recurso ao *ex officio* ao Congresso Nacional, em termos idênticos à Constituição de 1934 (art. 77, §3º). Com isso, o novel regime constitucional fez surgir um sistema misto, francês (controle posterior), belga (controle prévio e veto relativo) e italiano (controle prévio e veto absoluto).

Com relação aos contratos, foi abolido o instituto de registro sob protesto ou reserva e retomado o mecanismo de suspensão de sua execução, no caso de recusa de registro pelo Tribunal, até o pronunciamento do Poder Legislativo. Segundo o art. 42, inciso XIV, da Lei nº 830, de 23 de setembro de 1949, que reorganizou o Tribunal de Contas, competia ao Tribunal efetuar o exame prévio da legalidade dos contratos, ajustes, acordos ou quaisquer obrigações que dessem origem a despesas de alguma natureza, tendo sido restabelecidas as linhas mestras do regime constitucional de 1934.

Dessa forma, constata-se que, entre as idas e vindas decorrentes das mudanças institucionais do estado brasileiro, ainda em construção na primeira metade do século XX, predominou o sistema de controle prévio de contratos, de caráter preventivo e tutelar do orçamento e das finanças públicas, cujo propósito central era impedir a realização de despesas irregulares.

Sem adentrar no mérito de sua eficácia no controle de atos e contratos, verifica-se que o Tribunal de Contas estava formatado, no período, segundo o ideal de seu instituidor: um corpo de magistratura intermediária à administração e à legislatura, colocado em posição autônoma, com atribuições de revisão e julgamento, obstando a perpetração das infrações orçamentárias por um veto oportuno aos atos do Executivo, que direta ou indireta, próxima ou remotamente discrepassem da linha rigorosa das leis de finanças.

Conforme visto, o controle das despesas decorrentes de atos e contratos constituía, juntamente com as atribuições de julgamento das contas dos responsáveis por dinheiros ou bens públicos e emissão de parecer prévio das contas do presidente, as principais funções do Tribunal de Contas e as únicas com *status* constitucional.

2.2 Sistema de controle por meio de auditorias e inspeções

2.2.1 Constituição de 1967

O art. 71 da Constituição de 1967 atribuiu ao Congresso Nacional a função de controle externo, mediante a fiscalização financeira e orçamentária da União.

Para o exercício dessa atribuição, o Congresso Nacional era auxiliado pelo Tribunal de Contas, que desempenhava as seguintes funções:
 - auditoria financeira e orçamentária; e
 - julgamento das contas dos administradores e demais responsáveis por bens e valores públicos.

Conforme o §3º do dispositivo, a auditoria financeira e orçamentária seria exercida sobre as contas das unidades administrativas dos três Poderes da União. Para tanto, estas deveriam remeter demonstrações contábeis ao Tribunal de Contas, a quem caberia realizar as inspeções que considerasse necessárias. A Corte de Contas possuía, portanto, autonomia para realizar fiscalizações em todas as unidades de todos os Poderes da União.

A apreciação dos atos dos gestores públicos pelo Tribunal de Contas se dava, basicamente, sob aspectos contábeis.

Tal aspecto era evidenciado no §4º do art. 71 da Constituição de 1967, segundo o qual o julgamento da regularidade das contas dos administradores e demais responsáveis seria "baseado em levantamentos contábeis, certificados de auditoria e pronunciamentos das autoridades administrativas".

No que se refere à sua estrutura, foi previsto que o Tribunal de Contas teria quadro próprio de pessoal (art. 73, §1º, da Constituição de 1967). A sua lei de organização poderia dividi-lo em câmaras e criar delegações ou órgãos destinados a auxiliá-lo no exercício das suas funções e na descentralização dos seus trabalhos (art. 73, §2º).

O §5º do art. 73 da Constituição de 1967 trouxe regras sobre o controle corretivo de despesas.

Para o exercício dessa atribuição, o Tribunal poderia agir de ofício ou mediante provocação do Ministério Público ou das Auditorias Financeiras e Orçamentárias e demais órgãos auxiliares.

Se o Tribunal de Contas verificasse a ilegalidade de qualquer despesa, inclusive as decorrentes de contratos, aposentadorias, reformas e pensões, ele deveria:

a) assinar prazo razoável para que o órgão da Administração Pública adotasse as providências necessárias ao exato cumprimento da lei;

b) no caso do não atendimento, sustar a execução do ato, exceto em relação aos contratos;

c) na hipótese de contrato, solicitar ao Congresso Nacional que determinasse a medida prevista na alínea anterior, ou outras que julgasse necessárias ao resguardo dos objetivos legais.

O ato de sustação de contratos era exclusivo do Congresso Nacional. O silêncio deste, no prazo de 30 dias, implicava a insubsistência da impugnação da despesa pelo Tribunal, que não poderia adotar nenhuma medida quanto à ilegalidade outrora apontada.

Eis a redação do §6º do art. 73 da Constituição de 1967 que tratou da matéria:

> §6º – O Congresso Nacional deliberará sobre a solicitação de que cogita a alínea c do parágrafo anterior, no prazo de trinta dias, findo o qual, sem pronunciamento do Poder Legislativo, será considerada insubsistente a Impugnação.

O §7º do dispositivo em exame instituiu o poder de veto do Poder Executivo à decisão do Tribunal de Contas que sustasse ato (alínea "b" do §5º). Conforme o dispositivo, o presidente da república poderá ordenar a execução do ato sustado pela Corte de Contas, *ad referendum* do Congresso Nacional.

O §8º atribuiu, ainda, ao Tribunal de Contas a competência de *julgar* a legalidade das concessões iniciais de aposentadorias, reformas e pensões, independendo de sua decisão as melhorias posteriores. O Tribunal possuía ampla autonomia no que se refere ao exame dos atos de pessoal.

Do exposto, verifica-se que a Constituição de 1967 substituiu o sistema de registro prévio pela fiscalização por meio da técnica de auditoria, instrumento de controle sucessivo à formação do ato e concomitante à execução orçamentária das despesas.

A alteração foi objeto de crítica e elogios por setores da doutrina e agentes públicos envolvidos na atividade de controle. Para Oswaldo Aranha Bandeira de Mello, o novo modelo representava a completa falência do controle do Tribunal de Contas, cuja atuação sem o veto absoluto nos casos de falta de saldo de crédito e nos de imputação a crédito impróprio perdia a sua "razão de ser".[53]

---

[53] MELLO, Oswaldo Aranha Bandeira de. Tribunais de contas: natureza, alcance e efeitos de suas funções. *Revista de Direito Público*, v. 18, n. 73, p. 181-192, jan./mar. 1985, p. 184.

Em posição oposta, Hely Lopes Meirelles assinala que, com a supressão dos registros da despesa e dos contratos que tanto emperravam a atuação do Executivo, "aliviou-se o Tribunal do julgamento de pequenos atos que em nada contribuíam para a probidade da Administração e atribuíram-se lhes funções de maior relevância e assessoramento administrativo na dinâmica governamental".[54]

Bruno Wilhelm Speck, por sua vez, registra que o modelo anterior era alvo de críticas por emperrar a Administração e dificultar a execução orçamentária. Segundo o autor, os prazos exíguos que eram dados ao Tribunal para manifestação não possibilitavam uma verificação criteriosa sobre a regularidade dos atos.[55] Com a técnica de controle seletivo, era possível a escolha dos objetos a serem fiscalizados, que, nesse caso, estariam sujeitos a um escrutínio mais aprofundado, no âmbito das auditorias.

Tal modificação ocorreu no contexto de implantação do sistema de controle interno pelo Decreto-Lei nº 200, de 25 de fevereiro de 1967, que promoveu a reforma administrativa no âmbito federal. Diante do novo quadro institucional, o controle prévio, não com o propósito de proceder ao registro, passou a ser exercido dentro da órbita do próprio poder que executava a atividade administrativa, o que denotava o ideal político da época, de fortalecimento do Poder Executivo.[56]

Todavia, a substituição do registro prévio pela fiscalização por auditorias teve como impacto a perda do poder de veto oportuno do controle exercido pelo TCU, que constituiu uma das premissas de sua criação, conforme o ideário de Rui Barbosa. Se antes o Tribunal podia impedir a realização de despesas irregulares antes de sua execução (poder de veto), no regime de 1967, tal função passou a ser executada por outro arranjo institucional e mediante o uso de outros instrumentos, *in casu*, a adoção do mecanismo de sustação. Nesse contexto, o controle de atos e contratos somente seria eficaz se os órgãos competentes deliberassem antes do exaurimento dos atos fiscalizados, ou seja, da realização de todas as despesas deles decorrentes.

Surge, então, a atribuição corretiva do TCU. Por meio dela, o Tribunal, se verificasse a ilegalidade de qualquer despesa, inclusive as decorrentes de contratos, aposentadorias, reformas e pensões, deveria assinar prazo razoável para que o órgão da Administração Pública adotasse as providências necessárias ao exato cumprimento da lei, conforme o art. 73, §5º, alínea "a", da Constituição de 1967.

Somente se o órgão não atendesse as determinações do Tribunal, surgia o poder de impedir. Nesse caso, o procedimento variava segundo a natureza do objeto fiscalizado. No caso de atos administrativos, o próprio Tribunal sustava a sua execução (art. 73, §5º, alínea "b"), podendo o presidente da república ordenar a execução do ato, *ad referendum* do Congresso Nacional (art. 73, §7º). Na hipótese de contrato, o Tribunal deveria solicitar ao Congresso Nacional que determinasse a medida anterior ou outras que julgasse necessárias ao resguardo dos objetivos legais (art. 73, §5º, alínea "c").

---

[54] MEIRELLES, Hely Lopes. A Administração Pública e seus controles. *Revista Direito Administrativo*, Rio de Janeiro, n. 114, p. 23-33, out./dez. 1973, p. 32.
[55] SPECK, Bruno Wilhelm. *Inovação e Rotina no Tribunal de Contas da União*: o papel da instituição superior de controle financeiro no sistema político-administrativo do Brasil. São Paulo: Fundação Konrad-Adenauer-Stiftung, 2000, p. 68-69.
[56] *Ibidem*, p. 67 e 69.

Considerando a premência da apreciação da matéria, no contexto de um controle concomitante à execução da despesa, era necessário que a manifestação formal dos órgãos de controle se desse de modo célere. Nesse sentido, o art. 73, §6º, da Constituição de 1967 estabeleceu que o Parlamento deveria decidir a respeito da solicitação do TCU, no prazo de trinta dias, findo o qual, sem o seu pronunciamento, a impugnação seria considerada insubsistente.

Dessa forma, verifica-se que o TCU perdeu o poder de veto prévio da execução de despesas decorrentes de atos e contratos irregulares, existente no regime de registro anterior, ficando, em seu lugar, o poder de impedir a realização de atos administrativos, que somente cabia após o descumprimento, pelo órgão fiscalizado, da ordem de correção exarada pelo Tribunal. Mesmo no caso de atos, esse poder de obstar era relativo e podia ser afastado por despacho do presidente da república, ficando a última palavra, também nesse caso, ao Congresso Nacional.

Trata-se o poder de veto, sucedâneo da atribuição corretiva, estabelecido caso esta não lograsse êxito em promover o retorno ao estado da legalidade. No caso de contratos, o novo regime não reservou ao Tribunal o poder de impedir a realização de despesas irregulares. A última palavra foi reservada ao Poder Legislativo, que deveria decidir sobre a sustação da execução de contratos em um prazo exíguo que, caso ultrapassado, implicava a continuidade da execução de despesas que o órgão técnico de controle havia considerado ilegais.

Para Bruno Wilhelm Speck, o novo arranjo de poderes representou o esvaziamento do poder de controle independente, principalmente se for considerado o contexto da época, em que vigia o regime militar.[57] Segundo o autor:

> Mais uma vez, a Constituição previu que os contratos irregulares fossem remetidos imediatamente ao Congresso Nacional, para que este tomasse uma decisão final, o que sugere um controle via instituições transmissoras. Mas o procedimento pelo qual o Congresso deveria se manifestar sobre essas contratações sinalizava que esse poder, na verdade, era simbólico. Tratava-se de decisão por decurso de prazo, presente em vários momentos da Constituição.[58]

Nesse cenário, era, de fato, compreensível que o sistema de controle não impedisse a atuação do Poder Executivo. Tanto é assim que, desde a implantação do novo regime, o Congresso Nacional somente sustou a execução de três contratos, conforme pesquisa realizada no sítio eletrônico do Poder Legislativo:[59]

- contrato entre o Governo da República dos Estados Unidos do Brasil e Guilherme Tell Bebianno, de 23.8.1965 – por meio do Decreto nº 14, de 1967;

---

[57] SPECK, Bruno Wilhelm. *Inovação e Rotina no Tribunal de Contas da União*: o papel da instituição superior de controle financeiro no sistema político-administrativo do Brasil. São Paulo: Fundação Konrad-Adenauer-Stiftung, 2000, p. 72.

[58] *Ibidem*, p. 72.

[59] Conforme consulta textual na página da legislação da Câmara dos Deputados. Disponível em: http://www2.camara.leg.br/busca/?o=relevance&v=legislacao&colecao=S&conteudolegin=sustar&numero=&ano=1967&tipo normaF=Decreto+Legislativo&tiponormaF=Decreto. Acesso em: 15 mar. 2015. O curioso é que os três decretos foram aprovados em um mesmo dia, em 17.5.1967, há aproximadamente quatro meses após a promulgação da nova Constituição.

- contrato entre o Governo da República dos Estados Unidos do Brasil e Anton Dakitsch – por meio do Decreto nº 15, de 1967;
- contrato de empréstimo entre a União Federal e o Estado do Espírito Santo – por meio do Decreto nº 17, de 1967.

2.2.2 Constituição de 1969

A Constituição de 1969 repetiu as regras da anterior. Todavia a Emenda Constitucional nº 7, de 1977, fez duas modificações às regras pertinentes ao controle do Tribunal de Contas:
- atribuiu a competência de *apreciar, para fins de registro*, a legalidade das concessões iniciais de aposentadorias, reformas e pensões (§7º do art. 72);
- permitiu que o presidente da república ordenasse o registro dos atos de concessões iniciais de aposentadorias, reformas e pensões, *ad referendum* do Congresso Nacional (§8º do art. 72).

Com isso, o presidente da república, juntamente com o Parlamento, passou a gozar de supremacia institucional frente ao Tribunal de Contas, no que se refere ao exame dos atos de pessoal.

Dessa forma, conclui-se que a história do controle de atos envolveu mudanças institucionais em sua forma e no modo de atuação das agências estatais encarregadas de sua promoção. Dentre as principais alterações, ressalta-se a passagem do sistema de registro prévio para a atuação por meio de fiscalizações, determinações corretivas e expedição de atos de sustação.

CAPÍTULO 3

CONTROLE FINANCEIRO SEGUNDO A CF/1988

Conforme o art. 70, *caput*, da CF/1988:

> [...] a fiscalização contábil, financeira, orçamentária, operacional e patrimonial da União e das entidades da administração direta e indireta, quanto à legalidade, legitimidade, economicidade, aplicação das subvenções e renúncia de receitas, será exercida pelo Congresso Nacional, mediante controle externo, e pelo sistema de controle interno de cada Poder.

Entende-se que o constituinte não foi muito feliz na redação do dispositivo, pois tratou das modalidades de fiscalização e dos parâmetros de controle, de uma forma um tanto confusa, sendo necessário certo esforço de interpretação. Dito isso, cabe conceituar os diversos elementos que integram o exercício da função de controle financeiro.

O controle financeiro é o que incide sobre os atos destinados à arrecadação, gestão e aplicação de bens e recursos públicos. Conforme visto, essa modalidade de controle tem como objetivo verificar a regularidade da guarda e do emprego dos bens, valores e dinheiros públicos e a fiel execução do orçamento.

Não há uniformidade na doutrina quanto à terminologia adotada a respeito dessa modalidade de controle. Os manuais de Direito Administrativo ou Financeiro costumam utilizar as expressões "controle financeiro", "controle da execução orçamentária" ou "controle do orçamento público" para delinear a função precípua dos tribunais de contas, não sendo possível identificar o termo predominante.

Conforme Marcos Abraham, a atividade financeira estatal pode ser conceituada como a função do Estado destinada a provê-lo com recursos financeiros suficientes para atender às necessidades públicas, envolvendo a arrecadação, a gestão e a aplicação desses recursos.[60] Para a realização dessa função, as nações se valem de um orçamento público, que é definido como "o instrumento de planejamento do Estado que permite estabelecer a previsão de suas receitas e a fixação de suas despesas para um determinado período de tempo".[61]

Isso significa que o controle da atividade financeira contempla não apenas a verificação dos atos de arrecadação, gestão e dispêndio dos recursos, como, ainda, a execução dos orçamentos. Não é por outra razão que o Direito Financeiro, cujo objeto de

---

[60] ABRAHAM, Marcus. *Curso de Direito Financeiro Brasileiro*. Rio de Janeiro: Forense, 2018, p. 20.
[61] ABRAHAM, Marcus. *Op. cit.*, p. 281.

estudo é justamente a atividade financeira estatal, é desdobrado em quatro segmentos: a receita, a despesa, o crédito público e orçamento.[62]

A Lei nº 4.320, de 17 de março de 1964, ao estatuir normas gerais de Direito Financeiro, usou a expressão controle da execução orçamentária, em seu art. 75. Todavia, o referido dispositivo fez menção a aspectos relacionados não apenas ao controle dos orçamentos e de seus programas, como também da atividade financeira propriamente dita. Segue a redação do dispositivo:

> Art. 75. O contrôle da execução orçamentária compreenderá:
> I – a legalidade dos atos de que resultem a arrecadação da receita ou a realização da despesa, o nascimento ou a extinção de direitos e obrigações;
> II – a fidelidade funcional dos agentes da administração, responsáveis por bens e valores públicos;
> III – o cumprimento do programa de trabalho expresso em têrmos monetários e em têrmos de realização de obras e prestação de serviços

Por toda essa sorte de argumentos, compreende-se que a expressão controle financeiro é a que melhor descreve os seus elementos característicos.

Essa modalidade de controle pertence ao ramo do Direito Financeiro. A propósito, há uma linha tênue que separa este do Direito Tributário, a qual se mostra importante, inclusive, para delimitar a partir de quando incide o controle dos Tribunais de Contas quanto aos atos de que resulte receita.

Segundo José de Ribamar Caldas Furtado:

> O pagamento do tributo pelo contribuinte, ou recebimento por parte da Fazenda Pública, representa o marco que divide o campo de interesse predominante do Direito Tributário da área de preponderante domínio do Direito Financeiro. Até o pagamento do tributo, as relações jurídicas entre fisco e contribuinte/responsável são disciplinadas pelo Direito Tributário; após o pagamento do tributo, começa a seara de interesse preponderante do Direito Financeiro, que atua disciplinando a atividade dos vários órgãos e entidades estatais no planejamento, formulação, execução e controle das políticas públicas contempladas pelo sistema orçamentário.[63]

Essa noção deve ser usada para interpretar o art. 75, inciso I, da Lei nº 4.320/1964, supracitado, e o art. 41 da LOTCU, quando prescreve que o "Tribunal efetuará a fiscalização dos atos de que resulte receita".

Dentro desse propósito, o TCU irá acompanhar a arrecadação da receita a cargo da União e das entidades da administração indireta, incluídas as fundações e sociedades instituídas e mantidas pelo poder público federal, mediante inspeções e auditorias, ou por meio de demonstrativos próprios, na forma estabelecida no Regimento Interno, conforme o inciso IV do art. 1º da LOTCU.

---

[62] FURTADO, José de Ribamar Caldas. O Direito financeiro. *Fórum de Contratação e Gestão Pública – FCGP*, Belo Horizonte, ano 6, n. 69, p. 3, set. 2007.
[63] FURTADO, José de Ribamar Caldas. O Direito financeiro. *Fórum de Contratação e Gestão Pública – FCGP*, Belo Horizonte, ano 6, n. 69, p. 7, set. 2007.

3.1 Modalidades de fiscalização

Segundo o texto, são essas as modalidades de fiscalização: contábil, financeira, orçamentária, operacional e patrimonial da União.

Essa atividade fiscalizatória materializa a função de controle externo sobre os atos praticados pelas entidades da administração direta e indireta, na gestão de dinheiros, bens e valores públicos, e sobre a aplicação das subvenções e renúncia de receitas. Conforme a parte final do art. 70 da CF/1988, ela será exercida pelo Congresso Nacional, mediante controle externo, e pelo sistema de controle interno de cada Poder.

Não há consenso quanto aos conceitos dos tipos de fiscalização trazidos pelo art. 70. Em verdade, os próprios manuais parecem não se preocupar tanto com a definição dessas modalidades de fiscalização, até porque, na prática, o exame dos aspectos contábeis, financeiros, orçamentários e patrimoniais dos balanços das entidades, para fins de julgamento das contas, ocorre de maneira conjunta.[64] Exceção deve ser feita ao conceito de fiscalização operacional, que será objeto de tratamento específico adiante.

Fazendo um esforço de delimitação do sentido das expressões usadas no Texto Constitucional, a fiscalização contábil envolve a análise dos balanços e das demonstrações contábeis das entidades jurisdicionadas a fim de verificar a integridade, a veracidade e a fidedignidade dos registros quanto ao propósito elementar de aferir o patrimônio das entidades públicas.

A fiscalização financeira propriamente dita tem como objetivo verificar "a posição financeira, o desempenho, o fluxo de caixa ou outros elementos que são reconhecidos, mensurados e apresentados em demonstrações financeiras".[65] Dito de outra forma, o seu objeto são as demonstrações financeiras, ou seja, os registros das receitas e as despesas, com vistas à apuração do resultado financeiro do exercício.

A fiscalização orçamentária tem como propósito verificar a conformidade da execução dos orçamentos aprovados pelos órgãos legislativos federais.

A fiscalização patrimonial busca examinar a regularidade do registro, da identificação e da guarda dos bens públicos.

A fiscalização operacional contempla o:

> exame independente, objetivo e confiável que analisa se empreendimentos, sistemas, operações, programas, atividades ou organizações do governo estão funcionando de acordo

---

[64] Conforme as Normas de Auditoria Governamental (NAG) aplicáveis ao Controle Externo Brasileiro, aprovadas pelo Instituto Rui Barbosa, essa modalidade de fiscalização envolve, na prática, os outros tipos elencados no Texto Constitucional. Nessa perspectiva, a auditoria contábil contempla o "exame das demonstrações contábeis e outros relatórios financeiros com o objetivo de expressar uma opinião – materializada em um documento denominado relatório de auditoria – sobre a adequação desses demonstrativos em relação a estas NAGs, aos Princípios de Contabilidade (PCs), às Normas Brasileiras de Contabilidade (NBCs), sejam elas profissionais ou técnicas, e à legislação pertinente. Em uma auditoria contábil o profissional de auditoria governamental deverá verificar se as demonstrações contábeis e outros informes representam uma visão fiel e justa do patrimônio envolvendo questões orçamentárias, financeiras, econômicas e patrimoniais, além dos aspectos de legalidade." (INSTITUTO RUI BARBOSA. Normas de Auditoria Governamental (NAGS). Palmas: IRB, 2011, p. 12).

[65] ISSAI 100. Normas Internacionais das Entidades Fiscalizadoras Superiores (ISSAI). Princípios Fundamentais de Auditoria (nível 3). Brasília: Secretaria de Relações Internacionais (Serint/TCU). p. 6. Disponível em: https://portal.tcu.gov.br/biblioteca-digital/normas-internacionais-das-entidades-fiscalizadoras-superiores-issai-principios-fundamentais-de-auditoria-nivel-3.htm. Acesso em: 26 maio 2023.

com os princípios de economicidade, eficiência, eficácia e efetividade e se há espaço para aperfeiçoamento.[66]

3.2 Parâmetros de controle

O exercício da função de controle, por meio da fiscalização contábil, financeira, orçamentária, operacional e patrimonial da União ocorrerá segundo os parâmetros da legalidade, legitimidade e economicidade.

3.2.1 Controle da legalidade

Com relação ao exame da legalidade, cuida-se do exame dos atos da administração sob a perspectiva de sua conformidade com as normas que regem a gestão dos bens e recursos públicos.

Nesse ponto, busca-se discutir se o TCU aprecia a legalidade dos atos da administração em sentido amplo, isto é, por meio de seu contrasteamento com a ordem jurídica geral, ou em sentido restrito, mediante o cotejo do objeto com as normas que relativas à atividade contábil, financeira, orçamentária, operacional e patrimonial.

Com relação à questão proposta, a doutrina consultada diverge quanto à abrangência do controle de legalidade atribuída ao Tribunal pelas disposições constitucionais.

Para Ricardo Lobo Torres, o controle tem como objetivo proteger a segurança jurídica e os direitos fundamentais inerentes ao cidadão contribuinte. O autor entende que o Tribunal deve proceder ao escrutínio amplo da legalidade, em uma dimensão superior à mera legalidade estrita. Porém, ele indica como parâmetro as normas e princípios atinentes ao sistema orçamentário e financeiro. Em suas palavras:

> O controle da validade formal se concentra sobre a legalidade dos atos e operações necessárias à execução do orçamento. Mas não se esgota na legalidade estrita, na mera adequação do ato à lei formal, senão que tem por finalidade preservar a própria segurança jurídica, que é um dos valores fundamentais do direito, ao lado da justiça, com a qual deve estar em permanente harmonia. Conseguintemente, o controle se estende aos demais princípios derivados da ideia de segurança dos direitos fundamentais, como sejam a tipicidade, a transparência tributária e orçamentária, proibição de vinculação de receita, a irretroatividade, a anualidade, a anterioridade etc., que todos também são corolários do princípio maior da legalidade.[67]

Nesse passo, assinala que o controle da legalidade implica o exame:

---

[66] BRASIL. Tribunal de Contas da União. Secretaria-Geral de Controle Externo (Segecex). Manual de auditoria operacional. Brasília: TCU, 2020, p. 14.
[67] TORRES, Ricardo Lobo. A legitimidade democrática e o Tribunal de Contas. *Revista Direito Administrativo*, Rio de Janeiro, n. 194, p. 31-45, out./dez. 1993, p. 35.

[...] da adequação da gestão financeira ao orçamento e às leis materiais dos tributos e da despesa pública, o que compreende inclusive o controle dos atos normativos da Administração e o da superlegalidade, ou seja, o da constitucionalidade das leis e atos administrativos.[68] [69]

Em sentido próximo, Hely Lopes Meirelles[70] fala em controle da "legalidade contábil e financeira", posição também adotada por Amauri Feres Saad, que, por sua vez, delimita expressamente o que entende como o parâmetro de legalidade a ser utilizado no controle financeiro pelo TCU:

> O campo de atuação do tribunal de contas, no tocante à legalidade da atuação administrativa, cingir-se-á, sobretudo, à fiscalização quanto à obediência das normas atinentes à responsabilidade fiscal, a emissão do empenho da despesa ou do adiantamento, incluindo-se aí o respeito aos limites dos créditos definidos no orçamento anual, as limitações relacionadas ao período eleitoral, a vedação à realização de despesa sem prévio empenho, o remanejamento das contas orçamentárias e, principalmente, a realização da devida liquidação antes de qualquer pagamento com recursos públicos (art. 58 a 70 da Lei 4.320, de 17.3.1964).[71]

No polo oposto, Celso Antônio Bandeira de Mello pondera, em comentário ao art. 72, §5º, da Emenda Constitucional nº 1, de 17 de outubro de 1969, que o exame da legalidade deve ir além das normas específicas de Direito Financeiro. Pelo seu didatismo e por expressar entendimento antagônico ao já transcrito, cabe colacionar as suas palavras:

> Não há, no teor deste versículo, qualquer cerceio, qualquer embargo ou qualquer empeço à *amplitude da análise jurídica dos atos controlados* – porque nele se disse ilegalidade de qualquer despesa. *A ilegalidade de uma despesa não decorre, apenas, da ausência de verba própria, da ubiquação em rubrica errada, pois a legalidade de uma despesa depende da observância de inúmeros requisitos*. Eis porque sua análise pressupõe o amplo completo exame de todos os requisitos de validade do ato administrativo; vale dizer: da completa lisura dos pressupostos de validade do ato que se conduz à despesa. Aliás, se assim não o fora, *jamais o Tribunal de Contas poderia verificar se houve ou não a licitação que deve preceder o contrato; jamais poderia verificar se foi correta a adjudicação que redundou no chamado contrato administrativo*, celebrado com quem estava em 4º lugar, na classificação e, não, com quem estava em 1º. *De outra parte, como dar-se por legal um contrato, dar-se por legítima a despesa, realizada em tais condições?* (grifos nossos).[72]

Debruçando-se sobre o regime constitucional atual, Lúcia Valle Figueiredo também é favorável a que o controle financeiro faça uso de um parâmetro mais amplo,

---

[68] TORRES, Ricardo Lobo. A legitimidade democrática e o Tribunal de Contas. *Revista Direito Administrativo*, Rio de Janeiro, n. 194, p. 31-45, out./dez. 1993, p. 35-36.
[69] Segundo a Súmula STF 347, "o Tribunal de Contas, no exercício de suas atribuições, pode apreciar a constitucionalidade das leis e dos atos do poder público". Porém, os efeitos do eventual afastamento de uma lei pelo TCU, por considerá-la inconstitucional, se atém ao caso concreto e nas estreitas lindes da atividade de controle realizada.
[70] MEIRELLES, Hely Lopes de. *Direito Administrativo Brasileiro*. São Paulo: Malheiros, 2016, p. 842.
[71] SAAD, Amauri Feres. O controle dos tribunais de contas sobre contratos administrativos. In: MELLO, Celso Antônio Bandeira de; FERRAZ, Sérgio; ROCHA, Silvio Luís Ferreira da; SAAD, Amauri Feres (org.). *Direito Administrativo e liberdade*. Estudos em homenagem a Lúcia Valle Figueiredo. São Paulo: Malheiros Editores, 2014, p. 59-131, p. 78.
[72] MELLO, Celso Antônio Bandeira de. O Tribunal de Contas e sua jurisdição. *Revista do Tribunal de Contas do Município de São Paulo*, v. 12, n. 38, p. 20-28, ago. 1983, p. 23.

ao assinalar, como pretensão do art. 70 da CF/1988, "[...] que o controle se exerça não apenas sobre a legalidade em sentido estrito, porém levando em consideração o direito, em sua plenitude, tal seja, o complexo de normas e princípios".[73]

Numa visão ainda mais abrangente, Evandro Martins Guerra, Denise Mariano de Paula e Wremyr Scliar entendem que o controle de legalidade a ser realizado pelo TCU deve extrapolar o controle das finanças e servir como instrumento de proteção e garantia dos direitos fundamentais.[74] [75]

Com relação ao assunto, entende-se que não é toda e qualquer norma de Direito público que pode ser manejada e interpretada pelo TCU para fins de aplicação de sanção, apuração de responsabilidade financeira ou mesmo para expedição de medidas de controle prospectivo e pedagógico das demais unidades administrativas.

Afinal, o TCU não é um tribunal administrativo, nos moldes do Conselho de Estado e dos tribunais administrativos da França (Décret 63-1336 du 30 décembre 1963), do Tribunal Administrativo Regional da Itália (Legge 6 dicembre 1971, n. 1034) e do Supremo Tribunal Administrativo de Portugal (Lei n.º 13/2002, de 19 de fevereiro), uma vez que ele não tem competência para resolver litígios dos quais tomem parte as entidades do Estado.

As competências atribuídas ao TCU constam da seção IX do capítulo I do Título IV da CF/1988, intitulada da "Fiscalização Contábil, Financeira e Orçamentária", o que implica que o controle de legalidade efetuado pelo Tribunal tem como propósito verificar o atendimento das normas contábeis, financeiras, orçamentárias, operacionais e patrimoniais às quais se submetem os órgãos e entidades da Administração Pública Federal.

Tanto é assim que o art. 58, inciso II, da Lei nº 8.443/1992, ao especificar o parâmetro de legalidade a ser utilizado para a imputação de sanção pelo Tribunal, indicou, indicou como hipótese para a aplicação de sanção o "ato praticado com grave infração à norma legal ou regulamentar de natureza contábil, financeira, orçamentária, operacional e patrimonial".

A despeito disso, diverge-se do posicionamento de que o controle de legalidade efetivado pelo TCU deve se ater à verificação do cumprimento das normas de Direito Financeiro e Orçamentário, principalmente se tal conjunto normativo for entendido como as disposições da Lei nº 4.320, de 17 de março de 1964, da Lei Complementar nº 101, de 4 de maio de 2000 (Lei de Responsabilidade Fiscal), e do capítulo II do Título VI da CF/1988, que trata das finanças públicas.

Conforme será descrito no item 3.3 deste capítulo, o espaço objetivo de incidência do controle externo se dá sobre todos os atos que integram o processo de execução da despesa e realização de receita, o que implica, por consequência, a perquirição do cumprimento de todas as normas jurídicas aplicáveis a tais atos, isto é, de todo o seu regime jurídico.

---

[73] FIGUEIREDO, Lúcia Valle. *Controle da Administração Pública*. São Paulo: Revista dos Tribunais, 1991, p. 35.
[74] GUERRA, Evandro Martins; PAULA, Denise Mariano de. A função jurisdicional dos Tribunais de Contas. *Fórum Administrativo – FA*, Belo Horizonte, ano 13, n. 143, jan. 2013. Disponível em: http://www.bidforum.com.br/bid/PDI0006.aspx?pdiCntd=84238. Acesso em: 18 abr. 2015, p. 1.
[75] SCLIAR, Wremyr. Controle externo brasileiro: poder legislativo e tribunal de contas. *Revista de informação legislativa*, v. 46, n. 181, p. 249-275, jan./mar. 2009, p. 253.

Nesse sentido, faz parte do parâmetro de legalidade a ser utilizado no controle financeiro, além das normas orçamentárias e de finanças públicas supramencionadas, todo o conjunto de regras que rege os procedimentos de licitação pública, dispensa ou inexigibilidade, a formação de contratos administrativos e, ainda, as normas infralegais que regulamentam as primeiras, como por exemplo as regras sobre a elaboração de projetos e a definição de custos.

A propósito, esse espaço de atuação do controle do TCU é previsto expressamente no art. 170, §4º, da Lei nº 14.133, de 1º de abril de 2021, quando assinala que "qualquer licitante, contratado ou pessoa física ou jurídica poderá representar aos órgãos de controle interno ou ao tribunal de contas competente contra irregularidades na aplicação desta Lei".

No Direito Comparado, cita-se a doutrina de José F. F. Tavares, que, embora esteja voltada à discussão do Direito português com as suas peculiaridades, pode ser usada como inspiração para a discussão da presente matéria, pela semelhança do propósito da função de controle financeiro, aqui e lá.

Conforme o art. 44 da Lei nº 98, de 26 de agosto de 1997, que trata da organização e processo do Tribunal de Contas de Portugal, a fiscalização prévia naquele país tem por fim "verificar se os atos, contratos ou outros instrumentos geradores de despesa ou representativos de responsabilidades financeiras diretas ou indiretas *estão conformes às leis em vigor e se os respetivos encargos têm cabimento em verba orçamental própria*" (grifos nossos).

Segundo o item 3 do dispositivo mencionado:

3 – Constitui fundamento da recusa do visto a desconformidade dos atos, contratos e demais instrumentos referidos com as leis em vigor que implique:
a) Nulidade;
b) Encargos sem *cabimento em verba orçamental* própria ou violação direta de *normas financeiras*;
c) Ilegalidade que altere ou possa alterar o respetivo resultado financeiro.

Com isso, percebe-se que o conteúdo jurídico do controle de legalidade em Portugal abrange, expressamente, como categorias distintas, o regime jurídico de formação dos atos jurídicos que dizem respeito à realização da despesa e às leis orçamentárias e financeiras.

Ainda que a norma fale em verificação da conformidade com "as leis em vigor", José F. F. Tavares assinala que a expressão deve ser enquadrada num âmbito que tenha em atenção a razão de ser e as atribuições do Tribunal de Contas.[76] Nesse sentido:

Daí que tenhamos de encontrar na ordem jurídica critério(s) de seleção dos aspectos de legalidade relevantes, sem prejuízo de, como já notámos (sic), darmos ao *princípio da legalidade* um conteúdo enriquecido, identificando-o com o *princípio da juridicidade*, como defende VIEIRA DE ANDRADE, ou com o *princípio da justiça*, como sustenta MARIA DA GLÓRIA

---

[76] TAVARES, José F. F. *O Tribunal de Contas*. Do visto em especial. Conceito, natureza e enquadramento na atividade de administração. Coimbra: Almedina, 1998, p. 190.

FERREIRA PINTO DIAS GARCIA, ou ainda, com o *bloco de legalidade*, a que se refere, por exemplo, MARCELO REBELO DE SOUSA.[77] (destaques no original).

Na linha do pensamento do autor, é preciso identificar na ordem jurídica brasileira quais as regras que estejam direcionadas à promoção do bem jurídico tutelado pela função de controle, que são a regularidade da guarda e do emprego dos bens, valores e dinheiros públicos e a fiel execução do orçamento.

Nesse passo, todas as normas jurídicas que visam reger as etapas do processo orçamentário de execução da despesa pública e proteger o Erário podem e devem ser manuseadas pelo TCU como parâmetro jurídico da sua atividade de controle.

Ficam de fora desse conjunto as normas jurídicas voltadas à proteção de outros valores jurídicos, como as previstas no art. 5º e demais dispositivos do Título II da CF/1988, que tratam dos direitos e garantias fundamentais. Embora o TCU colabore, de maneira reflexa, com a promoção e a tutela de tais direitos e liberdades, haja vista a sua atuação em defesa da boa e regular aplicação dos recursos públicos, ele não age, diretamente, como um órgão de proteção dos direitos individuais e coletivos e, ainda, do interesse difuso e coletivo.

Seu campo de atuação é um só, o de proteção do Erário, em nome do qual realiza o controle de toda a atividade administrativa de gestão de bens e recursos públicos, mediante o confronto dos atos praticados nesse contexto com os parâmetros jurídicos voltados à tutela daqueles bens jurídicos. Somente nesse sentido, a ação do TCU protege a esfera de direitos individuais e coletivos, quando zela pelo escorreito manuseio dos recursos arrancados do contribuinte via tributação.

Afinal, as competências que foram deferidas ao TCU têm como propósito possibilitar que ele cumpra a sua função de controle das finanças públicas, de modo que não cabe a ele a realização de tarefas que não sejam articuladas com essa função, como é o caso da violação de direitos individuais e coletivos.

Como consequência, não faz parte do parâmetro de legalidade a ser utilizado pelo Tribunal em sua atividade de controle financeiro o conjunto normativo que trata dos direitos e garantias fundamentais, cuja eventual violação deve ser levada à apreciação do Poder Judiciário pela parte prejudicada e pelas instâncias legitimadas de representação individual e coletiva, por meio de ação própria e remédios constitucionais.

O TCU não é o guardião da legalidade e da ordem jurídica geral, ainda que o agente responsável pela violação integre a Administração Pública e aja em seu nome. Tal função foi deferida ao Ministério Público, que, nos termos do art. 129 da CF/1988, foi encarregado da defesa da ordem jurídica, do regime democrático e dos interesses sociais e individuais indisponíveis.

Apenas se a violação de tais valores atingir, ainda que de maneira reflexa, o bem jurídico tutelado pelo controle financeiro, ou seja, o Erário, caberá a atuação de controle do TCU. Porém, mesmo nessa hipótese, o Tribunal não realizará o contrasteamento da atividade da Administração com a ordem jurídica em geral, mas com as normas que

---

[77] TAVARES, José F. F. *O Tribunal de Contas*. Do visto em especial. Conceito, natureza e enquadramento na atividade de administração. Coimbra: Almedina, 1998, p. 191.

digam respeito à proteção do Erário e das finanças públicas, com vistas ao exercício de suas competências.

Dessa forma, conclui-se que o parâmetro de legalidade a ser utilizado no controle financeiro é formado pelo conjunto de normas que disciplinam o regime jurídico dos atos que compõem o processo de execução da despesa, realização de receita e gestão do patrimônio público e as disposições que visam proteger o Erário, os quais constituem os bens jurídicos tutelados por essa modalidade de controle.

3.2.2 Controle da legitimidade

Para o estudo do tema, cabe inicialmente delimitar o que vem a ser legitimidade. Trata-se de expressão com grande amplitude semântica, existindo vários entendimentos na doutrina quanto ao seu exato alcance. Esse aspecto já sinaliza uma maior discricionariedade do julgador de contas ao fazer uso desse critério no exercício de suas competências de controle externo.

Para Diogo de Figueiredo Moreira Neto, a legitimidade de uma ação estatal está relacionada à sua capacidade de refletir o interesse público da sociedade organizada.[78] Nessa perspectiva, ela deriva diretamente do princípio democrático, informando a relação entre a vontade geral do povo e as suas expressões políticas, administrativas e judiciárias. Nas palavras do autor, "é essa vontade geral popular, em última análise, a definidora dos interesses públicos, que deve ser atendida pela ação do Estado, especificamente, em sua atividade administrativa".[79]

Em sentido próximo, José de Ribamar Caldas Furtado associa legitimidade ao que é justo e democrático. Segundo ele, o constituinte de 1988 imaginou a fiscalização indo além do controle formal de legalidade, alcançando a análise da gestão, o controle de resultados e o exame da efetivação de justiça na aplicação de recursos públicos. Para o autor:

> Uma conduta é tida como legal quando permitida por lei; é legítima quando moralmente justa. Sucede que a lei nem sempre reflete o que é melhor, mais adequado, justo e democrático, afinal a dimensão normativa não está imune às disputas políticas que reproduzem a estrutura e a dinâmica da dominação. Desse modo, a ideia de legitimidade é também utilizada para qualificar a norma jurídica como justa ou não.[80]

Tomando como base o pensamento de José de Ribamar Caldas Furtado, as ações estatais serão consideradas legítimas se atenderem à ideia de justiça distributiva, ou seja, se forem aptas a gerar resultados que se mostrem úteis para remediar as necessidades da maioria da sociedade.

---

[78] MOREIRA NETO, Diogo de Figueiredo. *Legitimidade e discricionariedade*. Rio de Janeiro: Forense, 1998, p. 13.
[79] MOREIRA NETO, Diogo de Figueiredo. *Curso de Direito Administrativo*: Parte Introdutória, Parte Geral e Parte Especial. Rio de Janeiro: Forense, 2006. p. 82.
[80] FURTADO, José de Ribamar Caldas. O controle de legitimidade do gasto público. *Fórum de Contratação e Gestão Pública – FCGP*, Belo Horizonte, ano 5, n. 54, jun. 2006. Disponível em: http://www.bidforum.com.br/bid/PDI0006.aspx?pdiCntd=35837. Acesso em: 2 jul. 2022.

Numa visão mais ampla, Ricardo Lobo Torres defende essa modalidade de controle como uma forma de aferir a própria legitimidade do Estado Democrático de Direito. Em suas palavras:

> a legitimidade do Estado Democrático depende do controle da legitimidade da sua ordem financeira. Só o controle rápido, eficiente, seguro, transparente e valorativo dos gastos públicos legitima o tributo, que é o preço da liberdade. O aperfeiçoamento do controle é que pode derrotar a moral tributária cínica, que prega a sonegação e a desobediência civil a pretexto da ilegitimidade da despesa pública.[81]

Rafael Rezende Oliveira define legitimidade como a adequação do ato com os princípios consagrados no ordenamento jurídico (juridicidade).[82]

Maria Sylvia Zanella Di Pietro, por sua vez, associa o controle de legitimidade à análise do mérito do ato administrativo, no que se refere ao atendimento das prioridades estabelecidas no plano plurianual.[83]

Diante da imprecisão do termo e das diversas concepções adotadas pela doutrina, seria importante que as normas legais e infralegais disciplinassem os critérios para o controle da legitimidade dos atos de gestão de bens e recursos públicos. Todavia, não houve preocupação do legislador e dos próprios tribunais de contas quanto ao assunto, o que acabou gerando um grande espaço de discricionariedade para o julgador de contas na utilização desse parâmetro para a avaliação da gestão dos responsáveis.

Entende-se que o controle da legitimidade das despesas contempla o exame da qualidade do gasto público quanto à sua capacidade de endereçar a solução dos problemas mais prementes da população. Nessa perspectiva, ele envolve a análise da razoabilidade da alocação dos recursos públicos no tocante ao correto escalonamento de prioridades.

Nessa perspectiva, de ampla discricionariedade e imprecisão semântica quanto ao que é razoável e justo, compreende-se que o controle de legitimidade deve prestigiar a correção de eventuais falhas nas escolhas da Administração quanto à alocação dos recursos públicos, mediante o estabelecimento de um diálogo com as entidades jurisdicionadas, visando identificar erros e induzir a busca de melhores soluções em suas ações futuras.

Entende-se que o controle de legitimidade deve ter um viés mais pedagógico e prospectivo, atuando, precipuamente, mediante a expedição de recomendações (*soft control*). O julgamento das contas pela irregularidade e a imputação de sanções, pela prática de ato de gestão ilegítimo, somente devem ocorrer em situações extremas, de evidente falta de razoabilidade e carência de senso de justiça na alocação de recursos públicos.

---

[81] TORRES, Ricardo Lobo. *Tratado de Direito Constitucional Financeiro e Tributário*: Orçamento na Constituição. Rio de Janeiro: Renovar, 2000. v. 5, p. 382.
[82] OLIVEIRA, Rafael Rezende. *Curso de Direito Administrativo*. São Paulo: Método, 2018. p. 854.
[83] DI PIETRO, Maria Sylvia Zanella. *Direito Administrativo*. São Paulo: Atlas, 2017, p. 987.

3.2.3 Controle de economicidade

Com relação ao exame dos atos da Administração sob o critério da economicidade, adota-se a definição trazida no Manual de Auditoria Operacional do TCU, que situa a economicidade como uma das dimensões de desempenho a serem avaliadas em fiscalizações desse tipo, ao lado da eficiência, da eficácia e da efetividade.

Conforme o referido manual, a economicidade é a minimização dos custos dos recursos utilizados na consecução de uma atividade, sem comprometimento dos padrões de qualidade.[84] Nesse sentido, o termo está relacionado com a capacidade de uma instituição de gerir adequadamente os recursos financeiros colocados à sua disposição, estando, portanto, associado à busca de economia na execução de despesas, seja pela redução dos insumos alocados em certa atividade, seja pela busca do menor preço possível em sua aquisição.

Embora ausente nas constituições anteriores, o exame da economicidade constitui a vocação natural de instituições como o Tribunal de Contas, cujo propósito principal é resguardar as finanças públicas contra o mau uso dos dinheiros públicos.

Tal ideia encontra-se na exposição de motivos do Decreto nº 966-A, de 7 de novembro de 1890, que indicava como uma das razões para a criação do Tribunal de Contas "a necessidade de tornar o orçamento uma instituição inviolável e soberana, em sua missão de prover as necessidades públicas mediante o menor sacrifício dos contribuintes, a necessidade urgente de fazer dessa lei uma força da nação".[85]

Por esse motivo, a verificação da economicidade dos atos e contratos ocorre, de modo recorrente, nos diversos processos de controle externo. Esse parâmetro de controle reverbera a obrigação geral de todo agente público de gerir adequadamente o patrimônio público e buscar a economia na execução de despesas, não causando prejuízo ao Erário. Tal obrigação de minimizar custos foi positivada em várias normas sobre contratações públicas, de sorte que a sua violação representa, em essência, uma infração ao próprio critério da legalidade.

A propósito do assunto, seguem as disposições da Lei nº 8.666, de 21 de junho de 1993, que expressam a ideia de economicidade:

> a) Art. 3º. A licitação destina-se a garantir a observância do princípio constitucional da isonomia, a seleção da proposta mais vantajosa para a administração [...];
> b) Art. 15. As compras, sempre que possível, deverão: [...] IV – ser subdivididas em tantas parcelas quantas necessárias para aproveitar as peculiaridades do mercado, visando economicidade;
> c) Art. 43. A licitação será processada e julgada com observância dos seguintes procedimentos: [...] IV – verificação da conformidade de cada proposta [...] com os preços correntes no mercado ou fixados por órgão oficial competente, ou ainda com os constantes do sistema de registro de preços, os quais deverão ser devidamente registrados na ata de julgamento, promovendo-se a desclassificação das propostas desconformes ou incompatíveis.

---

[84] BRASIL. Tribunal de Contas da União. Secretaria de Fiscalização e Avaliação de Programas de Governo (Seprog). Manual de auditoria operacional. 3. ed. Brasília: TCU, 2010, p. 11.

[85] BARBOSA, Rui. Exposição de motivos de Rui Barbosa sobre a criação do TCU. *Revista do Tribunal de Contas da União*, v. 30, n. 82, p. 253-262, out./dez. 1999, p. 253.

O princípio da economicidade foi tornado expresso na Lei nº 14.133, de 1º de abril de 2021, que substituiu a Lei nº 8.666/1993 como norma geral de licitações e contratos. Seguem os comandos da nova legislação a respeito do tema:

> a) Art. 5º Na aplicação desta Lei, serão observados os princípios da [...] economicidade;
> b) Art. 18. [...] §1º O estudo técnico preliminar a que se refere o inciso I do caput deste artigo [...] conterá os seguintes elementos: [...] X – demonstrativo dos resultados pretendidos em termos de economicidade e de melhor aproveitamento dos recursos humanos, materiais e financeiros disponíveis;
> c) Art. 23. O valor previamente estimado da contratação deverá ser compatível com os valores praticados pelo mercado, considerados os preços constantes de bancos de dados públicos e as quantidades a serem contratadas, observadas a potencial economia de escala e as peculiaridades do local de execução do objeto;
> d) Art. 25. [...] §6º Os licenciamentos ambientais de obras e serviços de engenharia licitados e contratados nos termos desta Lei [...] deverão ser orientados pelos princípios da celeridade, da cooperação, da economicidade e da eficiência;
> e) Art. 40. [...] §2º Na aplicação do princípio do parcelamento, referente às compras, deverão ser considerados: [...] II – o aproveitamento das peculiaridades do mercado local, com vistas à economicidade, sempre que possível, desde que atendidos os parâmetros de qualidade;

O novel estatuto também disciplinou o modo de aferir os valores praticados no mercado quando da elaboração dos orçamentos estimativos das contratações públicas, tornando ainda mais objetiva a verificação da economicidade em matéria de licitações públicas.

Dentro dessa lógica, é evidente que a licitação pública deve perseguir a celebração de contratos que impliquem o menor dispêndio para o Estado, cumpridos os requisitos de qualidade e as especificações exigidas no edital.

O controle da economicidade pode se dar sobre o funcionamento de uma entidade ou sobre uma política pública. Nessa perspectiva, a avaliação da economicidade possui íntima conexão com o controle da legalidade e da legitimidade.

Caso a violação à economicidade seja considerada grosseira, a partir de critérios objetivos de avaliação, haveria simultaneamente uma infração ao parâmetro da legalidade, de modo que o TCU poderia expedir determinações corretivas, a fim de instar a entidade a adotar medidas concretas visando à minimização de custos de sua operação.

Por outro lado, se a violação à economicidade não for grosseira, mas for possível otimizar o funcionamento do objeto fiscalizado, haveria uma espécie de infração ao parâmetro da legitimidade, o que desencadearia uma espécie de *soft control* do TCU, mediante a expedição de recomendações objetivando à melhoria na atuação da entidade.

A avaliação da economicidade pode ocorrer, ainda, sobre atos concretos da Administração (atos e contratos administrativos). A infração ao princípio da economicidade, nessa perspectiva, pode levar à expedição de determinação para correção do ato ou contrato e, se for o caso, para a sua invalidação, caso a Administração não proceda à correção da irregularidade. Caso os prejuízos tenham sido consumados, a infração ao critério da economicidade pode ensejar a responsabilidade financeira dos agentes públicos e das pessoas privadas que derem causa ao dano, sem prejuízo da aplicação de sanções.

3.3 O espaço objetivo de incidência do controle financeiro realizado pelo Tribunal de Contas da União

Dentre as diversas atribuições reservadas ao TCU pelo constituinte originário, é importante destacar a estatuída no art. 71, incisos VIII e IX, da CF/1988. Segundo os dispositivos mencionados, cabe ao TCU "aplicar aos responsáveis, em caso de ilegalidade de despesa ou irregularidade de contas, as sanções previstas em lei" e "assinar prazo para que o órgão ou entidade adote as providências necessárias ao exato cumprimento da lei, se verificada ilegalidade".

Todavia, as disposições não são claras sobre o objeto do controle realizado pelo Tribunal. Enquanto o primeiro inciso fala em "ilegalidade da despesa", o segundo utiliza a expressão "ilegalidade, sem qualquer indicação adicional, como condição para o exercício do controle corretivo".

Dessa forma, diante da variedade de instâncias de controle, segundo a estrutura orgânica definida pela CF/1988, mostra-se importante definir o espaço de incidência objetiva do controle externo. A demarcação do papel exercido pelo TCU possui relevância para compreender os limites de sua atuação, os resultados possíveis de seu trabalho e os pontos de contato de sua competência com a de outros órgãos constitucionais voltados ao controle da legalidade da Administração Pública.

O objetivo do presente tópico é estudar a atividade de controle realizada pelo TCU, especificamente o seu espaço objetivo de incidência.

A propósito desse estudo, cabe um pequeno esclarecimento sobre o conceito de "espaço objetivo de incidência". A expressão foi extraída da doutrina de José F.F. Tavares e pode ser definida, segundo se depreende da obra, como o universo de atos jurídicos sobre os quais a atuação do Tribunal de Contas da União, *in casu*, incide.[86]

Nesse cenário, cabe perquirir se o controle financeiro do TCU se dá sobre os atos de despesa, ou seja, as ordens de pagamento, ou se contempla também os atos preparatórios e os contratos administrativos que lhe deram origem. Em outros termos, cumpre examinar se o processo de controle efetuado pelo TCU resulta em um juízo sobre a legalidade dos atos que autorizaram as despesas ou sobre os atos e contratos que lhe deram causa.

Embora tais aspectos não tenham sido debatidos na doutrina nacional, possivelmente em razão do histórico e da prática do TCU – desde a origem apreciou a legalidade de atos em geral e contratos que dizem respeito à despesa –, eles merecem ser discutidos sob o ponto de vista da dogmática jurídica, a fim de possibilitar um olhar científico sobre a realidade dos fatos disciplinados pela norma jurídica.

Passemos, inicialmente, ao estudo dos textos jurídicos relacionados ao controle realizado pelo TCU.

Diferentemente das constituições anteriores, conforme será ilustrado a seguir, a Carta de 1988 não prevê expressamente a competência do TCU de julgar ou verificar a legalidade de atos e contratos administrativos.

---

[86] TAVARES, José F. F. *O Tribunal de Contas*. Do visto em especial. Conceito, natureza e enquadramento na atividade de administração. Coimbra: Almedina, 1998, p. 68 e 81.

Nesse sentido, o art. 71 somente trata da apreciação, para fins de registro, da legalidade dos atos de admissão de pessoal e das concessões de aposentadorias, reformas e pensões (inciso IV); da possibilidade de aplicação de sanção aos responsáveis em razão de ilegalidade de despesa (inciso VIII); e da assinatura de prazo para que o órgão ou entidade adote as providências necessárias ao exato cumprimento da lei, se verificada ilegalidade (inciso IX), sem se reportar, neste último caso, se a ilegalidade é da despesa ou do ato (em sentido largo) que lhe deu origem.

A presente dúvida ganha relevo se levada em conta a redação dos dispositivos constitucionais anteriores e da legislação ordinária (transcritos no essencial).

> a) Constituição de 1934:
> Art. 101 – Os *contratos* que, por qualquer modo, interessarem imediatamente à receita ou à despesa, só *se reputarão perfeitos e acabados*, quando *registrados* pelo Tribunal de Contas. [...]
> §1º – Será sujeito ao *registro prévio* do Tribunal de Contas *qualquer ato* de *Administração Pública*, de que *resulte obrigação de pagamento* pelo Tesouro Nacional, ou por conta deste. (grifos nossos)
> Constituição de 1937:
> Art. 114 – Para acompanhar, diretamente ou por delegações organizadas de acordo com a lei, a execução orçamentária, julgar das contas dos responsáveis por dinheiros ou bens públicos e *da legalidade dos contratos celebrados pela União*, é instituído um Tribunal de Contas [...]. (grifos nossos)
> Constituição de 1946:
> Art. 77 – Compete ao Tribunal de Contas:
> [...]
> III – julgar da legalidade dos contratos e das aposentadorias, reformas e pensões.
> §1º – Os contratos que, por qualquer modo, interessarem à receita ou à despesa só se reputarão perfeitos depois de registrados pelo Tribunal de Contas. [...]
> §2º – Será sujeito a registro no Tribunal de Contas, prévio ou posterior, conforme a lei o estabelecer, qualquer ato de Administração Pública de que resulte obrigação de pagamento pelo Tesouro nacional ou por conta deste.

Como se vê, o regime constitucional vigente entre 1934 e 1967 estatuiu, de forma clara, como espaço objetivo de incidência do controle financeiro, os contratos que interessavam à receita ou à despesa e os atos que resultavam obrigação de pagamento pelo Tesouro Nacional, ou seja, os que tinham repercussão orçamentária e financeira, de modo que cabia ao Tribunal se debruçar sobre a legalidade de tais atos (em sentido largo) com vistas à efetivação de seu registro.

Tal situação, contudo foi alterada com a Constituição de 1967, pelo menos em sua literalidade. Com a extinção do mecanismo de registro prévio de atos e contratos e a sua substituição pela técnica de controle concomitante por meio da realização de auditorias e inspeções, a Constituição não mais indicou, de forma expressa, que o Tribunal possuía a competência de julgar ou apreciar a legalidade de atos e contratos. Sobre a matéria, especificou:

> Art. 73. [...] §5º – O Tribunal de Contas, de ofício ou mediante provocação do Ministério Público ou das Auditorias Financeiras e Orçamentárias e demais órgãos auxiliares, *se*

verificar a ilegalidade de qualquer despesa, inclusive as decorrentes de contratos, aposentadorias, reformas e pensões, deverá: (grifos nossos)

O art. 72, §5º, da Emenda Constitucional nº 1, de 17 de outubro de 1969, repetiu, em essência, a redação do dispositivo supramencionado:

> Art. 72 [...] §5º O Tribunal, de ofício ou mediante provocação do Ministério Público ou das auditorias financeiras e orçamentárias e demais órgãos auxiliares, *se verificar a ilegalidade de qualquer despesa,* inclusive as decorrentes de contratos, deverá: (grifos nossos)

Dessa forma, verifica-se que as normas estatuídas a partir de 1967 substituíram a menção à verificação ou julgamento da *legalidade de atos e contratos* – para fins de registro – pela verificação da *legalidade da despesa* – para fins de sustação ou não da execução do ato ou contrato.

O controle sobre as despesas decorrentes dos atos e contratos, não propriamente sobre estes, também foi usado na Lei nº 8.666, de 21 de junho de 1993. Segundo o seu art. 113:

> Art. 113. O *controle das despesas* decorrentes dos contratos e demais instrumentos regidos por esta Lei será feito pelo Tribunal de Contas competente, na forma da legislação pertinente, ficando os órgãos interessados da Administração responsáveis pela *demonstração da legalidade e regularidade da despesa e execução,* nos termos da Constituição e sem prejuízo do sistema de controle interno nela previsto. (grifos nossos)

Com isso, pertinente a dúvida, sob o ponto de vista dogmático-normativo, se o controle de legalidade atribuído ao TCU pela Constituição e pelas leis incide sobre os atos de despesa, isto é, sobre os de autorização de pagamento em si, ou se ele abrange os atos que deram origem aos dispêndios.

Cabe indagar, portanto, se o controle abrange toda a cadeia causal que antecede a realização dos pagamentos, o procedimento de contratação (os atos da licitação, dispensa e inexigibilidade), seus estudos preparatórios (análise de viabilidade econômico-financeira, projetos), os contratos, as notas de empenho de despesa, as autorizações de compra, as ordens de execução de serviço – os três últimos quando legitimamente utilizados em substituição aos contratos – ou apenas as despesas.

A resposta a esses questionamentos repercute sobre o exame do segundo problema proposto no presente artigo, que é a abrangência do parâmetro de legalidade utilizado para o controle financeiro.

Considerando que a execução da despesa envolve, além de sua programação orçamentária, a realização de três estágios segundo o entendimento doutrinário tradicional dos estudiosos do Direito Financeiro – empenho, liquidação e pagamento, nos termos dos arts. 58, 63 e 64 da Lei nº 4.320, de 17 de março de 1964 –, é de se perquirir se o controle no regime constitucional atual contempla apenas o cumprimento das regras estabelecidas para a execução da despesa estatuídas nos dispositivos mencionados e correlatos ou as regras alusivas à formação dos atos jurídicos que deram causa à despesa.

Em defesa da primeira opção, menciona-se a doutrina de Amauri Feres Saad, segundo a qual cabe ao tribunal de contas a fiscalização da condução pela Administração do processo orçamentário de execução de despesas, que pressupõe a observância dos princípios constitucionais orçamentários e do devido processo legal-orçamentário definido pela legislação aplicável.[87]

Nesse sentido, o autor aduz que o campo de apreciação da legalidade de atos e contratos administrativos se restringe aos confins específicos da disciplina orçamentária, tendo indicado, de modo exemplificativo, como espaço objetivo de incidência:

> [...] o processo de liquidação que antecede necessariamente qualquer despesa pública, pressupõe a "verificação do direito adquirido pelo credor tendo por base os títulos e documentos comprobatórios do respectivo crédito", cujo objetivo é apurar (i) origem e o objeto do que se deve pagar; (ii) a importância a pagar; (iii) a quem se deve paga; sendo certo que, no caso de despesa decorrente de fornecimentos ou serviços prestados (contratos administrativos, portanto), deverão ser analisados o "o contrato, ajuste ou acordo respectivo", a nota de empenho e os comprovantes da entrega de material ou da prestação efetiva do serviço (art. 63 da Lei 4.320/1964).[88]

Em arrimo à segunda posição, tem-se a prática recorrente dos Tribunais de Contas,[89] a jurisprudência do Supremo Tribunal Federal90 [91] e a doutrina especializada em licitações e contratos,[92] que reconhecem a competência do TCU de apreciar a regularidade de editais de licitações e de contratos administrativos, nos termos do art. 113, *caput* e §1º, da Lei nº 8.666, de 21 de junho de 1993, e do art. 71, inciso IX, da CF/1988.

Diverge-se do posicionamento de Amauri Feres Saad, por considerar equivocado o sentido que ele deu ao controle do processo orçamentário de execução de despesas,

---

[87] SAAD, Amauri Feres. O controle dos tribunais de contas sobre contratos administrativos. *In:* MELLO, Celso Antônio Bandeira de; FERRAZ, Sérgio; ROCHA, Silvio Luís Ferreira da; SAAD, Amauri Feres (org.). *Direito Administrativo e liberdade.* Estudos em homenagem a Lúcia Valle Figueiredo. São Paulo: Malheiros Editores, 2014, p. 59-131, p. 78.

[88] SAAD, Amauri Feres. O controle dos tribunais de contas sobre contratos administrativos. *In:* MELLO, Celso Antônio Bandeira de; FERRAZ, Sérgio; ROCHA, Silvio Luís Ferreira da; SAAD, Amauri Feres (org.). *Direito Administrativo e liberdade.* Estudos em homenagem a Lúcia Valle Figueiredo. São Paulo: Malheiros Editores, 2014, p. 59-131, p. 78-79.

[89] Nesse sentido, Acórdãos nº 299/2016-TCU-Plenário. Ministro relator Vital do Rego. Publicado no DOU de 03/03/2016; 645/2014-TCU-Plenário. Ministro relator Marcos Bemquerer Costa. Publicado no DOU de 19/03/2014; 2819/2012-TCU-Plenário. Ministro relator Marcos Bemquerer Costa. Publicado no DOU de 17/10/2012; 2155/2011-TCU-Plenário. Ministro relator Walton Alencar Rodrigues. Publicado no DOU de 17/08/2011.

[90] O Tribunal de Contas da União tem competência para fiscalizar procedimentos de licitação, determinar suspensão cautelar (artigos 4º e 113, §§1º e 2º, da Lei nº 8.666/93), examinar editais de licitação publicados e, nos termos do art. 276 do seu Regimento Interno, possui legitimidade para a expedição de medidas cautelares a fim de prevenir lesão ao erário e garantir a efetividade de suas decisões (MS nº 24.510/DF, relatora a ministra Ellen Gracie, DJ de 19/3/2004).

[91] Ato do Tribunal de Contas da União. Competência prevista no art. 71, IX, da Constituição Federal. Termo de sub-rogação e rerratificação derivado de contrato de concessão anulado. Nulidade. Não configuração de violação dos princípios do contraditório e da ampla defesa. Segurança denegada. 1. De acordo com a jurisprudência do STF, "o Tribunal de Contas da União, embora não tenha poder para anular ou sustar contratos administrativos, tem competência, conforme o art. 71, IX, para determinar à autoridade administrativa que promova a anulação do contrato e, se for o caso, da licitação de que se originou" (MS nº 23.550, Redator do acórdão o Ministro Sepúlveda Pertence, Plenário, DJ de 31/10/2001).

[92] Em verdade, a matéria não é objeto de discussão doutrinária entre aqueles que militam no estudo das licitações e contratos, possivelmente em razão da redação do art. 113, §1º, da Lei nº 8.666/1993, a realidade fática da atuação do TCU e do reconhecimento de sua constitucionalidade pelo STF. Dentre os autores clássicos, Marçal Justen Filho, por exemplo, costuma citar a jurisprudência do TCU em matéria de licitações e contratos, na análise que faz sobre as disposições da Lei nº 8.666/1993.

ao limitá-lo à execução propriamente dita da despesa, ou seja, às etapas de empenho, liquidação e pagamento. Compreende-se que o autor desconsiderou todos os procedimentos anteriores que, se integram ou não cientificamente o conceito de realização de despesa, constituem etapa obrigatória, especialmente no caso de obras, serviços e compras.

Quando o inciso VIII do art. 71 da CF/1988 fala em ilegalidade da despesa, deve-se tomar o cuidado de perquirir em que sentido a expressão foi usada. Nesse cenário, cabe o exame do conjunto de normas que compõem o sistema de controle a fim de extrair o seu espírito. Afinal, como disse Eros Roberto Grau em multicitado excerto extraído de sua doutrina, não se interpreta o direito em tiras, aos pedaços, não sendo adequado o exame de um texto isolado, desprendido do sistema jurídico.[93]

Segundo Aliomar Baleeiro, a despesa pública pode ser entendida como a aplicação de certa quantia, em dinheiro, por parte da autoridade pública, dentro de uma autorização legislativa para a execução de um fim a cargo do governo.[94] Nesse contexto, ela "envolve, em regra geral, *fins de serviço público regulado pelo Direito Administrativo* e, quase sempre, realizados segundo a técnica da Ciência da Administração"[95] (grifos nossos).

Como é sabido, a realização da despesa passa por três fases distintas, o empenho, a liquidação e o pagamento. Todavia, antes do início de sua execução, propriamente, a Administração deve promover um processo de licitação pública ou de contratação direta nas hipóteses permitidas na lei.

Isso significa que o exame da regularidade das despesas exige que se proceda a um escrutínio completo dos atos que antecedem a sua realização, o que abrange, por evidente, os atos preparatórios e de condução das contratações.

Dessa forma, no caso de despesas decorrentes de compras, obras e serviços, não basta o cumprimento dos princípios e normas orçamentárias e das etapas pertinentes à execução financeira da despesa (liquidação, empenho e pagamento). Para que a despesa seja considerada regular, é preciso que os atos jurídicos que lhe dão suporte tenham cumprido as normas pertinentes à licitação e contratos administrativos.

Tal posição refletiu-se na Lei nº 14.133, de 1º de abril de 2021, que vem a ser o novo estatuto de licitações e contratos, substituindo a Lei nº 8.666/1996 a partir de 1º/4/2023. No caso, a norma atual não reproduziu o art. 113 desta, que falava em "controle das despesas decorrentes dos contratos e demais instrumentos".

O art. 170 do novel regime prescreve que os órgãos de controle realizarão a *fiscalização dos atos previstos nesta lei*, o que corrobora a tese veiculada neste capítulo, de que o TCU possui amplo espaço de atuação para fiscalizar todos os atos praticados no curso das licitações e dos contratos, não apenas os diretamente relacionados à execução da despesa. A regra atual é consentânea com a Constituição, pois é assente que os atos praticados no contexto das contratações públicas regidas pela Lei nº 14.133/2021 possuem repercussão financeira, já que o seu desfecho importará, como regra, o dispêndio de recursos.

Dito isso, passa-se a analisar o espaço de abrangência do controle de atos e contratos pelo TCU. A questão que se põe é se o Tribunal examina a legalidade de todos os atos

---

[93] GRAU, Eros Roberto. *Ensaio e discurso sobre a interpretação/aplicação do direito*. São Paulo: Malheiros, 2009, p. 41.
[94] BALEEIRO, Aliomar. *Uma introdução à ciência das finanças*. Rio de Janeiro: Forense, 1973, p. 81.
[95] BALEEIRO, Aliomar. *Uma introdução à ciência das finanças*. Rio de Janeiro: Forense, 1973, p. 81.

administrativos praticados pela Administração Pública Federal ou apenas aqueles relacionados à atividade financeira do Estado.

Segundo o art. 70, parágrafo único, da CF/1988:

> prestará contas qualquer pessoa física ou jurídica, pública ou privada, que utilize, arrecade, guarde, gerencie ou administre dinheiros, bens e valores públicos ou pelos quais a União responda, ou que, em nome desta, assuma obrigações de natureza pecuniária.

A leitura do dispositivo mencionado, em especial dos verbos utilizados no artigo, permite deduzir que o controle externo da Administração Pública se dá sobre os atos relativos à atividade financeira do Estado, assim entendida como a atuação estatal voltada para obter, gerir e aplicar os recursos necessários à consecução das finalidades do Estado, que, em última análise, se resumem à realização do bem comum.

Segundo o art. 71, inciso II, da CF/1988, compete ao TCU, no exercício do controle externo, julgar as contas dos administradores e demais responsáveis por dinheiros, bens e valores públicos da Administração direta e indireta e as contas daqueles que derem causa a perda, extravio ou outra irregularidade de que resulte prejuízo ao Erário. Dessa forma, constata-se que a fiscalização do Tribunal incide sobre os atos de administração e gestão de bens, dinheiros e valores públicos e, ainda, sobre os atos que derem causa a perda, extravio ou prejuízo ao Erário.

Conforme o art. 41, da LOTCU, o Tribunal "efetuará a fiscalização *dos atos de que resulte receita ou despesa*, praticados pelos responsáveis sujeitos à sua jurisdição" (grifo do autor). Segundo o art. 45 da norma, "verificada a ilegalidade de ato ou contrato, o Tribunal, na forma estabelecida no Regimento Interno, assinará prazo para que o responsável adote as providências necessárias ao exato cumprimento da lei".

Com isso, conclui-se que o controle externo do TCU não incide sobre todos os atos e contratos administrativos, mas apenas sobre aqueles relacionados à atividade de administração e gestão de bens, dinheiros e valores públicos que resultem receita e despesa pública e, ainda, sobre os atos que derem causa a perda, extravio ou outra irregularidade de que resulte prejuízo ao Erário.

No Direito Comparado, o presente tema foi objeto de discussão na obra de José F. F. Tavares, à luz do Direito positivo português. Segundo o autor português, na sua fase inicial (1881-1886), a fiscalização prévia incidia sobre as ordens de pagamento. Numa fase intermediária (1886-1907) passou a incidir sobre ordens de pagamento e também sobre certos atos e contratos. Finalmente, a partir de 1907, ela apenas tem por objeto atos e contratos previstos na lei e não são mais as ordens de pagamento.[96]

Com isso, verifica-se que houve, em Portugal, um movimento de deslocamento do controle em direção ao exame dos atos que antecedem a realização da despesa e não dos atos de autorização da despesa em si. Tal mudança revela a ampliação do espaço objetivo de incidência do controle, em reforço ao caráter preventivo da fiscalização orçamentária e financeira.

---

[96] TAVARES, José F. F. *O Tribunal de Contas*. Do visto em especial. Conceito, natureza e enquadramento na atividade de administração. Coimbra: Almedina, 1998, p. 78.

Como último argumento, não se deve olvidar as finalidades da função de controle financeiro, conforme já anunciado, de verificar a regularidade da guarda e do emprego dos bens, valores e dinheiros públicos e a fiel execução do orçamento.

Nesse contexto, espera-se que o controle realize um escrutínio completo de todas as ações que digam respeito à execução da despesa e realização de receita e, mais do que isso, de toda a atividade administrativa, especificamente quanto ao atendimento das leis e o cumprimento dos fins públicos estatuídos pelas políticas públicas. Com isso, o controle cumprirá o seu desiderato de impedir e/ou corrigir a violação da lei e o desperdício de recursos públicos.

Sendo assim, considerando a interpretação sistemática da legislação pertinente à matéria, a fiscalização do Tribunal abrange todos os atos que resultem na realização de receita e despesa, ou seja, materializem a atividade financeira do Estado, de execução do orçamento e de gestão de bens e recursos públicos.

Este é o espaço objetivo de incidência do controle realizado pelo TCU.

3.4 Relação com outras instâncias de controle

Conforme visto, é possível afirmar que o Tribunal de Contas da União exerce apenas uma parcela do controle de legalidade da Administração Pública. A atuação do TCU incide sobre os atos e contratos que digam respeito à realização de receita e da despesa pública, além daqueles que têm o potencial de causar prejuízo ao Erário. O Tribunal realiza o controle financeiro da Administração Pública, mediante o contrasteamento da atividade da Administração com as normas que digam respeito à proteção do Erário e das finanças públicas.

Sendo assim, conclui-se que o TCU exerce jurisdição especializada sobre a Administração Pública, a qual não se confunde com a realizada pelo Poder Judiciário, mediante a iniciativa do Ministério Público e das demais entidades legitimadas à tutela dos direitos coletivos e difusos.

Conforme o art. 129, inciso III, da Constituição, compete ao Ministério Público promover o inquérito civil e a ação civil pública para a proteção do patrimônio público e social, do meio ambiente e de outros interesses difusos e coletivos.

Nesse quadro, o *Parquet* pode ingressar com ação de improbidade administrativa em razão de atos que importem enriquecimento ilícito, causem prejuízo ao Erário ou atentem contra os princípios da Administração Pública, nos termos da Lei nº 8.429, de 2 de junho de 1992.

Ademais, o Ministério Público, juntamente com a Defensoria Pública, a União, os Estados, o Distrito Federal e os Municípios, autarquias, empresas públicas, fundações ou sociedades de economia mista e as associações que cumpram o disposto no art. 5º, inciso V, da Lei nº 7.347, de 24 de julho de 1985, pode ingressar com ação civil pública para apurar a responsabilidade por danos morais e patrimoniais causados ao meio ambiente, ao consumidor, a bens e direitos de valor artístico, estético, histórico, turístico e paisagístico, a qualquer outro interesse difuso ou coletivo, por infração da ordem econômica, à ordem urbanística, à honra e à dignidade de grupos raciais, étnicos ou religiosos, ao patrimônio público e social, nos termos da referia norma.

Sendo assim, o espaço de atuação do TCU é mais restrito que o do Poder Judiciário, que age por provocação dos atores legitimados nas referidas leis, na verificação do atendimento da ordem jurídica geral.

A existência de vários nichos de controle impõe ao Tribunal um dever de cuidado no exercício de sua jurisdição a fim evitar a usurpação das funções de outros órgãos de controle, a qual, além de contrária ao Estado de Direito, causa insegurança jurídica e implica custos aos administrados por redundância de controle.

3.5 Sujeitos da jurisdição do TCU

A ideia de jurisdição é extraída do Direito Processual, estando relacionada a uma das funções do Estado, atribuída primariamente ao Poder Judiciário, de resolver em concreto os conflitos existentes na aplicação do Direito. Etimologicamente, a palavra tem origem da correspondente latina *jurisdictio*, que, por sua vez, é a junção de outras duas, *jus* e *dicerere*, significando, singelamente, "dizer o Direito".

Antônio Carlos Cintra, Ada Pellegrini Grinover e Cândido Rangel Dinamarco, em obra clássica, acentuam que a jurisdição é, ao mesmo tempo, poder, função e atividade. Como poder, é a capacidade de expressar imperativamente o preceito de direito pertinente ao caso concreto e impor decisões. Como função, tem o propósito de pacificar conflitos, mediante a realização do direito, por meio do processo. Como atividade, é o complexo de atos do juiz ou árbitro no processo, exercendo o poder e cumprimento da função que lhes comete. Todos esses elementos se materializam em um processo adequadamente estruturado, o denominado devido processo legal.[97]

Os aludidos autores ressaltam que a jurisdição pode ser considerada uma *longa manus* da legislação, uma vez que busca assegurar a prevalência do direito positivo do país.[98]

Dentre as suas principais características, cabe ressaltar o caráter substitutivo da jurisdição, a qual se revela quando o Estado, mediante um agente competente (um juiz ou árbitro), substitui as atividades das partes em conflito para, por meio de um processo imparcial, dizer o direito em concreto e impor a decisão.

Os aspectos destacados da ideia de jurisdição permitem afirmar que ela possui mais as seguintes características, além da substitutiva: presença de uma lide, inércia e definitividade.[99] Diante desses atributos, a ideia de jurisdição no âmbito dos tribunais de contas exige adaptações.

Em verdade, a evolução do Estado moderno e o aumento da complexidade das relações sociais fizeram com que o poder estatal de dizer o direito tivesse de ser dividido com outras agências de Estado, com especialização funcional e expertise para tratar de complexos temas nas mais diversas áreas do desenvolvimento humano. É nessa perspectiva que deve ser identificada a jurisdição dos tribunais de contas: como

---

[97] CINTRA, Antônio Carlos de Araújo; GRINOVER, Ada Pellegrini; DINAMARCO, Cândido Rangel. *Teoria Geral do Processo*. São Paulo: Malheiros, 2015, p. 165.
[98] CINTRA, Antônio Carlos de Araújo; GRINOVER, Ada Pellegrini; DINAMARCO, Cândido Rangel. Op. cit., p. 61.
[99] CINTRA, Antônio Carlos de Araújo; GRINOVER, Ada Pellegrini; DINAMARCO, Cândido Rangel. *Teoria Geral do Processo*. São Paulo: Malheiros, 2015, p. 168.

um desdobramento da função parlamentar de verificar a regularidade da execução orçamentária, como visto, e, assim, dizer o Direito em matéria contábil, financeira, orçamentária, operacional e patrimonial.

A Constituição reservou aos tribunais de contas o poder e a competência de analisar a regularidade da gestão de bens e recursos públicos, segundo os critérios jurídicos estabelecidos nas normas contábeis, financeiras, orçamentárias, operacionais e patrimoniais, estabelecendo as consequências jurídicas ali estabelecidas. No exercício desse mister, os tribunais de contas dizem o legal, legítimo e econômico, substituindo, por meio do processo, a manifestação dos agentes públicos expressa nos mais diversos atos estatais, nos limites da Constituição e das leis. Ao assim proceder, os tribunais de contas substituem a vontade e a interpretação dos agentes públicos por aquelas que adviriam do ordenamento jurídico. O TCU é o corpo estatal incumbido de extrair a vontade e o sentido das normas relacionadas à gestão do patrimônio público. Essa manifestação ocorre por meio de suas decisões.

A jurisdição do TCU tem características próprias. O Tribunal não tem o poder de realizar no mundo das coisas o que o preceito advindo da ordem jurídica estabelece, especialmente o de executar as suas deliberações condenatórias. Conforme o art. 71, §3º, da CF/1988, as decisões do Tribunal de que resulte imputação de débito ou multa terão eficácia de título executivo, cabendo à Advocacia-Geral da União a cobrança judicial dessas dívidas, nos termos do art. 81, inciso III, da LOTCU.

Por evidente, as decisões dos tribunais de contas, no exercício desse poder, podem ser levadas ao conhecimento do Poder Judiciário, sempre que houver alguma lesão ou ameaça a Direito, nos termos do art. 5º, inciso XXXV, da CF/1988. Isso significa que a jurisdição do TCU é plena, no espaço objetivo de incidência do controle externo, mas pode ser constrangida, em situações de abuso, tendo em vista o princípio da unicidade da jurisdição.

Do ponto de vista orgânico, estão sujeitos à jurisdição do TCU os órgãos e as entidades da entidades da Administração direta e indireta da União, nos termos do art. 70, *caput*, da CF/1988.

A atuação do Tribunal alcança entidades integrantes de entes subnacionais e pessoas privadas que recebam recursos federais a partir de convênio, acordo, ajuste ou outros instrumentos congêneres, a Estado, ao Distrito Federal ou a Município, com fulcro no art. 71, inciso VI, da CF/1988.

Ademais, a atuação do tribunal alcança qualquer pessoa física ou jurídica, pública ou privada, que utilize, arrecade, guarde, gerencie ou administre dinheiros, bens e valores públicos ou pelos quais a União responda, ou que, em nome desta, assuma obrigações de natureza pecuniária, consoante o parágrafo único do referido artigo.

Essas entidades e pessoas são destinatárias de medidas corretivas, determinações e recomendações. Por evidente, a atuação das pessoas jurídicas se materializa a partir da ação de seus dirigentes e administradores, que podem ser pessoalmente responsáveis em caso de descumprimento de decisões do Tribunal com conteúdo cogente (determinações e medidas corretivas e de atos e contratos).

Do ponto de vista subjetivo, a jurisdição do TCU envolve os administradores e demais responsáveis por dinheiros, bens e valores públicos da Administração direta e indireta, incluídas as fundações e sociedades instituídas e mantidas pelo Poder Público federal, e aqueles que derem causa a perda, extravio ou outra irregularidade de que resulte prejuízo ao Erário, conforme o art. 70, inciso II, da CF/1988.

A jurisdição da Corte de Contas sobre o presidente da república é mais limitada, visto que a sua competência se resume à emissão de parecer prévio sobre suas contas, o que não deixa de ter grande relevância política e institucional, dado que subsidia a posterior atuação do Congresso Nacional no cumprimento da missão constitucional de apreciar as contas do Chefe do Poder Executivo Federal.

Esse arcabouço normativo foi reproduzido na LOTCU, que tratou do assunto nos arts. 4º e 5º.

Conforme o primeiro dispositivo, o TCU tem jurisdição própria e privativa em todo o território nacional sobre as pessoas e matérias sujeitas à sua competência. Segundo o art. 5º, a jurisdição do tribunal abrange:

> I – qualquer pessoa física, órgão ou entidade a que se refere o inciso I do art. 1º desta Lei, que utilize, arrecade, guarde, gerencie ou administre dinheiros, bens e valores públicos ou pelos quais a União responda, ou que, em nome desta, assuma obrigações de natureza pecuniária;
> II – aqueles que derem causa a perda, extravio ou outra irregularidade de que resulte dano ao Erário;
> III – os dirigentes ou liquidantes das empresas encampadas ou sob intervenção ou que de qualquer modo venham a integrar, provisória ou permanentemente, o patrimônio da União ou de outra entidade pública federal;
> IV – os responsáveis pelas contas nacionais das empresas supranacionais de cujo capital social a União participe, de forma direta ou indireta, nos termos do tratado constitutivo.
> V – os responsáveis por entidades dotadas de personalidade jurídica de direito privado que recebam contribuições parafiscais e prestem serviço de interesse público ou social;
> VI – todos aqueles que lhe devam prestar contas ou cujos atos estejam sujeitos à sua fiscalização por expressa disposição de Lei;
> VII – os responsáveis pela aplicação de quaisquer recursos repassados pela União, mediante convênio, acordo, ajuste ou outros instrumentos congêneres, a Estado, ao Distrito Federal ou a Município;
> VIII – os sucessores dos administradores e responsáveis a que se refere este artigo, até o limite do valor do patrimônio transferido, nos termos do inciso XLV do art. 5º da Constituição Federal;
> IX – os representantes da União ou do Poder Público na Assembleia Geral das empresas estatais e sociedades anônimas de cujo capital a União ou o Poder Público participem, solidariamente, com os membros dos Conselhos Fiscal e de Administração, pela prática de atos de gestão ruinosa ou liberalidade à custa das respectivas sociedades.

Como se vê, o referido dispositivo fez menção expressa a outras pessoas físicas e jurídicas não expressamente contempladas nos arts. 70 e 71 da CF/1988. Não obstante, seria possível depreender o alcance da jurisdição do Tribunal sobre tais pessoas e instituições, mesmo na ausência de previsão na lei, uma vez que elas administram, ainda que provisoriamente, bens e valores pertencentes ao patrimônio público. Exceção deve ser feita aos sucessores dos administradores e responsáveis a que se refere o art. 5º *supra*. Embora aqueles não administrem propriamente qualquer recurso público, eles podem ser atingidos pela jurisdição do Tribunal, apenas para fins de devolução do valor do dano causado por administrador ou responsável, até o limite do valor do patrimônio transferido, nos termos do inciso XLV do art. 5º da CF/1988.

Além desses, a jurisdição do TCU incide sobre os licitantes, tendo em vista o disposto no art. 46 da Lei nº 8.443/1992, que reservou ao Tribunal o poder de aplicar a sanção de inidoneidade para participar, por até cinco anos, de licitação na Administração Pública Federal, a todo aquele que cometer fraude em certame licitatório.

CAPÍTULO 4

COMPETÊNCIAS DO TCU SEGUNDO A CONSTITUIÇÃO DE 1988 E AS DEMAIS NORMAS DE REGÊNCIA

Conforme visto, competência é o poder de atuação atribuído a um determinado órgão para que execute as tarefas que lhe foram designadas pela Constituição ou pela lei, com vistas ao cumprimento de uma determinada função. Tomando como norte a doutrina de Gomes Canotilho, invocada no capítulo 1, as tarefas servem como instrumentos para o exercício de suas competências, que, por sua vez, são formatadas para o cumprimento de suas funções.

A CF/1988 atribuiu a função de realizar a fiscalização contábil, financeira, orçamentária, operacional e patrimonial ao Congresso Nacional e ao TCU, o intitulando de controle externo, e ao sistema de controle interno de cada Poder, que realizam, por evidente, o controle interno.

Para proceder a essa função de controle, o TCU detém as competências estatuídas no art. 71 da CF/1988, as quais envolvem a realização de várias tarefas, a exemplo do julgamento das contas dos responsáveis, da realização de auditorias, da aplicação de sanções, da fixação de prazo para correção de irregularidades, da sustação de atos, dentre outros. Todas essas tarefas são articuladas para um propósito: o controle da Administração Pública segundo os aspectos contábil, financeiro, orçamentário, operacional e patrimonial.

Em síntese, a Corte de Contas possui as seguintes competências, no exercício da função de controle externo da Administração Pública, segundo os delineamentos da CF/1988:

a) de elaboração de parecer: dá-se mediante a emissão de parecer prévio sobre as contas do presidente da república, que deverá ser elaborado em sessenta dias a contar de seu recebimento (art. 71, inciso I); e de parecer prévio sobre as contas do Governo do Território Federal (art. 33, §2º).

b) de julgamento das contas: manifesta-se por meio do julgamento das contas dos administradores e demais responsáveis por dinheiros, bens e valores públicos da Administração direta e indireta, incluídas as fundações e sociedades instituídas e mantidas pelo Poder Público federal, e as contas daqueles que derem causa a perda, extravio ou outra irregularidade de que resulte prejuízo ao Erário; tem como consectário lógico a fixação da responsabilidade financeira dos que deram causa a prejuízo ao Erário, hipótese em que é imputado o dever de ressarcir o débito aos cofres públicos (art. 71, inciso II)

c) de registro de atos de pessoal: ocorre após a apreciação da legalidade dos atos de admissão de pessoal, a qualquer título, na Administração direta e indireta, incluídas as fundações instituídas e mantidas pelo Poder Público, excetuadas as nomeações para cargo de provimento em comissão, bem como as concessões de aposentadorias, reformas e pensões (art. 71, inciso III);

d) de verificação: materializa-se por meio da realização de inspeções e auditorias de natureza contábil, financeira, orçamentária, operacional e patrimonial, nas unidades administrativas dos Poderes Legislativo, Executivo e Judiciário e nas fundações e sociedades instituídas e mantidas pelo Poder Público federal (art. 71, inciso IV); de fiscalização das contas nacionais das empresas supranacionais de cujo capital social a União participe, de forma direta ou indireta, nos termos do tratado constitutivo (art. 71, inciso V); de fiscalização da aplicação de quaisquer recursos repassados pela União mediante convênio, acordo, ajuste ou outros instrumentos congêneres, a Estado, ao Distrito Federal ou a Município (art. 71, inciso VI); de decisão sobre denúncia que lhe seja encaminhada por qualquer cidadão, partido político, associação ou sindicato (art. 74, §2º); e de decisão sobre representação formulada pelos responsáveis pelo controle interno, ao tomarem conhecimento de qualquer irregularidade ou ilegalidade (art. 74, §1º);

e) de prestação de informações: concretiza-se pela remessa de informações solicitadas pelo Congresso Nacional, por qualquer de suas Casas, ou por qualquer das respectivas Comissões, sobre a fiscalização contábil, financeira, orçamentária, operacional e patrimonial e sobre resultados de auditorias e inspeções realizadas (art. 71, VII);

f) sancionatória: ocorre mediante a aplicação aos responsáveis, em caso de ilegalidade de despesa ou irregularidade de contas, das sanções previstas em lei (art. 71, VII); também se manifesta pela imputação da pena de inidoneidade ao licitante fraudador, nos termos do art. 46 da LOTCU, e da sanção catalogada na Lei nº 10.028, de 19 de outubro de 2000, devido a infrações administrativas contra as leis de finanças públicas;

g) corretiva: manifesta-se quando o TCU assina prazo para que o órgão ou entidade adote as providências necessárias ao exato cumprimento da lei, se verificada ilegalidade (art. 71, inciso IX);

h) impeditiva: concretiza-se quando o Tribunal, por consequência da não adoção das medidas corretivas, susta a execução do ato impugnado, comunicando a decisão à Câmara dos Deputados e ao Senado Federal (art. 71, X); também ocorre quando o Congresso Nacional não se manifesta sobre a sustação de contratos ou quando o órgão fiscalizado não adota as medidas cabíveis exigidas pelo Congresso Nacional, no prazo de noventa dias (art. 71, §2º);

i) de representação: verifica-se por intermédio da apresentação de representação ao Poder competente sobre irregularidades ou abusos apurados no exercício de sua função de controle externo (art. 71, inciso XI); e

j) opinativa: verifica-se mediante a emissão de parecer conclusivo sobre indícios de despesas não autorizadas, ainda que sob a forma de investimentos não programados ou de subsídios não aprovados, a partir de solicitação da Comissão Mista de Planos, Orçamentos Públicos e Fiscalização (art. 72, §1º).

O TCU possui, ainda, outras competências estabelecidas na LOTCU e no RITCU e em outras leis extravagantes, quais sejam:

a) de apoio à entrega pela União dos recursos especificados no art. 159 da Constituição aos Estados, Distrito Federal e Municípios: ocorre mediante o cálculo das quotas referentes aos fundos de participação a que alude o parágrafo único do art. 161 da CF/1988, observada a legislação pertinente, e fiscalização da entrega dos respectivos recursos (art. 1º, inciso VI, da LOTCU);

b) de autoadministração: dá-se por meio da elaboração e alteração de seu Regimento Interno (art. 1º, inciso X, da LOTCU); da eleição de seu presidente e seu Vice-presidente e do ato de lhes dar posse (art. 1º, inciso XI, da LOTCU); da concessão de licença, férias e outros afastamentos aos ministros, auditores e membros do Ministério Público junto ao Tribunal (art. 1º, inciso XII, da LOTCU); da proposição ao Congresso Nacional da fixação de vencimentos dos ministros, auditores e membros do Ministério Público junto ao Tribunal (art. 1º, inciso XIII, da LOTCU); da organização de sua Secretaria, na forma estabelecida no Regimento Interno, e do provimento dos cargos e empregos necessários ao seu funcionamento, observada a legislação pertinente (art. 1º, inciso XIV, da LOTCU); da proposição, ao Congresso Nacional, da criação, transformação e extinção de cargos, empregos e funções do Quadro de Pessoal de sua Secretaria, bem como a fixação da respectiva remuneração (art. 1º, inciso XV, da LOTCU);

c) consultiva: verifica-se por intermédio de decisão sobre consulta que lhe seja formulada por autoridade competente, a respeito de dúvida suscitada na aplicação de dispositivos legais e regulamentares concernentes a matéria de sua competência, na forma estabelecida no Regimento Interno (art. 1º, inciso XVII, da LOTCU);

d) regulamentar: ocorre mediante a expedição, no âmbito de sua competência e jurisdição, de atos e instruções normativas sobre matéria de suas atribuições e sobre a organização dos processos que lhe devam ser submetidos, obrigando ao seu cumprimento, sob pena de responsabilidade (art. 3º da LOTCU);

e) de verificação: além das hipóteses consignadas na CF/1988, essa competência dá-se por meio de decisões sobre representações formuladas por: qualquer licitante, contratado ou pessoa física ou jurídica, contra irregularidades na aplicação da Lei nº 8.666/1993 (art. 113 da mencionada norma, repetida no art. 170, §4º, da Lei nº 14.133, de 1º de abril de 2021, que irá suceder aquela a partir de 1º.4.2023); por servidor que exerce funções específicas de controle externo no TCU, contra os responsáveis pelos órgãos e entidades sob sua fiscalização, em caso de falhas e/ou irregularidades (art. 86, inciso II, da LOTCU); por membros do Ministério Público da União (art. 6º, inciso XVIII, alínea "c", da Lei Complementar nº 75, de 20 de maio de 1993); e por outros órgãos, entidades ou pessoas que detenham essa prerrogativa por força de lei específica;

f) de acompanhamento, fiscalização e avaliação dos processos de desestatização realizados pela Administração Pública federal, compreendendo as privatizações de empresas, incluindo instituições financeiras, e as concessões, permissões e autorizações de serviço público, nos termos do art. 175 da CF/1988 e das normas legais pertinentes (art. 1º, inciso XV, do RITCU);

g) de apoio à autocomposição de conflitos no âmbito da Administração Pública federal: verifica-se mediante anuência à conciliação a respeito de conflitos que envolvam controvérsia jurídica entre órgãos ou entidades de Direito público que integram a Administração Pública federal, realizada pela Advocacia-Geral da União, quando houver decisão do TCU a respeito da matéria objeto do litígio (art. 36, §4º, da Lei nº 13.140, de 26 de julho de 2015); ou, ainda, a partir da incorporação de instrumentos de consensualismo em matéria de competência do Tribunal, nos termos da Instrução Normativa TCU nº 91, de 22 de dezembro de 2022;

h) de apoio a acordo de não persecução civil celebrado pelo Ministério Público da União: dá-se por intermédio de resposta à oitiva que lhe seja endereçada pelo mencionado órgão, para fins de apuração do valor do dano a ser ressarcido pelo proponente do acordo (art. 17-B, §3º, da Lei nº 8.429, de 2 de junho de 1992, com a redação conferida pela Lei nº 14.230, de 25 de outubro de 2021);

i) de expedir ou solicitar provimentos cautelares: consubstancia-se por intermédio do afastamento temporário do responsável se existirem indícios suficientes de que, prosseguindo no exercício de suas funções, possa retardar ou dificultar a realização de auditoria ou inspeção, causar novos danos ao Erário ou inviabilizar o seu ressarcimento (art. 44 da LOTCU); e da decretação da indisponibilidade de bens do responsável, tantos quantos considerados bastantes para garantir o ressarcimento dos danos em apuração (art. 44, §2º, da LOTCU); de solicitar, por intermédio do Ministério Público junto ao TCU, à Advocacia-Geral da União ou, conforme o caso, aos dirigentes das entidades que lhe sejam jurisdicionadas as medidas necessárias ao arresto dos bens dos responsáveis julgados em débito (art. 61 da LOTCU); e de determinar a suspensão do ato ou do procedimento impugnado até que o Tribunal decida sobre o mérito da questão suscitada (art. 276 do RITCU);

j) de apreciar em abstrato questões de direito;

k) de apreciar conflito de lei ou de ato normativo do Poder Público com a CF/1988, em matéria de competência do TCU;

l) de promover o exame incidental de inconstitucionalidade de lei ou de ato normativo do Poder Público;

Dentre as competências designadas, julga-se importante comentar as especificadas a seguir, por envolverem deliberações de grande impacto no funcionamento da atividade administrativa e no patrimônio e direitos individuais dos responsáveis pela gestão de recursos públicos e das pessoas que se relacionam com o Poder Público. Ademais, pelo menos quatro delas envolvem discussão quanto à sua constitucionalidade e limites, como será exposto adiante.

4.1 Competência de emitir parecer prévio sobre as contas do presidente da república

Conforme o art. 71, inciso I, da CF/1988, incumbe ao TCU apreciar as contas prestadas anualmente pelo presidente da república mediante parecer prévio que deverá ser elaborado em sessenta dias a contar de seu recebimento.

Trata-se de uma das mais importantes atribuições do TCU, que viabiliza uma das funções precípuas do Poder Legislativo, de promover o controle dos atos do Poder Executivo. A atuação do Tribunal subsidia o Congresso Nacional com elementos técnicos para que este exerça a competência que lhe foi atribuída no inciso IX do art. 49 da CF/1988: "julgar anualmente as contas prestadas pelo presidente da república e apreciar os relatórios sobre a execução dos planos de governo".

As contas prestadas pelo presidente da república consistem no Balanço Geral da União e no relatório do órgão central do sistema de controle interno do Poder Executivo sobre a execução dos orçamentos da União (orçamento fiscal, de investimento das empresas em que a União, direta ou indiretamente, detenha a maioria do capital social com direito a voto; e da seguridade social).

Conforme o art. 228 do RITCU, a análise empreendida pelo TCU deve exprimir se as contas prestadas pelo presidente da república representam adequadamente as posições financeira, orçamentária, contábil e patrimonial, em 31 de dezembro, bem como sobre a observância dos princípios constitucionais e legais que regem a Administração Pública federal.

O parecer prévio conterá registros sobre a observância às normas constitucionais, legais e regulamentares na execução dos orçamentos da União e nas demais operações realizadas com recursos públicos federais, em especial quanto ao que estabelece a lei orçamentária anual, nos termos do §1º do aludido dispositivo.

Cabe acentuar que o Tribunal emite parecer prévio apenas sobre as contas prestadas pelo presidente da república. As contas atinentes aos Poderes Legislativo e Judiciário e ao Ministério Público não são objeto de pareceres prévios individuais, mas efetivamente julgadas pelo TCU, conforme decidiu o STF, na Ação Direta de Inconstitucionalidade (ADI) nº 2.238-5/DF (relator: ministro Alexandre de Moraes), apreciada em 24.6.2020.

O §2º do art. 228 do RITCU elenca as informações que devem constar do relatório que acompanhará o parecer prévio:

a) o cumprimento dos programas previstos na lei orçamentária anual quanto à legitimidade, eficiência e economicidade, bem como o atingimento de metas e a consonância destes com o plano plurianual e com a lei de diretrizes orçamentárias;

b) o reflexo da administração financeira e orçamentária federal no desenvolvimento econômico e social do País;

c) o cumprimento dos limites e parâmetros estabelecidos pela Lei Complementar nº 101, de 4.5.2000 (Lei de Responsabilidade Fiscal – LRF).

As normas e os procedimentos relativos ao processo de apreciação das Contas do presidente da república e à emissão de parecer prévio pelo Tribunal de Contas da União são atualmente tratados na Resolução TCU nº 291, de 29 de novembro de 2017.

4.2 Competência de julgamento das contas

Segundo o art. 71, inciso II, da CF/1988, compete ao TCU:

> julgar as contas dos administradores e demais responsáveis por dinheiros, bens e valores públicos da administração direta e indireta, incluídas as fundações e sociedades instituídas e mantidas pelo Poder Público federal, e as contas daqueles que derem causa a perda, extravio ou outra irregularidade de que resulte prejuízo ao erário público.

Tal competência foi reproduzida no art. 1º, inciso I, da LOTCU e no art. 1º, inciso I, do RITCU.

Na linha do art. 70, parágrafo único, da CF/1988, o dever de prestar contas se estende a qualquer pessoa física ou jurídica, pública ou privada, que utilize, arrecade, guarde, gerencie ou administre dinheiros, bens e valores públicos ou pelos quais a União responda, ou que, em nome desta, assuma obrigações de natureza pecuniária.

Além destes, também pode ser chamado a prestar contas aquele que der causa a perda, extravio ou outra irregularidade de que resulte prejuízo ao Erário, consoante a parte final do art. 71, inciso II, de nossa Lei Maior, anteriormente transcrito.

Conforme se depreende da leitura do mencionado dispositivo, esse dever também alcança as pessoas privadas, desde que seja evidenciada a participação destas na cadeia causal de um dano sofrido pelo Estado, em função de irregularidades cometidas na gestão financeira do patrimônio público.

De qualquer forma, a possibilidade de julgar as contas de pessoas privadas, estranhas à Administração Pública, que não tenham gerido recursos públicos, somente subsiste se tiver ocorrido dano ao Erário e elas tiverem, de qualquer modo, concorrido para a sua consumação. Provada a inexistência de prejuízo, deve ser promovido o arquivamento do processo com relação aos agentes privados, sem o julgamento das contas. Nesse sentido, cabe invocar o seguinte precedente, extraído do repositório da jurisprudência selecionada do Tribunal:

> Afastado o débito em relação a pessoas jurídicas estranhas à Administração Pública, não cabe o julgamento de suas contas, uma vez que a jurisdição do TCU somente as alcança, em matéria de contas, se elas derem causa a perda, extravio ou outra irregularidade de que resulte prejuízo ao erário (art. 71, inciso II, da Constituição Federal).
> (Acórdão nº 995/2022-Plenário. Relator: ministro Benjamin Zymler)

O conjunto de regras anunciado implica a existência de dois tipos de contas: as ordinárias, que são exigidas dos administradores e demais responsáveis pela gestão do patrimônio público, segundo critérios disciplinados pelo tribunal de contas competente; e as especiais, que são aplicáveis apenas quando houver dano ao Erário.

Como se vê, o aspecto central que define a jurisdição do TCU, em matéria de julgamento de contas, não é a condição subjetiva do sujeito, se pertencente ou não à estrutura da Administração Pública federal. É a condição objetiva de utilizar, arrecadar, guardar, gerenciar ou administrar dinheiros, bens e valores públicos federais, assumir obrigações de natureza pecuniária da União ou causar prejuízo ao Erário.

Dito de outra forma, o Tribunal julga, de modo privativo, a gestão financeira do patrimônio público, o que ocorrerá segundo os critérios elucidados adiante. Essa afirmação permite uma segunda constatação: o TCU julga as contas, primariamente, as contas dos responsáveis e, sendo estas irregulares, julga os próprios agentes públicos, para fins de imputação de responsabilidade financeira pelo débito e/ou multa. Embora o inciso II do art. 71 da CF/1988 fale em "julgar contas", é equivocado afirmar que o TCU não julga pessoas, pois a imputação de débito ou multa, expressamente prevista no §3º do aludido dispositivo, exige que o Tribunal avalie a conduta e a culpabilidade dos agentes públicos e pessoas privadas envolvidas.

Isso implica que a atuação da Corte de Contas possui claros atributos da jurisdição, embora o TCU, como é cediço, não faça parte da estrutura do Poder Judiciário. Esse traço característico da atuação dos tribunais de contas foi brilhantemente exposto na seguinte passagem da doutrina do ex-ministro do STF, Carlos Ayres Britto:

> Algumas características da jurisdição, no entanto, permeiam os julgamentos a cargo dos Tribunais de Contas. Primeiramente, porque os TCs julgam sob critério exclusivamente objetivo ou da própria técnica jurídica (subsunção de fatos e pessoas à objetividade das normas constitucionais e legais). Segundamente, porque o fazem com a força ou a irretratabilidade que é própria das decisões judiciais com trânsito em julgado. Isto, quanto ao mérito das avaliações que as Cortes de Contas fazem incidir sobre a gestão financeira, orçamentária, patrimonial, contábil e operacional do Poder Público. Não, porém, quanto aos direitos propriamente subjetivos dos agentes estatais e das demais pessoas envolvidas em processos de contas, porque, aí, prevalece a norma constitucional que submete à competência judicante do Supremo Tribunal Federal a impetração de habeas corpus, mandado de segurança e habeas data contra atos do TCU (art. 102, inciso I, alínea "d").[100]

Consoante o art. 16 da LOTCU, as contas serão julgadas:

> I – regulares, quando expressarem, de forma clara e objetiva, a exatidão dos demonstrativos contábeis, a legalidade, a legitimidade e a economicidade dos atos de gestão do responsável;
> II – regulares com ressalva, quando evidenciarem impropriedade ou qualquer outra falta de natureza formal de que não resulte dano ao Erário;
> III – irregulares, quando comprovada qualquer das seguintes ocorrências:
> a) omissão no dever de prestar contas;
> b) prática de ato de gestão ilegal, ilegítimo, antieconômico, ou infração à norma legal ou regulamentar de natureza contábil, financeira, orçamentária, operacional ou patrimonial;
> c) dano ao Erário decorrente de ato de gestão ilegítimo ao antieconômico;
> d) desfalque ou desvio de dinheiros, bens ou valores públicos.

A primeira hipótese legal que enseja o julgamento das contas pela irregularidade é a omissão no dever de prestar contas (art. 16, inciso III, alínea "a"). Trata-se de obrigação de assento constitucional, prevista no art. 70, parágrafo único, da CF/1988, sendo um pressuposto elementar do sistema republicano e do Estado Democrático de Direito. Isso porque, somente por meio da prestação de contas, a destinatária da atuação estatal, a sociedade, poderá saber se os valores auferidos pelo Estado mediante o pagamento de tributos foram revertidos em benefício da coletividade, ou seja, na consecução de políticas de interesse público, gerando os melhores resultados possíveis pelos menores custos.

Por essa razão, o desrespeito a esse dever constitucional configura infração de elevada gravidade e reprovabilidade, podendo ensejar o julgamento das contas pela irregularidade e a obrigação de restituir os valores públicos administrados aos cofres públicos, por presunção de dano ao Erário.

---

[100] BRITTO, Carlos Ayres. O regime constitucional dos tribunais de contas. *Notícias*. Editora Fórum, Belo Horizonte, 21 set. 2018. Disponível em: https://www.editoraforum.com.br/noticias/o-regime-constitucional-dos-tribunais-de-contas-ayres-britto. Acesso em: 4 set. 2022.

Além disso, esse comportamento envolve grave inobservância do dever de cuidado no trato com a coisa pública, implicando a existência de culpa grave, passível de aplicação de penalidade, por configurar a ocorrência de erro grosseiro a que alude o art. 28 do Decreto-Lei nº 4.657, de 4 de setembro de 1942, também conhecido como Lei de Introdução às Normas do Direito Brasileiro (LINDB).

A segunda hipótese apta a ensejar o julgamento pelas irregularidades das contas é a prática de ato de gestão ilegal, ilegítimo, antieconômico, ou infração à norma legal ou regulamentar de natureza contábil, financeira, orçamentária, operacional ou patrimonial (art. 16, inciso III, alínea "b").

Esse dispositivo é caracterizado por uma grande abertura semântica, dado que permite a avaliação a respeito da gestão do responsável, bastando que este tenha infringido qualquer norma legal relacionada à administração de bens e recursos públicos ou praticado um ato caracterizado como ilegítimo ou antieconômico. No capítulo anterior, foram abordados os limites semânticos do controle de legitimidade e da economicidade dos atos sujeitos à jurisdição do TCU.

A organização e a apresentação das contas dos administradores e responsáveis da Administração Pública federal, para os fins previstos nos dispositivos supramencionados, encontram-se, atualmente, disciplinadas na Instrução Normativa TCU nº 84, de 22 de abril de 2020.

O julgamento das contas pelo TCU pode ocorrer a partir de dois processos: de prestação de contas ou de tomada de contas. Há, ainda, a divisão das contas em ordinárias e especiais.

Conforme o art. 1º, §1º, da Instrução Normativa TCU nº 84/2020, a prestação de contas é:

> o *instrumento de gestão pública* mediante o qual os administradores e, quando apropriado, os responsáveis pela governança e pelos atos de gestão de órgãos, entidades ou fundos dos poderes da União apresentam e *divulgam informações e análises quantitativas e qualitativas dos resultados da gestão orçamentária, financeira, operacional e patrimonial do exercício,* com vistas ao controle social e ao controle institucional previsto nos artigos 70, 71 e 74 da Constituição Federal. (grifos acrescidos)

Nem todas as unidades administrativas terão processo de prestação de contas formalizado para fins de julgamento dos responsáveis pelo TCU. Segundo o art. 2º, inciso I, da Instrução Normativa TCU nº 84/2020, esse processo será instaurado apenas:

> para as Unidades Prestadoras de Contas (UPC) significativas do Balanço Geral da União (BGU), bem como para as empresas estatais selecionadas conforme a correspondente materialidade da participação acionária da União, *a serem definidas pelo Tribunal em decisão normativa.* (grifos acrescidos)

A aludida norma trouxe dois conceitos relevantes para a matéria em discussão. Segundo o seu art. 5º, a UPC é "uma unidade ou arranjo de unidades da Administração Pública federal que possua comando e objetivos comuns e que deverá observar o disposto no art. 1º, §1º, desta instrução normativa".

A Unidade Apresentadora de Contas (UAC) é definida no art. 6º da aludida instrução normativa como:

> uma unidade da administração pública federal cujo dirigente máximo deve organizar e apresentar ao Tribunal de Contas da União a prestação de contas de uma ou mais UPC, conforme indicado na decisão normativa a que se refere o §1º do art. 5º desta instrução normativa.

O art. 2º da Decisão Normativa TCU nº 198, de 23 de março de 2022, estabeleceu que a relação das UPC e das respectivas UAC será publicada e atualizada no sítio do TCU na *internet*. Segundo o art. 13 desta norma, "a relação de UPCs significativas do BGU deve ser publicada pela Presidência do Tribunal até o final do mês de março do exercício a que se referem as contas".

Esse novo modelo de controle buscou assegurar a desburocratização, a simplificação regulatória, a segurança jurídica, a maior credibilidade institucional e a tempestividade e a eficiência do processo de contas. Antes eram elaboradas duas decisões normativas por ano, disciplinando as entidades que deveriam encaminhar sua prestação de contas ao TCU. A partir de agora, a disciplina do tema é permanente, com adoção de padrões internacionais de auditoria e critérios de seleção e de certificação de contas.

A tomada de contas é assim definida no art. 1º, §2º, da Instrução Normativa TCU nº 84/2020:

> *instrumento de controle externo* mediante o qual o *Tribunal de Contas da União apura a ocorrência de indícios de irregularidades* ou conjunto de irregularidades *materialmente relevantes ou que apresentem risco de impacto relevante na gestão,* que não envolvam débito, com a finalidade de *apurar os fatos e promover a responsabilização dos integrantes do rol de responsáveis ou do agente público que tenha concorrido para a ocorrência,* definido nos termos desta instrução normativa. (grifos acrescidos)

Dessa forma, os processos de tomada de contas serão instaurados caso o sistema de controle interno comunique ao TCU ou este próprio identifique a ocorrência de irregularidades materialmente relevantes ou que apresentem risco de impacto relevante na gestão, *de que não resulte dano ao Erário,* em outras UPCs que não tiveram processo de prestação de contas formalizado.

O art. 22, §1º, da referida norma define o que vem a ser uma irregularidade ou um conjunto de irregularidades materialmente relevantes, para fins de autuação de processo de tomada de contas. Conforme o dispositivo, serão assim consideradas as ocorrências que se enquadrarem nos seguintes limites estabelecidos no Anexo II da Instrução Normativa TCU nº 84/2020:

Tabela 1 – Níveis de materialidade

Orçamento da UPC (em reais)[101]	Materialidade para identificação de irregularidades ou conjunto de irregularidades como relevantes
Até 10 milhões	5% da despesa
Entre 10 milhões e 100 milhões	R$ 500 mil acrescidos de 2% da despesa que ultrapassar R$ 10 milhões
Acima de 100 milhões	R$ 2,3 milhões acrescidos de 0,25% da despesa que ultrapassar R$ 100 milhões

É preciso destacar que o valor consignado na tabela não corresponde a um dano apurado, mas ao somatório das despesas nas quais foram identificadas irregularidades, no que se refere à confiabilidade das demonstrações contábeis, a conformidade dos atos da gestão orçamentária, financeira e patrimonial e ao desempenho.

A avaliação da existência ou não de risco de impacto relevante na gestão para fins de prosseguimento do processo de tomada de contas caberá, por evidente, ao relator ou ao colegiado. Na hipótese de não ser configurado o motivo da autuação, a tomada de contas será arquivada, sem prejuízo da expedição de ciência a respeito das ocorrências.

Se houver débito ou for verificada a omissão no dever de prestar contas, tais fatos serão tratados em processos de tomadas de contas especiais, nos termos do §2º do art. 23 da Instrução Normativa TCU nº 84/2020. Neste caso, o processamento da apuração segue o rito estabelecido na Instrução Normativa TCU nº 71, de 28 de novembro de 2012.

O §3º do art. 23 da Instrução Normativa TCU nº 84/2020 preconiza que, quando a irregularidade ou conjunto de irregularidades não possuir materialidade suficiente e não apresentar risco de impacto relevante na gestão, a apuração ocorrerá em processo próprio, não autuado como tomada de contas do exercício financeiro. Nessa hipótese, *não* haverá julgamento das contas, mas a verificação da legalidade dos fatos para fins de aplicação de eventual sanção, de sorte que o feito tramitará um processo de representação.

O art. 7º do normativo especifica os agentes públicos que integrarão os processos de contas. Conforme o dispositivo, este é formado pelos titulares e respectivos substitutos que, durante o exercício ou período a que se referirem as contas, tenham ocupado os seguintes cargos ou equivalentes:

I – dirigente máximo da UPC;
II – membro de diretoria ou ocupante de cargo de direção no nível de hierarquia imediatamente inferior e sucessivo ao do dirigente de que trata o inciso anterior, com base na estrutura de cargos aprovada para a UPC; e
III – responsável, por definição legal, regimental ou estatutária, por ato de gestão que possa afetar o alcance de objetivos ou causar impacto na legalidade, economicidade, eficiência ou eficácia da gestão da UPC.

---

[101] A norma traz a seguinte explicação quanto à definição do orçamento da UPC: "Em se tratando de órgão ou entidade da administração pública federal direta, autárquica ou fundacional, considera-se o total da despesa empenhada no exercício. Para as empresas estatais, considera-se, entre o valor da receita total e o da despesa realizada, o que for maior. Para as demais entidades, considera-se o valor da despesa realizada no exercício".

De todo o exposto, conclui-se que a competência de julgar contas tem como objetivo avaliar a confiabilidade das demonstrações contábeis, a conformidade dos atos da gestão orçamentária, financeira e patrimonial e o desempenho das unidades administrativas. Tal ocorrerá em processos de prestação de contas, para as entidades selecionadas a partir da materialidade dos recursos geridos, ou de tomada de contas especiais, para as demais unidades. Estes últimos serão autuados se forem identificadas irregularidades materialmente relevantes ou que apresentem risco de impacto relevante na gestão, que não envolvam débito.

Além disso, a competência em exame abrange o julgamento das contas daqueles que derem causa a perda, extravio ou outra irregularidade com dano ao Erário. Nesse caso, será instaurado um processo de tomada de contas especial para a apuração de fatos, a quantificação do dano e a identificação dos responsáveis. O objetivo desse processo é fixar a responsabilidade financeira de quem deu causa ao prejuízo e obter o respectivo ressarcimento, após o regular exercício do contraditório.

Esse procedimento é regido pela Instrução Normativa TCU nº 71, de 28 de novembro de 2012.

O art. 2º da norma define a tomada de contas especial como:

> um processo administrativo devidamente formalizado, com rito próprio, para apurar responsabilidade por ocorrência de dano à administração pública federal, com apuração de fatos, quantificação do dano, identificação dos responsáveis e obter o respectivo ressarcimento.

Nesse caso, são consideradas responsáveis pessoas físicas ou jurídicas às quais possa ser imputada a obrigação de ressarcir o Erário.

A tomada de contas especial pode ser instaurada em razão das seguintes hipóteses, veiculadas no art. 3º da Instrução Normativa TCU nº 71/2012: omissão no dever de prestar contas; não comprovação da aplicação de recursos repassados pela União mediante convênio, contrato de repasse ou instrumento congênere; ocorrência de desfalque, alcance, desvio ou desaparecimento de dinheiro, bens ou valores públicos; ou prática de ato ilegal, ilegítimo ou antieconômico de que resulte dano ao Erário.

Diante de quaisquer dessas hipóteses, a autoridade competente deve imediatamente, antes da instauração da tomada de contas especial, adotar medidas administrativas para caracterização ou elisão do dano, observados os princípios norteadores dos processos administrativos.

Na hipótese de se constatar a ocorrência de graves irregularidades ou ilegalidades de que não resultem dano ao Erário, a autoridade administrativa ou o órgão de controle interno deverão representar os fatos ao Tribunal de Contas da União, conforme o parágrafo único do art. 3º da Instrução Normativa TCU nº 71/2012.

Esgotadas as medidas administrativas supramencionadas, sem a elisão do dano, e subsistindo os pressupostos a que se refere o art. 5º, a ser comentado adiante, a autoridade competente deve providenciar a imediata instauração de tomada de contas especial, mediante a autuação de processo específico.

Não obstante a competência primária de instaurar tomada de contas especial pertencer às diversas entidades da Administração Pública, no tocante aos recursos que administra, o TCU pode determinar a autuação desse procedimento, independentemente das medidas administrativas adotadas. Essa competência está expressa no §4º do art. 4º da Instrução Normativa TCU nº 71/2012 e se mostra compatível com a competência constitucional do Tribunal de julgar dos administradores e demais responsáveis que derem causa a dano ao Erário.

Segundo o art. 5º da Instrução Normativa TCU nº 71/2012, é pressuposto para a instauração de tomada de contas especial a existência de elementos fáticos e jurídicos que indiquem a omissão no dever de prestar contas e/ou dano ou indício de dano ao Erário.

Encaminhada a tomada de contas especial ao TCU para julgamento, o processo segue o rito estabelecido na LOTCU e no RITCU, assim como as disposições da referida instrução normativa.

4.3 Competência de registrar atos de pessoal

Conforme o art. 71, inciso III, da CF/1988, compete ao TCU:

> apreciar, para fins de registro, a legalidade dos atos de admissão de pessoal, a qualquer título, na administração direta e indireta, incluídas as fundações instituídas e mantidas pelo Poder Público, excetuadas as nomeações para cargo de provimento em comissão, bem como a das concessões de aposentadorias, reformas e pensões, ressalvadas as melhorias posteriores que não alterem o fundamento legal do ato concessório;

Tal competência foi reproduzida no art. 1º, inciso V, da LOTCU e no art. 1º, inciso VII, do RITCU.

Conforme visto, o TCU já deteve, ao longo de sua história, a atribuição de registrar todos os atos suscetíveis de criar despesas ou que interessassem às finanças públicas. Essa competência foi sendo flexibilizada pelas diversas constituições e leis que se seguiram devido ao aumento natural de tamanho e complexidade da máquina pública, o que inviabilizou o controle prévio de toda a atividade administrativa.

A Constituição de 1988, assim como a anterior, manteve a atribuição do TCU de proceder ao registro prévio apenas dos atos de pessoal.

Essa competência é sucedânea e está relacionada à de apreciar a legalidade dessa espécie de ato administrativo. Caso este tenha sido editado de acordo com as normas, o TCU efetivará o seu registro. Do contrário, recusará o registro. Dessa forma, a manifestação da Corte de Contas integra o ato de pessoal, que é considerado pela doutrina e pela jurisprudência do TCU e do STF[102] como um ato complexo.[103]

Esse é o entendimento de Maria Sylvia Zanella Di Pietro:

---

[102] Nesse sentido, RE nº 636.553 (relator: ministro Gilmar Mendes; Julgamento: 19/02/2020); MS nº 28.576 (relator: ministro Ricardo Lewandowski; Julgamento em 27/05/2014); MS nº 25.697 (relatora: ministra Cármen Lúcia; Julgamento em: 17/02/2010), entre outros.

[103] Conforme Hely Lopes Meirelles, o ato complexo é o que se forma pela conjugação de vontades de mais de um órgão administrativo. O traço distintivo dessa categoria de atos, segundo o auto, é o concurso de vontades de órgãos diferentes para a formação de um ato único. Por esse motivo, ele não se confunde com o procedimento administrativo, uma vez que, neste, há diversos atos intermediários e autônomos para a obtenção de um ato final e principal (MEIRELLES, Hely Lopes de. *Direito Administrativo Brasileiro*. São Paulo: Malheiros, 2016, p. 196).

Tanto a aposentadoria como a pensão são atos complexos, uma vez que sujeitos a registro pelo Tribunal de Contas, conforme artigo 71, III, da Constituição Federal. Produzem efeitos jurídicos imediatos, sendo suficientes para que o servidor ou o seu dependente passe a usufruir do benefício; mas os mesmos só se tornam definitivos após a homologação pelo Tribunal de Contas, que tem a natureza de condição resolutiva.[104]

Idêntica posição está consolidada na jurisprudência do TCU há bastante tempo, como se verifica no seguinte precedente: "O ato de aposentadoria é complexo, somente se aperfeiçoando com o registro perante a Corte de Contas" (Acórdão nº 1.113/2008-1ª Câmara. Relator: ministro-substituto Marcos Bemquerer).

Da mesma forma, há inúmeros precedentes do STF no mesmo sentido, como se verifica no seguinte excerto da ementa do MS 25.072 (Redator do acórdão: ministro Eros Grau, julgamento: 07.02.2007):

> 2. O ato de aposentadoria consubstancia ato administrativo complexo, aperfeiçoando-se somente com o registro perante o Tribunal de Contas. Submetido a condição resolutiva, não se operam os efeitos da decadência antes da vontade final da Administração.

Sendo assim, é possível afirmar que o Tribunal, ao proceder ao registro de um ato de pessoal, exerce uma função administrativa anômala, na medida em que ele participa de sua elaboração e viabiliza a constituição jurídica daquele.

A competência em exame encontra-se disciplinada na Instrução Normativa TCU nº 78, de 21 de março de 2018, a qual dispõe sobre o envio, o processamento e a tramitação de informações alusivas a atos de admissão de pessoal e de concessão de aposentadoria, reforma e pensão, para fins de registro.

Conforme o art. 2º da última norma, a autoridade administrativa responsável por ato de admissão ou de concessão de aposentadoria, reforma ou pensão submeterá ao Tribunal, para fins de registro, informações relativas aos seguintes atos: admissão de pessoal; concessão de aposentadoria; concessão de pensão civil; concessão de pensão especial a ex-combatente; concessão de reforma; concessão de pensão militar e alteração de concessão.

As informações supramencionadas deverão ser apresentadas ao Tribunal em meio eletrônico, por intermédio do Sistema e-Pessoal. Os gestores da área de pessoal incumbidos de realizar o cadastramento das informações no aludido sistema, no âmbito das diversas entidades da Administração Pública, deverão fazê-lo no prazo de 90 dias, contados na forma do art. 7º da referida instrução normativa, a saber: da publicação ou, em sendo esta dispensada, da assinatura do ato; do efetivo exercício do cargo pelo interessado, nos casos de admissão de pessoal; do apostilamento, no caso de alteração.

Na sequência, o órgão de controle interno emitirá parecer sobre a legalidade dos atos de admissão e de concessão disponibilizados no e-Pessoal, no prazo de 120 dias a contar do recebimento do ato, consoante o art. 11, *caput* e §1º, da Instrução Normativa TCU nº 78/2018.

---

[104] DI PIETRO, Maria Sylvia Zanella. *Direito Administrativo*. São Paulo: Atlas, 2017, p. 778.

A atuação do TCU ocorrerá após a manifestação do controle interno. Segundo o art. 13 da referida norma, as informações relativas aos atos de pessoal passarão por críticas eletrônicas desenvolvidas pela unidade técnica responsável do TCU, atualmente denominada de Secretaria de Fiscalização de Integridade de Atos e Pagamentos de Pessoal e de Benefícios Sociais (Sefip). A unidade técnica apreciará os atos de pessoal com base na legislação pertinente e na jurisprudência do Tribunal.

O relator, o presidente, os colegiados bem como a Sefip poderão dispensar a manifestação do órgão de controle interno quando os atos de pessoal cadastrados no sistema estiverem no órgão gestor de pessoal e encontrarem-se aptos ao julgamento imediato pelo Tribunal, tendo por base, entre outras, as seguintes situações elencadas no art. 14 da instrução normativa:

> I – recomendem o julgamento pela irregularidade e negativa de registro do ato de admissão e de concessão, conforme decisões reiteradas ou enunciado de súmula de jurisprudência do TCU;
> II – ensejem perda de objeto ante o exaurimento dos efeitos financeiros do ato antes de sua análise ou em razão do advento do termo final das condições objetivas necessárias à manutenção do benefício.

Da mesma forma, o relator, o presidente, os colegiados e a Sefip poderão avocar os atos de pessoal cadastrados no sistema que se encontrem no órgão de controle interno, de acordo com critérios de conveniência e oportunidade, mediante prévia comunicação, nos termos do art. 15.

O exercício da competência de registar pelo TCU implica a obrigação do órgão jurisdicionado de fazer cessar os pagamentos, no caso de negativa de registro. Dito de outra forma, a competência em exame enseja a impeditiva, comentada adiante.

Tal aspecto está evidenciado no art. 19 da instrução normativa, lavrado no seguinte sentido:

> Art. 19 A apreciação do Tribunal pela ilegalidade de atos de admissão ou de concessão obrigará o órgão ou entidade de origem a cessar, no prazo de 15 (quinze) dias, todo e qualquer pagamento decorrente:
> I – do ato impugnado, no caso de admissão;
> II – das irregularidades apontadas, no caso de concessão.

A recusa de registro do ato de pessoal não enseja o exercício da competência corretiva pelo TCU. Identificando ilegalidades nos atos de admissão ou de concessão de aposentaria, reforma ou pensão, o Tribunal não determinará a expedição de medidas corretivas. Tal iniciativa competirá ao órgão jurisdicionado, que poderá submeter ao TCU novo ato de pessoal para registro, escoimado dos vícios identificados.

Nesse sentido, cabe transcrever a parte final do §3º do art. 19 da Instrução Normativa TCU nº 78/2018:

> §3º A apreciação do ato pela ilegalidade obrigará o órgão ou entidade de origem a informar, no sistema e-Pessoal, no prazo de 30 (trinta) dias a contar da ciência da deliberação, o cancelamento da concessão ou o desligamento do servidor, no caso de admissão, nos termos do art. 3º ou, *quando for possível sanear as irregularidades identificadas, submeter ao TCU*

novo ato em substituição àquele considerado ilegal, sem prejuízo de providenciar, entre outras, as correções devidas na folha de pagamento, nos dados cadastrais do servidor ou do benefício, ou ainda, na portaria que deferiu ou modificou a concessão. (grifos acrescidos)

Os demais aspectos relacionados ao processo de controle externo destinado ao registro de atos de pessoal serão comentados em capítulo próprio adiante, quando serão exploradas as especificidades do exercício do direito ao contraditório dos interessados e os limites temporais atualmente impostos pelo STF ao exercício da competência em exame pelo TCU.

4.4 Competência de realizar auditorias e inspeções

Consoante o art. 71, inciso IV, da CF/1988, compete ao TCU:

IV – realizar, por iniciativa própria, da Câmara dos Deputados, do Senado Federal, de Comissão técnica ou de inquérito, inspeções e auditorias de natureza contábil, financeira, orçamentária, operacional e patrimonial, nas unidades administrativas dos Poderes Legislativo, Executivo e Judiciário, e demais entidades referidas no inciso II;

O aludido dispositivo consubstancia a competência fiscalizatória do TCU, de verificar a legalidade de atos e contratos, a partir da realização de uma série de procedimentos de coleta de documentos e informações junto aos órgãos e entidades jurisdicionados para posterior análise, segundo metodologia, critérios e padrões estabelecidos em normas internas.

A competência estatuída no inciso IV do art. 71 da CF/1988 é instrumental ao exercício das competências sancionatória e corretiva, previstas nos incisos VIII e IX do mesmo dispositivo. Por meio dos procedimentos de fiscalização, o TCU verifica se os recursos públicos colocados à disposição dos gestores foram usados de acordo com as normas de regência e se as ações públicas geraram bons resultados.

Além de possibilitar o controle objetivo e subjetivo das despesas públicas, os relatórios produzidos pelo Tribunal, em suas fiscalizações, servem como diagnóstico do objeto fiscalizado, constituindo uma espécie de resposta à sociedade e ao Parlamento sobre o modo como os recursos públicos foram gastos e sobre a concretização dos objetivos das políticas públicas aprovadas.

Conforme o dispositivo constitucional em análise, as fiscalizações podem ocorrer por iniciativa própria ou por solicitação da Câmara dos Deputados, do Senado Federal, de Comissão técnica ou de inquérito.

Consoante o art. 231 do RITCU, o Tribunal apreciará, em caráter de urgência, os pedidos de informação e as solicitações que lhe forem endereçadas pelo Congresso Nacional, por qualquer de suas casas ou pelas respectivas comissões, a respeito das seguintes matérias, previstas nos incisos II a V do art. 1º do RITCU:

a) realização de auditorias, inspeções ou acompanhamentos de natureza contábil, financeira, orçamentária, operacional ou patrimonial nas unidades administrativas dos Poderes Legislativo, Executivo e Judiciário e demais órgãos e entidades sujeitos à sua jurisdição;

b) prestação das informações solicitadas pelo Congresso Nacional, por qualquer de suas casas, ou por suas comissões, sobre a fiscalização contábil, financeira, orçamentária, operacional e patrimonial e sobre resultados de auditorias e inspeções realizadas;

c) emissão de pronunciamento conclusivo sobre matéria que seja submetida a sua apreciação pela Comissão Mista de Planos, Orçamentos Públicos e Fiscalização (CMO) do Congresso Nacional, nos termos do §1º do art. 72 da CF/1988;[105] e

d) realização de auditoria em projetos e programas autorizados na lei orçamentária anual, avaliando os seus resultados quanto à eficácia, eficiência, efetividade e economicidade.

Consoante o art. 232 do RITCU, são competentes para solicitar ao Tribunal a prestação de informações e a realização de auditorias e inspeções:

a) o presidente do Senado Federal;

b) o presidente da Câmara dos Deputados; e

c) os presidentes de comissões do Congresso Nacional, do Senado Federal ou da Câmara dos Deputados, quando por aquelas aprovadas.

Como se verifica do texto da norma, os membros do Parlamento não são legitimados a solicitar ao TCU a realização de auditorias e inspeções e a prestação de informações, cabendo-lhes endereçar seus eventuais pedidos às autoridades supramencionadas, que atuam em nome das respectivas casas e comissões.

Apesar de a CF/1988 apenas mencionar as auditorias e inspeções, o RITCU previu os seguintes instrumentos de fiscalização:

a) levantamento;

b) auditoria;

c) inspeção;

d) acompanhamento; e

e) monitoramento.

Segundo o art. 238 do RITCU, o levantamento é o instrumento de fiscalização utilizado pelo Tribunal para:

a) conhecer a organização e o funcionamento dos órgãos e entidades da administração direta, indireta e fundacional dos Poderes da União, incluindo fundos e demais instituições que lhe sejam jurisdicionadas, assim como dos sistemas, programas, projetos e atividades governamentais no que se refere aos aspectos contábeis, financeiros, orçamentários, operacionais e patrimoniais;

b) identificar objetos e instrumentos de fiscalização; e

c) avaliar a viabilidade da realização de fiscalizações.

Trata-se, portanto, de um instrumento preparatório utilizado pelo TCU para avaliar a realização de futuras ações de controle.

Segundo as Normas de Auditoria do Tribunal de Contas da União (NAT), aprovadas por meio da Portaria TCU nº 280, de 8 de dezembro de 2010, posteriormente alterada pela Portaria TCU nº 185, de 30 de novembro de 2020, a auditoria é:

---

[105] Art. 72. A Comissão mista permanente a que se refere o art. 166, §1º, diante de indícios de despesas não autorizadas, ainda que sob a forma de investimentos não programados ou de subsídios não aprovados, poderá solicitar à autoridade governamental responsável que, no prazo de cinco dias, preste os esclarecimentos necessários.
§1º Não prestados os esclarecimentos, ou considerados estes insuficientes, a Comissão solicitará ao Tribunal pronunciamento conclusivo sobre a matéria, no prazo de trinta dias.

[...] o processo sistemático, documentado e independente de se avaliar objetivamente uma situação ou condição para determinar a extensão na qual critérios são atendidos, obter evidências quanto a esse atendimento e relatar os resultados dessa avaliação a um destinatário predeterminado.

As NATs classificam as auditorias, quanto à natureza, em auditorias de regularidade e auditorias operacionais.

As primeiras objetivam examinar a legalidade e a legitimidade dos atos de gestão dos responsáveis sujeitos à jurisdição do Tribunal, quanto aos aspectos contábil, financeiro, orçamentário e patrimonial. Compõem as auditorias de regularidade as auditorias de conformidade e as auditorias contábeis.

As segundas visam examinar a economicidade, eficiência, eficácia e efetividade de organizações, programas e atividades governamentais, com a finalidade de avaliar o seu desempenho e promover o aperfeiçoamento da gestão pública.

Do referido texto, é possível distinguir uma diferença essencial entre tais modalidades de auditoria: as de regularidade têm como objeto atos específicos, enquanto as segundas analisam organizações, programas e atividades governamentais. Esse destaque é relevante, uma vez que o exame da economicidade de ato faz parte do escopo das auditorias de regularidade, até porque esse aspecto está inserido no exame de legalidade, e a ordem jurídica veda a prática de atos que causem lesão ao Erário.

Ainda conforme as NATs, a classificação das auditorias como de regularidade ou operacional dependerá do objetivo prevalecente em cada trabalho de auditoria, até porque é comum se realizarem procedimentos das duas modalidades em um mesmo trabalho de auditoria, a depender de seu escopo.

Como não poderia deixar de ser, os conceitos trazidos na NAT foram incorporados no RITCU, que definiu a auditoria como um instrumento de fiscalização utilizado pelo Tribunal para, segundo o art. 239:

a) examinar a legalidade e a legitimidade dos atos de gestão dos responsáveis sujeitos a sua jurisdição, quanto ao aspecto contábil, financeiro, orçamentário e patrimonial;

b) avaliar o desempenho dos órgãos e entidades jurisdicionados, assim como dos sistemas, programas, projetos e atividades governamentais, quanto aos aspectos de economicidade, eficiência e eficácia dos atos praticados; e

c) subsidiar a apreciação dos atos sujeitos a registro.

Consoante o art. 240 do RITCU, a inspeção é o instrumento de fiscalização utilizado pelo Tribunal para suprir omissões e lacunas de informações, esclarecer dúvidas ou apurar denúncias ou representações quanto à legalidade, à legitimidade e à economicidade de fatos da Administração e de atos administrativos praticados por qualquer responsável sujeito à sua jurisdição.

As inspeções não constituem instrumento autônomo, porquanto se vinculam a outras ações de controle. Essa é, portanto, a principal distinção dessa modalidade de fiscalização das auditorias.

Segundo o art. 241 do RITCU, o acompanhamento é o instrumento de fiscalização utilizado pelo Tribunal para:

a) examinar, ao longo de um período predeterminado, a legalidade e a legitimidade dos atos de gestão dos responsáveis sujeitos a sua jurisdição, quanto ao aspecto contábil, financeiro, orçamentário e patrimonial; e

b) avaliar, ao longo de um período predeterminado, o desempenho dos órgãos e entidades jurisdicionadas, assim como dos sistemas, programas, projetos e atividades governamentais, quanto aos aspectos de economicidade, eficiência e eficácia dos atos praticados.

A Portaria-Segecex nº 27, de 9 de dezembro de 2016, trouxe elementos adicionais à definição dessa modalidade de fiscalização, ao especificar, em seu art. 1º, que ele envolve o exame periódico e concomitante dos atos de gestão e do desempenho das entidades, de seus sistemas, programas, projetos e atividades governamentais, quanto aos aspectos indicados no RITCU.

O monitoramento é o instrumento de fiscalização utilizado pelo Tribunal para verificar o cumprimento de suas deliberações e os resultados delas advindos, nos termos do art. 243 do RITCU.

Segundo o art. 15 da Resolução TCU nº 308, de 13 de fevereiro de 2019, as fiscalizações necessárias ao cumprimento do plano e estratégias de controle externo podem ser propostas a qualquer tempo pelo presidente, por relator, pela Secretaria-Geral de Controle Externo ou por unidade técnica.

O art. 17 do mencionado normativo estabelece que a proposta de fiscalização será formulada por procedimento específico, estabelecido em ato normativo próprio, não podendo ocorrer no âmbito de processo já existente, exceto quando se referir à proposta:

a) do presidente ou de relator aprovada pelo Plenário;

b) resultante de Solicitação do Congresso Nacional (SCN); ou

c) contida em relatório de levantamento, ou a realização de inspeção.

Toda proposta de fiscalização, exceto a formulada pelo presidente ou relator diretamente ao Plenário e a de inspeção, receberá parecer prévio da Segecex quanto à conveniência da realização, bem assim quanto ao alinhamento com o Plano Estratégico do TCU, consoante o §1º do art. 17 da Resolução nº 308/2019. Na sequência, a proposta será dirigida ao relator, a quem compete aprová-la, rejeitá-la ou submetê-la ao Plenário para deliberação.

Segundo os §§4º e 5º do aludido dispositivo, a proposta de fiscalização poderá ser aprovada de duas formas:

- monocraticamente, por despacho do relator, quando se tratar de acompanhamento, auditoria ou monitoramento cujo objeto esteja enquadrado em um dos objetivos estratégicos vigentes; ou nos casos de proposta de levantamento ou de inspeção.

- pelo Plenário, mas se referir às seguintes proposições:

a) de auditoria, acompanhamento e monitoramento não enquadradas no Plano Estratégico do TCU vigente;

b) de fiscalização com parecer prévio da Segecex contrário à conveniência de sua realização, ou que indique necessidade de alterações nas medidas previstas no Plano Estratégico do Tribunal;

c) de fiscalização em unidades do Poder Legislativo, do Supremo Tribunal Federal, dos Tribunais Superiores, da Presidência da República, do Tribunal de Contas da União, do Conselho Nacional de Justiça, do Conselho Nacional do Ministério Público, bem como do Ministério Público da União e da Advocacia-Geral da União; e

d) de fiscalização para atendimento de SCN.

Assim, apesar do RICTU falar, em seu art. 244, em plano de fiscalização elaborado pela Presidência e aprovado pelo Plenário, a disciplina atual do sistema de planejamento e gestão do TCU não mais prevê a realização daquele instrumento a realização de fiscalizações.

4.4.1 Competência de realizar auditoria operacional

Dentre as modalidades de fiscalização previstas no art. 71, inciso IV, da CF/1988, cabe dar relevo a uma delas, pela sua importância no controle dos resultados da Administração Pública: trata-se das chamadas auditorias operacionais.

Essa atribuição foi reproduzida nos arts. 1º, inciso II, e 38, inciso I, da LOTCU e no art. 1º, inciso II, do RITCU.

As aludidas normas não definiram o que vem a ser auditoria operacional, nem especificaram que tipo de decisão o Tribunal pode adotar, caso sejam identificadas desconformidades nessas fiscalizações, frente ao parâmetro de controle utilizado. Sendo assim, é preciso recorrer à literatura que trata dessa modalidade de fiscalização em outros países, assim como as normas internacionais que buscaram criar padrões de auditoria aplicáveis às diversas entidades de fiscalização superior (EFS).

Segundo Christopher Pollit e Hikka Summa, a auditoria operacional é uma atividade extremamente recente, tendo se consolidado como uma prática distinta, usada em larga escala, no final dos anos setenta do século passado.[106]

No mesmo período, os governos da Europa Ocidental, América do Norte e Australásia instituíram programas extensivos de reforma da Administração Pública, os quais deram ênfase aos temas de descentralização e administração por resultados.[107] Essa mudança estrutural contribuiu para a disseminação dessa modalidade de fiscalização, que se mostrou mais apropriada para o controle desse novo modelo de atuação do Estado.

Segundo Hikka Summa, há diversas definições de auditoria operacional, as quais decorrem das diferentes nuances e características em sua estruturação nas diversas EFS. Todavia, há certo consenso quanto ao seu significado lato, de modo que ela pode ser compreendida como uma auditoria focada na eficiência e na efetividade ou no custo-benefício de atividades públicas.[108]

Por outro lado, o mesmo autor pontua que existe certa controvérsia a respeito de qual papel a auditoria operacional deve ter nas mudanças da estrutura governamental, ou seja, na melhoria de desempenho no setor público.[109] Tal dúvida persiste no ordenamento jurídico brasileiro, uma vez que a legislação foi bastante tímida quanto

---

[106] POLLIT, Christopher; SUMMA, Hikka. Auditoria operacional e reforma da administração pública. In: POLLIT, Christopher et al. Desempenho ou legalidade. Auditoria operacional e de gestão pública em cinco países. Belo Horizonte: Fórum, 2008, p. 25.
[107] POLLIT, Christopher; SUMMA, Hikka. Op. cit., p. 26.
[108] SUMMA, Hikka. Definições e estruturas. In: POLLIT, Christopher et al. Desempenho ou legalidade. Auditoria operacional e de gestão pública em cinco países. Belo Horizonte: Fórum, 2008, p. 40.
[109] SUMMA, Hikka. Op. cit., p. 40.

aos limites, parâmetros de controle e provimentos possíveis, especialmente quanto ao caráter cogente ou não das decisões tomadas nesse formato de fiscalização.

Diante desse vácuo normativo, o TCU buscou disciplinar o tema fazendo uso de seu poder regulamentar sobre matéria de suas atribuições, conforme autorizado no art. 3º da LOTCU.

Nesse contexto, o TCU aprovou o Manual de Auditoria Operacional, no qual incorporou diversos conceitos e práticas consignadas em normas internacionais das Entidades Fiscalizadoras Superiores (ISSAI, na sigla em inglês), editadas pela organização denominada *International Organization of Supreme Audit Institutions* – Intosai,

A versão atual desse normativo adota como base a ISSAI 3000, que é o primeiro conjunto de normas internacionais de auditoria operacional, cuja elaboração foi realizada sob coordenação do TCU, quando na presidência do Subcomitê de Auditoria Operacional daquela entidade.

A auditoria operacional é definida da seguinte forma no aludido manual:

> exame independente, objetivo e confiável que analisa se empreendimentos, sistemas, operações, programas, atividades ou organizações do governo estão funcionando de acordo com os princípios de economicidade, eficiência, eficácia e efetividade e se há espaço para aperfeiçoamento.[110]

Como se vê do conceito exposto, essa modalidade de fiscalização não aprecia um ato ou um contrato, propriamente, mas o funcionamento de um conjunto maior de atividades realizadas numa organização pública. Dito de outra forma, há um escrutínio sobre o desempenho das unidades administrativas quanto aos parâmetros da economicidade, eficiência, eficácia e efetividade, os quais são considerados como as principais dimensões do desempenho – os quatro 'Es'.

O Manual de Auditoria Operacional do TCU aborda esses parâmetros da seguinte forma.

A economicidade é "a minimização dos custos dos recursos utilizados na consecução de uma atividade, sem comprometimento dos padrões de qualidade (GUID 3910/38)".[111] Segundo o aludido documento, ele se refere à capacidade de uma organização gerir adequadamente os recursos financeiros colocados à sua disposição.

Nessa perspectiva, o TCU buscará avaliar se as operações, os programas, as atividades ou o próprio funcionamento da organização fiscalizada estão estruturados de modo racional, de forma a minimizar a saída de recursos públicos, evitando desperdícios e proporcionando economia ao Estado. A análise que se faz é ampla, do conjunto das ações da unidade fiscalizada ou do programa de governo.

Não se busca avaliar, propriamente, a economicidade de um ato, de uma licitação ou de um contrato, pois se assim fosse a fiscalização assumiria as vestes de uma auditoria de conformidade. O que se almeja é analisar o desempenho do Estado em

---

[110] BRASIL. Tribunal de Contas da União. Secretaria-Geral de Controle Externo (Segecex). Manual de auditoria operacional. Brasília: TCU, 2020, p. 14.
[111] BRASIL. Tribunal de Contas da União. *Op. cit.*, p. 16.

uma determinada área, identificar eventuais falhas no desenho e na implantação de políticas públicas e, sendo o caso, propor medidas corretivas.

Não se nega que, a despeito do escopo do trabalho, a fiscalização pode se deparar com ilegalidades que exijam medidas corretivas concretas para a responsabilização financeira e sancionatória cabíveis, especificamente se forem identificadas violações a normas jurídicas e dano ao Erário. Nesses casos, o desdobramento dessas ações deve ocorrer de modo apartado da auditoria operacional, em processo específico voltado ao controle reparatório, punitivo e corretivo.

Conforme o Manual de Auditoria Operacional do TCU, "a eficiência é definida como a relação entre os produtos (bens e serviços) gerados por uma atividade e os custos dos insumos empregados para produzi-los, em um determinado período, mantidos os padrões de qualidade (GUID 3910/39)".[112] O aludido documento ressalta que a eficiência pode ser examinada sob duas perspectivas, a de minimização do custo total ou dos meios necessários para obter um mesmo resultado, ou a otimização da combinação de insumos para maximizar o produto quando o gasto total está previamente fixado.[113]

A eficácia é definida pelo Manual de Auditoria Operacional do TCU "como o grau de alcance das metas programadas (bens e serviços) em um determinado período, independentemente dos custos implicados (COHEN; FRANCO, 1993)".[114] O conceito sinaliza a capacidade da organização de cumprir objetivos imediatos, traduzidos em metas de produção ou de atendimento, ou seja, de entregar os bens ou os serviços pactuados na etapa de planejamento das ações.

Por fim, a efetividade corresponde ao alcance dos resultados pretendidos, a médio e longo prazo, "em termos de efeitos sobre a população-alvo (impactos observados), e os objetivos pretendidos (impactos esperados), traduzidos pelos objetivos finalísticos da intervenção". Essa dimensão procura captar a ocorrência de mudanças na população-alvo, as quais poderiam ser razoavelmente atribuídas às ações avaliadas.[115]

Conforme o Manual de Auditoria Operacional do TCU, essas fiscalizações culminam com a expedição de determinações e recomendações. A possibilidade de expedir provimentos do primeiro tipo em auditorias operacionais exige interpretação, pois é sabido que as determinações são as medidas processuais adequadas quando houver violação à lei ou a ato normativo, ou seja, são mais afetas ao controle corretivo em auditorias de conformidade.

Tanto isso é verdade que o inciso IX do art. 71 da CF/1988 prescreve que o TCU pode assinar prazo para que o órgão ou entidade adote as providências necessárias ao exato cumprimento da lei, *se verificada ilegalidade*.

O termo determinação abarca dois sentidos, a partir da intepretação da CF/1988 e da LOTCU. A medida processual referenciada na Lei Maior impõe medidas corretivas aptas a corrigir um ato em concreto, removendo seus efeitos imediatos ou impedindo que eles sejam produzidos.

---

[112] BRASIL. Tribunal de Contas da União. *Op. cit.*, p. 17.
[113] BRASIL. Tribunal de Contas da União. Secretaria-Geral de Controle Externo (Segecex). Manual de auditoria operacional. Brasília: TCU, 2020, p. 17.
[114] BRASIL. Tribunal de Contas da União. *Op. cit.*, p. 17.
[115] BRASIL. Tribunal de Contas da União. *Op. cit.*, p. 17.

Já a determinação suscitada na LOTCU é usada em caráter mais pedagógico e prospectivo, visando corrigir práticas desconformes à lei ou a ato normativo, consideradas, em um primeiro momento, como falhas formais. Tal aspecto é evidenciado no art. 43, inciso I, desta norma, lavrado no seguinte sentido:

> Art. 43. Ao proceder à fiscalização de que trata este capítulo, o relator ou o Tribunal:
> I – determinará as providências estabelecidas no Regimento Interno, *quando não apurada transgressão a norma legal ou regulamentar de natureza contábil, financeira, orçamentária, operacional e patrimonial, ou for constatada*, tão-somente, falta ou impropriedade de caráter formal; (grifos acrescidos)

Embora não haja clareza na LOTCU com relação ao que vem a ser uma falta ou impropriedade de natureza formal, é nítida a diferença entre os provimentos do inciso IX do art. 71 da CF/1988, reproduzido no art. 45 da LOTCU, e o do art. 43, inciso I, desta norma, já transcrito: a gravidade da violação à ordem normativa e à necessidade premente de corrigir um ato em concreto para obstar ou impedir a produção de efeitos.

Atento a essa duplicidade de sentidos, o Tribunal editou a Resolução TCU nº 315, de 22 de abril de 2020, por meio da qual buscou uniformizar o uso das expressões, trazendo uma definição mais precisa da determinação e introduzindo um novo instituto, denominado de ciência, com um sentido mais próximo da medida processual especificada no art. 43, inciso I, da LOTCU.

Segundo o art. 2º, inciso I, da Resolução TCU nº 315/2020, a determinação é compreendida como a "deliberação de natureza mandamental que impõe ao destinatário a adoção, em prazo fixado, de providências concretas e imediatas com a finalidade de prevenir, corrigir *irregularidade*, remover seus efeitos ou abster-se de executar *atos irregulares*" (grifos acrescidos).

Já a ciência é a "deliberação de natureza declaratória que cientifica o destinatário sobre a ocorrência de irregularidade, quando as circunstâncias não exigirem providências concretas e imediatas, sendo suficiente, para fins do controle, induzir a prevenção de situações futuras análogas", nos termos do inciso II do mencionado dispositivo.

Por fim, a recomendação é a "deliberação de natureza colaborativa que apresenta ao destinatário oportunidades de melhoria, com a finalidade de contribuir para o aperfeiçoamento da gestão ou dos programas e ações de governo", consoante o inciso III da disposição em apreço.

Como se vê, a recomendação é a medida mais condizente com a natureza e o escopo das auditorias operacionais. Não obstante, tanto o manual do TCU como a sua prática revelam que a Corte de Contas pode expedir determinações em fiscalizações voltadas ao exame do desempenho dos órgãos.

As determinações proferidas em auditorias operacionais carregam o mesmo propósito deste modelo de fiscalização, qual seja o de corrigir deficiências identificadas no funcionamento das unidades administrativas ou na execução de suas políticas públicas, quanto à eficiência, eficácia, efetividade e economicidade, de modo a melhorar o seu desempenho.

Essa conclusão pode ser depreendida em diversas passagens do Manual de Auditoria Operacional do TCU:

A etapa de monitoramento destina-se a acompanhar as providências adotadas pelo auditado em resposta às deliberações proferidas, *de modo que os efeitos pretendidos possam ser alcançados*, assim como a aferir os benefícios decorrentes de sua implementação.[116] (grifos acrescidos).

As recomendações e determinações *devem buscar soluções que eliminem causas, mitiguem efeitos e incorporem boas práticas*, de forma coerente com o conteúdo das colunas correspondentes da matriz de achados. Ao formular proposta de deliberação, a equipe deve considerar o custo da implementação e a economia de recursos ou os ganhos decorrentes, pois o custo não deve superar os benefícios esperados.[117] (grifos acrescidos).

As propostas de encaminhamento são propostas de deliberações (recomendações, determinações ou ciência) que a equipe de auditoria demonstra serem necessárias e que *contribuirão para sanar deficiências relevantes identificadas pela auditoria. Essas propostas devem ser construtivas e capazes de contribuir significativamente para sanar as deficiências ou problemas identificados pela auditoria* (ISSAI 3000/126).[118] (grifos acrescidos).

É importante garantir que as deliberações sejam exequíveis, agreguem valor e tenham relação com os objetivos da auditoria. Também deve-se considerar o impacto gerado para implementá-las, em termos dos recursos necessários (pessoal, orçamento etc.) e possíveis efeitos negativos advindos dessa implementação.[119] (grifos acrescidos).

Talvez por esses motivos o provimento processual mais adequado para as auditorias operacionais seja, mesmo, a expedição de recomendações, já que as determinações carregam em si uma carga impositiva que parece incompatível com a natureza e a finalidade dessas fiscalizações, de contribuir para o aperfeiçoamento na gestão pública, de sorte que as escolhas dos meios devem permanecer no âmbito da esfera da discricionariedade da Administração Pública, em respeito ao princípio da separação dos poderes.

Esse entendimento se mostra compatível com a seguinte passagem extraída das Normas Brasileiras de Auditoria do Setor Público (NBASP) – nível 3, elaboradas pelo Instituto Rui Barbosa (IRB), com o objetivo alinhar os trabalhos de fiscalização dos Tribunais de Contas brasileiros a um padrão internacionalmente aceito:

> A auditoria operacional visa contribuir para o aperfeiçoamento da economicidade, eficiência e efetividade. Visa também contribuir para a boa governança, *accountability* e transparência. A auditoria operacional procura fornecer novas informações, análises ou percepções e, quando apropriado, *recomendações* para melhoria.[120] (grifos acrescidos).

Nessa perspectiva, a expedição de determinações em auditorias operacionais deve ser medida de exceção, sendo aplicável apenas quando for verificada violação a diretrizes e princípios veiculados em lei que se mostrem necessários ao regular desempenho de empreendimentos, sistemas, operações, programas, atividades ou entidades do governo,

---

[116] BRASIL. Tribunal de Contas da União. Secretaria-Geral de Controle Externo (Segecex). Manual de auditoria operacional. Brasília: TCU, 2020, p. 24.
[117] BRASIL. Tribunal de Contas da União. *Op. cit.*, p. 116.
[118] BRASIL. Tribunal de Contas da União. *Op. cit.*, p. 135.
[119] BRASIL. Tribunal de Contas da União. *Op. cit.*, p. 135.
[120] INSTITUTO RUI BARBOSA. *Normas Brasileiras de Auditoria do Setor Público (NBASP):* nível 3: requisitos mandatórios para auditorias do setor público Curitiba: IRB, 2019, p. 18.

de acordo com as dimensões da economicidade, eficiência, eficácia e efetividade. Além disso, esse provimento é cabível em caso de ilegalidades.

Qualquer interpretação em contrário implicaria dizer que o TCU possuiria supremacia interinstitucional para definir os meios e interferir nas escolhas do Poder Executivo na consecução de políticas públicas, o que, além de não previsto em norma, parece em desacordo com o princípio da separação dos Poderes.

É essa razão pela qual as determinações e recomendações proferidas em auditorias operacionais não demandam o contraditório dos interessados e responsáveis, a exemplo do que se instaura em processos sancionatórios e em auditorias de conformidade.

A participação dos órgãos nas fiscalizações do TCU que não concluam pela ocorrência de ilegalidades, resultando em medidas com viés pedagógico e/ou prospectivo, se dá mediante o que a Resolução TCU nº 315/2020 chama de construção participativa das deliberações.

Segundo o art. 14 da aludida norma:

> a unidade técnica instrutiva deve oportunizar aos destinatários das deliberações a apresentação de comentários sobre as propostas de determinação e/ou recomendação, solicitando, em prazo compatível, informações quanto às consequências práticas da implementação das medidas aventadas e eventuais alternativas.

Tal manifestação deve ser viabilizada mediante o envio do relatório preliminar da fiscalização, nos termos do §1º da mencionada disposição. Tal ato processual não se confunde com a oitiva da art. 250, inciso V, do RITCU, a qual é a medida processual obrigatória antes da expedição de determinações corretivas para a adoção de providências concretas e imediatas com a finalidade de prevenir, corrigir irregularidade, no âmbito de representações e auditorias de conformidade, como será analisado em capítulo próprio adiante.

A construção participativa de deliberações em auditorias operacionais mostra-se coerente com a ideia de que a avaliação e o próprio controle corretivo da atividade administrativa, quanto aos melhores meios de cumprir as suas finalidades, são algo que pertence à própria função administrativa, constituindo competência intrínseca de cada órgão ou entidade.

Tanto isso é verdade que o constituinte originário previu, no inciso II do art. 74, que os Poderes Legislativo, Executivo e Judiciário manterão, de forma integrada, sistema de controle interno com a finalidade de, dentre outros, avaliar os resultados quanto à eficácia e eficiência da gestão orçamentária, financeira e patrimonial nos órgãos e entidades da administração federal.

Ademais, é preciso destacar a recente modificação trazida pela Emenda Constitucional nº 109, de 15.03.2021, que introduziu o §16 no art. 37, especificando que "os órgãos e entidades da administração pública, individual ou conjuntamente, devem realizar avaliação das políticas públicas, inclusive com divulgação do objeto a ser avaliado e dos resultados alcançados, na forma da lei".

Por conta de todo esse arcabouço normativo, de assento constitucional, entende-se que eventuais determinações proferidas em auditorias operacionais, no que se refere ao desenho de políticas públicas, não devem ensejar a aplicação de sanção aos responsáveis pelo TCU, em caso de descumprimento. Tal ocorre porque o objetivo de tais fiscalizações e das decisões nele proferidas é induzir a melhoria do Estado mediante a elaboração de um diagnóstico das principais falhas e das eventuais soluções cabíveis a fim de instar o controle político e social.

Essa conclusão pode ser depreendida em diversas passagens do Manual de Auditoria Operacional do TCU:

> O monitoramento das recomendações e determinações tem os seguintes propósitos (GUID 3920/147) [...] *subsidiar com informações a responsabilização social e política pelo desempenho da ação pública.*[121] (grifos acrescidos).
> A comunicação dos resultados da auditoria deve atingir seu objetivo final de reportar à sociedade sobre o desempenho da administração pública, *permitindo a responsabilização dos agentes públicos pelos resultados da ação de governo, mediante controle parlamentar e controle social* (INTOSAI-P 12/princípio 4).[122] (grifos acrescidos).
> O monitoramento permite ao Legislativo, à sociedade e às demais partes interessadas acompanhar o desempenho do objeto auditado e identificar as barreiras e dificuldades enfrentadas pelo gestor para solucionar os problemas apontados. A divulgação do diagnóstico atualizado da situação e das ações adotadas pelo gestor pode contribuir para o alcance dos resultados desejados. *A transparência das informações e a atuação dos atores interessados contribui para a responsabilização política e social pelo desempenho da ação de governo* (LIMA, 2008; CENEVIVA; FARH, 2012)[123] (grifos acrescidos).
> O relatório é o principal produto da auditoria, por meio do qual o governo, o Congresso Nacional e a sociedade vão avaliar o desempenho do objeto auditado. A comunicação dos resultados da auditoria *deve reportar à sociedade sobre o desempenho da administração pública, contribuindo para a responsabilização dos agentes públicos pelos resultados da ação de governo, mediante controle parlamentar e controle social.* Apesar disso, é possível elaborar outros instrumentos de divulgação da auditoria, conforme o público que se deseja alcançar (seção 6.5)[124] (grifos acrescidos).

A não incidência das sanções estabelecidas na LOTCU, no caso de não atendimento de determinações veiculadas em auditorias operacionais, também está em linha com a doutrina de Dagomar Henriques Lima, o qual defende que a responsabilização por desempenho não segue a lógica do modelo de comando e controle que caracteriza o processo de prestação de contas em vigor no TCU.[125]

Segundo o mencionado autor, mais adequada se afigura a responsabilização política do gestor, "mesmo porque as razões para o desempenho insatisfatório são inúmeras: treinamento inadequado, falta de suporte político, desenho inadequado do programa, falta de capacidade operacional, limitação orçamentária".[126]

---

[121] BRASIL. Tribunal de Contas da União. Secretaria-Geral de Controle Externo (Segecex). Manual de auditoria operacional. Brasília: TCU, 2020, p. 145.
[122] BRASIL. Tribunal de Contas da União. Secretaria-Geral de Controle Externo (Segecex). Manual de auditoria operacional. Brasília: TCU, 2020, p. 143.
[123] BRASIL. Tribunal de Contas da União. Secretaria-Geral de Controle Externo (Segecex). Manual de auditoria operacional. Brasília: TCU, 2020, p. 146.
[124] BRASIL. Tribunal de Contas da União. Secretaria-Geral de Controle Externo (Segecex). Manual de auditoria operacional. Brasília: TCU, 2020, p. 118.
[125] LIMA, Dagomar Henriques. Responsabilização por desempenho e controle externo da administração pública. *Revista do Tribunal de Contas da União*, Brasília, v. 40, n. 111, p. 35-42, jan./abr. 2008, p. 41.
[126] LIMA, Dagomar Henriques. *Op. cit.*, p. 41.

Dagomar Henriques Lima fala, ainda, da necessidade de os resultados das auditorias operacionais receberem ampla divulgação na mídia, de modo a permitir o uso das informações pelos atores sociais, favorecendo o controle social. Por fim, o autor destaca que o Congresso Nacional poderia ter papel de grande repercussão nessa cobrança "mediante, por exemplo, a realização de audiências públicas com os gestores responsáveis no âmbito das comissões temáticas ou nas comissões de fiscalização".[127]

Avalia-se que a atuação conjunta do TCU e do Parlamento, no controle externo do desempenho da Administração Pública e da execução de políticas públicas, constitui uma medida de *enforcement* mais adequada em face da natureza das auditorias operacionais. Entende-se que as sanções somente devem ser imputadas em casos mais extremos de ilegalidade assente na execução do desenho e implementação de políticas públicas, o que deve ser precedida de ampla motivação.

Outro ponto importante a destacar é o de que a auditoria operacional não pode ser utilizada para analisar o mérito de um ato administrativo específico, com vistas à expedição de eventuais determinações que não envolvam aspectos relacionados à legalidade. Conforme visto, essa modalidade de fiscalização é vocacionada para analisar o desempenho de um órgão e/ou de uma política pública como um todo, instrumentalizando a função do TCU de colaborar com o aperfeiçoamento da Administração Pública.

A discussão a respeito dos limites da atuação do TCU no controle de mérito de atos administrativos é bastante presente com relação à fiscalização realizada sobre a atuação das agências reguladoras. Nesse particular, a jurisprudência do Tribunal é pacífica no sentido de que este não pode substituir aquelas no exercício de suas atividades-fim, mediante a expedição de determinações que definam o conteúdo do ato regulatório. Nesse contexto, a Corte de Contas somente pode exercer sua competência corretiva em casos de flagrante irregularidade.

Nesse sentido, transcrevem-se os seguintes precedentes extraídos do repositório da jurisprudência selecionada do Tribunal:

> Na fiscalização das atividades-fim das agências reguladoras, o TCU não deve substituir-se aos órgãos que controla, nem estabelecer o conteúdo do ato de competência do órgão regulador, determinando-lhe a adoção de medidas, salvo quando verificar a ocorrência de ilegalidade ou de omissão da autarquia no cumprimento das normas jurídicas pertinentes.
> (Acórdão nº 715/2008-Plenário. Relator: ministro Augusto Nardes)

> O controle exercido pelo Tribunal de Contas da União sobre a área-fim das agências reguladoras deve ser um controle de segunda ordem, vocacionado para exarar determinações apenas quando for constatada a prática de atos ilegais.
> (Acórdão nº 620/2008-Plenário. Relator: ministro Benjamin Zymler)

> A atuação do controle externo nas atividades finalísticas das agências reguladoras limita-se a fiscalização de segunda ordem, respeitando os limites de atuação e a autonomia funcional daquelas entidades, não cabendo ao TCU avaliar, em casos concretos específicos, a correção das normas editadas por entidades regulatórias.
> (Acórdão nº 2.071/2015-Plenário. Relator: ministro Vital do Rêgo)

---

[127] LIMA, Dagomar Henriques. *Op. cit.*, p. 41.

A competência do TCU para fiscalizar as atividades-fim das agências reguladoras caracteriza-se como controle de segunda ordem, cabendo respeitar a discricionariedade das agências quanto à escolha da estratégia e das metodologias utilizadas para o alcance dos objetivos delineados. Isso não impede, todavia, que o TCU determine a adoção de medidas corretivas a ato praticado na esfera discricionária dessas entidades, quando houver violação ao ordenamento jurídico, do qual fazem parte os princípios da finalidade, da economicidade e da modicidade tarifária na prestação dos serviços públicos.
(Acórdão nº 1.166/2019-Plenário. Relator: ministro Augusto Nardes)

4.5 Competência sancionatória

Conforme o art. 71, inciso VIII, da CF/1988, compete ao TCU: "aplicar aos responsáveis, em caso de ilegalidade de despesa ou irregularidade de contas, as sanções previstas em lei, que estabelecerão, entre outras cominações, multa proporcional ao dano causado ao erário".

Tal competência foi reproduzida no art. 1º, inciso IX, da LOTCU e no art. 1º, inciso XVII, do RITCU.

Na visão de Edilberto Carlos Pontes Lima, é claro que a finalidade precípua dos tribunais de contas não é aplicar sanções. Todavia, tais instituições foram criadas para fazer cumprir as leis que regem a Administração Pública, constituindo órgãos de *enforcement*, na expressão em inglês.[128]

Conforme visto, a Lei Maior elencou duas hipóteses para o exercício do poder sancionatório do TCU: a ilegalidade da despesa ou a irregularidade das contas. O inciso VIII do art. 71 reservou à lei a tarefa de definir as sanções cabíveis, tendo estabelecido, desde logo, a necessidade de se prever multa proporcional ao dano causado ao Erário.

Todavia, a LOTCU previu outros tipos, a exemplo da ocorrência de fraude à licitação, da prática de ato de gestão ilegítimo ou antieconômico de que resulte injustificado dano ao Erário e da prática de atos processuais atentatórios ou dificultadores do regular exercício das atividades de controle externo pelo TCU. Inserem-se nessa última tipologia o não atendimento a diligência ou a decisão do Tribunal, a obstrução ao livre exercício de auditorias e inspeções, a sonegação de documentos ou informações em fiscalizações e a reincidência no descumprimento de determinação.

A propósito do alargamento do poder sancionador do TCU, não se vislumbra nenhuma inconstitucionalidade nessa opção do legislador. Isso porque a delimitação do *ius puniendi* exige apenas a edição de lei, de sorte que é absolutamente legítimo se estabelecer outras expressões deste poder, não originariamente previstas na Constituição.

Dito de outra forma, existe ampla discricionariedade do legislador para estabelecer as infrações administrativas e penais, as sanções e os órgãos encarregados da fiscalização dos valores tutelados pelas normas e da aplicação das sanções. Como bem assinala Jorge Munhós de Souza, "a possibilidade de que o Estado selecione condutas indesejadas e a

---

[128] CONTI, José Maurício; MOUTINHO, Donato Volkers; NASCIMENTO, Leandro Maciel do. *Controle da Administração Pública no Brasil*. São Paulo: Blucher, 2022, p. 16.

prescreva como ilícitos, atribuindo as respectivas sanções, deriva da própria noção de soberania e de seu consectário lógico, que é o Poder Punitivo Estatal *(jus puniendi)*".[129]

Há somente uma condição a seu respeito no desenho do poder sancionatório estatal pela lei: que não haja uma modificação na arquitetura de divisão de competências entre os diversos órgãos estatais, igualmente incumbidos de exercer o *ius puniendi*. Dito de outra forma, não poderia o legislador atribuir uma competência sancionatória a um órgão, em detrimento da de outro, ambos de expressão constitucional. No caso, essa condição de contorno não foi ultrapassada pelos autores da LOTCU.

4.5.1 Infrações e sanções processadas pelo TCU

Foram essa as infrações e sanções catalogadas pela Lei nº 8.443/1992, em atendimento ao art. 71, inciso VIII, da CF/1988:

(continua)

Infração (Fato típico)	Sanção	Dispositivo da LOTCU
Fraude comprovada à licitação	Declaração de inidoneidade do licitante fraudador para participar, por até cinco anos, de licitação na Administração Pública Federal	Art. 46
Contas julgadas irregulares de que resulte débito	Multa de até 100% do valor atualizado do dano causado ao Erário	Art. 57
Contas julgadas irregulares de que *não* resulte débito	Multa até o limite máximo estabelecido em portaria do TCU, conforme gradação estabelecida no RITCU	Art. 58, inciso I
Ato praticado com grave infração à norma legal ou regulamentar de natureza contábil, financeira, orçamentária, operacional e patrimonial	Multa até o limite máximo estabelecido em portaria do TCU, conforme gradação estabelecida no RITCU	Art. 58, inciso II
Ato de gestão ilegítimo ou antieconômico de que resulte injustificado dano ao Erário	Multa até o limite máximo estabelecido em portaria do TCU, conforme gradação estabelecida no RITCU	Art. 58, inciso III
Não atendimento, no prazo fixado, sem causa justificada, a diligência do relator ou a decisão do Tribunal	Multa até o limite máximo estabelecido em portaria do TCU, conforme gradação estabelecida no RITCU	Art. 58, inciso IV

---

[129] SOUZA, Jorge Munhós de. Responsabilização administrativa na Lei Anticorrupção. *In:* SOUZA, Jorge Munhós de; QUEIROZ, Ronaldo Pinheiro (org.). *Lei Anticorrupção e Temas de Compliance*. Salvador: Juspodivm, 2015, p. 187-241, p. 190.

(conclusão)

Infração (Fato típico)	Sanção	Dispositivo da LOTCU
Obstrução ao livre exercício das inspeções e auditorias determinadas	Multa até o limite máximo estabelecido em portaria do TCU, conforme gradação estabelecida no RITCU	Art. 58, inciso V
Sonegação de processo, documento ou informação, em inspeções ou auditorias realizadas pelo Tribunal	Multa até o limite máximo estabelecido em portaria do TCU, conforme gradação estabelecida no RITCU	Art. 58, inciso VI
Reincidência no descumprimento de determinação do Tribunal	Multa até o limite máximo estabelecido em portaria do TCU, conforme gradação estabelecida no RITCU	Art. 58, inciso VII
Deixar de dar cumprimento à decisão do Tribunal, salvo motivo justificado	Multa até o limite máximo estabelecido em portaria do TCU, conforme gradação estabelecida no RITCU	Art. 58, §1º

Além das sanções previstas nos arts. 57 e 58, o Tribunal poderá aplicar ao responsável a pena de inabilitação, por um período de cinco a oito anos, para o exercício de cargo em comissão ou função de confiança no âmbito da Administração Pública se as infrações forem consideradas graves, pela maioria absoluta do TCU, nos termos do art. 60 da LOTCU.

Como ressaltado no referido dispositivo, tal sanção pode ser aplicada cumulativamente com as multas, refletindo uma espécie de retribuição (negativa) ao sujeito ativo da infração, devido à sua maior gravidade.

Por fim, a Lei nº 10.028, de 19 de outubro de 2000, tipificou, em seu art. 5º, os seguintes atos como infrações administrativas contra as leis de finanças públicas, tendo atribuído competência para o seu processamento e julgamento aos respectivos tribunais de contas:

> I – deixar de divulgar ou de enviar ao Poder Legislativo e ao Tribunal de Contas o relatório de gestão fiscal, nos prazos e condições estabelecidos em lei;
> II – propor lei de diretrizes orçamentárias anual que não contenha as metas fiscais na forma da lei;
> III – deixar de expedir ato determinando limitação de empenho e movimentação financeira, nos casos e condições estabelecidos em lei;
> IV – deixar de ordenar ou de promover, na forma e nos prazos da lei, a execução de medida para a redução do montante da despesa total com pessoal que houver excedido a repartição por Poder do limite máximo.

A sanção prevista para os aludidos atos foi a multa de trinta por cento dos vencimentos anuais do agente que lhe der causa, nos termos do §3º do mencionado dispositivo.

Passemos à análise das infrações processadas e julgadas no âmbito da competência sancionatória do TCU.

4.5.1.1 Fraude comprovada à licitação

A infração catalogada no art. 46 da LOTCU contempla a ocorrência de fraude comprovada à licitação. Em face dessa conduta, foi prevista a pena de declaração de inidoneidade do licitante fraudador para participar, por até cinco anos, de licitação na Administração Pública Federal.

Tomando como base a doutrina de Sílvio Venosa, fraude pode ser conceituada como "o uso de meio enganoso ou ardiloso com o intuito de contornar a lei ou um contrato, seja ele preexistente ou futuro".[130]

O Referencial de Combate à Fraude e Corrupção do TCU faz menção ao conceito de fraude da norma ISA 240 da *International Auditing and Assurance Standards Board* (IAASB). Conforme esse normativo, fraude seria o "ato intencional praticado por um ou mais indivíduos, entre gestores, responsáveis pela governança, empregados ou terceiros, envolvendo o uso de falsidade para obter uma vantagem injusta ou ilegal".[131]

A fraude, para os fins do art. 46 da LOTCU, pode ser conceituada um ardil visando ludibriar a administração contratante, em prejuízo desta e dos princípios e valores que regem as licitações públicas, em especial, a competitividade, a moralidade, a probidade, a isonomia e o interesse público. A infração pode ser cometida isoladamente ou mediante acerto prévio entre os licitantes, configurando, neste caso, o que se chama de conluio.

O TCU costuma configurar a ocorrência de fraude à licitação a partir de vários comportamentos praticados não apenas por licitantes, como por empresas que se abstêm dolosamente de participar de certames, mediante acerto prévio com o vencedor, no intuito de favorecê-lo, em prejuízo dos princípios e valores elencados acima. O Tribunal também enquadra no tipo previsto do art. 46 da LOTCU comportamentos como a apresentação de atestados e documentos falsos e declarações inverídicas de enquadramento da licitante como microempresa e empresa de pequeno porte, no âmbito das licitações. Também é punida pelo referido dispositivo a realização de qualquer conduta fraudulenta em cotações prévias em procedimentos de contratação direta.

A infração em análise a exige a presença de dolo para a sua configuração. Nesse sentido, transcreve-se o seguinte precedente:

> A conduta dolosa é elemento subjetivo indispensável à configuração de fraude à licitação, sendo requisito essencial para a aplicação da sanção de inidoneidade prevista no art. 46 da Lei 8.443/1992.
> (Acórdão nº 1.701/2022-TCU-Plenário. Relator: ministro Bruno Dantas)

Para a caracterização do ilícito, é possível recorrer a provas indiretas, tais como a existência de vários indícios, coerentes e compatíveis entre si, que levem a uma conclusão

---

[130] VENOSA, Sílvio de Salvo. *Direito civil*: parte geral. São Paulo: Atlas, 2011, p. 213.
[131] BRASIL. Tribunal de Contas da União. *Referencial de combate à fraude e corrupção*: aplicável a órgãos e entidades da Administração Pública. Brasília: TCU, Coordenação-Geral de Controle Externo dos Serviços Essenciais ao Estado e das Regiões Sul e Centro-Oeste (Coestado), Secretaria de Métodos e Suporte ao Controle Externo (Semec), 2018, p. 13-14.

unívoca, no sentido da ocorrência da infração e da participação da licitante no contexto da fraude perpetrada.

Tal como o crime de fraude à licitação, catalogado atualmente no art. 337-F do Código Penal, a infração do art. 46 da LOTCU pode ser vista como uma infração formal, já que a sua consumação independe da comprovação de prejuízo ou da obtenção de vantagem.

Nesse sentido, invocam-se os seguintes precedentes do Tribunal:

> A declaração de inidoneidade de licitante, prevista no art. 46 da Lei 8.443/1992, independe da existência de prejuízo ao erário ou da obtenção de vantagem indevida, bastando para a aplicação da sanção a verificação de fraude à licitação.
> (Acórdão nº 1.986/2013-Plenário. Relator: ministro Raimundo Carreiro)
> (Acórdão nº 1.230/2017-Plenário. Relatora: ministra Ana Arraes)

> A aplicação, pelo Tribunal, da sanção de inidoneidade para participar de licitação na Administração Pública Federal (art. 46 da Lei 8.443/1992) não depende da ocorrência de dano ao erário ou frustração da licitação. Basta estar caracterizada a conduta legalmente reprovada de fraude a licitação. Não há que se comprovar ou explicitar o alcance pretendido pelos licitantes fraudadores.
> (Acórdão nº 3.617/2013-Plenário. Relator: ministro José Jorge)

4.5.1.2 Condenação do responsável em débito

O tipo previsto no art. 57 da LOTCU contempla a condenação do responsável em débito. A redação do dispositivo parece sugerir que a incidência dessa pena seria uma espécie de consequência do julgamento das contas pela irregularidade com imputação de débito, ocorrendo sempre que este fosse atribuído a determinado agente, pessoa física ou jurídica. Todavia, entende-se que o Tribunal deve proceder à análise da antijuridicidade da conduta e da culpabilidade do agente, avaliando ainda as circunstâncias da ocorrência e os demais aspectos pessoais do responsável, tais como seus antecedentes e eventuais agravantes e atenuantes, para a decisão pela aplicação da sanção e definição de sua dosimetria.

Conforme será descrito adiante, no capítulo pertinente à responsabilização, é preciso verificar a presença de culpa, assim como percorrer os caminhos especificados na LINDB para o exercício da competência sancionatória por parte do Tribunal.

4.5.1.3 Irregularidades na gestão de recursos públicos sem a ocorrência de débito

O TCU pode aplicar multa devido à prática de irregularidades na gestão de recursos públicos que não resultem na imputação de débito. Tal ocorre nas seguintes hipóteses:

a) contas julgadas irregulares de que não resulte débito (art. 58, inciso I, da LOTCU);

b) ato praticado com grave infração à norma legal ou regulamentar de natureza contábil, financeira, orçamentária, operacional e patrimonial (art. 58, inciso II, da LOTCU); e

c) ato de gestão ilegítimo ou antieconômico de que resulte injustificado dano ao Erário (art. 58, inciso III, da LOTCU).

No que se refere à primeira situação descrita, cabe ressaltar que o Tribunal pode julgar irregulares as contas, sem imputar débito, nas hipóteses catalogadas nas alíneas "a" e "b" do inciso III do art. 16 da LOTCU, a saber:

> a) omissão no dever de prestar contas;
> b) prática de ato de gestão ilegal, ilegítimo, antieconômico, ou infração à norma legal ou regulamentar de natureza contábil, financeira, orçamentária, operacional ou patrimonial.

Quanto à primeira hipótese, tal ocorre quando o responsável não encaminha a documentação pertinente à prestação de contas no prazo especificado, mas a envia, posteriormente, após a citação, ao Tribunal ou ao órgão responsável originalmente pela sua análise, logrando comprovar, posteriormente, a boa e regular aplicação de recursos públicos.

Nessa situação, o TCU pode julgar irregulares as contas com base no art. 16, inciso III, alínea "a", da LOTCU, com imputação da multa do art. 58, inciso I, da referida norma, uma vez que a omissão no dever de prestar contas é configurada a partir da citação, sendo indiferente para o enquadramento nessa infração a remessa posterior das contas, a menos que a conduta seja justificada. Esse entendimento é pacífico na jurisprudência do TCU, como revelam os seguintes precedentes:

> A apresentação da prestação de contas a destempo, mas até o momento anterior ao da citação pelo TCU, configura intempestividade no dever de prestar contas. A omissão no dever de prestar contas fica caracterizada apenas a partir da citação por essa irregularidade.
> (Acórdão nº 5.773/2015-Primeira Câmara. Relator: ministro José Múcio)

> A apresentação de documentos comprobatórios de despesas, extemporaneamente, não é suficiente para elidir a irregularidade que caracteriza a omissão no dever de prestar contas, salvo se acompanhada de justificativas plausíveis para não tê-lo feito no prazo certo.
> (Acórdão nº 848/2013-Plenário. Relator: ministro Aroldo Cedraz)

> A apresentação extemporânea da prestação de contas, sem atenuantes que justifiquem o atraso, porém com elementos que comprovem a boa e regular aplicação dos recursos, permite a exclusão do débito, mas não elide a omissão inicial, cabendo o julgamento pela irregularidade das contas com aplicação de multa.
> (Acórdão nº 1.217/2019-Plenário. Revisor: ministro Walton Alencar)

No que se refere ao art. 16, inciso III, alínea "b", da LOTCU, embora as irregularidades especificadas configurem, simultaneamente, os tipos autônomos previstos nos incisos II e III do art. 58, da LOTCU, elas devem ser enquadradas no inciso I do art. 58, quando identificadas em processo de contas e ensejarem o julgamento destas pela irregularidade. Isso permite afirmar que o núcleo do tipo previsto no inciso I é o julgamento das contas pela irregularidade sem imputação de débito, o que pode ocorrer devido a qualquer uma das hipóteses elencadas nas alíneas "a" e "b" do inciso III do art. 16 da LOTCU.

A despeito disso, não se verifica tanto rigor nas decisões do Tribunal quanto à qualificação jurídica das multas aplicadas devido a irregularidades na gestão de recursos públicos, sem a configuração de débito. Há decisões em que a sanção foi embasada no inciso I do art. 58 da LOTCU (Acórdão nº 5.492/2022-Segunda Câmara), no inciso II (Acórdão nº 8.484/2022-Segunda Câmara), no inciso III (Acórdão nº 2.714/2022-Plenário. Relator: ministro Benjamin Zymler) e nos incisos I e II (Acórdão nº 3.221/2022-Segunda Câmara).

No que se refere ao tipo previsto no inciso II do art. 58 da LOTCU, o núcleo do tipo é prática de ato de gestão que infrinja qualquer norma que possa ser enquadrada dentre as especificadas no dispositivo. O dispositivo possui grande abertura semântica, uma vez que qualquer violação aos sistemas normativos indicados pode ser considerada um ilícito passível de ensejar a aplicação de multa pelo Tribunal.

Considerando o parâmetro de controle reservado aos tribunais de contas, nos termos da análise realizada no capítulo 3 desta obra, o TCU somente pode aplicar a multa do inciso II do art. 58 se houver infração às normas que disciplinam a atividade de gestão orçamentária e financeira, que visam proteger o Erário.

Em verdade, todas as sanções referidas na LOTCU estão de alguma forma relacionadas aos valores tutelados pela Corte de Contas, quais sejam, a defesa do Erário e da correta gestão dos bens, valores e do patrimônio público.

O TCU não pode aplicar sanção em razão da violação de normas de outra natureza, até porque a ele não foi incumbido o papel de ser o guardião geral da legalidade, como já ressaltado. Para tanto, existem outros órgãos de Estado encarregados de proteger o Estado de Direito e outros valores jurídicos.

A despeito da catalogação do art. 58 da LOTCU, verifica-se que os fatos elencados na norma constituem tipos bastante abertos, de sorte que é muito ampla a possibilidade hermenêutica do Tribunal em exercer o seu poder sancionatório.

Isso porque qualquer violação a um comando normativo pertencente à ordem jurídica tutelada pelo Tribunal pode, em tese, ensejar o enquadramento do fato no inciso II do aludido dispositivo e a aplicação de multa, desde que atendidos os demais critérios, também subjetivos previstos na legislação (gravidade, culpabilidade, dentre outros expostos a seguir).

A disposição contém, ainda, outro elemento normativo subjetivo, que é a exigência de que essa infração seja grave. Não há, todavia, critérios para aferir a gravidade da violação cometida pelo agente, o que exige certo esforço do julgador de contas a fim de motivar o exercício da competência sancionatória e uniformizar a sua jurisprudência.

Quanto ao tipo mencionado no inciso III do art. 58, o dispositivo também utiliza elementos normativos subjetivos, possuindo, da mesma forma, um alcance bastante amplo pela sua textura aberta. A propósito, cabe rememorar que, nos subitens 3.2.2 e 3.2.3, foram abordados os limites semânticos do controle de legitimidade e da economicidade dos atos sujeitos à jurisdição do TCU.

Ademais, causa certa estranheza a inclusão da prática de ato de gestão antieconômico de que resulte injustificado dano ao Erário dentre as hipóteses da referida sanção. Isso porque a verificação de prejuízo ensejaria, *a priori*, a imputação de um débito, o que atrairia, por conseguinte, a aplicação da multa do art. 57 se houvesse condições para tanto.

Compulsando a jurisprudência do TCU, foram identificados dois fundamentos principais para a aplicação da multa do inciso III do art. 58:

a) quando se verificou a ocorrência de dano, mas não se logrou, por meios seguros, proceder à sua exata quantificação;

b) quando se apurou a existência de dano em processo de fiscalização, com a posterior determinação para instaurar procedimento administrativo ou tomada de contas especial para a quantificação deste, ou seja, para a apuração de débito.

O primeiro caso ocorreu nos Acórdãos nº 7.774/2015-Segunda Câmara (relator: ministro André de Carvalho) e nº 2.347/2004-Primeira Câmara (relator: ministro: Guilherme Palmeira). O segundo ocorreu no Acórdão nº 2.989/2013-Plenário (relator: ministro André de Carvalho).

A tipicidade aberta das normas que descrevem as infrações administrativas sujeitas ao poder sancionatório do TCU impõe uma maior atenção à verificação, por parte do colegiado, da antijuridicidade ou ilicitude da conduta. Tais aspectos serão destacados em capítulo próprio adiante acerca dos requisitos para a responsabilização.

4.5.1.4 Descumprimento do dever de cooperar com o exercício das atribuições de controle externo

As infrações relacionadas ao descumprimento do dever de cooperar com o exercício das atribuições de controle externo são as previstas nos incisos IV, V e VI do art. 58 da LOTCU. Elas contemplam as seguintes práticas:

a) não atendimento, no prazo fixado, sem causa justificada, da diligência do relator ou da decisão do Tribunal (inciso IV);

b) obstrução ao livre exercício das inspeções e auditorias determinadas;

c) sonegação de processo, documento ou informação, em inspeções ou auditorias realizadas pelo Tribunal.

A tipificação desses ilícitos é um consectário do disposto no art. 93 do Decreto-Lei nº 200, de 25 de fevereiro de 1967, segundo o qual "quem quer que utilize dinheiros públicos terá de justificar seu bom e regular emprego na conformidade das leis, regulamentos e normas emanadas das autoridades administrativas competentes".

Se os responsáveis têm a obrigação de prestar contas dos recursos que lhe forem confiados, mediante a remessa da documentação especificada na legislação de regência, eles evidentemente são obrigados a prestar as informações e encaminhar os documentos pertinentes a esse dever, sempre que solicitados pelo TCU, seja no curso de processos de controle externo, seja durante inspeções e auditorias.

Há uma aparente duplicidade na previsão contida na parte final do inciso IV do art. 58 – não atendimento, no prazo fixado, sem causa justificada, de *decisão do Tribunal* – frente ao ilícito previsto no §1º do mesmo dispositivo, a ser comentado adiante – deixar de dar cumprimento à decisão do Tribunal, salvo motivo justificado.

A fim de promover a concordância prática entre os dispositivos, interpreta-se o termo 'decisão', contido no inciso IV do art. 58, como aquela proferida pelo Tribunal, de natureza interlocutória, com o objetivo de sanear o processo ou viabilizar o seu regular andamento.

Inserem-se nesse contexto as determinações instrumentais ao processo, tais como a fixação de prazo para a apresentação de documentos, informações e esclarecimentos, no caso de sonegação de obstrução ao livre exercício de auditoria e inspeções ou sonegação de documentos (art. 245, §1º, do RITCU), a requisição aos órgãos e entidades federais, sem quaisquer ônus, de prestação de serviços técnicos especializados, a serem executados em prazo previamente estabelecido (art. 101 da LOTCU), dentre outros.

Seguem alguns precedentes relacionados ao dever de cooperar com o exercício das atribuições de controle externo do TCU:

Não viola o sigilo fiscal o fornecimento de dados anonimizados (mascarados) pela Secretaria da Receita Federal do Brasil ao TCU, em atendimento a requisição de equipe de fiscalização, pois a técnica de mascaramento resguarda a privacidade do contribuinte, constituindo alternativa capaz de compatibilizar a garantia de sigilo fiscal com a necessidade de controle da administração tributária, conferindo efetividade a ambas as previsões constitucionais, sem ferir o núcleo essencial de qualquer uma delas.
(Acórdão nº 1.391/2016-Plenário. Relator: ministro Walton Alencar)
(Acórdão nº 977/2018-Plenário. Relator: ministro Vital do Rêgo)

Não cabe oposição de sigilo fiscal às solicitações de informações do TCU quando no exercício da sua competência constitucional para fiscalizar renúncia de receitas tributárias.
(Acórdão nº 741/2019-Plenário. Relator: ministro Raimundo Carreiro)

As informações sobre operações financeiras que envolvam recursos públicos não estão abrangidas entre aquelas protegidas pelo sigilo bancário, visto que operações da espécie estão submetidas aos princípios constitucionais da Administração Pública. É prerrogativa do Tribunal o acesso a informações relacionadas a essas operações, independentemente de autorização judiciária ou legislativa.
(Acórdão nº 2.462/2014-Plenário. Relator: ministro-substituto Augusto Sherman)

Além dos ilícitos supramencionados, a prática do Tribunal demonstra que ele vem aplicando sanção não prevista em sua lei orgânica, em virtude de atitude contrária ao princípio da lealdade processual e o dever de cooperação com as suas atribuições de controle externo: a prática de litigância de má-fé. Tal ocorre mediante a utilização, por aplicação subsidiária, dos arts. 80, inciso II, e 81 do CPC/2015.

A propósito do assunto, a jurisprudência do TCU era pacífica, em um primeiro momento, no sentido de que não cabia a aplicação dessa sanção nos processos de controle externo, em respeito ao princípio da reserva legal.

Embora o Tribunal reconhecesse, em determinadas situações, condutas passíveis de serem consideradas como litigância de má-fé, especialmente quando a parte interpunha seguidos embargos de declaração, ele se limitava a declarar que eventual novo recurso não teria efeito suspensivo, não impedindo o trânsito em julgado da decisão. Por vezes, a Corte de Contas expedia, ainda, comunicação ao Conselho Regional da Ordem dos Advogados do Brasil competente, reportando o comportamento irregular do patrono dos responsáveis. Tal ocorreu nos Acórdãos nºs 2.412/2009-Plenário (relator: ministro Augusto Nardes), 4.939/2012-2ª Câmara (relator: ministro Aroldo Cedraz) e 756/2013-Plenário (relatora: ministra Ana Arraes).

A primeira decisão que aplicou multa por litigância de má-fé nos processos de controle externo foi o Acórdão nº 261/2012-Plenário (relator: ministro Walton Alencar). Sendo assim, cabe transcrever os fundamentos adotados na decisão:

> O CPC descreve as condutas que caracterizam infração ao dever de lealdade processual, entre as quais a alteração da verdade dos fatos (art. 17, inciso II). Verificada a litigância de má-fé, a parte infratora será condenada ao pagamento de multa de até 1% do valor atribuído à causa, em razão do seu comportamento inadequado, por expressa disposição do Código de Processo Civil, *in verbis*:
> [...]
> *A ausência de dispositivo que tipifique as condutas contrárias ao dever de lealdade processual e estabeleça a sanção aplicável ao litigante de má-fé na Lei Orgânica e no Regimento Interno do Tribunal impõe que se avalie a possibilidade de utilizar os parâmetros do CPC para colmatar tal lacuna.*
> [...]
> O uso das disposições do CPC para suprir lacunas das regras processuais acomodadas na Lei Orgânica e no Regimento Interno não é recente. A Súmula 103 estabelece que "na falta de normas legais regimentais específicas, aplicam-se, analógica e subsidiariamente, no que couber, a juízo do Tribunal de Contas da União, as disposições do Código de Processo Civil". Nesse sentido, o Regimento Interno autoriza o uso, em caráter subsidiário, de disposições do CPC e de outras normas processuais (art. 298). De igual sorte, no julgamento do MS 24.961/DF, o Supremo Tribunal Federal reconheceu a validade da aplicação subsidiária de disposição do CPC a processo deste Tribunal.
> [...]
> Se não é admissível a deslealdade nos processos regulados originariamente pelo CPC, com igual razão não se pode tolerá-la nos processos promovidos pelo Tribunal, no exercício do controle externo, porque, em ambos os casos, o abuso processual é exercido contra o Estado. (grifos acrescidos)

Atualmente, esta posição é pacífica no TCU, cabendo mencionar os Acórdãos nºs 611/2020-Plenário (relator: ministro Raimundo Carreiro), 11.287/2021-1ª Câmara (relator: ministro Vital do Rêgo) e 59/2022-Plenário (relator: ministro Walton Alencar).

4.5.1.5 Descumprimento de decisões do TCU

As infrações relacionadas ao descumprimento das decisões do TCU são as previstas no inciso VII e no §1º do art. 58 da LOTCU. Elas contemplam as seguintes práticas:

a) reincidir no descumprimento de determinação do Tribunal;
b) deixar de dar cumprimento à decisão do Tribunal, salvo motivo justificado.

A tipificação desses ilícitos é um consectário da supremacia interinstitucional do TCU frente à atuação dos demais órgãos integrantes do Estado na gestão de bens e recursos públicos, conforme visto no capítulo 1.

Tal posição de superioridade se manifesta em sua competência de assinar prazo para que o órgão ou entidade adote as providências necessárias ao exato cumprimento da lei, se verificada ilegalidade, conforme o art. 71, inciso IX, da CF/1988. Em verdade, esse comando pode ser interpretado de forma ampla, no sentido de que as decisões do Tribunal são impositivas aos órgãos jurisdicionados, no espaço objetivo de incidência do controle externo, na verificação da correta gestão dos bens e recursos públicos.

Na condição de órgão subordinante e de supraordenação constitucional, dentro desse espaço objetivo de atuação, o Tribunal emite decisões em que substitui a vontade concreta dos órgãos fiscalizados, impondo a correção dos atos praticados em desacordo com esse fragmento da ordem jurídica – a legislação que disciplina a correta administração e gestão dos bens, valores e recursos públicos.

Por esse motivo, as determinações e decisões proferidas pelo TCU no exercício das atribuições de controle externo devem obrigatoriamente ser cumpridas pelos órgãos jurisdicionados, ficando as autoridades competentes sujeitas às sanções previstas no inciso VII e no §1º do art. 58 da LOTCU.

Nesse sentido, transcrevem-se os seguintes precedentes:

> O cumprimento de determinações do TCU não se encontra sujeito a juízo de conveniência e oportunidade dos gestores integrantes da Administração Pública, uma vez que se revestem de força cogente. Havendo dúvida ou inconformismo em relação a deliberações do Tribunal, cabe ao responsável utilizar, tempestivamente, os recursos previstos na Lei 8.443/1992 e no Regimento Interno do TCU, e não optar pelo descumprimento injustificado.
> (Acórdão nº 1.081/2022-Segunda Câmara. Relator: ministro Antonio Anastasia)

> Ao assumir o cargo, compete ao gestor público inteirar-se das determinações expedidas pelo TCU afetas à sua área de atuação, arcando com a responsabilidade no caso de descumprimento, uma vez que as determinações do Tribunal não têm caráter pessoal (*intuitu personae*), pois visam aprimorar a gestão do órgão ou da entidade.
> (Acórdão nº 277/2019-Plenário. Relator: ministro-substituto Marcos Bemquerer)

> O cumprimento de uma decisão cautelar no âmbito do TCU não constitui uma faculdade à parte demandada, mas uma obrigação de fazer que lhe é imposta com vistas à tutela de um bem jurídico, sob pena de responder pelas consequências legais decorrentes do descumprimento, como a aplicação de multa e a responsabilização pelos danos que forem apurados.
> (Acórdão nº 1.016/2011-Plenário. Relator: ministro José Jorge)

Os dispositivos em análise parecem veicular infração de idêntico conteúdo. A fim de diferenciar as hipóteses elencadas, interpreta-se o termo determinação de que trata o inciso VII do art. 58 como de cunho mais genérico, expedida com o objetivo de orientar a atuação administrativa do jurisdicionado e evitar a repetição de irregularidade ou a materialização de irregularidade cuja consumação seja menos provável em razão do estágio inicial dos atos que a antecedem. Esse ilícito seria caracterizado, por exemplo, se o TCU desse ciência a determinado órgão, sobre a utilização de determinada cláusula editalícia contrária à sua jurisprudência, restritiva da competitividade do certame, e, posteriormente, verificasse o desatendimento dessa orientação em licitações futuras.

Já a decisão mencionada no §1º do art. 58 é aquela voltada para a correção de um ato em concreto, nos termos do inciso IX do art. 71 da CF/1988. Trata-se de deliberação para a adoção de providências concretas e imediatas com a finalidade de prevenir, corrigir irregularidade, remover seus efeitos ou abster-se de executar atos irregulares. Essa infração seria configurada, por exemplo, se um órgão jurisdicionado deixasse de anular um ato considerado ilegal pelo Tribunal, no prazo fixado.

Seguem alguns precedentes a respeito da aplicação dos dispositivos em exame:

A aplicação da multa prevista no art. 58, inciso VII, da Lei 8.443/1992 depende da ocorrência de descumprimento reincidente de determinação do TCU, sendo aplicável, portanto, quando verificado o descumprimento a acórdão que reiterou comando veiculado em acórdão anterior.
(Acórdão nº 3.264/2016-Segunda Câmara. Relatora: ministra Ana Arraes)

Ao tomar ciência de deliberação do TCU que determina expressamente a imediata exclusão de vantagem de ato de aposentadoria, pensão ou reforma, cabe ao agente público responsável cumpri-la tempestivamente, ou, nos prazos legais, interpor os recursos previstos na Lei Orgânica e no Regimento Interno do TCU. A protelação do cumprimento da deliberação, sem causa justificada, sujeita o agente às penalidades previstas na Lei 8.443/1992, assim como a ser responsabilizado, solidariamente com os beneficiários, pelos valores pagos em desacordo com a determinação do Tribunal, que, dado o seu caráter coativo, não se encontra sujeita ao juízo de conveniência e oportunidade do gestor.
(Acórdão nº 1.629/2018-Plenário. Relator: ministro Benjamin Zymler)

4.5.1.6 Infrações contra as leis de finanças públicas

Além das infrações previstas na LOTCU, ao Tribunal foi atribuída a competência de processar e julgar os atos designados no art. 5º da Lei nº 10.028/2000 como infrações administrativas contra as leis de finanças públicas.

A referida norma veio a reboque da Lei Complementar nº 101, de 4 de maio de 2000, que estabeleceu normas de finanças públicas voltadas para a responsabilidade na gestão fiscal, dentre outras providências (Lei de Responsabilidade Fiscal – LRF).

Conforme o art. 59 da LRF, o Poder Legislativo, diretamente ou com o auxílio dos tribunais de contas, e o sistema de controle interno de cada Poder e do Ministério Público foram incumbidos de fiscalizar o cumprimento da mencionada lei complementar.

Todavia, a norma somente atribuiu às Cortes de Contas as funções de expedir alertas aos poderes e órgãos e de acompanhar as operações de compra e venda de títulos públicos pelo Banco Central, não lhe tendo reservado nenhuma competência sancionatória.

Apesar de essa ausência normativa poder ser suprida pela utilização das respectivas leis orgânicas, a edição da Lei nº 10.028/2000 serviu para criar um regime sancionatório próprio para as práticas que atentassem com as leis de finanças públicas. Conforme o §1º do art. 5º, o tribunal competente pode aplicar a multa de trinta por cento dos vencimentos anuais do agente que der causa a qualquer infração catalogada no *caput*, sendo o pagamento da multa de sua responsabilidade pessoal.

A despeito da redação do dispositivo sugerir que essa multa tem valor fixo sempre que identificada alguma conduta passível de ser enquadrada no art. 5º, compreende-se que ela deve ser fixada segundo as circunstâncias do fato e a culpabilidade do agente, tal como ocorre nas demais infrações processadas pelo TCU.

Afinal, continuam valendo nesses casos os princípios da razoabilidade, da proporcionalidade e da individualização da pena, os quais incidem de modo pleno no exercício da competência sancionatória do Tribunal, como será analisado adiante.

Esse entendimento foi esposado no voto condutor do Acórdão nº 317/2003-Plenário (relator: ministro Walton Alencar), como se verifica na seguinte passagem:

Como toda sanção de natureza punitiva, a medida da punição decorre do juízo de valor a ser feito sobre a gravidade da conduta e dos limites máximos e mínimos definidos em lei. Para evitar injustiças, considero que a multa prevista no artigo 5º, §1º da Lei 10.028/2000 deve ser aquilatada pelo juiz e entendida como de até 30% dos vencimentos anuais do gestor, conferindo ao aplicador da norma a necessária margem de valoração da conduta para fixação do seu valor.

A utilização do dispositivo da Lei nº 10.028/2000 não é muito comum na prática do Tribunal, sendo poucos os casos em que esse poder sancionatório foi exercido pelo TCU.

4.5.2 Dosimetria das sanções

Essa elevada subjetividade também se encontra na definição do *quantum* das penas, dada a timidez do próprio Tribunal ao disciplinar o tema no RITCU.

Conforme o §2º do art. 58 da LOTCU, o valor da multa estabelecido no *caput* deste artigo será atualizado, periodicamente, por portaria da Presidência do Tribunal, com base na variação acumulada, no período, pelo índice utilizado para atualização dos créditos tributários da União. Em 2023, esse valor foi fixado em R$79.004,53, nos termos da Portaria TCU nº 36, de 30 de janeiro de 2023.

O §3º do art. 58 da LOTCU reservou ao RITCU o papel de dispor sobre a gradação da multa prevista no *caput* do dispositivo, em função da gravidade da infração.

A matéria foi disciplinada no art. 268 do RITCU, que estabeleceu os seguintes percentuais mínimo e máximo de pena, incidentes sobre o valor estabelecido no *caput* do art. 58 da LOTCU, atualizado, periodicamente, por portaria da Presidência do Tribunal, conforme as infrações administrativas indicadas adiante:

(continua)

Infração (LOTCU)	Valor da sanção incidente sobre a quantia especificada no art. 58 da LOTCU, atualizada periodicamente
Contas julgadas irregulares devido à omissão no dever de prestar contas, sem débito (art. 58, inciso I)	5% a 100%
Contas julgadas irregulares devido à prática de ato de gestão ilegal, ilegítimo ou antieconômico, ou infração a norma legal ou regulamentar de natureza contábil, financeira, orçamentária, operacional ou patrimonial, sem débito (art. 58, inciso I)	5% a 100%
Contas julgadas irregulares devido à ocorrência de dano ao Erário decorrente de ato de gestão ilegítimo ou antieconômico, sem débito (art. 58, inciso I)	5% a 100%
Ato praticado com grave infração a norma legal ou regulamentar de natureza contábil, financeira, orçamentária, operacional ou patrimonial (art. 58, inciso II)	5% a 100%
Ato de gestão ilegítimo ou antieconômico de que resulte injustificado dano ao Erário (art. 58, inciso III)	5% a 100%

(conclusão)

Infração (LOTCU)	Valor da sanção incidente sobre a quantia especificada no art. 58 da LOTCU, atualizada periodicamente
Descumprimento, no prazo fixado, sem causa justificada, à diligência determinada pelo relator (art. 58, inciso IV)	5% a 50%
Descumprimento de decisão do Tribunal, salvo motivo justificado (art. 58, inciso IV)	5% a 50%
Obstrução ao livre exercício das auditorias e inspeções determinadas (art. 58, inciso V)	5% a 80%
Sonegação de processo, documento ou informação, em auditoria ou inspeção (art. 58, inciso VI)	5% a 80%
Reincidência no descumprimento de decisão do Tribunal (art. 58, inciso VII)	5% a 100%

Como se vê, o RITCU não fixou critérios de dosimetria para as sanções previstas nos arts. 46, 57 e 60 da primeira norma. Ademais, o RITCU não elencou os critérios a serem considerados pelo julgador para a fixação da pena em concreto, a exemplo da culpabilidade, dos antecedentes, dos motivos, das circunstâncias do cometimento da infração e das suas consequências, a exemplo do art. 59 do Código Penal. Por fim, não foram elencadas as circunstâncias que poderiam ser consideradas agravantes ou atenuantes da sanção, tal como previram os art. 61 e 65 da norma criminal.

A previsão desses aspectos seria importante para permitir a concretização dos princípios da pessoalidade e da individualização das penas, os quais têm alçada constitucional e também incidem sobre o Direito Administrativo Sancionador.

Essa lacuna somente foi parcialmente preenchida com a edição da Lei nº 13.655, de 25 de abril de 2018, que promoveu alterações na LINDB.

Conforme será explicitado em capítulo próprio adiante, foram incluídos novos critérios para a aplicação de sanções pelas esferas administrativa, controladora e judicial, em função do descumprimento de normas sobre gestão pública, de sorte que essas disposições devem ser seguidas pelo TCU, tanto para o exercício de seu poder sancionatório em si como para o estabelecimento da dosimetria de suas sanções.

Não obstante, não existe norma regulamentando a aplicação da LINDB pelo TCU. O ideal é que o Tribunal disciplinasse os critérios de avaliação da antijuridicidade e de culpabilidade, assim como os parâmetros para o cômputo da pena, fazendo uso da sua competência regulamentar, conferida pelo art. 3º da LOTCU.

Os requisitos para a responsabilização do TCU para fins de aplicação de sanção serão detalhados em capítulo próprio adiante.

Seguem alguns precedentes acerca dos critérios usados pelo TCU para a dosimetria da pena no contexto anterior às mudanças da LINDB:

A dosimetria da multa deve levar em consideração o grau de culpabilidade, os antecedentes do servidor e as circunstâncias envolvidas no caso examinado.
(Acórdão nº 1.077/2012-Plenário. Relator: ministro Walton Alencar)

Não se admite a hipossuficiência do agente sancionado como motivo para reduzir o valor da multa aplicada, por falta de amparo legal.
(Acórdão nº 3.270/2012-Plenário. Relatora: ministro Ana Arraes)

Embora a multa por descumprimento de determinação não esteja diretamente relacionada à materialidade envolvida, os valores abrangidos na questão podem ser considerados para dimensionar a apenação.
(Acórdão nº 8.627/2013-Primeira Câmara. Relatora: ministra Ana Arraes)

A dosimetria da pena no âmbito do TCU considera o nível de gravidade dos ilícitos apurados, com a valoração das circunstâncias fáticas e jurídicas envolvidas, e a isonomia de tratamento com casos análogos. O Tribunal não realiza dosimetria objetiva da multa, comum à aplicação de normas do Direito Penal, não havendo rol de agravantes e atenuantes legalmente reconhecido.
(Acórdão nº 1.427/2015-Plenário. Relator: ministro Augusto Nardes)

A capacidade econômica dos responsáveis não constitui critério para a gradação das multas aplicadas pelo TCU, mas sim o grau de culpabilidade dos apenados e as circunstâncias fáticas do caso concreto.
(Acórdão nº 7.602/2015-Primeira Câmara. Relator: ministro Bruno Dantas)

Na dosimetria da sanção pelo TCU, é possível considerar o comportamento da parte no curso do processo, ou seja, sua boa-fé processual, com fundamento no princípio da equidade e nas disposições do Código Penal pertinentes à aplicação da pena.
(Acórdão nº 2.677/2018-Plenário. Relator: ministro Benjamin Zymler)

Na aplicação de sanções, o TCU deve considerar os obstáculos e as dificuldades reais enfrentadas pelo gestor, bem como ponderar se as circunstâncias do caso concreto limitaram ou condicionaram a ação do agente (art. 22 do Decreto-lei 4.657/1942 – LINDB).
(Acórdão nº 60/2020-Plenário. Relatora: ministra Ana Arraes)

Para fins do exercício do poder sancionatório do TCU, a dosimetria da pena deve ter como parâmetro o art. 22, §2º, do Decreto-lei 4.657/1942 (Lei de Introdução às Normas do Direito Brasileiro – LINDB), podendo ser considerado, no exame dos antecedentes do responsável, o número de condenações no âmbito do Tribunal.
(Acórdão nº 7.979/2020-Primeira Câmara. Relator: ministro Benjamin Zymler)

A celebração de acordo de leniência, de colaboração premiada ou congêneres em outras instâncias de controle pode ser considerada como circunstância atenuante na aplicação de sanções pelo TCU. O fato de o Tribunal não se subordinar a tais ajustes não impede que sejam considerados no contexto da análise de condutas irregulares, em observância à uniformidade e à coerência da atuação estatal.
(Acórdão nº 3.016/2020-Plenário. Relator: ministro-substituto Augusto Sherman)

No cálculo da multa aplicada pelo TCU, observados os limites fixados na Lei 8.443/1992 e no seu Regimento Interno, deve ser estabelecida justa proporção entre a punição e a natureza

da infração, bem como avaliada sua gravidade, os danos que dela provierem e a existência de circunstâncias agravantes e atenuantes (art. 22, §2º, Decreto-lei 4.657/1942 – Lindb).
(Acórdão nº 1.691/2022-Primeira Câmara. Relator: ministro Benjamin Zymler)

4.5.3 Sujeito ativo das sanções

O sujeito ativo da infração prevista no art. 57 da LOTCU é qualquer responsável que tenha sido julgado em débito. Logo, a sanção ali prevista alcança os administradores e demais responsáveis por dinheiros, bens e valores públicos da Administração direta e indireta, incluídas as fundações e sociedades instituídas e mantidas pelo Poder Público federal, o que abrange as pessoas físicas e jurídicas, mesmo as estranhas à Administração Pública, que derem causa a perda, extravio ou outra irregularidade de que resulte prejuízo ao Erário, na gestão de recursos federais.

O sujeito ativo das infrações tipificadas no art. 58 da LOTCU são os administradores e demais responsáveis por dinheiros, bens e valores públicos da Administração direta e indireta, incluídas as fundações e sociedades instituídas e mantidas pelo Poder Público federal, que tenham praticado atos de gestão. As pessoas jurídicas não se enquadram no conceito de responsáveis, para fins do referido dispositivo, não estando sujeitas às multas ali previstas. A jurisprudência do TCU é pacífica nesse sentido:

> Não é juridicamente possível aplicar a essas pessoas jurídicas de direito privado a multa prevista no art. 58, inc. II, da Lei 8.443/1992, pois elas não gerem recursos públicos e, portanto, não praticam atos de gestão.
> (Acórdão nº 2.663/2010-Plenário. Relator: ministro Augusto Nardes)

> Não é cabível a aplicação de multa a pessoa jurídica com fulcro no art. 58, incisos I e II, da Lei 8.443/1992, tendo em vista que as empresas não praticam atos de gestão.
> (Acórdão nº 1.839/2011-Plenário. Relator: ministro-substituto Augusto Sherman)

> Afastado o débito relativo a recursos repassados mediante convênio a entidade privada, mas subsistindo irregularidades, a multa do art. 58 da Lei 8.443/1992 pode ser cominada apenas ao dirigente da entidade, não à pessoa jurídica, uma vez que tal sanção é aplicável a quem pratica atos de gestão.
> (Acórdão nº 11.224/2015-Segunda Câmara. Relator: ministro Augusto Nardes)

> Não é cabível a aplicação de multa a pessoa jurídica com fulcro no art. 58, incisos I e II, da Lei 8.443/1992, tendo em vista que as empresas não praticam atos de gestão.
> (Acórdão nº 1.839/2011-Plenário relator: ministro-substituto Augusto Sherman)

> Não cabe a aplicação de multa prevista no artigo 58 da Lei 8.443/1992 a entidade privada contratada pela Administração Pública.
> (Acórdão nº 2.861/2018-Plenário relator: ministro-substituto Augusto Sherman)

No caso do art. 46 da LOTCU, o sujeito ativo da infração de fraude comprovada à licitação são os licitantes. A propósito do assunto, a jurisprudência do Tribunal dá um sentido amplo ao termo licitante, entendendo que este alcança não apenas os que participam propriamente de um certame licitatório, como os que tomam parte de fraudes em qualquer etapa dos procedimentos, tais como em pesquisas de preços de contratações diretas.

Nesse sentido, invocam-se os seguintes precedentes:

> É aplicável a declaração de inidoneidade (art. 46 da Lei 8.443/1992) a empresa que, embora não assuma a condição de licitante ou não seja contratada, participe do processo licitatório com intuito de fraudá-lo, a exemplo do oferecimento de proposta para subsidiar pesquisa de preços viciada.
> (Acórdão 2.166/2022-Plenário. Relator: ministro-substituto Augusto Sherman)

> É cabível a aplicação da sanção de declaração de inidoneidade quando verificada fraude em procedimentos de contratação direta, uma vez que o termo "licitação" a que se refere o art. 46 da Lei 8.443/1992 não se restringe aos procedimentos licitatórios em sentido estrito, abarcando também as contratações diretas.
> (Acórdão nº 1.280/2018-Plenário. Relator: ministro Benjamin Zymler; Acórdão nº 1.434/2020-Plenário. Relator: ministro-substituto Marcos Bemquerer)

> A sanção de inidoneidade (art. 46 da Lei 8.443/1992) pode ser aplicada às empresas que se utilizam de ardil para obterem vantagem, para si ou para outrem, em contratações diretas com o Poder Público.
> (Acórdão nº 185/2018-Plenário. Relator: ministro-substituto Augusto Sherman)

O exercício da competência sancionatória sobre as pessoas jurídicas privadas, na hipótese de fraude à licitação, é objeto de questionamento pela doutrina de André Rosilho. Segundo o mencionado autor, a sanção do art. 46 da LOTCU seria inconstitucional pelos seguintes motivos:

a) por ensejar a eventual ocorrência de *bis in idem*, uma vez que a mesma infração era apta a acarretar pena semelhante, aplicada pelo ministro de Estado ou autoridade equivalente, nos termos do art. 73, inciso IV, c/c o art. 74, inciso II, do Decreto-Lei nº 2.300, de 21 de novembro de 1986,[132] norma vigente à época;[133] e

b) por contrariar o inciso VIII do art. 71 da CF/1988, porquanto esta somente autorizou o legislador a prever sanções que tivessem como destinatários os "responsáveis", requisito que não era atendido pelos "licitantes fraudadores", porquanto não gerenciavam nem administravam recursos públicos, possuindo apenas vínculo

---

[132] Art. 73. Pela inexecução total ou parcial do contrato a Administração poderá, garantida prévia defesa, aplicar ao contratado as seguintes sanções: [...].
IV – declaração de inidoneidade para licitar ou contratar com a Administração Federal, enquanto perdurarem os motivos determinantes da punição ou até que seja promovida a reabilitação, perante a própria autoridade que aplicou a penalidade.
Art. 74. As sanções previstas nos incisos III e IV do artigo anterior poderão também ser aplicadas às empresas ou profissionais que, em razão dos contratos regidos por este decreto-lei: [...]
II – praticarem atos ilícitos, visando a frustrar os objetivos da licitação;

[133] Essa situação de duplicidade de penas perdurou e foi agravada posteriormente com a aprovação da Lei nº 8.429, de 2 de julho de 1992, que previu a pena de proibição de contratar com o Poder Público, aplicável àquele que frustrasse a licitude de procedimento licitatório, e da Lei nº 8.666, de 21 de junho de 1993, que manteve a sanção de declaração de inidoneidade para licitar ou contratar com a Administração Pública, em razão do mesmo fato previsto no Decreto-Lei nº 2.300/1986.

contratual com a Administração, não se enquadrando nas hipóteses delineadas no parágrafo único do art. 70.[134]

Com relação ao primeiro aspecto, a jurisprudência e relevante parte da doutrina costumam invocar a existência do princípio da independência das instâncias, de sorte que *não* há propriamente inconstitucionalidade no fato de o sistema normativo prever variadas penas para a mesma hipótese de incidência.

O princípio da vedação ao *bis in idem* não implica a inconstitucionalidade *a priori* da previsão em abstrato, pela lei, de múltiplas sanções pelo mesmo fato, aplicadas por órgãos distintos. Em verdade, o que o aludido princípio veda é a aplicação, em concreto, de mais de uma pena de mesma natureza, em razão da mesma situação fática.

Tal regra encontra-se expressa no art. 22, §3º, da LINDB, introduzida pela já comentada Lei nº 13.655/2018, segundo a qual "as sanções aplicadas ao agente serão levadas em conta na dosimetria das demais sanções de mesma natureza e relativas ao mesmo fato".

Apesar de haver dúvidas a respeito dos critérios para definir a identidade de natureza entre sanções decorrentes de normas distintas, é necessário que a autoridade competente tenha uma postura de certa deferência à atuação anterior de outra, pertencente à outra unidade administrativa e igualmente legitimada, que tenha exercido o seu poder sancionatório a um determinado agente, em razão da mesma hipótese fática. O ideal é haver uma espécie de compensação de penas quando restar evidente a coincidência entre os fatos considerados para a imputação da sanção.[135]

Com relação ao segundo aspecto, entende-se que a CF/1988 não impôs nenhum limite ao legislador para a configuração do poder sancionatório do TCU.

Quando o inciso VIII do art. 71 da CF/1988 fala em responsáveis, isso não implica que ele está se reportando apenas às pessoas, físicas e jurídicas, sujeitas ao dever de prestar contas, nos termos do parágrafo único do art. 70.

Se fosse assim, também seriam inconstitucionais as sanções dos incisos II a VII do art. 58 da LOTCU, visto que, nessas hipóteses, não há julgamento de contas, de modo que os sujeitos ativos das infrações também não são responsáveis, no sentido adotado pelo autor.

Em verdade, o próprio inciso VIII do art. 71 da CF/1988 oferece guarida à interpretação mais ampla do termo "responsável", uma vez que admite a aplicação de sanção a este, em caso de "ilegalidade de despesa", como alternativa a outra hipótese prevista, em que há "irregularidade das contas". Logo, é a lei quem vai dizer quando a despesa será irregular e quem poderá ser sancionado em razão da violação à norma jurídica.

Não se nega que a jurisdição do TCU somente alcança os particulares, *para fins de julgamento das contas*, em caso de dano ao Erário. Nessas hipóteses, é plenamente possível a responsabilização financeira por débito, além da imposição de multa.

---

[134] ROSILHO, André. *Tribunal de Contas da União*. Competências, Jurisdição e Instrumentos de Controle. São Paulo: Quartier Latin, 2019, p. 199.

[135] A propósito do assunto, a jurisprudência do TCU tem admitido a detração do tempo da pena de inidoneidade aplicada pela Controladoria-Geral da União, quando da aplicação da sanção do art. 46 da LOTCU. Nesse sentido, invocam-se os Acórdãos nºs 977/2023-Plenário (relator: ministro Benjamin Zymler), 1.236/2022-Plenário (relator: ministro Vital do Rêgo) e 2.092/2021-Plenário (relator: ministro Vital do Rêgo). O tema será retomado adiante.

Todavia, não há óbice a que o legislador institua, como fez, outros espaços para o exercício do poder sancionatório do TCU, não havendo, *a priori*, nenhuma restrição a essa discricionariedade, no que se refere à definição dos tipos administrativos, sujeitos ativos das infrações e penas cabíveis.

Afinal, o Direito Administrativo Sancionador está sujeito apenas ao princípio da legalidade, não sendo obrigatório que a instituição de sanção, em abstrato, esteja ancorada em norma expressa da Constituição Federal. Tal assertiva pode ser depreendida do art. 5º, inciso XXXIX, da CF/1988: "não há crime sem lei anterior que o defina, nem pena sem prévia cominação legal".

Se a possibilidade de instituição de infrações e sanções administrativas dependesse de previsão constitucional, praticamente todas as penas previstas no âmbito do Poder de Polícia seriam ilegítimas, visto que foram originalmente expressas e instituídas apenas em lei. Sob essa lógica, seriam inconstitucionais as sanções previstas na Lei Anticorrupção, na Lei do CADE, na Lei da CVM e na própria Lei nº 14.133/2021, visto que nenhuma delas foi prevista e atribuída aos respectivos órgãos pela CF/1988.

Logo, não há nenhuma mácula constitucional sobre a sanção indicada no art. 46 da LOTCU, que foi instituída dentro do espaço legítimo de atuação do legislador, no que se refere à instrumentalização do TCU para o controle de legalidade de todos os atos que tenham alguma repercussão financeira, como é o caso dos praticados no âmbito das licitações públicas.

Por fim, quanto à sanção de inabilitação para o exercício de cargo em comissão ou função de confiança no âmbito da Administração Pública, ela alcança qualquer responsável, pessoa física, que tenha praticado qualquer uma das infrações previstas nos arts. 57 e 58 da LOTCU.

4.6 Competência corretiva

Conforme o art. 71, inciso IX, da CF/1988, compete ao TCU "assinar prazo para que o órgão ou entidade adote as providências necessárias ao exato cumprimento da lei, se verificada ilegalidade".

Essa competência é reproduzida nos seguintes dispositivos da LOTCU e RITCU, respectivamente:

> LOTCU
> Art. 45. Verificada a ilegalidade de ato ou contrato, o Tribunal, na forma estabelecida no Regimento Interno, assinará prazo para que o responsável adote as providências necessárias ao exato cumprimento da lei, fazendo indicação expressa dos dispositivos a serem observados.
>
> RITCU
> Art. 251. Verificada a ilegalidade de ato ou contrato em execução, o Tribunal assinará prazo de até quinze dias para que o responsável adote as providências necessárias ao exato cumprimento da lei, com indicação expressa dos dispositivos a serem observados, sem prejuízo do disposto no inciso IV do caput e nos §§1º e 2º do artigo anterior.

Diante da literalidade dos dispositivos, a competência corretiva somente se manifesta quando for verificada ilegalidade em atos e contratos, ou seja, a partir da comparação destes com o parâmetro da legalidade vigente, qual seja, o conjunto de normas que regem a atividade de gestão financeira, orçamentária e patrimonial do Estado.

O TCU examina a legalidade dos atos de gestão e dos contratos que digam respeito à execução do orçamento público quanto ao aspecto contábil, financeiro, orçamentário e patrimonial, consoante o art. 239, inciso I, do RITCU.

Com o fim do registro prévio de atos e contratos, foi instituída a competência corretiva, a qual se desenvolve a partir de auditorias, inspeções e outros processos de controle externo destinados à verificação da legalidade da atuação administrativa.

Para que essa competência fosse exercida de modo legítimo, buscou-se formatar um processo que permitisse a participação dos interessados, pela via do contraditório, antes da manifestação do TCU acerca da ocorrência ou não de ilegalidade. Tal aspecto foi assegurado na LOTCU e no RITCU, que previu a audiência e a oitiva dos responsáveis e dos interessados, antes da decisão de mérito do processo de fiscalização.

Dessa forma, é possível afirmar que as normas internas do TCU, relacionadas ao exercício da competência corretiva, sempre foram alinhadas com o princípio da ampla defesa e do contraditório, o que denota o caráter processual da verificação da legalidade de atos e contratos pelo Tribunal, fruto da natureza judicialiforme de sua forma de atuação.

Tal aspecto foi posteriormente reforçado pelo STF, que editou a Súmula Vinculante nº 3:

> Nos processos perante o Tribunal de Contas da União asseguram-se o contraditório e a ampla defesa quando da decisão puder resultar anulação ou revogação de ato administrativo que beneficie o interessado, excetuada a apreciação da legalidade do ato de concessão inicial de aposentadoria, reforma e pensão.

O caráter processual do controle corretivo impõe sérios desafios à sua concretização em momento oportuno. Afinal, o tempo é um fator importante para a eficácia e a efetividade do controle corretivo, uma vez que, por absoluta imposição lógica, não é possível a retificação dos defeitos de um ato se tiver ocorrido o exaurimento de seus efeitos, e, no caso do contrato, se este não estiver em vigor e o seu objeto concluído. Em resumo, quanto mais demorado for o processo de controle externo, menor é a chance de o controle resultar em uma correção, principalmente no caso de contratos, sujeitos a um prazo de vigência, e de atos com efeitos temporais limitados.

A necessidade de construir um sistema processual eficiente, com vistas à produção de um controle efetivo e eficaz, é o principal desafio do modelo de fiscalização a partir de auditorias e inspeções, que, conforme visto, ocorre de forma concomitante ou posterior à prática do ato.

A racionalização do processo do TCU é fundamental para o regular funcionamento do mecanismo de freios e contrapesos, dado que viabiliza um dos aspectos fundamentais do controle da Administração Pública, que é a verificação da boa aplicação dos recursos públicos.

Tal aspecto foi ressaltado na doutrina de Hélio Saul Mileski, o qual condicionou a concretização do Estado Democrático de Direito à construção de um sistema de controle que acompanhe, avalie e produza a correção das distorções encontradas, qual seja, um controle também eficiente, transparente e probo.[136]

O controle corretivo de atos e contratos tem como objetivo instar o órgão controlado a corrigir as irregularidades verificadas pelo TCU ou a anular/rescindir os atos e contratos, caso os vícios sejam insanáveis, antes da consumação dos efeitos jurídicos das irregularidades.

A instituição de um órgão técnico especializado para a consecução dessa modalidade de controle teve como objetivo dar subsídio técnico à atuação do Poder Legislativo dentro do papel que exerce no mecanismo de contenção dos demais poderes.

Segundo o art. 49, inciso X, da CF/1988, compete ao Congresso Nacional fiscalizar e controlar, diretamente, ou por qualquer de suas Casas, os atos do Poder Executivo, incluídos os da administração indireta. Essa fiscalização é exercida mediante controle externo, podendo o Parlamento realizar uma série de medidas nesse sentido, tais como instalar comissões de inquérito, convocar autoridades e, ainda, solicitar auditorias e inspeções ao TCU.

Todavia, a competência de expedir medidas corretivas somente foi atribuída expressamente ao Congresso Nacional, pela CF/1988, em matéria de contratos. Ainda assim, essa atribuição somente é exercida após o descumprimento pelo Poder Executivo das determinações proferidas pelo TCU, nos termos do art. 71, §1º, da Lei Maior.

Nos processos de fiscalização típicos, em que se realiza o controle *a posteriori* e concomitante da ação administrativa –, durante a execução orçamentária da despesa, o TCU aprecia a legalidade de atos e contratos, podendo determinar a correção de atos (em sentido largo) caso delibere pela ilegalidade da despesa.

Tais decisões são adotadas mediante cognição exauriente após o regular exercício do contraditório e da ampla defesa da entidade fiscalizada e do terceiro interessado, nos termos do art. 250, inciso V, do RITCU.[137]

Nessas deliberações, o Tribunal emite um juízo formal sobre a legalidade do ato ou contrato segundo um rito processual preestabelecido, com a participação dos interessados e do órgão fiscalizado, o que revela o caráter judicante da atribuição em exame. Além do exercício do contraditório e da ampla defesa pelos interessados, a LOTCU assegura ainda a possibilidade de interposição de recursos administrativos contra tais decisões – embargos de declaração e pedido de reexame –, de modo que somente após o esgotamento de tais etapas as medidas eventualmente determinadas pelo Tribunal são exigíveis.

Com isso, constata-se que a deliberação do TCU que fixa prazo para a correção das irregularidades, especificada no art. 71, inciso IX, da Constituição, representa a

---

[136] MILESKI, Helio Saul. Tribunal de Contas: evolução, natureza, funções e perspectivas futuras. *In:* FREITAS, Ney José de (coord.). *Tribunais de Contas*. Aspectos Polêmicos: estudos em homenagem ao Conselheiro João Féder. Belo Horizonte: Fórum, 2009, p. 111.

[137] No Mandado de Segurança nº 23.550/DF, DJ 31.10.2001, relator para o acórdão, Ministro Sepúlveda Pertence, foi consignado que: II. Tribunal de Contas: processo de representação fundado em invalidade de contrato administrativo: incidência das garantias do devido processo legal e do contraditório e ampla defesa, que impõem assegurar aos interessados, a começar do particular contratante, a ciência de sua instauração e as intervenções cabíveis. (...) A oportunidade de defesa assegurada ao interessado há de ser prévia à decisão, não lhe suprindo a falta a admissibilidade de recurso, mormente quando o único admissível é o de reexame pelo mesmo plenário do TCU, de que emanou a decisão.

decisão de mérito do processo de fiscalização por meio do qual o Tribunal se manifesta, de forma definitiva, sobre a legalidade do ato apreciado.

A deliberação faz coisa julgada formal, no âmbito do Tribunal, isto é, não pode mais ser alterada no TCU, ensejando, após a sua expedição, tão somente a discussão sobre a conveniência e oportunidade da sustação da execução do ato, que será adotada segundo as condições estabelecidas na CF/1988.

No caso de contrato, a competência corretiva é, de certa forma, compartilhada pelo Congresso Nacional, que sustará o ajuste e solicitará, de imediato, ao Poder Executivo a adoção das medidas cabíveis caso este não tenha cumprido a determinação proferida pela Corte de Contas. Essa atuação do Parlamento encontra-se prevista na parte final do §1º do mencionado dispositivo.

Conforme visto, o controle corretivo de contratos sempre se deu com a participação do TCU e do Congresso Nacional, tendo variado, apenas, a forma como se materializava essa colaboração. Afinal, no sistema de freios e contrapesos instituído pela Constituição, o Tribunal de Contas sempre foi considerado um instrumento técnico do Congresso,[138] embora atuasse de forma independente, como já ressaltado.

Nesse caso, a CF/1988 deu ao Parlamento uma atribuição específica no controle da Administração Pública, especificamente dos contratos, dado que este instrumento viabiliza a consecução de parte significativa do orçamento e das políticas públicas.

Sendo assim, as atuações do TCU e do Congresso Nacional se complementam, na medida em que à deliberação técnico-jurídica do primeiro, ao apreciar a legalidade dos contratos e determinar a sua correção, se soma o juízo político exercido pelo segundo, solicitar, de imediato, ao Poder Executivo as medidas cabíveis e, em caso de descumprimento, decidir pela sustação ou não da execução de um contrato. Esta última competência, de impedir a produção de efeitos de atos e contratos, será analisada no item 3.5 deste capítulo.

Além das disposições constitucionais acerca do assunto, o controle corretivo de contratos, especialmente os de obras públicas e serviços correlatos, recebeu disciplina específica nas leis de diretrizes orçamentárias. Sobre a matéria, foi instituído um mecanismo cautelar de controle de contratos de obras públicas, em que o Tribunal encaminha informações sobre os indícios de irregularidades graves constatados no curso de suas fiscalizações, ou seja, antes da apreciação definitiva da regularidade das despesas, e, em seguida, o Congresso Nacional decide, após um procedimento formal, se suspende ou não a execução orçamentária, física e financeira do contrato. O tema será discutido em tópico específico deste capítulo.

4.6.1 Competência corretiva em contratos de obras públicas

Tendo em vista o caráter processual da análise da legalidade dos contratos, como visto, a decisão final do TCU pode ser ineficaz quanto ao propósito de corrigir as ilegalidades, caso os efeitos dos contratos ilegais já tenham exaurido (fato consumado).

---

[138] BALEEIRO, Aliomar. Tribunal de Contas e Controle da Execução Orçamentária. *In: Instituto de Direito Público e Ciências Política.* Estudos sobre a constituição brasileira. Rio de Janeiro: Fundação Getulio Vargas, 1954, p. 97-109, p. 97.

Por essa razão, o Tribunal passou a utilizar medidas cautelares a fim de resguardar a eficácia de sua deliberação final sobre a legalidade do contrato.

Trata-se de providência processual que não se confunde com a especificada no inciso IX do art. 71 da CF/1988, a qual, conforme visto, consubstancia a decisão de mérito do processo destinado ao controle corretivo de atos (em sentido largo). A discussão a respeito da legalidade e dos limites da competência cautelar do TCU será analisada em item próprio adiante.

Segundo a Lei Maior, o Parlamento somente pode interferir na execução de despesas irregulares decorrentes de contrato, mediante a sua sustação e a solicitação da adoção das medidas cabíveis, se o órgão fiscalizado não adotar as providências necessárias ao exato cumprimento da lei determinadas pelo TCU (art. 71, §1º).

Sendo assim, a atuação do Congresso Nacional é posterior ao exercício do controle corretivo pelo Tribunal, consubstanciada no inciso IX do mencionado artigo. Nesse cenário, a eventual demora na conclusão dos processos de fiscalização no TCU pode comprometer a competência do Parlamento de impedir a execução de contratos irregulares.

A existência desse risco fez com que se instituísse formalmente, a partir da lei de diretrizes orçamentárias de 2000, um mecanismo cautelar de suspensão da execução orçamentária, especificamente, de contratos de obras com indícios de irregularidades graves.[139] [140] Conforme o art. 92, §1º, da Lei nº 9.811, de 28 de julho de 1999 (LDO/2000):

> §1º A lei orçamentária anual poderá contemplar subtítulos relativos a obras mencionadas no inciso I deste artigo com execução orçamentária suspensa até a adoção de medidas saneadoras pelo órgão responsável, sujeitas à apreciação do Congresso Nacional e da Comissão referida no *caput* deste artigo.

Para tanto, o at. 92, inciso I, da aludida lei previu que o TCU encaminhasse à Comissão Mista de Planos, Orçamentos Públicos e Fiscalização (CMO) do Congresso Nacional, até 30 dias após o encaminhamento da proposta orçamentária pelo Poder Executivo, a relação das obras em execução com recursos oriundos dos orçamentos fiscal e da seguridade social, nas quais tivessem sido identificados indícios de irregularidades graves ou de danos ao Erário, incluídas ou não na proposta orçamentária.

O propósito era utilizar as informações colhidas nas auditorias do TCU na atividade de alocação de recursos orçamentários, realizada anualmente por ocasião da aprovação da lei orçamentária, evitando, assim, a continuidade da liberação de

---

[139] Sobre o histórico de fatos e construção do modelo de fiscalização de obras com participação do TCU e do Congresso Nacional ver MACHADO FILHO, Eduardo Nery. *Fiscalização de obras públicas [manuscrito]:* estudo das relações entre TCU e o Congresso Nacional. Brasília: 2009, p. 28-38.

[140] Embora o mecanismo de suspensão orçamentária tenha sido instituído somente a partir da LDO/2000, a Lei nº 9.438, de 26 de fevereiro de 1997 (lei orçamentária anual para o exercício de 1997), vedou, em seu artigo 5º, §1º, "a execução orçamentária das dotações consignadas nos subprojetos e subatividades constantes do quadro II, que integra esta Lei, relativos a obras e serviços sobre os quais existem irregularidades indicadas em processos já apreciados pelo Tribunal de Contas da União, fica condicionada à adoção de medidas saneadoras das irregularidades, que serão comunicadas ao Congresso Nacional". Tal dispositivo se repetiu nas leis orçamentárias anuais de 1998 (art. 5º, §1º, da Lei nº 9.598, de 30 de dezembro de 1997) e 1999 (art. 5º, §2º, da Lei nº 9.789, de 23 de fevereiro de 1999).

recursos orçamentários para obras com indícios de irregularidades enquanto as falhas não fossem corrigidas pelos órgãos.

Porém, é preciso não confundir a competência do Congresso Nacional de suspender a execução orçamentária de contratos de obras públicas com a que lhe foi deferida no §1º do art. 71 da CF/1988.

Conforme será exposto no próximo tópico, a decisão de sustar contrato constitui deliberação final no controle de contratos, tomada pela Casa Legislativa após a conclusão do processo de fiscalização do TCU, mediante a expedição de decreto legislativo.

Já a decisão de suspender a execução orçamentária de contratos141 pelo Congresso Nacional é adotada no curso do processo de fiscalização, isto é, antes da deliberação do TCU acerca da ocorrência de ilegalidades no contrato e da fixação de prazo para a sua correção, de que trata o inciso IX o art. 71 da CF/1988.

A decisão cautelar do Congresso Nacional que suspende a execução orçamentária, física e financeira de um contrato de obra é adotada por meio de decreto legislativo ou mediante a inclusão do subtítulo pertinente ao contrato em anexo específico de subtítulos relativos a obras e serviços com indícios de irregularidades graves – também chamado de quadro-bloqueio da lei orçamentária anual. Trata-se de procedimento sujeito a rito próprio, atualmente estabelecido em capítulo específico das leis de diretrizes orçamentárias.

Após a edição da LDO/2000, a disciplina da matéria foi ampliada, passando a dispor sobre vários temas, tais como os critérios para a classificação dos indícios de irregularidade como graves, os prazos para o envio das informações e para a manifestação do TCU a respeito das ocorrências, as informações a serem prestadas pelos órgãos jurisdicionados, a realização de audiências públicas na Comissão Mista de Planos, Orçamentos Públicos e Fiscalização, as condições para o bloqueio ou não da execução dos contratos, dentre outros.

A cada ano as leis de diretrizes orçamentárias vêm reproduzindo essa disciplina, o que, de certa forma, parece despropositado, pois o ideal é que esse rito fosse estabelecido em uma lei ordinária de vigência indeterminada, não em uma norma provisória destinada a disciplinar a elaboração do orçamento do ano seguinte.

Na época em que este livro estava sendo escrito, a matéria encontrava-se disciplinada no capítulo X da Lei nº 14.194, de 20 de agosto de 2021 (LDO/2022), intitulado "Das disposições sobre a fiscalização pelo Poder Legislativo e sobre as obras e os serviços com indícios de irregularidades graves".

Como se depreende da leitura do capítulo e das leis anteriores, em nenhum momento o legislador utilizou a expressão "sustar contratos". E se não o fez, deliberou de forma absolutamente coerente com a divisão de competências e o rito processual do controle externo estabelecido no art. 71 da CF/1988.

---

[141] A Lei nº 10.524, de 25 de julho de 2002 (LDO/2003), previu, em seu art. 86, que "o projeto e a lei orçamentária anual poderão contemplar subtítulos relativos a obras e serviços com indícios de irregularidades graves informados pelo Tribunal de Contas da União, permanecendo a *execução orçamentária, física e financeira* dos contratos, convênios, parcelas ou subtrechos em que foram identificados os indícios, condicionada à adoção de medidas saneadoras pelo órgão ou entidade responsável (...) (grifos acrescidos)". Desde então, o dispositivo foi repetido nas leis de diretrizes orçamentárias posteriores, de modo que a medida cautelar do Congresso Nacional passou a incidir não apenas sobre a execução orçamentária, mas também sobre a execução física e financeira de contratos de obras com indícios de irregularidades graves.

Isso porque a decisão de sustação, conforme já anunciado, somente pode ocorrer após o exercício da competência corretiva do TCU consubstanciada no inciso IX da CF/1988, a qual, por sua vez, depende da conclusão do mérito do processo de controle externo instaurado para a verificação da legalidade do ato, o qual está sujeito ao rito estabelecido na LOTCU e no RITCU.

Já a deliberação pelo bloqueio ou desbloqueio da execução do contrato, nos termos da LDO, é tomada durante o curso do processo de controle corretivo de contratos, após a manifestação preliminar do TCU sobre a ocorrência de indícios de irregularidades graves.

Dessa forma, a decisão do Congresso Nacional pelo *bloqueio ou desbloqueio* da execução física, orçamentária e financeira de contratos com indícios de irregularidades graves possui evidente natureza cautelar, pelo seu caráter provisório e pelo seu propósito de prevenir a consumação de irregularidades e resguardar a eficácia da decisão final do próprio Congresso sobre a sustação do contrato prevista no art. 71, §1º, da CF/1988.

4.7 Competência impeditiva

Conforme o art. 71, inciso X, da CF/1988, compete ao TCU:

X – *sustar*, se não atendido, a execução do ato impugnado, comunicando a decisão à Câmara dos Deputados e ao Senado Federal;
[...]
1º No caso de contrato, *o ato de sustação será adotado diretamente pelo Congresso Nacional*, que solicitará, de imediato, ao Poder Executivo as medidas cabíveis.
§2º Se o Congresso Nacional ou o Poder Executivo, no prazo de noventa dias, não efetivar as medidas previstas no parágrafo anterior, *o Tribunal decidirá a respeito*.

Tal competência foi reproduzida nos §§1º, 2º e 3º do art. 45 da LOTCU e nos §§1º, 2º, 3º e 4º do art. 251 do RITCU, nos seguintes termos:

LOTCU
Art. 45. Verificada a ilegalidade de ato ou contrato, o Tribunal, na forma estabelecida no Regimento Interno, assinará prazo para que o responsável adote as providências necessárias ao exato cumprimento da lei, fazendo indicação expressa dos dispositivos a serem observados.
§1º No caso de *ato administrativo*, o Tribunal, se não atendido:
I – *sustará a execução do ato impugnado;*
[...]
§2º No caso de *contrato*, o Tribunal, se não atendido, comunicará o fato ao Congresso Nacional, a quem compete adotar o ato de sustação e solicitar, de imediato, ao Poder Executivo, as medidas cabíveis.
§3º Se o Congresso Nacional ou o Poder Executivo, no prazo de noventa dias, não efetivar as medidas previstas no parágrafo anterior, *o Tribunal decidirá a respeito da sustação do contrato.*
(grifos acrescidos).

RITCU
Art. 251. Verificada a ilegalidade de ato ou contrato em execução, o Tribunal assinará prazo de até quinze dias para que o responsável adote as providências necessárias ao exato

cumprimento da lei, com indicação expressa dos dispositivos a serem observados, sem prejuízo do disposto no inciso IV do caput e nos §§1º e 2º do artigo anterior.
§1º No caso de *ato administrativo*, o Tribunal, se não atendido:
I – *sustará a execução do ato impugnado*;
[...]
§2º No caso de *contrato*, o Tribunal, se não atendido, adotará a providência prevista no inciso III do parágrafo anterior e comunicará o fato ao Congresso Nacional, a quem compete adotar o ato de sustação e solicitar, de imediato, ao Poder Executivo, as medidas cabíveis.
§3º Se o Congresso Nacional ou o Poder Executivo, no prazo de noventa dias, não efetivar as medidas previstas no parágrafo anterior, *o Tribunal decidirá a respeito da sustação do contrato*.
§4º Verificada a hipótese do parágrafo anterior, e se *decidir sustar o contrato, o Tribunal*:
I – determinará ao responsável que, no prazo de quinze dias, adote as medidas necessárias ao cumprimento da decisão;
II – comunicará o decidido ao Congresso Nacional e à autoridade de nível ministerial competente. (grifos acrescidos)

Como se vê, se o órgão fiscalizado não adotar as medidas determinadas pelo TCU, no prazo por ele assinado, ou seja, se a competência corretiva de atos e contratos não atingir a sua finalidade, surge para os órgãos de controle o poder de impedir a continuação dos atos (em sentido largo) ilegais.

No caso de atos administrativos, a atribuição de sustar pertence, exclusivamente, ao TCU, nos termos do art. 71, inciso X, da CF/1988. No caso de contratos administrativos, essa atribuição foi reservada, primariamente, ao Congresso Nacional, podendo o Tribunal atuar, subsidiariamente, se aquele ou o Poder Executivo, no prazo de noventa dias, não efetivar as medidas cabíveis determinadas pelo Parlamento.

A atribuição de sustar atos e contratos materializa a chamada competência impeditiva dos órgãos incumbidos de promover o controle financeiro da Administração Pública. Trata-se de função típica do sistema de controle externo, que foi originalmente instituído para impedir atos irregulares, lesivos aos cofres públicos.

A atuação do Congresso Nacional, no exercício dessa competência, constitui uma clara demonstração da relação de complementariedade entre ele e o TCU no controle financeiro da Administração Pública, especialmente em matéria de contratos administrativos.

O TCU e o Parlamento atuam de forma colaborativa na fiscalização de contratos: ao primeiro coube o poder de determinar a correção de contratos, nos termos do inciso IX do art. 71 da CF/1988, ficando o Congresso Nacional com a atribuição primária de impedir a sua execução, conforme o §1º do art. 71.

Apesar das divergências doutrinárias, entende-se que a atribuição de sustar pode ser exercida pelo TCU se o Parlamento ou o Poder Executivo, no prazo de 90 dias, não efetivarem as medidas indicadas no aludido parágrafo, conforme o §2º do art. 71 da CF/1988.

A interpretação dos §§1º e 2º do mencionado dispositivo é objeto de profunda divergência na doutrina. Para a exata compreensão da matéria, é preciso, inicialmente, compreender o sentido do termo "sustar".

4.7.1 O ato de sustar

A correta compreensão do sistema de controle de atos e contratos instituído na Constituição exige a perquirição do significado e da natureza do ato de sustação.

Como ponto de partida, afirma-se que esse ato constitui a consequência jurídica estabelecida pelo sistema constitucional à conduta dos órgãos jurisdicionados, de não atenderem as determinações corretivas impostas pelo TCU, nos termos do inciso IX da CF/1988. Nessa perspectiva, o ato de sustação impede que um ato considerado ilegal produza efeitos jurídicos, constituindo uma forma alternativa de desconstituição, tendo em vista uma irregularidade não saneada.

O estudo do tema possui as suas complexidades. Primeiro porque a doutrina tradicional não inclui a sustação como uma das formas de desconstituição de atos e contratos administrativos. Segundo porque, pelo menos na esfera federal, são raríssimos os casos em que o TCU ou o Congresso Nacional decidiu sustar ato ou contrato. Isso implica que o instituto jurídico em análise está em franco desuso.[142]

Não obstante, é importante estudar a matéria a fim de espancar dúvidas a respeito das competências do TCU, especialmente em matéria cautelar.

Passemos à visão de alguns doutrinadores.

Para Maria Sylvia Zanella Di Pietro:

> "sustar" não significa invalidar. Nem o Tribunal de Contas, nem o Congresso Nacional podem tirar do mundo jurídico um ato ou contrato praticado pela Administração, sob pena de infringência ao princípio da separação de poderes. "Sustar" significa "fazer parar, interromper, suspender".[143]

Nessa perspectiva, o ato de sustar, realizado pelo Congresso Nacional ou pelo TCU, apesar de não desconstituir o ato inquinado, teria efeito equivalente a este, visto que impedia a produção de efeitos jurídicos. Dito de outra forma, esse provimento implicaria uma espécie de tutela inibitória ou de remoção do ilícito, aplicável a situações em que o Poder Executivo não corrigisse as ilegalidades ou não providenciasse, ele próprio, a anulação do ato jurídico.

Em sentido próximo, Caio Tácito toma o termo com o sentido de "suspender" o contrato.[144] Amauri Feres Saad, por sua vez, entende que a expressão implica a suspensão orçamentária do contrato:

> Sustação, portanto, para fins de controle externo de atos e contratos administrativos, diz respeito à execução financeira de atos ou contratos tidos como antijurídicos sob os critérios

---

[142] Sobre a ideia de costume negativo ou desuso, ver LISBOA, Carolina Cardoso Guimarães. *Normas constitucionais não escritas*. São Paulo: Almedina, 2014, p. 150.

[143] DI PIETRO, Maria Sylvia Zanella. O papel dos tribunais de contas no controle dos contratos administrativos. *Interesse Público – IP*, Belo Horizonte, ano 15, n. 82, p. 4, nov./dez. 2013. Disponível em: http://www.bidforum.com.br/bid/PDI0006.aspx?pdiCntd=99053. Acesso em: 14 jan. 2015.

[144] TÁCITO, Caio. Controle da Administração Pública – o Poder de Autotutela (Controle Interno) – Atuação do Tribunal de Contas (Controle Externo) – Eficácia do Controle Popular. *Boletim de Direito Administrativo*, v. 13, n. 5, p. 318-320, maio 1997, p. 319.

da legalidade, economicidade, legitimidade ou finalidade (fomento). Sustado o ato, o que ocorrerá objetivamente é a impossibilidade de produção de seus efeitos orçamentários.[145]

Para Jorge Ulysses Jacoby sustar um contrato significa retirar-lhe a eficácia, a produção dos efeitos financeiros (pagamento, por exemplo) e executivos (realização do objeto).[146] No mesmo sentido, Egon Bockmann Moreira assinala que o ato de sustação implica a supressão de todos os efeitos de um contrato administrativo.[147]

Jorge Ulysses Jacoby defende que a sustação pode se dar de forma cautelar ou definitiva:

> Terá natureza meramente cautelar, quando determinada no curso de um processo, visando resguardar o patrimônio público; natureza decisória definitiva quando for anunciado pelo Tribunal de Contas, com a recomendação para adotar as medidas legais, genericamente, ou implicar em providências incompatíveis com a continuidade do contrato.[148]

Maria Sylvia Zanella Di Pietro entende que o ato de sustação possui caráter definitivo e natureza cautelar, não no sentido de ser provisório, mas de impedir que o ato ou contrato continue a produzir efeitos enquanto não invalidado, formalmente, por ato do Poder Executivo. Nesse contexto, a medida teria caráter mandamental e geraria para o administrado o dever de invalidar, sob pena de responsabilização.[149]

Quanto à sustação liminar de atos e contratos, que seriam as medidas cautelares propriamente ditas de suspensão desses atos jurídicos, antes da conclusão do processo no TCU, a autora defende que tais medidas não têm amparo na lei e na Constituição.[150]

Considerando que o ato de sustar é o último do processo de controle de contratos, adotado após o exercício do contraditório e da ampla defesa, entende-se que ele não possui a natureza de provimento cautelar, constituindo uma deliberação de caráter definitivo, produzida a partir de uma cognição exauriente. Por essa razão, entende-se que a expressão sustar, utilizada na Constituição, significa retirar a eficácia, impedir a produção dos efeitos, ou seja, fazer cessar, de forma definitiva, a execução de um contrato ilícito.

Trata-se de providência drástica a ser tomada apenas após o descumprimento das medidas impostas pelo TCU para o saneamento das ilegalidades, segundo a avaliação política do Congresso Nacional e do TCU, se for o caso.

---

[145] SAAD Amauri Feres. O controle dos tribunais de contas sobre contratos administrativos. *In: Direito administrativo e liberdade*: estudos em homenagem a Lúcia Valle Figueiredo. São Paulo: Malheiros, 2014, p. 59-131. p. 101.
[146] FERNANDES, Jorge Ulysses Jacoby. Controle das Licitações pelos Tribunais de Contas. *Revista do Tribunal de Contas do Distrito Federal*, Brasília/DF, 31: 15-34, jan./dez. 2005, p. 20.
[147] MOREIRA, Egon Bockmann. Notas sobre os sistemas de controle dos atos e contratos administrativos. *Fórum Administrativo – FA*, Belo Horizonte, ano 5, n. 55, p. 8, set. 2005. Disponível em: http://www.bidforum.com.br/bid/PDI0006.aspx?pdiCntd=30856. Acesso em: 15 maio 2015.
[148] FERNANDES, Jorge Ulysses Jacoby. Controle das Licitações pelos Tribunais de Contas. *Revista do Tribunal de Contas do Distrito Federal*, Brasília/DF, 31, p. 15-34, jan./dez. 2005, p. 21.
[149] DI PIETRO, Maria Sylvia Zanella. O papel dos tribunais de contas no controle dos contratos administrativos. *Interesse Público – IP*, Belo Horizonte, ano 15, n. 82, p. 4, nov./dez. 2013. Disponível em: http://www.bidforum.com.br/bid/PDI0006.aspx?pdiCntd=99053. Acesso em: 14 jan. 2015.
[150] *Ibidem*, p. 4-13.

Tomando por base a própria sequência lógica do controle de contratos, em que as deliberações do Congresso Nacional e do TCU, se for o caso, somente se darão após a decisão definitiva de mérito do Tribunal sobre a legalidade do contrato, entende-se que o ato de sustação não pode ser considerado um provimento de natureza cautelar, pelo menos no sentido usual do termo ofertado pela ciência processual. Afinal, faltam ao ato de sustação duas das características principais das deliberações acautelatórias: a adoção mediante cognição rasteira e a finalidade de resguardar a eficácia de uma decisão posterior de mérito.

Com relação à assertiva de que o ato de sustação possui natureza cautelar por impedir a produção dos efeitos jurídicos decorrentes do contrato antes de sua anulação pelo órgão fiscalizado, entende-se que os autores que defendem tal posição incorrem em equívoco ao confundir o caráter preventivo e inibitório de um provimento com uma suposta natureza cautelar.

É certo que uma medida cautelar pode evitar a continuidade ou a prática de um ilícito. Todavia, nem todo provimento que impede a produção de efeitos de um ato antijurídico possui o atributo da cautelaridade. O que determina tal característica é o tipo de cognição desenvolvida, se firmada em juízo de verossimilhança (cognição rasteira), e o seu caráter provisório.

Quando um juiz declara a nulidade de um ato e impede a continuidade de sua prática ou mesmo a sua formação, quando factualmente possível, mediante cognição ampla, ele gera para a parte vencida uma obrigação de fazer ou não fazer, ou ainda as duas simultaneamente, de forma que o provimento tem a natureza de sentença que presta tutela inibitória ou de remoção do ilícito, nos termos abarcados pelo art. 497, §1º, do Código de Processo Civil.

Guardando um paralelo com o processo civil, o ato de sustação de contrato administrativo, ao operar no plano da eficácia do contrato, encerra uma ordem de não executá-lo, constituindo, portanto, um provimento que presta tutela inibitória ou remove um ilícito. Por ter sido produzido em cognição ampla e pelo seu caráter definitivo, não constitui um provimento cautelar.

O ato de sustação guarda semelhança, quanto aos seus efeitos, à negativa de registro do contrato no regime constitucional anterior a 1967. Com a substituição do sistema de registro prévio pelo de controle concomitante, é possível afirmar que o ato de sustação nada mais é do que o sucedâneo da decisão que negava registro a um contrato administrativo. Ambas afetam a eficácia do contrato administrativo, impedindo, de forma definitiva, que ele produza seus efeitos.

Essa, portanto, constitui a melhor interpretação da natureza e do sentido do ato de sustação do contrato: uma decisão de caráter definitivo, que obsta o prosseguimento da execução do contrato ao impedir que ele produza os seus efeitos. O ato de sustação opera no plano da eficácia do contrato administrativo, constituindo hipótese ensejadora de sua desconstituição, por gerar o dever de anular.

Tomando emprestada a classificação das sentenças judiciais de Pontes de Miranda, cuida-se de deliberação jurídico-administrativa de natureza desconstitutiva e mandamental, pois impede definitivamente a execução de um ato jurídico e gera o dever de anular. Em termos práticos, tem o mesmo efeito, embora com elas não se confunda, da anulação e da rescisão de um contrato administrativo, pois obstaculiza de forma definitiva a produção do caminho natural do contrato, que é a realização do objeto para o qual foi constituído.

Diante do exposto, considerando que o ato de sustação carrega consigo o atributo da definitividade, entende-se inapropriado o uso das expressões "sustação cautelar" e "sustação liminar", que devem, por rigor científico, ser substituídos por "suspensão cautelar ou liminar".

4.7.2 Caminhos possíveis quanto à sustação do contrato

Caso o órgão fiscalizado não dê cumprimento às medidas corretivas determinadas pelo TCU por meio do art. 71, inciso IX, da CF/1988, cabe ao Tribunal remeter a matéria para a apreciação do Congresso Nacional para que ele possa exercer a competência estabelecida no art. 71, §1º. A partir daí, o Parlamento pode adotar os seguintes caminhos:

a) sustar o contrato e solicitar, de imediato, ao Poder Executivo as medidas cabíveis;

b) não sustar o contrato e autorizar a sua continuidade; ou

c) não se manifestar, isto é, deixar transcorrer o prazo constitucional de 90 dias sem tomar qualquer decisão.

A deliberação do Congresso Nacional sobre a matéria envolve o exame da conveniência e oportunidade da continuação ou não da execução de despesas decorrentes de um contrato considerado ilegal pelo TCU. Essa manifestação possui natureza política, uma vez que é tomada com base em amplo critério de decisão, não havendo sequer o dever de fundamentação, já que concretizada mediante votação dos parlamentares.

Se o Congresso Nacional não se manifestar sobre a sustação, no prazo de 90 dias, o TCU decidirá a respeito, nos termos do art. 71, §2º, da CF/1988. A interpretação do aludido dispositivo é objeto de acalorada discussão acadêmica, especificamente quanto à extensão da assertiva "decidir a respeito" e a existência ou não da competência do TCU de sustar contratos caso o Parlamento se omita.

Os tópicos seguintes tratam das formas de atuação do Congresso Nacional e do TCU no exercício da competência impeditiva de contratos.

4.7.3 A sustação do contrato pelo Congresso Nacional

Caso o Congresso Nacional decida pela sustação do contrato, ele determinará, de imediato, ao Poder Executivo as medidas cabíveis, consoante a parte final do art. 71, §1º, da CF/1988. O dispositivo merece alguns comentários.

Primeiro, quando o legislador constitucional se referiu ao Poder Executivo, ele quis se reportar ao órgão responsável pelo contrato examinado, que pode ser qualquer unidade administrativa pertencente à estrutura de quaisquer dos três poderes da União. Como é cediço, não apenas o Poder Executivo, mas todos os demais poderes executam atividades administrativas, o que inclui a celebração de contratos administrativos para a obtenção dos bens e serviços necessários ao exercício de suas funções.

Por consequência, as medidas decorrentes da sustação do contrato, como por exemplo a anulação do contrato, o recebimento parcial das obras e serviços e o pagamento das indenizações, somente podem ser praticadas pela unidade administrativa responsável pela contratação impugnada, motivo pelo qual não apenas o Poder Executivo mas todas as unidades dos demais poderes da União podem ser destinatárias da determinação especificada no art. 71, §1º, da Constituição.

Outro ponto do dispositivo que merece comentários adicionais diz respeito ao sentido da expressão "medidas cabíveis". Quanto a esse ponto, anui-se à posição de Jorge Ulysses Jacoby de que tais providências são as complementares à sustação do contrato,[151] o que abrangeria a assunção imediata do objeto, a realização de inventário a respeito da fração do objeto executada, a emissão de termos de recebimento parcial, se for o caso, a ocupação e a utilização do local e dos materiais postos, o cálculo das indenizações e multas devidas, a apuração da ocorrência de infrações contratuais, dentre outras providências de ordem prática.

Essas medidas determinadas pelo Congresso Nacional seriam uma espécie de condição para que o fluxo orçamentário e financeiro daquele projeto fosse retomado caso o Poder Executivo decidisse continuá-lo, mediante uma nova contratação, escoimada das ilegalidades verificadas.

A decisão pela sustação de contratos será adotada mediante decreto legislativo, que constitui a espécie normativa destinada à apreciação de assuntos de competência exclusiva do Congresso Nacional.

4.7.4 A não sustação do contrato pelo Congresso Nacional

Por outro lado, o Congresso Nacional pode decidir pela não sustação do contrato. Nesse caso, ele editará decreto legislativo autorizando a continuidade da execução das despesas inerentes ao contrato fiscalizado.

A deliberação do Congresso pela não sustação do contrato se sobrepõe a qualquer decisão anterior ou posterior do TCU que seja com ela incompatível. A manifestação do Parlamento nesse sentido implicará a perda de eficácia de qualquer medida cautelar ou determinação eventualmente expedidas pelo TCU que interfira no regular prosseguimento do contrato.

Ocorrendo isso, caberá ao Tribunal tornar insubsistentes as decisões outrora proferidas no âmbito do controle corretivo daquele ajuste, decretando a perda de objeto deste. Por consequência, não haverá mais espaço para deliberar sobre a correção das falhas verificadas e a sustação da execução do contrato, a menos que sejam apuradas outras irregularidades graves diferentes das já apreciadas pelo TCU e pelo Congresso Nacional.

Repisa-se que a deliberação do Parlamento acerca da sustação ou não do contrato possui caráter eminentemente político, na medida em que a Casa Legislativa não está obrigada a seguir o juízo técnico firmado pelo TCU sobre a legalidade do contrato. Conforme visto, o Congresso Nacional pode decidir segundo os pressupostos da conveniência, oportunidade e do interesse público da medida, não havendo sequer a necessidade de exaustiva fundamentação.

---

[151] JACOBY, Jorge Ulysses. Controle das Licitações pelos Tribunais de Contas. *Revista do Tribunal de Contas do Distrito Federal*, Brasília/DF, 31, p. 15-34, jan./dez. 2005, p. 26.

Justamente por esses motivos, a decisão do Parlamento não interfere sobre o juízo técnico-formal do Tribunal quanto às ilegalidades identificadas, nem torna insubsistentes as decisões tomadas pelo TCU no âmbito do controle sancionatório ou ressarcitório.

Dito de outra forma, caso o Tribunal tenha imputado multa aos responsáveis em razão dos mesmos fatos que deram ensejo, inicialmente, à determinação para correção do contrato e, em seguida, à decisão do Parlamento pela não sustação do contrato, a sanção aplicada pelo TCU continua válida e poderá ser objeto de processo de cobrança executiva. Afinal, esta foi imputada com base em competência autônoma do Tribunal especificada no art. 71, inciso VIII, da CF/1988, a qual não é afetada pelo desfecho positivo ou negativo do controle corretivo/impeditivo.

Se nessa mesma situação, o TCU não tiver exercido a sua competência sancionatória de forma simultânea à sua competência corretiva,[152] ele poderá dar seguimento ao processo com vistas à eventual aplicação de multa, se entender cabível, independentemente da eventual decisão do Congresso Nacional pela não sustação.

Pela mesma razão, ainda que o Parlamento tenha decidido pela não sustação do contrato, o TCU pode instaurar processo específico de tomada de contas especial, com vistas ao julgamento das contas dos responsáveis e a apuração de sua responsabilidade financeira por eventual prejuízo ao Erário, uma vez que tais atribuições são exclusivas do Tribunal, a teor do art. 71, inciso II, da CF/1988. Da mesma forma, a competência julgadora e a pretensão ressarcitória do TCU não são afetadas pelo desfecho positivo ou negativo do controle corretivo/impeditivo.

4.7.5 A omissão do Congresso Nacional e a atuação do TCU

A terceira forma de atuação do Congresso Nacional é se omitir quanto à decisão de sustar o contrato. Essa posição pode decorrer da falta de consenso acerca da matéria ou constituir opção intencional da maioria da Casa em deixar a deliberação final ao TCU.

A hipótese é a mais polêmica, pois enseja a discussão acadêmica quanto à competência do TCU de sustar contratos, em caso de omissão do órgão primariamente legitimado para tanto. Há várias questões interessantes sobre o tema, que suscitam entendimentos variados na doutrina, como se verá a seguir.

As perguntas que sobressaem são:

a) Quais os efeitos da omissão do Congresso Nacional sobre o assunto?

b) Sobre o que deliberará o TCU em caso de omissão da Casa Legislativa?

c) Qual o sentido da expressão "decidir a respeito" contida no art. 71, §2º, da Constituição?

Consoante o art. 71, §2º, da CF/1988, se o Congresso Nacional ou o Poder Executivo, no prazo de 90 dias, não efetivar as medidas previstas no §1º, o Tribunal decidirá a respeito.

---

[152] Por vezes, o TCU opta em dar seguimento apenas aos atos processuais voltados ao controle corretivo dos atos, deixando para apurar a responsabilidade pessoal dos agentes administrativos para fins de aplicação de multa em um momento posterior, com o intuito de dar celeridade ao controle objetivo dos atos e, assim, obter a correção das ilegalidades antes da consumação de seus efeitos.

Como já mencionado neste trabalho, o aludido parágrafo dispõe que, no caso de contrato, o ato de sustação será adotado diretamente pelo Congresso Nacional, que solicitará, de imediato, as medidas cabíveis ao Poder Executivo.

Segundo Carlos Ari Sundfeld e Jacintho Arruda Câmara, a expressão "decidir a respeito" não implica que o TCU pode efetivar a sustação do contrato.[153] Essa posição também é adotada por Luís Roberto Barroso,[154] Eros Roberto Grau,[155] Maria Sylvia Zanella Di Pietro,[156] Marcos Juruena Villela Souto,[157] Rodrigo de Pinho Bertoccelli[158] e Mauro Roberto Gomes de Mattos.[159]

De maneira diversa, ou seja, no sentido de que o TCU possui o poder de sustar contratos administrativos segundo o art. 71, §2º, da CF/1988, mencionam-se Caio Tácito,[160] Manoel Gonçalves Ferreira Filho,[161] Celso Ribeiro Bastos e Ives Gandra Martins,[162] Celso Antônio Bandeira de Mello,[163] Diogo de Figueiredo Moreira Neto,[164] Lucas Rocha Furtado,[165] Bruno Wilhelm Speck,[166] Carlos Roberto Siqueira Castro,[167] Lúcia Valle

---

[153] SUNDFELD, Carlos Ari; CÂMARA, Jacintho Arruda. Controle das contratações públicas pelos tribunais de contas. The control of government contracts by the audit courts. *Revista de Direito Administrativo*, Rio de Janeiro, v. 257, p. 111-144, maio/ago. 2011. p. 133.

[154] BARROSO, Luís Roberto. Tribunais de contas: algumas incompetências. Revista de direito administrativo, Rio de Janeiro, n. 203, p. 131-140, jan./mar. 1996, p. 139-140.

[155] GRAU, Eros Roberto. Tribunal de Contas – Decisão – Eficácia (parecer). *Revista de Direito Administrativo*, Rio de Janeiro, v. 210, p. 354-355, out./dez. 1997. p. 354.

[156] DI PIETRO, Maria Sylvia Zanella. O papel dos tribunais de contas no controle dos contratos administrativos. *Interesse Público – IP*, Belo Horizonte, ano 15, n. 82, nov./dez. 2013. p. 6-8. Disponível em: http://www.bidforum.com.br/bid/PDI0006.aspx?pdiCntd=99053. Acesso em: 14 jan. 2015.

[157] SOUTO, Marcos Juruena Villela. *Direito administrativo contratual*: licitações, contratos administrativos. Rio de Janeiro: Lumen Juris, 2004. p. 441-442.

[158] BERTOCCELLI, Rodrigo de Pinho. Limites para a retenção de pagamentos em contratos administrativos pelo Tribunal de Contas da União. *Revista Brasileira de Infraestrutura – RBINF*, Belo Horizonte, ano 2, n. 3, p. 131-156, jan./jun. 2013. p. 9. Disponível em: http://www.bidforum.com.br/bid/PDI0006.aspx?pdiCntd=90968. Acesso em: 18 abr. 2015.

[159] MATTOS, Mauro Roberto Gomes de. Tribunais de Contas e contratos administrativos. *Fórum de Contratação e Gestão Pública – FCGP*, Belo Horizonte, ano 1, n. 11, p. 7, nov. 2002. Disponível em: http://www.bidforum.com.br/bid/PDI0006.aspx?pdiCntd=7492. Acesso em: 25 jan. 2015.

[160] TÁCITO, Caio. A Moralidade Administrativa e a Nova Lei do Tribunal de Contas da União. *Revista de Direito Administrativo*, Rio de Janeiro, 190, p. 45-53, out./dez. 1992. p. 51. TÁCITO, Caio. *Temas de Direito Público (Estudos e Pareceres)*. Rio de Janeiro: Renovar, 1997. p. 845. Porém, o autor manifestou em outra oportunidade que a atuação do Tribunal está sujeita a "(...) reexame pelo próprio Congresso Nacional. Não é uma transferência plena de competência substitutiva do Congresso, para que o Tribunal de Contas possa exercê-la" (TÁCITO, Caio. Controle da Administração Pública – o Poder de Autotutela (Controle Interno) – Atuação do Tribunal de Contas (Controle Externo) – Eficácia do Controle Popular. Boletim de Direito Administrativo, v. 13, n. 5, p. 318-320, maio 1997, p. 319).

[161] FERREIRA FILHO, Manoel Gonçalves. *Comentários à Constituição Brasileira de 1988*. São Paulo: Saraiva, 1992, vol. 2, p. 132.

[162] BASTOS, Celso Ribeiro; MARTINS, Ives Gandra. *Comentários à Constituição do Brasil*: promulgada em 5 de outubro de 1988. São Paulo: Saraiva, 1997, Tomo II, p. 75.

[163] MELLO, Celso Antônio Bandeira de. Função controlada do Tribunal de Contas. *Revista de Direito Público*, v. 25, n. 99, p. 160-166, jul./set. 1991, p. 163.

[164] MOREIRA NETO, Diogo de Figueiredo. O parlamento e a sociedade como destinatários do trabalho dos tribunais de contas. *Revista Brasileira de Direito Público – RBDP*, Belo Horizonte, ano 1, n. 2, p. 21, jul./set. 2003. Disponível em: http://www.bidforum.com.br/bid/PDI0006.aspx?pdiCntd=12523. Acesso em: 1 maio 2015.

[165] FURTADO, Lucas Rocha. *Curso de Direito Administrativo*. Belo Horizonte: 2013. p. 1.089.

[166] SPECK, Bruno Wilhelm. *Inovação e Rotina no Tribunal de Contas da União*: o papel da instituição superior de controle financeiro no sistema político-administrativo do Brasil. São Paulo: Fundação Konrad-Adenauer-Stiftung, 2000, p. 74.

[167] CASTRO, Carlos Roberto de Siqueira. A atuação do Tribunal de Contas em face da separação de poderes do Estado. *Revista do Tribunal de Contas do Estado do Rio de Janeiro*, v. 18, n. 38, p. 40-56, out./dez. 1997, p. 49-50.

Figueiredo,[168] Helio Saul Mileski,[169] Egon Bockmann Moreira,[170] Jorge Ulysses Jacoby Fernandes,[171] Eduardo Fortunato Bim,[172] Guilherme Ferreira Gomes Luna,[173] Luciano Brandão Alves de Souza,[174] Luiz Bernardo Dias Costa,[175] Paulo Soares Bugarin,[176] Gabriela Tomaselli Bresser Pereira Dal Pozzo177 e José de Ribamar Caldas Furtado.[178]

Pelas razões expostas a seguir, entende-se que a segunda linha doutrinária, a favor do poder de sustar do TCU, corresponde à melhor exegese do sistema constitucional de controle externo.

Como base argumentativa, serão exploradas algumas ponderações extraídas da obra de Carlos Ari Sundfeld e Jacintho Arruda Câmara, a fim de extrair a melhor interpretação do §2º do art. 71 da CF/1988.

Os doutrinadores assinalam que a ideia de que o TCU pode sustar contratos decorre de interpretação extensiva do Texto Constitucional, na medida em que as atribuições do órgão de contas foram arroladas exaustivamente no art. 71 da CF/1988. Para eles, não se pode supor que a relevante atribuição de sustar contratos, expressamente reservada ao Congresso Nacional, fosse reconduzida ao Tribunal de Contas de modo implícito, por meio de uma ambígua determinação de, em caso de omissão, se "decidir a respeito".[179]

Adiante, os autores ponderam que a atribuição de competência ao TCU para sustar contrato levaria a um modelo absolutamente inusitado de atuação, visto que implicaria uma espécie de transferência de atribuições do Parlamento para o Tribunal, o que seria despido de sentido.[180]

---

[168] FIGUEIREDO, Lúcia Valle. *Controle da Administração Pública*. São Paulo: Revista dos Tribunais, 1991. p. 352.

[169] MILESKI. Hélio Saul. O Controle das Licitações e o Papel dos Tribunais de Contas, Judiciário e Ministério Público. *Interesse Público*, Belo Horizonte, ano 6, n. 27, p. 221-231, set./out. 2004. p. 230.

[170] MOREIRA, Egon Bockmann. Notas sobre os sistemas de controle dos atos e contratos administrativos. *Fórum Administrativo – FA*, Belo Horizonte, ano 5, n. 55, p. 8, set. 2005. Disponível em: http://www.bidforum.com.br/bid/PDI0006.aspx?pdiCntd=30856. Acesso em: 15 maio 2015.

[171] JACOBY, Jorge Ulysses. Controle das Licitações pelos Tribunais de Contas. *Revista do Tribunal de Contas do Distrito Federal*, Brasília/DF, 31, p. 15-34, jan./dez. 2005. p. 26.

[172] BIM, Eduardo Fortunato. O poder geral de cautela dos tribunais de contas nas licitações e nos contratos administrativos. *Interesse Público*, n. 36, p. 363-388, mar./abr. 2006, p. 381.

[173] LUNA, Guilherme Ferreira Gomes. Parâmetros para o controle dos contratos administrativos. *Revista Brasileira de Infraestrutura – RBINF*, Belo Horizonte, ano 1, n. 1, p. 13, jan./jun. 2012. Disponível em: http://www.bidforum.com.br/bid/PDI0006.aspx?pdiCntd=77583. Acesso em: 14 jan. 2015.

[174] SOUZA, Luciano Brandão Alves de. Apreciações sobre o controle externo. *Revista de informação legislativa*, v. 43, n. 171, p. 259-264, jul./set. 2006. p. 262.

[175] COSTA, Luiz Bernardo Dias. *Tribunal de Contas*: evolução e principais atribuições no Estado Democrático de Direito. Belo Horizonte: Fórum, 2006. p. 163.

[176] BUGARIN, Paulo Soares. *O princípio constitucional da economicidade na jurisprudência do Tribunal de Contas da União*. Belo Horizonte: Fórum, 2011. p. 101.

[177] DAL POZZO, Gabriela Tomaselli Bresser-Pereira. *As funções do Tribunal de Contas e o Estado de Direito*. Belo Horizonte: Fórum, 2010. p. 99.

[178] FURTADO, José de Ribamar Caldas. Controle de legalidade e medidas cautelares dos Tribunais de Contas. *Fórum de Contratação e Gestão Pública – FCGP*, Belo Horizonte, ano 6, n. 66, p. 5, jun. 2007. Disponível em: http://www.bidforum.com.br/bid/PDI0006.aspx?pdiCntd=40827. Acesso em: 8 jan. 2016.

[179] SUNDFELD, Carlos Ari; CÂMARA, Jacintho Arruda. Controle das contratações públicas pelos tribunais de contas – The control of government contracts by the audit courts. *Revista de Direito Administrativo*, Rio de Janeiro, v. 257, p. 111-144, maio/ago. 2011, p. 134.

[180] SUNDFELD, Carlos Ari; CÂMARA, Jacintho Arruda. Controle das contratações públicas pelos tribunais de contas – The control of government contracts by the audit courts. *Revista de Direito Administrativo*, Rio de Janeiro, v. 257, p. 111-144, maio/ago. 2011, p. 135.

Por fim, os administrativistas procuram amparar suas ideias numa interpretação histórica das disposições constitucionais em análise. Especificamente, eles comparam a redação atual do art. 71, §2º, da CF/1988 com a do art. 73, §6º, da CF/1967, na redação dada pela Emenda Constitucional nº 1/1969.[181]

Para eles, no regime constitucional anterior, o silêncio do Legislativo tinha efeito de aprovação da regularidade do contrato, ou seja, de rejeição definitiva da impugnação. Quanto ao regime atual, esse silêncio não apresentava a mesma consequência, pois ele assegurava "o prosseguimento da apuração, determinando-se que o Tribunal de Contas 'decidisse a respeito' (a respeito da legalidade ou não, para fins de punição dos responsáveis, embora não para fins de sustação, que só o Legislativo poderia fazer)".[182]

Passemos aos argumentos.

Em nossa visão, o fato de a atribuição de sustar contratos não constar do rol dos incisos do art. 71 não é decisiva para a interpretação do Texto Constitucional, pois o que se discute é se ela foi ou não prevista em um de seus parágrafos, o §2º. Com as devidas vênias, os autores incorrem em petição de princípio, ao partir da premissa que tal competência não está prevista na Constituição para concluir que ela foi incluída "implicitamente" mediante interpretação extensiva.

Como é cediço, os textos normativos são articulados em artigos, que, por sua vez são desdobrados em incisos e parágrafos. Os incisos servem para expressar as enumerações, enquanto os parágrafos para dispor sobre os aspectos complementares e as exceções à norma enunciada no *caput* do artigo.

Dessa forma, para concluir se o §2º do art. 71 da CF/1988 estatuiu ou não uma competência ao TCU, *in casu*, a de sustar contratos no caso da omissão do Congresso Nacional, é tarefa incontornável proceder à interpretação constitucional de todo dispositivo, de seus incisos e parágrafos, à luz dos diversos princípios aplicáveis à hermenêutica constitucional. Somente depois de percorrer esse iter, se poderá afirmar se tal atribuição está contida – de forma expressa ou implícita, não importa – no texto da norma constitucional.

Quanto ao alegado caráter inusitado da transferência da competência de sustar ao TCU, ressalta-se que o constituinte, originário ou derivado, é livre para definir de que forma ocorrerá e a quem compete exercer as diversas funções constitucionais, não sendo boa técnica de hermenêutica usar as convicções pessoais do intérprete a respeito de como as coisas deveriam ser, para extrair o correto sentido de uma determinada norma. Ao proceder desse modo, o exegeta estará, indevidamente, substituindo os critérios de racionalidade do legislador pelos seus próprios.

Dito isso, não existe uma razão jusfilosófica para que a função de sustar contrato seja apenas do Congresso Nacional ou seja exercida de modo compartilhado com o TCU. Em verdade, não haveria nenhum problema de ordem moral se tal competência tivesse sido atribuída, desde o início, apenas ao TCU, como sugerem os doutrinadores. Afinal,

---

[181] "§6º – O Congresso Nacional deliberará sobre a solicitação de que cogita a alínea c do parágrafo anterior, no prazo de trinta dias, findo o qual, sem pronunciamento do Poder Legislativo, será considerada insubsistente a Impugnação."

[182] SUNDFELD, Carlos Ari; CÂMARA, Jacintho Arruda. Controle das contratações públicas pelos tribunais de contas – The control of government contracts by the audit courts. *Revista de Direito Administrativo*, Rio de Janeiro, v. 257, p. 111-144, maio/ago. 2011, p. 137.

como adverte Marcelo Caetano, o problema de saber quais e quantos são os órgãos ou sistemas de órgãos pelos quais é repartido o exercício das faculdades de soberania constitui mera questão de "arte política", definida em cada sistema constitucional.[183]

Dessa forma, todas as opções antes anunciadas – sustação como competência exclusiva do Congresso Nacional ou do TCU ou exercida de forma compartilhada ou sequencial pelos órgãos – constituiriam escolhas políticas legítimas do legislador constitucional, passíveis de serem elogiadas ou criticadas apenas no âmbito de uma análise normativa do direito.

Com relação à transferência do poder de decidir ao TCU, em caso de omissão do Congresso, tal medida se justifica porque o ato de sustação, independentemente de quem o pratica, dá-se em benefício do Erário e, portanto, do próprio povo, na condição de contribuinte e interessado na boa e regular utilização dos recursos públicos. Como o TCU, por deferência constitucional, é guardião das normas de proteção das finanças públicas, em auxílio ao Congresso Nacional, seria esperado que exercesse tal função na hipótese de abstenção do Parlamento.

Nessa ordem de ideias, o que o regime de controle estatuído pela CF/1988 almejou foi que algum órgão de controle externo, o Congresso Nacional ou o TCU, decidisse sobre a necessidade ou não de sustação da execução de um contrato considerado ilegal. Tal interpretação se mostra coerente com o espírito da Carta Magna de 1988 de ampliar os instrumentos de *accountability* horizontal exercidos pelas duas instituições.

Além disso, o exercício dessa competência pelo Tribunal é coerente com o desenho constitucional do controle externo, que atribuiu tarefas específicas à Corte de Contas, para que este auxiliasse o Congresso Nacional no desempenho dessa função.

Segundo Álvaro Guilherme Miranda, "na prática, o Congresso Nacional não faz o controle externo sistemático na acepção discutida em termos de *accountability* horizontal, objeto realizado, isto sim, pelo Tribunal de Contas".[184]

O auxílio que o TCU presta ao Congresso Nacional no exercício do controle externo se dá, na maioria das vezes, mediante a realização de ações típicas do Poder Legislativo, que lhe foram delegadas pelo constituinte originário. Nesse cenário, causa estranheza que parte da doutrina não admita o exercício da competência de sustar pelo Tribunal, uma vez que ela corresponde a uma atividade de controle externo como qualquer outra, que lhe foi delegada pelo constituinte originário, na forma do §2º do art. 71.

Quanto à intepretação histórica das disposições constitucionais, entende-se que o silêncio do Congresso Nacional a respeito da sustação do contrato não significa uma espécie de autorização para que o TCU aprecie a legalidade do contrato, para o fim específico de aplicar eventuais sanções aos responsáveis.

O controle subjetivo de atos e contatos para fins de imputação de débito e aplicação de sanção independe do juízo firmado pelo Congresso Nacional sobre a sustação do contrato, sendo exercida de forma exclusiva pelo Tribunal, nos exatos termos do art.

---

[183] CAETANO, Marcelo. *Direito Constitucional*, vol. I. Rio de Janeiro: Forense. 1977, p. 244.

[184] MIRANDA, Álvaro Guilherme. *Desenho institucional do Tribunal de Contas no Brasil (1890 a 2013):* da legislação simbólica ao "gerencialismo público" do ajuste fiscal. Tese apresentada ao Corpo Docente do Instituto de Economia da Universidade Federal do Rio de Janeiro como parte dos requisitos necessários à obtenção do título de DOUTOR em Ciências, Políticas Públicas, Estratégias e Desenvolvimento. Universidade Federal do Rio de Janeiro – UFRJ. Rio de Janeiro, 2013. p. 131.

71, inciso VIII, da CF/1988. Dito de outra forma, o TCU pode continuar o processo de controle externo para a apuração da responsabilidade dos agentes envolvidos, independentemente da deliberação do Congresso Nacional de que trata o art. 71, §1º.[185]

Em verdade, é usual o TCU promover, simultaneamente, o controle objetivo e subjetivo de atos e contratos, de sorte que a eventual aplicação de sanção ocorra na mesma decisão que determinar a correção de ilegalidades. Isso implica que, na prática, o controle punitivo do Tribunal terá ocorrido antes mesmo da eventual decisão do Congresso Nacional a respeito da sustação do contrato.

Com isso, se o sentido da expressão "decidir a respeito" for deliberar sobre as competências constitucionais exclusivas do TCU, o art. 71, §2º, da CF/1988 constituirá norma despida de conteúdo, ou seja, permeada de palavras inúteis, motivo pelo qual se descarta tal exegese.[186]

Portanto, parece inadequada a interpretação de que a redação atual do art. 71, §2º, da CF/1988 constituiu evolução ao regime anterior, por possibilitar o controle subjetivo dos contratos, ou seja, de imputação de débitos e aplicação das multas cabíveis em razão da ilegalidade.

Pelo contrário, fazendo uso da interpretação histórica, a decisão a respeito do TCU, no caso de omissão do Congresso Nacional, somente pode ser a de decidir a respeito da sustação do contrato.

Qualquer exegese diferente implica tornar o regime atual idêntico ao anterior – a diferença seria apenas do prazo de manifestação do Parlamento, que passaria de trinta para noventa dias –, o que se mostra absolutamente incoerente com as condições políticas e os valores vigentes na época em que duas as cartas foram promulgadas.

Considerando que a Constituição de 1967 foi aprovada durante um regime político de exceção, em que se verificava o predomínio do Poder Executivo, era natural que o poder do controle externo de impedir o regular andamento de contratos fosse objeto de maior restrição. Nesse cenário, o transcurso do curto prazo de trinta dias sem a apreciação do Congresso Nacional faria com que não fosse mais possível a sustação do contrato, que não estava sujeito a qualquer juízo posterior do órgão técnico e independente – o TCU. Nesse cenário, de controle externo mais fraco, era esperado que o Governo tivesse maior liberdade para implantar suas políticas públicas.

A CF/1988, de maneira diversa, buscou instituir um Estado Democrático de Direito, destinado a assegurar o exercício dos direitos sociais e individuais. Nesse cenário,

---

[185] No Acórdão nº 3.035/2013-Plenário, o TCU decidiu fixar o prazo de 15 (quinze) dias, com fundamento no artigo 71, inciso IX, da Constituição Federal, c/c artigo 45 da Lei nº 8.443/1992, para que a Companhia de Desenvolvimento dos Vales do São Francisco e do Parnaíba – CODEVASF adotasse as medidas necessárias para anular a licitação relativamente aos itens 1 e 2 do Pregão Presencial nº 25/2013, bem como o Contrato nº 0.086.00/2013, dele decorrente. Na oportunidade, determinou a realização de audiência do presidente e do Diretor da Área de Desenvolvimento Integrado e Infraestrutura da entidade. A Presidência da Codevasf promoveu a anulação do certame e a rescisão unilateral do contrato, em cumprimento à determinação do TCU, não tendo sido necessária a expedição de aviso ao Congresso Nacional para o exercício da competência aduzida no art. 71, §1º, da Constituição.

[186] Em sentido próximo, Carlos Roberto de Siqueira Castro assinala, fazendo remissão ao entendimento de Celso Antônio Bandeira de Mello, com quem concorda, que "(...) a decisão e as providências da Corte de Contas assumirão, em tal conjuntura, caráter autônomo e definitivo. A não ser assim, estar-se-ia fazendo letra morta daquele comando constitucional e esvaziando-se por completo o permissivo da intervenção subsidiária do órgão constitucional de controle externo para suprimento da inércia dos Poderes em causa" (CASTRO, Carlos Roberto de Siqueira. A atuação do Tribunal de Contas em face da separação de poderes do Estado. *Revista do Tribunal de Contas do Estado do Rio de Janeiro*, v. 18, n. 38, p. 40-56, out./dez. 1997, p. 49-50).

estabeleceu diversos instrumentos de proteção do Estado de Direito, da moralidade pública e do patrimônio público e social – mandado de segurança coletivo, ação popular, ação civil pública e direito de petição. Dessa forma, é razoável que o controle externo tenha sido fortalecido, ou seja, que, no caso específico do controle de contratos, tenha sido ampliada a possibilidade de sustação na hipótese de ocorrência de ilegalidades, como forma de proteger o Erário.

No novo contexto, de maior preocupação com o Estado de Direito e com a proteção da boa gestão fiscal, é natural que o órgão técnico de controle tenha participação ampliada no controle de contratos, não em prejuízo do Congresso, mas em seu auxílio e em prol do cidadão. Como os poderes são instrumentais aos fins do Estado, o fortalecimento do TCU no controle externo de contrato se dá em benefício do Congresso Nacional, que, na condição de representante dos cidadãos, passa a contar com um órgão que lhe auxilia de fato no exercício de sua missão constitucional de impor um freio a um eventual abuso da atuação administrativa dos poderes.

Ademais, comparando os dois artigos, os da Constituição de 1967 e 1988, é possível afirmar que, ao alterar a redação da matéria, o legislador buscou conferir-lhes regimes distintos. Se quisesse ter mantido a "não sustação" tácita e excluído o TCU da deliberação de sustar o contrato, é razoável que o tivesse feito expressamente como no regime anterior.

Por fim, a exegese do art. 71, §2º, da CF/1988 pode ser obtida a partir de sua interpretação gramatical. Nesse contexto, "decidirá a respeito" somente pode ser "a respeito" dos fatos indicados na oração subordinada adverbial que lhe antecede no parágrafo – "Se o Congresso Nacional ou o Poder Executivo, no prazo de noventa dias, não efetivar as medidas previstas no parágrafo anterior", isto é, sobre a não efetivação pelo Congresso Nacional ou pelo Poder Executivo das medidas previstas no parágrafo anterior. Considerando que o parágrafo anterior trata justamente da adoção do ato de sustação e das medidas acessórias à sustação, por decorrência lógica o TCU decidirá acerca "da adoção do ato de sustação e das medidas acessórias à sustação".

Sendo assim, considerando a interpretação teleológica, histórica e gramatical, conclui-se que os efeitos da omissão do Congresso Nacional a respeito do assunto é transferir para o TCU a decisão acerca da sustação ou não do contrato, que, nesse cenário, exercerá de forma ampla o papel de guardião do Erário federal em face de despesas irregulares advindas de contratos ilegais, ilegítimos e antieconômicos.

Ante todo o exposto, entende-se que a competência de sustar contratos pertence originalmente ao Congresso Nacional e residualmente ao TCU, que poderá exercê-la caso o Parlamento não delibere sobre a matéria no prazo especificado, nos termos do art. 71, §§1º e 2º, da CF/1988. Ao assumir tal função, o TCU o faz em auxílio à atividade de controle externo do Parlamento, assim como as demais que lhe foram deferidas nos diversos incisos do art. 71, no propósito de assegurar a regularidade da guarda e do emprego dos bens, valores e dinheiros públicos e a fiel execução do orçamento público.

4.8 Competência consultiva

Conforme o art. 1º, inciso XVII, da LOTCU, compete ao TCU:

decidir sobre consulta que lhe seja formulada por autoridade competente, a respeito de dúvida suscitada na aplicação de dispositivos legais e regulamentares concernentes a matéria de sua competência, na forma estabelecida no Regimento Interno.

O §2º do aludido dispositivo prescreve que "a resposta à consulta a que se refere o inciso XVII deste artigo tem caráter normativo e constitui prejulgamento da tese, mas não do fato ou caso concreto".

Essa atribuição foi prevista, ainda, no art. 1º, inciso XXV, do RITCU, que elencou, no art. 264, as autoridades legitimadas a formular consulta perante o Tribunal, a saber:

I – presidentes da República, do Senado Federal, da Câmara dos Deputados e do Supremo Tribunal Federal;
II – Procurador-Geral da República;
III – Advogado-Geral da União;
IV – presidente de comissão do Congresso Nacional ou de suas casas;
V – presidentes de tribunais superiores;
VI – ministros de Estado ou autoridades do Poder Executivo federal de nível hierárquico equivalente;
VII – comandantes das Forças Armadas.

Conforme visto, a competência consultiva não está contida no rol estabelecido no art. 71 da CF/1988, tendo sido introduzida pela LOTCU.

A propósito, essa opção legislativa não carrega nenhum tipo de inconstitucionalidade intrínseca, uma vez que é absolutamente legítimo atribuir competências por meio de lei, desde que a outorga desta não afete o equilíbrio entre os poderes e o arranjo das divisões de tarefas entre os órgãos de alçada constitucional, estabelecidos na própria Constituição. Esta última não é a única fonte de competências, de modo que o legislador é livre para outorgar novas atribuições às entidades públicas, desde que respeitadas as condições supramencionadas.

Conforme o art. 3º da LOTCU, o Tribunal somente pode decidir consulta envolvendo dispositivos legais e regulamentares concernentes a matéria de sua competência.

Por conseguinte, não é qualquer questão de direito que pode legitimamente ser submetida à apreciação do Tribunal. Diante do espaço de atuação institucional que lhe foi outorgado nos arts. 70 e 71 da CF/1988, o TCU somente pode tratar em abstrato de normas de natureza contábil, financeira, orçamentária, operacional e patrimonial, incidentes sobre a atuação da União e das entidades da Administração Pública Federal.

Essa limitação de escopo guarda coerência com a eficácia *erga omnes* das decisões do TCU sobre consultas, as quais têm caráter normativo e constituem prejulgamento da tese, mas não do caso concreto, nos termos do §2º do art. 3º da LOTCU.

Sendo assim, as deliberações do Tribunal em processos dessa natureza devem ser seguidas pelos órgãos jurisdicionados, ficando os agentes públicos sujeitos às sanções da lei caso descumpram a interpretação veiculada pelo TCU em resposta à consulta.

Isso significa que a LOTCU deu à Corte de Contas o *status* de intérprete dos dispositivos legais e regulamentares concernentes a matéria de sua competência. Todavia, essa condição somente é exercida, com o atributo de generalidade, se o Tribunal for provocado pelas autoridades legitimadas a formular consulta. Dito de outra forma, a lei não conferiu ao Tribunal o poder de fornecer, por iniciativa própria, de ofício, uma interpretação em abstrato do direito, com caráter vinculante aos demais órgãos estatais. O tema será retomado adiante.

De qualquer modo, os entendimentos veiculados pelo Tribunal em resposta às consultas cedem para eventuais deliberações do STF proferidas em controle abstrato de constitucionalidade ou que sejam objeto de súmulas vinculantes.

Além disso, o Poder Judiciário pode rediscutir eventual caso concreto que envolva a aplicação de tese adotada pelo TCU em consulta, se devidamente provocado por alguém que se veja diante de uma lesão ou ameaça a direito. Tal ocorre em função do princípio da inafastabilidade da jurisdição, positivado pelo artigo 5º, inciso XXXV, da CF/1988.

A tese veiculada em consulta decidida pelo TCU serve para sinalizar como o Tribunal irá deliberar em um caso concreto que envolva a matéria de direito, desde que os fatos não apresentem especificidades não contempladas na discussão em abstrato do tema submetido à consulta.

Essa atribuição do Tribunal visa dar segurança jurídica aos agentes públicos e à própria dinâmica de atuação das entidades públicas, contribuindo para a melhoria da eficiência na atuação administrativa, que poderá adotar procedimentos uniformes, de acordo com a orientação do TCU.

Embora essa competência não tenha sido prevista nos diversos incisos do art. 71 da CF/1988, como visto, a resposta a consultas é atribuição subjacente às instituições de fiscalização superiores, que, além de promover o controle da Administração Pública, têm a missão de orientar as entidades e os agentes públicos a fim de evitar o cometimento de erros.

Dito de outra forma, o exercício da competência consultiva se mostra desejável sob o ponto de vista jurídico e econômico, uma vez que ajuda a evitar a ocorrência de prejuízos ao Erário e, por consequência, a abertura de processos de natureza corretiva e sancionadora.

Todavia, é preciso cuidado para que o exercício dessa atribuição não sirva de obstáculo para a evolução natural da jurisprudência ou mesmo para a correta compreensão do sentido das normas.

Nesse contexto, critica-se a omissão do RITCU em instituir um procedimento mais democrático que permitisse a participação de terceiros na construção de entendimentos mediante audiências públicas e, ainda, uma análise mais abrangente do impacto da decisão quanto aos setores afetados pela normatização. Ademais, seria importante instituir mecanismos formais para a reformulação de decisões em resposta à consulta, diante da alteração da ordem normativa ou, talvez, de um novo contexto político, social e econômico. O tema será enfrentado no próximo item.

4.9 Competência de apreciar em abstrato questões de direito

A LOTCU somente atribuiu caráter normativo às decisões do Tribunal em resposta à consulta. Não obstante, o RITCU previu outras hipóteses em que a deliberação da Corte de Contas tem efeito *erga omnes*.

Conforme o inciso VI do art. 16 da aludida norma, compete ao Plenário deliberar sobre propostas de determinações de caráter normativo. Por mais útil que seja esse papel do TCU, de servir como instância de sedimentação de entendimentos em matéria de Direito Orçamentário e Financeiro, no âmbito da Administração Pública Federal, o dispositivo parece ter ido além dos contornos estabelecidos na LOTCU, na apreciação do direito em abstrato.

Além disso, o modo como o Tribunal irá exercer essa competência não foi previsto em nenhum outro dispositivo do RITCU, havendo, portanto, um evidente déficit de regulamentação sobre o tema. Afinal, é preciso estabelecer critérios e limites para o exercício dessa atribuição a fim de permitir a construção dos entendimentos a partir de uma base mais ampla de discussão, de preferência de modo paulatino conforme o amadurecimento natural das visões.

Conforme já destacado, o ideal é que a fixação de entendimentos decorra da apreciação de vários casos repetidos sobre um determinado assunto, incorporando várias reflexões sobre a matéria. Além disso, a atividade hermenêutica lida com questões fáticas que mudam ao longo do tempo, ao sabor dos novos contextos econômicos e sociais, sendo inapropriado falar em respostas definitivas e atemporais aos problemas submetidos ao Direito.

Essas preocupações constaram do voto condutor do Acórdão nº 1.314/2013-Plenário (relator: ministro Benjamin Zymler):

> 4. [...] entendo que a fixação de entendimento jurídico por este Tribunal no âmbito de uma análise abstrata do ordenamento jurídico deve ser realizada com cautela. Em linha de princípio, julgo que não cabe a esta Corte de Contas dispor sobre matéria jurídica em tese, a menos que se trate de apreciação de consulta, de aprovação de atos normativos de competência do TCU, o que não é o caso da representação formulada pela Conjur, ou de assuntos consolidados no âmbito de nossa jurisprudência.
> 5. Fora dessas hipóteses, compreendo que a fixação da correta exegese de um texto normativo ou do sistema jurídico como um todo, em uma situação abstrata, impede a necessária evolução do Direito calcada na apreciação do ordenamento jurídico, segundo a visão particular de cada relator em cada situação concreta examinada.

A ideia de que a interpretação é um processo contínuo encontra-se assentada na obra do filósofo alemão Hans-Georg Gadamer. Segundo ele, "uma interpretação definitiva parece ser uma contradição em si mesma. A interpretação é algo que está sempre a caminho, que nunca se conclui".[187]

Por evidente, não se está a defender um debate infindável sobre as questões jurídicas, até porque o Direito serve para pacificar litígios e oferecer segurança jurídica à sociedade. Todavia, é preciso ter cuidado para que não seja barrada a natural evolução da ordem jurídica a partir da mudança de contextos.

Além disso, é necessário cautela na introdução de normas no ordenamento jurídico, especialmente quando estas não advêm do poder legitimado para tanto, o Parlamento. A inclusão de novas regras no sistema jurídico, como é o caso de determinações com caráter normativo, exige sua harmonização com o conjunto de normas vigentes, a fim

---

[187] GADAMER, Hans-Georg. *A razão na época da ciência*. Rio de Janeiro: Tempo Brasileiro, 1983, p. 71.

de não proporcionar a quebra na ideia de coerência e uniformidade da ordem jurídica. Cabe a advertência do filósofo italiano Emilio Betti:

> Na verdade, uma completude semelhante deve ser projetada não como um pressuposto e um ponto de partida, mas, eventualmente, como um ponto de chegada ideal e uma meta, nunca definitivamente atingida, do processo interpretativo. O complexo unitário da ordem jurídica deve ser continuamente reelaborado e aprofundado por ocasião de cada norma: pois relacionar a norma à totalidade do sistema já significa reformar sua unidade e renovar a integração, encontrando de cada norma a razão suficiente e removendo as desarmonias.[188]

Ademais, é importante dar uma maior abertura democrática à expedição de determinações de caráter normativo, mediante o estabelecimento de prazo para que os órgãos interessados e setores da sociedade civil, eventualmente afetados pela decisão a ser tomada pelo TCU, opinem sobre a matéria de direito.

Essa providência vai ao encontro do espírito do §2º do art. 927 do CPC, que admite a realização de audiências públicas e da participação de pessoas, órgãos ou entidades que possam contribuir para a rediscussão da tese, no caso de alteração de tese jurídica adotada em enunciado de súmula ou em julgamento de casos repetitivos.

A propósito, é desejável que a norma preveja um procedimento que permita a provocação do TCU, com vistas à eventual revisão da determinação de caráter normativo, devido a eventuais mudanças na ordem jurídica ou a evolução natural do Direito. As mesmas considerações de aplicam às decisões veiculadas em respostas à consulta.

O exercício da atribuição prevista no inciso VI do art. 16 do RITCU parece estar em franco desuso. Há poucas decisões do Tribunal envolvendo a expedição de determinações de caráter geral, dirigidas a todos os órgãos da Administração Pública Federal. A título de exemplo, cabe mencionar:

a) Acórdão nº 1.815/2003-Plenário (relator: ministro Benjamin Zymler): determinou, de modo amplo, o cumprimento de critérios elencados para admissão da participação de sociedades cooperativas em licitações; e

b) Decisão nº 359/1995-Plenário (relator: ministro Lincoln Magalhães da Rocha): expediu determinação, em caráter normativo, aos órgãos jurisdicionados, sobre a necessidade de serem observadas diversas medidas, em cumprimento a disposições da Lei nº 8.666/1993, em procedimentos licitatórios que visem a aquisição de jornais e revistas nacionais e internacionais.

Outra competência atribuída ao TCU, não prevista na LOTCU, é a de fixar entendimento de especial relevância para a Administração Pública sobre questão de direito, prevista no inciso V do art. 16 do RITCU.

Trata-se de mais um instrumento de caráter normativo e vinculante para a interpretação dos dispositivos legais e regulamentares concernentes a matéria de sua competência.

Diferentemente das determinações de caráter normativo, a fixação de entendimentos de caráter geral vem sendo adotada, com certa frequência, pelo TCU. Há várias decisões

---

[188] BETTI, Emílio. *Interpretação da lei e dos atos jurídicos*. São Paulo: Martins Fontes, 2007, p. 64.

do Tribunal nesse sentido, tomadas com base no inciso V do art. 16 do RITCU, cabendo mencionar, a título de exemplo, as seguintes deliberações:

a) Acórdão nº 1.599/2019-Plenário (relator: ministro Benjamin Zymler): firmou o entendimento de que é vedado o pagamento das vantagens oriundas do art. 193 da Lei nº 8.112/1990, inclusive o pagamento parcial da remuneração do cargo em comissão ("opção"), aos servidores que implementaram os requisitos de aposentadoria após 16.12.1998, data de publicação da Emenda Constitucional nº 20, que limitou o valor dos proventos à remuneração do cargo efetivo no qual se deu a aposentadoria;

b) Acórdão nº 348/2016-Plenário (relator: ministro Walton Alencar): firmou entendimento, em caráter normativo, sobre o alcance e o limite temporal da cumulação das sanções de declaração de inidoneidade para participar de licitação na Administração Pública Federal, previstas no art. 46 da LOTCU, que sejam impostas pelo TCU, a um mesmo agente; e sobre a extensão dos efeitos dessa pena às licitações promovidas por estados e municípios, custeadas com recursos provenientes de transferências voluntárias da União; e

c) Decisão nº 420/2002-Plenário (relator: ministro-substituto Augusto Sherman): firmou o entendimento de que, em contratos administrativos, é ilegal e inconstitucional a sub-rogação da figura da contratada ou a divisão das responsabilidades por ela assumidas, ainda que de forma solidária, por contrariar os princípios constitucionais da moralidade e da eficiência (art. 37, *caput*, da CF/1988), o princípio da supremacia do interesse público, o dever geral de licitar (art. 37, XXI, da Constituição) e os arts. 2º, 72 e 78, inciso VI, da Lei nº 8.666/1993.

Conforme já destacado, o RITCU também reservou ao Plenário o papel de servir como instância de uniformização e pacificação das decisões proferidas pelo Tribunal.

Segundo a alínea "d" do inciso I de seu art. 15 do RITCU, esse colegiado tem competência para deliberar originariamente sobre o incidente de uniformização de jurisprudência, na forma do art. 91. Além disso, ele tem a atribuição de aprovar os enunciados da Súmula da Jurisprudência do Tribunal, nos termos do inciso VII do mesmo artigo.

Esses enunciados veiculam teses, soluções, precedentes e entendimentos, adotados reiteradamente pelo TCU, ao deliberar sobre assuntos ou matérias de sua jurisdição e competência, consoante o art. 85 do RITCU.

Como se vê, os entendimentos esposados em súmulas e em incidentes de uniformização de jurisprudência carregam uma posição mais reflexiva do Tribunal a respeito de determinado tema, uma vez que consubstanciam um conjunto uniforme de decisões uniformes sobre certa matéria, ou uma visão nova, obtida a partir do confronto de duas teses opostas.

Isso significa que as teses veiculadas em tais decisões decorrem de um processo hermenêutico mais sólido, constituindo uma visão amadurecida a respeito de uma questão de direito, decantada a partir da relação entre a norma e diversos casos concretos.

Não obstante a melhor qualidade da interpretação consignada em súmulas e em incidentes de uniformização de jurisprudência, o RITCU não tratou dos efeitos de tais decisões com relação à Administração Pública. A norma não especificou se os enunciados e as deliberações em incidentes de uniformização de jurisprudência são impositivos às entidades jurisdicionadas, tais como as Súmulas Vinculantes do STF, previstas no art. 103-A da CF/1988.

Segundo o art. 926 do CPC, os tribunais devem uniformizar sua jurisprudência e mantê-la estável, íntegra e coerente. À vista desse dispositivo, os ministros e os órgãos internos do TCU devem obedecer às súmulas e aos incidentes de uniformização editados pelo Tribunal.

Todavia, é possível a adoção de entendimento diverso do esposado em tais decisões se as circunstâncias do caso concreto forem distintas das analisadas nos precedentes que motivaram a edição da súmula. Nessa hipótese, o julgador tem o ônus de motivar, de forma exauriente, a razão do discrime.

Da mesma forma, a modificação de enunciado de súmula e do incidente observará a necessidade de fundamentação adequada e específica, considerando os princípios da segurança jurídica, da proteção da confiança e da isonomia, conforme o §4º do art. 927 do CPC.

Quanto às entidades da Administração Pública, embora o RITCU não tenha expressamente estabelecido o caráter geral e vinculante de tais deliberações, a tendência natural é que as unidades jurisdicionadas busquem respeitar as súmulas e os incidentes de uniformização, na medida em que eles sinalizam um entendimento pacificado do TCU a respeito de um tema. Caso os agentes públicos pratiquem atos ou celebrem contratos em desacordo com a exegese firmada pelo Tribunal, eles estão sujeitos a medidas cautelares suspensivas, determinações corretivas e, a depender das circunstâncias peculiares do caso, à imputação de sanção.

Seguem algumas decisões tomadas pelo TCU em incidentes de uniformização de jurisprudência:

a) Acórdão nº 321/2019-Plenário (relator: ministra Ana Arraes): firmou o entendimento de que compete ao TCU julgar as contas de pessoa física ou jurídica de direito privado que causarem dano ao Erário, independentemente da coparticipação de servidor, empregado ou agente público, desde que as ações do particular contrárias ao interesse público derivem de ato, contrato administrativo ou instrumento congênere sujeitos ao Controle Externo;

b) Acórdão nº 2.743/2017-Plenário (relator: ministra Ana Arraes): firmou entendimento de que os serviços sociais autônomos sujeitam-se a seus regulamentos próprios devidamente publicados e consubstanciados nos princípios gerais do processo licitatório, conforme Decisão nº 907/1997-Plenário, e, salvo na aquisição de bens e serviços de pequeno valor, nos termos definidos naqueles regulamentos, deverão exigir comprovação da regularidade com a seguridade social tanto nas contratações decorrentes de licitação quanto nas contratações diretas, realizadas mediante dispensa ou inexigibilidade de licitação; e

c) Acórdão nº 1.441/2016-Plenário (Redator para o acórdão: ministro Walton Alencar): firmou o entendimento de que a pretensão punitiva do Tribunal de Contas da União subordina-se ao prazo geral de prescrição indicado no art. 205 do Código Civil, estabelecendo os critérios a respeito do termo *a quo* da contagem, interrupção, dentre outros.

Temos os seguintes exemplos de súmulas editadas pelo TCU:

a) Súmula TCU nº 230: Compete ao prefeito sucessor apresentar a prestação de contas referente aos recursos federais recebidos por seu antecessor quando este não o tiver feito e o prazo para adimplemento dessa obrigação vencer ou estiver vencido no período de gestão do próprio mandatário sucessor, ou, na impossibilidade de fazê-lo, adotar as medidas legais visando ao resguardo do patrimônio público;

b) Súmula TCU nº 288: O julgamento pela irregularidade de contas ordinárias ou extraordinárias prescinde de nova audiência ou citação em face de irregularidades pelas quais o responsável já tenha sido ouvido em outro processo no qual lhe tenha sido aplicada multa ou imputado débito; e

c) Súmula TCU nº 286: A pessoa jurídica de direito privado destinatária de transferências voluntárias de recursos federais feitas com vistas à consecução de uma finalidade pública responde solidariamente com seus administradores pelos danos causados ao Erário na aplicação desses recursos.

4.10 Competência de apreciar conflito de lei ou de ato normativo do Poder Público com a CF/1988

Conforme o art. 15, inciso I, alínea "e", do RITCU, compete ao Plenário deliberar originariamente sobre conflito de lei ou de ato normativo do Poder Público com a Constituição Federal, em matéria da competência do Tribunal.

O dispositivo comporta interpretação. Isso porque o TCU não detém competência para fazer o controle abstrato de normas em face da Constituição, atribuição que é exercida pelo Supremo Tribunal Federal nos termos do art. 102 de nossa Lei Maior.

A despeito das discussões existentes, o TCU pode proceder ao controle difuso das normas na apreciação dos casos concretos submetidos à sua análise conforme a Súmula-STF nº 347: "o Tribunal de Contas, no exercício de suas atribuições, pode apreciar a constitucionalidade das leis e dos atos do Poder Público". Seria esse o espaço de atuação possível da Corte de Contas, no exercício da atribuição conferida no art. 15, inciso I, alínea "e", do RITCU.

A interpretação do mencionado dispositivo implica que ele está em redundância com a parte final do inciso VI do art. 16 do RITCU, a ser comentado no próximo tópico.

De toda sorte, a jurisprudência do TCU é pacífica no sentido de que o TCU pode proceder ao controle de atos e contratos, mas não ao de normas jurídicas em abstrato. Essa dicção está expressa em vários precedentes do TCU, como ilustram os trechos destacados a seguir:

a) Acórdão nº 4.420/2009-1ª Câmara (relator: ministro Augusto Nardes):
11. Embora não se aplique aos presentes autos, mas apenas a título de esclarecimentos, cabe frisar que esta Corte de Contas, de fato, não detém competência para apreciar a constitucionalidade de normas, em abstrato, por ser tratar de matéria privativa do Supremo Tribunal Federal; porém, não se pode olvidar que o TCU pode, sim, apreciar a constitucionalidade de normas jurídicas e atos do Poder Público, em sede de controle difuso, de modo incidental, nos processos em que sejam analisadas matérias de sua competência, a teor da vigente Súmula nº 347 do STF: "O Tribunal de Contas da União, no exercício de suas atribuições, pode apreciar a constitucionalidade das leis e dos atos do Poder Público".

b) Acórdão nº 686/2009-Plenário (relator: ministro-substituto André de Carvalho):
28. A despeito dessas considerações, que merecem ser encaminhadas ao nobre Deputado Federal a título de esclarecimento, reafirma-se a incompetência deste Tribunal para apreciar a constitucionalidade da IN-MTE nº 1, de 30/9/2008, e, destarte, para conhecer da presente representação, sob pena de o TCU exercer função constitucional que não detém, qual seja, o controle abstrato de normas.

c) Acórdão nº 2.305/2007-Plenário (relator: ministro-substituto Marcos Bemquerer):
Considerando que a competência do TCU para apreciar a conformidade de leis e atos à Constituição Federal (Súmula do STF n. 347) pressupõe o exame *in concretu* de um caso sujeito à sua apreciação, não legitimando, de conseguinte, a impugnação em tese dos regulamentos adotados pelos serviços sociais autônomos para disciplinar os procedimentos de seleção do seu pessoal, ao fundamento da sua incompatibilidade com os princípios constitucionais regentes da atividade administrativa do Estado;

d) Acórdão nº 1.388/2003-Plenário (relator: ministro Benjamin Zymler):
Denúncia sobre supostas ilegalidades no Decreto nº 4.304/2002, vis a vis a Lei nº 10.180/2001, e de irregularidade nas nomeações para cargo em comissão no âmbito da CGU. Não conhecimento da denúncia no que se refere à existência de ilegalidades no Decreto nº 4.304/2002, por falta de competência desta Corte para o controle, in abstrato, de atos normativos. Conhecimento da denúncia quanto ao segundo ponto. Improcedência. Retirada da chancela de sigiloso, exceto quanto à pessoa do denunciante. Arquivamento.

4.11 Competência de promover o exame incidental de inconstitucionalidade de lei ou de ato normativo do Poder Público

Conforme o art. 16, inciso VI, do RITCU (parte final), compete ao Plenário proceder ao exame incidental de inconstitucionalidade de lei ou de ato normativo do Poder Público.

Embora o RITCU não tenha disciplinado o rito desse incidente processual, ele pode ser instaurado por decisão monocrática do relator ou do colegiado, no curso de um processo de controle externo, a fim de permitir a discussão respeito da constitucionalidade da lei ou do ato normativo, em abstrato pelo Plenário, antes da decisão do caso concreto.

Realizado, pelo Plenário, o exame incidental da matéria, o processo retomará ao seu curso, podendo o relator dar seguimento à apreciação da situação concreta, à luz da decisão do incidente. A propósito, o exame do feito pode ocorrer na Câmara quando a matéria envolver assunto de sua competência, nos termos do art. 17, §3º, do RITCU, ou no próprio Plenário, inclusive por força do §1º do mesmo dispositivo.

Conforme visto, a competência do TCU de realizar o controle difuso das normas, no exercício de suas atribuições de controle externo, foi reconhecida pelo próprio STF em sua Súmula nº 347.

Embora a doutrina de André Rosilho indique que o aludido enunciado nunca autorizou que os tribunais de contas declarassem, em abstrato, a inconstitucionalidade de leis, de sorte que eles somente poderiam deixar de aplicar normas já declaradas inconstitucionais pelo Poder Judiciário,[189] a sua redação é muito clara quanto a essa

---

[189] ROSILHO, André. *Tribunal de Contas da União*: competências, jurisdição e instrumentos de controle. São Paulo: Quartier Latin, 2019, p. 146-149.

possibilidade: "o Tribunal de Contas, no exercício de suas atribuições, pode apreciar a constitucionalidade das leis e dos atos do Poder Público".

Além de essa competência decorrer da literalidade da súmula, avalia-se que ela é inerente à função de qualquer órgão encarregado de dizer o direito no caso concreto, como é o caso do TCU, o qual pode negar aplicação às normas de Direito Orçamentário e Financeiro que se mostrem em desacordo com a Constituição no exercício de sua missão de controle externo.

Todavia, há vozes na doutrina e na jurisprudência do próprio STF, no sentido de que a Súmula nº 347 encontra-se superada após o advento da Constituição de 1988. Essa questão foi abordada na discussão dos Mandados de Segurança nºs 35.410, 35.490, 35.494, 35.498, 35.500, 35.812, 35.824 e 35.836, ocorrida no âmbito da Suprema Corte, sendo relevante, para a compreensão da matéria, destacar os aspectos centrais dos votos dos ministros que se pronunciaram a respeito do tema.

O caso em discussão era o item 9.2 do Acórdão nº 2.000/2017-Plenário (relator: ministro Benjamin Zymler), que havia alertado à Sefip, uma unidade interna da secretaria do TCU, quanto à possibilidade de afastar a incidência dos §§2º e 3º dos artigos 7º e 17 da Medida Provisória nº 765/2016, convertida na Lei nº 13.464/2017, nos casos concretos submetidos à apreciação do Tribunal, consoante autorizado pela Súmula-STF nº 347.

Diante dessa decisão, vários sindicatos representantes da categoria dos servidores públicos potencialmente atingidos ingressaram com os mandados de segurança designados, o que ensejou ampla discussão entre os ministros sobre a superação ou não do referido enunciado sumular e sobre os limites e condições de eventual controle incidental de inconstitucionalidade pelo TCU.

Ao final, o STF decidiu, por maioria, conceder segurança para afastar o item questionado da decisão da Corte de Contas e determinar que "as aposentadorias e pensões dos servidores substituídos sejam analisadas em conformidade com os dispositivos legais vigentes [...], prevendo o pagamento do bônus de eficiência, vedado o afastamento da eficácia de dispositivo legal por decisão administrativa do Tribunal de Contas da União, nos termos do voto do relator".

A despeito do acolhimento da fundamentação usada pelo ministro Alexandre de Moraes, o sumário do mencionado julgado aparentemente não afastou a possibilidade de o TCU promover o controle incidental de normas, apenas proibiu que essa análise tivesse efeito *erga omnes* e vinculante. Senão vejamos:

> 1. O Tribunal de Contas da União, órgão sem função jurisdicional, não pode declarar a inconstitucionalidade de lei federal com efeitos *erga omnes* e vinculantes no âmbito de toda a Administração Pública Federal.
> 2. Decisão do TCU que acarretou o total afastamento da eficácia dos §§2º e 3º dos artigos 7º e 17 da Medida Provisória 765/2016, convertida na Lei 13.464/2017, no âmbito da Administração Pública Federal.
> 3. Impossibilidade de o controle difuso exercido administrativamente pelo Tribunal de Contas trazer consigo a transcendência dos efeitos, de maneira a afastar incidentalmente a aplicação de uma lei federal, não só para o caso concreto, mas para toda a Administração Pública Federal, extrapolando os efeitos concretos e *interpartes* e tornando-os erga omnes e vinculantes.

Dito de outra forma, pela intepretação a *contrario sensu* do sumário do MS nº 35.410, o TCU não está proibido de promover o controle difuso de normas se os efeitos da decisão se limitarem ao caso concreto, sem vincular toda a Administração Pública. Isso implica dizer que a Corte de Contas *não* pode expedir determinação de caráter geral, ao universo de seus jurisdicionados, a fim de que deixem de seguir determinada lei, mas pode, na apreciação de cada situação específica, proceder ao controle incidental da ordem normativa e negar aplicação a uma disposição que considere incompatível com a Constituição.

Portanto, não é possível afirmar que o STF formou maioria no sentido de que a Súmula nº 347 está superada, de sorte que restaria nessa perspectiva apenas a sua revogação formal. Apesar de o ministro relator, Alexandre de Moraes, ter assinalado que é inconcebível o TCU permanecer a exercer controle de constitucionalidade e que a subsistência desse enunciado "ficou comprometida pela promulgação da Constituição Federal de 1988", esse entendimento não se refletiu no sumário do MS nº 35.410.

A decisão em análise parece ecoar crítica recorrente ao modo de decidir do STF, no qual os ministros expressam seus votos com suas respectivas fundamentações, de modo que a questão é decidida, muitas vezes, sem que seja possível depreender qual a fundamentação adotada pela maioria. Dito de outra forma, é possível saber os argumentos dos ministros, não do Tribunal.[190]

Por essa razão, é importante anunciar os aspectos centrais dos demais votos proferidos no MS nº 35.410 a fim de permitir uma compreensão geral do pensamento dos demais ministros que se pronunciaram.

a) ministro Luís Roberto Barroso

Acompanhou o relator para assentar a impossibilidade de exercício de controle de constitucionalidade com efeitos *erga omnes* e vinculantes do TCU. Reconheceu que a decisão questionada da Corte de Contas não trata de nenhum caso concreto, de forma que o controle de constitucionalidade ali exercido "teve efeitos transcendentes e equivaleu ao afastamento da eficácia dos arts. 7º, §§2º e 3º, e 17 da Lei nº 13.464/2017".

Não obstante, afirmou o seguinte quanto à possibilidade de controle difuso pelo TCU:

> Ressalvo, contudo, minha discordância em relação ao primeiro dos dois fundamentos expostos no voto do relator, como tenho feito nas demais ações em que se discute a possibilidade de controle incidental de constitucionalidade por órgãos administrativos. Toda autoridade administrativa de nível superior pode, a meu ver, incidentalmente declarar a inconstitucionalidade de lei, desde que limitada ao caso concreto. No presente caso, considerando que tal restrição de efeitos não foi observada, voto igualmente pelo afastamento das determinações contidas no acórdão impugnado.

---

[190] Essas críticas estão presentes na doutrina de Conrado Hubner Mendes, que comparou os ministros da Corte Suprema a onze ilhas (MENDES, Conrado Hubner. Onze ilhas. *Folha de São Paulo*. 1º.02.2010. Disponível em: https://www1.folha.uol.com.br/fsp/opiniao/fz0102201008.htm. Acesso em: 7 jun. 2022), e de Virgílio Afonso da Silva, o qual assinalou que o modo de deliberação do STF é marcado pela inexistência de unidade institucional e decisória (SILVA, Virgílio Afonso da. O STF e o controle de constitucionalidade: deliberação, diálogo e razão pública. *Revista de Direito Administrativo*, v. 250, 2009, p. 197-227, p. 217. Disponível em: https://doi.org/10.12660/rda.v250.2009.4144. Acesso em: 7 jun. 2022).

b) ministro Edson Fachin

Divergiu do entendimento do relator de que não era possível ao TCU exercer controle de constitucionalidade de leis, na análise de atos submetidos a sua apreciação.

Entendeu ser aplicável o mesmo posicionamento já expresso pelo STF no que concerne às competências do Conselho Nacional de Justiça e do Conselho Nacional do Ministério Público, em especial no julgamento da PET nº 4.656/PB (relatora ministra Cármen Lúcia, Plenário, julgamento em 19.12.2016), *in verbis*:

> em que se distinguiu a não aplicação da lei reputada inconstitucional e a declaração de sua inconstitucionalidade, reconhecendo a competência do órgão correicional para, uma vez concluída a apreciação da inconstitucionalidade de determinado diploma normativo, determinar a inaplicabilidade de ato administrativo regulamentador da lei inconstitucional.

Na ocasião, transcreveu os fundamentos adotados na mencionada decisão, em especial, a doutrina de Hely Lopes Meirelles, invocada pela relatora, segundo a qual "o Executivo não é obrigado a acatar normas legislativas contrárias à Constituição ou a leis hierarquicamente superiores",[191] o que seria aplicável aos órgãos administrativos autônomos, constitucionalmente incumbidos da relevante tarefa de controlar a validade dos atos administrativos, como é o caso do TCU.

Além disso, destacou a clássica ideia da sociedade aberta de intérpretes, preconizada por Peter Häberle, também suscitada no julgamento da PET nº 4.656/PB, o qual prescreve "[a] interpretação constitucional é, em realidade, mais um elemento da sociedade aberta", que envolve "[t]odas as potências públicas, participantes materiais do processo social".[192]

Com isso, o ministro Edson Fachin concluiu que inexiste razão para a superação do entendimento esposado no mencionado precedente:

> a mesma *ratio* deve ser aplicada na hipótese presente, reconhecendo ao Tribunal de Contas a possibilidade de, por maioria absoluta de seus membros, no desempenho de suas competências constitucionais, deixar de aplicar em caso concreto lei que considere flagrantemente inconstitucional, mantendo-se hígida a redação da Súmula 347 do STF.

c) ministro Marco Aurélio

Em voto sintético, divergiu do relator, assinalando que o TCU teve como viável julgar caso administrativo concreto de determinada forma, de modo que seria verdadeira incongruência afastar essa possibilidade, pois, do contrário, prevaleceria, muito embora no campo administrativo, lei inconstitucional.

d) ministra Rosa Weber

A ministra asseverou que o próprio precedente que embasou a edição da Súmula-STF nº 347 havia assentado a distinção entre não aplicação de leis inconstitucionais, "obrigação

---

[191] MEIRELLES, Hely Lopes. *Direito Municipal Brasileiro*. São Paulo: Malheiros, 1993, p. 538-539.
[192] HÄBERLE, Peter. *Hermenêutica constitucional*: a sociedade aberta dos intérpretes da Constituição: Contribuição para a interpretação pluralista e procedimental da Constituição. Porto Alegre: Sérgio Antônio Fabris, 1997, p. 13.

de qualquer tribunal ou órgão de qualquer dos poderes do Estado", e declaração de inconstitucionalidade, atribuição de competência específica do Supremo Tribunal Federal.

Sobre a subsistência do mencionado enunciado sumular, entendeu que o TCU somente poderia afastar a aplicação de lei que tivesse sida reputada inconstitucional em decisão pacificada do STF. Seguem suas considerações:

> Considero que a ordem jurídica inaugurada pela Carta de 1988 não permite ao Tribunal de Contas da União a fiscalização da validade de lei em caráter abstrato, *apenas possibilita que aquele órgão de controle, pelo voto da maioria absoluta de seus membros, afaste a aplicação concreta de dispositivo legal reputado inconstitucional, quando em jogo matéria pacificada nesta Suprema Corte.*
> [...]
> Acrescento que a matéria abordada pela autoridade impetrada não se encontra pacificada em precedentes específicos desta Suprema Corte, de modo que não há falar em excepcional legitimidade do afastamento *tout court* da aplicação das referidas disposições legais por parte do órgão de controle. (grifos acrescidos)

e) ministro Gilmar Mendes

O ministro assinalou que:

> ao ampliar o círculo de entes e órgãos legitimados a provocar o Supremo Tribunal Federal, ou a se manifestar nos processos de controle abstrato de normas, acabou o Constituinte de 1987/88 por restringir a amplitude do controle difuso de constitucionalidade de leis e atos normativos, limitando-os aos órgãos jurisdicionais.

Dessa forma, diante da evolução do sistema de controle de constitucionalidade no Brasil, pontuou que subsistia a necessidade de se reavaliar a subsistência da Súmula nº 347 do STF em face da ordem jurídica instaurada com a Constituição de 1988, de sorte que:

> Órgãos administrativos, como o Tribunal de Contas da União, não encontram esteio no novo texto constitucional para o exercício do controle de constitucionalidade, dados o franco acesso ao Poder Judiciário e a existência de instrumental seguro e célere no controle abstrato de constitucionalidade, dirigido diretamente ao STF.
> Observo, no entanto, que, apesar desse entendimento pacífico, *não há empecilho para que a Administração Pública deixe de aplicar lei ou ato normativo inconstitucional ou interpretação tida como incompatível com a Constituição pela Suprema Corte, consoante jurisprudência pacífica.* (grifos acrescidos)

f) Conclusão

O quadro a seguir resume a essência dos votos proferidos no MS nº 35.410.

Quadro 1 – Fundamentação adotada nos votos vogais proferidos em face do MS nº 35.410

O TCU pode proceder ao controle difuso de constitucionalidade	O TCU não pode proceder ao controle difuso de constitucionalidade – a Súmula-STF nº 347 está completamente superada	O TCU somente pode proceder ao controle difuso de constitucionalidade em caso de matéria pacificada no STF – a Súmula-STF nº 347 deve ser reinterpretada
Luís Roberto Barroso	Alexandre de Moraes	Rosa Weber
Édson Fachin		Gilmar Mendes
Marco Aurélio		

A decisão supramencionada revela um ponto de inflexão importante quanto à interpretação da Súmula-STF nº 347 e à possibilidade de órgãos administrativos, com poderes judicialiformes, procederem ao controle difuso de constitucionalidade das normas.

Avalia-se que a questão não foi resolvida pelo precedente mencionado, primeiro porque há dúvidas quanto à fundamentação adotada pela maioria, segundo porque a decisão foi proferida em mandado de segurança, de sorte que não houve a revogação formal do referido enunciado.

4.12 Competência para acompanhar, fiscalizar e avaliar os processos de desestatização

A competência do TCU para apreciar os processos de desestatização incluídos no Programa Nacional de Desestatização (PND) foi erigida a partir da interpretação do art. 71, inciso II, da CF/1988, segundo o qual incumbe ao TCU julgar as contas dos administradores e demais responsáveis por bens públicos, o que abrange os atos de alienação de empresas ao setor privado, a delegação da prestação serviços públicos e a outorga de atividades econômicas reservadas ou monopolizadas pelo Estado. Todo esse conjunto de bens e operações possui expressão econômica e podem ser considerados bens estatais em sentido amplo, integrantes do patrimônio público material do Estado.

Do ponto de vista legal, a atuação do TCU na apreciação da legalidade, legitimidade e economicidade dos processos de desestatização pode ser extraída do art. 18, inciso VIII, da Lei nº 9.491, de 9 de setembro de 1997, dos arts. 5º e 6º, inciso IV, da Lei nº 13.334, de 13 de setembro de 2016, e, mais recentemente, do art. 11 da Lei nº 13.448, de 5 de junho de 2017.

Conforme o primeiro dispositivo, o Gestor do Fundo Nacional de Desestatização "deve preparar a documentação dos processos de desestatização, para apreciação do Tribunal de Contas da União". Embora a norma não tenha especificado o propósito e o escopo desse exame pelo TCU, o Tribunal passou a exercer essa tarefa, nos termos da

Instrução Normativa TCU nº 27, de 2 de dezembro de 1998, posteriormente substituída pela Instrução Normativa TCU nº 81, de 20 de junho de 2018, atualmente em vigor.

Segundo o art. 2º, §1º, da Lei nº 9.491/1997, considera-se desestatização para os fins da norma:

a) a alienação, pela União, de direitos que lhe assegurem, diretamente ou através de outras controladas, preponderância nas deliberações sociais e o poder de eleger a maioria dos administradores da sociedade;

b) a transferência, para a iniciativa privada, da execução de serviços públicos explorados pela União, diretamente ou através de entidades controladas, bem como daqueles de sua responsabilidade;

c) a transferência ou outorga de direitos sobre bens móveis e imóveis da União, nos termos desta Lei (incluído pela Medida Provisória nº 2.161-35/2001).

A competência do TCU para apreciar os processos de desestatização também decorre dos arts. 5º e 6º, inciso IV, da Lei nº 13.334, de 13 de setembro de 2016, que trata do Programa de Parcerias de Investimentos (PPI), dentre outros. Conforme o primeiro dispositivo, os projetos qualificados no PPI serão tratados como empreendimentos de interesse estratégico e terão prioridade nacional perante todos os agentes públicos nas esferas administrativa e controladora da União, dos Estados, do Distrito Federal e dos Municípios.

Já o art. 6º, inciso IV, prescreve a obediência pelos órgãos e autoridades responsáveis, independentemente de exigência legal, das recomendações exaradas pelos órgãos de controle, dentre os quais se insere, evidentemente, o TCU. Segue a redação do dispositivo:

> Art. 6º Os órgãos, entidades e autoridades da administração pública da União com competências relacionadas aos empreendimentos do PPI formularão programas próprios *visando à adoção, na regulação administrativa, independentemente de exigência legal, das práticas avançadas recomendadas pelas melhores experiências nacionais e internacionais*, inclusive:
> [...]
> IV – *articulação com os órgãos e autoridades de controle*, para aumento da transparência das ações administrativas e para a eficiência no recebimento e consideração das contribuições e recomendações. (grifos acrescidos)

Não obstante, a disposição supramencionada sugere que a atuação do TCU na fiscalização dos processos de desestatização se dará mediante a expedição de recomendações, o que evidentemente deve ser interpretado, à luz da própria jurisprudência do Tribunal, no sentido de que este não interfere nas escolhas discricionárias das entidades desde que exercidas dentro dos limites legais deferidos, agindo de forma cogente, somente quando ultrapassado o limite da legalidade. Apenas nesta hipótese, seria possível expedir determinações corretivas, de acatamento obrigatório pelas autoridades legitimadas, à vista da supremacia interinstitucional do TCU, no controle da atividade financeira da Administração Pública, como tratado no capítulo 1.

Nesse sentido, cabe invocar os seguintes precedentes do repositório da jurisprudência do Tribunal, acentuando os limites impostos ao TCU no controle dos processos de desestatização:

O modelo adotado pelo poder concedente nos programas de desestatização representa exercício de atribuições afetas ao gestor público, que não pode ser substituído pelo TCU, cuja atuação limita-se a avaliar a legitimidade, a legalidade e a consistência técnica, econômica e operacional dos estudos de viabilidade, como também do processo concorrencial.
(Acórdão nº 2.907/2014-Plenário. Relator: ministro-substituto Marcos Bemquerer)

A escolha entre manter certames de concessão sem alterações – correndo-se o risco de licitações desertas e demais consequências indesejáveis daí advindas – ou atualizar os estudos da desestatização almejada – dentro de margem de razoabilidade e coerência técnica, para conformá-los às expectativas do mercado, assegurando a atratividade do certame – é opção que se insere, se não no cerne da decisão política, no juízo de conveniência e de oportunidade da Administração, âmbito exclusivo de sua discricionariedade que deve ser respeitado pelo Controle Externo.
(Acórdão nº 3.033/2013-Plenário. Relator: ministro Walton Alencar)

Nos processos de concessão, o TCU não deve entrar nos espaços decisórios próprios do Poder Concedente, mas tão somente verificar a razoabilidade dos fundamentos utilizados para definição das políticas aplicadas e a legalidade dos procedimentos adotados na execução.
(Acórdão nº 833/2015-Plenário. Relatora: ministra Ana Arraes)

Por fim, a competência do TCU para apreciar os processos de desestatização também se manifesta no art. 11 da Lei nº 13.448, de 5 de junho de 2017, que estabelece diretrizes gerais para prorrogação e relicitação dos contratos de parceria definidos nos termos da Lei nº 13.334/2016, nos setores rodoviário, ferroviário e aeroportuário da Administração Pública federal, dentre outros.

Consoante o dispositivo, encerrada a consulta pública, serão encaminhados ao TCU "o estudo de que trata o art. 8º desta Lei, os documentos que comprovem o cumprimento das exigências de que tratam os incisos I e II do §2º do art. 6º desta Lei, quando for o caso, e o termo aditivo de prorrogação contratual".

O exercício dessa competência pelos tribunais de contas é o objeto de algumas críticas de parte da doutrina, especialmente quando se avalia que o Tribunal adentrou os espaços legítimos de atuação do poder concedente e das agências reguladoras, encarregadas em nosso ordenamento jurídico, de promover o desenho dos programas de desestatização e dos contratos e de conduzir as licitações públicas, respectivamente.

Não obstante, avalia-se que a participação do TCU é importante para dar segurança jurídica às decisões estatais, em setor estratégico da atuação da Administração Pública, na gestão de bens do patrimônio público.

4.13 Competência cautelar

A competência cautelar do TCU decorre do modo pelo qual exerce suas atribuições constitucionais de controle externo, a partir de decisões tomadas após o regular trâmite de um processo de controle externo.

Tendo em vista o caráter processual da manifestação do Tribunal, os seus provimentos podem ser ineficazes quanto ao propósito de tutelar o Erário e fazer com que as ações estatais cumpram a ordem jurídica.

Devido ao tempo demandado para o conhecimento da matéria e a formação de um juízo definitivo sobre os fatos e a culpabilidade dos responsáveis, é possível que a deliberação de mérito seja adotada quando não mais viável a correção da ilegalidade ou a reparação dos prejuízos causados. Tal ocorrerá se os atos e contratos tiverem exaurido seus efeitos ou se os responsáveis não possuírem bens suficientes para o ressarcimento.

Por essa razão, a LOTCU previu as seguintes medidas de natureza cautelar, cujo objetivo é resguardar a eficácia da missão de controle externo, de promover a defesa do Erário e da correta gestão dos bens, valores e do patrimônio público:

a) determinação do afastamento temporário do responsável, se existirem indícios suficientes de que, prosseguindo no exercício de suas funções, possa retardar ou dificultar a realização de auditoria ou inspeção, causar novos danos ao Erário ou inviabilizar o seu ressarcimento (art. 44 da LOTCU);

b) decretação da indisponibilidade de bens do responsável, tantos quantos considerados bastantes para garantir o ressarcimento dos danos em apuração (art. 44, §2º, da LOTCU);

c) solicitação, por intermédio do Ministério Público junto ao TCU, à Advocacia-Geral da União ou, conforme o caso, aos dirigentes das entidades que lhe sejam jurisdicionadas, das medidas necessárias ao arresto dos bens dos responsáveis julgados em débito (art. 61 da LOTCU);

Além destes provimentos, o RITCU previu a medida cautelar de suspensão do ato ou do procedimento impugnado até que o Tribunal decida sobre o mérito da questão suscitada (art. 276).

Há, ainda, outras deliberações cautelares expedidas a partir da interpretação desses comandos e de dispositivos de outras normas jurídicas, tais como a suspensão cautelar de contratos, a retenção cautelar de valores, a exigência de garantias dos danos em discussão nos processos e a desconsideração cautelar da personalidade jurídica, que serão objeto de discussão nos tópicos específicos a seguir.

A função da jurisdição do Tribunal de Contas, como a de qualquer outra, é a de outorgar a tutela de direitos da coletividade, de ver os recursos públicos bem empregados nas finalidades que foram pactuadas na peça orçamentária. Nessa perspectiva, o TCU tem que prestar a tutela jurisdicional efetiva e tempestiva, em situações que se demonstrem lesivas e urgentes, a partir de um juízo de verossimilhança. Tal ocorrerá mediante a realização de uma cognição sumária, em função de um perigo de dano e da plausibilidade de um direito.

A tutela cautelar é uma tutela de segurança dos mencionados direitos, que são exercidos, no âmbito da esfera controladora, mediante a consecução das atribuições de corrigir ilegalidades e obter a reparação de danos. Ela visa resguardar a efetividade do juízo a ser firmado no âmbito do controle corretivo de atos e contratos e de imputação de responsabilidade financeira por débitos, a ser tomado após a cognição exauriente.

A propósito das medidas cautelares não previstas na LOTCU e no RITCU, a jurisprudência do STF há muito tempo se consolidou pelo reconhecimento de um poder geral de cautela do Tribunal a partir da teoria dos poderes implícitos.

Essa teoria foi adotada pela primeira vez, no contexto da análise das atribuições do TCU, no julgamento do MS nº 24.510/DF (ministra relatora Ellen Gracie). Ela foi extraída de um caso julgado pela Suprema Corte dos Estados Unidos, em 1819, conhecido como "McCulloch versus Maryland". Segundo essa teoria, quando se confere a determinado órgão estatal certas competências, ele está implicitamente autorizado a utilizar todos os meios necessários para levá-las a termo. Em outras palavras, não é preciso que os meios necessários ao cumprimento de seus fins estejam exaustivamente explicitados na norma. É possível depreender outras competências instrumentais ao exercício de suas atribuições, desde que sejam exercidas dentro dos limites da razoabilidade e da proporcionalidade e sem invadir a competência de outros órgãos.

O STF reconheceu a existência do poder geral de cautela do TCU nos seguintes precedentes, dentre vários:

a) MS nº 33.092. Segunda Turma. Relator ministro Gilmar Mendes. Publicação: 17.08.2015. Medida adotada pelo TCU: decretação de indisponibilidade de bens dos responsáveis;

b) MS nº 35.038 AgR. Primeira Turma. Relatora ministra Rosa Weber. Publicação: 05.03.2020. Medida adotada pelo TCU: suspensão dos repasses mensais do BNDES, BNDESPAR e FINAME à Fundação de Assistência e Previdência Social do BNDES – FAPES, no âmbito de contratos de confissão de dívida;

c) MS nº 35.506. Plenário. Redator: ministro Ricardo Lewandowski. Publicação: 14.12.2022. Medida adotada pelo TCU: decretação de indisponibilidade de bens de particulares, estranhos à Administração Pública.

Para a concessão de medida cautelar costuma-se exigir o atendimento de dois pressupostos: o perigo da demora e a fumaça do bom direito.

Quanto ao primeiro requisito, ele era caracterizado, no CPC/1973, pelo *fundado receio de dano irreparável ou de difícil reparação* (art. 273, inciso I). Esse grau de exigência não foi reproduzido na legislação aplicável ao processo de controle externo, que permitiu o reconhecimento do perigo da demora pela:

a) mera causação de novos danos, no art. 44 da LOTCU; ou

b) pelo reconhecimento de situação de urgência; de fundado receio de grave lesão ao Erário ou ao interesse público; ou de risco de ineficácia da decisão de mérito no art. 276 do RITCU.

Isso implica que a ordem normativa aplicável aos tribunais de contas não exigiu a irreparabilidade ou a dificuldade de reparação dos prejuízos como condição para a expedição de suas medidas cautelares. Nessa perspectiva, o parâmetro de avaliação do perigo da demora adotado pelo TCU parece mais condizente com o art. 300 do CPC/2015, que apenas requer o perigo de dano ou risco ao resultado útil do processo.

Com relação à fumaça do bom direito, a legislação processual civil atual exige a existência de elementos que evidenciem a probabilidade do direito. Embora tal condição não conste da LOTCU e do RITCU, esta é requerida pela prática do TCU em suas decisões cautelares.

Para a concessão da tutela cautelar, é preciso que o relator ou o Tribunal se convença de que os indícios de irregularidades verificados serão provavelmente confirmados no mérito. Havendo dúvida quanto a esse juízo de probabilidade ou verossimilhança, deve-se colher informações adicionais, o que poderá ensejar a posterior rejeição da medida cautelar e o julgamento do mérito do processo, caso seja possível um juízo de certeza a partir de cognição exauriente.

São essas as características da tutela cautelar:

a) não satisfatividade: visa apenas assegurar a tutela do direito, não a sua satisfação;

b) instrumentalidade: é um instrumento vocacionado a dar segurança à tutela do direito que se pretende, *in casu*, a correção de irregularidades e o ressarcimento do débito;

c) referibilidade: a tutela cautelar sempre está referida a uma provável tutela já requerida ou que poderá vir a ser solicitada, quais sejam, a invalidação de um ato ou contrato ou a condenação em débito.

Após a concessão, a medida cautelar possui eficácia pelo tempo definido na decisão que a expediu, se concedida com prazo, ou até que seja efetivada a tutela que buscou proteger.

Isso implica que o julgamento do mérito do processo de controle externo não deve implicar a revogação da medida cautelar antes expedida, se a irregularidade for confirmada. Tal ocorre, inclusive, se o processo transitar em julgado. Esse entendimento é pacífico no TCU, como se verifica na seguinte tese extraída do repositório da jurisprudência do Tribunal:

> Não se revoga medida cautelar nos casos em que a decisão de mérito a confirmar na íntegra. Se o conteúdo da cautelar se torna definitivo por ocasião da apreciação de mérito, é porque a tutela provisória foi confirmada pela deliberação, não sendo concebível confirmá-la e, ao mesmo tempo, determinar sua revogação.
> (Acórdão nº 1.476/2016-Plenário. Relator: ministro Walton Alencar; Acórdão nº 1.760/2021-Plenário. Relator: ministro Benjamin Zymler; Acórdão nº 3.143/2020-Plenário. Relator: ministro Benjamin Zymler)

Sendo assim, a medida cautelar não necessariamente se exaure com a decisão de mérito do processo, a menos que a irregularidade não seja confirmada ou seja evidenciada alguma situação ensejadora de perda de objeto, como a anulação do ato/contrato ou a correção da irregularidade outrora identificada.

Outra possibilidade é a medida ser revogada, seja pela insubsistência de um dos requisitos para a sua concessão (fumaça do bom direito ou perigo da demora), seja pela improcedência da irregularidade ou do dano, após a cognição mais completa da matéria.

Isso significa que a revogação de um provimento cautelar pode ocorrer mesmo fora da discussão de um recurso de agravo. Nesse sentido, cabe transcrever a seguinte passagem da obra de Luiz Guilherme Marinoni, que se mostra aplicável às cautelares expedidas pelo TCU:

> A tutela de urgência deve ser revogada quando desaparecer a situação de perigo de dano ou a própria probabilidade do direito à tutela final que legitimou a sua concessão. Isto quer dizer que tanto a tutela cautelar quanto a tutela antecipada podem vir a desaparecer – independentemente de agravo de instrumento – sem que se tenha chegado na sentença. O juiz deve revogar a tutela de urgência não apenas quando surgir um fato novo capaz de lhe permitir a formação de nova convicção a respeito do perigo de dano, mas também quando surgir nova prova derivada do prosseguimento do debate em torno do litígio. Quer dizer que o juiz não só pode revogar a tutela urgente diante de novos fatos, como também pode redecidir a questão com base em prova nova.

Ao decidir com base em cognição sumária o juiz não declara a existência ou a inexistência do direito à tutela; o juízo sumário é de mera probabilidade. Ao decidir pela tutela de urgência, o juiz aceita implicitamente a possibilidade de chegar a diversa convicção no curso do processo. Assim, quando se está diante de decisão que concede tutela de urgência, quebra-se o princípio de que não é possível decidir a mesma questão duas vezes. Tratando-se de decisão fundada em cognição sumária, a viabilidade de se voltar a decidir é consequência da circunstância de que a convicção judicial pode naturalmente se alterar no curso do processo. A primeira decisão, por ter sido tomada com base em cognição menos aprofundada, é logicamente sujeita a revisão, pouco importando se os fatos não se alteraram, mas apenas novas provas foram produzidas.[193]

As medidas cautelares também podem ser alteradas durante a sua vigência. Como assinala Luiz Guilherme Marinoni, mesmo que não haja alteração da convicção acerca da probabilidade do direito ou do perigo de dano, o juiz pode se convencer de que uma modalidade de tutela cautelar menos gravosa é suficiente para proteger o bem protegido pelo autor.[194]

Tais considerações também são aplicáveis aos processos de controle externo, quando o relator ou o TCU se convencer que a efetividade do processo estará protegida da mesma forma, mediante o oferecimento de outra medida cautelar menos gravosa para os responsáveis. A título de exemplo, transcreve-se o seguinte precedente extraído do repositório da jurisprudência selecionada do Tribunal:

> Os termos relativos às medidas cautelares podem ser alterados, modificados, reduzidos ou ampliados, a qualquer tempo – ainda que tenha ocorrido a instituição de garantias em substituição à cautelar de retenção de pagamentos – caso o Tribunal conclua que a alteração seja adequada e suficiente para garantir a eficácia da futura decisão de mérito.
> (Acórdão nº 2.329/2013-Plenário. Relator: ministro-substituto Augusto Sherman)

Passa-se, então, à apresentação de algumas medidas cautelares em espécie.

4.13.1 Afastamento temporário do responsável

Conforme o art. 44 da LOTCU, o Tribunal pode, no início ou no curso de qualquer apuração, de ofício ou a requerimento do MPTCU, determinar, cautelarmente, "o afastamento temporário do responsável, se existirem indícios suficientes de que, prosseguindo no exercício de suas funções, possa retardar ou dificultar a realização de auditoria ou inspeção, causar novos danos ao Erário ou inviabilizar o seu ressarcimento".

O sujeito passivo da aludida medida cautelar são os responsáveis que atuam na condição de gestores públicos, que integram os quadros das unidades da administração direta e indireta, incluídas as fundações e sociedades instituídas e mantidas pelo Poder Público federal, sujeitas às auditorias e inspeções, nos termos do inciso IV do art. 71 da CF/1988.

A referida tutela cautelar tem como propósito tutelar o direito do cidadão de, por meio da atuação do TCU, promover o controle financeiro da Administração Pública, evitando a causação de novos danos e buscando o efetivo ressarcimento dos danos

---
[193] MARINONI, Luiz Guilherme. *Tutela provisória*. São Paulo: Revista dos Tribunais, 2017, p. 111.
[194] MARINONI, Luiz Guilherme. *Tutela provisória*. São Paulo: Revista dos Tribunais, 2017, p. 111.

já produzidos. Nessa perspectiva, a aludida medida serve para inibir outros ilícitos, prestando-se como tutela inibitória, e para evitar a ocultação e a destruição de provas, o que poderia comprometer o resultado útil do processo de controle externo.

Com isso, chega-se à conclusão de que o afastamento temporário do responsável tem a dupla natureza de medida cautelar típica, pela sua instrumentalidade e referibilidade ao processo do TCU, e de genuína tutela preventiva, voltada ao impedimento de outras irregularidades e prejuízos.

A competência para a expedição desse provimento é do Tribunal, por meio de seus órgãos colegiados. Embora a norma fale em expedição de ofício ou a requerimento do MPTCU, a medida pode partir de provocação do órgão de instrução da Secretaria ou de representação das equipes de auditoria ou inspeção, o que parece mais comum, na prática, uma vez que estas possuem melhores condições fáticas de evidenciar as condutas de obstrução ao livre exercício de suas funções.

A medida cautelar de afastamento temporário do responsável é dirigida à autoridade hierarquicamente superior deste, que deve cumprir a determinação, no prazo especificado pelo Tribunal. Do contrário, a autoridade poderá ser arrolada como responsável solidária por eventuais danos causados pelo responsável, durante o período que deveria estar afastado, nos termos do §1º do art. 44.

Compulsando a jurisprudência do TCU, verifica-se que o presente provimento cautelar foi expedido em situações diversas, de obstrução ao regular andamento dos processos do TCU. A título de exemplo, mencionam-se os casos em que o Tribunal determinou o afastamento de gestor que não instaurou processos administrativos para reaver as vantagens pagas indevidamente com dinheiro público (Acórdão nº 1.629/2018-Plenário. Relator: ministro Benjamin Zymler); que sonegou informações relativas a contas bancárias específicas de convênios com a União (Acórdão nº 131/2014-Plenário. Relator: ministro-substituto Augusto Sherman); e que, pelo caráter continuado e gravidade das irregularidades praticadas, apresentava grande probabilidade de praticar novos atos similares, que imponham graves prejuízos aos cofres da entidade (Acórdão nº 1.726/2016-Plenário. Relator: ministro-substituto Weder de Oliveira).

4.13.2 Decretação da indisponibilidade de bens do responsável

O art. 44, §2º, da LOTCU prescreve que, nas mesmas circunstâncias do *caput* deste artigo e do parágrafo anterior, o Tribunal poderá "decretar, *por prazo não superior a um ano*, a indisponibilidade de bens *do responsável*, tantos quantos considerados bastantes para garantir o ressarcimento dos danos em apuração" (grifos acrescidos).

A medida cautelar tem como propósito tutelar o direito do cidadão de, por meio da atuação do TCU, reaver recursos públicos que foram indevidamente empregados ou desviados. Dito de outra forma, esse instrumento está correlacionado ao exercício da pretensão ressarcitória do Tribunal, que se desenvolve a partir da competência de julgar contas e apurar a responsabilidade financeira daqueles que deram causa a prejuízo ao Erário.

Por consequência, os destinatários dessa medida são os que podem ser arrolados como responsáveis pelo Tribunal, o que inclui todos aqueles mencionados no inciso II do art. 71 da CF/1988, quais sejam, os administradores e demais responsáveis por dinheiros, bens e valores públicos da administração direta e indireta, incluídas as fundações e sociedades instituídas e mantidas pelo Poder Público federal, e aqueles que derem causa a perda, extravio ou outra irregularidade de que resulte prejuízo ao Erário público.

Sendo assim, é equivocada a tese de que as pessoas privadas, alheias à Administração Pública, não podem sofrer decretação de indisponibilidade de bem, sob o pretexto de que o §2º do art. 44 exige o atendimento das mesmas circunstâncias do *caput* e este somente alcança os responsáveis que gerem recursos públicos, como visto no tópico anterior.

Considerando que a medida cautelar em apreço visa assegurar o resultado útil da pretensão reparatória do TCU, ela deve atingir todos aqueles sujeitos à jurisdição do Tribunal, incluindo as pessoas privadas, de sorte que o §2º do art. 44 da LOTCU deve ser interpretado à luz do inciso II do art. 71 da CF/1988, já referenciado.

Esse entendimento é pacífico no TCU, como se verifica nos precedentes listados a seguir, extraídos do repositório da jurisprudência selecionada do Tribunal:

> A medida cautelar de indisponibilidade de bens (art. 44, §2º, da Lei 8.443/1992) pode alcançar tanto os agentes públicos quanto os terceiros particulares responsáveis pelo ressarcimento dos danos em apuração.
> (Acórdão nº 2.428/2016-Plenário. Relator: ministro Benjamin Zymler)

> O TCU tem competência para decretar a indisponibilidade de bens de pessoas físicas e jurídicas não integrantes do setor público, quando elas contribuírem para perda, extravio ou outra irregularidade de que resulte prejuízo ao erário.
> (Acórdão nº 1956/2017-Plenário. Relator: ministro-substituto Augusto Sherman)

> O TCU tem competência para decretar a indisponibilidade de bens de particulares contratados por ente da Administração Pública Federal que deram causa a desvio de dinheiro público ou de terceiros que, na condição de interessado, possam ter concorrido para o dano ao erário (art. 44, §2º, da Lei 8.443/1992).
> (Acórdão nº 296/2018-Plenário. Relator: ministro Benjamin Zymler)

Há vários precedentes do STF no mesmo sentido. A propósito, a questão foi debatida pelo Plenário da Corte Suprema, que confirmou, no julgamento do MS nº 35.506/DF (Redator para o acórdão: ministro Ricardo Lewandowski), a tese de que o TCU pode decretar cautelarmente a indisponibilidade de bens de pessoas físicas ou jurídicas particulares. Segue a ementa do julgado, no essencial:

> MANDADO DE SEGURANÇA 35.506 DISTRITO FEDERAL
> RELATOR: MIN. MARCO AURÉLIO
> REDATOR DO ACÓRDÃO: MIN. RICARDO LEWANDOWSKI
> [...]
> I – As Cortes de Contas, em situações de urgência, nas quais haja fundado receio de grave lesão ao erário, ao interesse público ou de risco de ineficácia da decisão de mérito, podem aplicar medidas cautelares, até que sobrevenha decisão final acerca da questão posta.
> II – O Supremo Tribunal Federal já reconheceu a aplicação da teoria dos poderes implícitos, de maneira a entender que o Tribunal de Contas da União pode deferir medidas cautelares para bem cumprir a sua atribuição constitucional.
> [...]

IV – A jurisprudência pacificada do STF admite que as Cortes de Contas lancem mão de medidas cautelares, as quais, levando em consideração a origem pública dos recursos sob fiscalização, podem recair sobre pessoas físicas e jurídicas de direito privado.

Em seu voto, o ministro Ricardo Lewandowski acentuou que a jurisprudência pacificada do STF "admite que as cortes de contas, no desempenho regular de suas competências, lancem mão de medidas cautelares diversas, as quais, levando em consideração a origem pública dos recursos envolvidos, podem recair sobre particulares e não apenas sobre órgãos ou agentes públicos".

Para a expedição da medida cautelar de indisponibilidade de bens, o art. 44, §2º, da LOTCU não estipula nenhuma outra exigência, a não ser a existência de danos em apuração. Nessa perspectiva, o dispositivo parece destoar das tutelas de urgência típicas do Direito Processual Civil, visto que não requer expressamente a demonstração da probabilidade do direito, nem de perigo de dano ou de risco ao resultado útil do processo, o que abre margem para a sua ampla concessão, em qualquer processo de controle externo que discuta a ocorrência de prejuízo.

Não obstante, a prática do TCU tem estabelecido algumas condições para a utilização desse provimento cautelar, reservando-o para os casos em que houver evidências de dano materialmente relevante decorrente de ato lesivo ao Erário. Dito de outra forma, o Tribunal tem exigido apenas a evidenciação da probabilidade do direito, ou seja, da existência de indícios de materialidade e autoria, dispensando a prova do perigo da demora, que seria a dilapidação do patrimônio.

Nesse sentido, invoco os seguintes precedentes extraídos do repositório da jurisprudência selecionada do Tribunal:

> Na concessão da medida cautelar de indisponibilidade de bens, a fumaça do bom direito deve ser analisada sob o *prisma da materialidade do dano e dos indícios probatórios sobre a autoria dos atos lesivos ao erário*; o perigo da demora, por sua vez, fica presumido em razão da gravidade das falhas e da relevância de se preservar os cofres públicos, *sendo dispensável a existência de concreta dilapidação do patrimônio* por parte dos responsáveis ou mesmo de outra conduta tendente a inviabilizar o ressarcimento pretendido.
> (Acórdão nº 1.876/2018-Plenário. Relator: ministro-substituto André de Carvalho; Acórdão nº 2.316/2021-Plenário. Relator: ministro Bruno Dantas)

> A decretação de indisponibilidade de bens (art. 44, §2º, da Lei 8.443/1992), embora prescinda de indícios de dilapidação do patrimônio por parte dos responsáveis, somente deve ocorrer, dado o seu caráter de excepcionalidade e a complexidade dos procedimentos a serem observados, nos casos em que existam evidentes riscos de que o ressarcimento ao erário se tornará inviável, seja pela suspeita de possíveis ações dos responsáveis com esse intuito, seja *pelo elevado montante dos débitos apurados*.
> (Acórdão nº 2.742/2018-Plenário. Relator: ministro Walton Alencar)

Esse entendimento já foi acolhido no âmbito do STF, como se verifica na seguinte passagem do voto proferido pela ministra Rosa, quando do julgamento monocrático do MS nº 34.446/DF, em 22.11.2016:

> 42. A grandiosidade dos montantes estimados, ao lado da gravidade e da robustez dos indícios de comportamento ilícito dos possíveis responsáveis, parece, à primeira vista,

respaldar a decretação da medida cautelar de indisponibilidade de bens, por delinearem cenário de risco acentuado para o resultado útil da tomada de contas especial instaurada no âmbito do TCU.

43. Corrobora esse raciocínio a compreensão de que *o risco de inviabilização do ressarcimento ao erário, ínsito à previsão do art. 44, §2º, da Lei 8.443/1992, não exige prova de que a pessoa sob fiscalização do Tribunal de Contas da União esteja efetivamente praticando atos de desbaratamento patrimonial*. Exigir prova nesse sentido esvaziaria a medida em tela, pois, até a colheita de elementos comprobatórios da prática de atos de dissipação do patrimônio, este já estaria parcial ou totalmente comprometido, de molde a prejudicar a consecução do objetivo do dispositivo em comento, qual seja, o de preservar a utilidade de futuros pronunciamentos do TCU. (grifos acrescidos)

De toda sorte, é preciso atender aos critérios da razoabilidade e da proporcionalidade na concessão do referido provimento cautelar, a fim de que ele atinja somente a parcela do patrimônio suficiente para a recomposição do dano em apuração, evitando, ainda, que a medida constritiva atinja bens que inviabilizem o funcionamento da pessoa jurídica ou o sustento da pessoa física.

Conforme se extrai do art. 44, §2º, da LOTCU, a indisponibilidade de bens somente pode ser decretada pelo prazo de um ano. Não obstante, a jurisprudência do Tribunal se consolidou no sentido de que a aludida medida cautelar poderia ser renovada, indefinidamente, se permanecem os requisitos para a sua concessão. Essa tese foi adotada nos Acórdãos nºs 425/2016-Plenário (relator: ministro Vital do Rêgo), 387/2019-Plenário (relator: ministro Vital do Rêgo) e 3.172/2020-Plenário (relator: ministro-substituto Augusto Sherman), dentre outros.

Esse entendimento não foi acolhido no âmbito do STF, quando do julgamento do Mandado de Segurança nº 34.233 AgR-segundo/DF, de relatoria do ministro Gilmar Mendes. Eis a fundamentação usada no aludido precedente:

> Parece-me, portanto, que nem lei, tampouco o RI/TCU, facultaram à Corte de Contas a possibilidade de renovação da medida constritiva com fundamento nos mesmos fatos. Pelo contrário, observo que o diploma legal foi peremptório ao afirmar que o bloqueio dos bens se daria por prazo não superior a um ano.
> Isso porque inexiste ressalva quanto à possibilidade de prorrogação ou renovação da medida cautelar de indisponibilidade, tendo em vista que se trata de ato estatal danoso à livre disposição do patrimônio de qualquer cidadão, o qual atinge o núcleo essencial do direito à propriedade (art. 5º, XXII e LIV, da CF)

A despeito desse entendimento, o TCU permanece adotando a posição indicada nos precedentes supramencionados, como se verificou no julgamento do Acórdão nº 2.324/2021 (relator: ministro Vital do Rêgo).

4.13.3 Solicitação de arresto dos bens

Segundo o art. 61 da LOTCU, o TCU poderá, por intermédio do MPTCU, solicitar à Advocacia-Geral da União ou, conforme o caso, aos dirigentes das entidades que lhe sejam jurisdicionadas "as medidas necessárias ao arresto dos bens dos responsáveis julgados em débito, devendo ser ouvido quanto à liberação dos bens arrestados e sua restituição".

A referida medida cautelar *não* tem como propósito assegurar o resultado útil dos processos do TCU, pois se dirige aos responsáveis *julgados em débito*, o que exige a expedição de decisão condenatória que conclua pela existência de dano ao Erário. Dessa forma, não é possível o requerimento de arresto de bens na etapa preliminar do processo ou se, ao final deste, o responsável for condenado apenas ao pagamento de multa.

O instrumento em análise objetiva assegurar a efetividade da fase de execução judicial de acórdão que resulte na imputação de débito, estando relacionado, portanto, ao exercício da pretensão executiva dessa dívida. É justamente por esse motivo que ele é solicitado pelo Tribunal à Advocacia-Geral da União ou aos dirigentes das entidades jurisdicionadas, que são as autoridades competentes para dar seguimento à cobrança judicial das dívidas constituídas pelos acórdãos condenatórios do TCU.

Durante a vigência do Código de Processo Civil de 1973, a jurisprudência do TCU era pacífica no sentido de que a medida cautelar de arresto de bens não requeria a ocorrência de trânsito em julgado da decisão condenatória. Essa posição foi externada nos Acórdãos nºs 1.451/2015-Plenário (relator: ministro-substituto Marcos Bemquerer), 2.429/2016-Plenário (relatora: ministra Ana Arraes) e 2.861/2018-Plenário (relator: ministro-substituto Augusto Sherman).

O fundamento dessa posição era o de que o art. 814 do CPC/1973 não exigia como requisito para a concessão do arresto a exigibilidade da dívida, mas apenas a prova literal de sua liquidez e certeza. O parágrafo único do aludido dispositivo corroborava esse entendimento ao consignar que se equiparava à prova literal da dívida líquida e certa, "[...] para efeito de concessão de arresto, a sentença, líquida ou ilíquida, *pendente de recurso*, condenando o devedor ao pagamento de dinheiro ou de prestação que em dinheiro possa converter-se" (grifos acrescidos).

Todavia, houve uma alteração no entendimento do TCU a respeito do assunto, em face da aparente incompatibilidade do art. 61 da Lei nº 8.443/1992 com o art. 308 do atual Código de Processo Civil. Em suma, foi aventado o risco de ineficácia das solicitações do Tribunal endereçadas à Advocacia-Geral da União e a advocacias de outras entidades públicas para a adoção de medidas concernentes ao arresto de bens, tendo em vista o prazo estipulado no referido dispositivo do CPC/2015 para o ingresso da ação principal de cobrança da dívida. Segue o texto da referida disposição:

> Art. 308. Efetivada a tutela cautelar, o pedido principal terá de ser formulado pelo autor no prazo de 30 (trinta) dias, caso em que será apresentado nos mesmos autos em que deduzido o pedido de tutela cautelar, não dependendo do adiantamento de novas custas processuais.

Diante da impossibilidade de promover a ação principal, na pendência da decisão de mérito do Tribunal sobre a existência de débito, o TCU tem evitado solicitar a medida cautelar de que trata o art. 61 da LOTCU e tem revogado as já concedidas. Esse posicionamento foi adotado nos Acórdãos nºs 2.142/2022-Plenário (relator: ministro Bruno Dantas), 1.782/2022-Plenário (relator: ministro Antonio Anastasia) e 1.012/2022-Plenário (relator: ministro Antonio Anastasia), dentre outros.

O tema foi objeto de debate na sessão do Plenário do TCU de 17.8.2022, tendo o Tribunal decidido pela criação de uma comissão técnica, sob a coordenação do ministro Antonio Anastasia, com a participação de representantes da Advocacia-Geral da União, da Procuradoria-Geral da Fazenda Nacional, do Banco Central, do Conselho Nacional de Justiça e de agentes cartorários, entre outros, com o objetivo de encontrar o melhor caminho para preservar a eficácia do aludido artigo 61 da Lei nº 8.443/1992.

Quanto aos pressupostos para a concessão da medida cautelar, a jurisprudência do TCU é predominante no sentido de que, tal como para a expedição da indisponibilidade de bens, a solicitação do arresto de bens prescinde de comprovação de dilapidação do patrimônio do responsável. Nesse sentido, invocam-se os Acórdãos nºs 2.316/2021-Plenário (relator: ministro Bruno Dantas), 1.876/2018-Plenário (relator: ministro-substituto André Luís de Carvalho) e 1.012/2022-Plenário (relator: ministro Antonio Anastasia).

Não obstante, a tendência é que essa medida somente seja requerida após o trânsito em julgado das decisões condenatórias do TCU de que resultem a imputação de débito, a menos que sejam encontradas alternativas jurídicas para cumprir o art. 308 do CPC/2015 no grupo de trabalho supramencionado.

4.13.4 Suspensão do ato ou procedimento

A medida cautelar de suspensão de ato ou procedimento não constou expressamente da LOTCU, tendo sido prevista, originalmente, no art. 209 do RITCU aprovado em 15.6.1993. Conforme a leitura combinada do *caput* e do §2º do dispositivo, o relator poderia determinar ao responsável que não desse continuidade ao procedimento questionado, caso este pudesse resultar dano ao Erário ou irregularidade grave, até que o Plenário decidisse a respeito. A medida ocorreria a partir de representação de equipe de inspeção ou auditoria, exigindo, para tanto, manifestação prévia do responsável. A aludida regra foi reproduzida no RITCU, de 18.02.2002.

No RITCU editado em 1º.01.2012, houve significativas mudanças no aludido provimento cautelar, que passou a se dirigir não apenas aos procedimentos, mas também aos atos, tendo sido prevista a possibilidade de concessão sem oitiva prévia da parte. A matéria passou a ser tratada no art. 276, lavrado nos seguintes termos:

> Art. 276. O Plenário, o relator, ou, na hipótese do art. 28, inciso XVI, o presidente, em caso de urgência, de fundado receio de grave lesão ao erário, ao interesse público, ou de risco de ineficácia da decisão de mérito, poderá, de ofício ou mediante provocação, adotar medida cautelar, com ou sem a prévia oitiva da parte, determinando, entre outras providências, a suspensão do ato ou do procedimento impugnado, até que o Tribunal decida sobre o mérito da questão suscitada, nos termos do art. 45 da Lei nº 8.443, de 1992.

A medida de suspensão dos atos e procedimentos sujeitos à jurisdição do TCU foi erigida como expressão de seu poder geral de cautela. O seu objetivo foi assegurar a efetividade das competências constitucionais reservadas ao Tribunal, promover o respeito da ordem jurídica, em matéria financeira, cujo exercício poderia se tornar inviável se os efeitos dos atos e procedimentos fossem exauridos antes do término do processo de controle externo e de sua decisão de mérito.

Dito de outra forma, o provimento cautelar em exame visa tutelar as competências corretiva e impeditiva do TCU de determinar as medidas necessárias ao exato cumprimento da lei e de sustar, se não atendido, a execução do ato impugnado, expressa nos incisos IX e X do art. 71 da CF/1988.

Além de possuir a natureza de medida cautelar, por assegurar o resultado útil do processo de controle externo, a medida também serve como tutela de remoção ou inibição do ilícito, porquanto serve para evitar a consumação de novos prejuízos aos cofres públicos.

Conforme se depreende do dispositivo, o pressuposto para a sua expedição é a evidenciação de alguma situação de urgência, de fundado receio de grave lesão ao Erário ou ao interesse público, ou de risco de ineficácia da decisão de mérito. Embora o art. 276 não tenho exigido a probabilidade do direito, tal como no art. 300 do CPC, a jurisprudência do TCU exige, tal como das medidas cautelares ordinárias da legislação processual civil, a presença da fumaça do bom direito, ou seja, a existência de evidências do cometimento da irregularidade suscitada.

Apesar da objeção de alguns doutrinadores quanto à existência de poder geral de cautela por parte do TCU,[195] a competência de expedir provimentos cautelares que impeçam a continuidade de atos ilícitos é instrumental ao exercício das diversas atribuições que foram destinadas ao Tribunal, no exercício da missão de controle externo. Essa competência é arrimada no princípio da tutela jurisdicional efetiva e na teoria dos poderes implícitos, segundo os quais a outorga de atribuições expressas a determinado órgão estatal importa deferimento implícito, a esse mesmo órgão, dos meios necessários à integral realização dos fins que lhe foram atribuídos.

A propósito, a jurisprudência da Suprema Corte é remansosa quanto à existência de um poder geral de cautela do TCU, havendo inúmeras decisões nesse sentido há aproximadamente 20 anos. O STF já apreciou vários mandados de segurança contra decisões cautelares arrimadas no art. 276 do RITCU, tendo admitido a expedição desses provimentos com baste na teoria dos poderes implícitos, sendo absolutamente desproposidado afirmar que a Corte Suprema não debateu profundamente a questão.[196]

4.13.5 Suspensão da execução de contrato

A medida de suspensão da execução de contratos também não constou expressamente da LOTCU. Diferentemente do provimento comentado no item anterior, este também não foi previsto textualmente no RITCU, tendo sido erigido como expressão de seu poder geral de cautela do Tribunal após longa construção jurisprudencial, o que foi, posteriormente, acolhido por várias decisões do STF, como se verá a seguir.

O objetivo da medida cautelar de suspensão da execução de contratos é assegurar a efetividade das competências constitucionais reservadas ao Tribunal, promover o respeito da ordem jurídica, em matéria financeira, cujo exercício poderia se tornar inviável se os efeitos dos contratos fossem exauridos antes do término do processo de controle externo e de sua decisão de mérito.

Dito de outra forma, o provimento cautelar em exame visa tutelar as competências corretiva e impeditiva do TCU, determinar as medidas necessárias ao exato cumprimento

---

[195] Nesse sentido, ver ROSILHO, André. *Tribunal de Contas da União*. Competências, Jurisdição e Instrumentos de Controle. São Paulo: Quartier Latin, 2019, p. 265-274.

[196] Em pesquisa à página de jurisprudência do STF, fazendo uso dos termos "poder geral de cautela" e "TCU", logrou-se encontrar 12 acórdãos e 168 decisões monocráticas, as quais, como regra, acolheram medidas cautelares fundadas no art. 276 do RITCU.

da lei e decidir a respeito da sustação do contrato no espaço reservado pelo inciso IX e pelo §2º do art. 71 da CF/1988.

Além de possuir a natureza de medida cautelar, por assegurar o resultado útil do processo de controle externo, a medida também serve como tutela de remoção ou inibição do ilícito, porquanto ajuda a evitar a consumação de novos prejuízos aos cofres públicos.

Apesar de o art. 276 do RITCU não mencionar expressamente a possibilidade de suspender contratos, é este o fundamento adotado normalmente pelo Tribunal para adotar medidas cautelares interrompendo a execução desses objetos.

A questão é objeto de controvérsia na doutrina, de sorte que cabe uma discussão mais aprofundada quanto à existência ou não do poder geral de cautela em matéria de contratos.

Essa discussão decorre da falta de disposição legal e regimental dispondo sobre essa competência e, ainda, da redação dos §§1º e 2º do art. 71 da CF/1988, que, na visão de parte da doutrina, teria reservado a atribuição de sustar contratos apenas para o Congresso Nacional, conforme visto.

Passa-se ao exame de alguns argumentos trazidos pela doutrina que se debruçou sobre o tema. Para Carlos Ari Sundfeld e Jacintho Arruda Câmara,[197] o exercício de um genérico "poder cautelar" por parte dos Tribunais de Contas não é compatível com a Constituição Federal, pois isso implicaria, na prática, a avocação para si de decisão expressamente reservada ao Poder Legislativo, *in casu*, a sustação do contrato.

Segundo tais autores, a competência de sustar contratos é exclusiva do Congresso Nacional, de modo que não cabe ao TCU adotar medidas como a retenção de pagamentos e a ordem de revisão de valores contratuais, as quais possuem o mesmo efeito prático que a sustação.

Os aludidos doutrinadores refutam a assertiva de que as medidas cautelares têm caráter provisório e, por esse motivo, não se confundem com os atos de sustação. Em suas palavras:

> Nem se diga que esse tipo de intervenção, por ter caráter transitório e provisório, não se confundiria com a sustação do contrato em si, que esta sim seria definitiva para a administração. O argumento não é aceitável. Não se pode conceber que um dado órgão, desprovido de competência para adotar uma medida em caráter definitivo, possa fazê-lo de modo provisório.[198]

Carlos Ari Sundfeld e Jacintho Arruda Câmara assinalam que os poderes cautelares do Tribunal de Contas foram objeto de tratamento na LOTCU e no RITCU e, mesmo neles, não há qualquer menção a uma competência do TCU para interromper a execução de contratos.

Nesse sentido, aduzem que as medidas cautelares previstas na LOTCU foram tão somente as especificadas no art. 44 (afastamento temporário de responsável e indisponibilidade de seus bens por prazo não superior a um ano), tendo o RITCU

---

[197] SUNDFELD, Carlos Ari; CÂMARA, Jacintho Arruda. Controle das contratações públicas pelos tribunais de contas – The control of government contracts by the audit courts. *Revista de Direito Administrativo*, Rio de Janeiro, v. 257, p. 111-144, maio/ago. 2011, p. 126.

[198] *Ibidem*, p. 127.

acrescentado, de forma indevida, em seu art. 276, a suspensão cautelar de ato e procedimento administrativo, sem incluir, contudo, os contratos.[199]

Quanto à existência do poder geral de cautela do TCU, os autores sustentam que a decisão tomada no Mandado de Segurança nº 24.510-7 não aborda a possibilidade de o TCU intervir em contratos. Segundo eles, a matéria tratada no precedente envolvia decisão da Corte de Contas que havia suspendido ato administrativo expedido no bojo de procedimento licitatório, de sorte que ela não cuidou da possibilidade de expedição de medida cautelar em sede de contrato administrativo.[200]

Maria Sylvia Zanella Di Pietro também defende a incompetência do Tribunal de Contas para a imposição de medidas cautelares em contratos administrativos. Em verdade, a autora compreende que o TCU não pode expedir decisões dessa natureza nem mesmo na fiscalização de atos administrativos, tendo, inclusive, criticado a posição do STF no Mandado de Segurança nº 24.510-7.[201]

Segundo a administrativista:

> Trata-se de poder de consequências excessivamente graves para que se possa considerá-lo implícito na norma do art. 71, X, da Constituição, até porque esse dispositivo, mesmo em relação à sustação do ato, exige, como condição, que o Tribunal não tenha sido atendido em sua fixação de prazo para correção da ilegalidade. A sustação do ato, como medida cautelar (ou liminar, para usar terminologia própria dos processos judiciais) leva a uma inversão do procedimento previsto na Constituição e torna letra morta o inciso X do art. 71 da Constituição.[202]

A autora também critica a disposição regimental que admite medida cautelar "com ou sem a prévia oitiva da parte", uma vez que o Código de Processo Civil de 1973 somente permite cautelar sem audiência das partes em "casos excepcionais, expressamente autorizados por lei" (art. 797). Ademais, O CPC estabeleceu condições específicas para a expedição de cautelar sem a manifestação prévia da parte, a saber, o oferecimento de caução real ou fidejussória, consoante o seu art. 804. Em suas palavras:

> Como é possível admitir-se que o Tribunal de Contas da União possa determinar medida cautelar sem qualquer tipo de limitação, especialmente quando o art. 298 do seu Regimento Interno determina que se aplicam subsidiariamente "as disposições das normas processuais em vigor, no que couber, e desde que compatíveis com a Lei Orgânica".[203]

---

[199] SUNDFELD, Carlos Ari; CÂMARA, Jacintho Arruda, op. cit., p. 128-129.

[200] SUNDFELD, Carlos Ari; CÂMARA, Jacintho Arruda. Controle das contratações públicas pelos tribunais de contas – The control of government contracts by the audit courts. *Revista de Direito Administrativo*, Rio de Janeiro, v. 257, p. 111-144, maio/ago. 2011, p. 130.

[201] DI PIETRO, Maria Sylvia Zanella. O papel dos tribunais de contas no controle dos contratos administrativos. *Interesse Público – IP*, Belo Horizonte, ano 15, n. 82, nov./dez. 2013, p. 5. Disponível em: http://www.bidforum.com.br/bid/PDI0006.aspx?pdiCntd=99053. Acesso em: 14 jan. 2015.

[202] *Ibidem*, p. 5.

[203] DI PIETRO, Maria Sylvia Zanella. O papel dos tribunais de contas no controle dos contratos administrativos. *Interesse Público – IP*, Belo Horizonte, ano 15, n. 82, nov./dez. 2013, p. 6. Disponível em: http://www.bidforum.com.br/bid/PDI0006.aspx?pdiCntd=99053. Acesso em: 14 jan. 2015.

No caso de contratos, Maria Sylvia Zanella Di Pietro utiliza praticamente os mesmos argumentos trazidos por Carlos Ari Sundfeld e Jacintho Arruda Câmara, embora tenha feito a necessária distinção entre o ato de sustação previsto na Constituição e a medida cautelar de suspensão do contrato, que denomina de "sustação ou suspensão liminar do contrato".[204]

Para Maria Sylvia Zanella Di Pietro, a suspensão liminar do contrato pelo TCU significa atribuir a este, de modo indireto, aquilo que a Constituição diretamente quis evitar, ao reservar ao Congresso Nacional a competência para a sustação de contratos administrativos.[205] Segundo a autora:

> [...] é difícil conceber-se que, tendo o contrato sido celebrado após um processo de licitação, público por natureza e sujeito, em toda a sua execução, ao acompanhamento e à fiscalização pelo Tribunal de Contas, possa vir a ocorrer, repentinamente, durante a execução do contrato, um risco de dano tão iminente que não possa o Tribunal de Contas nem assinalar um prazo para que a autoridade administrativa corrija a irregularidade (nos termos do art. 71, IX, da Constituição) nem aguardar a manifestação do Congresso Nacional, a ser tomada no prazo de 90 dias.[206]

Por essa razão, a administrativista entende incabível a sustação (suspensão) de contratos administrativos de forma cautelar.

Rodrigo de Pinho Bertoccelli também se mostra contrário à existência do poder cautelar dos Tribunais de Contas. Ele critica, ainda, a "retenção cautelar" de pagamentos contratuais imposta unilateralmente TCU, medida que entende arbitrária quando adotada fora das hipóteses legais identificadas.[207] [208]

Por outro lado, os autores favoráveis à competência cautelar do TCU em matéria de contratos sustentam que ela decorre do poder geral de cautela do Tribunal, o qual teria sido expressamente reconhecido pelo Plenário do STF no julgamento do Mandado de Segurança nº 24.510-7/DF. Nesse sentido, cabe citar a doutrina de Eduardo Fortunato Bim, Jorge Ulysses Jacoby Fernandes e Lucas Rocha Furtado.

Segundo Eduardo Fortunato Bim, quando houver perigo de lesão ao Erário, o tribunal de contas estará autorizado a emitir provimentos cautelares para inibir o

---

[204] *Ibidem*, p. 10-11.
[205] *Idem*, p. 11.
[206] *Idem*, p. 11.
[207] BERTOCCELLI, Rodrigo de Pinho. Limites para a retenção de pagamentos em contratos administrativos pelo Tribunal de Contas da União. *Revista Brasileira de Infraestrutura* – RBINF, Belo Horizonte, ano 2, n. 3, p. 131-156, jan./jun. 2013, p. 11-14. Disponível em: http://www.bidforum.com.br/bid/PDI0006.aspx?pdiCntd=90968. Acesso em: 18 abr. 2015.
[208] Segundo o autor, as hipóteses legais de retenção encontram-se dispostas: "(i) na Lei nº 8.666/93 como hipótese de rescisão contratual, em caso de prejuízo causado à Administração, na forma de seu artigo 80, inc. IV; e (ii) a partir de 2012 na Lei de Diretrizes Orçamentárias (LDO) da União, cuja redação nesse sentido foi mantida pela LDO de 2013, quando em seu artigo 93, V, estabelece a possibilidade de retenções parciais de valores para obras consideradas, pela Comissão Mista a que se refere o §1º do artigo 166 da Constituição Federal, com indícios de irregularidades graves, mas desde que tal retenção seja acompanhada de autorização expressa da contratada" (*Ibidem*, p. 10).

dano iminente ou a propagação do atual, também no caso de fiscalização de contratos administrativos.[209]

Para Jorge Ulysses Jacoby Fernandes, a possibilidade de o TCU adotar medidas cautelares em atos e contratos decorre do inciso X e §§1º e 2º do art. 71, da CF/1988, que, ao se referir à sustação, admitiu, implicitamente, que ela tivesse natureza cautelar ou definitiva.[210] No mesmo sentido, invoca-se a doutrina de Lucas Rocha Furtado.[211]

Acerca do assunto, entende-se, em linha de consonância com o segundo grupo de doutrinadores, que o TCU também pode expedir medidas cautelares para suspender a execução de contratos administrativos. Seguem os argumentos que sustentam essa tese.

De início, cabe lembrar que se mostra inadequado o uso da expressão "sustação cautelar" de contratos, pois, conforme visto no item 4.7.1, o ato de sustar implica o impedimento definitivo da execução de um ato ou contrato, medida que se mostra incompatível com um provimento de natureza cautelar.

Superado esse ponto, ou seja, assumindo que a expressão "sustação cautelar" significa a suspensão (algo provisório) da execução de algo, entende-se correto o posicionamento no sentido de que tal poder cautelar decorre do inciso X e §§1º e 2º do art. 71 da CF/1988.

Acolhe-se, aqui, a teoria dos poderes implícitos, segundo a qual a outorga de competência expressa a determinado órgão estatal importa deferimento implícito, a esse mesmo órgão, dos meios necessários à integral realização dos fins que lhe foram atribuídos.[212]

Se o TCU, por força de comando constitucional, possui as competências de determinar a correção de ilegalidade identificada em contrato e sustar a sua execução, conforme a interpretação dada ao §2º do art. 71 da CF/1988, no item 4.7.5 deste capítulo, ele também pode adotar providência de natureza cautelar, visando revestir suas decisões de eficácia e utilidade. Dito de outra forma, ele pode paralisar situações que possam gerar danos de difícil reversão, viabilizando, assim, a futura correção do contrato.

O poder cautelar do TCU não invade nem prejudica a competência do Congresso Nacional de sustar contratos, prevista no art. 71, §1º, da CF/1988. Pelo contrário, ele a previne e preserva. Caso não existissem instrumentos cautelares no processo do Tribunal, o Congresso Nacional estaria sujeito ao risco de não exercer a sua competência impeditiva de forma oportuna, haja vista o tempo demandado para o exercício do controle corretivo pelo TCU, como já visto.

É preciso ressaltar que o provimento cautelar do TCU tem duplo objetivo: assegurar os eventuais e futuros efeitos da decisão de mérito de seu processo de controle corretivo, que assina prazo para a correção de atos e contratos, em caso de ilegalidade, nos termos do inciso IX do art. 71 da CF/1988; e possibilitar a deliberação do Congresso Nacional

---

[209] BIM, Eduardo Fortunato. O Poder Geral de Cautela dos Tribunais de Contas nas Licitações e nos Contratos Administrativos. *Interesse Público*, Belo Horizonte, n. 36, p. 363-383, mar./abr. 2006, p. 374.

[210] FERNANDES, Jorge Ulysses Jacoby. Controle das Licitações pelos Tribunais de Contas. *Revista do Tribunal de Contas do Distrito Federal*, Brasília/DF, 31, p. 15-34, jan./dez. 2005, p. 21.

[211] FURTADO, Lucas Rocha. *Curso de direito administrativo*. Belo Horizonte: Fórum, 2013, p. 1087.

[212] Tal doutrina, construída pela Suprema Corte dos Estados Unidos da América no célebre caso McCULLOCH v. MARYLAND (1819), enfatiza que a outorga de competência expressa a determinado órgão estatal importa em deferimento implícito, a esse mesmo órgão, dos meios necessários à integral realização dos fins que lhe foram atribuídos.

a respeito da sustação ou não do contrato, que somente ocorrerá após a conclusão do processo de controle corretivo do TCU nos termos do §1º do art. 71 da CF/1988.

Considerando o princípio da máxima efetividade da norma constitucional, a inclusão dos provimentos cautelares, pela via interpretativa jurisprudencial, encontra-se consentânea com o sistema de controle externo de contratos administrativos previsto pela CF/1988, na medida em que objetiva tornar efetiva a correção de eventuais ilegalidades identificadas na ação administrativa, antes, portanto, da produção de todos os seus efeitos indesejados. Além disso, essa competência cautelar visa assegurar a possibilidade de o Congresso Nacional exercer a sua atribuição de decidir a respeito da sustação de contratos.

Como bem diz Celso Antônio Bandeira de Mello, o Tribunal de Contas deve e pode, para cumprir esta vocação constitucional requerida pelo Estado de Direito, estar em condições de deter a ação administrativa incorreta do Estado,[213] o que impõe o reconhecimento, no atual regime constitucional, de sua competência de adotar medidas cautelares.

No que se refere à posição do Supremo Tribunal Federal, há várias decisões deste no sentido de que é possível o TCU determinar a anulação do contrato administrativo. Nesse diapasão, invocam-se os Mandados de Segurança nºs 23.550/DF[214] e 26.000/SC.[215]

Se o TCU pode, com fulcro no art. 71, inciso IX, da CF/1988, determinar que um órgão anule um contrato administrativo, nos termos dos precedentes supramencionados, com muito mais razão pode ordenar que esse órgão, no curso do processo e de maneira cautelar, suspenda a execução do contrato até a decisão de mérito do TCU sobre as ilegalidades e a posterior apreciação do Congresso a respeito da sustação do contrato.

Nesse sentido, cabe transcrever a ementa do julgamento monocrático levado a efeito pelo ministro Celso de Mello, por ocasião do julgamento do Mandado de Segurança nº 26.547/MC-DF, que considerou constitucional, com base nos mesmos fundamentos do Mandado de Segurança nº 24.510-7/DF, a adoção de medida cautelar pelo TCU em matéria de contratos administrativos.

> Ementa: Tribunal de Contas da União. Poder Geral de Cautela. Legitimidade. Doutrina dos poderes implícitos. Precedente (STF). *Consequente possibilidade de o Tribunal de Contas expedir provimentos cautelares, mesmo sem audiência da parte contrária, desde que mediante decisão fundamentada.* Deliberação do TCU, que, ao deferir a medida cautelar, justificou, extensamente, a outorga desse provimento de urgência. (...) Deliberação final do TCU que

---

[213] MELLO, Celso Antônio Bandeira de. O Tribunal de Contas e sua jurisdição. *Revista do Tribunal de Contas do Município de São Paulo*, v. 12, n. 38, p. 20-28, ago. 1983, p. 21.

[214] EMENTA: I. Tribunal de Contas: competência: contratos administrativos (CF, art. 71, IX e §§1º e 2º). O Tribunal de Contas da União – embora não tenha poder para anular ou sustar contratos administrativos – tem competência, conforme o art. 71, IX, para determinar à autoridade administrativa que promova a anulação do contrato e, se for o caso, da licitação de que se originou.

[215] EMENTA: Mandado de segurança. Ato do Tribunal de Contas da União. Competência prevista no art. 71, IX, da Constituição Federal. Termo de sub-rogação e rerratificação derivado de contrato de concessão anulado. Nulidade. Não configuração de violação dos princípios do contraditório e da ampla defesa. Segurança denegada. 1. De acordo com a jurisprudência do STF, "o Tribunal de Contas da União, embora não tenha poder para anular ou sustar contratos administrativos, tem competência, conforme o art. 71, IX, para determinar à autoridade administrativa que promova a anulação do contrato e, se for o caso, da licitação de que se originou" (MS 23.550, redator do acórdão o Ministro Sepúlveda Pertence, Plenário, DJ de 31/10/01). Assim, perfeitamente legal a atuação da Corte de Contas ao assinar prazo ao Ministério dos Transportes para garantir o exato cumprimento da lei.

se limitou a determinar, ao diretor-presidente da (...), *a invalidação do procedimento licitatório e do contrato* celebrado com a empresa a quem se adjudicou o objeto da licitação. Inteligência da norma inscrita no art. 71, inciso IX, da Constituição. Aparente observância, pelo Tribunal de Contas da União, no caso em exame, do precedente que o Supremo Tribunal Federal firmou a respeito do sentido e do alcance desse preceito constitucional (MS 23.550/DF, Rel. p/ Acórdão o Min. Sepúlveda Pertence). Inviabilidade da concessão, no caso, da medida liminar pretendida, eis que não atendidos, cumulativamente, os pressupostos legitimadores de seu deferimento. Medida cautelar indeferida. (grifos acrescidos)

A possibilidade de se expedir medida cautelar em matéria de contratos foi recentemente debatida no julgamento do RE nº 1.236.731/DF. Na ocasião, o ministro relator Alexandre de Moraes deu provimento ao recurso extraordinário para tornar insubsistente a decisão do Tribunal de Justiça do Distrito Federal e Territórios (TJDFT), que havia concedido a segurança e anulado deliberação anterior do Tribunal de Contas do Distrito Federal (TCDF), que havia suspendido cautelarmente a execução de um contrato administrativo.

Embora a questão discutida tenha envolvido o TCDF, pela própria exigência do paralelismo em matéria de atuação dos tribunais de contas, analisou-se a legislação sob a ótica das competências do TCU elencadas no art. 71 da CF/1988.

Em suas razões recursais, o TCDF argumentou que:

não ordenou a suspensão definitiva do contrato administrativo em questão, mas, apenas, a suspensão cautelar de sua execução, concluindo que 'o disposto no artigo 71, §§1º e 2º, da CR/88 não se aplica às decisões estritamente cautelares proferidas pelos Tribunais de Contas, tampouco obsta o poder geral de cautela conferido a tais órgãos de controle'. (grifos acrescidos).

Em sua deliberação, o ministro Alexandre de Moraes pontuou o seguinte:

Não subsiste, na presente hipótese, ilegalidade decorrente do exercício do poder geral de cautela pelo Tribunal de Contas do Distrito Federal. É que o ato questionado encontra-se em consonância com o entendimento desta CORTE no sentido de que *não configura ilegalidade ou abuso de poder o ato do TCU que aplique medidas cautelares, porque relacionada com a competência constitucional implícita para cumprimento de suas atribuições*. (grifos acrescidos).

As decisões do TCU que determinam a suspensão da execução do contrato e a fixação de prazo para a sua anulação ou correção não se confundem com a deliberação de sustação de contrato. Enquanto as duas primeiras são adotadas no curso do processo do TCU, constituindo, respectivamente, uma ordem provisória para a suspensão do contrato e uma definitiva para a correção das irregularidades ou anulação do contrato (natureza mandamental), o ato de sustação põe termo ao controle corretivo de contratos, ao impedir, de forma definitiva, que o contrato gere efeitos (natureza desconstitutiva quanto aos efeitos).

Dessa forma, as deliberações do TCU, fundadas em seu poder geral de cautela, com o propósito de viabilizar o exercício da competência do art. 71, inciso IX, da CF/1988, não possuem o mesmo efeito prático que o ato de sustação, expedido com base no art. 71, §§1º e 2º, da CF/1988.

Com relação ao argumento de que o julgamento ocorrido no âmbito do Mandado de Segurança nº 24.510-7/DF não pode servir de fundamento à expedição de medida cautelar pelo TCU em contratos, pois tratou apenas de ato administrativo, diverge-se de tal assertiva. Isso porque as considerações acerca da teoria dos poderes implícitos foram emanadas de forma genérica, inclusive em decisões do STF acerca da competência do TCU de determinar a anulação de contratos, conforme já visto. Outrossim, não se pode olvidar a decisão proferida no julgamento do RE nº 1.236.731/DF, que tratou justamente da suspensão cautelar de contratos.

Quanto à assertiva de que nem a LOTCU nem o RITCU contêm disposição expressa estatuindo a possibilidade de o Tribunal expedir medida cautelar no controle de contratos, não se oferece nenhuma objeção. Trata-se de fato inquestionável. Todavia, o fundamento para a expedição de provimentos cautelares em matéria de contratos é a própria CF/1988 e a teoria dos poderes implícitos, como já exposto.

Embora seja comum fundamentar a suspensão cautelar de contratos no art. 276 do RITCU,[216] a base jurídica de tal medida, conforme já discutido, é a interpretação extensiva do art. 71, inciso IX, da CF/1988, a partir da teoria dos poderes implícitos. Entende-se que o poder geral de cautela do TCU tem base constitucional, sendo instrumental à efetiva concretização prática das competências que lhe foram reservadas na CF/1988.

Acerca do argumento que o poder cautelar do TCU encerra consequências excessivamente graves para que se possa considerá-lo implícito na Constituição, também não há como negar que a medida tem o potencial de gerar efeitos adversos, ao deter a continuidade de uma despesa pública decorrente de contratos.

Todavia, não é possível afirmar em tese, sem o substrato de um caso concreto, que o prejuízo causado por uma medida cautelar seja sempre maior do que o dano que ela visa evitar. Em verdade, essa avaliação deve ser realizada em cada caso concreto, antes de se decidir pela suspensão cautelar de um contrato.

As consequências negativas da expedição de uma medida cautelar (interrupção da prestação do serviço, atraso na fruição de uma obra, custos incorridos na suspensão de um contrato, dentre outras), que configuram o chamado perigo da demora reverso, devem ser sopesadas concretamente com os prejuízos que se busca evitar (compra superfaturada, uma obra sem viabilidade técnica e econômica, dentre outros), que compõem o que se denomina perigo da demora.

Esses aspectos devem ser verificados pelo julgador, juntamente com o requisito da "fumaça do bom direito", por ocasião da expedição da medida cautelar. Esse provimento está sujeito ao controle das partes interessadas, que dispõem da possibilidade de apresentar defesa, prévia ou posterior, acerca dos pressupostos para a expedição da cautelar, e de interpor recurso de agravo, nos termos dos arts. 276, *caput* e §2º, e 289 do RITCU (aplicados nessa situação por analogia).

---

[216] Acórdãos nºs 897/2010-TCU-Plenário, Ministro relator Marcos Bemquerer Costa, Publicado no DOU de 07/05/2010; 2812/2011-TCU-Plenário, Ministro relator Walton Alencar, Rodrigues Publicado no DOU de 09/11/2011; 2908/2012-TCU-Plenário, Ministro relator Augusto Sherman Cavalcanti, Publicado no DOU de 05/11/2012; 970/2013-TCU-Plenário, Ministro relator Weder de Oliveira, Publicado no DOU de 26/04/2013; 2496/2014-TCU-Plenário, Ministro relator José Jorge, Publicado no DOU de 01/10/2014; e Acórdão 1176/2014-TCU-Plenário, Ministro relator André Luís de Carvalho, Publicado no DOU de 16/05/2014.

Com isso, entende-se que os argumentos apresentados por Maria Sylvia Zanella Di Pietro servem mais para advertir o julgador de contas, no exercício de sua atividade de controle, do que para refutar a existência do poder geral de cautela do TCU.

A respeito da assertiva de que a possibilidade de expedição de medida cautelar sem oitiva das partes é de duvidosa legalidade, registra-se que esse ponto da crítica de Maria Sylvia Zanella Di Pietro encontra-se superado, pois o atual Código de Processo Civil admite expressamente, no §2º do art. 300, que "a tutela de urgência pode ser concedida liminarmente ou após justificação prévia".

De toda sorte, é preciso conferir celeridade à apreciação das razões apresentadas pelas partes interessadas, no caso de oitiva posterior à expedição de medida cautelar. O Tribunal deve dar prioridade à apreciação do mérito dos processos que contenham medida cautelar deferida a fim de firmar convicção a respeito da ocorrência ou não da irregularidade, evitando a longa persistência de uma situação de suspensão de contratos, com base em cognição não exauriente.

É preciso, nesse ponto, lembrar as novas regras estatuídas pela Lei nº 14.133/2021 a respeito da expedição de medidas cautelares pelo TCU, em matéria de contratações públicas.

Conforme o art. 171, §1º, da referida norma, o tribunal de contas, ao suspender cautelarmente o processo licitatório, deverá pronunciar-se definitivamente sobre o mérito da irregularidade que tenha dado causa à suspensão no prazo de 25 dias úteis, contado da data do recebimento das informações pelo órgão ou entidade, prorrogável por igual período uma única vez.

Não obstante o dispositivo tenha se referido apenas a cautelares expedidas em face do processo licitatório, compreende-se que ele também se aplica a provimentos cautelares direcionados aos contratos.

As regras processuais relacionadas à fiscalização das contratações públicas trazidas pela Nova Lei de Licitações serão objeto de capítulo próprio adiante.

4.13.6 Retenção cautelar de valores

A retenção cautelar de valores não está prevista nem na LOTCU, nem no RITCU, tendo sido uma criação da jurisprudência do Tribunal. A medida também decorre do poder geral de cautela do TCU, constituindo uma alternativa à suspensão da execução de contratos, nos quais tenham sido identificados indícios de irregularidades capazes de gerar prejuízos ao Erário.

Dessa forma, o referido provimento se dirige a contratos ainda em andamento, sendo utilizado no âmbito do controle corretivo, em processos de fiscalização (representação, denúncias, auditorias e inspeções). A expedição desse provimento se arrima no princípio da menor onerosidade das decisões que imponham medidas restritivas, o qual também possui aplicação no âmbito dos processos cautelares.

Por constituir uma alternativa à suspensão da execução de contratos, a retenção cautelar de valores possui a mesma função e a natureza daquele provimento. O seu objetivo é assegurar a efetividade da competência constitucional do TCU de determinar a correção de contratos ilegais cujo exercício poderia se tornar inviável se os efeitos de tais negócios jurídicos fossem exauridos, com a consumação dos prejuízos, antes do término do processo de fiscalização.

Dito de outra forma, o provimento cautelar em exame visa tutelar as competências corretiva e impeditiva do Tribunal de determinar as medidas necessárias ao exato cumprimento da lei e de decidir a respeito da sustação do contrato lesivos ao Erário, no espaço reservado pelo inciso IX e pelo §2º do art. 71 da CF/1988.

Além de possuir a natureza de medida cautelar, por assegurar o resultado útil do processo de fiscalização, viabilizando a pronta devolução dos prejuízos já incorridos, em caso de decisão de mérito confirmando o indício de irregularidade, a medida também serve como tutela de remoção ou inibição do ilícito, porquanto evita a consumação de novos prejuízos aos cofres públicos.

Seguem alguns precedentes do Tribunal a respeito da medida de retenção cautelar de valores:

> A retenção cautelar de valores objetiva resguardar a Administração de dano iminente e de difícil reparo futuro, alternativamente à paralisação do empreendimento resultante da nulidade contratual, haja vista infração à Lei 8.666/1993 (artigos 40, inciso X; 43, inciso IV; e 6º, inciso IX), caso presentes o perigo da demora (*periculum in mora*) e a fumaça do bom direito (*fumus boni juris*).
> (Acórdão nº 2.219/2009-Plenário. Relator: ministro-substituto Augusto Sherman)

> Indícios de sobrepreço e de superfaturamento em serviço inserido por meio de aditivo a contrato de implantação de obra de acesso rodoviário justificam a retenção cautelar dos respectivos valores em pagamentos futuros até deliberação definitiva do Tribunal.
> (Acórdão nº 102/2012-Plenário. Relator: ministro-substituto Weder de Oliveira)

> Presentes os requisitos para concessão de medida cautelar: a fumaça do bom direito (fumus boni iuris) e o perigo da demora (periculum in mora), o TCU pode determinar a retenção cautelar de valores a fim de impedir pagamentos com suspeitas de serem indevidos, mormente quando ausente o periculum in mora reverso, em função de ainda haver parcela de saldo contratual a executar.
> (Acórdão nº 1.345/2012-Plenário. Relator: ministro-substituto Marcos Bemquerer)
> Na hipótese de indícios de superfaturamento, é possível à instituição pública contratante dar continuidade aos serviços, caso feita a retenção correspondente ou apresentadas garantias suficientes para prevenir possível dano ao erário.
> (Acórdão nº 1.383/2012-Plenário. Relator: ministro Walton Alencar)

> A confirmação de superfaturamento em montante inferior ao que foi cautelarmente retido enseja a devolução dos valores elididos com a incidência de correção monetária, tendo em vista que esta objetiva a preservação do poder aquisitivo da moeda ao longo do tempo. Contudo, é indevida a incidência de juros de mora, uma vez que não se trata de inadimplemento de obrigações por parte da Administração, e sim de culpa da contratada por apresentar fatura com valores indevidos, que deu causa ao atraso no pagamento a que tinha direito.
> (Acórdão nº 2.645/2022-Plenário relator: ministro-substituto Augusto Sherman)

A possibilidade de o TCU adotar o provimento cautelar em exame também é reconhecida pelo STF. Nesse sentido, menciona-se o MS nº 37.329/DF (Redator: ministro Dias Toffoli), cuja ementa foi lavrada no seguinte sentido:

EMENTA Mandado de segurança. Ato supostamente ilegal do Tribunal de Contas da União (TCU). Tomada de contas. Pessoa jurídica de direito privado. 1. Competência constitucional (art. 71 da CF). 2. *Retenção cautelar de pagamentos relativos a contratos para elaboração dos projetos executivos da Usina Termonuclear de Angra.* 3. Acordo de leniência celebrado que não interfere na atuação do TCU, voltada ao ressarcimento integral de dano ao patrimônio público. Direito líquido e certo não demonstrado. 4. Ordem denegada. (grifos acrescidos).

Na hipótese de o Tribunal confirmar, no mérito do processo de fiscalização, a ocorrência da irregularidade e a existência de dano potencial no contrato, após o exercício do contraditório da entidade contratante e da empresa contratada, ele determinará a retenção definitiva dos valores outrora retidos cautelarmente, até o limite do sobrepreço calculado. Ademais, o TCU ordenará a repactuação da avença caso esta ainda esteja em execução, de sorte a expurgar os danos passíveis de serem gerados no futuro.

A possibilidade de o TCU determinar a retenção definitiva dos valores é acolhida pela jurisprudência pacífica do Tribunal, como ilustram os seguintes precedentes: Acórdão nº 2.119/2010-Plenário (relator: ministro-substituto Marcos Bemquerer); Acórdão nº 3.240/2011-Plenário (relator: ministro Marcos Bemquerer); Acórdão nº 2.146/2019-Plenário (relator: ministro Bruno Dantas) e Acórdão nº 799/2019- Plenário (relator: ministro Walton Alencar), dentre outros.

A determinação para que o órgão adote essa medida de forma definitiva pode ensejar a discussão sobre se o instrumento não seria uma forma alternativa de execução das decisões do Tribunal não prevista no art. 28 da LOTCU.

Embora a retenção dos créditos decorrentes do contrato, até o limite dos prejuízos causados, somente tenha sido atribuída expressamente à administração, na hipótese de rescisão unilateral de contratos,[217] não há razão lógica para negar essa prerrogativa à entidade contratante, também quando houver irregularidades passíveis de acarretar a nulidade do ajuste, ainda que parcial. Tal decorre do princípio da autotutela, que autoriza a eliminação dos efeitos patrimoniais dos atos ilícitos e o retorno do *status quo ante*, também nos casos de vícios verificados em contratos que importem a ocorrência de lesão ao Erário.

Se a autoridade administrativa pode expurgar os efeitos econômicos de contratos irregulares, *sponte própria*, o TCU pode determinar que aquela o faça, no exercício da competência corretiva que lhe foi deferida, nos termos do art. 71, inciso IX, da CF/1988.

A retenção cautelar de valores pode se estender além do processo de fiscalização, especialmente quando a matéria não for tratada de forma definitiva naquele feito e o TCU resolver convertê-lo em tomada de contas especial, nos termos do art. 47 da LOTCU.

Nesses casos, a medida cautelar passará a resguardar a decisão de mérito da tomada de contas especial, de modo que o Tribunal deliberará sobre a ocorrência do débito e a retenção definitiva dos valores caso as irregularidades não sejam elididas.

Quanto ao assunto, há vários precedentes do Tribunal no sentido de que a parcela retida não deve ser abatida do valor do débito, uma vez que é necessário constituir título executivo correspondente à integralidade da dívida até mesmo para subsidiar a retenção definitiva do prejuízo apurado. Nessa hipótese, os responsáveis devem

---

[217] Conforme o art. 80, inciso IV, da Lei nº 8.666/1993, e o art. 139, inciso IV, da Lei nº 14.133/2021.

requerer o abatimento da dívida, por ocasião da cobrança judicial desta, de sorte que o Tribunal deve condenar os responsáveis pelo montante integral do débito calculado.

Esse entendimento foi esposado no Acórdão nº 2.240/2018-Plenário (relator: ministro Benjamin Zymler), como se verifica na seguinte passagem do voto:

> 22. Em vista do exposto nos parágrafos precedentes, manifesto-me inicialmente acerca do valor do débito a ser imputado aos responsáveis solidários. Com as vênias de estilo, observo que a eficácia das retenções cautelares efetuadas em atendimento à deliberação do TCU ainda se encontra em apreciação no âmbito do Poder Judiciário.
> 23. Assim, penso que o TCU deva imputar aos responsáveis a integralidade do valor do superfaturamento apurado, constituindo o respectivo título executivo. Em eventual etapa recursal, sobrevindo o trânsito em julgado que torne a referida retenção definitiva, tal montante poderá ser deduzido do débito imputado.
> 24. Da mesma forma, após o trânsito em julgado deste processo de controle externo, na fase de cobrança executiva, as partes poderão comprovar a quitação de parcela do débito com os valores eventualmente retidos em caráter definitivo.

4.13.7 Apresentação de garantia processual

Assim como a medida cautelar comentada no item anterior, a apresentação de garantia processual para assegurar danos em apuração em processos do TCU foi uma criação da jurisprudência do Tribunal, não tendo sido prevista nem em sua lei orgânica, nem em seu regimento interno.

O instrumento constitui uma alternativa à suspensão da execução do contrato e à retenção cautelar de valores, sendo aplicável aos casos em que se discute a ocorrência de prejuízos em contratos em execução. A aceitação de garantia também se arrima no princípio da menor onerosidade, sendo uma opção conferida ao responsável, caso este entenda vantajosa a medida, frente às demais cautelares passíveis de serem decretadas pelo TCU.

As modalidades de garantia usualmente aceitas pelo Tribunal são as especificadas no art. 56, §1º, da Lei nº 8.666/1993 (atual art. 96, §1º, da Lei nº 14.133/2021), a saber, a caução em dinheiro ou em títulos da dívida pública, o seguro garantia e a fiança bancária.

A caução, em sentido amplo, pode ser tomada como sinônimo de garantia. Em sentido estrito, a expressão significa o ato de entregar um bem em garantia de uma dívida.

Na caução em dinheiro, o valor caucionado é depositado pelo contratado em conta bancária aberta na Caixa Econômica Federal, de titularidade do caucionário, a pessoa jurídica garantida, no caso, a União ou a entidade federal responsável pela dotação orçamentária utilizada para o custeio do contrato. O referido montante fica vinculado a uma obrigação principal, qual seja, a devolução do valor do prejuízo pelo responsável caso o processo de fiscalização conclua pela existência da irregularidade e pela ocorrência de dano.

A caução em títulos da dívida pública implica a cessão fiduciária destes à pessoa jurídica garantida, no caso, a União ou a entidade federal que custeou o contrato. A instrumentalização desta medida encontra-se prevista no art. 66-B, §3º, da Lei nº 4.728, de 14 de julho de 1995, na redação da Lei nº 10.931, de 2 de agosto de 2004. Conforme o dispositivo:

§3º É admitida a alienação fiduciária de coisa fungível e a *cessão fiduciária de direitos sobre coisas móveis, bem como de títulos de crédito, hipóteses em que, salvo disposição em contrário, a posse direta e indireta do bem objeto da propriedade fiduciária ou do título representativo do direito ou do crédito é atribuída ao credor, que, em caso de inadimplemento ou mora da obrigação garantida, poderá vender a terceiros o bem objeto da propriedade fiduciária independente de leilão,* hasta pública ou qualquer outra medida judicial ou extrajudicial, devendo aplicar o preço da venda no pagamento do seu crédito e das despesas decorrentes da realização da garantia, entregando ao devedor o saldo, se houver, acompanhado do demonstrativo da operação realizada. (Incluído pela Lei nº 10.931, de 2004)

Caso seja adotada esta modalidade de garantia, o responsável transferirá a posse indireta e direta de títulos de crédito de sua titularidade para o credor do suposto débito em apuração pelo TCU, a União ou a entidade federal que custeou o contrato, como garantia do cumprimento da obrigação de devolver o prejuízo causado, se o Tribunal confirmar a ocorrência da irregularidade e do dano. Caso o devedor não pague a dívida no prazo estipulado, o credor pode vender os títulos a terceiros na forma exposta no dispositivo transcrito anteriormente.

O contrato de fiança é disciplinado no art. 818 do Código Civil. A fiança bancária é uma modalidade desse contrato, por meio do qual um banco (fiador) garante o cumprimento da obrigação de seu cliente (afiançado), junto a um credor em favor do qual a obrigação deve ser cumprida (beneficiário).

Conforme o art. 2º, inciso V, da Circular SUSEP nº 662, de 11 de abril de 2022, o seguro garantia é o instrumento "que tem por objetivo garantir o fiel cumprimento das obrigações garantidas". Estas são as assumidas "[...] pelo tomador junto ao segurado no objeto principal e garantida pela apólice de Seguro Garantia". O tomador é o devedor das obrigações estabelecidas no objeto principal perante o segurado, que, por evidente, é o credor daquele. Já a obrigação principal é a "relação jurídica, contratual, editalícia, *processual* ou de qualquer outra natureza, geradora de obrigações e direitos entre segurado e tomador, independentemente da denominação utilizada" (grifos acrescidos). Todas essas definições constam do art. 2º da referida norma.

A inclusão do termo "processual" no conceito de obrigação principal teve como propósito abranger as relações jurídicas em discussão em um processo, judicial ou administrativo – a norma não fez qualquer distinção. Esta modalidade de seguro garantia visa assegurar o cumprimento de uma eventual obrigação de pagar, do tomador perante o segurado, relativa a uma controvérsia submetida à discussão em um processo.

Essa modalidade de seguro surgiu para atender ao disposto no art. 656, §2º, do CPC/1973, na redação trazida pela Lei nº 11.382, de 6 de dezembro de 2006. Consoante o dispositivo, a parte poderia requerer a substituição da penhora por fiança bancária ou seguro garantia judicial, em valor não inferior ao do débito constante da inicial, mais 30%, no processo de execução por quantia certa contra devedor solvente.

No CPC/2015, a matéria foi tratada no art. 835, §2º, o qual previu que, §2º "para fins de substituição da penhora, equiparam-se a dinheiro a fiança bancária e o seguro garantia judicial, desde que em valor não inferior ao do débito constante da inicial, acrescido de trinta por cento".

O uso do instrumento foi previsto, ainda, no art. 9º, inciso II, da Lei nº 6.830, de 22 de setembro de 1980 (Lei de Execução Fiscal), após a modificação trazida pela Lei nº 13.043, de 13 de novembro de 2014, e nos arts. 882 e 889 da CLT, após as modificações trazidas pela Reforma Trabalhista de 2017.

No caso dos seguros garantia ofertados em face de processos de controle externo em curso no TCU, tais instrumentos foram admitidos a partir da construção jurisprudencial do Tribunal, como já anunciado. Eles têm o propósito de assegurar a devolução de quantia relacionada a indícios de irregularidades em apreciação pelo Tribunal, caso este decida, após o exercício do contraditório dos interessados, pela ocorrência do ilícito e de dano. O tomador é o responsável arrolado pelo TCU e o segurado é o ente público lesado.

Embora o Tribunal costume fazer remissão ao art. 56, §1º, da Lei nº 8.666/1993 (atual art. 96, §1º, da Lei nº 14.133/2021), ao tratar das modalidades de garantias processuais passíveis de serem aceitas, estes instrumentos não se confundem com aqueles. Enquanto as garantias contratuais visam assegurar o fiel adimplemento das obrigações assumidas pelo contratado em um contrato de obras, serviços e compras, ou seja, o regular cumprimento do objeto pactuado, as garantias processuais visam resguardar o resultado útil de um processo em que se discute a ocorrência de um dano cometido pelo contratado, em prejuízo do Erário. Por esse motivo, entende-se que as garantias contratuais não podem ser retidas, nem executadas pela entidade contratante, por conta de eventual sobrepreço identificado pelo TCU em sua missão de controle externo.

Com a aprovação da Lei nº 12.017, de 12 de agosto de 2009 (LDO/2010), a apresentação de garantias para resguardar o dano em apuração no TCU foi recepcionada pela ordem jurídica como uma circunstância a ser considerada pelo Congresso Nacional para a continuidade do custeio de contratos de obras públicas com indícios de irregularidades graves. Essa avaliação ocorre anualmente a partir de informações enviadas pelo TCU, após o ciclo anual de auditorias e inspeções, sendo disciplinado pelas diversas leis de diretrizes orçamentárias.

Consoante o art. 94, §2º, da LDO/2010, foi estipulado que:

> [...] não constarão do Anexo a que se refere o §2º do art. 9º desta Lei e não estarão sujeitos a bloqueio da execução os casos para os quais tenham sido apresentadas garantias suficientes à cobertura integral dos prejuízos potenciais ao erário, nos termos da legislação pertinente.

A primeira deliberação do Tribunal que admitiu a apresentação de garantia em face de danos em apuração foi a Decisão nº 659/2001-Plenário (relator: ministro Ubiratan Aguiar). Todavia, a medida foi apresentada como sugestão à Comissão Mista de Planos, Orçamentos Públicos e Fiscalização (CMO) do Congresso Nacional, como alternativa à paralisação do contrato e à liberação de novos recursos, nos termos de seu item 8.2:

> 8.2 sugerir à Comissão Mista de Planos, Orçamentos Públicos e Fiscalização do Congresso Nacional que, no caso de entender conveniente e oportuna a continuidade da obra do Aeroporto Luís Eduardo Magalhães, conviria condicionar a liberação de novos recursos ao oferecimento, pelas empresas contratadas, de garantias em qualquer das modalidades previstas nos incisos I, II e III do §1º do art. 56 da Lei nº 8.666/93, em montante igual ou superior às parcelas que forem sendo liberadas e pagas às empresas contratadas, como forma de assegurar o ressarcimento à União dos possíveis prejuízos causados em razão de

superfaturamento ou da prática de ato antieconômico que estão sendo objeto de apuração por esta Corte;

Posteriormente, o TCU passou a admitir diretamente a apresentação de garantias processuais, sem a intervenção da CMO, como alternativa à retenção cautelar de valores. Porém, a aceitação ou não desse instrumento caberia à entidade contratante, a partir de um juízo de conveniência e oportunidade. Tal ocorreu no Acórdão nº 1.115/2005-Plenário (relator: ministro-substituto Augusto Sherman), lavrado nos seguintes termos:

> 9.3. determinar ao Departamento de Estradas e Rodagem do Estado do Acre – Deracre que:
> 9.3.1. avalie se as garantias oferecidas pela empresa Tercam – Engenharia e Empreendimentos Ltda. são suficientemente idôneas para garantir o resultado útil deste processo, por serem hábeis a garantir o ressarcimento de um débito eventualmente existente junto ao Erário até o valor acima citado;
> 9.3.2. caso verifique a suficiência e a adequação das garantias mencionadas no subitem anterior, decida sobre a oportunidade e a conveniência de realizar os pagamentos retidos por força do disposto no subitem 9.2 deste Acórdão, os quais, nessa hipótese, estariam liberados por esta Corte;

Finalmente, o TCU passou a autorizar, ele próprio, a substituição da retenção cautelar de valores pela apresentação de garantias, desde que cumpridas as condições por ele especificadas. Tal ocorreu nos Acórdãos nºs 950/2008-Plenário (relator: ministro Valmir Campelo), 2.680/2008-Plenário (relator: ministro Raimundo Carreiro), 3.044/2008-Plenário (relator: ministro Valmir Campelo), 2.234/2011-Plenário (relator: ministro-substituto Augusto Sherman) e 2.460/2016-Plenário. Segue a parte dispositiva do primeiro *decisum*:

> 9.4. autorizar o DERACRE, caso haja interesse da empresa interessada, a aceitar a substituição da retenção efetivada por conta do subitem 9.1.2 Acórdão 1267/2007-TCU-Plenário por garantia bancária no mesmo valor atualmente retido, revestida de abrangência que assegure o resultado da apuração em curso no Tribunal de Contas da União acerca de eventual dano ao erário decorrente do Contrato nº 4.02.201C, especialmente contendo cláusulas que estabeleçam:
> 9.4.1. prazo de validade vinculado à decisão definitiva do TCU da qual não caiba mais recurso com efeito suspensivo;
> 9.4.2. reajuste mensal;
> 9.4.3. obrigação do banco fiador depositar a garantia aos cofres do DNIT em até 30 dias após o trânsito em julgado de eventual acórdão do TCU que condene a empresa à restituição de valores;

A propósito do assunto, cabe destacar a existência de determinação, proferida no Acórdão nº 1.332/2009-Plenário (relator: ministro Raimundo Carreiro), a fim de que a Secretaria-Geral de Controle Externo do TCU (Segecex), no prazo de 30 dias, realizasse "estudos com vistas à edição de norma que defina os critérios e procedimentos de aceitabilidade de garantias, previstas no art. 56 da Lei nº 8.666/93, em substituição às retenções cautelares determinadas com fundamento no art. 45 da Lei nº 8.443/92 c/c art. 276 do RI/TCU". Apesar do aludido comando, o TCU não editou a norma pretendida até o momento em que esta obra estava sendo escrita.

A aceitação de garantia em substituição à retenção cautelar de valores tem sido objeto de críticas quanto à sua ineficácia, especialmente nos casos em que é utilizado o seguro garantia. Tal ocorre em razão da apresentação de apólices com vigência determinada, normalmente de um ano, o que torna precário o instrumento, devido ao risco de não renovação da garantia, seja por ato voluntário da empresa, seja por eventual negativa das seguradoras, por questões relacionadas à saúde financeira daquela.

Entende-se que a estipulação de um prazo de vigência determinado para seguros garantia processuais constitui medida incompatível com o propósito desses instrumentos, que é resguardar a obrigação de ressarcir o dano apurado, até a decisão de mérito do TCU sobre o indício relatado.

A natureza do bem jurídico resguardado por essa garantia exige que ela seja mantida durante toda a tramitação do processo de fiscalização, a fim de que seja possível a sua execução, após a deliberação definitiva de mérito a respeito do indício de irregularidade e do dano.

Por estar vinculada a um evento com data de ocorrência indeterminada, a saber, a decisão de mérito do processo de fiscalização, impõe-se que as apólices de seguro garantia apresentadas em face de indícios de irregularidades apurados pelo TCU, em contratos em andamento, *tenham cobertura por prazo indeterminado*.

Essa posição tem respaldo na jurisprudência do STJ, a qual se consolidou no sentido de que não é possível a aceitação de seguro garantia com prazo de vigência determinado em processos de execução fiscal. A título de exemplo, invoca-se a ementa do AgInt no Recurso Especial nº 1.924.099 – MG (2021/0054138-8), relator ministro Benedito Gonçalves.

> 2. Em que pese o entendimento desta Corte Superior seja pela possibilidade de oferecimento de seguro-garantia para assegurar a execução fiscal, *observa-se que o Tribunal de origem entendeu pela sua inidoneidade na espécie, por apresentar prazo de vigência determinado, entendimento que se coaduna com a jurisprudência desta Corte*. Precedentes: AgInt no AREsp 1.432.613/RJ, Rel. ministra ASSUSETE MAGALHÃES, SEGUNDA TURMA, julgado em 01/03/2021, DJe 08/03/2021; AgInt no REsp 1.874.712/MG, relator ministra REGINA HELENA COSTA, PRIMEIRA TURMA, DJe 11/12/2020; AgInt no AREsp 1.044.185/PR, Rel. ministro FRANCISCO FALCÃO, SEGUNDA TURMA, DJe 23/10/2017. (grifos acrescidos)

Aliás, essa dicção poderia ser extraída do item VI do Anexo III da Circular Susep 232/2003, já revogada, a qual estabelecia, quanto à vigência do seguro garantia judicial, que "a cobertura desta apólice vigorará até a extinção das obrigações do tomador".

Todavia, essa disposição não foi reproduzida na Circular SUSEP nº 662, de 11 de abril de 2022, que possui uma redação um tanto confusa quanto ao prazo de vigência e à cobertura de seguros garantia relacionados a obrigações com prazo incerto, como os destinados a resguardar o resultado de processos.

Conforme o art. 7º do aludido normativo, "o prazo de vigência da apólice deverá ser igual ao prazo de vigência da obrigação garantida, salvo se o objeto principal ou sua legislação específica dispuser de forma distinta".

Apesar da abertura consignada na parte final do dispositivo, as disposições subsequentes da norma parecem sugerir que todas as apólices devem ter um prazo de vigência determinado, já que elas falam em renovação da apólice, caso a vigência desta seja inferior à da obrigação garantida.

Não obstante, os arts. 8º e 9º, inciso I, da Circular SUSEP nº 662/2022 prescrevem que a seguradora deve assegurar a manutenção da cobertura enquanto houver risco a ser coberto, de sorte que esta não será afetada pela eventual expiração da vigência ou impasse na renovação da apólice. Segue a redação dos dispositivos mencionados:

> Art. 8º Caso a vigência da apólice seja inferior à vigência da obrigação garantida, nos termos do art. 7º, *a seguradora deve assegurar a manutenção da cobertura enquanto houver risco a ser coberto, de acordo com o art. 9º.*
> [...]
> §2º O tomador não poderá se opor à manutenção da cobertura, exceto se ocorrer a substituição da apólice por outra garantia aceita pelo segurado.
> Art. 9º Para fins do art. 8º, a seguradora deverá:
> I – especificar, nas condições contratuais do seguro, os critérios para manutenção da cobertura durante todo o período de risco e o procedimento para renovação da apólice, quando for o caso, *os quais não poderão gerar qualquer prejuízo à manutenção da cobertura e aos direitos do segurado;*

A ausência de correlação entre o prazo de vigência de apólices e a manutenção da cobertura do risco, em face do disposto na Circular SUSEP nº 662/2022, é defendida por Nathaly Gobbi, Marcelo de Oliveira Belluci, Ricardo Ribeiro da Luz Loew e Dinir Salvador Rios da Rocha. Segundo os referidos autores, o prazo consignado em apólices de seguro garantia:

> [...] reflete mera observância a um aspecto formal da apólice, que em nada interfere na vigência da cobertura ao risco, pois esta, por sua vez, é subordinada à perduração das obrigações da empresa tomadora do seguro na relação jurídica principal acautelada, conforme dispõe a citada circular Susep.[218]

A disciplina trazida pela Circular SUSEP nº 662/2022 pode suscitar discussão a respeito da manutenção da interpretação do STJ sobre a imprestabilidade de seguros garantia com prazo determinado, diante do novo contexto normativo. Recomenda-se o acompanhamento da jurisprudência da Corte Superior sobre o tema.

De toda sorte, foram identificados dois casos na jurisprudência do TCU em que não houve a execução de seguros garantia, emitidos no contexto dos normativos anteriores, devido à inexistência de apólice em vigor por ocasião do julgamento do mérito do processo. Tal ocorreu nos Acórdãos nºs 16.117/2021-2ª Câmara (relator: ministro-substituto Marcos Bemquerer) e 2.735/2017-Plenário (relator: ministro Benjamin Zymler).

Além destes, houve situações em que as empresas alegaram dificuldades para renovar as apólices de seguro garantia apresentadas, tendo o Tribunal determinado a adoção de medidas visando à prorrogação dos instrumentos ou a substituição por outros

---

[218] GOBBI, Nathaly; BELLUCI, Marcelo de Oliveira; LOEW, Ricardo Ribeiro da Luz; ROCHA, Dinir Salvador Rios da. Prazo em apólice de seguro garantia judicial é aspecto formal. *Revista Consultor Jurídico*, 1 de julho de 2022, 18h12. Disponível em: https://www.conjur.com.br/2022-jul-01/opiniao-prazo-apolice-seguro-garantia-judicial#:~:text=Segundo%20informativo%20738%2DSTJ%2C%20publicado,para%20garantir%20a%20 execu%C3%A7%C3%A3o%20fiscal%22. Acesso em: 3 jan. 2022.

idôneos, de sorte a resguardar os danos em apuração. Nesse sentido, cito os Acórdãos nºs 2.060/2017-Plenário (relator: ministro Aroldo Cedraz) e 1.433/2017-Plenário (relator: ministro José Múcio).

Os precedentes indicados revelam que é preciso percorrer um longo caminho com vistas à consolidação dos seguros garantia como instrumentos idôneos para resguardar a eficácia das decisões do Tribunal, voltados à correção das irregularidades e à elisão dos danos. As dúvidas ainda existentes quanto aos efeitos do prazo de vigência de garantia sobre a cobertura das apólices exigem que o TCU somente aceite seguros garantia cujas cláusulas sejam claras quanto a essa eficácia.

Outro risco à eficácia dos seguros garantia em apreço reside na vinculação de tais instrumentos ao resultado de eventual ação judicial interposta para a discussão da deliberação definitiva do TCU. A questão foi enfrentada no Acórdão nº 1.882/2011-Plenário (relator: ministro Raimundo Carreiro), o qual expediu a seguinte determinação à entidade fiscalizada:

> 9.2. [...] caso julgue oportuno e conveniente aceitar a renovação da Apólice Seguro Garantia nº 1.50.4000110 em substituição às retenções cautelares relativas aos Contratos nº 01/1993-CPL/A e 10/2007-CPL/AL, exija da contratada, com antecedência de 90 dias, que faça constar no item 1 (Objeto) das "Condições Especiais do Seguro-Garantia Judicial Ampla Defesa" que *a cobertura da apólice terá efeito somente depois de transitada em julgado a decisão proferida pelo TCU, abstendo-se de vinculá-la a eventual ação judicial para a discussão da deliberação definitiva desta Corte,* nos estritos termos exigidos pelo Acórdão nº 2.860/2008-TCU-Plenário; (grifos acrescidos)

Considerando que tais instrumentos visam resguardar o resultado do processo do TCU em que se discutem os indícios de irregularidade, não há nenhum sentido em vincular a sua execução ao desfecho de ações judiciais, eventualmente autuadas para discutir aqueles. Não se está aqui a negar o princípio da indisponibilidade da jurisdição, que tem assento constitucional. A ideia é impedir que sejam firmados contratos de garantia, substitutivos de outras medidas cautelares, que sejam incapazes, desde a sua origem, de impedir a consumação de danos e fazer retornar o estado de legalidade, de modo efetivo e eficiente, visto que atrelados à rediscussão do assunto em um processo judicial, com todos os recursos inerentes.

Por fim, cabe discutir se os seguros garantia apresentados devem ser vinculados à decisão de mérito do processo de fiscalização ou se é preciso aguardar a deliberação definitiva da tomada de contas especial caso seja identificada a ocorrência de dano.

A retenção cautelar de valores e a apresentação de garantias são provimentos cautelares típicos de processos de fiscalização de contratos ainda em andamento. Isso se justifica porque os referidos instrumentos buscam assegurar a correção de ilegalidades, antes da conclusão de contratos, e prevenir a ocorrência de dano, de sorte a promover o pronto ressarcimento dos prejuízos tão logo haja uma deliberação do TCU, após a realização de cognição exauriente a respeito da ocorrência do ilícito e da existência do dano. Por esse motivo, tais instrumentos devem ser vinculados à decisão de mérito dos processos de fiscalização.

Com isso, é plenamente possível o TCU determinar a execução de garantias apresentadas pelos responsáveis por ocasião da decisão definitiva em tais processos. A questão foi debatida no julgamento do TC 021.324/2008-6, quando o Tribunal decidiu, por meio do Acórdão nº 666/2015-Plenário (relator: ministro Benjamin Zymler), expedir a seguinte determinação à entidade contratante:

> 9.1.1. execute as garantias em vigor apresentadas pelo Consórcio Terraplenagem Comperj na pessoa de seus integrantes, destinadas a resguardar o dano ao erário identificado nos autos, conforme as premissas estabelecidas no Acórdão 3077/2010-TCU-Plenário, de forma a obter o ressarcimento aos cofres da Petrobras do prejuízo de R$ 73.482.332,32 (setenta e três milhões, quatrocentos e oitenta e dois mil, trezentos e trinta e dois reais e trinta e dois centavos), atualizado monetariamente a partir de 31/01/2008, data-base do Contrato 0800.0040907.08.2;

A propósito do assunto, oportuno transcrever as considerações esposadas no voto condutor da referida decisão:

> 80. Sobre o tema, ressalto que o montante apurado no capítulo VI do presente voto – R$ 73.482.332,32 –, corresponde ao sobrepreço identificado nos custos dos equipamentos paralisados durante a ocorrência de chuvas e descargas elétricas, segundo a metodologia especificada no Acórdão 3077/2010-TCU-Plenário, obtido após a oitiva da Petrobras e do consórcio interessado.
> 81. *Trata-se, portanto, de parcela incontroversa de débito, apurada em cognição exauriente, após o esgotamento do contraditório dos interessados.* No caso, ressalto que as partes apresentaram seguidas manifestações e protocolaram diversos documentos visando o saneamento da matéria, inclusive a título de elementos novos e memoriais.
> 82. Aliás, *o prosseguimento do processo após a expedição do Acórdão 3077/2010-TCU-Plenário, inclusive mediante a efetivação de nova oitiva, teve como propósito justamente permitir a execução das garantias apresentadas pelo consórcio em substituição à cautelar de retenção, caso não fossem elididas as falhas identificadas no atendimento da deliberação.*
> 83. *Se o objetivo último do processo fosse não executar as garantias, não haveria qualquer utilidade em esgotar o contraditório nessa fase processual para, nesse momento, apenas propor a instauração de tomada de contas especial.*
> 84. *Além de contrária aos princípios da razoável duração do processo, da racionalidade administrativa e da organização processual, a continuidade do feito, nessas circunstâncias, teria ocorrido ao arrepio do art. 47 da Lei 8.443/1992, que impõe, no caso dano ao erário, a imediata conversão do processo em tomada de contas especial, salvo a hipótese prevista no art. 93 desta Lei.* (grifos acrescidos)

Da fundamentação exposta, é assente a natureza das garantias apresentadas no curso de processos de fiscalização que apurem a existência de dano, de servir de alternativa à instauração de tomada de contas especial, quanto ao propósito de permitir a rápida devolução dos prejuízos comprovados, após a realização do contraditório dos interessados.

Não há nenhuma antijuridicidade nessa medida, uma vez que o seguro garantia é um contrato privado firmado entre o responsável e uma entidade garantidora, sendo plenamente possível vincular a ocorrência do sinistro e o pagamento da indenização ao resultado do processo de fiscalização. Trata-se, portanto, de uma opção livremente exercida pelas pessoas jurídicas contratadas, no âmbito de sua autonomia privada, não havendo qualquer violação ao art. 19 da LOTCU, que é apenas uma das formas mediante a qual o Estado exerce a tutela ressarcitória.

A tese veiculada no Acórdão nº 666/2015-Plenário (ministro Raimundo Carreiro) foi confirmada no julgamento do pedido de reexame interposto contra essa decisão, como se verifica na seguinte passagem de seu voto condutor:

> Não obstante a análise acima empreendida, permito-me tecer algumas considerações acerca do principal ponto discutido na presente fase processual, qual seja, *a possibilidade de esta Corte de Contas determinar, em autos de fiscalização, a execução de seguros garantias, ofertados voluntariamente pelas empresas envolvidas, a fim de substituir as medidas cautelares adotadas pelo TCU, para resguardar o dano ao erário, sem a necessidade de ser instaurada tomada de contas especial para a apuração dos fatos, identificação dos responsáveis e quantificação do dano.*
>
> Rememoro, a esse respeito, o profícuo debate travado no âmbito desta Corte de Contas quando da sessão de julgamento do acórdão recorrido, oportunidade em que o ministro Benjamin Zymler, à época relator do feito, destacou os fundamentos constantes de seu voto, que se sagrou vencedor, tendo o ministro Augusto Sherman aberto divergência, manifestando-se pela necessária instauração de tomada de contas especial, para a apuração, constituição e imputação do débito e posterior execução do seguro garantia.
>
> Naquela oportunidade, ainda que na qualidade de presidente da Corte, fiz questão de externar o meu entendimento acerca do tema, alinhando-me ao posicionamento do ministro Benjamin Zymler.
>
> *De fato, sem a intenção de me aprofundar sobre o tema ou de trazê-lo a debate, diante da prejudicialidade já acima apontada, em tese, entendo ser plenamente possível ao Tribunal, no âmbito do próprio processo de fiscalização, desde que observados os princípios do contraditório e da ampla defesa, tecer determinação para a execução de garantias, ofertadas voluntariamente pelas empresas contratadas em substituição a eventuais medidas cautelares adotadas por esta Corte no exercício do controle externo, sem a necessidade de instauração de tomada de contas especial, a qual apenas se apresentaria necessária caso as referidas garantias não lograssem ser executadas.* (grifos acrescidos)

É preciso lembrar que o seguro garantia assim como as demais garantias admitidas pelo TCU são alternativas à retenção cautelar de valores, sendo todas elas sucedâneas da suspensão da execução de contratos com indícios de irregularidades graves e com potencial de causar dano ao Erário. Por esse motivo, são provimentos cautelares típicos do processo de fiscalização, tendo o objetivo de assegurar o resultado útil deste, qual seja: evitar a consumação de ilegalidades e/ou permitir a pronta reparação do Erário caso o TCU conclua pela ocorrência das irregularidades e do dano.

A despeito dessa posição, compreende-se que o TCU somente deve aceitar seguros garantia que estipulem como sinistro o não pagamento pelo tomador, após prazo fixado, do valor do dano apurado proferido no processo de fiscalização que cuide do indício de irregularidade, o qual deve ser especificado na apólice em decisão definitiva de mérito que não caiba mais recursos no Tribunal.

Tendo em vista a natureza desses instrumentos, conforme já exposto, o pedido de substituição de retenção cautelar de valores pela apresentação de seguro-garantia deve ocorrer ainda no curso do processo de fiscalização, antes da decisão definitiva de mérito deste. Esse entendimento está assentado na jurisprudência do TCU, como ilustram os

Acórdãos nºs 193/2014-Plenário (relator: ministro Walton Alencar) e 2.371/2017-Plenário (relator: ministro-substituto Marcos Bemquerer).

A propósito, é oportuno transcrever excerto da fundamentação primeiro *decisum*:

> A oferta de garantia esta adstrita às fases do processo em que se discute a correção ou incorreção dos preços contratados. Proferida decisão definitiva acerca do superfaturamento deve a Administração proceder ao desconto do valor superfaturado nas medições imediatamente seguintes ou, na falta de saldo, executar a garantia anteriormente prestada.

Em outro precedente, o TCU estabeleceu uma segunda condição para a aceitação da substituição da retenção cautelar de valores por seguro garantia: a vigência do contrato. Esse entendimento foi esposado no Acórdão nº 1.069/2016-Plenário (relator: ministro Benjamin Zymler), como se verifica na tese indicada adiante, extraída do repositório da jurisprudência selecionada do Tribunal:

> A aceitação de garantias, em substituição à retenção cautelar determinada pelo TCU, é medida excepcional utilizada precipuamente em contratos de obras em andamento, pois tem por finalidade proporcionar a continuidade do empreendimento sem comprometer seu fluxo de caixa, não se justificando a sua adoção no caso de retenção cautelar do saldo de contrato já rescindido e com objeto concluído.

Considerando a menor liquidez dos seguros garantia, frente à retenção de pagamentos, avalia-se que a substituição desta por aquela depende da rígida avaliação das cláusulas daquele instrumento, as quais devem atender as condições especificadas pelo TCU, eliminando os riscos indicados neste tópico.

CAPÍTULO 5

TEORIA DA RESPONSABILIDADE APLICADA AO CONTROLE EXTERNO

O termo responsabilidade está associado à ideia de alguém responder por algo que o sistema jurídico qualificou como capaz de ensejar determinadas consequências jurídicas.

Tomando como base o ordenamento jurídico brasileiro, existem cinco sistemas de responsabilização: civil, penal, administrativa, política e financeira. Ademais, é possível falar em subdivisões no âmbito da responsabilidade administrativa, o que decorre do fracionamento do poder sancionatório do Estado, conforme as diversas legislações de regência.

A responsabilidade civil abarca o dever de indenizar alguém por um dano indevidamente causado. A responsabilidade penal envolve a aplicação das sanções catalogadas no Código Penal. A responsabilidade administrativa abrange a imputação das sanções devido à violação de normas pertencentes ao Direito Administrativo.

Dentre os diversos tipos de responsabilidade previstos no ordenamento jurídico brasileiro, a CF/1988 previu um especial, atribuído aos tribunais de contas. Trata-se da responsabilidade financeira, a qual contempla a aplicação das sanções previstas nas leis orgânicas dos tribunais de contas (responsabilidade financeira sancionatória) e, em caso de prejuízo ao Erário, a imposição do dever de ressarcir os cofres públicos (responsabilidade financeira reintegratória).

A expressão responsabilidade financeira não consta da legislação de regência da atuação dos tribunais de contas, tendo sido adotada, com maior rigor científico, na obra de Emerson César da Silva Gomes, que buscou identificar seus elementos característicos, de sorte a apartá-la dos demais sistemas de responsabilização.[219]

O termo é bastante usado na doutrina e na legislação estrangeira, cabendo citar a norma que trata da organização e do processo do Tribunal de Contas de Portugal – Lei nº 98, de 26 de agosto de 1997 –, a qual possui vários artigos e seções disciplinando as chamadas responsabilidades financeiras reintegratória e sancionatória.

Emerson César da Silva Gomes a define, no contexto da CF/1988, como:

---

[219] GOMES, Emerson Cesar da Silva. *Responsabilidade Financeira*: uma teoria sobre a responsabilidade no âmbito dos tribunais de contas. Porto Alegre: Núria Fabris, 2012.

[...] a obrigação de repor recursos públicos (imputação de débito) ou de suportar as sanções previstas em lei, no âmbito do controle financeiro exercido pelos Tribunais de Contas, em razão da violação de normas pertinentes à gestão de bens, dinheiros e valores públicos ou de recursos privados sujeitos à guarda e administração estatal.[220]

Segundo o autor, a responsabilidade financeira possui as seguintes características que a diferenciam das demais espécies de responsabilização:[221]

a) incide exclusivamente sobre determinados agentes públicos definidos em lei (agentes contábeis) que atuem como responsáveis pela gestão de bens, dinheiros e valores públicos; e sobre os particulares, pessoas físicas ou jurídicas que também ajam na condição de gestor de recursos públicos ou que deem causa a dano ao Erário, em conjunto com um agente contábil;

b) tem caráter patrimonial, ou seja, o responsável responde com seu próprio patrimônio;

c) é decorrente da atividade de gestão de bens, dinheiros ou valores públicos de modo que um dano ocorrido fora da atividade de administração de recursos públicos não pode estar sujeito à responsabilidade financeira;

d) a responsabilidade financeira reintegratória (obrigação de repor) está limitada às quantias efetivamente geridas, acrescidas de juros e atualização monetária, distinguindo-se da obrigação de indenizar, que pode abarcar outras rubricas, tais como os lucros cessantes e o dano moral; e

e) a responsabilidade financeira tem a finalidade de garantir a boa e regular aplicação e administração de recursos públicos (ou equiparados), de modo que não cabe falar nessa modalidade de responsabilização, se não estiver em jogo a proteção do Erário ou da regularidade na gestão pública;

f) deve ser processada e efetivada pelos tribunais de contas;

g) é de natureza subjetiva, exigindo a violação, dolosa ou culposa, de deveres de cautela na gestão de bens, dinheiros e valores públicos.

A responsabilidade financeira está inserida no bojo da missão constitucional atribuída ao TCU de zelar pela correta gestão dos bens e recursos públicos e pela fiel execução do orçamento, em auxílio ao Congresso Nacional. Por esse motivo, a jurisdição do TCU, com vistas a estabelecer o dever de repor e de suportar sanções, somente se faz presente em face de condutas praticadas no âmbito da atividade financeira do Estado, ou seja, sobre atos que envolvam a gestão do patrimônio público e a realização da receita e da despesa.

Nessa perspectiva, não é qualquer irregularidade ou dano que possa legitimamente desencadear a atuação do TCU. No exercício da função de promover a fiscalização contábil, financeira, orçamentária, operacional e patrimonial da administração federal, o Tribunal analisa o cumprimento das normas que disciplinam os aspectos indicados, não lhe cabendo atuar como guardião geral da legalidade, tampouco de todo e qualquer

---

[220] GOMES, Emerson Cesar da Silva. *Responsabilidade Financeira*: uma teoria sobre a responsabilidade no âmbito dos tribunais de contas. Porto Alegre: Núria Fabris, 2012, p. 35-36.
[221] GOMES, Emerson Cesar da Silva. *Responsabilidade Financeira*: uma teoria sobre a responsabilidade no âmbito dos tribunais de contas. Porto Alegre: Núria Fabris, 2012, p. 43-44.

interesse difuso ou coletivo. Da mesma forma, o Tribunal não tem o papel de impor o dever de indenizar por atos que não digam respeito à gestão de recursos públicos.

Afinal, o TCU exerce jurisdição especializada sobre a Administração Pública, a qual não se confunde com a realizada pelo Poder Judiciário, mediante a iniciativa do Ministério Público e das demais entidades legitimadas à tutela dos direitos coletivos e difusos. Tampouco age como sucedâneo do Poder Judiciário, na perquirição da responsabilidade civil aquiliana.

José Maurício Conti e Sabrina Iocken tratam da importância do sistema de responsabilização financeira exercida pelos tribunais de contas, o qual serviria não apenas para inibir a prática de atos lesivos no trato dos recursos públicos, mas também para promover um ambiente de segurança, com respostas precisas sobre quais condutas levam à responsabilização.[222]

Todavia, os autores criticam a ausência de regras mais claras para a responsabilização, bem como a falta de tipicidade sancionatória. Segundo eles, a falta de uma sistematização adequada das regras de responsabilidade e da tipologia sancionatória no âmbito nacional contribui para um cenário de insegurança e decisionismos que impactam na gestão dos recursos financeiro-orçamentários.[223]

Dito isso, passemos à análise dos princípios aplicáveis dos pressupostos para a fixação da responsabilidade financeira pelos tribunais de contas.

5.1 Princípios aplicáveis à responsabilização financeira pelos tribunais de contas

5.1.1 Princípio da reserva legal

Os órgãos de contas somente podem atribuir responsabilização financeira aos seus jurisdicionados no limite das competências especificadas na CF/1988 e nas leis.

Nessa perspectiva, os tribunais de contas não podem, como qualquer órgão do Estado, atribuir a si próprios competências que não estejam expressas no ordenamento jurídico. A despeito dessa premissa básica, é comum haver críticas de parte da doutrina e de alguns jurisdicionados quanto ao alargamento das atribuições do TCU pela via interpretativa, fenômeno conhecido como ativismo.

Sem adentrar no acerto ou desacerto dessas objeções, fato é que a expansão das competências do sistema tribunal de contas, em matéria de responsabilização, possui duas causas principais.

---

[222] CONTI, José Maurício; IOCKEN, Sabrina Nunes. A responsabilização do gestor público sob a ótica do Direito Financeiro contemporâneo, o princípio da segurança jurídica e a necessidade de sistematização da jurisdição financeira. In: CONTI, José Maurício; MARRARA, Thiago; IOCKEN, Sabrina Nunes; CARVALHO, André Castro (coord.). *Responsabilidade do gestor na Administração Pública*: aspectos gerais. Belo Horizonte: Fórum, 2022. p. 13-34, p. 21.

[223] CONTI, José Maurício; IOCKEN, Sabrina Nunes. A responsabilização do gestor público sob a ótica do Direito Financeiro contemporâneo, o princípio da segurança jurídica e a necessidade de sistematização da jurisdição financeira. In: CONTI, José Maurício; MARRARA, Thiago; IOCKEN, Sabrina Nunes; CARVALHO, André Castro (coord.). *Responsabilidade do gestor na Administração Pública*: aspectos gerais. Belo Horizonte: Fórum, 2022. p. 13-34, p. 25.

Primeiro, a percepção dos próprios tribunais de que eles podem servir como um instrumento de melhoria da Administração Pública, em suas mais diversas áreas, devido à sua competência de proceder a fiscalizações de natureza operacional. Nessa perspectiva, os tribunais de contas são legitimados a expedir recomendações aos órgãos e entidades sujeitas à sua jurisdição, o que pode servir, no futuro, como elemento para subsidiar a avaliação da gestão dos responsáveis, com vistas à aplicação de sanção.

A segunda causa da expansão das competências do TCU é a existência da conhecida regra de Direito Processual de que a fixação das competências dos tribunais é feita por eles mesmos, no exercício de suas atividades judicantes (regra de competência sobre competência). Sob essa premissa, haveria uma tendência natural dos tribunais de se autoatribuírem novas funções corretivas, o que impactaria na possibilidade de aplicação de sanções, no amplo contexto de zelar pelo correto funcionamento da Administração Pública.

Esses aspectos constituem um desafio ao princípio da reserva legal em matéria de responsabilização, sendo adequada uma contínua reflexão sobre limites e excessos.

5.1.2 Princípio da tipicidade ou da legalidade punitiva

O princípio da tipicidade ou da legalidade punitiva implica a obrigatoriedade de a ordem jurídica prever, antecipadamente, os comportamentos proibidos, as sanções e as pessoas que estão sujeitas a tais consequências jurídicas. Ele consubstancia o princípio da legalidade em matéria de sanções, bem como as ideias de previsibilidade e certeza do Direito, na conformação jurídica dos ilícitos e das penas.

Em verdade, o princípio da tipicidade surge no campo do Direito Penal, onde vige a ideia de tipicidade cerrada dos delitos e das penas, conforme o inciso XLVIII do art. 5º da CF/1988. Segundo o dispositivo, "não há crime sem lei anterior que o defina, nem pena sem prévia cominação legal". Em suma, a tipicidade é corolário do princípio da legalidade no campo do Direito Criminal.

Conforme a doutrina tradicional desse ramo do Direito, o tipo penal pode ser fechado ou aberto. O primeiro é constituído somente de elementos descritivos, que não dependem do trabalho de complementação do intérprete para que sejam compreendidos. Já o segundo contém elementos normativos ou subjetivos, de modo que depende da interpretação para que adquira um sentido e tenha aplicação.[224]

Embora seja possível falar que o princípio da tipicidade se irradia por todo o Direito Sancionador, ele ganha contorno mais brando no campo do Direito Administrativo, devido ao fato de o agente público somente poder agir de acordo com as regras postas, sendo, a rigor, ilícito todo comportamento que destoe dos limites impostos pelo Direito.

Na visão de Heraldo Garcia Vitta, essa tipicidade mais aberta das infrações administrativas decorre da supremacia especial do Estado sobre o administrado, a qual se justifica pelo fato de este se inserir numa relação jurídica, por assim dizer, íntima,

---

[224] NUCCI, Guilherme de Souza. *Código Penal Comentado*. Rio de Janeiro: Forense, 2017, p. 106.

com o Poder Público, cujo fundamento, a par da lei, é o próprio vínculo que há entre ele e a Administração.²²⁵

Segundo o autor, nas relações de sujeição especial, em que há um liame prévio entre o Estado e o particular, poderá ocorrer um abrandamento do princípio da legalidade na medida da intensidade do liame que liga o particular ao Estado.²²⁶ Essa circunstância justifica, portanto, a existência de tipos mais abertos no campo do Direito Administrativo Sancionador.

As mesmas considerações se aplicam às infrações catalogadas nas leis de regência dos tribunais de contas, as quais têm como substrato as normas que disciplinam a boa e regular utilização de bens e recursos públicos. Como é sabido, tais regras se impõem a todo agente público ou particular que atue na condição de gestor público, bem como àqueles que causem dano ao Erário, no bojo de uma relação de sujeição especial com a Administração Pública, como no caso dos contratos públicos.

Considerando o liame prévio entre os agentes públicos e o Estado e a subordinação dos particulares que recebem recursos públicos e dos contratados às normas que regem os instrumentos que firmam com o Estado, é possível que as infrações a que estão sujeitos tenham um maior grau de abertura.

Essa característica está presente, por exemplo, nos tipos previstos nos incisos II e III do art. 58 da LOTCU, os quais se dirigem ao agente público ou particular que atue na condição de gestor público. Segue a redação do dispositivo:

> II – ato praticado com grave infração à norma legal ou regulamentar de natureza contábil, financeira, orçamentária, operacional e patrimonial;
> III – ato de gestão ilegítimo ou antieconômico de que resulte injustificado dano ao Erário;

A tipicidade aberta das infrações catalogadas nos referidos dispositivos exige um maior cuidado do julgador na avaliação da ilicitude e da culpabilidade dos responsáveis, como será comentado adiante.

Quanto às demais infrações passíveis de ensejar o poder sancionatório do TCU, percebe-se uma razoável previsão dos elementos característicos dos tipos.

Entende-se que o princípio da tipicidade tem aplicação restrita no âmbito da responsabilidade financeira sancionatória.

Quanto à responsabilidade financeira reintegratória, a LOTCU não elenca as hipóteses em que o Tribunal pode estabelecer o dever de repor os cofres públicos. O art. 19 da norma apenas prevê que o Tribunal condenará o responsável ao pagamento da dívida atualizada monetariamente, acrescida dos juros de mora devidos quando julgar as contas irregulares *e houver débito*.

Entende-se que essa estrutura normativa é adequada ao objetivo da responsabilidade financeira reintegratória, que visa restabelecer a situação patrimonial do Estado antes do evento danoso, sendo irrelevante o tipo de conduta que acarretou o prejuízo. Em verdade, esse tipo de responsabilidade decorre do dever geral de não causar dano

---

²²⁵ VITTA, Heraldo Garcia. A atividade administrativa sancionadora e o princípio da segurança jurídica. *In:* VALIM, Rafael; OLIVEIRA, José Roberto Pimenta; DAL POZZO, Augusto Neves (coord.). *Tratado sobre o princípio da segurança jurídica no Direito Administrativo*. Belo Horizonte: Fórum, 2013. p. 667-680, p. 677.
²²⁶ VITTA, Heraldo Garcia. *A sanção no Direito Administrativo*. São Paulo: Malheiros, 2003, p. 85.

ao Erário, o qual pode ocorrer a partir de uma multiplicidade de situações ilícitas, sendo despropositado exigir um rol fixo de comportamentos, como pressuposto para a condenação.

Compulsando a jurisprudência do TCU, identificou-se um caso interessante em que o princípio da tipicidade foi utilizado como critério de decisão. A discussão envolvia o alcance da sanção de declaração de inidoneidade, prevista no art. 46 da LOTCU, sobre os sócios-administradores das empresas infratoras.

A dúvida persistia em razão de essa possibilidade não constar expressamente do dispositivo, que possui a seguinte redação: "verificada a ocorrência de fraude comprovada à licitação, o Tribunal declarará a inidoneidade do licitante fraudador para participar, por até cinco anos, de licitação na Administração Pública Federal".

Conforme o Acórdão nº 1.155/2021-Plenário (relator: ministro Walton Alencar), o TCU decidiu que:

> A declaração de inidoneidade para participar de licitação na Administração Pública Federal (art. 46 da Lei 8.443/1992) não pode ser aplicada a sócios e administradores de empresas licitantes, por falta de previsão legal, restringindo-se sua aplicação às pessoas jurídicas que praticaram fraude em licitação. O direito administrativo sancionador submete-se à reserva do princípio da legalidade estrita quanto a tipicidade, penalidade e sujeitos passivos, não cabendo ampliar o alcance da sanção a sujeitos não abrangidos pela literalidade do dispositivo legal.

5.1.3 Princípio da individualização da pena

O inciso XLVI do art. 5º determina que "a lei regulará a individualização da pena". Apesar de o dispositivo pertencer originalmente ao Direito Penal, ele incide sobre o Direito Administrativo Sancionador e, ainda, sobre a responsabilidade financeira sancionatória levada a cabo pelos tribunais de contas.

Não obstante, nem a LOTCU nem o RITCU estabeleceram critérios para a individualização das penas aplicadas pelo Tribunal, que apenas estão sujeitas a intervalos mínimo e máximo, conforme o último normativo. Dito de outra forma, não há regra que discipline os critérios a serem avaliados para a perquirição da culpabilidade, dos antecedentes, das condições pessoais do agente, das circunstâncias agravantes ou atenuantes, tal como ocorre na seara do Direito Penal.

Essa conjuntura fez com que o Tribunal tivesse de recorrer às normas e princípios do Direito Criminal e do Direito Processual Civil quando foi instado a avaliar a repercussão da colaboração de um dado responsável para fins de eventual redução ou afastamento da sanção. Tal ocorreu no Acórdão nº 2.677/2018-Plenário (relator: ministro Benjamin Zymler), cujo excerto do voto transcreve-se a seguir:

> 176. Dentre os diversos princípios de incidência comum nesses dois ramos do Direito, cabe destacar o da proporcionalidade da pena em concreto. Segundo o aludido princípio, que é dirigido ao julgador, a pena deve ser proporcional não apenas ao ilícito cometido como, ainda, às circunstâncias pessoais de seu autor. Está previsto no art. 5º, inciso XLVI, da Constituição, que remeteu à lei a função de regular a individualização da pena.

177. Sendo assim, embora a Lei Orgânica e o Regimento Interno do TCU não tenham previsto a análise das circunstâncias pessoais dos responsáveis, por ocasião da aplicação das sanções, tal procedimento pode ser adotado pelo julgador de contas, se houver informações no processo que permitam identificar determinadas características individuais do acusado, sua personalidade, seus antecedentes e o seu comportamento após o cometimento do ilícito.
178. Com base nessas ideias, os seguintes comportamentos podem ser considerados para fins de redução das penas pelo TCU:
a) confissão espontânea;
b) juntada de informações e documentos que permitam identificar outras irregularidades conexas e outros responsáveis; e
c) pagamento dos danos causados em função das irregularidades.
179. Tais comportamentos, por permitirem a rápida e justa decisão de mérito, configuram a boa-fé processual do responsável e possibilitam a mitigação das sanções que lhes seriam imputadas, conforme os princípios da equidade e da proporcionalidade em concreto.

Em nossa visão, essa lacuna normativa abre espaço para certo subjetivismo na determinação das sanções, o que é agravado pela prática, infelizmente verificada em algumas decisões do Tribunal, de não explicitar a motivação do *quantum* das penas no voto condutor das deliberações. Essa postura abre espaço para a falta de uniformidade no tratamento dado pelo TCU às infrações de sua alçada.

Não se está aqui a afirmar que a aplicação das sanções pela Corte de Contas ocorra de forma arbitrária. O que se critica é a falta de critérios objetivos para o cálculo das sanções, tal como ocorre no Direito Penal, e a deficiente exposição dos motivos da dosimetria em algumas decisões do Tribunal.

A necessidade de regular e explicitar os critérios para o dimensionamento das sanções se tornou ainda mais premente com as mudanças ocorridas na LINDB a partir da Lei nº 13.655/2018.

Conforme o art. 22, §1º, da referida lei, em decisão sobre a regularidade de conduta, deverão ser consideradas as circunstâncias práticas que houverem imposto, limitado ou condicionado a ação do agente. Já o §2º prescreve que, na aplicação de sanções, deverão ser levadas em conta "a natureza e a gravidade da infração cometida, os danos que dela provierem para a administração pública, as circunstâncias agravantes ou atenuantes e os antecedentes do agente".

Nessa perspectiva, seria importante que o Tribunal regulamentasse os aspectos a serem escrutinados para perscrutar a gravidade da infração, bem como as circunstâncias agravantes ou atenuantes a serem consideradas, além dos parâmetros para aferir os antecedentes do agente, de forma a concretizar os dispositivos mencionados da LINDB.

A individualização da pena é um direito subjetivo dos condenados, uma vez que esta viabiliza a compreensão da deliberação pelos seus destinatários e o próprio direito de defesa a ser manejado pela interposição de recursos. Nesse sentido, são didáticas as palavras de Fábio Medina Osório:

> A individualização da pena confere aos sentenciados direito subjetivo público perante o Estado-Juiz, analogamente transferido às autoridades administrativas competentes, traduzindo-se em exigência de fundamentação adequada e proporcional nos moldes exemplificativos e referenciais dos vetores do art. 59 do Código Penal, dispositivo que

não consagra poderes discricionários e sim conceitos jurídicos indeterminados, ao menos teoricamente.

De igual modo, prosseguindo no raciocínio paralelo, a individualização das sanções, com suporte no Direito Administrativo Sancionador, exige ato fundamentado das autoridades administrativas, daí derivando direito subjetivo público aos jurisdicionados e administrados. A motivação, aliás, é especial requisito dos atos sancionadores, o que exige como condição de validade do ato, ligando-se, indiscutivelmente, ao princípio da individualização da sanção, além de sua autonomia enquanto requisito de fundamentação da medida.

Se cada ser humano é um indivíduo, cada infrator deve receber um tratamento individualizado, particular, com a possibilidade de conhecer as concretas e específicas razões do ato sancionador, podendo impugná-lo ou aceitá-lo. Essa individualização se aplica às pessoas jurídicas, igualmente dotadas de particularidades relevantes, na perspectiva de assegurar sanções proporcionais.[227]

A despeito das limitações anunciadas quanto à ausência de regras claras para a avaliação das circunstâncias do cometimento da infração e das condições pessoais do infrator, com vistas à definição da dosimetria das sanções, a jurisprudência do TCU é pacífica a respeito da necessidade de cumprir o princípio da individualização da sanção.

Todavia, cabe ressaltar que o aludido princípio não se aplica no âmbito da responsabilidade financeira reintegratória, como se verifica no seguinte precedente, extraído do repositório da jurisprudência selecionada do Tribunal:

> A condenação em débito não tem caráter punitivo, mas sim natureza jurídica de reparação civil pelo prejuízo causado ao erário. Portanto, não cabe invocar o princípio da individualização da pena. A responsabilização solidária decorre do estabelecido no §2º do art. 16 da Lei 8.443/1992. De acordo com o disposto no Código Civil, Lei 10.406/2002, os devedores solidários são obrigados, cada um deles, ao total da dívida.
> (Acórdão nº 918/2007-Plenário. Relator: ministro Valmir Campelo)

5.1.4 Princípios da razoabilidade e da proporcionalidade

Os princípios da razoabilidade e da proporcionalidade impõem que a decisão acerca da aplicação de sanção e de sua dosimetria leve em consideração a culpabilidade do agente, as circunstâncias do cometimento da infração, seus efeitos e os antecedentes do autor, a fim de que o *quantum* da pena eventualmente aplicada seja compatível com os aspectos indicados anteriormente.

Dito de outra forma, é preciso que a extensão da sanção guarde íntima relação com o fato, a conduta e as condições pessoais do agente, conforme os critérios eventualmente estabelecidos nas normas de regência. Por esse motivo, entende-se que os princípios em apreço constituem um desdobramento do princípio da individualização da pena, na medida em que refletem a sua aplicação em concreto.

Há vários julgados do TCU em que os princípios da razoabilidade e da proporcionalidade foram utilizados como critério de decisão. A título de exemplo, transcrevem-se as seguintes teses, extraídas do repositório da jurisprudência do Tribunal:

---

[227] OSÓRIO, Fábio Medina. *Direito Administrativo Sancionador*. São Paulo: Revista dos Tribunais, 2019, p. 394

Em respeito ao princípio da razoabilidade, dá-se provimento parcial a recurso de reconsideração para reduzir o valor de multa aplicada a recorrente, se constatada exorbitância na penalidade anteriormente fixada.
(Acórdão nº 245/2010-Plenário. Relator: ministro Valmir Campelo)

O TCU possui competência constitucional e legal para aplicar multa após sopesar a gravidade das irregularidades e do dano causado ao erário, considerando os princípios da razoabilidade e da proporcionalidade, a fim de evitar reincidência de despesas irregulares. A multa é estabelecida de acordo com a gravidade das irregularidades identificadas.
(Acórdão nº 3.573/2008-Segunda Câmara. Relator: ministro Ubiratan Aguiar)

Na apenação de responsável por irregularidades de natureza semelhante analisadas em processos distintos, mas que poderiam ter sido examinadas no âmbito de um mesmo processo, o total somado das multas, em consideração aos princípios da razoabilidade e da proporcionalidade, deve manter observância ao limite máximo permitido para a multa prevista no art. 58 da Lei 8.443/1992.
(Acórdão nº 4.510/2019-Primeira Câmara. Relator: ministro Benjamin Zymler)

A dosimetria da multa aplicada pelo TCU – respeitados os limites fixados na sua Lei Orgânica e no seu Regimento Interno e observados os princípios da razoabilidade e da proporcionalidade – deve ser orientada, a cada caso, por critérios como: o nível de gravidade dos ilícitos apurados; a valoração das circunstâncias fáticas e jurídicas; a materialidade envolvida; o grau de culpabilidade dos responsáveis; a isonomia de tratamento com casos análogos.
(Acórdão nº 1.882/2021-Plenário. Relator: ministro Aroldo Cedraz)

A gradação no valor da multa aplicada ao gestor, em atendimento ao princípio da proporcionalidade, leva em consideração a atribuição do exercício do cargo e se a sua atuação/omissão se deu em parte ou em todo o período em que a irregularidade foi perpetrada.
(Acórdão nº 1.340/2012-Plenário. Relatora: ministra Ana Arraes)

Na hipótese de cominação ao responsável de única sanção pecuniária em razão da prática de vários atos irregulares, não é necessária a atribuição de valor específico de multa para cada ato irregular praticado. No entanto, elidida parte das irregularidades perante a instância recursal, o Tribunal poderá, observado o princípio da proporcionalidade, reduzir o valor da multa inicialmente cominada.
(Acórdão nº 1.624/2015-Plenário. Relator: ministro-substituto Augusto Sherman)

A proporcionalidade da multa do art. 57 da Lei 8.443/1992 em relação ao débito é decorrente do grau de reprovabilidade das condutas praticadas.
(Acórdão nº 2.662/2015-Segunda Câmara. Relator: ministro Vital do Rêgo)

Diante da existência de diversos processos em que são apuradas irregularidades semelhantes praticadas pelo mesmo responsável, sujeitas à imputação da multa do art. 58 da Lei 8.443/1992, o TCU pode, em observância ao princípio da proporcionalidade, proceder a análise consolidada das irregularidades no âmbito de apenas um dos processos, evitando apenação excessiva. Entretanto, no caso de irregularidades ensejadoras de débito, é viável a aplicação da multa do art. 57 da Lei 8.443/1992 em cada um dos processos, pois a imputação dessa penalidade se dá na proporção do dano ao erário apurado.
(Acórdão nº 1658/2019-Plenário. Relator: ministro Benjamin Zymler)

A dosimetria do valor da multa deve guardar proporção com a quantidade e a gravidade das irregularidades atribuídas ao agente sancionado.
(Acórdão nº 976/2018-Plenário. Relator: ministro Bruno Dantas)

Dentre os precedentes transcritos, destaca-se a invocação do princípio da proporcionalidade para nortear a aplicação de sanção a um determinado responsável em virtude da prática de diversas infrações de mesma natureza, ocorridas em um mesmo contexto fático, ainda que a matéria esteja em apreciação em diferentes processos. A consideração desses aspectos desafia a ausência de regras na LOTCU sobre a caracterização de infração continuada e permanente, assim como sobre a dosimetria aplicável em caso de múltiplas infrações, o que atrai a aplicação um tanto subjetiva do princípio da proporcionalidade nos casos concretos.

Conforme visto, a LOTCU e o RITCU não oferecem critérios seguros para se atender aos princípios da razoabilidade e da proporcionalidade, em concreto, quando da definição do *quantum* das penas. De todo modo, as mudanças ocorridas na LINDB, anunciadas no tópico anterior, são o primeiro passo para o cumprimento desses princípios, apesar da ausência de regulamentação até o momento.

José Maurício Conti e Sabrina Iocken chamam atenção para as mudanças ocorridas no regime de responsabilização financeira da União Europeia a partir do Regulamento (UE, Euratom) 2018/1046, que trouxe regras específicas para o atendimento do princípio da proporcionalidade, a serem observadas na aplicação da sanção. Conforme o art. 2º, n. 71, do normativo, devem ser levados em consideração:

> a gravidade da situação, o seu impacto orçamental, o tempo decorrido desde a conduta em causa, a sua duração e recorrência, a intenção ou grau de negligência e o grau de colaboração da pessoa ou entidade com a autoridade competente pertinente, bem como o seu contributo para o inquérito.

Essa tendência encontra eco no ordenamento jurídico nacional, como sugerem as mudanças ocorridas na LINDB já mencionadas. O próximo passo seria a regulamentação das condições a serem examinadas pelos tribunais de contas para a avaliação dos aspectos indicados na referida norma, de sorte a concretizar os princípios da individualização da pena, da razoabilidade e da proporcionalidade.

Quanto à responsabilidade financeira reintegratória, a legislação não prevê a análise da conduta dos responsáveis e do grau de culpa com vistas a definir o montante do débito que serão obrigados a ressarcir, conforme já destacado. Havendo prejuízo, todos os agentes incluídos na cadeia causal do dano, após a perquirição da causa imediata e adequada deste, serão chamados a responder solidariamente pela integralidade da dívida, de sorte que as condutas individuais somente serão avaliadas para fins de definição do montante da multa.

A propósito do assunto, não há na LOTCU dispositivo semelhante ao art. 944, parágrafo único, do Código Civil, segundo o qual "se houver excessiva desproporção entre a gravidade da culpa e o dano, poderá o juiz reduzir, equitativamente, a indenização".

Não obstante há casos pontuais na jurisprudência do TCU em que os princípios em exame foram, de certa forma, considerados na decisão pelo julgamento das contas e imputação de débito. Tal ocorreu nos Acórdãos nºs 10.387/2021-Segunda Câmara e 1.283/2019-Segunda Câmara, ambos de relatoria do ministro Augusto Nardes, nos quais foi esposada a seguinte tese, conforme o repositório da jurisprudência selecionada do Tribunal:

> É cabível o julgamento das contas do gestor pela regularidade com ressalvas, dando-lhe quitação, quando o débito remanescente é insignificante frente aos valores por ele geridos e não há indícios de locupletamento, considerando os princípios da razoabilidade, da proporcionalidade, da racionalização administrativa e da economia processual.

5.1.5 Princípio da absorção ou da consunção

O princípio da absorção ou da consunção é aplicável nos casos em que se verificam duas irregularidades, em que uma delas envolve conduta que é meio necessário ou pressuposto da outra, de sorte que a primeira é absorvida pela segunda. Como consequência, o responsável somente sofrerá com a pena do ilícito subsequente, de maior gravidade.

Esse princípio é invocado na discussão quanto à cumulatividade das multas dos arts. 57 e 58, inciso I, da LOTCU, no caso de não comprovação da regular aplicação dos recursos devido à omissão no dever de prestar contas. Nessa hipótese, a jurisprudência do TCU é pacífica no sentido de que o primeiro tipo absorve o segundo, sendo cabível apenas a multa do art. 57 da LOTCU.

O posicionamento do Tribunal foi exposto com precisão no relatório condutor do Acórdão nº 1.433/2023-Segunda Câmara (relator: ministro Vital do Rêgo):

> Quanto à possibilidade de aplicação cumulativa das multas dos arts. 57 e 58, inciso I, da Lei 8.443/1992, ainda que seja adequada a realização de citação e audiência do responsável, por força do disposto no art. 209, §4º, do Regimento Interno do TCU, o Tribunal reconhece que existe relação de subordinação entre as condutas de "não comprovação da aplicação dos recursos" e de "omissão na prestação de contas", sendo a primeira consequência da segunda, o que enseja, na verificação das duas irregularidades, a aplicação da multa do art. 57, com o afastamento da multa do art. 58, inciso I, em atenção ao princípio da absorção (Acórdão 9579/2015-TCU-Segunda Câmara, relator Vital do Rêgo; Acórdão 2469/2019-TCU-Primeira Câmara, relator Augusto Sherman).
> Conforme leciona Cezar Bitencourt (Tratado de Direito Penal: parte geral – 8ª Edição – São Paulo: Saraiva, 2003. Pg. 565), na absorção, " (...) a pena do delito mais grave absorve a pena do delito menos grave, que deve ser desprezada". No caso concreto, a "omissão no dever de prestar contas", embora seja uma irregularidade autônoma, funciona como fase ou meio para a consecução da "não comprovação da aplicação dos recursos", havendo clara relação de interdependência entre essas condutas. Dessa forma, recaindo as duas ocorrências num mesmo gestor, deve prevalecer a pena do delito mais grave, qual seja, a multa do art. 57, da Lei 8.443/1992.

5.1.6 Princípio da pessoalidade ou da intranscendência da pena

O princípio da pessoalidade ou da intranscendência da pena encontra assento no inciso XLV do art. 5º da CF/1988. Conforme o dispositivo "nenhuma pena passará da pessoa do condenado, podendo a obrigação de reparar o dano e a decretação do perdimento de bens ser, nos termos da lei, estendidas aos sucessores e contra eles executadas, até o limite do valor do patrimônio transferido".

Isso significa que somente o condenado deve sofrer os efeitos da sanção, que é moldada conforme suas condições pessoais e na justa medida da gravidade e lesividade de sua conduta, até porque um dos propósitos da pena é retribuir o injusto cometido pelo autor da infração. Sob essa perspectiva, o princípio da pessoalidade guarda relação com os princípios da proporcionalidade e da individualização da pena.

O princípio em apreço é aplicável à responsabilidade financeira sancionatória, conforme a ampla jurisprudência do TCU. Há, porém, certa atenuação desse princípio quando o Tribunal, a partir de provas diretas e indiretas, identifica a participação, em licitação, de pessoa jurídica criada em substituição a outra sancionada com pena de inidoneidade, com o intuito de burlar a sanção anteriormente aplicada pelo TCU.

Essa situação foi verificada no Acórdão nº 487/2022-Plenário (relator: ministro-substituto André de Carvalho), mediante o qual a Corte de Contas determinou a anulação do procedimento de homologação do resultado do certame licitatório em prol da licitante que atuou como interposta das apenadas em decisão anterior, tendo imputado àquela, na ocasião, a mesma sanção de inidoneidade, tendo em vista o seguinte fundamento:

> [...] fraude comprovada ao aludido Pregão Eletrônico n.º 2/2021, por ter material e fraudulentamente atuado como dissimulada empresa sucessora ou substituta da [..]., buscando indevidamente, com isso, burlar a anterior declaração de inidoneidade promovida pelo referido item 9.3 do Acórdão 866/2021-TCU-Plenário em desfavor dessas duas empresas;

Porém, é preciso advertir que essa extensão da pena somente é aplicável se houver comprovação de abuso de personalidade jurídica, consubstanciada na demonstração de que a licitante foi criada pelos mesmos sócios e com o mesmo objeto da apenada para dar continuidade às atividades desta e burlar a pena outrora interposta pelo TCU.

Essa situação foi retratada no Acórdão nº 534/2020-Primeira Câmara (relator: ministro Walton Alencar), que apontou a seguinte impropriedade em pregão eletrônico realizado por entidade federal:

> 9.3.1. recusa de proposta de licitante com fundamento na existência de ocorrências impeditivas indiretas de licitar constantes do cadastro da empresa no Sicaf, em desacordo com o entendimento constante dos Acórdão 2218/2011-TCU-Primeira Câmara e 1.831/2014-TCU-Plenário, ou seja, sem que houvesse elementos adicionais suficientes para caracterizar possível tentativa de burla à penalidade de inidoneidade e de impedimento de contratar ou licitar com a Administração Pública, por intermédio de constituição de outra sociedade empresarial pertencente aos mesmos sócios e que atue na mesma área;

Apesar de o princípio da pessoalidade ou da intranscendência da pena não ter sido invocado na motivação da decisão supramencionada, ele ampara a não extensão da pena de inidoneidade a empresas do mesmo grupo econômico quando não existirem indícios concretos de que houve a criação ou uso de pessoa jurídica exclusivamente com o intuito de possibilitar a burla da pena anteriormente aplicada pelo TCU.

Por outro lado, é preciso registrar a tendência atual de alguns microssistemas sancionatórios de utilizar o instituto da desconsideração da personalidade jurídica, concebido originalmente à responsabilização civil, para assegurar a efetividade das sanções. Essa iniciativa foi positivada na Lei nº 12.846/2013[228] (Lei Anticorrupção Empresarial) e na recém-editada Lei nº 14.133/2021,[229] que permitem, no contexto de abuso do direito para facilitar, encobrir ou dissimular a prática dos atos ilícitos ou para provocar confusão patrimonial, a extensão de penas aos administradores e sócios com poderes de administração e empresas do mesmo grupo econômico, no segundo caso.

O princípio da pessoalidade ou intranscendência também é invocado para impedir a extensão de sanções aos herdeiros de responsáveis falecidos. Essa ideia básica decorre do art. 5º, XLV, da CF/1988, supramencionado, bem como do inciso I, art. 107, do Código Penal, segundo o qual a punibilidade extingue-se pela morte do agente.

Todavia, essa regra somente incide se o falecimento ocorrer antes do trânsito em julgado da decisão condenatória. Esse entendimento se justifica porque a sanção apenas se aperfeiçoa no momento da prolação da decisão definitiva de mérito, de maneira que a morte do responsável em momento anterior a este marco extingue a sua punibilidade, impedindo a continuidade do processo para atingir os sucessores. A multa somente subsiste se o passamento ocorrer após o trânsito em julgado, pois, neste caso, terá sido convertida em dívida patrimonial, podendo ser cobrada dos sucessores até o limite do patrimônio transferido.

Essa posição é pacífica na jurisprudência do TCU, como ilustram os Acórdãos nºs 3.249/2015-Segunda Câmara (relator: ministro-substituto Marcos Bemquerer), 1.656/2017-Plenário (relator: ministro Aroldo Cedraz) e 599/2015-Plenário (relator: ministro Raimundo Carreiro), dentre outros.

5.1.7 Princípio da vedação ao bis in idem

O princípio da vedação ao *bis in idem* ou do *non bis in idem* prescreve que ninguém deve ser processado e/ou punido mais de uma vez pela prática do mesmo fato.

Ele é inerente à própria ideia de justiça, estando respaldado no Pacto Internacional dos Direitos Civis e Políticos da ONU[230] e na Convenção Americana de Direitos Humanos (Pacto de São José da Costa Rica),[231] ambos assinados pelo Brasil e promulgados,

---

[228] Art. 14. A personalidade jurídica poderá ser desconsiderada sempre que utilizada com abuso do direito para facilitar, encobrir ou dissimular a prática dos atos ilícitos previstos nesta Lei ou para provocar confusão patrimonial, sendo estendidos todos os efeitos das sanções aplicadas à pessoa jurídica aos seus administradores e sócios com poderes de administração, observados o contraditório e a ampla defesa.

[229] Art. 160. A personalidade jurídica poderá ser desconsiderada sempre que utilizada com abuso do direito para facilitar, encobrir ou dissimular a prática dos atos ilícitos previstos nesta Lei ou para provocar confusão patrimonial, e, nesse caso, todos os efeitos das sanções aplicadas à pessoa jurídica serão estendidos aos seus administradores e sócios com poderes de administração, a pessoa jurídica sucessora ou a empresa do mesmo ramo com relação de coligação ou controle, de fato ou de direito, com o sancionado, observados, em todos os casos, o contraditório, a ampla defesa e a obrigatoriedade de análise jurídica prévia.

[230] Segundo o art. 14, inciso 7º, do aludido Pacto, "ninguém poderá ser processado ou punido por um delito pelo qual já foi absolvido ou condenado por sentença passada em julgado, em conformidade com a lei e os procedimentos penais de cada país".

[231] Conforme o art. 8º, inciso 4º, "O acusado absolvido por sentença passada em julgado não poderá se submetido a novo processo pelos mesmos fatos".

respectivamente, pelo Decreto nº 592, de 6 de julho de 1992, e pelo Decreto nº 678, de 6 de novembro de 1992.

Na esfera da responsabilidade financeira, o princípio da vedação ao *bis in idem* proíbe que o TCU imponha a um determinado responsável duas sanções pelo mesmo fato ou dois débitos pela mesma causa jurídica. Por conseguinte, também é vedada a abertura de mais de um processo para tratar de uma mesma conduta praticada por um responsável, sendo adequado, nesse caso, o apensamento de um ao outro, para tramitação e análise conjunta, o que materializa o chamado princípio da vedação ao *bis in idem* processual.

O princípio em apreço tem ampla aplicação no TCU, sendo adequado transcrever alguns precedentes, na forma descrita no repositório da jurisprudência selecionada do Tribunal:

a) aplicação do princípio no âmbito da responsabilidade financeira reintegratória:

> A condenação solidária em débito atribuído a firma individual e seu empresário não caracteriza bis in *idem*, porquanto obriga todos à mesma dívida, que pode ser cobrada integralmente de um ou de ambos, nos termos dos arts. 264 e 265 do Código Civil, além do que não se faz distinção entre o patrimônio da empresa individual e o da pessoa física. No caso de multa, todavia, cabe aplicar apenas ao empresário, sob pena de bis in *idem*, uma vez que a firma individual não possui personalidade diversa e separada da do seu titular, constituindo ambos uma única pessoa, ao contrário do que ocorre nas outras sociedades empresariais.
> (Acórdão nº 5.246/2020-Primeira Câmara. Relator: ministro Benjamin Zymler)

b) não aplicação do princípio no caso de infrações idênticas praticadas mediante condutas diversas, em contextos delitivos distintos:

> A aplicação de multas ao mesmo responsável em diferentes processos do TCU, pela prática de fatos irregulares análogos, mas praticados em certames licitatórios distintos, não configura bis in *idem*.
> (Acórdão nº 676/2015-Plenário. Relator: ministro-substituto Augusto Sherman)

c) consideração da multa do art. 58 da LOTCU na dosimetria da multa do art. 57 da LOTCU, quando aplicada posteriormente àquela, sendo ambas referentes ao mesmo fato:

> A aplicação de nova multa fundamentada no art. 57 da Lei 8.443/1992 não implica bis in *idem* em relação a multa anterior baseada no art. 58 da referida Lei, ainda que a conduta reprovada seja a mesma, pois a causa da nova sanção é a ocorrência de débito, aspecto não contemplado na pena anterior, devendo-se, nesse caso, abater da segunda sanção o montante da multa antecedente.
> (Acórdão nº 2.813/2015-Plenário. Relator: ministro Benjamin Zymler)
> (Acórdão nº 2.500/2016-Plenário. Relator: ministro Bruno Dantas)

Comentários: esses precedentes são aplicáveis a situações em que a incidência da multa do art. 57 da LOTCU ocorreu em processo de contas, autuado posteriormente a outro, que tenha culminado com a imputação da sanção do art. 58 da aludida norma, ambas referentes à mesma conduta irregular. Tal ocorre, por vezes, quando o Tribunal aprecia os fatos em um processo de denúncia, representação ou auditoria, procedendo à audiência dos responsáveis, devido a condutas irregulares. Caso esses fatos também envolvam a ocorrência de dano, o Tribunal pode ou determinar a sua conversão imediata em tomada de contas especial, deixando para aplicar eventuais sanções no término deste, ou prosseguir com aquele feito, apenas para eventual aplicação das sanções do art. 58 da LOTCU. Apesar de a primeira opção ser a mais indicada, tendo em vista o princípio da concentração dos atos processuais, por vezes o Tribunal adota a segunda opção, gerando, por conseguinte, a necessidade de compensar uma multa na outra, a fim de evitar a ocorrência de *bis in idem*.

d) impossibilidade da aplicação simultânea das multas do art. 57 e 58 da LOTCU quando se referirem à mesma conduta:

> Existe relação de subordinação entre as condutas de não comprovação da aplicação dos recursos e de omissão na prestação de contas, sendo a primeira consequência da segunda, o que enseja, na ocorrência das duas irregularidades, afastar a aplicação da multa do art. 58 da Lei 8.443/1992 e fazer prevalecer a multa do art. 57 da mesma lei.
> (Acórdão nº 3.147/2022-Segunda Câmara. Relator: ministro Marcos Bemquerer)

e) não incidência de multa em processo de contas ordinárias quando o fato já tiver sido sancionado ou outros processos:

> Julgam-se irregulares as contas ordinárias do responsável em razão de ocorrências graves apuradas em processos conexos, com impacto negativo na gestão examinada, não cabendo, porém, apenação se já houve aplicação de sanção naqueles processos, em respeito ao princípio do non bis in *idem*.
> (Acórdão nº 156/2015-Segunda Câmara. Relator: ministro-substituto Marcos Bemquerer)

A aplicação desse princípio impõe um maior desafio quando estiver em jogo a atuação de outros órgãos, inclusive de outros poderes, igualmente competentes para apurar os mesmos fatos segundo a CF/1988 e as suas respectivas normas de regência. Nessas hipóteses, há um confronto entre o princípio da vedação ao *bis in idem* e o princípio da independência das instâncias, o que vem sendo resolvido, atualmente, com a prevalência deste, apesar das recentes mudanças ocorridas na LINDB, impondo a consideração das sanções de mesma natureza na dosimetria de novas penas.

A relação entre os referidos princípios será tratada no próximo tópico.

5.1.8 Princípio da independência das instâncias

O ordenamento jurídico brasileiro sempre permitiu a dupla punição nas esferas penal e administrativa. Esse entendimento decorre da ideia de que tais penas têm natureza e objetivos diferentes,[232] de sorte que não apenas seria cabível como recomendável a aplicação simultânea de ambas as sanções, desde que satisfeitos os requisitos para tanto.

Essa tese se aplica a outras esferas com competências sancionadoras, gerando outro princípio, aparentemente antagônico ao princípio da vedação ao *bis in idem*, o denominado princípio da independência das instâncias. Este último é reconhecido pela ampla jurisprudência dos Tribunais Superiores e do próprio TCU, sendo uma decorrência do princípio da separação de poderes.

---

[232] Nesse sentido, ver MEIRELLES, Hely Lopes (atual. BURLE FILHO, José Emmanuel). *Direito Administrativo Brasileiro*. São Paulo: Malheiros, 2016, p. 146.

O princípio da independência das instâncias, no que se refere ao poder de punir, foi concebido para aumentar a eficácia da atuação estatal na proteção dos bens jurídicos ligados não apenas à probidade, mas a outros valores, dentro ou fora das relações de especial sujeição.[233] Dito de outra forma, o aparato repressivo do Estado brasileiro foi instrumentalizado para diminuir os índices de impunidade, em tese.

Todavia, Fábio Medina Osório não enxerga uma correspondência precisa entre a efetiva aplicação desse princípio e a redução da impunidade. Nas palavras do autor:

> Não se pode diagnosticar a impunidade, ou a sua redução, a partir do princípio da independência das instâncias. Estas, se interligadas, poderiam, teoricamente, atuar de modo mais eficiente, se considerarmos que a suposta independência tem conduzido mais ao isolacionismo e à irresponsabilidade do que propriamente à unidade estatal. *Atuações dispersivas, hiperativas, impulsivas e desorganizadas têm marcado presença nos cenários do sistema punitivo nacional [...] É possível prever que os resultados concretos ficarão, nessa lógica, aquém das reais potencialidades estatais.*[234] (grifos acrescidos)

Esse diagnóstico do autor pode ser evidenciado, de algum modo, na atuação do MPF, da CGU e do TCU na repressão do conjunto de ilícitos descortinados pela conhecida Operação Lava Jato.

Embora o aparato estatal tenha sido, de certa forma, eficaz em desvelar os crimes de corrupção ativa e passiva, peculato e lavagem de dinheiro (esfera criminal) e a infração administrativa de fraude à licitação (esfera controladora, por compartilhamento de provas), ainda não houve um avanço, na mesma proporção, das esferas civil, administrativa e controladora quanto à efetiva quantificação e devolução dos danos causados ao Erário, especificamente dos superfaturamentos identificados pelo TCU nos contratos obtidos a partir do esquema fraudulento.

O princípio da independência das instâncias sofre uma única exceção expressa do Código de Processo Penal, no que se refere à relação entre as esferas da justiça criminal e civil: quando tiver sido, categoricamente, reconhecida naquela a inexistência material do fato (art. 66).

No que se refere às instâncias penal e administrativa (federal), essa relação de supremacia é um pouco mais intensa, ocorrendo em duas hipóteses, conforme o art. 126 da Lei nº 8.112/1990: "a responsabilidade administrativa do servidor será afastada no caso de absolvição criminal que negue a existência do fato ou sua autoria".

Fábio Medina Osório ressalta que a ideia de relativização da independência entre as instâncias vem ganhando corpo no Direito brasileiro, ocorrendo, inclusive, em direções diferentes. Nesse sentido, o autor destaca o entendimento do STF, inclusive expresso em súmula,[235] no sentido de que a configuração do crime de sonegação fiscal exige a prévia caracterização da infração tributária pela autoridade administrativa competente, a qual ocorrerá pela atividade do lançamento.[236]

---

[233] OSÓRIO, Fábio Medina. *Direito Administrativo Sancionador*. São Paulo: Revista dos Tribunais, 2019, p. 299.
[234] OSÓRIO, Fábio Medina. *Direito Administrativo Sancionador*. São Paulo: Revista dos Tribunais, 2019, p. 302.
[235] Súmula Vinculante nº 24: "Não se tipifica crime material contra a ordem tributária, previsto no art. 1º, incisos I a IV, da Lei nº 8.137/90, antes do lançamento definitivo do tributo".
[236] OSÓRIO, Fábio Medina. *Direito Administrativo Sancionador*. São Paulo: Revista dos Tribunais, 2019, p. 295.

O aludido autor invoca os ideários da segurança jurídica e da coerência, incidindo sobre atuações abusivas e obscuras do Estado, como elementos aptos a conter o princípio da independência das instâncias.[237] Ele defende a integração entre as esferas penal e administrativa, bem como a reforma na estrutura desta, como medidas para solucionar o que chama de crise dogmática ou da gestão do sistema punitivo.[238]

Fábio Medina Osório é favorável à densificação do princípio do *non bis in idem* como forma de dar unidade e coerência ao poder punitivo estatal. Em sua construção teórica, ele defende a precedência da esfera penal sobre as demais, haja vista a maior gravidade, em tese, das penas aplicadas.[239]

Não obstante as ideias do autor, é preciso lembrar que um único fato pode violar múltiplos valores jurídicos, regidos por normas específicas e tutelados por órgãos distintos, cada qual com determinada expertise técnica para identificar o ilícito. A título de exemplo, a atuação continuada de um cartel em certames licitatórios de um determinado objeto, dominando o mercado ou eliminando, total ou parcialmente, a concorrência nesse segmento econômico, pode configurar tanto infração à ordem econômica, prejudicando os consumidores e demais concorrentes daquele mercado, como diversas fraudes à licitação, causando dano à Administração Pública.

Tal aspecto impõe a avaliação da conduta e dos aspectos objetivos da ocorrência segundo perspectivas e critérios diferentes, conforme as respectivas tipologias. Dito de outra forma, a configuração dos ilícitos pode demandar a atuação de órgãos com especialização funcional e *expertise* próprias, que teriam melhores condições funcionais para verificar o enquadramento do fato aos tipos e avaliar o grau de violação das normas que são encarregados de zelar.

Sendo assim, é preciso cuidado para que a invocação do princípio do *non bis in idem* não acarrete uma proteção incompleta dos valores jurídicos tutelados por diferentes microssistemas jurídicos. Por essa razão, defende-se que o aludido princípio *não* deve servir para estancar, na origem, a instauração de diferentes processos administrativos, de órgãos distintos.

A não abertura ou a suspensão de processos sancionadores somente deve ocorrer se o fato possuir a mesma dimensão jurídica, ou seja, se os tipos tiverem a mesma descrição e quando restar claro que a matéria está sendo tratada por outro órgão igualmente competente. Ainda assim, essa decisão deve ocorrer por iniciativa do próprio órgão, que deixa de exercer a sua competência, não sendo adequado falar em preponderância intrínseca de um sobre o outro, a menos que haja norma expressa indicando a supremacia de uma instância sobre outra(s).[240]

---

[237] OSÓRIO, Fábio Medina. *Op. cit.*, p. 295.
[238] OSÓRIO, Fábio Medina. *Op. cit.*, p. 296.
[239] OSÓRIO, Fábio Medina. *Direito Administrativo Sancionador*. São Paulo: Revista dos Tribunais, 2019, p. 324.
[240] Por exemplo, o art. 87 da Lei nº 12.529/2011 impõe a supremacia da instância administrativa de defesa da concorrência sobre a penal e as demais instâncias administrativas ao prescrever que "nos crimes contra a ordem econômica, tipificados na Lei nº 8.137, de 27 de dezembro de 1990, e nos demais crimes diretamente relacionados à prática de cartel, tais como os tipificados na Lei nº 8.666, de 21 de junho de 1993, e os tipificados no art. 288 do Decreto-Lei nº 2.848, de 7 de dezembro de 1940 – Código Penal, a celebração de acordo de leniência, nos termos desta Lei, determina a suspensão do curso do prazo prescricional e impede o oferecimento da denúncia com relação ao agente beneficiário da leniência".

Não sendo este o caso, de haver norma indicando a prevalência de determinada esfera, o princípio do *non bis in idem* deve se refletir *apenas* na atividade de aplicação ou dosimetria das respectivas penas.

Essa posição vai ao encontro da densificação do aludido princípio promovida pela Lei nº 13.655/2018, que, como é sabido, introduz várias mudanças na LINDB. Conforme o §3º do art. 22 desta norma, "as sanções aplicadas ao agente serão levadas em conta na dosimetria das demais sanções de mesma natureza e relativas ao mesmo fato".

Ou seja, a própria LINDB não impede a dupla apenação, por órgãos distintos, relativas ao mesmo fato. O que a norma prescreve é a consideração da sanção já aplicada, na dosimetria da outra, desde que possuam a mesma natureza e se refiram a uma mesma conduta.

A propósito do assunto, o referido dispositivo tem sido invocado pelo TCU para admitir a detração do tempo da pena de inidoneidade aplicada pela Controladoria-Geral da União quando da aplicação da sanção do art. 46 da LOTCU. Tal ocorreu nos Acórdãos nºs 2.092/2021-Plenário (relator: ministro Vital do Rêgo), 1.236/2022-Plenário (relator: ministro Vital do Rêgo) e 977/2023-Plenário (relator: ministro Benjamin Zymler). A questão foi tratada da seguinte forma no voto condutor da primeira decisão:

> Quanto à sanção de inidoneidade aplicada pela CGU, em razão das mesmas condutas ora apuradas, adoto o parecer do dirigente da unidade técnica, quanto à detração do prazo já cumprido pela Iesa, com o ajuste proposto pelo representante do MPTCU em sua manifestação nestes autos, no sentido de que tal redução seja computada com base no tempo da penalidade efetivamente cumprido pela empresa, e não meramente pelo tempo da penalidade aplicada.

Eis alguns precedentes envolvendo os princípios da vedação ao *bis in idem* e da independência das instâncias no contexto da atuação do TCU e de outros órgãos, nas esferas judicial e controladora:

a) prevalência do princípio da vedação ao *bis in idem* sobre o princípio da independência das instâncias:

> Não incide a inabilitação para o exercício do cargo em comissão ou função de confiança, para não incorrer no bis in *idem*, se o responsável, em outro órgão, entidade ou ente federado, tenha sofrido punição que indiretamente o inabilita para o exercício do cargo ou função de confiança no âmbito da Administração Pública Federal.
> (Acórdão nº 2.028/2008-Plenário. Relator: ministro Benjamin Zymler)

> A aplicação de multa por tribunal de contas municipal obstaculiza a imposição de nova sanção pelo TCU se as ocorrências examinadas no órgão federal constituíram fundamentos para apenação do gestor no órgão de controle externo municipal. Nesse contexto, incide o princípio do non bis in *idem*, que não permite a apenação de dado responsável duas vezes pelo mesmo fato sob idêntico fundamento.
> (Acórdão nº 11.909/2011-Segunda Câmara. Relator: ministro-substituto Augusto Sherman; Acórdão nº 1.062/2009-Segunda Câmara. Relator: ministro-substituto André de Carvalho; Acórdão nº 3.351/2008-Segunda Câmara relator: ministro-substituto André de Carvalho)

b) não configuração do princípio da vedação ao *bis in idem* e prevalência do princípio da independência das instâncias:

> A penalidade de inabilitação para o exercício de cargo em comissão ou função de confiança no âmbito da Administração Pública (art. 60 da Lei 8.443/1992) não configura bis in *idem* com a pena de demissão estipulada no art. 132, inciso XIII, da Lei 8.112/1990.
> (Acórdão nº 766/2018-Plenário. ministro Benjamin Zymler)

> Eventuais recolhimentos ao erário em cumprimento a termo de ajustamento de conduta junto ao Ministério Público não caracterizam bis in *idem* frente a condenação pelo TCU, uma vez que a devida compensação pode ser realizada na fase de execução do acórdão condenatório, de forma a evitar ressarcimento em duplicidade.
> (Acórdão nº 634/2017-Plenário. Relator: ministro Vital do Rêgo)

> Não configura bis in *idem* a coexistência de acórdão do TCU e sentença condenatória em ação de improbidade administrativa que determinam o ressarcimento ao erário de débitos decorrentes dos mesmos fatos, ainda que imputados a pessoas distintas. Ocorrendo ressarcimento em uma instância, basta que o responsável apresente a comprovação perante o juízo de execução para evitar o duplo pagamento.
> (Acórdão nº 3.051/2019-Plenário. Relator: ministro Raimundo Carreiro; Acórdão nº 3.397/2022-Segunda Câmara. Relator: ministro Aroldo Cedraz)

> A existência de ação de improbidade administrativa para devolução de valores referentes a convênio que também é objeto de análise em tomada de contas especial não implica violação ao princípio do non bis in *idem*. Ocorrendo ressarcimento em uma instância, basta que o responsável apresente essa comprovação perante o juízo de execução para evitar o duplo pagamento.
> (Acórdão nº 2.059/2015-Plenário. Relator: ministro Benjamin Zymler; Acórdão nº 15.112/2018-Primeira Câmara. Relator: ministro Vital do Rêgo)

> A existência de processos no Poder Judiciário e no TCU com idêntico objeto não caracteriza repetição de sanção sobre mesmo fato (bis in *idem*) nem litispendência. No ordenamento jurídico brasileiro, com exceção da sentença penal absolutória negando a existência do fato ou da autoria (art. 935 do Código Civil), vigora o princípio da independência das instâncias, em razão do qual podem ocorrer condenações simultâneas nas diferentes esferas jurídicas (cível, criminal e administrativa). O recolhimento do débito, em um ou outro processo, serve para comprovação de quitação e sana a dívida.
> (Acórdão nº 1.038/2019-Plenário. Relator: ministro Benjamin Zymler)

> Não constitui bis in *idem* a aplicação de multa pelo TCU a responsável já apenado com a sanção pecuniária no Tribunal Superior Eleitoral (TSE), dada a independência das instâncias e as competências constitucionais próprias da Corte de Contas e da Justiça Eleitoral.
> (Acórdão nº 1.108/2012-Segunda Câmara. Relator: ministro Augusto Nardes)

> A aplicação de sanção pelo Cade em decorrência de conduta anticoncorrencial infringente à ordem econômica não obsta a que o TCU declare a inidoneidade da empresa sancionada para participar de licitações na Administração Pública Federal (art. 46 da Lei 8.443/1992), quando a mesma conduta caracterizar fraude à licitação. O princípio do non bis in *idem* não veda a possibilidade de a legislação atribuir mais de uma sanção administrativa a uma mesma conduta.
> (Acórdão nº 2.453/2019-Plenário. Relator: ministro Bruno Dantas)

Não configura violação ao princípio do non bis in *idem* a aplicação da pena de inidoneidade prevista no art. 46 da Lei 8.443/1992 a licitante já sancionada pelo órgão promotor do certame com o impedimento previsto no art. 7º da Lei 10.520/2002, dada a independência entre o TCU, no exercício de sua competência constitucional, e a esfera administrativa stricto sensu, ainda que as sanções se refiram ao mesmo fato.
(Acórdão nº 1.753/2021-Plenário. Relator: ministro-substituto Marcos Bemquerer)

Não configura violação ao princípio do non bis in *idem* o TCU declarar a inidoneidade para licitar com a Administração Pública Federal (art. 46 da Lei 8.443/1992) de empresa que foi declarada inidônea pela CGU para licitar ou contratar com a Administração Pública (art. 87, inciso IV, da Lei 8.666/1993), uma vez que eventuais sanções aplicadas no âmbito da Administração não condicionam ou vinculam a atuação do TCU no bojo de suas atribuições constitucionais, inclusive aquelas de cunho sancionatório, em razão do princípio da independência das instâncias.
(Acórdão nº 961/2018-Plenário. Relator: ministro Benjamin Zymler)

Do exposto nessa amostra, é possível concluir que o Tribunal costuma prestigiar, em regra, o princípio da independência das instâncias somente abrindo mão do exercício de suas competências em situações extremas em que os fatos ensejaram a aplicação de sanção por outro órgão de controle externo, como os tribunais de contas municipais e estaduais, e for bastante evidente a identidade de natureza das sanções quanto aos seus efeitos (caso de inabilitação para o exercício de cargo ou função de confiança na Administração Pública Federal).

Além disso, cabe lembrar a recente jurisprudência do Tribunal admitindo a detração do tempo da pena de inidoneidade aplicada pela Controladoria-Geral da União, quando da aplicação da sanção do art. 46 da LOTCU, conforme visto anteriormente.

5.1.9 Princípio da retroatividade da lei mais benéfica

Segundo o art. 5º, inciso XL, da CF/1988, XL, "a lei penal não retroagirá, salvo para beneficiar o réu". Como se vê, o Texto Constitucional se refere à norma penal, o que gera dúvidas quanto à incidência ou não do princípio da retroatividade da lei mais benéfica no âmbito do Direito Administrativo Sancionador. A mesma questão, evidentemente, impõe-se às normas pertinentes à responsabilidade financeira sancionatória.

Quanto ao assunto, há entendimentos divergentes na jurisprudência dos Tribunais Superiores, ora admitindo, ora negando a incidência de tal princípio na esfera do Direito Administrativo Sancionador.

Aplicando o referido princípio, transcreve-se excerto da ementa da decisão proferida no âmbito RMS nº 37.031/SP, 1ª Turma do STJ, em 8.2.2018:

ADMINISTRATIVO. RECURSO ESPECIAL. PODER DE POLÍCIA. SUNAB. MULTA ADMINISTRATIVA. RETROATIVIDADE DA LEI. DIREITO ADMINISTRATIVO. PROCESSUAL CIVIL. RECURSO EM MANDADO DE SEGURANÇA. PROCESSO ADMINISTRATIVO DISCIPLINAR. PRINCÍPIO DA RETROATIVIDADE DA LEI MAIS BENÉFICA AO ACUSADO. APLICABILIDADE. EFEITOS PATRIMONIAIS. PERÍODO ANTERIOR À IMPETRAÇÃO. IMPOSSIBILIDADE. SÚMULAS 269 E 271 DO STF. CÓDIGO DE PROCESSO CIVIL DE 1973. APLICABILIDADE. (...) III – Tratando-se de diploma legal mais favorável ao acusado, de rigor a aplicação da Lei Municipal n. 13.530/03, porquanto o princípio da retroatividade da lei penal mais benéfica, insculpido no artigo 5º, XL, da Constituição da República, alcança as leis que disciplinam o direito administrativo sancionador. Precedente. IV – Dessarte, cumpre à Administração Pública do Município de São Paulo rever a dosimetria da sanção, observando a legislação mais benéfica ao Recorrente, mantendo-se indenes os demais atos processuais. (...) VI – Recurso em Mandado de Segurança parcialmente provido.

Esse entendimento também foi adotado no julgamento do RESP nº 1.153.083/MT, no âmbito do STJ:

> ADMINISTRATIVO. RECURSO ESPECIAL. PODER DE POLÍCIA. SUNAB. MULTA ADMINISTRATIVA. RETROATIVIDADE DA LEI MAIS BENÉFICA. POSSIBILIDADE. ART. 5º, XL, DA CONSTITUIÇÃO DA REPÚBLICA. PRINCÍPIO DO DIREITO SANCIONATÓRIO. AFASTADA A APLICAÇÃO DA MULTA DO ART. 538, PARÁGRAFO ÚNICO, DO CPC.
> I. O artigo 5º, XL, da Constituição da República prevê a possibilidade de retroatividade da lei penal, sendo cabível extrair-se do dispositivo constitucional princípio implícito do Direito Sancionatório, segundo o qual a lei mais benéfica retroage. Precedente.
> II. Afastado o fundamento da aplicação analógica do artigo 106 do Código Tributário Nacional, bem como a multa aplicada com base no artigo 538, parágrafo único, do Código de Processo Civil. III. Recurso especial parcialmente provido.

Negando a incidência do princípio da retroatividade da norma mais benéfica, invoca-se o julgamento proferido no RMS nº 33484/RS, 2ª Turma do STJ, em 11.6.2013:

> ADMINISTRATIVO. RECURSO EM MANDADO DE SEGURANÇA. PROCESSO ADMINISTRATIVO DISCIPLINAR. PRAZO PRESCRICIONAL. REMISSÕES GENÉRICAS. LEGISLAÇÃO SUPERVENIENTE ESPECÍFICA. PRESCRIÇÃO. IRRETROATIVIDADE [...]
> 5. Contudo, o pedido de revisão tem prazo aberto e pode ser apresentado a qualquer momento. A valer a proposição do recorrente, passados 5, 10, 20 ou 40 anos, havendo mudança na lei a respeito dos prazos prescricionais, todos os processos administrativos que ensejassem de advertência a demissão poderiam ser rejulgados, adotando-se a legislação eventualmente mais benéfica.
> 6. *A diferença ontológica entre a sanção administrativa e a penal permite a transpor com reservas o princípio da retroatividade. Conforme pondera Fábio Medina Osório, "se no Brasil não há dúvidas quanto à retroatividade das normas penais mais benéficas, parece-me prudente sustentar que o Direito Administrativo Sancionador, nesse ponto, não se equipara ao direito criminal, dado seu maior dinamismo".*
> 7. *No âmbito administrativo, a sedimentação de decisão proferida em PAD que condena servidor faltoso (acusado de falta grave consistente na cobrança de custas em arrolamento em valor aproximadamente mil vezes maior) não pode estar sujeita aos sabores da superveniente legislação sobre prescrição administrativa sem termo ad quem que consolide a situação jurídica. Caso contrário, cria-se hipótese de instabilidade que afronta diretamente o interesse da administração pública em manter em seus quadros apenas os servidores que respeitem as normas constitucionais e infraconstitucionais no exercício de suas funções, respeitadas as garantias do due process.*

O fundamento invocado por aqueles que defendem a não incidência do princípio da retroatividade da norma mais benéfica para o Direito Administrativo Sancionador é o de que isso implicaria a violação de outros princípios assegurados na norma constitucional, tais como os da segurança jurídica, do direito adquirido e do ato jurídico perfeito. Segundo essa visão, não caberia a interpretação ampliativa do art. 5º, inciso XL, da CF/1988, que somente se refere à norma penal.[241]

Essa questão foi bastante discutida no recente julgamento do STF a respeito das mudanças ocorridas na Lei de Improbidade Administrativa pela Lei nº 14.230/2021.

A decisão ocorreu nos autos do Agravo em Recurso Especial (ARE) nº 843.989/PR e representou o Tema 1.199 de Repercussão Geral.

A discussão girava em torno da definição de eventual (ir)retroatividade das disposições da Lei nº 14.230/2021, em especial em relação: à necessidade da presença do elemento subjetivo – dolo – para a configuração do ato de improbidade administrativa, inclusive no artigo 10 da LIA; e à aplicação dos novos prazos de prescrição geral e intercorrente.

Na feliz síntese dos professores Ingo Wolfgang Sarlet, Luis Henrique Braga Madalena, Bernardo Strobel Guimarães e Lucas Sipioni Furtado de Medeiros, o julgamento chegou à seguinte tese, por maioria:

> a. é necessária a comprovação do elemento subjetivo do dolo para a configuração dos atos de improbidade administrativa;
> b. *a norma que aboliu a improbidade culposa não retroage para atingir a coisa julgada, também não tendo incidência durante o processo de execução das penas e seus incidentes;*
> c. *a norma que aboliu a improbidade culposa retroage e é aplicável imediatamente aos processos em curso e aos fatos ainda não processados*, cabendo ao juízo competente, em qualquer caso, analisar eventual dolo do agente, hipótese em que a ação poderá continuar tramitando;
> d. *o novo regime prescricional é irretroativo* e os novos marcos interruptivos começam a correr a partir da publicação da lei, garantindo-se a eficácia dos atos praticados validamente antes da alteração legislativa.[242]

Como se vê, é possível concluir que o princípio da retroatividade da lei mais benéfica tem incidência restrita no campo do Direito Administrativo Sancionador, o que decorreria da ausência de norma constitucional expressa nesse sentido e das características próprias desse ramo do Direito, que não possui as mesmas peculiaridades do Direito Penal.

Transcreve-se excerto do voto do ministro Alexandre de Morais nesse sentido:

> Portanto, a retroatividade das leis é hipóteses excepcional no ordenamento jurídico, sob pena de ferimento à segurança e estabilidade jurídicas; e, dessa maneira, inexistindo disposição expressa na Lei 14.230/2021, não há como afastar o princípio do *tempus regit actum*.

---

[241] MARIANO, Jonathan de Mello Rodrigues. Crítica sobre a retroatividade da norma administrativa sancionadora mais benéfica. *Consultor Jurídico*, 22 de fevereiro de 2022. Disponível em: https://www.conjur.com.br/2022-fev-22/mariano-retroatividade-norma-sancionadora-benefica#:~:text=A%20tese%20da%20retroatividade%20da,a%20tutela%20do%20artigo%205%C2%BA%2C. Acesso em: 22 set. 2022.

[242] SARLET, Ingo Wolfgang; MADALENA, Luis Henrique Braga; GUIMARÃES, Bernardo Strobeç; MEDEIROS, Lucas Sipione Furtado de. STF decide pela irretroatividade parcial da reforma na Lei de Improbidade. *Revista Consultor Jurídico*, 5 de setembro de 2022, 14h52. Disponível em: https://www.conjur.com.br/2022-set-05/direitos-fundamentais-stf-irretroatividade-parcial-reforma-lei-improbidade. Acesso em: 11 jan. 2023.

A norma constitucional que estabelece a retroatividade da lei penal mais benéfica funda-se em peculiaridades únicas desse ramo do direito, o qual está vinculado à liberdade do criminoso (princípio do *favor libertatis*), fundamento inexistente no Direito administrativo sancionador; sendo, portanto, regra de exceção, que deve ser interpretada restritivamente, prestigiando-se a regra geral da irretroatividade da lei e a preservação dos atos jurídicos perfeitos; principalmente porque no âmbito da jurisdição civil, impera o princípio *tempus regit actum*.

Reverberando essa dissensão na jurisprudência dos Tribunais Superiores, há decisões no TCU em ambos os sentidos.

Por meio do Acórdão nº 3.323/2022-Segunda Câmara (relator: ministro Antonio Anastasia), o Tribunal afastou multa outrora aplicada ao prefeito antecessor, tendo em vista a superveniência de norma mais favorável, fixando a responsabilidade do sucessor, em situações semelhantes. Transcreve-se excerto do voto condutor:

> 16. Não por outro motivo, promoveu-se a alteração da Instrução Normativa TCU 71/2012 pela IN TCU 88/2020 pouco após as oitivas realizadas nestes autos, em 2019. Essa modificação foi bem analisada pelo Diretor da Subunidade da Serur, de cujo exame colho este excerto: "6. Ao acrescer à IN-TCU 71/2012 a seção denominada "da omissão na transição de mandatos", a IN-TCU 88/2020 buscou justamente delimitar a corresponsabilidade do prefeito antecessor/sucessor, mormente nas hipóteses em que o período de gestão integral dos recursos não coincide com o mandato em que ocorre o vencimento da prestação de contas. [...]."
> [...]
> 18. Desse modo, o mero ajuizamento de ação tendente a resguardar o patrimônio público, sem a demonstração de ações concretas adotadas para reunir a documentação relativa às contas, não me parecem suficientes a justificar a condenação do prefeito antecessor, visto que sobre o sucessor recaía a obrigação primordial de apresentá-las, tendo ainda o primeiro comprovado a correta aplicação dos valores do Programa, o que faz incidir no caso as disposições da novel IN TCU 88/2020.
> 19. *Tendo em tela esses fatos e não obstante não tenha o prefeito sucessor sido chamado aos autos na fase instrutória, visto que a IN entrou em vigor após a citação, o princípio da retroatividade da norma mais benéfica autoriza o afastamento da penalidade imposta ao Sr. [...]*. (grifos acrescidos)

Adotando a tese contrária, de não incidência do princípio da retroatividade da norma mais benéfica, cabe citar o Acórdão nº 2.080/2019-Plenário (relator: ministro Raimundo Carreiro), no qual se desconsideraram mudanças legislativas posteriores à ocorrência dos fatos que teriam tornado legítimas as condutas praticadas no âmbito das contratações públicas. Segue excerto do voto condutor expedido na oportunidade:

> Finalmente, quanto à derradeira alegação apresentada pelos recorrentes, no memorial datado de 12/08/2019 (peça 131), acerca da "insubsistência da 'grave infração à norma' devido à retroação benigna da Lei n. 13.303/2016 (*novatio legis in mellius*)", essa também não merece acolhimento.
> Não obstante reconheça a existência de precedentes do Superior Tribunal de Justiça, colacionados no referido memorial, acerca da possibilidade da aplicação do princípio da retroatividade da lei mais benéfica no âmbito do direito administrativo sancionador,

penso tratar-se ainda de entendimento em construção, e não de jurisprudência consolidada daquela Corte Superior. [...]
De qualquer sorte, sem me aprofundar nessa controvérsia, ainda que se admita a tese sustentada pelos recorrentes, no caso concreto, não vislumbro a sua possibilidade de aplicação, pelas razões que passo a expor.
[...]
Não merece acolhida, outrossim, a alegação dos recorrentes de que, em razão da superveniência da Lei 13.303/2016, não mais perduraria a "grave infração à norma legal ou regulamentar", a que se refere o art. 58, II, da Lei Orgânica do TCU, eis que as supostas condutas irregulares descritas no acórdão condenatório, ora recorrido, "não mais podem ser tidas como infrações", mas sim "como plenamente regulares, posto que adequadas as contratações semi-integrada ou integrada, conforme o art. 43, incs. V e VI".

Ora, não há como justificar as condutas irregulares praticadas pelos recorrentes no procedimento licitatório e na execução do contrato do mesmo decorrente, realizados na vigência da legislação anterior, com fundamento em regras estabelecidas em novel legislação que instituiu regimes de contratação diversos dos à época existentes.

Cabe, a esse respeito, salientar a regra de direito intertemporal estabelecida na própria Lei 13.303/2016, *verbis*:
"Art. 91. A empresa pública e a sociedade de economia mista constituídas anteriormente à vigência desta Lei deverão, no prazo de 24 (vinte e quatro) meses, promover as adaptações necessárias à adequação ao disposto nesta Lei.
[...]
§3º Permanecem regidos pela legislação anterior procedimentos licitatórios e contratos iniciados ou celebrados até o final do prazo previsto no caput."

Como se vê, o procedimento licitatório e a execução do contrato dele decorrente, ora em análise, indubitavelmente, permanecem regidos pela legislação anterior. Assim, por certo, os atos praticados pelos recorrentes com grave infração a tal regramento continuam passíveis de sanção por esta Corte de Contas. (grifos acrescidos)

5.1.10 Princípio da irretroatividade das normas

Trata-se de princípio geral do Direito, evidentemente aplicável a qualquer segmento, tendo em vista a plena incidência de outros princípios, tais como o da legalidade, da segurança jurídica e da proteção da confiança.

Ele expressa o brocardo *tempus regit actum*, segundo o qual os atos jurídicos se regem pela lei da época em que ocorreram. Em verdade, esse ideal incide até mesmo sobre novas interpretações a respeito da lei posta, como impõe o art. 2º, parágrafo único, inciso XIII, da Lei nº 9.784, de 29 de janeiro de 1999, lavrado no seguinte sentido:

Parágrafo único. Nos processos administrativos serão observados, entre outros, os critérios de: [...] XIII – interpretação da norma administrativa da forma que melhor garanta o atendimento do fim público a que se dirige, *vedada aplicação retroativa de nova interpretação.*

Esse princípio elementar do Direito consta também do art. 14 do CPC/2015, lavrado no seguinte sentido:

Art. 14. A norma processual não retroagirá e será aplicável imediatamente aos processos em curso, respeitados os atos processuais praticados e as situações jurídicas consolidadas sob a vigência da norma revogada.

Uma variante do princípio em exame é o chamado princípio da irretroatividade de nova interpretação. Ele busca consubstanciar os postulados da segurança jurídica e da isonomia, tendo sido positivado, inicialmente, na parte final do inciso XIII do parágrafo único do art. 2º da Lei nº 9.784/1999, segundo o qual a norma administrativa deve ser interpretada da forma que melhor garanta o atendimento do fim público a que se dirige, sendo "vedada aplicação retroativa de nova interpretação".

O princípio em tela também foi expresso no art. 24 da LINDB, introduzido pela Lei nº 13.655/2018:

Art. 24. A revisão, nas esferas administrativa, controladora ou judicial, quanto à validade de ato, contrato, ajuste, processo ou norma administrativa cuja produção já se houver completado levará em conta as orientações gerais da época, sendo vedado que, com base em mudança posterior de orientação geral, se declarem inválidas situações plenamente constituídas.
Parágrafo único. Consideram-se orientações gerais as interpretações e especificações contidas em atos públicos de caráter geral ou em jurisprudência judicial ou administrativa majoritária, e ainda as adotadas por prática administrativa reiterada e de amplo conhecimento público.

O princípio da irretroatividade da nova interpretação tem aplicação limitada quanto à atuação do Tribunal, no registro de atos de aposentadoria, pois, neste caso, não há que se falar propriamente em revisão, porquanto estes somente se completam com a manifestação do TCU. A questão foi debatida no Acórdão nº 8.986/2020-Primeira Câmara (relator: ministro Benjamin Zymler), cabendo transcrever a seguinte passagem do voto condutor:

14. Sem embargo, ainda que de clara mudança de entendimento se tratasse, de modo algum a negativa de registro do título de inatividade da recorrente representaria ofensa aos postulados da segurança jurídica, da isonomia ou da irretroatividade de nova interpretação.
15. Em primeiro lugar, é pacífica a jurisprudência do Supremo Tribunal Federal (STF) no sentido de classificar como complexo o ato de aposentação, em face da competência deste Tribunal estabelecida no art. 71, inciso III, da Constituição Federal. Destarte, *atos da espécie somente se tornam perfeitos, definitivos e eficazes, incorporando-se ao patrimônio jurídico dos administrados, quando recebem o registro da Corte de Contas, o que não se verificou no caso da sra. Márcia Denise Gama Diniz Dantas.*
16. Em segundo lugar, *precisamente por não ter sido registrado, não se aplica à hipótese a vedação a nova interpretação prevista no art. 2º, parágrafo único, inciso XIII, da Lei 9.784/1999. É que o dispositivo tem como pressuposto fático de incidência a revisão de ato administrativo concreto em face da mudança de entendimento por parte da administração, ou seja, a alteração de uma situação já constituída motivada por exegese ulterior.* Isso, todavia, não ocorre na aposentadoria ora em exame, uma vez que em nenhum momento esta Corte de Contas afirmou estar o título concessório da recorrente em consonância com a lei. Em outras palavras, o suposto entendimento jurisprudencial anterior, alegadamente favorável ao pagamento da "opção" na inatividade, jamais se materializou em seu favor.

Adiante, no mesmo voto, o relator destacou que as decisões do Tribunal não possuem a mesma eficácia de uma lei no que se refere ao julgamento de outros casos similares. Dito de outra forma, os jurisdicionados não têm direito adquirido a uma dada interpretação, a menos que esta tenha sido veiculada em uma decisão com caráter vinculante. Segue o trecho da manifestação do relator sobre o tema:

> 17. Por fim, não se pode atribuir a um entendimento do TCU eficácia de lei, como pretende a interessada, possibilitando-lhe, assim, a concessão de aposentadoria de forma ilegal, com base em posicionamento pretérito supostamente revisto, como se direito adquirido fosse. Em verdade, não há direito adquirido a determinado entendimento ou à aplicação de determinada jurisprudência de Tribunal, devendo prevalecer, em cada julgamento, a livre convicção dos julgadores acerca da matéria.
> 18. Com efeito, na dicção do STF, "o que regula os proventos da inatividade é a lei (e não sua interpretação) vigente ao tempo em que o servidor preencheu os requisitos para a respectiva aposentadoria (Súmula 359/STF). Somente a lei pode conceder vantagens a servidores públicos. Inexiste direito adquirido com fundamento em antiga e superada interpretação da lei" (cf. MS 26.196, relator ministro Ayres Britto, in DJe 1/2/2011 – grifos acrescidos).
> 19. Quer isso dizer que a jurisprudência dos tribunais, em nosso sistema jurídico, à exceção das decisões adotadas em caráter vinculante e com efeito erga omnes, não constitui base idônea para a formação da confiança do cidadão, o que implica dizer que não pode ele confiar na persistência da jurisprudência, mesmo em relação a casos situados no passado.

Quanto aos demais atos jurídicos sujeitos ao controle do Tribunal, o princípio em exame pode ser usado para fundamentar a modulação de decisões que tratem de novas interpretações veiculadas em resposta às consultas, as quais, conforme visto, têm caráter normativo e constituem prejulgamento da tese, mas não do fato ou caso concreto (art. 1º, §2º, da LOTCU).

Tal ocorreu, por exemplo, no Acórdão nº 1.536/2016-Plenário (relator: ministro Bruno Dantas), lavrado no seguinte sentido:

> 9.1.1. a jurisprudência deste Tribunal é pacífica no sentido de entender, como regra geral, para atendimento dos limites definidos no art. 65, §§1º e 2º, da Lei 8.666/1993, que os acréscimos ou supressões nos montantes dos ajustes firmados pelos órgãos e pelas entidades da Administração Pública devem ser considerados de forma isolada, sendo calculados sobre o valor original do contrato, vedada a compensação entre seus valores;
> 9.1.2. a modulação admitida no Acórdão 2681/2013-TCU-Plenário não pode ser generalizada a fim de se estender a todo e qualquer contrato de obra de infraestrutura hídrica firmado em decorrência de Termo de Compromisso assinado com o Ministério da Integração Nacional, eis que nem todos os contratos apresentam as mesmas peculiaridades que conduziram o Tribunal naquela decisão;
> 9.1.3. *é juridicamente viável a compensação entre o conjunto de acréscimos e de supressões no caso de empreendimentos de grande relevância socioeconômica do setor de infraestrutura hídrica que integrem Termo de Compromisso pactuado com o Ministério da Integração Nacional, desde que o contrato tenha sido firmado antes da data de publicação do Acórdão 2059/2013-TCU-Plenário e as alterações sejam necessárias para a conclusão do objeto, sem que impliquem seu desvirtuamento, observada a supremacia do interesse público e demais princípios que regem a Administração Pública;*
> (grifos acrescidos)

5.2 Pressupostos objetivos para a responsabilidade financeira

Conforme visto, a responsabilidade financeira reintegratória visa restabelecer a situação patrimonial do Estado existente antes da conduta irregular praticada no âmbito da gestão de bens e recursos públicos. Já a responsabilidade financeira sancionatória busca reprimir um comportamento desconforme às normas pertinentes à gestão de bens e valores públicos e induzir o escorreito cumprimento desta ordem normativa (funções retributiva e de prevenção geral).

5.2.1 Pressupostos objetivos para a responsabilidade financeira reintegratória

Segundo a doutrina de Emerson Cesar da Silva Gomes, a responsabilidade financeira reintegratória tem por paradigma a responsabilidade civil subjetiva, sem, entretanto, se confundir com esta. Segundo o autor, aquela tem os mesmos pressupostos desta, acrescidos de mais dois: o exercício da gestão de bens, dinheiros e valores públicos e a violação de normas atinentes a esta atividade.[243]

Temos um pequeno reparo a essa sistematização de Emerson Cesar da Silva Gomes. Conforme exposto no item 3.3 *supra*, defendemos que o espaço objetivo de incidência do controle financeiro são os atos e contratos que digam respeito à realização de receita e à execução da despesa, ou seja, que materializem a atividade financeira do Estado, de execução do orçamento e de gestão de bens e recursos públicos.

Também adotamos neste trabalho, consoante o subitem 3.2.1 *retro*, a tese de que o parâmetro de legalidade passível de ser escrutinado pelos tribunais de contas é o conjunto de normas que disciplinam o regime jurídico dos atos que compõem o processo de execução da despesa, realização de receita e gestão do patrimônio público, ou seja, as disposições que visam proteger o Erário.

Nessa perspectiva, compreendemos que o pressuposto específico da responsabilidade financeira reintegratória é que a violação de normas atinentes à gestão de bens e valores públicos ocorra no âmbito da execução de atos e contratos relativos a essa atividade financeira do Estado, de execução do orçamento e gestão do patrimônio público.

Isso implica que não é necessário que sujeito ativo da infração esteja no exercício da gestão de bens, dinheiros e valores públicos. Basta que ele viole as normas pertinentes a essa matéria no contexto dessa atividade financeira estatal. A propósito, cabe destacar que o regime jurídico-administrativo que disciplina as licitações e contratos administrativos se aplica tanto para o Poder Público quanto para os eventuais interessados. Todo aquele que acode a um chamamento público e celebra um contrato administrativo adere ao conjunto de regras que disciplinam as contratações públicas, estando sujeito à disciplina ali imposta.

Sendo assim, as pessoas estranhas à Administração Pública, signatárias de contratos para a execução de despesas públicas, também estão sujeitas à responsabilidade financeira reintegratória caso violem as normas alusivas ao regime jurídico de licitações e contratos e causem prejuízo ao Erário. Essa hipótese abarca as situações de celebração

---

[243] GOMES, Emerson César da Silva. *Op. cit.* p. 170.

de contratos e termos aditivos superfaturados, bem como de liquidação e pagamento irregular de despesas, como, por exemplo, de recebimento por serviços não executados.

Todavia, é preciso lembrar que o mero inadimplemento contratual pelo contratado é matéria sujeita à responsabilidade deste pela própria administração ou, ainda, perante o Poder Judiciário, não sendo passível de apuração pelos tribunais de contas, com vistas à atribuição de responsabilidade financeira reintegratória.

Esse entendimento está expresso no art. 209, §6º, inciso do RITCU, *in verbis*:

> §6º A responsabilidade do terceiro de que trata o inciso II do parágrafo anterior derivará:
> I – do cometimento de irregularidade *que não se limite ao simples descumprimento de obrigações contratuais ou ao não pagamento de títulos de crédito ou;*

Tal ocorre porque a responsabilidade financeira reintegratória é correspondente à responsabilidade aquiliana extracontratual, com a diferença de que o dever geral de cuidado violado é o conjunto de normas atinentes à gestão de bens e valores públicos.

Com isso, são esses os pressupostos para a responsabilidade financeira reintegratória efetivada pelos tribunais de contas, no exercício do controle financeiro da Administração Pública, em cumprimento à CF/1988:

a) violação de normas atinentes à gestão de bens e valores públicos no âmbito da execução de atos e contratos relativos a essa atividade financeira do Estado, de execução do orçamento e gestão do patrimônio público.

b) dano ao Erário; e

c) nexo de causalidade entre a conduta do agente e o dano ao Erário.

Ainda a propósito do primeiro requisito elencado, é preciso lembrar que os tribunais de contas *não* são o guardião geral da legalidade, tampouco agem como sucedâneo do Poder Judiciário para apurar a responsabilidade por danos ao patrimônio público não relacionados à atividade financeira estatal. Sendo assim, estão fora do raio de ação das Cortes de Contas os danos causados em razão da violação de um dever geral de cuidado, tais como os pertinentes à responsabilização civil.

Sobre o dano ao Erário, a LOTCU não traz nenhuma definição a respeito do instituto, tampouco estipula os casos em que ele estaria configurado, tal como ocorre no âmbito da Lei de Improbidade Administrativa.[244]

Quanto ao tema, aquele normativo apenas estipula que as contas serão julgadas irregulares em caso de dano ao Erário decorrente de ato de gestão ilegítimo ou antieconômico e desfalque ou desvio de dinheiros, bens ou valores públicos (art. 16, inciso III, alíneas "c" e "d"). Em outras disposições, a LOTCU fala em débito, que seria a expressão monetária do dano ao Erário, quantificada e apurada após o contraditório dos responsáveis, em decisão condenatória com natureza de título executivo extrajudicial (art. 24).

Sendo assim, cabe a conceituação de dano ao Erário com vistas ao escorreito estudo científico da matéria.

---

[244] Art. 10. Constitui ato de improbidade administrativa que causa lesão ao erário qualquer ação ou omissão dolosa, que enseje, efetiva e comprovadamente, perda patrimonial, desvio, apropriação, malbaratamento ou dilapidação dos bens ou haveres das entidades referidas no art. 1º desta Lei, e notadamente: (Redação dada pela Lei nº 14.230, de 2021).

O primeiro ponto a destacar é que o termo 'dano ao Erário', usado neste trabalho, tem acepção mais ampla que o consignado no art. 16, inciso III, alínea "c", da LOTCU, uma vez que ele também abarca a ocorrência de desfalque ou desvio de dinheiros, bens ou valores públicos, suscitado na alínea seguinte. Tal ocorre porque esses fatos também ensejam a responsabilidade financeira reintegratória dos agentes que lhe deram causa, estando sujeitos, portanto, aos mesmos pressupostos jurídicos das demais causas de dano ao Erário, em sentido estrito.

Para a compreensão da matéria, adota-se o conceito de Erário, trazido por Silvio Antonio Marques, como o conjunto de bens materiais e imateriais e de conteúdo econômico pertencentes aos órgãos e entidades públicas.[245] Essa definição é aceita pela doutrina que estuda as normas de improbidade administrativa, a qual considera o escopo de proteção da Lei nº 8.429/1992 mais restrito que o da Lei nº 4.717/1965 (Lei da Ação Popular), uma vez que esta abarca a proteção do patrimônio público em sentido lato.[246]

Quanto a este, o art. 1º, §2º, desta norma é claro ao preceituar que "consideram-se patrimônio público, para os fins referidos neste artigo, os bens e direitos de valor econômico, artístico, estético, histórico ou turístico".

Assim, acolhe-se a doutrina de Silvio Antonio Marques, no sentido que o Erário não se confunde com o patrimônio público em sentido amplo, uma vez que este congrega não apenas valores econômicos como também os valores artísticos, estéticos, históricos e turísticos.[247]

Pelo mesmo motivo, também estamos de acordo com a posição de Emerson Cesar da Silva Gomes, de que a responsabilidade financeira reintegratória não é o instrumento jurídico adequado para o ressarcimento de danos de natureza moral, ambiental, histórica ou cultural.[248] Aqueles que causarem danos dessa natureza ao Poder Público estarão sujeitos a outras modalidades de responsabilidade que não a financeira, tal como a manejada perante o Poder Judiciário, pela via da ação popular e da ação civil pública.

Ainda a pretexto do conceito de Erário, cabe mencionar, também, a lição de De Plácido e Silva. Conforme o autor clássico, este compreende o conjunto de bens pertencentes ao Estado, representados em valores oriundos de imposto ou de qualquer outra natureza, significando, assim, a fortuna do Estado.[249]

Com isso, concluímos que o dano ao Erário é a diminuição do valor patrimonial dos bens materiais e imateriais e de conteúdo econômico pertencentes ao Estado, sem a contrapartida de uma finalidade de interesse público.

Ele pode ser causado, por exemplo, pela contratação de bens, obras e serviços por valor acima do de mercado (superfaturamento por sobrepreço), pela medição e pagamento de quantidades de serviços e bens superiores às efetivamente executadas/fornecidas (superfaturamento por quantidade), pela deficiência na execução de obras e serviços de engenharia que resultem em diminuição da qualidade, vida útil ou

---

[245] MARQUES, Silvio Antonio. *Improbidade administrativa*. São Paulo: Saraiva, 2010, p. 84.
[246] AGRA, Walber de Moura. *Comentários sobre a Lei de Improbidade Administrativa*. Belo Horizonte: Fórum, 2022, p. 120.
[247] MARQUES, Silvio Antonio. *Improbidade administrativa*. São Paulo: Saraiva, 2010, p. 84.
[248] GOMES, Emerson César da Silva. *Op. cit.* p. 172.
[249] SILVA, De Plácido e. *Vocabulário jurídico*. Rio de Janeiro: Forense, 1989, vol. II (letras D a I), p. 182.

segurança (superfaturamento por qualidade), pela alienação de bens por valor inferior ao de mercado e pela renúncia irregular de despesas, fora dos critérios legais exigíveis.

A propósito da discussão sobre o que é dano ao Erário, é oportuno mencionar importante decisão do TCU sobre a possibilidade de o Tribunal imputar ou não como débito o lucro obtido ilicitamente por empresa, em contrato celebrado a partir de fraude comprovada à licitação. Em suma, discutia-se se a Corte de Contas poderia incluir no valor do dano a ser cobrado da contratada não apenas o superfaturamento por sobrepreço outrora identificado como também o lucro indevido.

A matéria foi decidida originalmente no Acórdão nº 129/2020-Plenário (relator: ministro Benjamin Zymler), o qual concluiu que a apuração de dano complementar decorrente dos valores auferidos pelo consórcio contratado a título de lucro ilegítimo *não* caracterizava débito, tendo determinado o arquivamento da tomada de contas especial, sem julgamento do mérito, ante a ausência de pressupostos de constituição e de desenvolvimento válido e regular do processo.

Esse entendimento foi confirmado pelo Acórdão nº 1.842/2022-Plenário (relator: ministro Antonio Anastasia), ao apreciar recurso de reconsideração interposto pelo Ministério Público junto ao TCU, sustentando tese contrária à propugnada naquele *decisum*.

Nesse ponto, cabe transcrever as ponderações trazidas no voto condutor da deliberação:

> Com as devidas vênias, entendo que o pagamento de lucros ilegítimos não é, a rigor, um dano ao erário, porquanto o Poder Público terá recebido, em contrapartida, o bem ou serviço que lhe foi prestado, não se podendo, a meu ver, falar em diminuição patrimonial a ser recomposta. Trata-se de assunto que penso ter explorado de modo suficiente nas referências que fiz à doutrina, especialmente ao trabalho escrito por Rosenvald e Kuperman.
> Lembro as palavras dos referidos autores no sentido de que *"o enriquecimento sem causa de uma pessoa não necessariamente decorre do empobrecimento de outra"*. E é exatamente por essa compreensão que os autores ressaltam a necessidade de superação da teoria do deslocamento patrimonial unitário. Conforme enfatizaram, "as restituições são governadas por uma ideia comum: o retorno do enriquecido ao status quo ante", motivo pelo qual foi aprovado o Enunciado n. 35 da Jornada de Direito Civil em 2002, cuja redação é a seguinte: "A expressão enriquecer à custa de outrem do art. 884 do novo Código Civil não significa, necessariamente, que deverá haver empobrecimento".
> Contudo, embora o pagamento de lucros ilegítimos não configure dano ao erário é, a meu ver, uma despesa pública absolutamente ilegal e ilegítima como, aliás, o próprio nome diz, pois decorrente de um ato ilícito praticado pela própria empresa beneficiária do aludido pagamento, o que ofende o princípio do não enriquecimento sem causa e o de que a ninguém é dado se beneficiar da própria torpeza.
> Ora, contratos decorrentes de fraude são nulos. E a declaração de nulidade opera efeitos retroativos, a fim de se reconstituir, na medida do possível, o status quo ante que, no presente caso, significa a indenização da empresa pelos custos, expurgados os lucros ilegítimos, exatamente para evitar o enriquecimento sem causa e o benefício da própria torpeza."
> Interessante que nesse caso, o TCU não fixou a responsabilidade financeira por esse pagamento, ou seja, o pagamento indevido ocorrido não foi considerado débito. No caso, o TCU resolveu expedir determinações à entidade jurisdicionada contratante a fim de que

adotasse medidas legais e administrativas para a restituição dos lucros ilegítimos pagos. (grifos acrescidos)

A devolução do lucro indevido é a forma usada na Espanha e nos Estados Unidos para retirar dos infratores o resultado auferido a partir dos ilícitos cometidos, sendo denominada, respectivamente, de teoria do produto bruto ou do produto bruto mitigado (também denominada de teoria do produto líquido) ou teoria do *disgorgement*.

Em nossa visão, essa parcela não é abrangida pelo conceito de dano ao Erário, uma vez que o pagamento do lucro da empresa, por si, não acarreta diminuição do valor patrimonial dos bens materiais e imateriais e de conteúdo econômico pertencentes ao Estado, até porque ele seria incorrido pelo Estado, de qualquer forma, independentemente de o contrato ter sido obtido de forma lícita ou ilícita.

Entende-se que a devolução do lucro indevido tem natureza de cominação, porquanto implica a perda dos bens ou valores acrescidos ilicitamente ao patrimônio do contratado, não se confundindo com o dano causado ao Erário. Tanto isso é verdade que a Lei nº 8.429/1992 o trata como pena a ser cobrada do agente, no caso de ato de improbidade administrativa que causa prejuízo ao Erário (art. 10), constituindo parcela independente do ressarcimento integral do dano patrimonial, sendo aplicável se ocorrer enriquecimento ilícito. Segue a redação do art. 12, inciso II, no essencial:

> Art. 12. Independentemente do ressarcimento integral do dano patrimonial, se efetivo, e das sanções penais comuns e de responsabilidade, civis e administrativas previstas na legislação específica, está o responsável pelo ato de improbidade sujeito às seguintes cominações, que podem ser aplicadas isolada ou cumulativamente, de acordo com a gravidade do fato: (Redação dada pela Lei nº 14.230, de 2021)
> [...]
> II – na hipótese do art. 10 desta Lei, perda dos bens ou valores acrescidos ilicitamente ao patrimônio, se concorrer esta circunstância [...]

Por esses motivos, entende-se que a cobrança do lucro auferido em contratos obtidos ilicitamente não se insere na competência do TCU, no âmbito da responsabilidade financeira reintegratória, uma vez que esta parcela não integra o conceito de dano ao Erário, possuindo a natureza de pena, de perda dos valores acrescidos indevidamente, a ser imputada exclusivamente pelo Poder Judiciário, em face de ações de improbidade administrativa.

Desse modo, compreende-se que agiu corretamente o Tribunal ao determinar à entidade administrativa contratante, no subitem 9.2 do Acórdão nº 1.842/2022-Plenário, que:

> 9.2.1. verifique junto à CGU e à AGU se a exigência de restituição de "lucros ilegítimos" pagos em razão dos contratos relativos à UDA e à UHDT da RNEST foi explicitamente incluída nos acordos de leniência e de colaboração premiada celebrados com as empresas Odebrecht e OAS;
> 9.2.2. caso a exigência referida no item anterior não esteja explicitamente incluída nos mencionados acordos, adote as providências legais e administrativas cabíveis no sentido de obter a restituição dos "lucros ilegítimos" pagos em razão dos contratos relativos à UDA e à UHDT da RNEST;

No que se refere à responsabilização por lucros cessantes, pela frustração deste ou por escolhas que impliquem perdas devido a custos de oportunidade, o TCU teve oportunidade de se manifestar sobre o tema quando analisou os atos decisórios da Petrobras a respeito da implantação da Refinaria Abreu e Lima (Rnest). Após a realização dos trabalhos, o Tribunal apurou que a decisão dos gestores da companhia se revelou antieconômica, uma vez que o valor de mercado da planta construída, em torno de US$ 4 bilhões – a empresa havia decidido se desfazer do bem –, era bastante inferior ao total investido até então, aproximadamente US$ 20 bilhões.

Todavia, o TCU decidiu, por meio do Acórdão nº 2.750/2020-Plenário (relator: ministro Benjamin Zymler), que o suposto dano não configurava um débito a ser imputado pela jurisdição de contas, conforme os seguintes fundamentos expostos no voto condutor:

> 52. Em outras palavras, embora já fosse evidente, pelo menos desde o início de 2009, que o *investimento era ruim, sem perspectiva de oferecer a lucratividade mínima estipulada pela companhia* (e, só por isso, não recomendável para uma sociedade empresária), *não apresentava indicação de dano, em seu conceito jurídico*. Como apontou a área de planejamento financeiro da empresa (Plafin), o *caso era de "avaliar a capacidade de geração de valor da RNEST frente a outras alternativas"* (peça 47, p. 110; grifei).
>
> 53. Nessa perspectiva, à luz das diretrizes da Petrobras e das informações disponíveis aos seus administradores até 2012, *o único custo efetivamente representado pela RNEST era um "custo de oportunidade"*, ou seja, a empresa, caso então optasse por outro investimento, obteria – em tese – um retorno que a refinaria muito provavelmente não lhe proporcionaria.
>
> 54. Posta assim a questão, pode-se concluir que, na realidade, *o "dano" representado pelo VPL negativo da RNEST tipifica mais propriamente uma frustração de expectativa de rentabilidade, de lucro, mormente quando confrontado com outras opções de investimento – mais rentáveis e seguras – que se apresentavam aos seus gestores.*
>
> 55. A viabilidade de reparação de um tal dano, entretanto, no âmbito do direito civil, é controversa. Mais recentemente, os tribunais pátrios têm tratado o tema no âmbito da "teoria da perda de uma chance", de inspiração francesa.
>
> 56. Em linhas gerais, *a "perda de uma chance" é uma vertente da responsabilidade civil que se ocupa da tutela do direito daquele que, por ação de terceiros, tem frustradas legítimas expectativas de auferir lucros ou evitar prejuízos, valorizando as reais possibilidades de obtenção do resultado que se poderia esperar.*
>
> [...]
>
> 59. Como se vê, o reconhecimento da virtual impossibilidade de se aferir com precisão o ônus suportado pela parte ofendida em casos do gênero *tem levado o Judiciário a deslocar o eixo da reparação, buscando valorar a oportunidade tolhida pelo ato ilícito. A solução, todavia, não me parece aplicável à espécie dos autos, quer pela ausência de indicação objetiva da eventual alternativa de investimento à RNEST a configurar a "chance perdida", quer pelo modo como se deu o comprometimento da empresa com a refinaria, de forma paulatina, mediante o concurso de sucessivas decisões equivocadas, cada uma delas tomada em contexto próprio, a requerer, por sua vez, a objetivação das "alternativas" de investimento que se apresentavam aos respectivos gestores.*
>
> 60. Assim, segundo entendo, *conquanto a Petrobras tenha arcado com um gravoso custo de oportunidade no episódio da implantação da RNEST, a persecução do correspondente dano não se situa no elenco de competências atribuídas a esta Corte de Contas. De fato, para além da frustração de retorno econômico, praticamente certo em todas as etapas decisórias do empreendimento, não há elementos nos autos que permitam inferir que os dirigentes da estatal tenham deliberado sobre*

premissas que de antemão apontassem para a ocorrência – no dizer de nossa Lei Orgânica – de dano concreto ao erário. (grifos acrescidos)

Em suma, embora a companhia tenha feito um investimento ruim, arcando com um elevado custo de oportunidade e estando prestes a incorrer em prejuízo contábil (a venda da refinaria ainda não havia sido concluída), tal ocorreu devido à frustração de premissas adotadas pelos dirigentes da companhia, as quais, embora equivocadas, não eram um fato concreto no momento da expedição dos atos decisórios. Por esse motivo, o dano que se revelou posteriormente não constitui um débito passível de ser cobrado pelo TCU.

A situação é distinta de eventuais excessos de custos na implantação do empreendimento, por sobrepreço. Nesse caso, em que os valores dos materiais e da mão de obra empregados no empreendimento se revelaram acima dos de mercado, é possível a imputação de responsabilidade financeira aos agentes que participaram da cadeia decisória de avaliação do custo de implantação do empreendimento, pois este era um dano certo, ainda que potencial, por ocasião da decisão pela assinatura do contrato correspondente.

Retomando a discussão sobre os pressupostos para a responsabilidade financeira reintegratória, cabem algumas palavras sobre o nexo de causalidade.

No contexto da matéria em estudo, trata-se da relação causal natural e de condicionalidade necessária entre um determinado fato, a conduta de um agente jurídico e um dano causado aos cofres públicos.

Como bem diz Sérgio Cavalieri Filho, é possível afirmar que o nexo de causalidade é elemento indispensável em qualquer espécie de responsabilidade, uma vez que esta pode ocorrer mesmo sem culpa, nos regimes que admitem a responsabilidade objetiva, mas não pode haver responsabilidade sem nexo causal.[250]

Quanto à delimitação da presença de nexo de causalidade, para fins de responsabilização financeira, o Tribunal acompanha a doutrina e a jurisprudência produzida no âmbito da responsabilização civil. Estas acolhem majoritariamente a teoria do dano direto e imediato, também chamada teoria da interrupção do nexo causal, em detrimento da teoria da equivalência das causas e da teoria da causalidade adequada. Trata-se, inclusive, da teoria adotada pelo Código Civil, conforme reconhecido pelo STF no RE nº 130.764/PR, ainda na égide da codificação anterior:

> Em nosso sistema jurídico, como resulta do disposto no artigo 1.060 do Código Civil, a teoria adotada quanto ao nexo de causalidade é a teoria do dano direto e imediato, também denominada teoria da interrupção do nexo causal. Não obstante aquele dispositivo da codificação civil diga respeito à impropriamente denominada responsabilidade contratual, aplica-se ele também à responsabilidade extracontratual, inclusive a objetiva, até por ser aquela que, sem quaisquer considerações de ordem subjetiva, afasta os inconvenientes das outras duas teorias existentes: a da equivalência das condições e a da causalidade adequada.

Segundo a teoria da interrupção do nexo causal, entre as várias circunstâncias a que se reporta o resultado, causa é aquela necessária e mais próxima à ocorrência daquele.

---

[250] CAVALIERI FILHO, Sérgio. *Programa de responsabilidade civil.* São Paulo: Atlas, 2012, p. 50.

Seguem alguns precedentes sobre o tema:

Para o estabelecimento do nexo de causalidade para fins de responsabilização, nos casos em que o dano ao erário decorre de um conjunto de causas (concausas), em que não se pode apontar uma única causa determinante para sua ocorrência, deve-se verificar se a conduta atribuída ao responsável possui relação direta e imediata com o dano, bem como se ela foi decisiva e necessária para a ocorrência do prejuízo.
(Acórdão nº 2.760/2018-Plenário. Relator: ministro Bruno Dantas)

Para o estabelecimento do nexo de causalidade para fins de responsabilização, aplica-se no TCU a teoria do dano direto e imediato, também chamada teoria da interrupção do nexo causal, em detrimento da teoria da equivalência das causas e da teoria da causalidade adequada.
(Acórdão nº 1.721/2016-Plenário. Relator: ministro Benjamin Zymler)
(Acórdão nº 1.501/2018-Primeira Câmara relator: ministro Benjamin Zymler)

No âmbito dos processos do TCU, a responsabilidade dos administradores de recursos públicos, com base no art. 70, parágrafo único, da Constituição Federal, é de natureza subjetiva, seguindo a regra geral da responsabilidade civil. Portanto, são exigidos, simultaneamente, três pressupostos para a responsabilização do gestor: i) ato ilícito na gestão dos recursos públicos; ii) conduta dolosa ou culposa; iii) nexo de causalidade entre o dano e o comportamento do agente. Deve ser verificada, ainda, a ocorrência de eventual excludente de culpabilidade, tal como inexigibilidade de conduta diversa ou ausência de potencial conhecimento da ilicitude.
(Acórdão nº 2.781/2016-Plenário. Relator: ministro Benjamin Zymler)

5.2.2 Pressupostos objetivos para a responsabilização financeira sancionatória

A responsabilidade sancionatória do TCU envolve a aplicação das sanções previstas na LOTCU.

As penas imputadas pelo Tribunal implicam, direta ou indiretamente, a violação de normas que regem a gestão de dinheiros, bens e valores públicos federais. Isso abrange, inclusive, as regras que impõem a obrigação de encaminhar os documentos e prestar as informações requeridas pelo TCU, uma vez que estas são instrumentais à comprovação do bom e regular emprego dos recursos públicos, dever inerente a toda e qualquer pessoa que administre recursos públicos.

A aplicação de sanção exige a caracterização do ato dentre as hipóteses indicadas na LOTCU como ensejadoras da pena. Esta norma, como sói ocorrer com a maioria das normas do Direito Administrativo Sancionador, veicula tipos administrativos abertos. Sendo assim, o julgador deve fundamentar o enquadramento dos fatos dentre as infrações administrativas previstas na norma e verificar as circunstâncias concretas de sua prática para a imputação da pena e a fixação de seu *quantum*.

Além disso, o Tribunal deve verificar a tipicidade da conduta do agente público e a antijuridicidade de seu comportamento.

Segundo Guilherme Nucci, a antijuridicidade ou ilicitude "é a contrariedade de uma conduta com o direito, causando efetiva lesão a um bem jurídico protegido".[251]

A avaliação da antijuridicidade constitui a segunda etapa da verificação do cometimento das infrações previstas na LOTCU, pois, da mesma forma que na órbita penal, o agente pode praticar um fato típico amparado em outra norma jurídica do sistema ou com o propósito de proteger algum outro bem albergado pela ordem jurídica.

A tipicidade aberta das normas que descrevem as infrações previstas na LOTCU impõe uma maior atenção à verificação, por parte da autoridade julgadora, da antijuridicidade ou ilicitude da conduta.

Essa etapa tem como objetivo evitar a aplicação de sanção por irregularidades que não causem uma efetiva lesão à ordem jurídica, ao patrimônio e ao interesse públicos. Além disso, o exame da antijuricidade busca analisar se o agente atuou em situação de inexigibilidade de conduta diversa.

Entende-se que o julgador de contas deve examinar, na avaliação da ocorrência dos ilícitos catalogados na LOTCU, o grau de lesividade a um bem jurídico protegido a fim de perquirir a tipicidade material do comportamento do agente. Nesse sentido, cabe transcrever a seguinte passagem da obra de Eugênio Pacelli e André Callegari:

> (...) a literalidade dos tipos penais não pode servir de referência absoluta para a determinação de seu alcance. (...) a tipicidade formal, isto é, a subsunção do fato à norma, constitui apenas o ponto de partida; o ponto de chegada, porém, será o juízo de tipicidade material, com a efetiva violação ao bem jurídico protegido.[252]

Em sentido próximo, Carlos Eduardo Elias de Oliveira entende que a definição do que seja irregularidade no serviço público deve ajustar-se aos parâmetros de razoabilidade e de proporcionalidade. Para a configuração da irregularidade, não basta o ajuste semântico-gramatical ao texto da norma proibitiva ou deontológica, sendo "[...] forçoso, outrossim, que a conduta seja materialmente violadora dos preceptivos deontológicos previstos na legislação, é dizer-se, ela deve ser repugnada mesmo após o teste de razoabilidade e proporcionalidade".[253]

Tais ideias encontram eco na teoria de Gregório Guardia, que sugere a realização de um juízo interpretativo valorativo a respeito das circunstâncias objetivas do cometimento do fato, como forma de superar a tipicidade aberta da infração administrativa. Em suas palavras:

> [...] não há impedir conceituação genérica no caso de infrações disciplinares, de modo a abarcar os ilícitos contrapostos à hierarquia, à ordem, ao funcionamento dos serviços públicos, ao patrimônio estatal, à moralidade e à credibilidade do serviço público. Constatação que

---

[251] NUCCI, Guilherme de Souza. *Manual de direito penal*. Rio de Janeiro: Forense, 2020, p. 330.
[252] PACELLI, Eugênio; CALLEGARI, André. *Manual de Direito Penal*: Parte Geral. São Paulo: Atlas, 2016, p. 93.
[253] OLIVEIRA, Carlos Eduardo Elias de. O juízo de proporcionalidade na fase de instauração de procedimentos disciplinares. *Revista Jus Navigandi*, Teresina, ano 18, n. 3.555, mar. 2013. Disponível em: https://jus.com.br/artigos/24057. Acesso em: 9 jul. 2020.

demanda juízo interpretativo valorativo, exemplificativamente, quanto às circunstâncias concretas, reiteração das faltas, prejuízo (efetivo ou potencial), dolo e negligência.[254]

Sendo assim, é preciso que o julgador verifique a ocorrência de lesão efetiva à ordem jurídica como um todo, após verificar o enquadramento de um fato em uma conduta tipificada na LOTCU. Tal procedimento tem como norte o cumprimento dos critérios da razoabilidade e da proporcionalidade no exercício do poder sancionador.

Na mesma trilha, Ismar dos Santos Viana entende que a realização de um juízo valorativo sobre a conduta é o primeiro passo para apurar a existência de uma irregularidade e, a partir daí, perquirir a necessidade e o *quantum* da sanção. Em suas palavras:

> [...] se a infração à norma for capaz de comprometer o bem jurídico a que visa proteger, será possível considerar, dentro do balizamento da proporcionalidade e razoabilidade, que o achado de auditoria se constitui em irregularidade. Feito isso, passa-se a analisar se a irregularidade é passível de responsabilização, a partir da individualização de condutas, análise de culpa, dolo ou erro grosseiro, e de culpabilidade, para fins de responsabilização-sanção.[255]

5.3 Pressupostos subjetivos para a responsabilização financeira

Os pressupostos subjetivos para a responsabilização financeira são a condição de gestor público, a existência de culpa em sentido amplo e a culpabilidade da conduta. No caso da responsabilidade reintegratória, admite-se a condenação de particular que tenha dado causa a perda, extravio ou outra irregularidade de que resulte prejuízo ao Erário, no âmbito da atividade financeira do Estado, como já visto. A dúvida que se levanta é se esta responsabilidade também é subjetiva ou se basta a demonstração de nexo causal. O tema será retomado adiante.

Conforme Sérgio Cavalieri Filho, culpa em sentido estrito é a "conduta humana voluntária contrária ao dever de cuidado imposto pelo Direito, com a produção de um evento danoso involuntário, porém previsto ou previsível".[256]

Dessa forma, são esses os elementos para a configuração da culpa:
a) conduta voluntária com resultado involuntário;
b) previsão ou previsibilidade; e
c) falta de cuidado, cautela, diligência ou atenção.

Segundo a doutrina do referido autor, o resultado, embora involuntário, poderá ter sido previsto pelo agente. Previsto é o resultado que foi representado, mentalmente antevisto. Nesse caso, haverá a culpa com previsão ou consciente, que se avizinha do

---

[254] GUARDIA, Gregório Edoardo Raphael Selingardi. Princípios processuais no direito administrativo sancionador: um estudo à luz das garantias constitucionais. *Revista da Faculdade de Direito*, Universidade de São Paulo, São Paulo, n. 109, p. 773-793, dez. 2014. Disponível em: http://www.revistas.usp.br/rfdusp/article/view/89256. Acesso em: 9 jul. 2020, p. 784.

[255] VIANA, Ismar dos Santos. Controle da Administração Pública e os novos parâmetros de responsabilização-sanção e responsabilização-reparação: interação interinstitucional e entre os sistemas de responsabilidade civil, administrativa e penal. *In*: CONTI, José Maurício; MARRARA, Thiago; IOCKEN, Sabrina Nunes; CARVALHO, André Castro (coord.). *Responsabilidade do gestor na Administração Pública*: aspectos gerais. Belo Horizonte: Fórum, 2022. p. 61-84, p. 75.

[256] CAVALIERI FILHO, Sérgio. *Programa de Responsabilidade Civil*. São Paulo: Malheiros, 2010, p. 36.

dolo, porque neste também há previsão, mas como elemento essencial. Estrema-se dele, todavia, pelo fato de o agente não ter querido o resultado, muito embora previsto.[257]

Do outro lado, o resultado pode não ter sido previsto, mas, pelo menos, pode ser previsível. Conforme o autor, a previsibilidade é o mínimo exigido para configurar culpa. Ela se verifica quando o resultado, embora não previsto, não antevisto, não representado mentalmente, poderia ter sido previsto e, consequentemente, evitado.[258]

A falta de cautela exterioriza-se por meio da imprudência, da negligência e da imperícia.

A imprudência é falta de cautela, o agir açodado ou precipitado, mediante uma conduta comissiva.[259] A negligência é o descaso, a falta de cuidado ou de atenção, a indolência, quer dizer, a omissão quando do agente se exigia uma ação ou conduta positiva.[260] A imperícia é a demonstração de inabilidade por parte do profissional no exercício de sua atividade de natureza técnica, ou seja, a incapacidade para o mister a que se propõe.

O dolo é a vontade conscientemente dirigida à produção de um resultado ilícito. É a infração consciente do dever preexistente ou o propósito de causar dano a outrem.[261]

No que se refere à responsabilidade financeira reintegratória de pessoas estranhas à Administração Pública, essa possibilidade foi expressa na parte final do art. 71, inciso II, da CF/1988 e no art. 16, §2º, alínea "b", da LOTCU. Segue a redação deste dispositivo:

§2º Nas hipóteses do inciso III, alíneas c e d deste artigo, o Tribunal, ao julgar irregulares as contas, fixará a responsabilidade solidária:
[...]
b) do terceiro que, como contratante ou parte interessada na prática do mesmo ato, *de qualquer modo haja concorrido para o cometimento do dano apurado*. (grifos acrescidos)

A aludida disposição suscita questionamentos sobre se a responsabilidade dos terceiros, contratados ou interessados, fora da estrutura da Administração Pública, é de natureza objetiva ou exige a perquirição da presença de culpa (corporativa ou empresarial). Esta última opção causa certa estranheza, já que não há propriamente um elemento subjetivo nos atos da pessoa jurídica, que age a partir da vontade e da conduta material de seus prepostos.

Há poucos precedentes a respeito do tema na jurisprudência do TCU. Em verdade, a matéria foi tangenciada em apenas uma oportunidade, no voto condutor do Acórdão nº 1.254/2020-Plenário (Revisor: ministro Benjamin Zymler), quando se discutiu a responsabilidade de empresa por sobrepreço identificado em contrato, não obstante a sua proposta tivesse ficado abaixo do orçamento estimativo da licitação.

Foram essas considerações esposadas na oportunidade:

39. O fato de a empresa não ter participado da elaboração do edital ou do orçamento base da licitação não é relevante para o deslinde da matéria, uma vez que *cabia à licitante, sponte*

---

[257] CAVALIERI FILHO, Sérgio. *Op. cit.*, p. 37.
[258] CAVALIERI FILHO, Sérgio. *Op. cit.*, p. 37.
[259] STOCO, Rui. *Tratado de Responsabilidade Civil*. São Paulo: Revista dos Tribunais, 2004. p. 136.
[260] STOCO, Rui. *Op. cit.*, p. 136.
[261] PEREIRA, Caio Mário da Silva. *Instituições de Direito Civil*. vol. 1. Rio de Janeiro: Forense Universitária, p. 458.

propria, cumprir a regra deduzida do art. 43, inciso IV, da Lei 8.666/1993, qual seja, ofertar preços compatíveis com os praticados pelo mercado, independentemente de eventual erro cometido pela Administração quando da elaboração do edital e do orçamento.
[...]
41. Apesar de o agente privado contratado pela Administração não ter a incumbência direta de gerir os recursos públicos, ele participa do ato jurídico de formação da vontade contratual, especificamente com relação à definição do preço final do ajuste. Nessa perspectiva, é legítima a inclusão da [...] como responsável solidária neste processo, na medida em que concorreu para a prática do dano apurado, ao deixar de ofertar preços compatíveis com os de mercado.
42. Não se pode olvidar que o contrato administrativo é espécie do gênero contrato, em que a vontade do contratado também é relevante para a formação do vínculo. Apesar de ele se submeter à potestade do Estado no que concerne às cláusulas de serviço e às disposições formais do ajuste – a minuta do contrato é parte do edital –, *a vontade do contratado se faz plena na decisão de participar da licitação ou de ser contratado diretamente e na oferta da proposta de preço.*
43. Dessa forma, *o particular responde plenamente por essa manifestação voluntária tendente ao aperfeiçoamento do vínculo contratual,* podendo a sua proposta ser desclassificada por sobrepreço ou por inexequibilidade. Mais ainda, firmada a avença, *a vontade do contratado se integra à da Administração, motivo pelo qual ele também responde por eventual superfaturamento.*
[...]
52. Nesse ponto, registro que a *responsabilidade do terceiro, nos termos do §2º do art. 16 da Lei 8.443/1992, decorre da chamada culpa contra a legalidade.* Considerando que o art. 43, inciso IV, da Lei 8.666/1993 se destina não apenas à Administração, mas também aos particulares que atuam em colaboração com o Estado, quando das contratações públicas, compreendo que o agente privado *incorre em culpa presumida ao deixar de seguir a regra posta e ofertar preços acima dos parâmetros de mercado.* (grifos acrescidos)

Dessa forma, considerando que a culpa corresponde a um comportamento contrário a um dever de cuidado objetivo, uma empresa que oferece proposta de preços em desacordo com o regime jurídico administrativo que rege as contratações públicas atua em dissonância com o parâmetro de conduta esperado, sendo possível afirmar que ela agiu com culpa contra a legalidade. Por essa razão, compreende-se que a responsabilidade financeira reintegratória de terceiros estranhos à Administração Pública também é de natureza subjetiva.

Como é cediço, a responsabilização perante o TCU não exige a presença de dolo. Exceção deve ser feita à infração catalogada no art. 46 da LOTCU, como se verifica no seguinte precedente, extraído da jurisprudência do Tribunal:

A conduta dolosa é elemento subjetivo indispensável à configuração de fraude à licitação, sendo requisito essencial para a aplicação da sanção de inidoneidade prevista no art. 46 da Lei 8.443/1992.
(Acórdão nº 1.701/2022-TCU-Plenário. Relator: ministro Bruno Dantas)

O termo culpabilidade pertence, por origem, ao Direito Penal, que impõe a sua verificação ao juiz da causa no momento de fixação da pena. A propósito do assunto, os critérios para a dosimetria das sanções criminais constam do art. 59 do Código Penal, lavrado nos seguintes termos:

Art. 59 – O juiz, atendendo à culpabilidade, aos antecedentes, à conduta social, à personalidade do agente, aos motivos, às circunstâncias e consequências do crime, bem como ao comportamento da vítima, estabelecerá, conforme seja necessário e suficiente para reprovação e prevenção do crime:
I – as penas aplicáveis dentre as cominadas;
II – a quantidade de pena aplicável, dentro dos limites previstos;

Todavia, a noção de culpabilidade depende da teoria do crime – finalista ou causalista – ao qual se vincula aquele que usa o termo. Segundo Guilherme Nucci:

> [...] o dolo e a culpa, para o finalismo, são elementos subjetivos do crime inseridos no fato típico. [...] Para os causalistas, no entanto, o dolo e a culpa concentram-se na culpabilidade, não se relacionando com o tipo e não constituindo seu elemento.[262]

O autor, que se diz adepto da teoria normativa pura (finalista), define a culpabilidade como:

> [...] um juízo de reprovação social, incidente sobre o fato e seu autor, devendo o agente ser imputável, atuar com consciência potencial de ilicitude, bem como ter a possibilidade e a exigibilidade de atuar de outro modo, seguindo as regras impostas pelo Direito (teoria normativa pura, proveniente do finalismo).[263]

Dessa forma, a ideia de culpabilidade ora se confunde com a perquirição da presença de dolo ou culpa na conduta do agente infrator, ora com o juízo a respeito da reprovação social do fato e do autor da infração.

Emerson Cesar da Silva Gomes parece se filiar à corrente finalista ao assinalar que a avaliação da culpabilidade pressupõe a análise, no caso concreto, do grau de reprovabilidade da conduta do administrador público. Segundo o autor, essa avaliação deve levar em conta "as circunstâncias, os parâmetros e as informações disponíveis ao gestor e vigentes à época da conduta ou da decisão administrativa inquinada".[264]

O aludido autor defende a utilização dos seguintes critérios no exame da culpabilidade na gestão dos recursos públicos: dolo e enriquecimento ilícito; circunstâncias do caso concreto; cargo e índole das principais funções do responsável; o volume de valores e fundos movimentados; montante da lesão aos cofres públicos; meios humanos e materiais disponíveis; complexidade da legislação e divergência jurisprudencial; existência de recomendação ou determinação do tribunal de contas e relevância social da ação governamental.

Independentemente da noção que se dê ao termo culpabilidade, a responsabilização financeira exige a presença de culpa em sentido estrito, seja como elemento integrante do tipo, seja como integrante da culpabilidade. Dito de outra forma, a autoridade julgadora tem que perquirir se o agente quis o resultado ou assumiu o risco de produzi-lo, atuando com dolo, ou se ele deu causa ao resultado por imprudência, negligência ou imperícia.

---

[262] NUCCI, Guilherme de Souza. *Manual de Direito Penal*. Rio de Janeiro: Forense, 2020, p. 255.
[263] NUCCI, Guilherme de Souza. *Op. cit.*, p. 391.
[264] GOMES, Emerson César da Silva. *Op. cit.* p. 193.

Ademais, o julgador deve avaliar se o agente infrator tinha consciência potencial de ilicitude, bem como a possibilidade e a exigibilidade de atuar de outro modo, seguindo as regras impostas pelo Direito. Para tanto, é importante analisar as circunstâncias do cometimento da infração, na linha exposta pela doutrina de Emerson Gomes.

A avaliação das circunstâncias subjetivas, da intenção do agente e das circunstâncias do cometimento do ilícito tem como fundamento o princípio da individualização da pena, previsto no art. 5º, inciso XLVI, da CF/1988 e de incidência plena no âmbito do Direito Administrativo Sancionador.

5.4 Pressupostos para a responsabilização trazidos pela LINDB

As regras para a fixação de sanção em razão da violação de normas sobre gestão pública foram tornadas mais claras com o advento da Lei nº 13.655, de 25 de abril de 2018. Tal norma incluiu vários dispositivos no Decreto-Lei nº 4.657, de 4 de setembro de 1942 (Lei de Introdução às Normas do Direito Brasileiro – LINDB), dentre os quais merece destaque, para o propósito do presente estudo, os pertinentes à aplicação de sanção em razão do descumprimento de normas sobre gestão pública.

É possível afirmar que os arts. 22 e 28 da LINDB formam, atualmente, o marco jurídico para a fixação de sanções administrativas, em sentido lato, nas esferas administrativa, controladora e judicial, assim como o art. 59 do Código Penal o é para fins de estabelecimento das penas criminais. Todavia, é preciso um alerta: tais disposições somente se aplicam aos agentes públicos e particulares que atuem como tal, na administração de recursos públicos.

As disposições da LINDB impuseram uma série de passos que a autoridade deve percorrer para o exercício do poder sancionatório, os quais envolvem não apenas a verificação da tipicidade do comportamento do agente, mas o exame da sua antijuricidade e culpabilidade da conduta, da presença de dolo ou erro grosseiro, das circunstâncias agravantes ou atenuantes, dos antecedentes do agente e da existência de outras sanções de mesma natureza relacionadas ao mesmo fato.

Os destinatários da LINDB são as autoridades responsáveis por proferir decisões nas esferas administrativa, controladora e judicial a respeito da regularidade de conduta ou validade de ato praticado por agente público, com vistas à aplicação de sanções em virtude da violação de normas sobre gestão pública. Por via de consequência, o dispositivo tem plena incidência sobre o exercício do poder sancionatório do TCU.

Dito isso, é importante analisar as disposições da LINDB pertinentes ao exercício da competência sancionatória do TCU.

5.4.1 Art. 22 da LINDB: avaliação da antijuridicidade e da culpabilidade do fato típico administrativo

O *caput* do art. 22 prescreve que, "na interpretação de normas sobre gestão pública, serão considerados os obstáculos e as dificuldades reais do gestor e as exigências das políticas públicas a seu cargo, sem prejuízo dos direitos dos administrados". O dispositivo deve ser lido em conjunto com os seus parágrafos para os propósitos do presente artigo.

O §1º do art. 22 assinala que, "em decisão sobre regularidade de conduta ou validade de ato, contrato, ajuste, processo ou norma administrativa, serão consideradas as circunstâncias práticas que houverem imposto, limitado ou condicionado a ação do agente".

A disposição exige que a autoridade julgadora examine, em cada caso concreto, as eventuais limitações e obstáculos que condicionaram ou impediram a conduta do agente de acordo com o direito para fins de aplicação de sanção.

Dentre as circunstâncias práticas referidas no §1º, incluem-se os obstáculos e as dificuldades reais do gestor e as exigências das políticas públicas a seu cargo, especificadas no *caput* do art. 22. Tais aspectos limitam e condicionam a atuação do agente público, interferindo no juízo a respeito da antijuridicidade e da culpabilidade de sua conduta.

O primeiro aspecto abrange a situação de um gestor que, de forma intencional ou culposa, descumpre uma regra jurídica, praticando o fato típico, mas assim procede devido a obstáculos reais ou circunstâncias que tornaram impossível ou muito difícil a atuação conforme as regras.

A título de exemplo, cita-se o caso de um engenheiro de obras, designado para fiscalizar a construção de um longo trecho de rodovia sem o auxílio de outros profissionais e sem o suporte e material técnico necessários (laboratório de solo, asfalto, instrumento de topografia, de controle de qualidade etc.), que eventualmente atestem a execução de quantitativos de movimentação de terra, para fins de medição e pagamento, que posteriormente se verifiquem em excesso.

Nessa hipótese, é possível afirmar que o engenheiro fiscal praticou o fato típico administrativo ao emitir boletim de medição atestando a execução de serviços não realizados, dando ensejo à liquidação da despesa em desacordo com o art. 63, *caput*, §1º, inciso II, e §2º, inciso III, da Lei nº 4.320, de 17 de março de 1964.[265] Sua conduta se amolda aos tipos especificados nos incisos II e III do art. 58 da Lei nº 8.443/1992, sendo, *a priori*, passível de apenação.[266]

Nesse exemplo, a conduta do engenheiro fiscal é ilícita ou antijurídica porquanto não é albergada em nenhuma outra norma do sistema. É correto falar que sua atuação foi contrária ao direito e causou efetiva lesão a um bem jurídico protegido, a saber as finanças públicas.

Todavia, a reprovabilidade de sua conduta pode ser mitigada ou até mesmo afastada em razão dos obstáculos e dificuldades reais existentes, em concreto. O exame desse aspecto insere-se na etapa de verificação da culpabilidade da conduta, quando se examina se o autor tinha a possibilidade e a exigibilidade de atuar de outro modo, seguindo as regras impostas pelo Direito. A conclusão quanto à aplicação ou não da

---

[265] Art. 63. A liquidação da despesa consiste na verificação do direito adquirido pelo credor tendo por base os títulos e documentos comprobatórios do respectivo crédito. §1º Essa verificação tem por fim apurar: (...) II – a importância exata a pagar; (...) §2º A liquidação da despesa por fornecimentos feitos ou serviços prestados terá por base: (...) III – os comprovantes da entrega de material ou da prestação efetiva do serviço.

[266] Art. 58. O Tribunal poderá aplicar multa de Cr$ 42.000.000,00 (quarenta e dois milhões de cruzeiros), ou valor equivalente em outra moeda que venha a ser adotada como moeda nacional, aos responsáveis por: (...) II – ato praticado com grave infração à norma legal ou regulamentar de natureza contábil, financeira, orçamentária, operacional e patrimonial; III – ato de gestão ilegítimo ou antieconômico de que resulte injustificado dano ao Erário.

sanção, na situação em tela, vai depender da dialética estabelecida no processo e das circunstâncias do caso concreto.

Quanto à atuação conforme as exigências das políticas públicas a seu cargo, também consignada no *caput* do art. 22, a hipótese legal abrange a situação de um agente público que eventualmente descumpra uma regra jurídica e, por consequência, pratique um fato típico, com a intenção de atender, de modo mais eficiente, uma finalidade de interesse público encartada em outra norma do ordenamento jurídico.

A título de exemplo, cita-se o caso de um agente público que assine um aditivo contratual acima do limite legal estabelecido no art. 65, §§1º e 2º, da Lei nº 8.666, de 21 de junho de 1993,[267] com o objetivo de viabilizar a conclusão de um hospital e, assim, permitir o atendimento de uma necessidade urgente da comunidade.

Nessa hipótese, o agente praticou o ato típico porquanto sua conduta se amolda ao tipo especificado no inciso II do art. 58 da Lei nº 8.443/1992, mas o seu comportamento pode (em tese) ser considerado como não antijurídico (jurídico), uma vez que está albergado em outro valor tutelado pelo sistema jurídico, a saber, o interesse público.[268]

Seguindo essa interpretação, seria adequado falar que não houve o cometimento da infração administrativa, já que a conduta não ultrapassou a etapa de avaliação da antijuridicidade, de modo que não cabe a aplicação da sanção administrativa.

Com isso, conclui-se que o §1º do art. 22 da LINDB envolve o exame da antijuridicidade e da culpabilidade da conduta praticada pelo agente público, eventualmente enquadrada em um fato típico administrativo.

O §2º do art. 22 da LINDB prescreve que, na aplicação de sanções, serão considerados:
a) a natureza e a gravidade da infração cometida;
b) os danos que dela provierem para a Administração Pública;
c) as circunstâncias agravantes ou atenuantes e os antecedentes do agente.

O primeiro aspecto implica um juízo de reprovação social sobre a conduta praticada pelo agente, ou seja, o exame da culpabilidade do fato, conforme já exposto. A partir desse dispositivo, o julgador deve verificar o grau de lesão ao bem jurídico tutelado pela norma, a fim de decidir pela aplicação da pena.

No caso da sanção estabelecida no inciso II da Lei nº 8.443/1992, é possível afirmar que a análise da natureza e da gravidade da infração cometida se dá por ocasião da verificação da própria ocorrência do fato típico, uma vez que a descrição da conduta vedada contempla esses aspectos – ato praticado com grave infração à norma legal ou regulamentar de natureza contábil, financeira, orçamentária, operacional e patrimonial.

A verificação dos danos que sobrevieram para a Administração Pública, exigida no §2º do art. 22 da LINDB, pode ocorrer por ocasião do exame da ocorrência do fato típico ou da reprovação social da conduta, a depender da norma violada. Por exemplo,

---

[267] "§1º O contratado fica obrigado a aceitar, nas mesmas condições contratuais, os acréscimos ou supressões que se fizerem nas obras, serviços ou compras, até 25% (vinte e cinco por cento) do valor inicial atualizado do contrato, e, no caso particular de reforma de edifício ou de equipamento, até o limite de 50% (cinquenta por cento) para os seus acréscimos. §2º Nenhum acréscimo ou supressão poderá exceder os limites estabelecidos no parágrafo anterior, salvo: (...) II – as supressões resultantes de acordo celebrado entre os contratantes."

[268] O TCU tem critérios mais rígidos para afastar a ilicitude desta conduta, expostos na paradigmática Decisão 215/1999-TCU-Plenário, relator Ministro José Antônio Barreto de Macedo.

os arts. 57 e 58, inciso III,[269] da Lei nº 8.443/1992 incluem esse aspecto no fato típico, o que implica a necessidade de perquirir a existência e a magnitude do dano para a própria caracterização do fato típico administrativo.

Nos demais casos, em que o dano não estiver previsto na descrição do fato típico administrativo, o exame de tais aspectos também se insere na avaliação da reprovação social da conduta e do grau de lesividade ao bem jurídico tutelado pela norma, ou seja, na avaliação da culpabilidade.

Já a perquirição das circunstâncias agravantes ou atenuantes e dos antecedentes do agente pertence à etapa de dosimetria da sanção, isto é, *não* são aspectos relacionados à verificação da ocorrência da infração administrativa e da culpabilidade.

Nesse ponto, ressalta-se que as novas disposições da LINDB inovam na ordem jurídica ao tornar expresso o exame das condições pessoais do agente e de outros aspectos relacionados à culpabilidade para a aplicação da sanção administrativa. Nesse particular, é possível afirmar que os dispositivos buscam aproximar um pouco a dosimetria da pena administrativa daquela apontada na lei criminal, especificamente, no art. 59 do Código Penal.

De qualquer forma, não existe norma, no âmbito do TCU, disciplinando quais as circunstâncias agravantes e atenuantes e quais os critérios para a perquirição dos antecedentes do infrator passíveis de serem considerados para fins de definição do *quantum* da pena. O ideal é que essa forma de calcular as sanções fosse definida em regulamento, ou seja, que o Tribunal disciplinasse a aplicação da LINDB no âmbito de sua atuação controladora, fazendo uso da competência normativa que lhe foi conferida no art. 3º da LOTCU.

Com relação ao §3º do art. 22 da LINDB, ele busca realizar uma espécie de ponderação entre os princípios da vedação ao *bis in idem* e da independência das instâncias. Conforme o dispositivo, "as sanções aplicadas ao agente serão levadas em conta na dosimetria das demais sanções de mesma natureza e relativas ao mesmo fato".

A delimitação do alcance da disposição demanda a interpretação do sentido do trecho "sanção de mesma natureza". Entende-se que o objetivo do legislador foi permitir o desconto da pena eventualmente aplicada por outro órgão no cômputo de nova sanção eventualmente imputada em razão do mesmo fato. Por via de consequência, o traço distintivo da natureza da pena, para os fins do §3º do art. 22 da LINDB, não é, evidentemente, a capitulação legal da infração, mas sim, o tipo de cominação ao qual estará sujeito o infrator: multa pecuniária, restrição a direito ou obrigação de fazer.

A título de exemplo, se um determinado prefeito tivesse sido multado pelo tribunal de contas estadual em razão da homologação de licitação contendo cláusulas restritivas, o TCU poderia, em tese, deixar de aplicar a multa do art. 58, inciso II, da LOTCU ao mencionado gestor, supondo que a licitação tivesse sido custeada também com recursos federais, se entendesse suficiente a dosimetria adotada pela Corte de Contas local. Alternativamente, o TCU poderia cominar outro valor e descontar a quantia

---

[269] Art. 57. Quando o responsável for julgado em débito, poderá ainda o Tribunal aplicar-lhe multa de até cem por cento do valor atualizado do *dano* causado ao Erário.
Art. 58. O Tribunal poderá aplicar multa de Cr$ 42.000.000,00 (quarenta e dois milhões de cruzeiros), ou valor equivalente em outra moeda que venha a ser adotada como moeda nacional, aos responsáveis por: (...) III – ato de gestão ilegítimo ou antieconômico de que resulte injustificado *dano* ao Erário.

imputada pelo tribunal de contas local se avaliasse que as circunstâncias do fato e a culpabilidade do agente merecesse outra dosimetria. Em suma, o TCU consideraria a sanção de mesma natureza aplicada pelo tribunal de contas especial ao exercer a sua competência sancionatória.

De toda sorte, há vários precedentes do TCU, prolatados em contexto anterior à LINDB, nos quais o Tribunal se absteve de aplicar multa a gestores já apenados por tribunais de contas locais, em virtude dos mesmos fatos. Tal ocorreu nos Acórdãos nºs 11.909/2011-Segunda Câmara (relator: ministro-substituto Augusto Sherman), 1.062/2009-Segunda Câmara (relator: ministro-substituto André de Carvalho) e 3.351/2008-Segunda Câmara (relator: ministro-substituto André de Carvalho), conforme já anunciado no item 5.1.7 *retro*.

5.4.2 Art. 28 da LINDB: avaliação dos elementos subjetivos do tipo administrativo

Segundo o art. 28 da LINDB, "o agente público responderá pessoalmente por suas decisões ou opiniões técnicas em caso de dolo ou erro grosseiro". O dispositivo exige interpretação, pois o legislador não usou o binômio dolo/culpa ao abordar o elemento subjetivo do cometimento do ato ilícito.

A visão do Tribunal sobre o que vem a ser erro grosseiro para os propósitos da norma foi originalmente adotada no Acórdão nº 2.391/2018-Plenário, de minha relatoria. Na ocasião, o Tribunal decidiu que o erro grosseiro "é o que decorreu de uma grave inobservância de um dever de cuidado, isto é, que foi praticado com culpa grave".

Considerando que a decisão foi o *leading case* do TCU sobre o tema, mostra-se interessante expor a *ratio decidendi* dessa deliberação.

Segundo o art. 138 do Código Civil, o erro, sem nenhum tipo de qualificação quanto à sua gravidade, é aquele "que poderia ser percebido por pessoa de diligência normal, em face das circunstâncias do negócio". Se ele for substancial, nos termos do art. 139, torna anulável o negócio jurídico. Se não, pode ser convalidado.

Tomando como base esse parâmetro, o erro leve é o que somente seria percebido e, portanto, evitado por pessoa de diligência extraordinária, isto é, com grau de atenção acima do normal, consideradas as circunstâncias do negócio. O erro grosseiro, por sua vez, é o que poderia ser percebido por pessoa com diligência abaixo do normal, ou seja, que seria evitado por pessoa com nível de atenção aquém do ordinário, consideradas as circunstâncias do negócio. Dito de outra forma, o erro grosseiro é o que decorreu de uma grave inobservância de um dever de cuidado, isto é, que foi praticado com culpa grave.

Para fins didáticos, o tema pode ser resumido da seguinte forma:

Gradação do erro	Pessoa que seria capaz de perceber o erro	Efeito sobre a validade do negócio jurídico (se substancial)
Erro grosseiro	Com diligência abaixo do normal	Anulável
Erro (sem qualificação)	Com diligência normal	Anulável
Erro leve	Com diligência extraordinária – acima do normal	Não anulável

Segundo Cristiano Chaves de Farias e Nelson Rosenvald, a "culpa grave é caracterizada por uma conduta em que há uma imprudência ou imperícia extraordinária e inescusável, que consiste na omissão de um grau mínimo e elementar de diligência que todos observam".[270]

Os aludidos autores invocaram a doutrina de Pontes de Miranda, segundo a qual a culpa grave é "a culpa crassa, magna, nímia, que tanto pode haver no ato positivo como no negativo, a culpa que denuncia descaso, temeridade, falta de cuidados indispensáveis"..[271]

A interpretação do TCU foi posteriormente veiculada no Decreto nº 9.830, de 10 de junho de 2019, que, ao regulamentar os arts. 20 a 30 da LINDB, estatuiu, no §1º do art. 12, que o erro grosseiro seria "[...] aquele manifesto, evidente e inescusável praticado com culpa grave, caracterizado por ação ou omissão com elevado grau de negligência, imprudência ou imperícia".

Na mesma deliberação, o Tribunal concluiu que o disposto no art. 28 da LINDB somente se aplica quando das decisões em matéria de aplicação de sanção, não de imputação de responsabilidade financeira em razão de um prejuízo ao Erário (débito).

Tal conclusão constou da seguinte passagem do voto condutor do Acórdão nº 2.391/2018-Plenário:

> 147. O dever de indenizar os prejuízos ao erário permanece sujeito à comprovação de dolo ou culpa, sem qualquer gradação, como é de praxe no âmbito da responsabilidade aquiliana, inclusive para fins de regresso à administração pública, nos termos do art. 37, §6º, da Constituição:
> '6º As pessoas jurídicas de direito público e as de direito privado prestadoras de serviços públicos responderão pelos danos que seus agentes, nessa qualidade, causarem a terceiros, assegurado o direito de regresso contra o responsável nos casos de dolo ou culpa.'
> 148. Como regra, a legislação civil não faz nenhuma distinção entre os graus de culpa para fins de reparação do dano. Tenha o agente atuado com culpa grave, leve ou levíssima, existirá a obrigação de indenizar. A única exceção se dá quando houver excessiva desproporção entre a gravidade da culpa e o dano. Nesta hipótese, o juiz poderá reduzir, equitativamente, a indenização, nos termos do art. 944, parágrafo único, do Código Civil.

Esse entendimento vem sendo adotado pelo TCU, como revelam os Acórdãos nºs 2.768/2019-Plenário, 5.547/2019-Primeira Câmara e 11.289/2021-Primeira Câmara, dentre outros.

Porém, o TCU esposou entendimento diferente ao proferir o Acórdão nº 1.235/2022-Plenário (relator: ministro Bruno Dantas), quando afastou a imputação de débito aos responsáveis por entender não configurada a ocorrência de erro grosseiro. Avalia-se que a posição externada no referido *decisum* permanece isolada, no contexto da jurisprudência dominante indicada. Sugere-se acompanhar o desdobramento da discussão do assunto, em outras decisões, a fim de perquirir eventual alteração na interpretação do Tribunal acerca da incidência do art. 28 da LINDB no campo da responsabilidade financeira reintegratória.

---

[270] FARIAS, Cristiano Chaves de; ROSENVALD, Nelson. *Curso de Direito Civil*. São Paulo: Atlas, 2015, p. 169.
[271] PONTES DE MIRANDA. *Tratado de direito privado*, t. XXIII. Rio de Janeiro: Borsoi, 1971, p. 72.

5.4.3 Dever de fundamentação reforçado

Devido à abertura das normas que tratam das infrações e sanções previstas na LOTCU, como já exposto, faz-se necessário que o julgador de contas proceda a uma rigorosa justificação. Tal dever foi incrementado com as modificações ocorridas na LINDB já descritas anteriormente.

Entende-se que a decisão sancionatória do TCU deve conter demonstração de que cumpriu as regras estabelecidas nos arts. 22 e 28 da LINDB para a aplicação da sanção. Tais dispositivos exigem a verificação da ilicitude da conduta e da existência de dolo ou erro grosseiro e da culpabilidade do fato praticado pelo agente.

A exteriorização desses aspectos na motivação da decisão viabiliza o controle da atividade punitiva do Tribunal na medida em que oferece melhores subsídios à crítica do juízo formulado, possibilitando o amadurecimento da jurisprudência e o aperfeiçoamento da própria atividade sancionatória.

A melhoria na fundamentação, no padrão exigido pela LINDB, também favorece o papel orientativo das decisões sancionatórias do TCU por tornar explícitos o comportamento proibido, o grau de lesividade e a consequência da infração.

Como assinala Gregório Guardia:

> A validade da solução que resultar a aplicação da sanção depende de adequada motivação, de modo que os fundamentos sejam relacionados, com vistas à elaboração de discurso justificativo da decisão tomada. A motivação presta-se a expor as razões que legitimam o ato decisório; persuadir as partes sobre a correta aplicação da lei; permitir o controle crítico do decidido; aprimorar a aplicação do direito, e consequentemente, promover o aperfeiçoamento das instituições jurídicas e da orientação jurisprudencial.[272]

A rigorosa fundamentação das decisões, seguindo as balizas expostas, também é importante para conferir impessoalidade e uniformidade ao exercício do poder sancionatório. Com isso, será possível perquirir a pena usualmente aplicada em casos semelhantes, o que viabilizará a construção de uma jurisprudência coerente e coesa, minimizando o risco de tratamento não isonômico.

Por essa razão, avalia-se que os seguintes precedentes do TCU não mais se aplicam no contexto atual, sendo pertinente uma maior reflexão sobre o tema:

> Não configura omissão apta ao acolhimento de embargos de declaração a ausência de indicação do critério utilizado para estipular o montante da multa, uma vez que, no âmbito do TCU, a dosimetria da pena tem como balizadores o nível de gravidade dos ilícitos apurados, com a valoração das circunstâncias fáticas e jurídicas envolvidas, e a isonomia de tratamento com casos análogos. O Tribunal não realiza dosimetria objetiva da multa, comum à aplicação de normas do Direito Penal, e não há um rol de agravantes e atenuantes legalmente reconhecido. (Acórdão nº 1.308/2019-Segunda Câmara. Relator: ministro-substituto Marcos Bemquerer. Acórdão nº 2.037/2016-Segunda Câmara. Relatora: ministra Ana Arraes).

---

[272] GUARDIA, Gregório Edoardo Raphael Selingardi. Princípios processuais no direito administrativo sancionador: um estudo à luz das garantias constitucionais. *Revista da Faculdade de Direito*, Universidade de São Paulo, São Paulo, n. 109, p. 773-793, dez. 2014. Disponível em: http://www.revistas.usp.br/rfdusp/article/view/89256. Acesso em: 9 jul. 2020, p. 785.

5.5 Precedentes sobre responsabilização

A jurisprudência do TCU, há muito, consolidou-se no sentido de que a responsabilidade dos administradores públicos em razão de irregularidades cometidas na gestão de bens e recursos públicos é de natureza subjetiva, ou seja, exige a demonstração de culpa. Nesse sentido, invocam-se os Acórdãos nºs 2.006/2006-Plenário (relator: ministro Benjamin Zymler), 1.530/2008-Plenário (relator: ministro Benjamin Zymler), 479/2010-Plenário (relator: ministro Raimundo Carreiro), dentre outros vários.

A responsabilidade dos gestores pode se originar de conduta comissiva ou omissiva, dolosa ou culposa, que se mostre contrária aos deveres impostos pelo regime de Direito público aplicável. Ela também alcança os particulares que causem prejuízo aos cofres públicos, nos termos da parte final do inciso II do art. 71 da CF/1988 e do art. 16, §2º, alínea "b", da LOTCU.

Passemos, então, à análise de alguns precedentes do TCU, explorando casos específicos de responsabilização.

5.5.1 Responsabilização dos licitantes por fraude à licitação

Seguem alguns precedentes envolvendo a imputação de responsabilidade com base no art. 46 da LOTCU:

a) apresentação de declarações, documentos e atestados falsos ou com conteúdo falso:

> O TCU pode declarar a inidoneidade (art. 46 da Lei 8.443/1992) de licitante que apresenta declaração falsa, independentemente da obtenção da vantagem indevida.
> (Acórdão nº 2.458/2015-Plenário. Relator: ministro Raimundo Carreiro)

> A apresentação de atestado com conteúdo falso caracteriza o ilícito administrativo de fraude à licitação e enseja a declaração da inidoneidade da licitante fraudadora.
> (Acórdão nº 27/2013-Plenário. Relator: ministro Walton Alencar)

> O uso de certidões adulteradas com o fim de demonstrar regularidade fiscal de licitante constitui fraude ao certame e conduz à declaração de inidoneidade da empresa responsável para participar de licitações no âmbito da Administração Pública Federal.
> (Acórdão 548/2007-Plenário. Relator: ministro Guilherme Palmeira)

> A participação de licitante como empresa de pequeno porte, sem possuir tal qualificação, em razão de faturamento superior ao limite legal estabelecido, constitui fraude à licitação e enseja a declaração de inidoneidade da empresa fraudadora (art. 46 da Lei 8.443/1992).
> (Acórdão nº 1.519/2016-Plenário. Relator: ministro Walton Alencar)

> A apresentação de atestado de capacidade técnica contendo informações sobre prestação de serviços em quantidades superiores às efetivamente realizadas, com intuito de atender a requisito de habilitação em procedimento licitatório, caracteriza fraude à licitação e enseja a declaração da inidoneidade da licitante fraudadora (art. 46 da Lei 8.443/1992), independentemente de o certame ter sido homologado em favor de outra empresa.
> (Acórdão nº 1.893/2020-Plenário. Relator: ministro Aroldo Cedraz)

b) prova exigida para a configuração de fraude à licitação:

A existência de relação de parentesco ou de afinidade familiar entre sócios de distintas empresas ou sócios em comum não permite, por si só, caracterizar como fraude a participação dessas empresas numa mesma licitação, mesmo na modalidade convite. Sem a demonstração da prática de ato com intuito de frustrar ou fraudar o caráter competitivo da licitação, não cabe declarar a inidoneidade de licitante.
(Acórdão nº 952/2018-Plenário. Relator: ministro Vital do Rêgo)

c) conluio:

A existência de fatos que evidenciam a prática de conluio entre licitantes configura fraude à licitação e enseja a aplicação da penalidade de declaração de inidoneidade para licitar com a Administração Pública Federal (art. 46 da Lei 8.443/1992).
(Acórdão nº 478/2016-Plenário. Relator: ministro-substituto Marcos Bemquerer)

d) fraude na fase interna de licitação ou em pesquisa de preços em contratação direta:

É aplicável a declaração de inidoneidade (art. 46 da Lei 8.443/1992) a empresa que, embora não assuma a condição de licitante ou não seja contratada, participe do processo licitatório com intuito de fraudá-lo, a exemplo do oferecimento de proposta para subsidiar pesquisa de preços viciada.
(Acórdão nº 2.166/2022-Plenário. Relator: ministro-substituto Augusto Sherman)

e) fraude na fase de lances em pregão:

Configura comportamento fraudulento conhecido como coelho, ensejando declaração de inidoneidade para participar de licitação da Administração Pública Federal, a apresentação por licitante de proposta excessivamente baixa em pregão para induzir outras empresas a desistirem de competir, em conluio com uma segunda licitante que oferece o segundo melhor lance e que, com a desclassificação intencional da primeira, acaba sendo contratada por um valor superior àquele que poderia ser obtido em ambiente de ampla concorrência, sem a influência do coelho.
(Acórdão nº 754/2015-Plenário. Relator: ministra Ana Arraes)

f) responsabilização por débito verificado no contexto da ocorrência de fraude à licitação:

Constatado superfaturamento decorrente da prática de sobrepreço em licitação cujos participantes estiveram reunidos em conluio, apresentando lances de cobertura ou se abstendo de apresentar propostas no certame, o débito deve ser imputado apenas ao licitante vencedor (contratado), enquanto os demais competidores podem ser punidos pelas fraudes ao processo licitatório, na forma de declarações de inidoneidade (art. 46 da Lei 8.443/1992) para participar de licitação na Administração Pública federal ou nos certames promovidos pelos estados, Distrito Federal e municípios a partir da aplicação de recursos federais.
(Acórdão nº 1.484/2022-Plenário. Relator: ministro Jorge Oliveira)

g) unificação/soma das penas:

As fraudes à licitação cometidas em um mesmo "contexto delituoso", ainda que tratadas em processos distintos, devem ensejar a aplicação, no conjunto, de uma sanção máxima de cinco

anos na declaração de inidoneidade dos licitantes fraudadores. Se houver envolvimento em fraudes em contextos completamente diferentes entre si, não há óbices para que distintas sanções sejam aplicadas e que, somadas, possam ultrapassar o prazo de cinco anos.
(Acórdão nº 2.391/2013-Plenário. Relator: ministro Aroldo Cedraz)

As sanções de declaração de inidoneidade (art. 46 da Lei 8.443/1992) aplicadas à mesma licitante devem ser cumpridas sucessivamente e estão limitadas, em seu conjunto, ao total de cinco anos, aplicando-se por analogia o art. 75, §§1º e 2º, do Código Penal, sendo que, sobrevindo nova condenação durante a execução da pena, por fato anterior ao início do cumprimento da punição antecedente, a nova condenação deve ser lançada no montante total já unificado.
(Acórdão nº 2.092/2021-Plenário. Relator: ministro Vital do Rêgo)

As sanções de declaração de inidoneidade (art. 46 da Lei 8.443/1992) aplicadas à mesma licitante devem ser cumpridas sucessivamente e estão limitadas, em seu conjunto, ao total de cinco anos, aplicando-se por analogia o art. 75, §§1º e 2º, do Código Penal Brasileiro, sendo que, sobrevindo nova condenação (i) durante a execução da pena: (a) por fato posterior ao início do cumprimento da punição antecedente, o período restante da pena anterior deve ser somado à totalidade da pena posterior, desprezando-se, para aplicação do limite, o período de pena já cumprido; (b) por fato anterior ao início do cumprimento da punição antecedente, a nova condenação deve ser lançada no montante total já unificado; (ii) após o encerramento da execução das punições anteriormente aplicadas, a nova sanção deve ser cumprida integralmente, como punição originária, ainda que decorrente de fatos anteriores ou contemporâneos aos das sanções já cumpridas.
(Acórdão nº 1.221/2018-Plenário. Relator: ministro Benjamin Zymler)

5.5.2 Responsabilização de particulares estranhos à Administração Pública por débito e multa

a) desnecessidade de litisconsórcio com agente público:

O agente particular que tenha dado causa a dano ao erário está sujeito à jurisdição do Tribunal de Contas da União, independentemente de ter atuado em conjunto com agente da Administração Pública, conforme o art. 71, inciso II, da Constituição Federal. Cabe ao TCU delimitar as situações em que os particulares estão sujeitos a sua jurisdição.
(Acórdão nº 946/2013-Plenário. Relator: ministro Benjamin Zymler)

b) necessidade de o dano ter sido cometido no contexto de um vínculo jurídico com a Administração, a partir de um contrato ou instrumento congênere:

Compete ao TCU julgar as contas de pessoas físicas ou jurídicas de direito privado que causarem dano ao erário, independentemente da coparticipação de servidor, empregado ou agente público, desde que as ações do particular contrárias ao interesse público derivem de ato, contrato administrativo ou instrumento congênere sujeito ao controle externo (arts. 70, parágrafo único, e 71, inciso II, da Constituição Federal c/c os arts. 5º, inciso II, 16, §2º, e 19 da Lei 8.443/1992 e o art. 209, §6º, do Regimento Interno do TCU).
(Acórdão nº 321/2019-Plenário. Relator: ministra Ana Arraes – incidente de uniformização de jurisprudência)

Comentários: essa decisão ilustra bem o posicionamento esposado nesta obra a respeito de um dos pressupostos objetivos para a responsabilidade financeira reintegratória: que o dano ao Erário decorra de violação de normas atinentes à gestão de bens e valores públicos, verificada no âmbito da execução de atos e contratos relativos a essa atividade financeira do Estado. Nesse caso, a relatora acompanhou a manifestação da Procuradora-Geral do Ministério Público junto ao TCU, Cristina Machado, no seguinte sentido:

> 22. A referida norma constitucional demonstra que a atuação do controle externo tem por objeto precípuo a fiscalização da gestão da coisa pública. [...]
> 23. A título de exemplo, tem-se que o particular que contrata com a Administração e, no âmbito deste vínculo jurídico, causa dano ao erário, como nos clássicos exemplos do superfaturamento ou de execução de serviços com qualidade inferior à contratada, estará sujeito à tomada de contas especial a ser julgada pelo Tribunal.
> 24. Diversamente, o delinquente que depreda o patrimônio público ou o particular que causou dano ao erário em acidente de trânsito, nestas qualidades, não têm quaisquer vínculos jurídicos (ato de gestão, ato administrativo ou contrato) com a Administração que denotem a gestão da coisa pública, razão pela qual escapam ao controle externo. Dessa forma, nestes casos, é incabível a instauração e o julgamento de tomada de contas especial pelo TCU. Note-se que não se está a dizer que tais casos não estejam sujeitos a ressarcimento e sanções, mas, tão somente, que a via processual não é a tomada de contas e o órgão competente para fazê-lo não é o TCU.
> 25. Assim, conclui-se que a instauração de tomada de contas pelo Tribunal contra o particular que lesou o erário somente é possível diante da existência de um vínculo jurídico entre o agente privado e a Administração que denote ou derive de atos de gestão de coisa pública.

Essa foi a razão pela qual a relatora esposou o entendimento veiculado, eliminando eventuais dúvidas sobre a exegese do Acórdão nº 946/2013-Plenário, no sentido de que:

> [...] a solução que melhor se amolda ao ordenamento jurídico é aquela que reconhece, com base em interpretação lógica, sistemática, histórica e teleológica das normas citadas, a competência do TCU para julgar as contas de particulares, independentemente da coparticipação de agente público no cometimento do dano ao erário, *desde que os atos inquinados decorram de vínculo jurídico entre o particular e a Administração no qual se verifiquem prejuízos ao interesse público*. (grifos acrescidos)

5.5.3 Responsabilização de empregados de entidade privada

a) Impossibilidade de se responsabilizar empregados de pessoa jurídica que tenha dado causa a dano ao Erário e necessidade de se desconsiderar a personalidade jurídica da empresa para alcançar seus sócios e administradores:

> O vínculo contratual entre a entidade privada e o Poder Público não autoriza a responsabilização de empregados da empresa contratada por prejuízos causados ao Erário por esta. Por outro lado, os sócios e os administradores da empresa contratada podem ser arrolados pelo Tribunal, na hipótese de estarem presentes os requisitos para a desconsideração da personalidade jurídica, nos termos do art. 50 do Código Civil.
> (Acórdão nº 835/2015-Plenário. Relator: ministro Bruno Dantas; Acórdão nº 121/2021-Plenário. Relator: ministro Bruno Dantas e Acórdão nº 1.484/2022-Plenário. Relator: ministro Jorge Oliveira).

5.5.4 Responsabilização de administradores de entidade privada

Há divergência jurisprudencial no TCU quanto à necessidade de desconsideração da personalidade jurídica das empresas para fins de responsabilização dos administradores.

a) pela necessidade de desconsideração da personalidade jurídica:

> Nos casos em que a relação entre a Administração e a entidade privada é meramente contratual e esta tenha concorrido para cometimento de dano ao erário, quem responde perante a Administração é a pessoa jurídica contratada, não os seus administradores. Estes somente podem responder pelo prejuízo ao erário mediante a desconsideração da personalidade jurídica da entidade.
> (Acórdão nº 3.455/2015-Primeira Câmara. Relator: ministro Walton Alencar)

> Quando o vínculo entre a Administração Pública e o particular deriva de um contrato, a responsabilidade é prioritariamente da pessoa jurídica contratada, por ter sido ela que se obrigou perante o Estado, não podendo o TCU atribuir a obrigação de indenizar às pessoas físicas que assinaram o termo contratual ou praticaram atos relacionados à avença na condição de representantes da contratada; salvo em hipóteses excepcionais relativas a conluios, abuso de direito ou prática de atos ilegais ou contrários às normas constitutivas ou regulamentares da entidade contratada, situações em que se aplica a desconsideração da personalidade jurídica para alcançar sócios ou administradores.
> (Acórdão 8.987/2020-Primeira Câmara. Relator: ministro Bruno Dantas)

b) pela desnecessidade de desconsideração da personalidade jurídica:

> O TCU pode julgar de forma direta, sem necessidade de desconsideração da personalidade jurídica, as contas de sócios de empresa que participaram ativamente de irregularidade da qual resultou prejuízo ao erário, uma vez que os arts. 70, parágrafo único, e 71, inciso II, da Constituição Federal não fazem distinção entre agentes públicos ou particulares para fins de recomposição de débito.
> (Acórdão nº 2.193/2017-Plenário. Relator: ministro Benjamin Zymler)
> (Acórdão nº 2.273/2019-Plenário. Relator: ministro Benjamin Zymler)

No caso dos administradores de pessoa jurídica participante do Programa Farmácia Popular do Brasil,[273] a jurisprudência do TCU é pacífica no sentido de que não é preciso promover a desconsideração da personalidade jurídica da entidade privada para que se apure a responsabilidade financeira de seus dirigentes, uma vez que estes agem na condição de agentes públicos de fato, submetendo-se ao dever de prestar contas dos valores que lhe foram confiados. Nesse sentido, cabe transcrever os seguintes precedentes:

> A responsabilização pessoal do administrador em solidariedade com a pessoa jurídica participante do Programa Farmácia Popular do Brasil (PFPB) decorre da natureza convenial da relação jurídica estabelecida com o poder público, não havendo necessidade de o TCU recorrer ao instituto da desconsideração da personalidade jurídica. Ao assumir voluntariamente o encargo da gestão de recursos do PFPB, o particular se submete à obrigação de prestar

---

[273] O Programa Farmácia Popular do Brasil (PFPB) é um programa do governo federal que visa complementar a disponibilização de medicamentos utilizados na Atenção Primária à Saúde (APS) por meio de parceria com farmácias e drogarias da rede privada. Dessa forma, além das Unidades Básicas de Saúde e/ou farmácias municipais, o cidadão poderá obter medicamentos nas farmácias e drogarias credenciadas ao PFPB (Fonte: https://www.gov.br/saude/pt-br/acesso-a-informacao/acoes-e-programas/farmacia-popular. Acesso em: 17 jan. 2023).

contas (art. 70, parágrafo único, da Constituição Federal) e a eventual responsabilização em caso de mau uso dos recursos geridos (art. 71, inciso II, da Lei Maior).
(Acórdão nº 981/2022-Primeira Câmara. Relator: ministro Vital do Rêgo)

A pessoa jurídica que participa do Programa Farmácia Popular do Brasil (PFPB) assume a gestão de recursos públicos, submetendo-se à obrigação de prestar contas, conforme disposto no art. 70, parágrafo único, da Constituição Federal, e sujeitando-se a eventual responsabilização em solidariedade com seus administradores, caso configurado o mau uso dos recursos geridos, nos termos do art. 71, inciso II, da Lei Maior.
(Acórdão nº 2.457/2019-Primeira Câmara. Relator: ministro Vital do Rêgo)

5.5.5 Responsabilidade de pessoas jurídicas de direito privado e seus dirigentes na condição de gestores de recursos públicos

A pessoa jurídica de direito privado e seus administradores respondem solidariamente pelo dano causado ao Erário quando da execução irregular de convênios e instrumentos congêneres celebrados com o Poder Público federal, destinada à realização de uma finalidade pública (Acórdão nº 5.106/2014-Primeira Câmara. Relator: ministro Benjamin Zymler).

Em verdade, o assunto foi até pacificado na Súmula-TCU nº 286:

A pessoa jurídica de direito privado destinatária de transferências voluntárias de recursos federais feitas com vistas à consecução de uma finalidade pública responde solidariamente com seus administradores pelos danos causados ao erário na aplicação desses recursos.

5.5.6 Responsabilização de pessoas jurídicas no âmbito do Programa Farmácia Popular do Brasil

A pessoa jurídica que participa do Programa Farmácia Popular do Brasil (PFPB) assume a gestão de recursos públicos, submetendo-se à obrigação de prestar contas, conforme disposto no art. 70, parágrafo único, da Constituição Federal, e sujeitando-se a eventual responsabilização em solidariedade com seus administradores, caso configurado o mau uso dos recursos geridos, nos termos do art. 71, inciso II, da Lei Maior.
(Acórdão nº 5.259/2018-Primeira Câmara. Relator: ministro Vital do Rêgo)
(Acórdão nº 5.987/2021-Primeira Câmara. Relator: ministro-substituto Weder de Oliveira)

5.5.7 Responsabilidade de agentes políticos

Como regra, o TCU não imputa responsabilidade financeira a agentes políticos quando eles não praticam atos de gestão. Todavia, há determinadas circunstâncias que podem levar à responsabilização de tais agentes, como se verifica nos precedentes a seguir:

a) irregularidades materialmente relevantes e abrangentes:

Não cabe imputação de responsabilidade a agentes políticos quando não há a prática de atos administrativos de gestão, exceto se as irregularidades tiverem um caráter de tal amplitude e relevância que, no mínimo, fique caracterizada grave omissão no desempenho de suas atribuições de supervisão hierárquica.
(Acórdão nº 760/2015-Plenário. Relator: ministro-substituto Marcos Bemquerer; Acórdão nº 1.625/2015-Plenário. Relator: ministro-substituto Marcos Bemquerer)

É possível a responsabilização de ministro de Estado nas situações em que desempenha diretamente funções executivas, especialmente quando celebra contratos e termos aditivos com irregularidades que, pelas materialidade e importância dos serviços envolvidos, podem e devem ser percebidas pelo signatário dos ajustes.
(Acórdão nº 1.151/2015-Plenário. Relator: ministra Ana Arraes)

b) erro grosseiro e culpa grave na celebração de convênio:

A existência de pareceres técnico e jurídico não exime a responsabilidade de agente político que, ao assinar convênio, permite o repasse de verbas federais a objeto não elegível pela política pública sobre a qual tem a obrigação precípua de promover e zelar, pois caracteriza conduta com erro grosseiro e culpa grave.
(Acórdão nº 11.069/2019-Primeira Câmara. Relator: ministro Benjamin Zymler)

c) conhecimento das irregularidades ou omissão grave:

A imputação de responsabilidade a agente político é possível, razoável e necessária nos casos em que tenha contribuído de alguma forma para as irregularidades, em que delas tinha conhecimento, ou, ainda, em que houve alguma omissão grave de sua parte.
(Acórdão nº 2.922/2013-Plenário. Relator: ministro José Jorge)

5.5.8 Responsabilidade dos prefeitos em face de recursos transferidos aos municípios mediante convênio e instrumentos congêneres

A responsabilidade pessoal dos prefeitos e dos demais agentes públicos do ente municipal que tenham atuado na gestão de recursos públicos federais transferidos mediante convênios e instrumentos congêneres, inclusive de pessoas estranhas à Administração Pública que tenham causa a dano ao Erário, no contexto em exame, decorre do inciso VI do art. 71 da CF/1988, c/c inciso II do referido dispositivo.

Conforme aquela disposição, compete ao TCU fiscalizar a aplicação de quaisquer recursos repassados pela União mediante convênio, acordo, ajuste ou outros instrumentos congêneres, a Estado, ao Distrito Federal ou a Município.

A jurisprudência do Tribunal possui várias decisões imputando responsabilidade financeira reintegratória e sancionatória a prefeitos que tenham atuado como ordenadores de despesa em convênios e instrumentos congêneres ou tenham agido com grave omissão na supervisão de tais ajustes, incorrendo em culpa *in vigilando* ou *in eligendo*.

Além das decisões elencadas no capítulo anterior acerca da responsabilização de agentes políticos, de maneira geral, há várias outras abarcando especificados casos de prefeitos que, mesmo sem atuar diretamente como ordenadores de despesa, foram responsabilizados pelo TCU em face de irregularidades graves cometidas na execução de convênios e instrumentos similares por conta da extensão e da materialidade das falhas. A título de exemplo, transcreve-se a seguinte passagem do voto condutor do Acórdão nº 5.920/2019-Primeira Câmara (relator: ministro Benjamin Zymler):

16. [...] houve graves problemas construtivos na execução do objeto do Convênio 2.553/2005 que obstavam a própria funcionalidade e a posterior operação do sistema de esgotamento sanitário, mesmo se o prefeito sucessor tivesse continuado a execução do empreendimento.

Tal fato implica por si a responsabilidade da Sra. [...], por atuação deficiente na gestão da avença.

7. Ainda que as obras tivessem o acompanhamento técnico de um engenheiro fiscal, a extensão e a gravidade dos defeitos verificados impõem a responsabilização da Sra. [...] por culpa in vigilando. Afinal, o instituto da delegação de competência não exime o autor da delegação do dever de acompanhar os atos praticados pelo agente delegado, especialmente quando os recursos manejados são oriundos de convênios firmados com órgãos federais, em que o prefeito se compromete com o atingimento dos resultados pretendidos na avença, atuando como garantidor.

Seguem alguns precedentes acerca da responsabilização de prefeitos pelo TCU:
a) responsabilidade do prefeito sucessor quanto ao dever de prestar contas:

SÚMULA TCU 230: Compete ao prefeito sucessor apresentar a prestação de contas referente aos recursos federais recebidos por seu antecessor, quando este não o tiver feito e o prazo para adimplemento dessa obrigação vencer ou estiver vencido no período de gestão do próprio mandatário sucessor, ou, na impossibilidade de fazê-lo, adotar as medidas legais visando ao resguardo do patrimônio público.
A responsabilidade do prefeito sucessor pela prestação de contas de recursos recebidos pelo antecessor, conforme prevista na Súmula TCU 230, constitui presunção relativa. Portanto pode ser afastada desde que a situação fática delineada no processo justifique essa medida.
(Acórdão nº 6.677/2016-Primeira Câmara. Relator: ministro-substituto Marcos Bemquerer)

b) (não) responsabilidade do prefeito sucessor por eventual dano verificado na gestão de recursos federais pelo prefeito antecessor:

Não cabe a atribuição de débito solidário ao prefeito que, embora omisso quanto à obrigação de prestar contas em razão de a vigência do convênio adentrar o seu mandato, não geriu qualquer parcela dos recursos transferidos. Nesse caso, as contas do prefeito sucessor são julgadas irregulares, com a aplicação da multa prevista no art. 58, inciso I, da Lei 8.443/1992.
(Acórdão nº 3.871/2019-Segunda Câmara. Relator: ministro-substituto Marcos Bemquerer)

c) responsabilidade do prefeito sucessor pela descontinuidade culposa da execução de obra pública custeada com recursos federais:

A responsabilidade do prefeito sucessor fica caracterizada quando, com recursos garantidos para tal e sem justificativa de inviabilidade, não retomar obra iniciada e não acabada pelo seu antecessor, por implicar desperdício de recursos públicos e contrariar o princípio da continuidade administrativa.
(Acórdão nº 9.423/2021-Primeira Câmara. Relator: ministro Benjamin Zymler)
(Acórdão nº 1.947/2022-Primeira Câmara. Relator: ministro Benjamin Zymler)

d) responsabilidade do prefeito no âmbito do Programa Dinheiro Direto na Escola:

É possível a responsabilização do prefeito municipal por recursos repassados diretamente a unidades executoras de escolas municipais contempladas com recursos do Programa Dinheiro Direto na Escola, uma vez que a prefeitura é responsável por acompanhar a aplicação dos recursos, receber as prestações de contas individuais das escolas, analisá-las, consolidá-las e encaminhá-las ao FNDE.
(Acórdão nº 4.211/2017-Segunda Câmara. Relator: ministro-substituto Marcos Bemquerer)

e) responsabilidade do prefeito no âmbito da aplicação de recursos do SUS:

Na ausência de evidências de que o prefeito municipal tenha participado de atos e procedimentos irregulares na aplicação de recursos do Sistema Único de Saúde (SUS), a responsabilidade pelas ocorrências apuradas deve recair unicamente sobre o secretário municipal de saúde, em face das disposições contidas nas Leis 8.080/1990 e 8.142/1990.
(Acórdão nº 12.168/2019-Primeira Câmara. ministro-substituto Marcos Bemquerer)

Embora a direção do Sistema Único de Saúde (SUS) no município seja de competência da respectiva secretaria de saúde ou órgão equivalente (art. 9º, inciso III, da Lei 8.080/1990), o prefeito responde caso tenha participado de atos e procedimentos irregulares na aplicação dos recursos.
(Acórdão nº 6.735/2022-Segunda Câmara. ministro-substituto Marcos Bemquerer)

f) (não) responsabilidade do prefeito por erros ou inadequações não perceptíveis:

Não é cabível a responsabilização de prefeito por erros ou inadequações técnicas em projetos ou outros documentos elaborados por profissionais comprovadamente capacitados, exceto quando se possa demonstrar, no caso concreto, que as falhas poderiam ter sido facilmente detectadas pelo mandatário municipal ou que delas ele tinha ciência.
(Acórdão nº 2.661/2015-Segunda Câmara. Relatora: ministra Ana Arraes)

g) (não) impacto do julgamento do RE nº 848.826/DF sobre o julgamento das contas de prefeito pelo TCU:

O julgado do STF refere-se às contas do prefeito, na gestão de recursos municipais, não às tomadas de contas especiais atinentes a recursos federais, de modo que a tese ali esposada não tem impacto sobre esse processo, tampouco sobre outros em trâmite nesta Corte de Contas, no exercício de sua missão constitucional de controle externo. (voto condutor do (Acórdão nº 2.024/2022-1ª Câmara. Relator: ministro-substituto Weder de Oliveira)

Comentários: No julgamento do RE nº 848.826/DF (Redator: ministro Ricardo Lewandowski), em 10.08.2016, o STF decidiu por apertada maioria, em repercussão geral, que, "para fins do art. 1º, inciso I, alínea 'g', da Lei Complementar nº 64, de 18 de maio de 1990, alterado pela Lei Complementar nº 135, de 4 de junho de 2010, a apreciação das contas de prefeito, tanto as de governo quanto as de gestão, será exercida pelas Câmaras Municipais, com o auxílio dos Tribunais de Contas competentes, cujo parecer prévio somente deixará de prevalecer por decisão de 2/3 dos vereadores".

Todavia, o TCU decidiu que esse entendimento não se aplica à fiscalização de recursos federais administrados por prefeitos que lhes tenham sido repassados mediante convênios e instrumentos congêneres. Isso porque o art. 71, inciso VI, da CF/1988 é claro ao definir a competência do Tribunal para fiscalizar "a aplicação de quaisquer recursos repassados pela União mediante convênio, acordo, ajuste ou outros instrumentos congêneres, a Estado, ao Distrito Federal ou a Município".

5.5.9 Responsabilidade de parecerista jurídico

A jurisprudência do TCU se consolidou no sentido de que o parecerista jurídico pode ser responsabilizado solidariamente com os gestores por irregularidades ou prejuízos ao Erário quando ele atuar com dolo, culpa ou erro grosseiro.

Seguem alguns dos precedentes do Tribunal acerca do assunto:

O parecerista jurídico pode ser responsabilizado pela emissão de parecer obrigatório, nos termos do art. 38, parágrafo único, da Lei 8.666/1993, não devidamente fundamentado, que defenda tese não aceitável, por se mostrar frontalmente contrário à lei.
(Acórdão nº 51/2018-Plenário. Relator: ministro-substituto Augusto Sherman)

O parecerista jurídico pode ser responsabilizado solidariamente com o gestor quando, por dolo, culpa ou erro grosseiro, induz o administrador público à prática de ato grave irregular ou ilegal.
(Acórdão nº 362/2018-Plenário. Relator: ministro Augusto Nardes)

O parecerista jurídico pode ser responsabilizado solidariamente com o gestor por irregularidades ou prejuízos ao erário, nos casos de erro grosseiro ou atuação culposa, quando seu parecer for obrigatório – caso em que há expressa exigência legal – ou mesmo opinativo.
(Acórdão nº 4.984/2018-Primeira Câmara. Relator: ministro Vital do Rêgo)

O parecer jurídico que não esteja fundamentado em razoável interpretação da lei, contenha grave ofensa à ordem pública ou deixe de considerar jurisprudência pacificada do TCU pode ensejar a responsabilização do seu autor, se o ato concorrer para eventual irregularidade praticada pela autoridade que nele se embasou.
(Acórdão nº 13.375/2020-Primeira Câmara. Relator: ministro Benjamin Zymler)

Não obstante, a jurisprudência do STF parece mais restritiva quanto à responsabilização de advogados no contexto da emissão de pareceres em apoio à expedição de atos administrativos, na medida em que restringem essa possibilidade aos casos de erro grosseiro.

A matéria foi discutida pelo STF, nos autos do MS nº 35.196/DF (relator: ministro Luiz Fux), em decisão monocrática proferida em 6.8.2018.

No caso concreto, o TCU havia imputado débito e multa ao chefe da assessoria jurídica de entidade pública por haver emitido parecer entendendo pela legalidade da celebração do quinto termo aditivo a um contrato firmado para a execução de obras públicas, autorizando o reequilíbrio econômico-financeiro do referido contrato em um determinado percentual, seguindo recomendação de órgãos técnicos que havia concluído pela necessidade de aumentar o valor global do contrato em 4,71%.

O relator do feito, após tecer considerações acerca do exercício da advocacia enquanto função essencial à justiça, da inviolabilidade do advogado no ordenamento jurídico, do regime jurídico a que se encontram sujeitos os advogados públicos e da jurisprudência do próprio STF sobre a matéria, fixou as seguintes teses:

a) Os advogados públicos, quando do exercício de suas prerrogativas, não são irresponsáveis face ao TCU;

b) O erro evidente e inescusável capaz de imputar responsabilidade ao parecerista é o erro claro, baseado naquilo que se poderia exigir de um profissional mediano aprovado em concurso público, não de um jurista experimentado;

c) Independentemente da discussão referente à natureza jurídica do parecer exarado com fundamento no art. 38, parágrafo único, da Lei nº 8.666/1993, as hipóteses de responsabilização do advogado público pela elaboração de pareceres jurídicos em matéria de licitações e contratos são aquelas em que estão configurados dolo ou culpa grave.

No caso concreto, a ordem foi concedida, haja vista que "não houve comprovação suficiente de dolo ou erro grave inescusável que dê fundamento para condenação de parecer jurídico pela legalidade do aditamento do referido contrato administrativo, o que configura a ilegalidade perpetrada pelo TCU".

A Corte Suprema, no mencionado aresto, entendeu que, como regra, não cabia responsabilizar os pareceristas jurídicos solidariamente com o gestor, na hipótese de pareceres não vinculantes. Não se afastou, contudo, a hipótese de responsabilização do parecerista quando demonstrada a existência de erro grave.

Esse posicionamento é condizente com o novo parâmetro de responsabilização trazido pelo art. 28 da LINDB, que exige a presença de dolo ou erro grosseiro para a responsabilização do gestor público.

5.6 Precedentes a respeito da configuração de erro grosseiro em contratações públicas

5.6.1 Ausência ou imprecisão nos critérios de medição definidos no edital, seguida da alteração irregular do contrato sem a devida fundamentação

No Acórdão nº 653/2023-Plenário (relator: ministro Benjamin Zymler), o Tribunal aplicou multa a dois gestores e inabilitou um deles, devido à alteração do critério de medição em contrato de prestação de "serviços contínuos de transporte e armazenagem". O termo aditivo irregular foi assinado no intuito de corrigir imprecisão no edital, tendo se baseado em parecer técnico pouco fundamentado, que, na prática, redundou no aumento do preço do serviço licitado e contratado. O relator avaliou o fato como "uma potencial burla ao regular certame licitatório e violação ao art. 41 da Lei nº 8.666/1993".

A ocorrência foi considerada erro grosseiro pelo TCU, tendo o relator pontuado que:

> [...] em sendo constatada uma falha significativa no critério de medição, não cabe aos gestores negociar um "meio termo" com a contratada, sob pena de violação do princípio da licitação prévia. O contrato está vinculado ao procedimento licitatório e às condições lá fixadas. Sendo estas impertinentes para a execução contratual, cabe anular o procedimento e não travar negociações ao arrepio da lei.
> 70. Registro que não se está a falar que devem ser afastadas soluções consensuais no âmbito de contratos administrativos. Entretanto, a condução de soluções consensuais deve ser feitas por processos específicos em que se demonstre que o nível de indeterminação do conflito pressupõe como solução mais vantajosa um consenso. No caso concreto, a tese do SKU pareceu se impor como decorrência da interpretação do edital.

O art. 41 da Lei nº 8.666/1993 prescreve que "a Administração não pode descumprir as normas e condições do edital ao qual se acha estritamente vinculada".

Na Lei nº 14.133/2021, o princípio da vinculação ao edital de licitação foi anunciado no art. 5º, estando consubstanciado no art. 92, inciso II, *in verbis*:

> Art. 92. São necessárias em todo contrato cláusulas que estabeleçam:
> II – a vinculação ao edital de licitação e à proposta do licitante vencedor ou ao ato que tiver autorizado a contratação direta e à respectiva proposta;

No que se refere, especificamente, aos critérios de medição, o novel estatuto estabelece a obrigatoriedade de eles serem definidos na etapa de planejamento e constarem do termo de referência. Além disso, eles constituem cláusula obrigatória do contrato. A despeito do silêncio da norma, devem ser previstos no edital. Seguem os dispositivos pertinentes:

> Art. 6º. [...]
> XXIII – termo de referência: documento necessário para a contratação de bens e serviços, que deve conter os seguintes parâmetros e elementos descritivos:
> g) critérios de medição e de pagamento;
> Art. 18. A fase preparatória do processo licitatório é caracterizada pelo planejamento e deve [...] abordar todas as considerações técnicas, mercadológicas e de gestão que podem interferir na contratação, compreendidos:
> [...]
> III – a definição das condições de execução e pagamento, das garantias exigidas e ofertadas e das condições de recebimento;
> Art. 92. São necessárias em todo contrato cláusulas que estabeleçam:
> [...]
> VI – os critérios e a periodicidade da medição, quando for o caso, e o prazo para liquidação e para pagamento;

Por fim, o art. 124 da Lei nº 14.133/2021 anuncia as hipóteses de alteração contratual exigindo a devida justificativa. A situação em exame não parece se amoldar a nenhuma das hipóteses previstas na norma, aproximando-se, no limite, da situação prevista na alínea "c" do inciso II do mencionado dispositivo. Nessa perspectiva, o aditivo seria irregular, pois não decorreu de circunstância superveniente e importou em aumento no valor contratual. Segue a redação do dispositivo:

> Art. 124. Os contratos regidos por esta Lei poderão ser alterados, com as devidas justificativas, nos seguintes casos:
> II – por acordo entre as partes:
> [...]
> c) quando necessária a modificação da forma de pagamento por imposição de circunstâncias supervenientes, mantido o valor inicial atualizado [...].

As irregularidades aludidas no Acórdão nº 653/2023-Plenário denotam erro grosseiro na etapa de planejamento, uma vez que não houve uma definição precisa quanto ao critério de medição dos serviços contínuos de transporte e armazenagem. Essa falha se refletiu na formação do vínculo contratual, gerando a necessidade de aditivo, com fundamentação técnica e jurídica deficiente. Além disso, houve aumento no valor contratado.

Conforme visto, foram responsabilizados os agentes públicos que elaboraram nota técnica requerendo a realização de termo aditivo, nos termos indicados, e a autoridade que assinou o instrumento, anuindo à justificativa apresentada.

5.6.2 Republicação de edital de licitação contemplando os mesmos indícios de irregularidades cientificados pelo TCU

No Acórdão nº 259/2023-Plenário (relator: ministro-substituto Augusto Sherman), o Tribunal aplicou multa a prefeito devido à ausência de providências efetivas com vistas a corrigir as cláusulas restritivas à participação de licitantes e sobrepreço nos quantitativos dos serviços do orçamento que fundamentou a licitação do empreendimento.

Na ocasião, o TCU entendeu que houve omissão que resultou em grave infração à norma legal de natureza operacional e patrimonial, notadamente em razão de a necessidade de correção das impropriedades ter sido sinalizada em despacho do ministro relator do TCU.

O responsável ingressou com embargos de declaração contra a referida decisão, os quais foram rejeitados por meio do Acórdão nº 552/2023-Plenário.

Na ocasião, o relator pontuou, em seu voto, que considerava erro grosseiro:

> [...] a publicação do edital da segunda Concorrência reincidindo em indícios de irregularidades anteriormente cientificadas e apontadas pela unidade técnica desta Casa por ocasião do certame anulado. De modo análogo, a jurisprudência desta Casa (a exemplo do Acórdão 1264/2019-TCU-Plenário) tem considerado como erro grosseiro a "decisão do gestor que desconsidera, sem a devida motivação, parecer da consultoria jurídica do órgão ou da entidade que dirige", não havendo reparos a serem feitos na deliberação em questão.

O art. 169 da Lei nº 14.133/2021 estabelece que as contratações públicas deverão submeter-se a *práticas contínuas e permanentes de gestão de riscos e de controle preventivo*. Além disso, o dispositivo prescreve que as contratações sujeitar-se-ão às seguintes linhas de defesa:

> I – primeira linha de defesa, integrada por servidores e empregados públicos, agentes de licitação e autoridades que atuam na estrutura de governança do órgão ou entidade;
> II – segunda linha de defesa, integrada pelas unidades de assessoramento jurídico e de controle interno do próprio órgão ou entidade;
> III – terceira linha de defesa, integrada pelo órgão central de controle interno da Administração e pelo *tribunal de contas*. (grifos acrescidos).

Por fim, o §1º do art. 169 da nova lei preconiza que, na forma de regulamento, a implementação das práticas a que se refere o *caput* deste artigo será de responsabilidade da alta administração do órgão ou entidade.

Isso implica dizer que a autoridade máxima do município atuou em situação de grave negligência na implantação de práticas de gestão de riscos e controle preventivo, pois desconsiderou irregularidades apontadas pelo TCU, um dos órgãos integrantes das linhas de defesa das contratações públicas, em licitação custeada com recursos federais.

O novel estatuto licitatório trouxe várias regras voltadas à melhoria da governança das contratações, o que implica a possibilidade de responsabilização da autoridade máxima de cada entidade caso sejam identificadas irregularidades que consubstanciem erro grosseiro na implantação da gestão de risco e de controle preventivo.

5.6.3 Aprovação e ratificação de dispensa de licitação sem o cumprimento dos requisitos legais

No Acórdão nº 119/2021-Plenário (relator: ministro-substituto Marcos Bemquerer), o Tribunal aplicou multa a prefeito em virtude da realização de contratação direta, por dispensa de licitação, fundada em situação de emergência, sem cumprir os requisitos constantes do inciso IV do art. 24, c/c o art. 26, *caput* e parágrafo único, da Lei nº 8.666/1993.

O relator registrou que os procedimentos foram ultimados e os contratos assinados após o período de vigência do decreto que havia reconhecido a situação de calamidade pública, sendo que as obras somente foram iniciadas três anos depois. Ao final, concluiu que não restou demonstrada urgência que impossibilitasse a realização de procedimento licitatório previamente à efetivação da contratação.

Posteriormente, o responsável ingressou com pedido de reexame, que foi desprovido pelo Acórdão nº 2.529/2022-Plenário (relator: ministro Vital do Rêgo).

Na ocasião, o relator ressaltou que:

> A aprovação e ratificação dos procedimentos de dispensa de licitação e a consequente contratação direta constituem erro grosseiro, pois o gestor não observou os requisitos constantes no inciso IV do art. 24, c/c o art. 26, caput e parágrafo único, da Lei 8.666/1993, bem como não ter apresentou a motivação circunstanciada para a dispensa da licitação e as justificativas necessárias para a escolha das empresas contratadas e para o preço pactuado. É razoável afirmar que era possível, ao responsável, ter consciência da ilicitude do ato que praticara, dada sua condição de signatário e gestor do Convênio Siconv 861835, do Contrato 00023/2018-CPL e do Contrato 00060/2019-CPL, e considerando ainda que as obras não poderiam ser concluídas no prazo máximo de 180 (cento e oitenta) dias consecutivos e ininterruptos, contados da situação de emergência, nos termos prescritos pelo art. 24, inciso IV, da Lei 8.666/1993.

O assunto é tratado no art. 75, inciso VIII, da Lei nº 14.133/2021, que admite a dispensa de licitação:

> nos casos de emergência ou de calamidade pública, quando caracterizada urgência de atendimento de situação que possa ocasionar prejuízo ou comprometer a continuidade dos serviços públicos ou a segurança de pessoas, obras, serviços, equipamentos e outros bens, públicos ou particulares, e somente para aquisição dos bens necessários ao atendimento da situação emergencial ou calamitosa e para as parcelas de obras e serviços que possam ser concluídas no prazo máximo de 1 (um) ano, contado da data de ocorrência da emergência ou da calamidade, vedadas a prorrogação dos respectivos contratos e a recontratação de empresa já contratada com base no disposto neste inciso;

Ademais, é necessário que o processo de contratação direta contenha os documentos mencionados no art. 72 da referida norma. Conforme o art. 73, "na hipótese de contratação direta indevida ocorrida com dolo, fraude ou *erro grosseiro*, o contratado e o agente público responsável responderão solidariamente pelo dano causado ao Erário, sem prejuízo de outras sanções legais cabíveis" (grifos acrescidos).

Não houve, propriamente, mudanças significativas de conteúdo quanto às condições a serem cumpridas para a escorreita fundamentação de dispensas de licitação. Nessa perspectiva, a jurisprudência do TCU continuará punindo com rigor as contratações diretas irregulares que não atendam os requisitos da Lei nº 14.133/2021. Tais condutas são avaliadas como erro grosseiro, especialmente quando contrariarem frontalmente a jurisprudência do Tribunal.

5.6.4 Emissão de parecer jurídico com ausência de manifestação sobre cláusulas restritivas e sobre fixação de valor mínimo de remuneração

Por meio do Acórdão nº 505/2021-Plenário (relator: ministro-substituto Marcos Bemquerer), o Tribunal aplicou multa a advogada de conselho de fiscalização profissional por ter emitido parecer jurídico aprovando procedimento licitatório para a contratação de serviços advocatícios, de consultoria e assessoria jurídica, sem a previsão de quantitativos, contendo exigências de habilitação de caráter restritivo e fixando patamar mínimo de remuneração, em violação frontal ao art. 40, inciso X, da Lei nº 8.666/1993.

Em seu voto, o relator assinalou que a responsabilização da aludida agente estava alinhada com a jurisprudência do TCU, que é no sentido de que:

> a responsabilidade do parecerista jurídico é atraída quando este não aponta falhas no exame da minuta do ato convocatório, *pois deveria saber se as disposições editalícias estão, ou não, aderentes aos normativos legais e à jurisprudência*, lembrando que parte dessas cláusulas restritivas tinha sido por essa mesma parecerista aceita como motivo de cancelamento do Edital da Tomada de Preços 9/2008. (grifos acrescidos)

Nessa perspectiva, o relator concluiu que configura erro grosseiro a emissão de parecer jurídico que não aponta a ocorrência de falhas em procedimento licitatório, que constituem frontal violação à lei e/ou práticas vedadas pela jurisprudência.

Posteriormente, a responsável ingressou com pedido de reexame, que foi desprovido pelo Acórdão nº 2.509/2022-Plenário (relator: ministro Walton Alencar).

Na ocasião, o relator ressaltou que:

> [...] a elaboração de parecer com ausência de manifestação acerca de cláusulas restritivas e de fixação de valor mínimo de remuneração, o qual fundamentou a contratação com direcionamento do objeto licitado, comprometimento à competitividade e da obtenção da proposta mais vantajosa, caracteriza erro grosseiro. Ao deixar de ressalvar as cláusulas restritivas e a fixação de remuneração mínima às licitantes, a conduta praticada pela recorrente, sem o devido rigor técnico, contribuiu com culpa grave para ocorrência da irregularidade verificada. Sendo assim, entende-se devidamente caracterizados os fatores que levaram à sua responsabilização.

A Lei nº 14.133/2021 conferiu ao assessor jurídico um papel mais abrangente no controle das contratações.

Antes, essa participação era mais pontual, visto que a assessoria jurídica somente estava obrigada a se manifestar e aprovar sobre as minutas de editais de licitação dos contratos, acordos, convênios e instrumentos congêneres, nos termos do art. 38, parágrafo único, da Lei nº 8.666/1993.

Na Lei nº 14.133/2021, o assessor jurídico deve realizar o controle prévio de legalidade de todos os atos praticados na etapa de planejamento da licitação, conforme o art. 53. Essa manifestação ocorrerá no final da fase preparatória, quando o processo licitatório seguirá ao órgão de assessoramento jurídico da Administração para a análise jurídica da contratação.

Somente após a análise jurídica do processo de contratação, a autoridade determinará a divulgação do edital de licitação, conforme o §3º do art. 53.

Além de atribuir novas responsabilidades ao assessor jurídico, a lei detalhou a forma como devem ser elaborados os pareceres jurídicos, tornando um pouco mais objetiva a atuação dos advogados públicos no controle das contratações.

Segundo o §1º do art. 53, o órgão de assessoramento jurídico da Administração deverá, na elaboração do parecer jurídico:

> I – apreciar o processo licitatório conforme critérios objetivos prévios de atribuição de prioridade;
> II – redigir sua manifestação em linguagem simples e compreensível e de forma clara e objetiva, com apreciação de todos os elementos indispensáveis à contratação e com exposição dos pressupostos de fato e de direito levados em consideração na análise jurídica;

O dispositivo tem o potencial de servir como ponto de partida para a análise da responsabilidade do parecerista jurídica por eventual falha na análise jurídica da contratação.

Ainda que o assessor jurídico tenha liberdade técnica para formar convicção quanto à melhor interpretação da norma jurídica, segundo o contexto fático que lhe é apresentado, ele tem o dever de, ao menos, mencionar a jurisprudência predominante dos tribunais de contas a respeito dos elementos indispensáveis à contratação.

Essa obrigação tornou-se ainda mais evidente com a nova lei de licitação, uma vez que os tribunais de contas integram a terceira linha de controle das contratações públicas, estando, assim, em posição de sobreposição institucional quanto às demais linhas, inclusive quanto ao papel orientativo. Nessa perspectiva, é fundamental que o assessor jurídico esteja atento à jurisprudência dominante do tribunal de contas competente, fazendo as ressalvas necessárias ao entendimento destes, principalmente quando emitirem uma posição jurídica dissonante, dentro de sua autonomia profissional.

5.6.5 Abertura de licitação com base em orçamento deficiente

Por meio do Acórdão nº 4.958/2022-Primeira Câmara (relator: ministro Substituto Augusto Sherman), o Tribunal aplicou multa a agente público que autorizou a abertura de procedimento licitatório para a contração de empresa para o fornecimento de materiais de expediente, escolares e didáticos, suprimento e material de informática, contendo, dentre outras irregularidades, orçamento estimativo deficiente, uma vez que baseado apenas em pesquisa de preços obtida a partir de cotações junto a potenciais fornecedores.

O relator pontuou que a pesquisa de preços para a elaboração do orçamento estimativo da licitação não deve se restringir a cotações realizadas junto a potenciais fornecedores, devendo ser utilizadas outras fontes como parâmetro, a exemplo de contratações similares realizadas por outros órgãos ou entidades públicas, mídias e sítios eletrônicos especializados e portais oficiais de referência de custos, em conformidade com a Instrução Normativa nº 5, de 27.6.2014-MPOG, vigente à época. Essa obrigatoriedade foi enfatizada pela Instrução Normativa-IN-Seges/ME nº 73, de 5.8.2020, hoje em vigor, bem como pela jurisprudência do Tribunal, a exemplo do Acórdão nº 2.787/2017-TCU-Plenário (relator: ministro Benjamin Zymler).

O relator assinalou que as condutas atribuídas aos responsáveis podem ser tipificadas como erro grosseiro para fins de responsabilização perante o TCU, uma vez que se afastaram da conduta que seria esperada de um administrador público minimamente diligente.

A Lei nº 14.133/2021 estabelece, em seu art. 23, parâmetros rígidos para a definição do valor estimado da contratação. Conforme o dispositivo, ele deverá ser compatível com os valores praticados pelo mercado, considerados os preços constantes de bancos de dados públicos e as quantidades a serem contratadas, observadas a potencial economia de escala e as peculiaridades do local de execução do objeto.

No tocante ao processo licitatório para aquisição de bens e contratação de serviços em geral, o valor estimado será definido com base no melhor preço aferido por meio da utilização dos seguintes parâmetros, adotados de forma combinada ou não, conforme regulamento:

> I – composição de custos unitários menores ou iguais à mediana do item correspondente no painel para consulta de preços ou no banco de preços em saúde disponíveis no Portal Nacional de Contratações Públicas (PNCP);
> II – contratações similares feitas pela Administração Pública, em execução ou concluídas no período de 1 (um) ano anterior à data da pesquisa de preços, inclusive mediante sistema de registro de preços, observado o índice de atualização de preços correspondente;
> III – utilização de dados de pesquisa publicada em mídia especializada, de tabela de referência formalmente aprovada pelo Poder Executivo federal e de sítios eletrônicos especializados ou de domínio amplo, desde que contenham a data e hora de acesso;
> IV – pesquisa direta com no mínimo 3 (três) fornecedores, mediante solicitação formal de cotação, desde que seja apresentada justificativa da escolha desses fornecedores e que não tenham sido obtidos os orçamentos com mais de 6 (seis) meses de antecedência da data de divulgação do edital;
> V – pesquisa na base nacional de notas fiscais eletrônicas, na forma de regulamento.

Conforme o art. 53 da nova lei de licitações, ao final da fase preparatória, o processo licitatório seguirá para o órgão de assessoramento jurídico da Administração, que realizará controle prévio de legalidade mediante análise jurídica da contratação. Encerrada a instrução do processo sob os aspectos técnico e jurídico, a autoridade determinará a divulgação do edital de licitação conforme disposto no art. 54.

Por evidente, a autoridade somente autorizará a abertura do certame se não houver nenhuma ilegalidade na fase preparatória que impeça a sua continuidade. Dentre os aspectos a serem observados, ressalta-se a verificação do estrito cumprimento dos parâmetros para a definição do valor estimado da contratação previstos no art. 23 da Lei nº 14.133/2021.

Embora não seja exigível que a autoridade revise o trabalho técnico do setor de orçamentação, entende-se que constitui erro grosseiro a autorização para abertura de licitação baseada em orçamento estimativo que não seguiu os critérios do art. 23 da Lei nº 14.133/2021, sem qualquer justificativa técnica. O agente público que comete essa conduta omissiva atrai para si o risco de ser responsabilizado solidariamente em caso de sobrepreço, podendo ser ainda apenado com multa.

5.6.6 Atuação de dirigente em situação de conflito de interesse

Por meio do Acórdão nº 1.426/2021-Plenário (relator: ministro Raimundo Carreiro), o Tribunal aplicou multa a dirigente de entidade pública por ter assinado contrato de prestação de serviços e autorizado pagamentos a uma empresa, enquanto era, simultaneamente, procurador desta.

O responsável ingressou com pedido de reexame contra essa deliberação, o qual foi desprovido pelo Acórdão nº 1.910/2022-Plenário (relator: ministro Vital do Rêgo). Na ocasião, o relator pontuou que:

> 6.18. *In casu*, conclui-se que a conduta irregular cometida pelo responsável ora recorrente (no cargo de diretor da [...], *assinar contrato de prestação de serviços e autorizar pagamentos* à [...], enquanto era procurador dessa empresa) foi praticada, no mínimo, com culpa grave (por negligência e/ou imprudência), tendo ele assumido todos os riscos envolvidos na prática do ato, pois era de se esperar dele não atuar simultaneamente na direção da [...] e na função de representante da [...]. *Percebe-se, de maneira cristalina, erro grosseiro por parte do responsável ora recorrente, pois essa situação representa não somente uma ilegalidade, mas uma situação moralmente condenável por conta do evidente conflito de interesses do negócio jurídico público (contratante atuar como contratado)*. (grifos acrescidos)

O assunto é disciplinado da seguinte forma na Lei nº 14.133/2021:

> Art. 9º [...]
> §1º Não poderá participar, direta ou indiretamente, da licitação ou da execução do contrato agente público de órgão ou entidade licitante ou contratante, devendo ser observadas as situações que possam configurar conflito de interesses no exercício ou após o exercício do cargo ou emprego, nos termos da legislação que disciplina a matéria.
> Art. 14. Não poderão disputar licitação ou participar da execução de contrato, direta ou indiretamente:
> [...]
> IV – aquele que mantenha vínculo de natureza técnica, comercial, econômica, financeira, trabalhista ou civil com dirigente do órgão ou entidade contratante ou com agente público que desempenhe função na licitação ou atue na fiscalização ou na gestão do contrato, ou que deles seja cônjuge, companheiro ou parente em linha reta, colateral ou por afinidade, até o terceiro grau, devendo essa proibição constar expressamente do edital de licitação;

Logo, a irregularidade noticiada revela situação de evidente conflito de interesses também no contexto da Lei nº 14.133/2021, uma vez que se materializa mediante grave violação a comando expresso da norma, constituindo, assim, erro grosseiro à luz da nova legislação.

5.6.7 Não adoção de providências em virtude de significativo atraso na execução do objeto por empresa contratada, gerando prejuízo à Administração Pública

Por meio do Acórdão nº 2.801/2022-Segunda Câmara (relator: ministro Antonio Anastasia), o Tribunal aplicou multa a gestor de contrato cujo objeto era a elaboração do projeto básico para a reforma de salas comerciais, por não ter adotado as medidas necessárias para que os serviços fossem entregues dentro da vigência contratual fixada em 45 dias. Tal conduta contribuiu para a não contratação dos serviços de reforma e para a inutilização das salas por 1 ano e 9 meses, levando ao dispêndio mensal de R$ 3.429,40, referente aos custos com o pagamento do condomínio do edifício.

A conduta do responsável foi caracterizada como erro grosseiro, conforme a seguinte passagem do relatório condutor da decisão:

> 30. Desta forma, tendo em vista que houve atraso na entrega dos projetos licitado da ordem de 17 vezes superior ao prazo previsto no edital e que a confecção dos projetos perdurou por 409 dias sem nenhum respaldo contratual, [...] Conclui-se que o gestor do contrato *cometeu erro grosseiro ao não solicitar a instauração de procedimento administrativo para apurar a responsabilização da licitante* [...], bem como ao permitir a execução do serviço após finalizada a vigência contratual, mesmo tendo sido alertado formalmente pelo Setor de Licitações do [...]. (grifos acrescidos)

Acerca do assunto, a jurisprudência do TCU é ampla no sentido de que o atraso injustificado na execução de contratos é ocorrência grave, de maneira que o órgão ou a entidade contratante tem o dever de adotar as medidas cabíveis para aplicar as multas contratuais e demais penalidades previstas em lei, não se tratando de decisão discricionária da Administração. Esse posicionamento foi adotado no Acórdão nº 675/2022-Plenário (relator: ministro Benjamin Zymler), a título de exemplo.

Com relação ao assunto, o art. 117 da Lei nº 14.133/2021 prescreve o seguinte:

> Art. 117. A execução do contrato deverá ser acompanhada e fiscalizada por 1 (um) ou mais fiscais do contrato, representantes da Administração especialmente designados conforme requisitos estabelecidos no art. 7º desta Lei, ou pelos respectivos substitutos, permitida a contratação de terceiros para assisti-los e subsidiá-los com informações pertinentes a essa atribuição.
> §1º O fiscal do contrato anotará em registro próprio todas as ocorrências relacionadas à execução do contrato, determinando o que for necessário para a regularização das faltas ou dos defeitos observados.
> §2º O fiscal do contrato informará a seus superiores, em tempo hábil para a adoção das medidas convenientes, *a situação que demandar decisão ou providência que ultrapasse sua competência*. (grifos acrescidos)

A lei federal não trata, propriamente, das atribuições do gestor do contrato. Normalmente, as suas atribuições estão previstas em regulamento da entidade, estando disciplinadas, ainda, no modelo de gestão do contrato, estabelecido no edital e no próprio contrato.

A propósito do tema, o art. 6º, inciso XXIII, alínea "f" da Lei nº 14.133/20021 estabelece que o termo de referência deve conter o modelo de gestão do contrato, o qual "descreve como a execução do objeto será acompanhada e fiscalizada pelo órgão ou entidade". Ademais, esse instrumento deve constar do edital e do contrato, nos termos do art. 25 e do art. 92, inciso XVIII, da aludida norma.

Na esfera federal, o art. 21 do Decreto nº 11.246, de 27 de outubro de 2022, atribui ao gestor do contrato as seguintes competências:

I – coordenar as atividades relacionadas à fiscalização técnica, administrativa e setorial, de que tratam os incisos II, III e IV do caput do art. 19;
II – acompanhar os registros realizados pelos fiscais do contrato das ocorrências relacionadas à execução do contrato e as medidas adotadas, e informar à autoridade superior àquelas que ultrapassarem a sua competência;
III – acompanhar a manutenção das condições de habilitação do contratado, para fins de empenho de despesa e de pagamento, e anotar os problemas que obstem o fluxo normal da liquidação e do pagamento da despesa no relatório de riscos eventuais;
IV – *coordenar a rotina de acompanhamento e de fiscalização do contrato, cujo histórico de gerenciamento deverá conter todos os registros formais da execução, a exemplo da ordem de serviço, do registro de ocorrências, das alterações e das prorrogações contratuais, e elaborar relatório com vistas à verificação da necessidade de adequações do contrato para fins de atendimento da finalidade da administração;*
V – coordenar os atos preparatórios à instrução processual e ao envio da documentação pertinente ao setor de contratos para a formalização dos procedimentos de que trata o inciso I do caput do art. 19;
VI – elaborar o relatório final de que trata a alínea "d" do inciso VI do §3º do art. 174 da Lei nº 14.133, de 2021, com as informações obtidas durante a execução do contrato;
VII – coordenar a atualização contínua do relatório de riscos durante a gestão do contrato, com apoio dos fiscais técnico, administrativo e setorial;
VIII – emitir documento comprobatório da avaliação realizada pelos fiscais técnico, administrativo e setorial quanto ao cumprimento de obrigações assumidas pelo contratado, com menção ao seu desempenho na execução contratual, baseado em indicadores objetivamente definidos e aferidos, e a eventuais penalidades aplicadas, a constarem do cadastro de atesto de cumprimento de obrigações conforme disposto em regulamento;
IX – realizar o recebimento definitivo do objeto do contrato referido no art. 25, mediante termo detalhado que comprove o atendimento das exigências contratuais; e
X – *tomar providências para a formalização de processo administrativo de responsabilização para fins de aplicação de sanções, a ser conduzido pela comissão de que trata o art. 158 da Lei nº 14.133, de 2021, ou pelo agente ou pelo setor competente para tal, conforme o caso.* (grifos acrescidos)

Como se vê, a legislação federal atribuiu um papel central ao gestor do contrato, no que se refere à coordenação da rotina de acompanhamento e fiscalização e à formalização do procedimento de responsabilização por conta de eventuais falhas na execução do ajuste.

5.6.8 Não exigência de comprovantes dos cachês pagos a artistas em contratos de eventos

Por meio do Acórdão nº 22/2021-Segunda Câmara (relator: ministro Aroldo Cedraz), o Tribunal aplicou multa a prefeito, dentre outros motivos, devido ao injustificado descumprimento, pelo responsável, do compromisso por ele expressamente assumido, no termo do convênio, de "encaminhar ao CONCEDENTE documento comprobatório do efetivo recebimento do cachê por parte dos artistas, e/ou bandas, e/ou grupos, emitido pelo contratante dos mesmos".

Nesse contexto, o julgado ensejou a seguinte tese, veiculada no repositório da jurisprudência selecionada do TCU:

> Nos convênios para a realização de eventos, ainda que o contrato de exclusividade, no caso de contratação direta por inexigibilidade, e os comprovantes dos cachês pagos aos artistas tenham sido exigidos no termo do ajuste, sua ausência na prestação de contas não é suficiente para imputação de débito se os elementos dos autos comprovarem que houve, de fato, a prestação dos serviços artísticos e não for constatado superfaturamento. *Contudo, o descumprimento de obrigação expressamente assumida no termo do convênio e a contratação fundamentada em inexigibilidade de licitação sem a caracterização da inviabilidade de competição constituem erro grosseiro (art. 28 do Decreto-lei 4.657/1942 – LINDB) e justificam o julgamento pela irregularidade das contas e aplicação de multa ao gestor convenente.* (grifos acrescidos)

Quanto ao assunto, a Lei nº 14.133/2021 dispõe o seguinte:

> Art. 94. A divulgação no Portal Nacional de Contratações Públicas (PNCP) é condição indispensável para a eficácia do contrato e de seus aditamentos e deverá ocorrer nos seguintes prazos, contados da data de sua assinatura:
> [...]
> §2º *A divulgação de que trata o caput deste artigo, quando referente à contratação de profissional do setor artístico por inexigibilidade, deverá identificar os custos do cachê do artista, dos músicos ou da banda, quando houver, do transporte, da hospedagem, da infraestrutura, da logística do evento e das demais despesas específicas.* (grifos acrescidos)

Diante dessa expressa previsão legal, entende-se que o Tribunal, com muito mais razão, continuará catalogando como erro grosseiro a não exigência do comprovante de pagamento dos cachês dos artistas, uma vez que tais informações devem constar expressamente dos contratos de profissional de setor artístico por inexigibilidade, constituindo, assim, um elemento relevante para a comprovação da correta aplicação de recursos públicos.

5.6.9 Realização de pagamento antecipado sem a previsão no edital e sem a exigência de garantias

Por meio do Acórdão nº 9.209/2022-Primeira Câmara (relator: ministro Jorge Oliveira), o TCU aplicou multa a prefeito, devido à realização de pagamento antecipados, sem o respaldo no edital e sem a exigência de garantia.

Quanto às circunstâncias do caso, o relator pontuou que:

> [...] a realização de um pagamento de quase 40% do valor total do contrato, ainda no início dos trabalhos, sem que houvesse a mínima comprovação quanto à execução física da obra, expôs o erário federal a elevado risco de prejuízo, caso a contratada não se desincumbisse da obrigação de realizar os serviços já liquidados.

Na ocasião, assinalou que a antecipação de pagamento pode, excepcionalmente, ser admitida desde que fique demonstrada a existência de interesse público e o atendimento a dois critérios indispensáveis: prévia inclusão no edital e existência de garantias, tais como cartas-fiança ou seguros, que mitiguem os riscos à Administração.

Ante a ausência desses pressupostos, concluiu que:

> [...] a conduta do gestor caracterizou culpa grave, em razão da profunda inobservância do dever de cuidado, ou seja, erro grosseiro nos termos da Lei de Introdução às Normas do Direito Brasileiro, com as alterações decorrentes da Lei 13.655/2018.

A Lei nº 14.133/2021 tratou do assunto no art. 145, lavrado no seguinte sentido:

> Art. 145. Não será permitido pagamento antecipado, parcial ou total, relativo a parcelas contratuais vinculadas ao fornecimento de bens, à execução de obras ou à prestação de serviços.
> §1º A antecipação de pagamento somente será permitida se propiciar sensível economia de recursos ou se representar condição indispensável para a obtenção do bem ou para a prestação do serviço, hipótese que deverá ser previamente justificada no processo licitatório e expressamente prevista no edital de licitação ou instrumento formal de contratação direta.
> §2º A Administração poderá exigir a prestação de garantia adicional como condição para o pagamento antecipado.

Como se vê, é preciso cumprir três requisitos para a admissão de pagamentos antecipados:

a) a medida propiciar sensível economia de recursos ou representar condição indispensável para a obtenção do bem ou para a prestação do serviço;

b) prévia justificativa no procedimento licitatório; e

c) previsão no edital.

Quanto à exigência de garantia adicional, a norma parece ter enquadrado a medida como uma opção discricionária da administração, conforme o §2º descrito. Apesar da redação do dispositivo, entende-se que a dispensa desse instrumento deve ser justificada no processo da contratação. A falta dessa providência pode ser catalogada como erro grosseiro caso a empresa apresente histórico negativo de inadimplemento contratual, aferido mediante consulta no cadastro de atesto de cumprimento de obrigações.

ORGANIZAÇÃO, ESTRUTURA E COMPOSIÇÃO DO TCU

6.1 Organização e estrutura

Conforme o art. 73 da CF/1988, o TCU é integrado por nove ministros, tem sede no Distrito Federal, quadro próprio de pessoal e jurisdição em todo o território nacional, exercendo, no que couber, as atribuições previstas no art. 96.

Dessa forma, ele está autorizado a regulamentar as matérias indicadas no referido dispositivo, naquilo que diz respeito ao seu funcionamento, no exercício das competências que lhe foram reservadas pelo art. 71.

Isso implica que o TCU pode:

a) eleger seus órgãos diretivos e elaborar seus regimentos internos, com observância das normas de processo e das garantias processuais das partes, dispondo sobre a competência e o funcionamento dos respectivos órgãos jurisdicionais e administrativos;
b) organizar suas secretarias e serviços auxiliares e os dos ministros e ministros-substitutos, velando pelo exercício da atividade correicional respectiva;
c) prover, na forma prevista nesta Constituição, os cargos de ministro e ministro-substituto;
d) propor a criação de câmaras;
e) prover, por concurso público de provas, ou de provas e títulos, obedecido o disposto no art. 169, parágrafo único, os cargos necessários ao exercício de sua missão, exceto os de confiança assim definidos em lei;
f) conceder licença, férias e outros afastamentos a seus membros e servidores que lhes forem imediatamente vinculados.

Além dos ministros, o art. 73, §4º, CF/1988 previu o cargo de Auditor, atualmente denominado de ministro-substituto, nos termos da Lei nº 12.811, de 16 de maio de 2013. Ele tem a função de atuar em substituição aos ministros, em suas ausências e impedimentos, consoante o aludido dispositivo.

A CF/1988 fez menção, ainda, à existência de um Ministério Público junto aos Tribunais de Contas, cujos membros possuem os mesmos direitos, vedação e forma de investidura dos integrantes do Ministério Público, consoante o seu art. 130.

Em termos orgânicos, o TCU é integrado e se manifesta pelo seu Plenário e pelas câmaras, que podem ser criadas mediante deliberação da maioria absoluta de seus ministros titulares, conforme o art. 67 da LOTCU. Atualmente, o Tribunal possui duas câmaras.

O Plenário é dirigido pelo presidente do TCU e tem a sua competência e funcionamento regulados pela LOTCU e pelo RITCU. Ele é composto pela totalidade dos ministros, os quais têm a atribuição de votar as matérias e os processos submetidos à discussão do colegiado por cada ministro, na condição de relator. O Procurador-Geral do Ministério Público do TCU (MPTCU) atua junto ao Plenário, podendo dizer de direito, oralmente ou por escrito, em todos os assuntos sujeitos à decisão.

A distribuição de processos a ministros e ministros-substitutos é regida, atualmente, pela Resolução TCU 346, de 30 de novembro de 2022.

Os ministros-substitutos também atuam junto ao Plenário, relatando os processos que lhe forem distribuídos, sem poder de voto, o qual será exercido pelos ministros, conforme já adiantado. Os ministros-substitutos somente têm competência de votar quando estiverem atuando em substituição aos ministros em suas ausências e impedimentos ou quando forem convocados pelo presidente do Tribunal para efeito de quórum ou para completar a composição do colegiado, devido à impossibilidade de comparecimento de ministro à sessão, declaração de impedimento de algum deste em processo constante da pauta ou para desempatar votação.

A competência, o número, a composição, a presidência e o funcionamento das câmaras são disciplinados no RITCU. O art. 11 deste prevê que cada Câmara é composta de quatro ministros, indicados pelo presidente do Tribunal na primeira sessão ordinária de cada ano. As câmaras são presididas pelo Vice-presidente do Tribunal e pelo ministro mais antigo no exercício do cargo, designados pelo presidente do Tribunal na primeira sessão ordinária de cada ano.

Atuam junto às câmaras, em caráter permanente, dois ministros substitutos, os quais também são designados pelo presidente do Tribunal. Os ministros-substitutos relatam os processos que lhe forem distribuídos, sem poder de voto, tal como no Plenário. Eles podem atuar em substituição aos ministros em suas ausências e impedimentos ou quando forem convocados pelo presidente da Câmara que integram, nas mesmas hipóteses suscitadas no caso do Plenário. Além disso, funciona, junto a cada câmara, um representante do MPTCU.

6.2 Competências do Plenário

O art. 15 do RITCU elenca as matérias cuja deliberação compete privativamente ao Plenário, a saber:

a) emissão do parecer prévio relativo às Contas do presidente da república;

b) apreciação de pedido de informação ou solicitação sobre matéria da competência do Tribunal que lhe seja endereçado pelo Congresso Nacional, por qualquer de suas casas, ou por suas comissões;

c) emissão de pronunciamento conclusivo a respeito de indícios de despesas não autorizadas realizadas por qualquer autoridade governamental, formulada pela Comissão Mista de Planos, Orçamentos Públicos e Fiscalização, nos termos do §1º do art. 72 da CF/1988;

d) apreciação de incidente de uniformização de jurisprudência, na forma do art. 91 do RITCU;

e) análise de conflito de lei ou de ato normativo do Poder Público com a Constituição Federal, em matéria da competência do Tribunal;

f) fixação dos coeficientes destinados ao cálculo das parcelas a serem entregues aos entes federativos à conta dos recursos do Fundo de Participação dos Estados e do Distrito Federal (FPE), do Fundo de Participação dos Municípios (FPM), nos termos da Constituição Federal e observados os critérios estabelecidos nas normas legais e regulamentares pertinentes;

g) fixação dos coeficientes destinados ao cálculo das parcelas a serem entregues aos Estados e ao Distrito Federal, sobre o produto da arrecadação do Imposto sobre Produtos Industrializados (IPI), nos termos da Constituição Federal e observados os critérios estabelecidos nas normas legais e regulamentares pertinentes;

h) apreciação da contestação apresentada pelas unidades federativas a respeito dos coeficientes de que trata a letra anterior;

i) aplicação das sanções de inabilitação de responsável e inidoneidade de licitante e adoção das medidas cautelares previstas nos arts. 273 a 276 do RITCI, resguardada, no caso do último artigo, a possibilidade de antecipação da medida pelo relator ou pelo presidente;

j) autorização para realização de fiscalizações em unidades do Poder Legislativo, do Supremo Tribunal Federal, dos Tribunais Superiores, da Presidência da República, do Tribunal de Contas da União, do Conselho Nacional de Justiça, do Conselho Nacional do Ministério Público, bem como do Ministério Público da União e da Advocacia-Geral da União;

k) representação de equipe de fiscalização prevista no art. 246 do RITCU;

l) relatório de auditoria operacional;

m) relatório de fiscalização realizada em virtude de solicitação do Congresso Nacional, de suas casas e das respectivas comissões, bem como as autorizadas nos órgãos designados na letra "j" *supra*;

n) consulta sobre matéria da competência do Tribunal;

o) denúncia;

p) discussão de matéria regimental ou de caráter normativo;

q) conflito de competência entre relatores;

r) qualquer assunto não incluído expressamente na competência das câmaras;

s) recursos de reconsideração, embargos de declaração e pedidos de reexame apresentados contra suas próprias decisões, bem como os agravos interpostos a despachos decisórios proferidos em processos de sua competência;

t) recursos de revisão;

u) aprovação de enunciados da Súmula da Jurisprudência do Tribunal;

v) fixação de entendimento de especial relevância para a Administração Pública, sobre questão de direito;

w) propostas de determinações de caráter normativo, de estudos sobre procedimentos técnicos, bem como daqueles em que se entender necessário o exame incidental de inconstitucionalidade de lei ou de ato normativo do Poder Público;

x) deliberação sobre matérias de cunho administrativo, tais como a análise de recursos contra decisões adotadas pelo presidente em assuntos dessa natureza, aprovação do plano de controle externo e de proposta relativa a projeto de lei que o Tribunal deva encaminhar ao Poder Legislativo e apreciação sobre lista tríplice dos ministros-substitutos e dos membros do Ministério Público junto ao Tribunal, para preenchimento de cargo de ministro, constituição de comissões temporárias; e

z) processos remetidos pelo relator ou pelas câmaras em caso de empate ou em função de sua relevância, ressalvados, neste caso, os recursos de competência privativa destas.

Como se vê, a competência do Plenário é bastante ampla, abrangendo quase todas as atribuições constitucionais reservadas ao TCU, em apoio institucional ao Congresso Nacional, no exercício da função de controle externo.

O Plenário também atua na deliberação de assuntos administrativos e na discussão de temas que envolvam a uniformização da jurisprudência e a discussão de questões importantes de Direito, tais como a resposta à consulta, a edição de súmulas, a fixação de entendimento de especial relevância para a Administração Pública e o exame incidental de inconstitucionalidade de lei ou de ato normativo do Poder Público.

O Plenário pode exercer as competências da câmara desde que a matéria seja incluída em sua pauta pelo relator ou por deliberação da Câmara, acolhendo proposta de ministro ou sugestão de ministro-substituto ou do representante do MPCU, sempre que a relevância da matéria recomende esse procedimento, nos termos do art. 17, §1º, do RITCU. A única exceção, mencionada no referido dispositivo, são os pedidos de reexame, recursos de reconsideração e embargos de declaração apresentados contra as deliberações das câmaras, bem como agravo interposto a despacho decisório proferido em processo de competência destas.

6.3 Competência das câmaras

A competência das câmaras é estabelecida de modo taxativo no art. 17 do RITCU. Conforme o dispositivo, elas podem deliberar sobre:

a) prestação e tomada de contas, inclusive especial;

b) ato de admissão de pessoal da administração direta e indireta, incluídas as fundações instituídas e mantidas pelo Poder Público federal;

c) a legalidade, para fins de registro, de concessão de aposentadoria, reforma ou pensão a servidor público e a militar federal ou a seus beneficiários;

d) representação, exceto a efetivada por equipe de fiscalização, nos termos da alínea "l" do inciso I do art. 15 do RITCU;

e) realização de inspeção, exceto em unidades do Poder Legislativo, do Supremo Tribunal Federal, dos Tribunais Superiores, da Presidência da República, do Tribunal de Contas da União, do Conselho Nacional de Justiça, do Conselho Nacional do Ministério Público, bem como do Ministério Público da União e da Advocacia-Geral da União; consoante a alínea "j" do inciso I do dispositivo suscitado na letra anterior;

f) relatório de fiscalização, exceto a realizada nas entidades indicadas na letra anterior, as auditorias operacionais e a fiscalização realizada em virtude de solicitação do Congresso Nacional, de suas casas e das respectivas comissões; e

g) pedido de reexame, recurso de reconsideração e embargos de declaração apresentados contra suas próprias deliberações, bem como agravo interposto a despacho decisório proferido em processo de sua competência.

Conforme já anunciado, todas as matérias indicadas, com exceção dos expedientes recursais suscitados na letra "g", poderão ser incluídas na pauta do Plenário, sempre que a relevância da matéria recomendar esse procedimento.

Casa haja propostas de fixação de entendimento sobre questão de direito, de determinações em caráter normativo, de estudos sobre procedimentos técnicos e de exame incidental de inconstitucionalidade de lei ou de ato normativo do Poder Público, nos processos de competência das câmaras, estas serão submetidas ao Plenário, consoante o §2º do art. 17 do RITCU.

Realizado, pelo Plenário, o exame incidental de inconstitucionalidade, o processo retornará à Câmara para continuidade do feito, sem prejuízo da avocação do exame de seu mérito por aquele colegiado, na forma do §3º da disposição em exame.

Consoante o §4º do art. 17 do RITCU, deverão ser remetidos para apreciação do Plenário os processos nos quais se entenda cabível, em grau de recurso, o exame de declaração de inidoneidade de licitante ou de inabilitação de responsável para o exercício de cargo em comissão ou função de confiança no âmbito da Administração Pública federal.

Tal ocorre, por exemplo, quando o Tribunal não tiver aplicado essas sanções em processo apreciado em uma das câmaras e, após a interposição de recurso pelo MPTCU, o relator acolher as razões recursais para imputação de tais penas, submetendo a matéria a julgamento no Plenário. Essa exceção se justifica porque a aplicação das sanções de inabilitação de responsável e inidoneidade de licitante é competência privativa do Plenário, nos termos do art. 15, inciso I, alínea "i", do RITCU.

Entende-se que também deve haver a afetação do processo ao julgamento do Plenário quando o Tribunal tiver rejeitado a expedição de medida cautelar e arquivado o processo, em julgamento por uma das câmaras, e, diante de recurso de agravo pelo MPTCU, o relator acolher as razões recursais para expedir o aludido provimento de urgência, submetendo o feito ao julgamento do Plenário. Tal ocorre porque, da mesma forma que a hipótese anterior, a apreciação de medida cautelar é competência privativa do Plenário, nos termos do art. 15, inciso I, alínea "i", do RITCU.

6.4 Ministros

O TCU é integrado por nove ministros, que serão nomeados dentre brasileiros que satisfaçam os seguintes requisitos, expostos no art. 73 da CF/1988:

I – mais de trinta e cinco e menos de setenta anos de idade; (Redação dada pela Emenda Constitucional nº 122, de 2022)

II – idoneidade moral e reputação ilibada;

III – notórios conhecimentos jurídicos, contábeis, econômicos e financeiros ou de administração pública;
IV – mais de dez anos de exercício de função ou de efetiva atividade profissional que exija os conhecimentos mencionados no inciso anterior.

Os ministros do TCU serão escolhidos da seguinte forma (art. 73, §2º, da CF/1988):

I – um terço pelo presidente da república, com aprovação do Senado Federal, sendo dois alternadamente dentre auditores e membros do Ministério Público junto ao Tribunal, indicados em lista tríplice pelo Tribunal, segundo os critérios de antiguidade e merecimento; e
II – dois terços pelo Congresso Nacional.

Conforme o art. 73, §3º, da CF/1988, os ministros do Tribunal de Contas da União terão as mesmas garantias, prerrogativas, impedimentos, vencimentos e vantagens dos ministros do Superior Tribunal de Justiça, aplicando-se lhes, quanto à aposentadoria e pensão, as normas constantes do art. 40 da CF/1988.

6.5 Ministros-substitutos

A CF/1988 faz menção ao cargo de auditor, na organização do Tribunal de Contas da União.

Segundo o art. 73, §4º, da CF/1988, "o auditor, quando em substituição a ministro, terá as mesmas garantias e impedimentos do titular e, quando no exercício das demais atribuições da judicatura, as de juiz de Tribunal Regional Federal".

Esse cargo não se confunde com o de auditor federal de controle externo, o qual integra a Secretaria do TCU e, portanto, e exerce as funções específicas de controle externo no Tribunal de Contas da União designadas nos arts. 86 e 87 da LOTCU.

A Lei nº 12.811/2013 alterou a denominação do cargo de Auditor de que trata o §4º do art. 73 da CF/1988, de forma que ele passou a ser designado de ministro-substituto.

Os ministros-substitutos "exercem as demais atribuições da judicatura, presidindo processos e relatando-os com proposta de decisão", conforme o art. 3º da mencionada lei.

Eles substituem os ministros, em suas ausências e impedimentos por motivo de licença, férias ou outro afastamento legal, consoante o art. 63, *caput*, da LOTCU.

Serão também convocados para substituir ministros, para efeito de *quorum*, sempre que os titulares comunicarem, ao presidente do Tribunal ou da Câmara respectiva, a impossibilidade de comparecimento à sessão, à luz do art. 63, §1º, da LOTCU.

6.6 Ministério Público junto ao TCU (MPTCU)

O MPTCU é composto de um procurador-geral, três subprocuradores-gerais e quatro procuradores, nomeados pelo presidente da república, dentre brasileiros, bacharéis em Direito, consoante o art. 80 da LOTCU.

O art. 81 da LOTCU atribuiu as seguintes competências ao procurador-geral junto ao Tribunal de Contas da União, em sua missão de guarda da lei e fiscal de sua execução:

I – promover a defesa da ordem jurídica, requerendo, perante o Tribunal de Contas da União as medidas de interesse da justiça, da administração e do Erário;

II – comparecer às sessões do Tribunal e dizer de direito, verbalmente ou por escrito, em todos os assuntos sujeitos à decisão do Tribunal, sendo obrigatória sua audiência nos processos de tomada ou prestação de contas e nos concernentes aos atos de admissão de pessoal e de concessão de aposentadorias, reformas e pensões;

III – promover junto à Advocacia-Geral da União ou, conforme o caso, perante os dirigentes das entidades jurisdicionadas do Tribunal de Contas da União, as medidas previstas no inciso II do art. 28 e no art. 61 desta Lei, remetendo-lhes a documentação e instruções necessárias;

IV – interpor os recursos permitidos em lei.

O art. 28, inciso II, da LOTCU estatui que o Tribunal poderá, após expirado o prazo para o recolhimento da dívida, autorizar a cobrança judicial da dívida por intermédio do MPTCU.

O art. 61 da referida norma prescreve, por sua vez, que o MPTCU pode solicitar à Advocacia-Geral da União ou, conforme o caso, aos dirigentes das entidades que lhe sejam jurisdicionadas as medidas necessárias ao arresto dos bens dos responsáveis julgados em débito, devendo ser ouvido quanto à liberação dos bens arrestados e sua restituição.

Aos subprocuradores-gerais e procuradores compete, por delegação do procurador-geral, exercer as funções supramencionadas, consoante o art. 82 da LOTCU.

O exercício das atribuições estatuídas no *caput* e no inciso I do art. 81 da LOTCU está, evidentemente, condicionado pelas mesmas balizas às quais o TCU está sujeito, em sua missão de controle externo: tutelar o conjunto de normas que disciplinam a aplicação e gestão de bens e recursos públicos, bem como a legitimidade e a economicidade no trato da coisa pública.

Da mesma forma que o Tribunal, o MPTCU não é guardião geral da legalidade e da ordem jurídica como um todo, tampouco age como sucedâneo do Ministério Público Federal, na proteção de outros interesses difusos e coletivos, que não estejam ligados diretamente ao Erário e a escorreita gestão do patrimônio público em sentido estrito.[274]

O rol de suas atribuições não é exaustivo, uma vez que o próprio art. 81 da LOTCU admitiu a previsão de outras competências pelo RITCU.

Em verdade, a própria lei orgânica do TCU reservou outra função ao MPTCU, além das indicadas: requerer cautelarmente o afastamento temporário do responsável se existirem indícios suficientes de que, prosseguindo no exercício de suas funções, possa retardar ou dificultar a realização de auditoria ou inspeção, causar novos danos ao Erário ou inviabilizar o seu ressarcimento (art. 44).

Conforme o art. 81, inciso II, da LOTCU transcrito, a intervenção do MPTCU é obrigatória nos processos de tomada ou prestação de contas e nos concernentes aos atos de admissão de pessoal e de concessão de aposentadorias, reformas e pensões.

Além destes, o RITCU estipula outros casos de intervenção obrigatória do MPTCU:

a) nos incidentes de uniformização de jurisprudência se o relator reconhecer, em apreciação preliminar, a existência da divergência (art. 91, §1º); e

---

[274] Remete-se o leitor às considerações que foram esposadas a respeito da diferença entre Erário e patrimônio público em sentido largo, no item 5.3.1.

b) na revisão de ofício de ato sujeito a registro considerado legal pelo Tribunal (art. 219, §2º);

A falta de manifestação do MPTCU, nessas hipóteses, implica a nulidade do processo a partir do momento em que esse órgão deveria ter-se pronunciado, nos termos do art. 178 do RITCU. Não obstante, o parágrafo único do dispositivo prescreve que o pronunciamento posterior do MPTCU sana esse vício se ocorrer antes da decisão definitiva de mérito do Tribunal, nas hipóteses em que expressamente anuir aos atos praticados anteriormente ao seu pronunciamento.

6.7 Secretaria

Conforme o art. 65 do RITCU, a Secretaria do Tribunal tem a função de prestar apoio técnico e executar os serviços administrativos do TCU. Para cumprir as suas finalidades, a Secretaria do Tribunal disporá de quadro próprio de pessoal, organizado em plano de carreiras, cujos princípios, diretrizes, denominações, estruturação, formas de provimento e demais atribuições são os fixados em lei específica, nos termos do art. 66.

A estrutura, as competências e a distribuição das funções de confiança das unidades integrantes da Secretaria do TCU são atualmente disciplinadas pela Resolução TCU nº 347, de 12 de dezembro de 2022.

Conforme o art. 2º do normativo, a Secretaria do TCU compreende o conjunto de unidades que têm por finalidade desempenhar atividades estratégicas, técnicas e administrativas necessárias ao pleno exercício das competências do Tribunal.

A Secretaria do TCU possui três unidades básicas: a Secretaria-Geral da Presidência (Segepres), a Secretaria-Geral de Controle Externo (Segecex) e a Secretaria-Geral de Administração (Segedam).

A Segepres tem por finalidade assegurar o suporte estratégico ao funcionamento do TCU e da Secretaria do Tribunal. Dentre as suas competências, listadas no art. 8º da Resolução TCU nº 347/2022, cabe destacar as de assessorar e apoiar o presidente e as demais autoridades do TCU na tomada de decisão e na realização de ações relativas a relações institucionais com órgãos e entidades nacionais e internacionais; e promover a integração do Tribunal com outros órgãos dos Poderes Executivo, Legislativo e Judiciário, bem como com entidades organizadas da sociedade, dentre outras.

A Segecex tem por finalidade gerenciar as atividades de controle externo com vistas a prestar apoio e assessoramento às deliberações do TCU.

No que concerne ao objeto de investigação da presente obra, é a unidade básica mais importante do Tribunal, visto que é integrada pelas unidades técnicas encarregadas de instruir os processos de controle externo, que serão encaminhados aos relatores para julgamento. Dito de outra forma, são as secretarias integrantes da Segecex que impulsionam e dão suporte técnico à consecução da atividade finalística do TCU de exercer o controle externo da Administração Pública federal, mediante a realização das atribuições consignadas nos diversos incisos do art. 71 da CF/1988 e do art. 1º da LOTCU.

Dentre as competências da Secegex, cabe acentuar as de planejar, organizar, coordenar e supervisionar as atividades e projetos inerentes às atividades de controle externo, determinar às unidades subordinadas à realização de trabalhos específicos, acompanhar os resultados obtidos e avaliar os respectivos impactos; propor normas, políticas, diretrizes, técnicas e padrões relativos ao controle externo a cargo do TCU; e aprovar manuais e regulamentos relativos às atividades, aos processos de trabalho e aos projetos na área de controle externo, dentre outras.

A Segecex é integrada pelas seguintes unidades:

a) Secretaria-Geral Adjunta de Controle Externo (Adgecex);

b) Secretaria de Controle Externo de Informações Estratégicas e Inovação (Seinc);

c) Secretaria de Controle Externo de Solução Consensual e Prevenção de Conflitos (SecexConsenso);

d) Secretaria de Controle Externo da Função Jurisdicional (Sejus);

e) Secretaria de Controle Externo de Contas Públicas (SecexContas);

f) Secretaria de Controle Externo de Desenvolvimento Sustentável (SecexDesenvolvimento);

g) Secretaria de Controle Externo de Infraestrutura (SecexInfra);

h) Secretaria de Controle Externo de Energia e Comunicações (SecexEnergia); e

i) Secretaria de Controle Externo de Governança, Inovação e Transformação Digital do Estado (SecexEstado).

A Seinc tem por finalidade contribuir para a qualidade e a efetividade das ações de controle externo por meio do suporte metodológico, da gestão de informações, da produção de conhecimento de inteligência e do apoio a ações de combate à fraude e à corrupção. Ela tem o papel de subsidiar a atuação das unidades vinculadas à Segecex e assegurar a presença do TCU nos Estados da Federação, oferecendo subsídios ao processo de planejamento das ações de controle externo. A secretaria é composta pela Unidade de Auditoria Especializada em Transferência de Recursos da União (AudTransferências) e pela Unidade de Auditoria Especializada em Métodos e Inovação para o Controle (AudInovação). A figura a seguir ilustra a composição interna da secretaria:

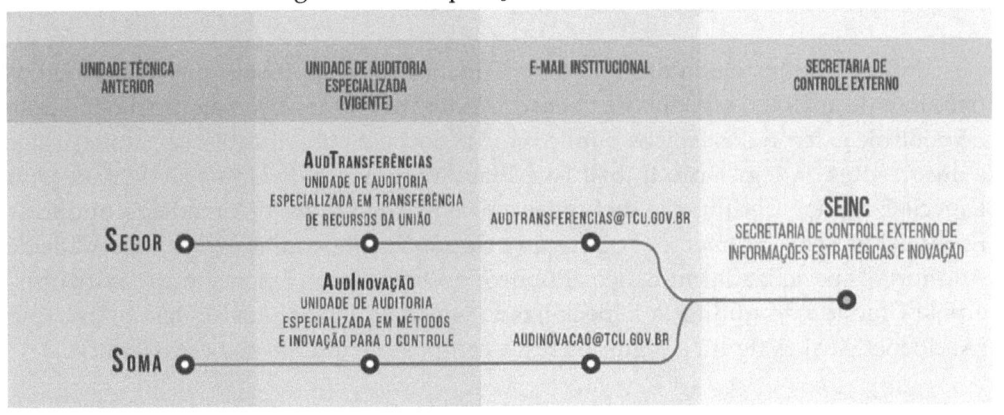

Figura 1 – Composição interna da Seinc

UNIDADE TÉCNICA ANTERIOR	UNIDADE DE AUDITORIA ESPECIALIZADA (VIGENTE)	E-MAIL INSTITUCIONAL	SECRETARIA DE CONTROLE EXTERNO
Secor	**AudTransferências** UNIDADE DE AUDITORIA ESPECIALIZADA EM TRANSFERÊNCIA DE RECURSOS DA UNIÃO	AUDTRANSFERENCIAS@TCU.GOV.BR	**SEINC** SECRETARIA DE CONTROLE EXTERNO DE INFORMAÇÕES ESTRATÉGICAS E INOVAÇÃO
Soma	**AudInovação** UNIDADE DE AUDITORIA ESPECIALIZADA EM MÉTODOS E INOVAÇÃO PARA O CONTROLE	AUDINOVACAO@TCU.GOV.BR	

Fonte: Portal do TCU

A SecexConsenso tem por finalidade contribuir para a solução consensual de controvérsias relevantes afetas a órgãos e entidades da Administração Pública Federal.

A Sejus reúne unidades técnicas que tratam de finalidades diversas, tais como a gestão de processos e documentos no âmbito da Segecex – Secretaria de Apoio à Gestão de Processos (Seproc) –, a instrução de recursos contra as decisões proferidas pelo Tribunal – Unidade de Auditoria Especializada em Recursos (AudRecursos) –, a instrução de representações e denúncias envolvendo licitações – Unidade de Auditoria Especializada em Contratações (AudContratações) – e a instrução de tomadas de contas especiais – Unidade de Auditoria Especializada em Tomada de Contas Especial (AudTCE). A figura a seguir ilustra a composição interna da Sejus:

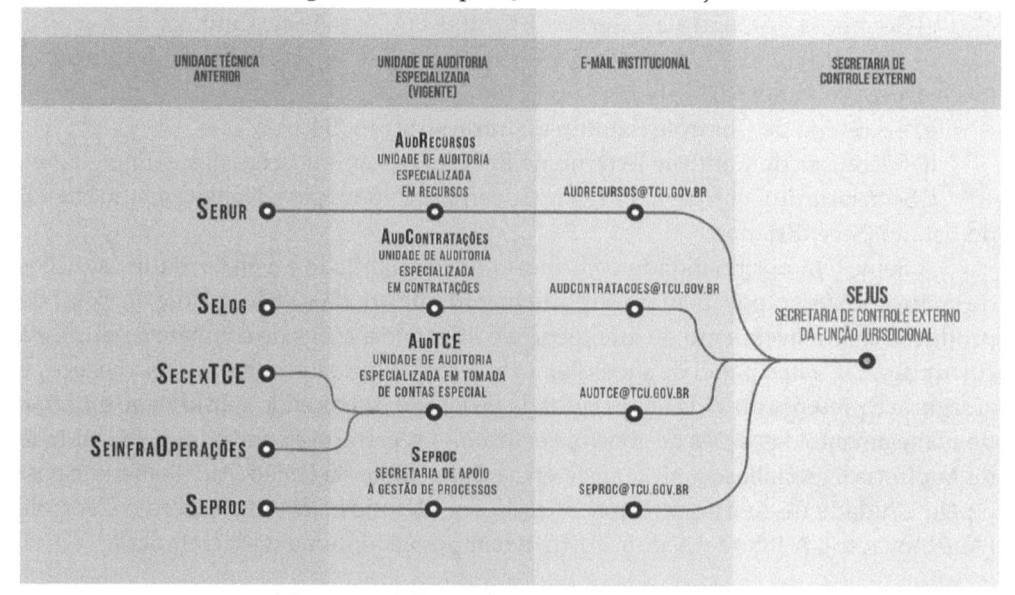

Figura 2 – Composição interna da Sejus

Fonte: Portal do TCU

A SecexContas cuida das auditorias financeiras e contábeis, o que abrange os trabalhos de análise das contas do chefe do Poder Executivo. Ademais, a unidade trata do controle externo dos bancos públicos e das despesas previdenciárias, assistenciais e decorrentes da legislação trabalhista. Ela é integrada pela Unidade de Auditoria Especializada em Certificação de Contas (AudFinanceira), pela Unidade de Auditoria Especializada em Orçamento, Tributação e Gestão Fiscal (AudFiscal), pela Unidade de Auditoria Especializada em Bancos Públicos e Reguladores Financeiros (AudBancos) e pela Unidade de Auditoria Especializada em Previdência, Assistência e Trabalho (AudBenefícios). A figura a seguir ilustra a composição interna da SecexContas:

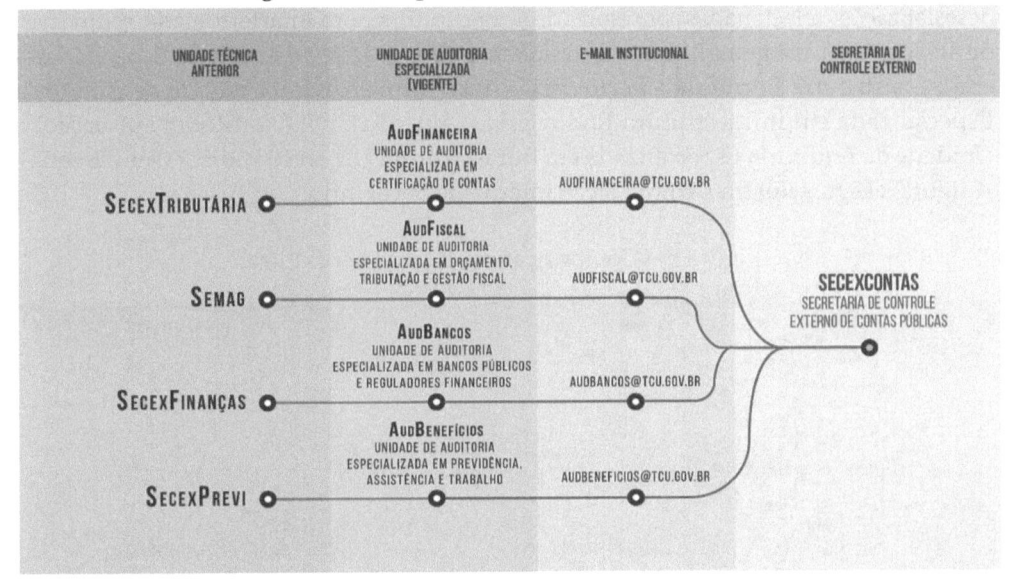

Figura 3 – Composição interna da SecexContas

UNIDADE TÉCNICA ANTERIOR	UNIDADE DE AUDITORIA ESPECIALIZADA (VIGENTE)	E-MAIL INSTITUCIONAL	SECRETARIA DE CONTROLE EXTERNO
SecexTributária	AudFinanceira — Unidade de Auditoria Especializada em Certificação de Contas	audfinanceira@tcu.gov.br	SECEXCONTAS — Secretaria de Controle Externo de Contas Públicas
Semag	AudFiscal — Unidade de Auditoria Especializada em Orçamento, Tributação e Gestão Fiscal	audfiscal@tcu.gov.br	
SecexFinanças	AudBancos — Unidade de Auditoria Especializada em Bancos Públicos e Reguladores Financeiros	audbancos@tcu.gov.br	
SecexPrevi	AudBenefícios — Unidade de Auditoria Especializada em Previdência, Assistência e Trabalho	audbeneficios@tcu.gov.br	

Fonte: Portal do TCU

A SecexDesenvolvimento cuida da fiscalização das despesas e das políticas públicas relacionadas à educação, saúde, agricultura, meio ambiente e desenvolvimento econômico e social. Ela é integrada pela Unidade de Auditoria Especializada em Educação, Cultura, Esporte e Direitos Humanos (AudEducação), pela Unidade de Auditoria Especializada em Saúde (AudSaúde) e pela Unidade de Auditoria Especializada em Agricultura, Meio Ambiente e Desenvolvimento Econômico (AudAgroAmbiental). A figura a seguir ilustra a composição interna da SecexDesenvolvimento:

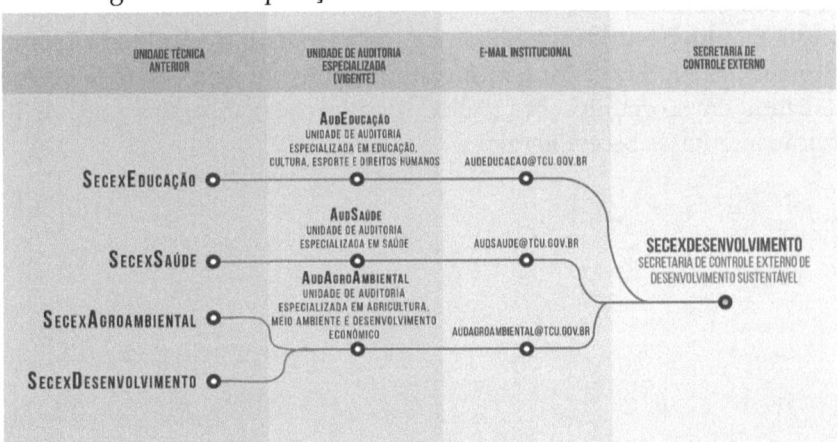

Figura 4 – Composição interna da SecexDesenvolvimento

UNIDADE TÉCNICA ANTERIOR	UNIDADE DE AUDITORIA ESPECIALIZADA (VIGENTE)	E-MAIL INSTITUCIONAL	SECRETARIA DE CONTROLE EXTERNO
SecexEducação	AudEducação — Unidade de Auditoria Especializada em Educação, Cultura, Esporte e Direitos Humanos	audeducacao@tcu.gov.br	SECEXDESENVOLVIMENTO — Secretaria de Controle Externo de Desenvolvimento Sustentável
SecexSaúde	AudSaúde — Unidade de Auditoria Especializada em Saúde	audsaude@tcu.gov.br	
SecexAgroambiental	AudAgroAmbiental — Unidade de Auditoria Especializada em Agricultura, Meio Ambiente e Desenvolvimento Econômico	audagroambiental@tcu.gov.br	
SecexDesenvolvimento			

Fonte: Portal do TCU

A SecexInfra trata das fiscalizações das despesas, investimentos, políticas públicas e desestatizações relacionadas aos setores de infraestrutura portuária, ferroviária, rodoviária, de aviação civil, urbana e hídrica. É composta pela Unidade de Auditoria Especializada em Infraestrutura Portuária e Ferroviária (AudPortoFerrovia), Unidade de Auditoria Especializada em Infraestrutura Rodoviária e Aviação Civil (AudRodoviaAviação) e Unidade de Auditoria Especializada em Infraestrutura Urbana e Hídrica (AudUrbana). A figura a seguir ilustra a composição interna da SecexInfra:

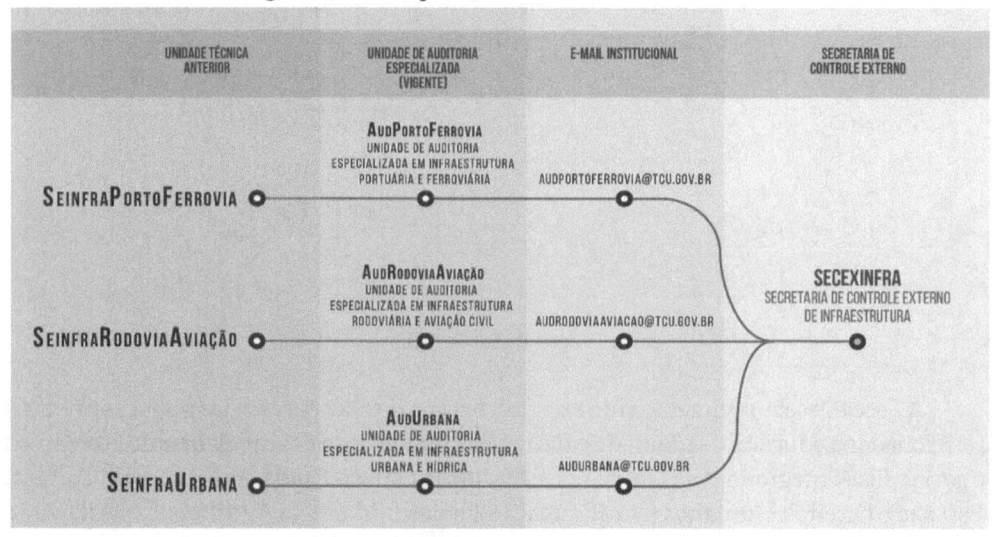

Figura 5 – Composição interna da SecexInfra

Fonte: Portal do TCU

A SecexEnergia tem por escopo fiscalizar as despesas públicas, investimentos, políticas públicas e desestatizações abrangendo o setor de energia, em todas as suas submodalidades, e comunicações. É integrada pela Unidade de Auditoria Especializada em Energia Elétrica e Nuclear (AudElétrica), pela Unidade de Auditoria Especializada em Petróleo, Gás Natural e Mineração (AudPetróleo) e pela Unidade de Auditoria Especializada em Comunicações (AudComunicações). A figura a seguir ilustra a composição interna da SecexEnergia:

Figura 6 – Composição interna da SecexEnergia

UNIDADE TÉCNICA ANTERIOR	UNIDADE DE AUDITORIA ESPECIALIZADA (VIGENTE)	E-MAIL INSTITUCIONAL	SECRETARIA DE CONTROLE EXTERNO
SeinfraElétrica	AudElétrica – Unidade de Auditoria Especializada em Energia Elétrica e Nuclear	AUDELETRICA@TCU.GOV.BR	SECEXENERGIA – Secretaria de Controle Externo de Energia e Comunicações
SeinfraPetróleo	AudPetróleo – Unidade de Auditoria Especializada em Petróleo, Gás Natural e Mineração	AUDPETROLEO@TCU.GOV.BR	
SeinfraComunicações	AudComunicações – Unidade de Auditoria Especializada em Comunicações	AUDCOMUNICACOES@TCU.GOV.BR	

Fonte: Portal do TCU

A SecexEstado tem como objetivo fiscalizar as ações estatais relacionadas à tecnologia de informação e à governança e inovação, atuando, ainda, na análise de atos de pessoal. Ela é integrada pela Unidade de Auditoria Especializada em Tecnologia da Informação (AudTI), pela Unidade de Auditoria Especializada em Governança e Inovação (AudGovernança) e pela Unidade de Auditoria Especializada em Pessoal (AudPessoal). A figura a seguir ilustra a composição interna da SecexEstado:

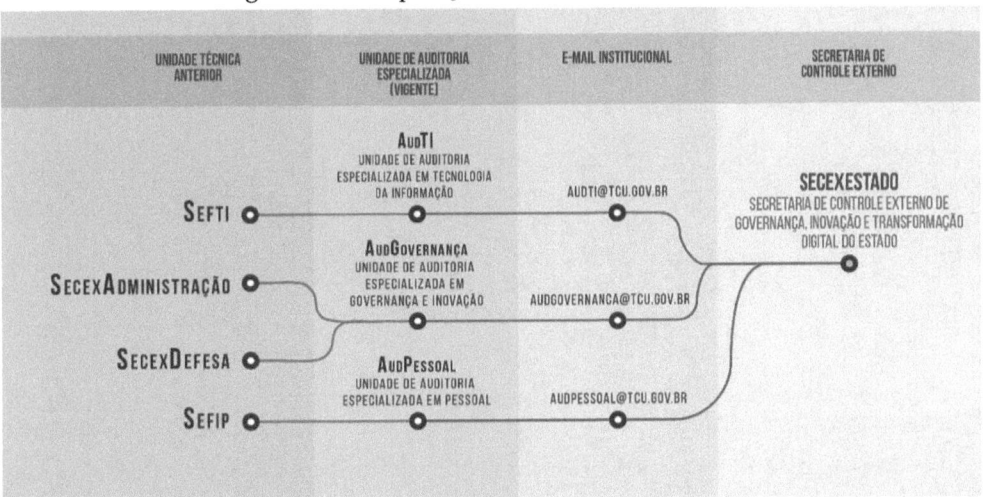

Figura 7 – Composição interna da SecexEstado

UNIDADE TÉCNICA ANTERIOR	UNIDADE DE AUDITORIA ESPECIALIZADA (VIGENTE)	E-MAIL INSTITUCIONAL	SECRETARIA DE CONTROLE EXTERNO
Sefti	AudTI – Unidade de Auditoria Especializada em Tecnologia da Informação	AUDTI@TCU.GOV.BR	SECEXESTADO – Secretaria de Controle Externo de Governança, Inovação e Transformação Digital do Estado
SecexAdministração	AudGovernança – Unidade de Auditoria Especializada em Governança e Inovação	AUDGOVERNANCA@TCU.GOV.BR	
SecexDefesa	AudPessoal – Unidade de Auditoria Especializada em Pessoal	AUDPESSOAL@TCU.GOV.BR	
Sefip			

Fonte: Portal do TCU

A Segedam tem por finalidade gerenciar as atividades administrativas necessárias ao funcionamento e ao cumprimento da missão institucional do TCU.

PARTE II

PROCESSO DE CONTROLE EXTERNO

CAPÍTULO 7

PROCESSO DE CONTROLE EXTERNO

O processo de controle externo tem características próprias que o diferenciam do processo judicial e do administrativo. Em verdade, é possível falar que existem vários processos, cada qual com regras e princípios próprios, não obstante haja um núcleo comum, extraído da matriz constitucional.

Como o próprio nome deste livro anuncia, defende-se que a sequência ordenada de atos praticados pelo TCU, com vistas ao exercício de sua missão de controle externo, pode ser denominada processo, recusando-se as teorias que a compreendem como procedimento.

Apesar de essa discussão ser de cunho predominantemente acadêmico, é importante marcar posição quanto ao nome do instituto jurídico que ora se estuda, tanto por questão de metodologia e clareza do que se pretende expor como porque essa é a interpretação que realmente se extrai das normas jurídicas e da melhor doutrina.

Não obstante, é preciso registrar que há certa divergência entre os estudiosos do Direito Processual e Administrativo quanto ao uso das expressões processo e procedimento. Nesse particular, a doutrina diverge tanto sobre a adequação de usar o termo processo administrativo como sobre os critérios distintivos entre as expressões processo e procedimento.

7.1 Jurisdição

Antes de avançar nesse tema, cabe explorar o conceito de jurisdição. Em explicação singela, a expressão advém do termo latino *jurisdictio*, o qual pode ser traduzido como dizer o direito. Nessa perspectiva, a jurisdição seria o poder conferido a alguém de extrair o sentido da norma jurídica diante de determinada situação concreta, impondo a sua visão às partes envolvidas nessa situação.

Certamente, há outros conceitos que incluem características próprias da jurisdição exercida pelo Poder Judiciário, como a definitividade da decisão e a imparcialidade/independência da autoridade a quem foi atribuída essa função. Aliás, é justamente esse aspecto, o grau de atributos que acompanha o conceito, que vai, ao final, definir a compreensão a respeito da exclusividade ou não do exercício da jurisdição pelo Poder Judiciário.

Com relação ao assunto, filiamo-nos à corrente de quem defende que a jurisdição pode ser exercida por qualquer autoridade que a Constituição ou a lei tenha atribuído a função de dizer o direito nas condições e limites ali especificados.

Essa tese foi adotada, por exemplo, por Hely Lopes de Meirelles, que assinalou o seguinte a respeito do tema:

> Afaste-se a errônea ideia de que a decisão jurisdicional ou ato de jurisdição é privativo do judiciário. Não é assim. Todos os órgãos e poderes têm e exercem jurisdição, nos limites de sua competência institucional, quando aplicam o Direito e dec*idem* controvérsia sujeita à sua apreciação. Privativa do judiciário é somente a decisão judicial, que faz coisa julgada em sentido formal e material, erga omnes. Mas a decisão judicial é espécie do gênero jurisdicional, que abrange toda decisão de controvérsia no âmbito judiciário ou administrativo.[275]

Na mesma trilha, Jorge Ulisses Jacoby Fernandes defende que:

> [...] O termo jurisdição não está obrigatoriamente associado, na sua origem, a outros elementos e não há porque permitir que processualistas, ou melhor, estudiosos do direito judiciário, pretendam o monopólio da aplicação do termo, no contexto que, embora verdadeiro para o seu ramo da ciência, não é correto no amplo conteúdo da teoria geral do direito.[276]

Com isso, defende-se que o TCU tem jurisdição sobre matéria orçamentária e financeira, competindo-lhe analisar a regularidade da gestão de bens e recursos públicos, segundo os critérios jurídicos estabelecidos na CF/1988 e nas normas contábeis, financeiras, orçamentárias, operacionais e patrimoniais.

Conforme já exposto, no exercício desse mister, o Tribunal diz o que é legal, legítimo e econômico, impondo a sua decisão às partes de seu processo, nos limites da CF/1988 e das leis. Ao assim proceder, os tribunais de contas substituem a vontade e a interpretação dos agentes públicos por aquela que entendem adequada, à luz do ordenamento jurídico. Certamente, as suas deliberações podem ser submetidas ao crivo do Poder Judiciário se alguém sentir que houve lesão ou ameaça a direito.

A tese de que o TCU exerce jurisdição é extraída da própria CF/1988, que prescreve no art. 73, *caput*, que o Tribunal tem "jurisdição em todo o território nacional, exercendo, no que couber, as atribuições previstas no art. 96".

No processo do TCU, não há partes antagônicas. Não existe uma relação triangular formada pelo responsável, uma unidade da Administração Pública e o Tribunal, propriamente, na condição de terceiro encarregado de exercer a jurisdição em matéria financeira. Isso, todavia, não retira o caráter processual da atuação do TCU no exercício de suas competências de controle externo, nem implica que ele não exerce jurisdição.

Nesse particular, o processo do TCU se aproxima do processo administrativo, embora se defenda que aquele tem ontologia e regramento próprios, não se confundido com este.

---

[275] MEIRELLES, Hely Lopes. *Direito administrativo brasileiro*. São Paulo: Malheiros, 2016, p. 818.
[276] FERNANDES, Jorge Ulisses Jacoby. *Tribunais de Contas do Brasil*: jurisdição e competência. Belo Horizonte: Fórum, 2016, p. 122.

Evandro Martins Guerra adota a expressão processo de contas para se referir, de modo geral, ao processo dos tribunais de contas. Nas palavras do autor:

> De acordo com as concepções contemporâneas, os processos administrativos e de contas são instrumentos pelos quais, por meio da sucessão de atos processuais, preordenados em sequência lógica, o Poder Público decide uma controvérsia, ou imputa responsabilidade, buscando atender ao interesse público e resguardando as garantias individuais.
> Com outras palavras, é a atividade jurídica exercida com a participação de administrados, jurisdicionados ou de terceiros interessados, visando a um provimento estatal, realizada com a presença inafastável do princípio do contraditório, isto é, com a garantia de participação em simétrica paridade.[277]

Antes de desenvolver um conceito próprio de processo de controle externo, cabe explorar as definições de processo e procedimento e expor o fundamento pelo qual se defende que o primeiro termo pode ser usado para expressar o modo de atuação do TCU.

7.2 Processo e procedimento

Inicialmente, cabe destacar que a própria CF/1988 distingue processo de procedimento. Tanto é verdade que usa ambas as expressões quando trata da distribuição da competência para legislar.

Conforme o art. 22, inciso I, da CF/1988, compete privativamente à União legislar sobre Direito Processual. Por outro lado, o art. 24, inciso XI, atribui à União, aos Estados e ao Distrito Federal a competência de legislar concorrentemente sobre "procedimentos em matéria processual".

A doutrina traz diferentes critérios para distinguir um termo do outro. Segundo Hely Lopes Meirelles, a litigância é o que distingue o processo do procedimento.[278] Em sentido próximo, Lúcia Valle Figueiredo defende o uso do termo processo apenas quando houver controvérsias, quando se discute, por exemplo, sanções e punições disciplinares, ou seja, "[...] nas situações de acusações em geral ou litigância".[279]

Já Evandro Martins Guerra entende que o processo é espécie do gênero procedimento, diferenciando-se pela existência de contraditório, naquele. Nas palavras do autor:

> Em que pesem as divergências, entende-se que o procedimento é uma atividade preparatória de certo comando administrativo, regulado em lei, praticado com vistas a um provimento, ao passo que o processo, em síntese, é a espécie do gênero procedimento quando se realiza em contraditório entre as partes [...].[280]

Egon Bockman Moreira diverge dos aludidos critérios distintivos. Em sua visão, o processo pode ser examinado sob dois ângulos: por um lado, é relação jurídica entre as partes que nele interagem (aspecto interno); por outro, consubstancia rito ou sequência predefinida (aspecto superficial). Assim:

---

[277] GUERRA, Evandro Martins. *Controle Externo da Administração Pública.* Belo Horizonte: Fórum, 2019, p. 219.
[278] MEIRELLES, Hely Lopes. *Direito administrativo brasileiro.* São Paulo: Malheiros, 2016, p. 819.
[279] FIGUEIREDO, Lúcia Valle. *Curso de Direito Administrativo.* São Paulo: Malheiros, 2008, p. 436.
[280] GUERRA, Evandro Martins. *Controle Externo da Administração Pública.* Belo Horizonte: Fórum, 2019, p. 214.

[...] Na medida em que se trata de relação jurídica específica, o processo configura vínculo entre pessoas derivado de previsões normativas próprias, cujo objeto é precisamente o motivo (fático ou jurídico) em razão do qual a relação processual se constitui e se desenvolve.[281]

Para o autor, tal relação jurídica processual desenvolve-se justamente por meio do rito denominado procedimento. Este corresponde à forma de se concretizar o processo, a sequência de atos na qual se desenvolve a relação processual. Em sua visão:

[...] processo e procedimento têm clássica diferenciação quanto ao seu conteúdo jurídico: o primeiro retrata relação jurídica específica, de caráter processual em sentido estrito; já o segundo define puramente o desenrolar dos atos e fatos que configuram o começo, meio e fim do processo – realidade que, de direito (positivo e cientificamente), não significa relação jurídica. São conceitos jurídicos que designam fenômenos diversos no mundo do Direito.[282]

Egon Bockmann Moreira destaca haver, da mesma forma que no processo judicial, uma relação jurídica entre a administração e o particular em processo administrativo que visa a determinado fim. Assim, como o termo procedimento não se presta a designar uma relação jurídica, não haveria uma relação de gênero e espécie entre os termos, visto que este significa tão somente o ritualismo processual.[283]

Por certo, há doutrinadores contrários ao uso da expressão processo administrativo, defendendo o termo procedimento administrativo.[284] Quanto ao assunto, cabe mencionar a posição de Marçal Justen Filho, cujas críticas poderiam ser transplantadas para o uso da expressão "processo de controle externo".

Para o autor, o que dá identidade ao processo é uma composição totalmente peculiar e sem paralelo em qualquer outro tipo de vínculo jurídico: a existência de três sujeitos. Além disso, esse vínculo trilateral possui um corolário:

O juiz participa do processo não na condição de parte, mas com autonomia que é de essência e inafastável. O juiz é imparcial, não apenas no sentido de ser-lhe vedado tomar partido, mas também na acepção de que 'não é parte'. [...]. Em nenhum outro tipo de relação jurídica um dos polos é ocupado por sujeito que não seja parte.[285]

Segundo Marçal Justen Filho, essa característica não estaria presente no processo administrativo, uma vez que há identidade de sujeitos ocupando a condição de parte e julgador, de sorte que não existiria um julgador imparcial – na acepção de não ser parte na controvérsia. Mais ainda, haveria um "[...] envolvimento psicológico, subjetivo

---

[281] MOREIRA, Egon Bockmann. *Processo Administrativo*: Princípios Constitucionais e a Lei nº 9.784/1999 (com especial atenção à LINDB). Belo Horizonte: Fórum, 2022, p. 31.

[282] MOREIRA, Egon Bockmann. *Processo Administrativo*: Princípios Constitucionais e a Lei nº 9.784/1999 (com especial atenção à LINDB). Belo Horizonte: Fórum, 2022, p. 31.

[283] MOREIRA, Egon Bockmann. *Processo Administrativo*: Princípios Constitucionais e a Lei nº 9.784/1999 (com especial atenção à LINDB). Belo Horizonte: Fórum, 2022, p. 33.

[284] Nesse sentido, ver SUNDFELD, Carlos Ari. *Fundamentos de Direito Público*. São Paulo: Malheiros, 2017, p. 89-101; e JUSTEN FILHO, Marçal. Considerações sobre o Processo Administrativo Fiscal. *Revista Dialética de Direito Tributário*, v. 33, p. 108-132, 1998.

[285] JUSTEN FILHO, Marçal. Considerações sobre o Processo Administrativo Fiscal. *Revista Dialética de Direito Tributário*, v. 33, p. 108-132, 1998, p. 112.

e inconsciente na questão, de modo que o órgão julgador não apresenta condições de decidir sem tomar partido".[286]

Assim, o administrativista conclui que seria impossível o uso da locução "processo administrativo" a não ser que existisse "estrutura orgânica à qual se atribuísse a competência para conduzir a solução da controvérsia na via 'administrativa', totalmente independente dos sujeitos em conflito".[287]

Egon Bockmann Moreira refuta essa posição. Para o autor não seria a natureza triangular do processo jurisdicional, tampouco a posição de imparcialidade do Poder Judiciário aptas a impedir o emprego científico do termo processo administrativo.[288]

Em sua construção doutrinária, defende que a imparcialidade também está presente no processo administrativo, uma vez que o agente público está obrigado, pela sua investidura em uma função pública, a seguir a lei. Dessa forma, em circunstância alguma pode ser parcial: quer no que diga respeito a interesses pessoais, quer em relação a "interesses secundários".[289]

Pontua, em suma, que:

> O agente é "parte" em sentido físico-material, não em relação ao conteúdo de suas decisões. Juridicamente, tem o dever indeclinável da imparcialidade. [...] O servidor faz parte do órgão ou entidade administrativa, mas o exercício da função pública não lhe permite a "parcialidade" como fundamento de suas decisões. A imparcialidade decorre do primado constitucional do Estado Democrático de Direito e é dever de todos os agentes públicos, pena de vícios intransponíveis nos atos estatais (administrativos, legislativos e jurisdicionais). Em síntese: o agente administrativo pode ser "parte", mas o exercício do dever-poder da Administração é imparcial.[290]

Egon Bockmann Moreira acentua que o processo administrativo é relação jurídica dinâmica de Direito público coordenada por normas que estabelecem vínculo de segundo grau entre os sujeitos que dele participam. Assim:

> Um dos sujeitos exerce poder (dever-poder), oriundo de mandamentos normativos: seja ele membro do Poder Judiciário, seja agente da Administração Pública. Caso contrário não haverá imediato dever de obediência à sequência predefinida de atos, tampouco aos ditames de um Estado Democrático de Direito.[291]

O presente trabalho adota a base doutrinária de Egon Bockmann Moreira para defender a cientificidade do uso da expressão "processo de controle externo". Esta

---

[286] JUSTEN FILHO, Marçal. Considerações sobre o Processo Administrativo Fiscal. *Revista Dialética de Direito Tributário*, v. 33, p. 108-132, 1998, p. 113.

[287] JUSTEN FILHO, Marçal. Considerações sobre o Processo Administrativo Fiscal. *Revista Dialética de Direito Tributário*, v. 33, p. 108-132, 1998, p. 116.

[288] MOREIRA, Egon Bockmann. *Processo Administrativo*: Princípios Constitucionais e a Lei nº 9.784/1999 (com especial atenção à LINDB). Belo Horizonte: Fórum, 2022, p. 41.

[289] MOREIRA, Egon Bockmann. *Processo Administrativo*: Princípios Constitucionais e a Lei nº 9.784/1999 (com especial atenção à LINDB). Belo Horizonte: Fórum, 2022, p. 42-43.

[290] MOREIRA, Egon Bockmann. *Processo Administrativo*: Princípios Constitucionais e a Lei nº 9.784/1999 (com especial atenção à LINDB). Belo Horizonte: Fórum, 2022, p. 42-43.

[291] MOREIRA, Egon Bockmann. *Processo Administrativo*: Princípios Constitucionais e a Lei nº 9.784/1999 (com especial atenção à LINDB). Belo Horizonte: Fórum, 2022, p. 45.

figura insere-se no conceito geral de processo, uma vez que consiste em uma sequência de atos desenvolvida conforme um rito preestabelecido nas leis orgânicas e nos regimentos internos dos respectivos tribunais de contas, com vistas ao exercício das competências de controle externo previstas nos diversos incisos do art. 71 da CF/1988 e, ainda, nas respectivas leis de regência. Esses tribunais agem dentro de uma ordem jurídica, assumindo uma posição imparcial e equidistante dos interesses em discussão, aplicando o Direito segundo as provas e informações contidas nos autos, formando sua convicção de forma livre e independente.

Dessa forma, os processos dos tribunais de contas não são propriamente processos administrativos na medida em que *não* são instrumentos para o exercício da função administrativa, mas, sim, para o cumprimento função de controle. Quanto a isso, são bastante precisas as palavras de Carlos Ayres Britto quando pontua que os processos instaurados pelos Tribunais de Contas têm sua própria ontologia. Para o ex-ministro do STF:

> São processos de contas, e não processos parlamentares, nem judiciais, nem administrativos. Que não sejam processos parlamentares nem judiciais, já ficou anotado e até justificado (relembrando, apenas, que os Parlamentos decidem por critério de oportunidade e conveniência). Que também não sejam processos administrativos, basta evidenciar que as Instituições de Contas não julgam da própria atividade interna corporis (quem assim procede são os órgãos administrativos), mas da atividade de outros órgãos, outros agentes públicos, outras pessoas, enfim. Sua atuação é consequência de uma precedente atuação (a administrativa), e não um proceder originário. E seu operar institucional não é propriamente um tirar competências da lei para agir, mas ver se quem tirou competências da lei para agir estava autorizado a fazê-lo e em que medida.[292]

Em síntese, o processo de controle externo é o instrumento por meio do qual os tribunais de contas exercem as suas atribuições de controle externo, especificadas no art. 71 da CF/1988 e em suas leis orgânicas. Tais atribuições são consubstanciadas em decisões tomadas a partir de um procedimento racional, no qual é assegurado o contraditório dos responsáveis e das entidades jurisdicionadas que possam vir a ser afetadas pela deliberação, conforme as regras estabelecidas na legislação de regência.

Dito isso, diverge-se da posição adotada por Alexandre Aroeira Salles de que o processo do TCU seria incompatível com a CF/1988, pelo fato de a mesma autoridade ser responsável por fiscalizar, instaurar, instruir e decidir; pela ausência de partes independentes no processo; pela gestão da prova exclusivamente no poder do acusador/julgador; e pela ausência de recurso para órgão superior imparcial.[293]

Conforme defendido anteriormente nesta obra, o caráter não trilateral do processo do TCU não implica a sua inconstitucionalidade, até porque o desenho deste na CF/1988 *não* se deu a partir da previsão de um órgão com competência exclusiva de promover

---

[292] BRITTO, Carlos Ayres. *O regime constitucional dos tribunais de contas*. Editora Fórum, Belo Horizonte, 21 set. 2018. Notícias. Disponível em: https://www.editoraforum.com.br/noticias/o-regime-constitucional-dos-tribunais-de-contas-ayres-britto. Acesso em: 23 abr. 2023.

[293] SALLES, Alexandre Aroeira. *O processo nos tribunais de contas*. Belo Horizonte: Fórum, 2018, p. 145-150.

a acusação, tal como ocorre com a ação penal pública e ação civil pública, atribuída ao Ministério Público, nos termos do art. 129, incisos I e III, da Carta Maior.

Da mesma forma, a ausência de partes independentes no processo do TCU não impõe a conclusão de que este, assim como os outros processos de natureza não judicial, se desenvolve em desacordo com as garantias do devido processo legal e do contraditório e da ampla defesa. Conforme visto, o Tribunal age dentro dos estritos contornos da ordem jurídica, exercendo a sua jurisdição com imparcialidade, pois não atua em nome da administração, defendendo seus interesses secundários.

Os argumentos apresentados por Alexandre Aroeira Salles serviriam para concluir que são inconstitucionais todos os demais processos de natureza não judicial, tais como o processo administrativo tributário, o processo de responsabilização da lei anticorrupção e todos os processos sancionatórios, inclusive os decorrentes do exercício regular do Poder de Polícia pela administração. Enfatizando, nesse ponto, apenas as consequências dessa conclusão, é de se imaginar que ela é descabida, pois levaria à forçosa ideia de que o exercício do poder sancionatório por todos os órgãos não judiciais será antijurídico, havendo uma assombrosa gama de leis inconstitucionais, produzidas ao longo de três décadas após 1988, por diversas legislaturas.

Além das ponderações já adotadas no curso deste trabalho, entende-se que o legislador possui ampla discricionariedade para dar a densidade normativa que entender adequada aos princípios do contraditório e da ampla defesa e do devido processo legal. O desenho usado nos processos judiciais não é o único que leva à conclusão de que tais garantias são atendidas, sendo absolutamente possível estabelecer ritos processuais próprios, não sendo obrigatória a instituição do princípio da acusação.

Nesse ponto, as observações trazidas por Alexandre Aroeira Salles a respeito de como os tribunais de contas deveriam ser organizados devem ser recepcionadas como sugestão, no sentido de buscar o aperfeiçoamento institucional do sistema de controle externo, não constituindo, em absoluto, uma fórmula única para o atendimento dos valores incertos na Carta de 1988.

A propósito da necessidade de mudanças no processo dos tribunais de contas, existem há bastante tempo, dentro da própria estrutura desses órgãos, discussões internas quanto à necessidade de uniformizar o rito processual com vistas ao exercício das competências de controle externo.

Quanto ao assunto, cabe destacar o trabalho de Odilon Cavallari de Oliveira, que defende a instituição de uma lei nacional de processo dos tribunais de contas, a fim de melhor viabilizar a criação de uma eficiente rede de controle da Administração Pública.

Em sua visão, a edição dessa norma teria amparo constitucional, mais especificamente nos arts. 24, inciso I, 75 e 163, inciso V. Afinal, se a União possui competência para a aprovação de normas gerais de Direito Financeiro, pela teoria dos poderes implícitos, também teria para a edição de norma geral de processo para os tribunais de contas, a fim de melhor instrumentalizar aquela competência de direito material e, assim, o federalismo cooperativo.[294]

---

[294] OLIVEIRA, Odilon Cavallari de. Diante do princípio federativo, seria constitucional uma lei nacional de processo dos tribunais de contas? *Revista do TCU*, n. 113, p. 13-32, set./dez. 2008, p. 25-28.

O tema também foi enfrentado por Doris de Miranda Coutinho, que lista as seguintes razões para a elaboração de uma lei nacional de processo de controle externo: concretização da segurança jurídica; formação de um sistema de precedentes de controle externo; tratamento isonômico de gestores públicos; concentração de esforços para o aperfeiçoamento normativo e institucional; facilitação do estudo do processo; transparência e fomento ao controle social; e atuação mais visível e controlável.[295]

Daniel Lavareda também perfilha posição favorável à elaboração de uma lei nacional para o processo dos tribunais de contas. Na visão do autor:

> [...] a unicidade do assim denominado "processo de contas", para além de fortalecer a independência ontológica deste, em relação aos processos civil, penal e administrativo, assegura a independência jurisdicional dos Tribunais de Contas, principalmente em relação à sua autonomia, para além do campo científico, no plano jurídico-político brasileiro.[296]

A despeito dessa defesa por parte da doutrina e alguns membros do sistema tribunal de contas, o assunto ainda não teve desenvolvimento legislativo.

O Projeto de Lei Complementar (PLP) nº 79/2022 "estabelece normas gerais de fiscalização financeira da administração pública direta e indireta da União, dos Estados, do Distrito Federal e dos Municípios, dispõe sobre a simetria de que trata o art. 75 da Constituição Federal e dá outras providências".

Consta do art. 16 do texto original que:

> A fiscalização financeira de que trata o art. 163, inciso V, da CF/1988 pressupõe o estabelecimento de padrão mínimo nacional de organização e normas de processo e garantias processuais asseguradas às partes, que disponha sobre a competência e o funcionamento dos órgãos incumbidos das atividades finalísticas de controle externo e administrativos, ações coordenadas e transparentes que assegurem isonomia e segurança jurídica na fiscalização sobre a aplicação das normas gerais e específicas editadas pela União nas hipóteses previstas nos arts. 22, 24 e demais disposições da Constituição Federal que exijam lei complementar e tenham relação, direta ou indiretamente, com as finanças públicas, com observância das seguintes diretrizes [...] (grifos acrescidos).

Em suma, o texto apenas prevê a edição da lei nacional de processo, estabelecendo algumas diretrizes, mas não trata especificamente da matéria. Cabe ressaltar que o projeto encontrava-se, na data de elaboração deste trabalho, aguardando designação de relator na Câmara dos Deputados.

Além do PLP nº 79/2022, tramitou recentemente a Proposta de Emenda à Constituição nº 40/2016, cujo objetivo era a alteração dos arts. 24, 49, 72, 75 e 163 da CF/1988. Além disso, o projeto acrescentava o art. 73-A à CF/1988 e o art. 101 ao Ato das Disposições Constitucionais Transitórias (ADCT) para estabelecer padrão nacional do processo de controle externo dos Tribunais de Contas da União, dos Estados, do Distrito Federal e

---

[295] COUTINHO, Doris, T. P. C. de Miranda. Uniformização da legislação dos tribunais de contas. *Revista de Informação Legislativa: RIL*, v. 53, n. 212, p. 181-201, out./dez. 2016. Disponível em: http://www12.senado.leg.br/ril/edicoes/53/212/ril_v53_n212_p181. Acesso em: 23 abr. 2023, p. 184-192.

[296] LAVAREDA, Daniel. *O desenvolvimento do processo de contas e a efetividade jurisdicional*: a experiência do Tribunal de Contas dos Municípios do Estado do Pará. Belo Horizonte: Fórum, 2019, p. 34-35.

dos Municípios. Todavia, o projeto foi arquivado em 21.12.2018, ao final da legislatura, com fulcro no art. 332 do Regimento Interno do Senado Federal.

Apresentada a natureza e os aspectos distintivos do processo de controle externo, passa-se ao exame do processo do TCU propriamente. O objetivo deste capítulo é descrever os diversos tipos de processo previstos na LOTU e no RITCU.

7.3 Tipos de processo

Diferentemente dos processos civil e penal, o processo do TCU é dividido em tipos, conforme a competência de controle externo que esteja sendo exercida na oportunidade. Dito de outra forma, os nomes dos processos no Tribunal buscam refletir a finalidade destes, influenciando, de alguma forma, o rito e os provimentos cabíveis.

7.3.1 Processos de contas do presidente da república

O objetivo desse processo é emitir parecer prévio sobre as contas anuais do presidente da república, em cumprimento ao art. 71, inciso I, da CF/1988.

O art. 222 do RICU prevê a edição de um normativo pelo Tribunal, disciplinando a forma de apresentação e conteúdo do relatório que acompanha as contas prestadas pelo presidente da república. O aludido relatório será elaborado pelo órgão central do sistema de controle interno do Poder Executivo.

Atualmente, a matéria é tratada na Instrução Normativa TCU nº 79, de 4 de abril de 2019.

Consoante o art. 223 do RITCU, o relatório e o projeto do parecer prévio sobre as Contas do presidente da república serão apresentados ao Plenário pelo relator dentro do prazo de cinquenta dias a contar do recebimento das contas pelo Tribunal.

Esse prazo poderá ser ampliado, por deliberação do Plenário, mediante solicitação justificada do relator, nos termos do parágrafo único do referido dispositivo. De qualquer forma, deverá ser observado o disposto no art. 226 do RITCU, ou seja, as contas devem ser apreciadas com antecedência mínima de setenta e duas horas do término do prazo para a remessa do relatório e pareceres ao Congresso Nacional.

Além dos elementos contidos nas contas prestadas, o relator poderá solicitar esclarecimentos adicionais e efetuar, por intermédio de unidade própria, fiscalizações que entenda necessárias à elaboração do seu relatório, nos termos do art. 224 do RITCU.

Conforme o art. 225 do RITCU, os trabalhos voltados à instrução das contas do presidente da república observarão as diretrizes propostas pelo relator e aprovadas pelo Plenário, bem como o plano de controle externo.

O art. 226 do RITCU estipula que a apreciação das contas do presidente da república far-se-á em sessão extraordinária a ser realizada com antecedência mínima de setenta e duas horas do término do prazo para a remessa do relatório e pareceres ao Congresso Nacional.

Caso sejam identificados indícios de irregularidades que possam conduzir à recomendação de rejeição das contas, o Tribunal expedirá decisão abrindo prazo para que o Chefe do Poder Executivo apresente defesa e outras informações que entenda adequadas. A despeito do silêncio do RITCU quanto à necessidade dessa medida, o procedimento foi adotado no Acórdão nº 1.464/2015-Plenário (relator: ministro Augusto Nardes), tomando como base os princípios do contraditório e da ampla defesa e o devido processo legal.

Além disso, o TCU se baseou no julgamento monocrático da Suspensão de Segurança (SS) nº 1.197/PE, em 15.9.1997 (relator: ministro Celso de Mello). Na ocasião, foi pontuado que:

> [...] a circunstância de o Tribunal de Contas exercer atribuições desvestidas de caráter deliberativo não exonera essa essencial instituição de controle – mesmo tratando-se da apreciação simplesmente opinativa das contas anuais prestadas pelo Governador do Estado – do dever de observar a cláusula constitucional que assegura o direito de defesa e as demais prerrogativas inerentes ao due process of law aos que possam, ainda que em sede de procedimento administrativo, eventualmente expor-se aos riscos de uma sanção jurídica.

Nesses casos, há, certamente, a extrapolação do prazo previsto no art. 71, inciso I, da CF/1988 para a emissão de parecer prévio sobre as contas. Por isso, o TCU comunicará ao Congresso Nacional, na mesma decisão, que as contas pertinentes não estão em condições de serem apreciadas por este Tribunal, em razão dos indícios de irregularidades mencionados no relatório e a necessidade de se promover o contraditório do presidente da república.

Consoante o art. 228 do RITCU, o parecer prévio sobre as contas será conclusivo no sentido de exprimir se estas representam adequadamente as posições financeira, orçamentária, contábil e patrimonial, em 31 de dezembro do exercício encerrado, bem como sobre a observância dos princípios constitucionais e legais que regem a Administração Pública federal.

O Tribunal restituirá ao Congresso Nacional as Contas do presidente da república acompanhadas do parecer prévio aprovado pelo Plenário, do relatório apresentado pelo relator e das declarações de voto emitidas pelos demais ministros e ministros-substitutos convocados, nos termos do art. 229 do aludido normativo.

O RITCU não prevê recurso contra a decisão que aprecia as contas do presidente da república.

7.3.2 Processos de contas dos demais administradores e responsáveis

Os processos de contas são aqueles destinados à análise e ao julgamento das contas dos administradores e responsáveis da Administração Pública federal ou que tenham administrado recursos federais, nos termos especificados na LOTCU.

Conforme o art. 6º dessa norma, estão sujeitas à tomada de contas as pessoas indicadas nos incisos I a VI do art. 5º, a saber:

> I – qualquer pessoa física, órgão ou entidade a que se refere o inciso I do art. 1º desta Lei, que utilize, arrecade, guarde, gerencie ou administre dinheiros, bens e valores públicos ou pelos quais a União responda, ou que, em nome desta, assuma obrigações de natureza pecuniária;
> II – aqueles que derem causa a perda, extravio ou outra irregularidade de que resulte dano ao Erário;

III – os dirigentes ou liquidantes das empresas encampadas ou sob intervenção ou que de qualquer modo venham a integrar, provisória ou permanentemente, o patrimônio da União ou de outra entidade pública federal;

IV – os responsáveis pelas contas nacionais das empresas supranacionais de cujo capital social a União participe, de forma direta ou indireta, nos termos do tratado constitutivo.

V – os responsáveis por entidades dotadas de personalidade jurídica de direito privado que recebam contribuições parafiscais e prestem serviço de interesse público ou social;

VI – todos aqueles que lhe devam prestar contas ou cujos atos estejam sujeitos à sua fiscalização por expressa disposição de Lei;

VII – os responsáveis pela aplicação de quaisquer recursos repassados pela União, mediante convênio, acordo, ajuste ou outros instrumentos congêneres, a Estado, ao Distrito Federal ou a Município;

VIII – os sucessores dos administradores e responsáveis a que se refere este artigo, até o limite do valor do patrimônio transferido, nos termos do inciso XLV do art. 5º da Constituição Federal;

IX – os representantes da União ou do Poder Público na Assembleia Geral das empresas estatais e sociedades anônimas de cujo capital a União ou o Poder Público participem, solidariamente, com os membros dos Conselhos Fiscal e de Administração, pela prática de atos de gestão ruinosa ou liberalidade à custa das respectivas sociedades.

Somente por decisão do Tribunal essas pessoas podem ser liberadas dessa responsabilidade, conforme o art. 5º da LOTCU.

Nesses processos, TCU julgará as contas dos responsáveis arrolados e, havendo débito, os condenará ao pagamento deste, podendo ainda aplicar as multas especificadas na LOTCU.

Os recursos cabíveis contra decisão definitiva em processo de contas são os embargos de declaração, recurso de reconsideração e recurso de revisão.

7.3.3 Processos de tomada de contas especial

Os processos de tomadas de contas especiais são aqueles destinados à apreciação das contas dos responsáveis, administradores e terceiros que tenham dado causa a dano ao Erário.

Eles são instaurados pela autoridade administrativa, de ofício ou por determinação do TCU, ou, ainda, pelo próprio Tribunal, diante da omissão no dever de prestar contas, da não comprovação da aplicação dos recursos repassados pela União, da ocorrência de desfalque ou desvio de dinheiros, bens ou valores públicos, ou, ainda, da prática de qualquer ato ilegal, ilegítimo ou antieconômico de que resulte dano ao Erário.

Conforme o art. 9º da LOTCU, integrarão a tomada de contas especial, dentre outros elementos estabelecidos no ITCU, os seguintes:

a) relatório de gestão;

b) relatório do tomador de contas, quando couber;

c) relatório e certificado de auditoria, com o parecer do dirigente do órgão de controle interno, que consignará qualquer irregularidade ou ilegalidade constatada, indicando as medidas adotadas para corrigir as faltas encontradas;

d) pronunciamento do ministro de Estado supervisor da área ou da autoridade de nível hierárquico equivalente.

Esses processos são atualmente disciplinados pela Instrução Normativa TCU nº 71, de 28 de novembro de 2012.

Nesses processos, o TCU julgará as contas dos responsáveis arrolados e, se for confirmada a existência de débito, os condenará ao pagamento deste, podendo ainda aplicar as multas especificadas na LOTCU.

Os recursos cabíveis contra decisão definitiva em processo de tomada de contas especial são os embargos de declaração, recurso de reconsideração e recurso de revisão.

7.3.4 Processos de apreciação de atos de pessoal

Os processos de apreciação de atos de pessoal são aqueles autuados com a finalidade de verificar a legalidade, para fins de registro:

a) dos atos de admissão de pessoal, a qualquer título, na administração direta e indireta, incluídas as fundações instituídas e mantidas pelo Poder Público, excetuadas as nomeações para cargo de provimento em comissão; e

b) dos atos de concessão de aposentadorias, reformas e pensões, ressalvadas as melhorias posteriores que não alterem o fundamento legal do ato concessório.

Em síntese, trata-se dos processos de controle externo constituídos para o exercício da competência prevista no art. 71, inciso III, da CF/1988.

O envio, o processamento e a tramitação de informações alusivas a tais processos estão disciplinados na Instrução Normativa TCU nº 78/2018.

O Tribunal determinará o registro dos atos que considerar legais e recusará o registro dos atos considerados ilegais, nos termos do art. 260, §1, do RITCU.

Quando o Tribunal considerar ilegal ato de admissão de pessoal, o órgão de origem deverá, observada a legislação pertinente, adotar as medidas regularizadoras cabíveis, fazendo cessar todo e qualquer pagamento decorrente do ato impugnado, nos termos do art. 261 do RITCU.

Quanto aos atos de concessão de aposentadoria, reforma ou pensão, se estes forem considerados ilegais, o órgão de origem fará cessar o pagamento dos proventos ou benefícios no prazo de quinze dias, contados da ciência da decisão do Tribunal, sob pena de responsabilidade solidária da autoridade administrativa omissa, conforme impõe o art. 262 do RITCU.

Os recursos cabíveis contra decisão definitiva em processo de apreciação de atos de pessoal são os embargos de declaração e pedido de reexame. Não é admitido recurso de revisão contra deliberações proferidas em processos do tipo.

7.3.5 Processos de fiscalização

Conforme o art. 71, inciso IV, da CF/1988, o Tribunal pode realizar, por iniciativa própria da Câmara dos Deputados, do Senado Federal, de Comissão técnica ou de inquérito, inspeções e auditorias de natureza contábil, financeira, orçamentária, operacional e patrimonial, nas unidades administrativas dos Poderes Legislativo, Executivo e Judiciário, e demais entidades referidas no inciso II.

Além das auditorias e inspeções, o RITCU cataloga, como espécies de processo de fiscalização, as denúncias, representações, acompanhamentos e monitoramentos.

Todas essas modalidades estão sujeitas ao mesmo rito regramento, previsto nos arts. 249 a 252 da aludida norma.

Os recursos cabíveis contra decisão definitiva em processo de fiscalização são os embargos de declaração e o pedido de reexame. Não é admitido recurso de revisão contra deliberações proferidas em processos do tipo.

7.3.5.1 Processos de auditoria

Os processos de auditoria são aqueles autuados para reunir o relatório elaborado pela equipe de fiscalização, as evidências dos achados e demais documentos administrativos determinados pelas normas internas do TCU.

O relatório de auditoria é instrumento formal e técnico por intermédio do qual a equipe reporta o objetivo e as questões de auditoria; a metodologia utilizada; os achados de auditoria; as conclusões; e a proposta de encaminhamento.

Após a conclusão do relatório, o processo segue o trâmite regular do RITCU, até a decisão de mérito acerca dos achados de fiscalização e das respostas das questões de auditoria.

As auditorias de conformidade podem desencadear o controle subjetivo e objetivo de atos e contratos. As operacionais podem gerar recomendações ou ciência, avaliadas como necessárias para sanar deficiências relevantes identificadas pela auditoria. Por evidente, se forem identificados atos ilegais, ilegítimos ou antieconômicos, essa modalidade de auditoria também pode desencadear os controles objetivo e subjetivo, a serem desenvolvidos em processos apartados.

7.3.5.2 Processos de denúncia

Os processos de denúncia são aqueles autuados para que o Tribunal possa apreciar informações e documentos trazidos por qualquer cidadão, partido político, associação ou sindicato, a respeito da ocorrência de irregularidades ou ilegalidades em matéria sujeita à apreciação do Tribunal.

Ela deverá referir-se a administrador ou responsável sujeito à jurisdição do TCU, ser redigida em linguagem clara e objetiva, conter o nome legível do denunciante, sua qualificação e endereço, e estar acompanhada de indício concernente à irregularidade ou ilegalidade denunciada, nos termos do art. 235 do RITCU.

O relator ou o Tribunal não conhecerá de denúncia que não observe os mencionados requisitos e formalidades, devendo o respectivo processo ser arquivado após comunicação ao denunciante, conforme o parágrafo único do mencionado dispositivo.

A denúncia que preencha os requisitos de admissibilidade será apurada em caráter sigiloso até que se comprove a sua procedência, consoante o art. 234, §1º, da referida norma. Ela pode desencadear o controle subjetivo e objetivo de atos e contratos.

Por evidente, será assegurado o contraditório dos interessados caso haja provas que indiquem a existência de irregularidade ou ilegalidade. A denúncia somente poderá ser arquivada depois de efetuadas as diligências pertinentes, mediante despacho fundamentado do relator.

No resguardo dos direitos e garantias individuais, o Tribunal dará tratamento sigiloso às denúncias formuladas até decisão definitiva sobre a matéria, conforme o art. 236 do RITCU. Não obstante, o §1º do dispositivo impõe a publicidade do processo após a decisão definitiva sobre a matéria, salvo expressa manifestação em contrário.

O denunciante não se sujeitará a nenhuma sanção administrativa, cível ou penal em decorrência da denúncia, salvo em caso de comprovada má-fé, nos termos do §2º do art. 236 do RITCU.

7.3.5.3 Processos de representação

Os processos de representação são aqueles autuados para que o Tribunal possa apreciar informações e documentos trazidos pelas pessoas designadas no art. 237 do RITCU a respeito da ocorrência de irregularidades ou ilegalidades em matéria sujeita à apreciação do Tribunal.

Aplicam-se às representações os dispositivos constantes do §1º e da segunda parte do §2º do art. 234, do *caput* e do parágrafo único do art. 235, conforme o parágrafo único do art. 237.

Assim, as representações somente poderão ser arquivadas depois de efetuadas as diligências pertinentes, mediante despacho fundamentado do relator.

Elas deverão referir-se a administrador ou responsável sujeito à jurisdição do TCU, ser redigidas em linguagem clara e objetiva, conter o nome legível de seu autor, sua qualificação e endereço, e estar acompanhadas de indício concernente à irregularidade ou ilegalidade denunciada.

O relator ou o Tribunal não conhecerá de representação que não observe os mencionados requisitos e formalidades, devendo o respectivo processo ser arquivado após comunicação ao denunciante, conforme o parágrafo único do mencionado dispositivo.

As representações podem desencadear o controle subjetivo e objetivo de atos e contratos.

7.3.5.4 Processos de monitoramento

Os processos de monitoramento são aqueles autuados para que o Tribunal possa verificar o cumprimento de suas deliberações e os resultados delas advindos.

Ao final desses processos, a unidade técnica responsável verificará o grau de atendimento da deliberação, no período verificado, de acordo com as seguintes categorias, especificadas na Portaria-Segecex nº 27, de 19 de outubro de 2009:

> 32.5.1. cumprida ou implementada. O termo "cumprida" deve ser utilizado para o caso de determinações, já o termo "implementada" deve ser utilizado para o caso de recomendações;
> 32.5.2. em cumprimento e no prazo ou em implementação e no prazo – as providências para cumprir ou implementar a deliberação ainda estão em curso ou o cumprimento ou a implementação é medido em unidades de produtos e nem todos os produtos foram concluídos;
> 32.5.3. em cumprimento com prazo expirado ou em implementação com prazo expirado – as providências para cumprir ou implementar a deliberação ainda estão em curso ou a

implementação ou o cumprimento é medido em unidades de produtos e nem todos os produtos foram concluídos;

32.5.4. parcialmente cumprida ou parcialmente implementada – o gestor considerou concluídas as providências referentes ao cumprimento ou à implementação, sem cumpri-la ou implementá-la totalmente;

32.5.5. não cumprida ou não implementada;

O não cumprimento de determinação, dentro do prazo estipulado, verificado em processo de monitoramento, implica imputação de multa aos responsáveis, com fulcro no art. 58, inciso IV, da Lei nº 8.443/1992.

Os monitoramentos não se prestam para rediscutir o mérito das determinações e recomendações proferidas pelo TCU. Nessa perspectiva, não cabe qualquer recurso contra as decisões proferidas nesses processos que tenham se limitado a verificar o grau de atendimento da deliberação monitorada. Por evidente, se houver aplicação de sanção por descumprimento de determinação, a deliberação é passível de ser atacada por pedido de reexame e embargos de declaração, desde que cumpridos os requisitos de cada espécie.

O Tribunal pode eventualmente, no curso de um processo de monitoramento, concluir que determinada deliberação não se mostra mais aplicável ou, diante de novo contexto, proferir nova determinação ou recomendação a respeito da matéria. Nessa última hipótese, é cabível recurso contra decisão proferida desde que haja sucumbência da entidade destinatária da determinação.

7.3.5.5 Processos de acompanhamento

Os processos de acompanhamento são aqueles autuados para que o Tribunal possa, nos termos do art. 241 do RITCU:

> I – examinar, ao longo de um período predeterminado, a legalidade e a legitimidade dos atos de gestão dos responsáveis sujeitos a sua jurisdição, quanto ao aspecto contábil, financeiro, orçamentário e patrimonial; e
> II – avaliar, ao longo de um período predeterminado, o desempenho dos órgãos e entidades jurisdicionadas, assim como dos sistemas, programas, projetos e atividades governamentais, quanto aos aspectos de economicidade, eficiência e eficácia dos atos praticados.

Trata-se de uma ação de controle que se realiza de forma periódica e concomitante à execução dos atos de gestão, tendo como principal objetivo prevenir a ocorrência de atos danosos ao interesse público, seja por se mostrarem em desacordo com os normativos vigentes, seja por não alcançarem os objetivos previstos de forma econômica, eficiente, eficaz, efetiva e equitativa.[297]

O acompanhamento pode ensejar a atuação de representação para apurar, de forma apartada, eventuais irregularidades apontadas ou, ainda, desencadear o controle subjetivo ou objetivo dos atos no próprio processo de acompanhamento.

---

[297] BRASIL. Tribunal de Contas da União. *Manual de acompanhamento*. Brasília: TCU, Secretaria de Métodos e Suporte ao Controle Externo, 2018, p. 9.

7.3.6 Processos de consulta

Os processos de consulta são aqueles autuados para que o TCU possa esclarecer dúvida suscitada na aplicação de dispositivos legais e regulamentares concernentes à matéria de sua competência que lhe forem formuladas pelas autoridades designadas no art. 264 do RITCU.

O relator ou o Tribunal não conhecerá de consulta que não atenda aos requisitos de admissibilidade previstos no referido dispositivo, devendo o processo ser arquivado após comunicação ao consulente, consoante o art. 265 do RITCU.

O RITCU não previu recurso contra deliberação proferida em sede de consulta.

7.3.7 Processos de solicitação do Congresso Nacional

Conforme o inciso IV do art. 71 da CF/1988, o TCU possui competência para realizar, por iniciativa da Câmara dos Deputados, do Senado Federal e de Comissão técnica ou de inquérito, inspeções e auditorias de natureza contábil, financeira, orçamentária, operacional e patrimonial, nas unidades administrativas dos Poderes Legislativo, Executivo e Judiciário, incluídas as fundações e sociedades instituídas e mantidas pelo Poder Público federal.

Além disso, o Tribunal possui a incumbência de prestar as informações solicitadas pelo Congresso Nacional, por qualquer de suas Casas, ou por qualquer das respectivas Comissões, sobre a fiscalização contábil, financeira, orçamentária, operacional e patrimonial e sobre resultados de auditorias e inspeções realizadas nos termos do inciso VII do mencionado dispositivo.

Outrossim, o art. 72 da CF/1988 atribuiu ao TCU a tarefa de emitir parecer conclusivo sobre indícios de despesas não autorizadas, ainda que sob a forma de investimentos não programados ou de subsídios não aprovados, sempre que tal pronunciamento for solicitado pela Comissão Mista de Planos, Orçamentos Públicos e Fiscalização.

Isso implica dizer que o Congresso Nacional, as suas Casas e Comissões podem encaminhar solicitações ao TCU, requerendo a realização de auditorias, o envio de informações sobre as fiscalizações realizadas e a emissão de parecer sobre despesas não autorizadas, ficando o Tribunal obrigado a atendê-las, consoante as balizas especificadas na CF/1988.

Tais competências do Tribunal foram reproduzidas no art. 38 da LOTCU, a saber:

> Art. 38. Compete, ainda, ao Tribunal:
> I – realizar por iniciativa da Câmara dos Deputados, do Senado Federal, de comissão técnica ou de inquérito, inspeções e auditorias de natureza contábil, financeira, orçamentária, operacional e patrimonial nas unidades administrativas dos Poderes Legislativo, Executivo e Judiciário e nas entidades da administração indireta, incluídas as fundações e sociedades instituídas e mantidas pelo poder público federal;
> II – prestar as informações solicitadas pelo Congresso Nacional, por qualquer de suas Casas, ou por suas comissões, sobre a fiscalização contábil, financeira, orçamentária, operacional e patrimonial e sobre resultados de inspeções e auditorias realizadas;
> III – emitir, no prazo de trinta dias contados do recebimento da solicitação, pronunciamento conclusivo sobre matéria que seja submetida a sua apreciação pela comissão mista permanente de Senadores e Deputados, nos termos dos §§1º e 2º do art. 72 da Constituição Federal.

IV – auditar, por solicitação da comissão a que se refere o art. 166, §1º, da Constituição Federal, ou comissão técnica de qualquer das Casas do Congresso Nacional, projetos e programas autorizados na Lei orçamentária anual, avaliando os seus resultados quanto à eficácia, eficiência e economicidade.

Os processos de solicitação do Congresso Nacional são regidos pela Resolução TCU nº 215, de 20 de agosto de 2008.

Conforme o art. 3º da norma, eles são classificados segundo a seguinte tipologia:

a) solicitação de fiscalização de natureza contábil, financeira, orçamentária, operacional e patrimonial, nas unidades administrativas dos Poderes Legislativo, Executivo e Judiciário e demais entidades da Administração Pública, nos termos do art. 71, inciso IV, da CF/1988;

b) solicitação de informação sobre fiscalização contábil, financeira, orçamentária, operacional e patrimonial e sobre resultados de inspeções e auditorias realizadas, nos termos do art. 71, inciso VII, da CF/1988;

c) solicitação de pronunciamento conclusivo sobre regularidade de despesa, nos termos do art. 72, *caput* e §1º, da CF/1988;

d) solicitação de providências em relação às conclusões de relatório de comissão parlamentar de inquérito, nos termos dos arts. 1º e 2º da Lei nº 10.001/2000.

Têm legitimidade para solicitar em nome do Congresso Nacional as seguintes autoridades, segundo o art. 4º da Resolução TCU nº 215/2008:

I – informação e realização de fiscalização, os presidentes:
a) do Congresso Nacional, do Senado Federal ou da Câmara dos Deputados;
b) de comissões técnicas ou de inquérito, quando por elas aprovada a solicitação;
II – pronunciamento conclusivo sobre regularidade de despesa, o presidente da comissão mista de que trata o art. 166, §1º, da Constituição Federal, quando por ela aprovada a solicitação.
[...]
III – solicitação de providências em relação às conclusões de relatório de comissão parlamentar de inquérito, os presidentes do Congresso Nacional, do Senado Federal ou da Câmara dos Deputados, por meio da resolução que aprova e encaminha o relatório da comissão respectiva.

Ressalvadas as situações em que se façam necessários esclarecimentos adicionais quanto ao objeto, escopo, prazo e forma de atendimento, o Tribunal deve atender integralmente a solicitação do Congresso Nacional nos seguintes prazos, especificados no art. 15 da Resolução nº 215/2008:

a) até trinta dias, quando se tratar de solicitação de informação sobre fiscalização, de pronunciamento conclusivo sobre regularidade de despesa ou de solicitação de providências em relação às conclusões de relatório de comissão parlamentar de inquérito; e

b) até cento e oitenta dias, quando se tratar de solicitação de fiscalização, salvo se prazo distinto houver sido fixado pelo colegiado solicitante ou sido acordado na forma do art. 12 da mencionada resolução.

CAPÍTULO 8

PRINCÍPIOS PROCESSUAIS APLICÁVEIS

Conforme visto no capítulo anterior, o processo de controle externo tem características próprias, associadas à finalidade para a qual foi instituído, qual seja, o exercício das diversas competências previstas na CF/1988 e na LOTCU. Apesar de possuir princípios próprios, ele segue, de modo geral, a principiologia do processo civil comum e do processo penal, especialmente nas situações em que haja uma controvérsia que possa ensejar a responsabilidade financeira por débito e/ou multa.

Os seguintes princípios são aplicáveis ao processo do TCU.

8.1 Princípio do contraditório e da ampla defesa

O princípio do contraditório e da ampla defesa está expresso no inciso LV do art. 5º da CF/1988, segundo o qual "aos litigantes, em processo judicial ou administrativo, e aos acusados em geral são assegurados o contraditório e ampla defesa, com os meios e recursos a ela inerentes".

Trata-se de mais um princípio geral do Direito que se aplica aos processos do TCU voltados à atribuição de responsabilidade financeira reintegratória e sancionatória.

Em verdade, o aludido princípio incide sobre todos os processos do Tribunal que possam afetar a órbita de interesses de órgãos e entidades e direitos subjetivos de agentes públicos e demais pessoas arroladas como responsáveis ou interessados. Sua observância é obrigatória antes da expedição de decisões no âmbito do controle subjetivo, que se refere ao julgamento de contas, imputação de débito e multas, e objetivo, voltado à correção de atos e contratos e à eventual sustação destes.

Exceção deve ser feita aos processos pertinentes aos registros dos atos de pessoal sobre os quais o princípio do contraditório e da ampla defesa têm incidência diferenciada. Conforme será descrito no item 24.3 do capítulo 4, em consequência do julgamento do Recurso Extraordinário RE nº 636.553 (relator: ministro Gilmar Mendes) pelo STF, em 19.2.2020, que instituiu o registro tácito de atos de aposentadoria e pensão após o transcurso do prazo de cinco anos de seu ingresso no TCU, somente ocorrerá o contraditório do beneficiário quando houver a revisão de ofício de ato já registrado. Nessa hipótese, essa oitiva deve ocorrer dentro do prazo de cinco anos deste, sob pena de preclusão.

Essa aplicação mitigada do princípio do contraditório e da ampla defesa em processos destinados à apreciação da legalidade dos atos de concessão de aposentadoria, reforma ou pensão tem origem na Súmula Vinculante-STF nº 3, lavrada no seguinte sentido:

> Os processos perante o Tribunal de Contas da União asseguram-se o contraditório e a ampla defesa quando da decisão puder resultar anulação ou revogação de ato administrativo que beneficie o interessado, *excetuada a apreciação da legalidade do ato de concessão inicial de aposentadoria, reforma e pensão.*

A propósito do referido enunciado sumular, a primeira parte reforça o que se disse antes, quanto à incidência do princípio em exame em quaisquer processos dos tribunais de contas que procedam ao controle objetivo de atos. Nesses casos, é impositiva a oitiva de todos os eventualmente prejudicados antes da decisão de mérito do TCU.

Essa ideia foi positivada no inciso V do art. 250 do RITCU, o qual estabeleceu que o relator ou o Tribunal, ao apreciar processo relativo à fiscalização de atos e contratos:

> V – determinará a oitiva da *entidade fiscalizada e do terceiro interessado* para, no prazo de quinze dias, manifestarem-se sobre fatos que possam resultar em decisão do Tribunal no *sentido de desconstituir ato ou processo administrativo ou alterar contrato em seu desfavor.* (grifos acrescidos)

Como se vê, a norma processual do TCU não limita o contraditório ao terceiro interessado, que seria o contratado ou o adjudicatário, no caso de desconstituição do contrato ou de licitação, respectivamente. Conforme o dispositivo, é necessário ouvir também a entidade fiscalizada, responsável pela condução dos atos inquinados.

A propósito da necessidade de se ouvir o adjudicatário da licitação, antes da decisão do TCU que determinar a anulação desta, esse entendimento guarda paralelismo com a interpretação que os Tribunais Superiores e a Corte de Contas fazem do art. 49, §3º, da Lei nº 8.666/1993. O referido dispositivo prescreve que, "no caso de desfazimento do processo licitatório, fica assegurado o contraditório e a ampla defesa".

A questão que desafiou a doutrina e a jurisprudência foi a seguinte: quem teria direito subjetivo a se manifestar, na hipótese do art. 49, §3º, da Lei nº 8.666/1993?

A respeito do assunto, há precedentes do STJ no sentido de que esse contraditório somente era exigível após a adjudicação do objeto, o que implica dizer que ele deveria ser exercido pelo adjudicatário. A título de exemplo, invocam-se o RMS nº 23.360/PR, 1ª Turma, relatora ministra Denise Arruda, julgado em 18.11.2008, e o RMS nº 23.402/PR, 2ª Turma, relatora Min Eliana Calmon, julgado em 02.04.2008.

No MS nº 7.017/DF, 1ª Seção, relator ministro José Delgado, julgado em 18.12.2000, havia sido estipulada uma segunda hipótese de oitiva obrigatória: se licitante tiver sido apontado, de modo direto ou indireto, como tendo dado causa ao desfazimento do certame.

No TCU, a questão foi debatida nos Acórdãos nºs 111/2007-Plenário (relator: ministro Ubiratan Aguiar) e 2.656/2019-Plenário (relatora: ministra Ana Arraes), cabendo destacar a posição do último aresto, favorável ao entendimento do STJ. Segue trecho do voto condutor proferido no Acórdão nº 2.656/2019-Plenário:

13. Aliás, ao analisar as disposições legais sobre o tema, alinho-me ao entendimento constante de deliberações do TCU (Acórdão 111/2007-TCU-Plenário, relator o ministro Ubiratan Aguiar, por exemplo) e do Superior Tribunal de Justiça (Mandado de Segurança 7.017/DF, relator o ministro José Delgado, DJ de 2/4/2001, p. 248, também a título ilustrativo) que apregoam ser necessário dar oportunidade de contraditório e ampla defesa *antes da revogação de licitação apenas quando já se adjudicou o seu objeto*.

A despeito da consolidação desse entendimento no âmbito do TCU e do STJ, compreende-se que o advento da Lei nº 14.133/2021 pode ensejar uma mudança de orientação quanto à matéria.

Isso porque o art. 71 do novel estatuto licitatório previu uma etapa de análise prévia da legalidade dos atos da licitação, tão logo encerradas as fases de julgamento e habilitação, antes, portanto, da adjudicação do certame. Além disso, exigiu a manifestação prévia dos interessados antes da anulação ou revogação do certame. Segue a redação do dispositivo:

> Art. 71. Encerradas as fases de julgamento e habilitação, e exauridos os recursos administrativos, o processo licitatório será encaminhado à autoridade superior, que poderá:
> I – determinar o retorno dos autos para saneamento de irregularidades;
> II – *revogar a licitação por motivo de conveniência e oportunidade*;
> III – *proceder à anulação da licitação, de ofício ou mediante provocação de terceiros, sempre que presente ilegalidade insanável*;
> IV – *adjudicar o objeto e homologar a licitação.*
> [...]
> §3º *Nos casos de anulação e revogação, deverá ser assegurada a prévia manifestação dos interessados.* (grifos acrescidos)

Dessa forma, se a nova lei exige a manifestação dos interessados antes da revogação ou anulação da licitação, a qual, por sua vez, precede eventual decisão quanto à adjudicação do objeto e à homologação da licitação, isso implica que o contraditório daqueles antecede estes dois últimos atos.

Por via de consequência, compreende-se que a oitiva prevista no art. 250, inciso V, do RITCU, no caso de eventuais irregularidades identificadas pelo TCU em certames licitatórios, será exigível com o advento da Lei nº 14.133/2021 a partir do encerramento das etapas de julgamento e habilitação, sendo endereçada à empresa classificada em primeiro lugar, caso ainda não tenha havido a adjudicação.

Ocorrendo esta, deve o Tribunal colher, evidentemente, a manifestação do adjudicatário, pois este seria o único interessado cujos direitos poderiam ser prejudicados por eventual decisão da Corte de Contas desconstitutiva do certame.

Retomando a discussão da matéria do presente tópico, cabe ressaltar a importância de se respeitar a teoria substancial do princípio do contraditório e da ampla defesa a fim de proteger adequadamente os direitos processuais das partes e dos interessados.

Essa teoria é atendida mediante a satisfação de três direitos, conforme a teoria de Gilmar Ferreira Mendes, Inocêncio Mártires Coelho e Paulo Gustavo Gonet Branco:

> - direito de informação, que obriga o órgão julgador a informar à parte contrária os atos praticados no processo e sobre os elementos dele constantes;

- direito de manifestação, que assegura ao defendente a possibilidade de manifestar-se oralmente ou por escrito sobre os elementos fáticos e jurídicos constantes do processo;
- direito de ver os argumentos considerados, que exige do julgador capacidade de apreensão e isenção de ânimo [...] para contemplar as razões apresentadas.[298]

A teoria substancial do princípio do contraditório busca assegurar à parte um poder de influência que consiste na possibilidade de influenciar a decisão do julgador, ou seja, de contribuir para o seu convencimento. Para tanto, é preciso garantir à parte o direito não apenas de se manifestar no processo, mas também de ver os seus argumentos considerados pelo órgão julgador, ainda que sejam, ao final, rejeitados.

Essa teoria foi utilizada pelo TCU ao rechaçar a realização de diligência de forma simultânea ou posterior à citação/audiência dos responsáveis, sob o fundamento de que tal conduta impediria a prévia manifestação da parte acerca das provas e informações juntadas aos autos. Tal ocorreu nos Acórdãos nºs 15.684/2018-Primeira Câmara 3.615/2015-Primeira Câmara e 1.601/2014-Plenário, todos de relatoria do ministro Benjamin Zymler.

Segue excerto do voto condutor do último *decisum* mencionado:

> 40. É cediço que o processo no âmbito desta Corte de Contas não possui o rigorismo procedimental típico dos processos judiciais, na medida em que vige, na sistemática do controle externo da Administração, os princípios do formalismo moderado e da verdade material.
>
> 41 Todavia, a maior flexibilidade de nosso processo não pode conduzir à violação dos princípios constitucionais do contraditório e da ampla defesa, especialmente, no que se refere à coleta de provas documentais que arrimem uma eventual condenação dos responsáveis.
> [...]
> 43. A teoria substancial do princípio do contraditório busca assegurar à parte um "poder de influência", que consiste na possibilidade de influenciar a decisão do julgador, ou seja, de contribuir para o seu convencimento.
>
> 44. Para tanto, é preciso que a parte conheça plenamente, em momento anterior à sua manifestação, os fatos e os documentos que pesam contra ela, para que possa produzir provas e contrapor as apresentadas em seu desfavor.
>
> 45. Desse modo, não atende o princípio do contraditório em sua acepção substancial a realização de diligência e a juntada de documentos que possam ser usados em desfavor dos responsáveis, em momento posterior à sua participação no processo.

Seguem outros importantes precedentes do TCU dando aplicação ao princípio do contraditório e da ampla defesa (teses extraídas do repositório da jurisprudência selecionada do Tribunal):

a) necessidade de precisa descrição dos fatos e condutas irregulares:

> A comunicação processual para a realização de audiência, de modo a assegurar o pleno direito à ampla defesa e ao contraditório, deve conter: i) a descrição da irregularidade, com a indicação da norma violada; ii) a descrição da conduta omissiva ou comissiva do responsável; iii) o nexo de causalidade entre a conduta e a irregularidade; e iv) a relação das evidências (suporte probatório) relativas à irregularidade.
> (Acórdão nº 2.177/2019-Plenário. Relator: ministro Bruno Dantas)

---

[298] MENDES, Gilmar Ferreira; COELHO, Inocêncio Mártires; BRANCO, Paulo Gustavo Gonet. *Curso de Direito Constitucional*. São Paulo: Saraiva, 2008. p. 547.

Comentário: o atendimento dessas premissas é pressuposto para o cumprimento do princípio do contraditório e da ampla defesa em seu aspecto substancial. A despeito da exigência de se indicar a norma violada, é preciso lembrar que o responsável se defende dos fatos narrados e não do enquadramento legal ou normativo (princípio da consubstanciação), de sorte que eventual falha na capitulação realizada na fase preliminar do processual não afeta a decisão de mérito do Tribunal, que proceda a diversa qualificação jurídica dos fatos submetidos ao contraditório.

b) demora processual como prejuízo à defesa, no caso de responsável falecido:

O longo transcurso de tempo entre a prática do ato pelo responsável falecido e a citação dos seus herdeiros e sucessores, sem que tenham dado causa à demora processual, inviabiliza o exercício do contraditório e da ampla defesa, dando ensejo ao arquivamento das contas, sem julgamento do mérito, por ausência de pressupostos para desenvolvimento válido e regular do processo, com fundamento no art. 212 do Regimento Interno do TCU c/c art. 6º, inciso II, e 19 da IN-TCU 71/2012.
(Acórdão nº 3.879/2017-Primeira Câmara. Relator: ministro-substituto Augusto Sherman)

O longo transcurso de tempo entre a prática do ato pelo responsável falecido e a citação do espólio ou de seus herdeiros, sem que tenham dado causa à demora processual, inviabiliza o exercício do contraditório e da ampla defesa, dando ensejo ao arquivamento das contas, sem julgamento do mérito, por ausência de pressupostos para desenvolvimento válido e regular do processo, com fundamento no art. 212 do Regimento Interno do TCU c/c art. 6º, inciso II, da IN-TCU 71/2012.
(Acórdão nº 7.007/2022-Segunda Câmara. Relator: ministro Augusto Nardes)

c) contraditório no julgamento de contas ordinárias:

Para o julgamento pela irregularidade de contas ordinárias, não é necessário oportunizar nova defesa ao responsável se, em outros autos, já houver sido ofertado o contraditório e a ampla defesa em relação aos mesmos fatos (Súmula TCU 288).
(Acórdão nº 10.223/2021-Primeira Câmara. Relator: ministro Benjamin Zymler)

Comentário: entende-se que o objeto das contas ordinárias, no que se refere a fatos já apreciados em outros processos, consiste em avaliar a repercussão daqueles sobre toda a gestão do responsável em determinado ano civil. Nessa oportunidade, analisa-se se as falhas são suficientes para macular globalmente a administração do gestor público. Nessa perspectiva, não é possível rediscutir o mérito dos fatos examinados nos outros processos, até porque já houve o exaurimento do direito de defesa da parte, tendo ocorrido a preclusão consumativa. Permitir a reanálise dos fatos criaria um terceiro grau de jurisdição e um novo recurso, algo que não foi previsto na LOTCU e no RITCU.

d) aproveitamento de provas compartilhadas de outras instâncias:

É lícita a utilização de informações produzidas na investigação penal ou na instrução processual penal em processo do TCU, desde que haja autorização judicial para esse aproveitamento e desde que seja observado, no processo de controle externo, o contraditório e a ampla defesa acerca da prova emprestada.
(Acórdão nº 1.718/2014-Plenário. Relator: ministro Walton Alencar)

É lícita a utilização de prova emprestada obtida de processo judicial – desde que exista autorização do juiz ou que este tenha tornado públicos os documentos – no qual não figuram as mesmas partes envolvidas no processo de controle externo, dependendo a validade da prova emprestada da realização de contraditório no âmbito do TCU, com fundamento nos artigos 369 e 372 da Lei 13.105/2015 (CPC).
(Acórdão nº 1.457/2018-Plenário. Relator: ministro Benjamin Zymler)

É válida a utilização de informações obtidas mediante interceptação telefônica constantes de processo criminal como prova emprestada em processo do TCU, desde que haja autorização judicial para esse aproveitamento e que sejam concedidas as garantias constitucionais do contraditório e da ampla defesa acerca do elemento trazido de empréstimo.
(Acórdão nº 2.257/2016-Plenário. Relator: ministro Benjamin Zymler)

e) contraditório em face da juntada de novas provas:

Deve-se promover novamente o contraditório no caso de juntada aos autos, após ou concomitantemente à realização de audiência ou citação dos responsáveis, de novos documentos que lhes sejam desfavoráveis.
(Acórdão nº 3.615/2015-Primeira Câmara. Relator: ministro Benjamin Zymler)
(Acórdão nº 3678/2022-Primeira Câmara. Relator: ministro Benjamin Zymler)

f) desnecessidade de contraditório em decisões não terminativas que não gerem sucumbência às partes:

É desnecessária a instauração de contraditório antes da conversão de processo de fiscalização em tomada de contas especial.
(Acórdão nº 2.960/2015-Plenário. Relator: ministro Benjamin Zymler)

A decisão que determina a instauração de tomada de contas especial tem natureza preliminar, sem caráter punitivo, inexistindo, portanto, obrigação legal para que o TCU ofereça contraditório prévio. O processo de tomada de contas especial objetiva apurar fatos, identificar responsáveis e quantificar o dano.
(Acórdão nº 2.423/2015-Plenário. Relator: ministro Benjamin Zymler)

g) contraditório em face de decisões que determinam aos jurisdicionados a instauração de processos administrativos:

A deliberação do TCU que determina a órgão jurisdicionado a abertura de processo administrativo para apuração de responsabilidades, sem a prévia oitiva dos interessados, não viola os princípios do contraditório e da ampla defesa. O pleno exercício do direito de defesa acontece no curso do processo administrativo instaurado, para onde os responsáveis podem carrear todos os meios de prova admitidos em direito para contrapor a matéria fática em discussão.
(Acórdão nº 2.510/2014-Plenário. Relator: ministro Benjamin Zymler)

Não viola os princípios do devido processo legal, do contraditório ou da ampla defesa determinação do TCU para que órgão público adote providências visando ao ressarcimento de valores recebidos indevidamente por servidores ativos, inativos e pensionistas. Não cabe a instauração de contraditório a todos os atingidos por determinações genéricas do TCU,

expedidas no exercício de sua competência constitucional de exigir dos jurisdicionados o exato cumprimento da lei, pois de conteúdo apenas objetivo.
(Acórdão nº 1.908/2012-Plenário. Relator: ministro Valmir Campelo)

O servidor que se sinta prejudicado por decisão do TCU que determina ao órgão jurisdicionado a correção de atos ilegais que afetam indistintamente múltiplos beneficiários, em que não se discute ato administrativo que o tenha especificamente por destinatário, não tem direito assegurado ao contraditório diretamente no Tribunal (mediante ingresso no processo como interessado), sendo-lhe, contudo, assegurado o exercício desse direito no âmbito do próprio órgão a que se vincula. O mesmo se aplica às entidades representativas de servidores.
(Acórdão nº 2.881/2013-Plenário. Relator: ministro-substituto Weder de Oliveira)

Comentários: todavia, é preciso lembrar que a decisão do TCU que tenha determinado a instauração de processos administrativos em face de supostas irregularidades não pode exigir dos órgãos jurisdicionados que cheguem à mesma conclusão do Tribunal, a respeito da ocorrência da ilegalidade e do dano. Nesses casos, as entidades destinatárias da deliberação do TCU são livres para decidir, após o contraditório dos terceiros interessados, sobre os fatos e as condutas inquinadas, o que implica dizer que o Tribunal transferiu, na prática, às autoridades externas, a decisão final sobre a invalidação do ato/contrato ou ressarcimento ao Erário. Entender de modo contrário significaria atribuir à manifestação das partes atingidas uma natureza apenas formal, o que se mostra inconcebível com o princípio do contraditório e da ampla defesa. Nesse mesmo sentido, invoca-se a seguinte passagem do ministro Adylson Motta, no voto condutor do Acórdão nº 1.531/2003-Plenário:

> Desenvolvendo mais essa percepção, anoto que a audiência da licitante só tem razão de existir se vislumbrada a hipótese de, eventualmente, vir a influir na conclusão quanto à regularidade do certame. Em outras palavras, ou se admite que o contraditório reclamado é condição necessária para um juízo seguro quanto à correção do ato ou contrato, ou se o considera como procedimento eventualmente inócuo (ou, no máximo, meramente acessório), o que afastaria sua obrigatoriedade. E esta última solução afrontaria a Lei Maior, em seu art. 5º, inciso LV. Note-se: a fixação do momento da oitiva – se antes ou depois da decisão desta Corte de Contas –, não é uma questão meramente operacional, mas, sob o aspecto jurídico, uma condição *sine qua non* à formulação de um juízo legítimo sobre a regularidade do ato em exame.

h) (não) oponibilidade de sigilo de documentos em face do princípio do contraditório e da ampla defesa:

O exercício do contraditório e da ampla defesa não pode ser constrangido pela aposição da chancela de sigiloso em documentos, com base nos quais alguém é instado a responder por seus atos.
(Acórdão nº 710/2014-Plenário. Relator: ministro Benjamin Zymler)

A negativa de acesso a elementos dos autos que não se refiram ao tema sobre o qual o responsável foi chamado em audiência, sobretudo se protegidos pela chancela de sigilo, não configura restrição à ampla defesa ou ao contraditório.
(Acórdão nº 4.325/2015-Primeira Câmara. Relator: ministro-substituto Augusto Sherman)

A aposição da chancela de sigiloso em documentos por parte de empresa estatal, embora legítima, em razão dos preceitos constitucionais que regem a atividade econômica, não pode constranger o exercício do contraditório e da ampla defesa daqueles que foram, com base em tais documentos, instados a responder por seus atos. A concessão de vista e cópia, contudo, não retira dos documentos o atributo de sigilosos perante terceiros, o que impõe aos que tiverem acesso à documentação o cuidado necessário à sua guarda, sob pena de responsabilização por negligência no trato das informações sigilosas.
(Acórdão nº 2.945/2013-Plenário. Relator: ministro Benjamin Zymler)

i) contraditório em face do falecimento do responsável:

Quando o falecimento do responsável ocorre após o término do prazo para o encaminhamento da defesa, tendo ela sido apresentada ou não, considera-se válida a citação e satisfeito o princípio do contraditório e da ampla defesa, sem prejuízo à validade do julgamento das contas do falecido.
(Acórdão nº 4.974/2022-Primeira Câmara. Relator: ministro-substituto Marcos Bemquerer)

j) contraditório na fase interna de tomadas de contas especiais:

O direito à ampla defesa e ao contraditório se dá, nos termos do devido processo legal, na fase externa da tomada de contas especial, que se inicia com a autuação do processo junto ao TCU. Na fase interna da TCE, cuja responsabilidade é da instituição onde os fatos ocorreram, não há litígio ou acusação, mas apenas verificação de fatos e apuração de autoria.
(Acórdão nº 2437/2015-Plenário. Relator: ministra Ana Arraes)

A ausência de oportunidade para os responsáveis indicarem assistente técnico durante a elaboração de laudo pericial, contratado pela Administração Pública, que constata prejuízo ao erário não ofende os princípios constitucionais do contraditório e da ampla defesa, dada a natureza inquisitorial dos procedimentos anteriores à formalização do processo de tomada de contas no âmbito do TCU.
(Acórdão nº 992/2016-Plenário. Relator: ministro Raimundo Carreiro)

k) contraditório na etapa recursal:

Na oposição de embargos de declaração com possibilidade de gerar efeitos modificativos na decisão recorrida, deve ser realizada a notificação do embargado para oferta de contrarrazões, com fundamento na aplicação subsidiária dos arts. 9º, 15 e 1.023, §2º, da Lei 13.105/2015 (CPC). A decisão tomada sem observância de tal formalidade pode ser anulada, por violação aos princípios do contraditório e da ampla defesa.
(Acórdão nº 2.590/2017-Plenário. Relator: ministro Benjamin Zymler)

l) contraditório no processo que aprecia as contas do governo:

Em processo de Contas do Governo, eventual comunicação para o exercício do contraditório deve ser efetuada para o titular do Poder Executivo, e não para a AGU, uma vez que é da pessoa física o dever de prestar contas.
(Acórdão nº 1.497/2016-Plenário. Relator: ministro José Múcio)

m) contraditório na fase de comentários do gestor em auditorias:

A inobservância da fase de apresentação do relatório preliminar ao gestor para fins de comentários em auditoria operacional, prevista em normativo do TCU, não representa afronta aos princípios do contraditório e da ampla defesa, pois em tal fase não há litigantes ou acusados.
(Acórdão nº 2.466/2019-Plenário. Relator: ministro Vital do Rêgo)

Comentários: o contraditório em auditorias se verifica a partir da audiência e da oitiva dos agentes públicos, de terceiros e das entidades fiscalizadas, desde que haja motivo para tanto. A abertura de prazo para que o gestor apresente comentários a respeito do relatório preliminar de auditoria é um procedimento interno anterior à conclusão da etapa de instrução, o qual não substitui aqueles atos processuais, caso sejam identificadas irregularidades passíveis de ensejar multa e/ou determinações para a correção de atos e contratos.

n) análise de memorial em face do princípio do contraditório e da ampla defesa:

Após o término da fase de instrução, que se caracteriza no momento em que o titular da unidade técnica emite o seu parecer conclusivo sobre o processo, exceto na superveniência de fato que altere substancialmente o mérito do feito, documentação entregue pelos responsáveis somente pode ser recebida como memorial (art. 160, §§1º e 3º, do Regimento Interno do TCU c/c art. 3º da Resolução TCU 36/1995). A ausência do exame de argumentos apresentados em sede de memorial não configura ofensa aos princípios do devido processo legal, do contraditório e da ampla defesa, por não consistir tal peça, dada a sua natureza meramente informativa, em elemento de defesa nos processos do TCU.
(Acórdão nº 2.429/2021-Plenário. Relator: ministro Augusto Nardes)

o) notificação dos responsáveis em face do princípio do contraditório e da ampla defesa:

Não há qualquer afronta aos princípios do contraditório e da ampla defesa na realização da citação mediante a simples entrega do ofício de comunicação no endereço do responsável. Contudo, o ato processual de citação original é nulo quando o ofício não for entregue no endereço correto do responsável.
(Acórdão nº 5.821/2013-Segunda Câmara. Relator: ministro Benjamin Zymler)

p) publicação da pauta de julgamento em face do princípio do contraditório e da ampla defesa:

Erro na indicação do número da OAB do advogado na pauta da sessão de julgamento caracteriza falha insanável apta a ensejar a declaração de nulidade do acórdão recorrido, pois consubstancia prejuízo à ampla defesa e ao contraditório.
(Acórdão nº 1.060/2020-Plenário. Relator: ministro Bruno Dantas)

8.2 Princípio da individualização da conduta

O princípio da individualização das condutas foi tornado expresso no art. 169, §3º, inciso II, da Lei nº 14.133/2021. Conforme o dispositivo, quando for constatada irregularidade que configure dano à Administração, os órgãos de controle adotarão as providências necessárias para a apuração das infrações administrativas, observadas a segregação de funções e a necessidade de individualização das condutas.

Considerando a inclusão dos tribunais de contas entre as chamadas linhas de defesa das contratações públicas, por força do inciso III do *caput* da aludida disposição, a regra anunciada se aplica ao TCU quando analisarem qualquer irregularidade na aplicação da Lei nº 14.133/2021.

Mesmo antes do novel estatuto licitatório, o princípio da individualização da conduta vinha sendo utilizado no exercício do poder sancionatório do TCU, constituindo um desdobramento dos princípios do contraditório e da ampla defesa, conforme se verifica nos seguintes precedentes extraídos do repositório da jurisprudência selecionada do Tribunal:

> É pressuposto básico para a aplicação de multa a individualização da conduta de todos que contribuíram para a ocorrência da irregularidade.
> (Acórdão nº 333/2013-Plenário. Relatora: ministra Ana Arraes)
>
> É inválida a audiência baseada na simples descrição de fatos e não de condutas atribuíveis ao seu autor direto, por caracterizar vício de chamamento aos autos, com violação às garantias constitucionais do devido processo legal e do contraditório.
> (Acórdão nº 1.574/2014-Plenário. Relator: ministro Aroldo Cedraz)
>
> Afronta os princípios do contraditório e da ampla defesa a ausência da adequada descrição individualizada da conduta dos responsáveis arrolados nos autos, requisito indispensável para a responsabilização subjetiva de cada agente envolvido. A falta desse pressuposto implica o refazimento das audiências ou citações.
> (Acórdão nº 2.062/2014-Plenário. Relator: ministro Aroldo Cedraz)

O princípio da individualização da conduta também se aplica às empresas quando lhes forem endereçadas irregularidades aptas a ensejar a aplicação da sanção prevista no art. 46 da LOTCU. Nesse sentido, transcreve-se a seguinte passagem do voto condutor do Acórdão nº 10.041/2015-Segunda Câmara (relator: ministro-substituto Marcos Bemquerer):

> 42. Assim, havendo sido constatada a ocorrência de falhas relacionadas à conduta de empresas licitantes indicativas de eventual fraude ao certame, e diante da impossibilidade de adoção de cautelar ou de anulação da licitação, cabe promover a oitiva, com base no art. 250, inciso V, do RI/TCU, a fim de que as empresas apresentem elementos de defesa sobre as irregularidades apontadas, com vistas a futura e eventual aplicação da penalidade constante do art. 46 da Lei 8.443/1992, qual seja a declaração de inidoneidade.
> 43. No presente caso, *antes porém de se realizar a oitiva, é necessário individualizar, por meio da matriz de responsabilização, as falhas cometidas pelas empresas acima relacionadas, nos diferentes procedimentos licitatórios dos quais participaram, de modo a evidenciar, com a clareza necessária, o achado de auditoria, a empresa responsável, a conduta por ela praticada, bem como o nexo de causalidade entre a conduta e o achado.*
> 44. Somente após esse procedimento, deve-se oportunizar às empresas o exercício do contraditório e da ampla defesa, por meio da oitiva, relacionando no ofício de notificação cada uma das falhas que lhes foram atribuídas nos certames dos quais participaram. (grifos acrescidos)

8.3 Princípio da mutabilidade da demanda

O processo do TCU não está limitado a um pedido e a uma causa de pedir. É plenamente admissível que o Tribunal delibere sobre a apuração de fatos novos levados ao conhecimento do relator durante a tramitação processual, desde que não haja, para o assunto, coisa julgada formal administrativa. Isso implica que vige no processo do TCU o princípio da mutabilidade da demanda.

De qualquer forma, devem ser respeitados os princípios da ampla defesa e do contraditório, bem como os da racionalidade administrativa e da boa organização processual. Caso sejam apurados novos fatos, o Tribunal deve promover o chamamento dos responsáveis para que apresentem defesa específica sobre a matéria ampliada, seja no próprio processo, seja em autos apartados.

Nesse sentido, transcreve-se o seguinte excerto do voto condutor do Acórdão nº 666/2015-Plenário (relator: ministro Benjamin Zymler):

> 65. Inicialmente, ressalto que o processo de controle externo desenvolvido no âmbito desta Corte, especialmente o de fiscalização, *não está sujeito a um pedido e a uma causa de pedir imutáveis. Nesse sentido, registro que outras questões podem ser oportunamente levadas ao conhecimento do relator durante o iter processual*, de modo que é plenamente possível que o Tribunal delibere sobre a matéria acrescida, *desde que o assunto não tenha esteja acobertado pelo manto da coisa julgada formal administrativa*.
>
> 66. Neste caso, embora a presente etapa processual cuide da verificação do cumprimento do Acórdão 3077/2010-TCU-Plenário, especificamente, a quantificação do dano causado ao erário em virtude das inconsistências apuradas no pagamento da verba indenizatória dos "equipamentos paralisados durante a ocorrência de chuvas" e dos "equipamentos operando em condições adversas a normal", *não há óbice para que a unidade técnica noticie a ocorrência de outras irregularidades no contrato em exame, nos próprios autos desse processo. No caso, cabe ao relator, na condição de presidente do feito, decidir sobre o melhor encaminhamento processual para a apuração dos novos fatos, seguindo os princípios da racionalidade administrativa e da boa organização processual, respeitados, obviamente, os princípios da ampla defesa e do contraditório.*
>
> 67. Aliás, destaco que a comunicação de outras irregularidades constitui obrigação funcional do servidor que exerce funções específicas de controle externo no Tribunal de Contas da União, o qual, consoante o art. 86, inciso II, da Lei 8.443/1992, tem o dever de representar à chefia imediata contra os responsáveis pelos órgãos e entidades sob sua fiscalização, em casos de falhas e/ou irregularidades. (grifos acrescidos)

8.4 Princípio da consubstanciação

De acordo com o princípio da consubstanciação, o responsável se manifesta sobre os fatos, não sobre a capitulação legal contida no ato que promoveu a sua defesa. O aludido princípio foi tomado de empréstimo do Direito Penal, possuindo ampla aplicação no âmbito do TCU.

Nesse sentido, cabe transcrever o seguinte excerto do voto condutor do Acórdão nº 2.156/2019-Plenário (relator: ministro Benjamin Zymler):

93. Ressalto que, mesmo no âmbito do Direito Penal, no qual o ordenamento jurídico privilegia a proteção ao direito de defesa, é permitido um novo enquadramento jurídico dos fatos, consoante expressamente disposto no art. 383 do Código de Processo Penal, *verbis*: *"O juiz, sem modificar a descrição do fato contido na denúncia ou na queixa, poderá atribuir-lhe definição jurídica diversa, ainda que, em consequência, tenha que aplicar pena mais grave."*
94. Reitero que, no caso vertente, a pena aplicada é sensivelmente mais branda, o que reforça a permissão legal acima mencionada.
95. *A tese de que o acusado se defende dos fatos narrados na denúncia e não da capitulação jurídica nela contida é acolhida de forma pacífica no Superior Tribunal de Justiça*, a quem incumbe interpretar as leis brasileiras. Nesse sentido, podem ser citados, por exemplo, o AgRg no HC 349.954/SP (relator ministro Joel Ilan Paciornik) e o HC 442.971/SC (relator ministro Nefi Cordeiro). Aduzo que o Supremo Tribunal Federal também abraça esse entendimento, como se observa no RHC 119.962, relatado pelo ministro Luiz Fux.
96. Aduzo que, *com frequência, o juiz criminal confere aos eventos descritos na inicial acusatória a classificação legal que entende ser a mais adequada*. Nessa hipótese, ocorreu uma emenda na acusação (*emendatio libelli*), sem que isso gere surpresa para a defesa. *Desde que a peça acusatória (ou a citação no caso do TCU) possibilite que o acusado (ou responsável no âmbito desta Corte de Contas) tenha condição de saber exatamente quais condutas lhe foram imputadas, não há que se falar em prejuízo para a ampla defesa.* Esse entendimento tem sido reiteradamente acolhido pelo STF, como se observa, por exemplo, no HC 102.375/RJ, relatado pela ministra Cármen Lúcia, e no HC 167.982/RS, relatado pelo ministro Celso de Mello. (grifos acrescidos)

Assim, o que importa é que o ofício de citação, audiência ou oitiva contenha a descrição precisa das irregularidades atribuídas à pessoa arrolada, assim como a conduta a ele atribuída, de forma a possibilitar que este tenha condição de conhecer a imputação e exercer, de forma plena, o seu direito de defesa.

Há vários outros precedentes em que essa rega de decisão foi adotada, cabendo mencionar o Acórdão nº 3.349/2015-Plenário (relatora: ministra Ana Arraes) e o Acórdão nº 1.556/2006-Segunda Câmara (relator: ministro Walton Alencar).

8.5 Princípio da motivação

O princípio da motivação é inerente à prática administrativa e judicial. Por evidente, aplica-se à esfera controladora, especialmente quando envolver a aplicação de sanções e a condenação dos responsáveis em débito.

No caso do TCU, incide plenamente, por analogia, o inciso IX do art. 93 da CF/1988, segundo o qual "todos os julgamentos dos órgãos do Poder Judiciário serão públicos, e fundamentadas todas as decisões, sob pena de nulidade".

O princípio em tela está consubstanciado, ainda, no art. 50, *caput* e inciso II, da Lei nº 9.784/1999, segundo o qual "os atos administrativos deverão ser motivados, com indicação dos fatos e dos fundamentos jurídicos", quando "imponham ou agravem deveres, encargos ou sanções".

A escorreita motivação da decisão viabiliza o controle da função sancionatória e reintegratória do TCU, na medida em que oferece melhores subsídios à crítica do juízo formulado, possibilitando o amadurecimento da jurisprudência e o aperfeiçoamento da própria atuação do Tribunal.

A rigorosa fundamentação das decisões também é importante para conferir impessoalidade e uniformidade ao exercício do poder sancionatório. Com isso, será possível perquirir a pena usualmente aplicada em casos semelhantes, o que viabilizará a construção de uma jurisprudência coerente e coesa, minimizando o risco de tratamento não isonômico.

8.6 Princípio da congruência ou adstrição

De acordo com o princípio da congruência ou adstrição, o juiz deve decidir a lide dentro dos limites do pedido formulado pelo autor, não podendo proferir sentença *extra*, *ultra* ou *infra petita*.

O aludido princípio tem aplicação no processo do TCU, respeitadas as especificidades da atuação do Tribunal. Como é sabido, o processo desenvolvido perante o TCU *não* depende de um pedido formulado por uma parte, até porque o Tribunal pode agir por impulso, não estando sujeito aos princípios da demanda e da inércia da jurisdição.

Além disso, o processo do TCU não se insere dentro do que a doutrina chama de sistema acusatório, em que o poder de acusar é atribuído a um órgão distinto do que julga. Em verdade, a atuação do Tribunal está mais próxima do designado sistema inquisitorial, porquanto ele reúne em si o poder de acusar, instruir e julgar, como visto no capítulo anterior.

Não obstante, o julgamento proferido pelo TCU deve guardar compatibilidade com a matéria submetida ao contraditório do responsável. É neste sentido que o princípio da congruência ou adstrição deve ser interpretado no âmbito do Tribunal, como ilustram os seguintes precedentes:

> Configura vício insanável a condenação de responsável por fato diverso daquele que fora o objeto da sua citação, uma vez que representa prejuízo ao contraditório e à ampla defesa, passível de anulação de ofício em qualquer fase do processo.
> (Acórdão nº 8.761/2021-TCU-Primeira Câmara. Relator: ministro Bruno Dantas)

> 60. Inicialmente, cabe destacar que a interessada não foi ouvida por este fato. Ainda que o pagamento de propinas tenha constado de depoimentos juntados ao processo, o ofício de oitiva não incluiu este ilícito dentre as circunstâncias configuradoras da fraude à licitação, o que impede a análise do fato nesta oportunidade, tendo em vista os princípios da congruência ou adstrição e a garantia do contraditório e da ampla defesa.
> (Acórdão nº 1.083/2019-Plenário. Relator: ministro Benjamin Zymler)

> [...] havendo desalinhamento entre os motivos da apenação e os indicados no ofício de audiência, fere-se o princípio da congruência, mesmo que exista alguma correlação entre as condutas.
> (Acórdão nº 1.747/2018-Plenário. Relator: ministro Aroldo Cedraz)

Não obstante, é preciso lembrar que a incidência do princípio da adstrição ou congruência nos processos do TCU não implica que *não* possa haver uma alteração na capitulação dos fatos inicialmente identificados na instrução do feito, ao longo de seu desenvolvimento. É nesse particular que o princípio em exame se difere de sua leitura no processo civil, como visto no item anterior.

8.7 Princípios do formalismo moderado e da verdade real

Os princípios do formalismo moderado e da verdade real manifestam-se no processo do TCU, mediante a flexibilização de ritos e prazos, em situações excepcionais em que o responsável traz elementos aptos a permitir uma mudança no convencimento do Tribunal, quanto ao mérito do processo.

Há vários precedentes consubstanciando a aplicação desses princípios, cabendo transcrever os seguintes, extraídos do repositório da jurisprudência selecionada do TCU:

> É possível, em caráter excepcional, relevar a ausência de preenchimento dos pressupostos de admissibilidade contidos no art. 35 da Lei 8.443/1992, com fundamento nos princípios do formalismo moderado e da verdade material, sobretudo se detectado rigor excessivo na decisão recorrida, declaratória de irregularidade das contas.
> (Acórdão nº 324/2007-Plenário. Relator: ministro Valmir Campelo)

> É possível, em caráter excepcional, relevando a ausência de omissão, contradição ou obscuridade, acolher embargos declaratórios e atribuir-lhes efeitos infringentes em razão de documentos novos acostados ao processo, aptos à reforma do mérito da decisão embargada, em observância aos princípios da verdade material, do formalismo moderado e da economia processual.
> (Acórdão nº 2.350/2020-Plenário. Relator: ministro Bruno Dantas)
> (Acórdão nº 3.047/2022-Primeira Câmara. Relator: ministro Vital do Rêgo)

PARTES

Segundo o art. 144 do RITCU, são partes, no processo de controle externo, o responsável e o interessado.

Conforme visto, o processo de controle externo não constitui uma relação jurídica triangular, na qual existem dois sujeitos em polos opostos, com interesses antagônicos, disputando um determinado objeto, submetido à decisão imparcial do TCU. Dito de outra forma, não existem, no processo do Tribunal, as figuras do autor e do réu, do demandante e do demandado, até porque o TCU não serve para tutelar direitos e interesses privados das partes, mas para verificar a legalidade, legitimidade e economicidade dos atos de gestão de bens, valores públicos, praticados por um universo de pessoas sujeitas à jurisdição de contas, conforme a CF/1988 e a LOTCU.

As partes do processo de controle externo são, portanto, grosso modo, o conjunto de pessoas, físicas ou jurídicas, públicas ou privadas, e entidades da Administração Pública, que estejam sob o raio de alcance da jurisdição do TCU, quando demandados a justificar a correta utilização dos recursos públicos federais.

9.1 Responsáveis

Conforme o §1º do art. 144, o responsável é aquele assim qualificado nos termos da Constituição Federal, da Lei Orgânica do Tribunal de Contas da União e respectiva legislação aplicável.

Segundo o art. 93 do Decreto-Lei nº 200, de 25 de fevereiro de 1967, "quem quer que utilize dinheiros públicos terá de justificar seu bom e regular emprego na conformidade das leis, regulamentos e normas emanadas das autoridades administrativas competentes".

O art. 5º da LOTCU elenca quem pode ser arrolado como responsável nos processos de controle externo:

a) qualquer pessoa física que utilize, arrecade, guarde, gerencie ou administre dinheiros, bens e valores públicos ou pelos quais a União responda, ou que, em nome desta, assuma obrigações de natureza pecuniária;

b) aqueles que derem causa a perda, extravio ou outra irregularidade de que resulte dano ao Erário;

c) os dirigentes ou liquidantes das empresas encampadas ou sob intervenção ou que de qualquer modo venham a integrar, provisória ou permanentemente, o patrimônio da União ou de outra entidade pública federal;

d) os responsáveis pelas contas nacionais das empresas supranacionais de cujo capital social a União participe, de forma direta ou indireta, nos termos do tratado constitutivo;

e) os responsáveis por entidades dotadas de personalidade jurídica de direito privado que recebam contribuições parafiscais e prestem serviço de interesse público ou social;

f) todos aqueles que lhe devam prestar contas ou cujos atos estejam sujeitos à sua fiscalização por expressa disposição de lei;

g) os responsáveis pela aplicação de quaisquer recursos repassados pela União, mediante convênio, acordo, ajuste ou outros instrumentos congêneres, a Estado, ao Distrito Federal ou a Município;

h) os sucessores dos administradores e responsáveis a que se refere este artigo, até o limite do valor do patrimônio transferido, nos termos do inciso XLV do art. 5º da CF/1988; e

i) os representantes da União ou do Poder Público na Assembleia Geral das empresas estatais e sociedades anônimas de cujo capital a União ou o Poder Público participem, solidariamente, com os membros dos Conselhos Fiscal e de Administração, pela prática de atos de gestão ruinosa ou liberalidade à custa das respectivas sociedades.

As pessoas designadas na letra "a" são os gestores públicos, a quem a jurisdição de contas se dirige, primariamente. Além destes, o TCU alcança qualquer um que tenha dado causa a perda, extravio ou outra irregularidade de que resulte prejuízo ao Erário (letra "b"). O fator crucial para a atuação do Tribunal, nessa hipótese, é a existência de dano ao Erário.

Nesse particular, nem a CF/1988 nem a LOTCU fazem qualquer restrição. Tanto as pessoas físicas quanto as jurídicas, integrantes ou não da Administração Pública, podem ser demandadas a prestar contas e ser responsabilizadas financeiramente se estiverem no nexo causal de débito apurado na gestão de recursos públicos.

A despeito de posições divergentes de parte da doutrina e de certa vacilação da jurisprudência do TCU, em um primeiro momento, esse entendimento está consolidado no âmbito do Tribunal, como ilustram os seguintes precedentes:

> É juridicamente possível o TCU julgar as contas de pessoas jurídicas privadas responsáveis por danos cometidos ao erário.
> (Acórdão nº 2.545/2013-Plenário. Relator: ministro José Múcio)
> (Acórdão nº 8.650/2013-Primeira Câmara. Relator: ministro Benjamin Zymler)

> Compete ao TCU julgar as contas de pessoas físicas ou jurídicas de direito privado que causarem dano ao erário, independentemente da coparticipação de servidor, empregado ou agente público, desde que as ações do particular contrárias ao interesse público derivem de ato, contrato administrativo ou instrumento congênere sujeito ao controle externo (arts. 70, parágrafo único, e 71, inciso II, da Constituição Federal c/c os arts. 5º, inciso II, 16, §2º, e 19 da Lei 8.443/1992 e o art. 209, §6º, do Regimento Interno do TCU).
> (Acórdão nº 321/2019-Plenário. Relator: ministra Ana Arraes)

A responsabilização de pessoas jurídicas de direito privado deve observar o parâmetro estabelecido pela parte final do art. 71, inciso II, da Constituição Federal, cujo teor estabelece que tais entes devem prestar contas e estão sujeitos à jurisdição do TCU caso deem causa a perda, extravio ou outra irregularidade de que resulte dano ao erário.
(Acórdão nº 2.010/2020-Plenário. Relator: ministro Aroldo Cedraz)

No que se refere à letra "d", esta abarca a possibilidade de o TCU proceder ao controle externo de Itaipu Binacional, conforme decidido no Acórdão nº 88/2015-Plenário (relator: ministro Raimundo Carreiro). Segundo a tese afirmada no Acórdão nº 1.014/2015-Plenário, de mesma relatoria, a competência constitucional atribuída ao TCU para fiscalização das contas nacionais de empresas supranacionais de cujo capital social a União participe, de forma direta ou indireta, conforme o art. 71, inciso V, tem eficácia imediata e independe de eventual omissão do tratado constitutivo das empresas quanto à respectiva forma de controle externo.

Quanto à letra "f", o dispositivo abarca os agentes públicos que praticam atos administrativos instrumentais à execução de despesa pública, tais como os necessários à realização de licitação pública e ao acompanhamento da execução de contratos. Isso porque seus atos estão sujeitos à fiscalização do TCU, por expressa disposição da Lei nº 8.666/1993 (art. 113), da Lei nº 14.133/2021 (arts. 169, inciso III, e 170, §4º) e da Lei de Responsabilidade Fiscal (art. 59).

9.2 Interessados

Conforme o art. 144, §2º, do RITCU, interessado é aquele que, em qualquer etapa do processo, tenha reconhecida, pelo relator ou pelo Tribunal, razão legítima para intervir no processo. Como se vê, o conceito é caracterizado por uma grande abertura semântica, uma vez que o RITCU não esclarece que tipo de razão pode ser considerada legítima para permitir a intervenção de alguém em um processo de controle externo. Sendo assim, o dispositivo exige intepretação.

Considerando que o Tribunal não se destina a tutelar interesses privados, a única razão que justifica a participação de alguém no processo do TCU, sem gozar da condição de responsável, é a possibilidade de ser atingido reflexa e negativamente pela decisão da Corte de Contas. Tal ocorre quando a deliberação tiver o potencial de piorar a situação jurídica do agente, ou seja, quando determinar a desconstituição de ato ou processo administrativo de que seja beneficiário ou a alteração de contrato administrativo em seu desfavor.

Por exemplo, podem ser considerados interessados o licitante classificado em primeiro lugar e o contratado, se o processo de controle externo estiver apurando o cometimento de irregularidade pela administração contratante, aptas a ensejarem eventual determinação de anulação ou correção do edital de licitação, etapa do certame ou do contrato, que afete negativamente a posição jurídica daqueles.

Quanto ao licitante classificado em primeiro lugar, avalia-se que a Lei nº 14.133, de 1º de abril de 2021, promoveu uma alteração no entendimento anterior, de que apenas o adjudicatário teria direito a intervir no processo administrativo ou de controle externo tendente a desfazer a licitação.

Essa posição se justifica porque o art. 71, *caput* e §3º, do novel estatuto licitatório prevê que a autoridade superior poderá, após encerradas as fases de julgamento e habilitação, revogar a licitação por motivo de conveniência e oportunidade ou proceder à sua anulação, sempre que presente ilegalidade insanável, devendo, "[...] *ser assegurada a prévia manifestação dos interessados*".

O aludido dispositivo disciplina a última etapa do processo licitatório, a fase de encerramento. Sendo assim, o direito de manifestação se aplica apenas ao licitante classificado em primeiro lugar, que vem a ser o único interessado do processo licitatório neste último estágio, após encerradas as fases de julgamento, habilitação e apreciação de recursos administrativos. Pela sequência de atos prevista no art. 71 da Lei nº 14.133/2021, podem ser considerados inaplicáveis os entendimentos do STJ e do TCU, sob a égide da legislação anterior, o qual somente impunha a necessidade de contraditório após a adjudicação do objeto ou no caso de o licitante ter dado causa ao desfazimento do certame (MS nº 7.017/DF, Rel. Min. José Delgado; e Acórdão nº 2.656/2019-Plenário, Rel. Min. Ana Arraes).

Se a nova lei exige a manifestação dos interessados antes da revogação ou anulação da licitação, a qual, por sua vez, é medida alternativa à adjudicação do objeto e à homologação da licitação (incisos III e IV do art. 71), isso implica que o contraditório daqueles antecede estes dois últimos atos.

Por via de consequência, também cabe a oitiva da empresa classificada em primeiro lugar, no processo de controle externo destinado ao controle corretivo de atos licitatórios, após encerradas as fases de julgamento e habilitação e exauridos os recursos administrativos.

Com relação ao contratado, não há dúvida quanto à sua legitimidade em intervir no processo de controle externo que discuta eventuais medidas corretivas sobre o ajuste. A jurisprudência do TCU há muito tempo se consolidou nesse sentido, como ilustra o seguinte precedente:

Reconhece-se à empresa contratada o direito de ingresso como parte interessada em processo do TCU do qual pode resultar lesão a direito subjetivo em decorrência da deliberação que venha a ser adotada, uma vez que possui interesse legítimo em defender seus direitos decorrentes do contrato celebrado com a Administração.
(Acórdão nº 2.318/2014-Plenário. Relator: ministro José Jorge)

O terceiro instado pelo TCU a se manifestar sobre fatos que possam resultar em decisão do Tribunal no sentido de desconstituir ato ou processo administrativo ou alterar contrato em seu desfavor (art. 250, inciso V, do Regimento Interno do TCU) automaticamente adquire a condição de parte interessada no processo.
(Acórdão nº 1.893/2017-Plenário. Relator: ministro Bruno Dantas)

A aplicação desse entendimento exige a presença de direito subjetivo do terceiro em função do ato ou contrato. Caso o particular tenha mera expectativa de direito, não tutelável pelo ordenamento jurídico, ele não deve figurar como interessado no processo. Essa exegese foi vinculada na seguinte decisão:

Não há ofensa ao devido processo legal, cerceamento de defesa ou prejuízo ao contraditório se o TCU não oferecer oportunidade de manifestação nos autos ao contratado no caso de decisão que obsta a renovação ou a prorrogação contratual, tendo em vista que não há direito subjetivo à prorrogação de contrato celebrado com o Poder Público, e sim mera expectativa de direito.
(Acórdão nº 776/2018-Plenário. Relator: ministro Vital do Rêgo)

Quanto à empresa com preços registrados, poder-se-ia cogitar que ela teria direito a se manifestar nos autos do processo do TCU que possa resultar em determinação para a anulação da ata de registro de preços, devido à sua condição de vencedora do item ou lote na licitação.

Todavia, diferentemente do licitante classificado em primeiro lugar das demais licitações, avalia-se que o signatário de ata de registro de preços não tem sequer expectativa de direito à contratação tutelável pela ordem jurídica, visto que o objetivo das licitações do tipo não é propriamente celebrar contrato, mas apenas registrar preços e fornecedores para futura e eventual contratação.

Tanto isso é verdade que o art. 83 da Lei nº 14.133/2021 permite que a administração cancele, a qualquer tempo, atas de registro de preço, podendo, inclusive, realizar novo procedimento licitatório, sem exigir a realização de contraditório, bastando que o faça motivadamente.

Segue a redação do dispositivo:

> Art. 83. A existência de preços registrados implicará compromisso de fornecimento nas condições estabelecidas, mas não obrigará a Administração a contratar, facultada a realização de licitação específica para a aquisição pretendida, desde que devidamente motivada.

Sendo assim, as empresas com preços registrados não são partes interessadas em processos do TCU que analisem eventual irregularidade na licitação para a formação da ata de registro de preços e que resultem em determinação para anulação desta.

O mesmo se afirma do licitante que, não estando na posição de primeiro classificado do certame, depois de encerradas as fases de julgamento, habilitação e apreciação de recursos administrativos, ingresse com representação no TCU para tentar anular licitação contendo cláusulas irregulares ou reverter eventual resultado em seu desfavor, nas etapas de habilitação e julgamento, por motivo de ilegalidade.

Ainda que possa haver interesse público na apreciação da matéria, caso, por exemplo, as irregularidades acarretem uma contratação antieconômica, o licitante que *não* esteja classificado em primeiro lugar *não* possui razão legítima para intervir no processo de controle externo, pois a decisão do Tribunal *não* tem o potencial de atingir reflexa e negativamente a sua esfera de interesses.

Isso porque a deliberação do TCU ou irá manter inalterada a sua posição jurídica, se julgar improcedente a representação, ou irá lhe beneficiar, se, por acaso, determinar a anulação de sua inabilitação ou desclassificação. Essa última possibilidade nem de longe legitima a sua intervenção no processo, pois o Tribunal, como dito, não se destina a tutelar interesses privados.

Dito de outra forma, o reconhecimento da condição de interessado no processo de controle externo depende da possibilidade concreta de lesão a direito subjetivo do requerente, não em função da suposta irregularidade em exame no processo, mas em face da decisão que poderá ser adotada pelo Tribunal. Conforme visto, tal ocorre quando a deliberação tiver o potencial de piorar a situação jurídica do agente, ou seja, quando do processo puder resultar em uma decisão desconstitutiva ou modificativa de seus direitos, ambas em desfavor do interessado.

Essa posição é pacífica no TCU como ilustram os seguintes precedentes:

> O ingresso de interessado em processos no TCU objetiva a preservação de situação jurídica já constituída, não havendo espaço para ingresso de terceiros cuja pretensão seja a de obter a satisfação de direito subjetivo, cuja seara é exclusiva do Poder Judiciário.
> (Acórdão nº 2.460/2014-Plenário. Relator: ministro Bruno Dantas)

O deferimento do pedido de ingresso nos autos do representante, na qualidade de interessado, somente deve ocorrer quando comprovada sua razão legítima para intervir no processo, bem como evidenciada a possibilidade de lesão a direito subjetivo próprio *em decorrência da deliberação a ser adotada*, o que não se dá tão somente por sua participação como licitante em certame sobre o qual alega indícios de irregularidade.
(Acórdão nº 1.992/2021-Plenário. Relator: ministro Aroldo Cedraz)

O terceiro instado pelo TCU a se manifestar sobre fatos que possam resultar em decisão do Tribunal no sentido de desconstituir ato ou processo administrativo ou alterar contrato em seu desfavor (art. 250, inciso V, do Regimento Interno do TCU) automaticamente adquire a condição de parte interessada no processo. Nesse caso, o reconhecimento da razão legítima para intervir no processo decorre não da formulação de um pedido de ingresso nos autos, mas sim da possibilidade de a decisão do TCU afetar sua situação jurídica.
(Acórdão nº 834/2015-Plenário. Relator: ministro Bruno Dantas)

Reconhece-se à empresa contratada o direito de ingresso como parte interessada em processo do TCU do qual pode resultar lesão a direito subjetivo em decorrência da deliberação que venha a ser adotada, uma vez que possui interesse legítimo em defender seus direitos decorrentes do contrato celebrado com a Administração.
(Acórdão nº 2.318/2014-Plenário. Relator: ministro José Jorge)

É por essa razão que a jurisprudência do TCU também é firme no sentido de que os representantes e denunciantes não são considerados automaticamente interessados perante o TCU. Seguem algumas decisões:

O denunciante não é considerado, automaticamente, parte processual no processo de denúncia, devendo, para obter essa condição, formular pedido de ingresso nos autos como interessado e comprovar razão legítima para intervir no processo ou possibilidade de lesão a direito subjetivo próprio.
(Acórdão nº 2.873/2010-Plenário. Relator: ministro José Múcio)

O reconhecimento do representante como parte é situação excepcional. Depende, além do pedido de ingresso nos autos como interessado, da demonstração de legítima e comprovada razão para intervir no processo, o que não se dá com a simples participação como licitante em certame sobre o qual se alegam indícios de irregularidade. O reconhecimento fica, em regra, condicionado à possibilidade concreta de lesão a direito subjetivo em decorrência de eventual deliberação que venha a ser adotada pelo Tribunal.
(Acórdão nº 1.881/2014-Plenário. Relatora: ministra Ana Arraes)

9.2.1 Procedimento de habilitação como interessado

Para que o interessado possa se habilitar como tal, ele deve formular pedido por escrito e devidamente fundamentado, demonstrando, de forma clara e objetiva, razão legítima para intervir no processo. A matéria será analisada pelo relator ou pelo colegiado, que indeferirá o pedido que não preencher os requisitos supramencionados.

É facultado ao interessado, na mesma oportunidade em que solicitar sua habilitação em processo, requerer a juntada de documentos e manifestar a intenção de exercer alguma faculdade processual, nos termos do §3º art. 146 do RITCU. Por evidente, a apreciação do mérito do pedido depende do prévio reconhecimento de sua condição como interessado, o que se dará conforme o §1º do mencionado dispositivo.

Segundo o §4º do art. 146 do RITCU, caso seja deferido o ingresso de interessado no processo, será fixado o prazo de até quinze dias, contado da ciência do requerente, para que este exerça as prerrogativas processuais previstas na norma, se o interessado já não as tiver exercido.

Esse dispositivo é aplicável, por exemplo, quando o TCU tiver promovido a oitiva da entidade promotora da licitação em razão de irregularidade verificada no edital do certame e, neste meio tempo, a etapa de julgamento tiver sido encerrada. Nessa hipótese, o Tribunal deverá deferir eventual pedido de ingresso do licitante classificado em primeiro lugar como interessado e realizar a sua oitiva, no prazo de 15 dias, a fim de que ele se manifeste sobre os achados, antes de eventual decisão de mérito que determine a anulação ou a correção da licitação, em desfavor da empresa.

O §5º do art. 146 do RITCU estabelece que o pedido de habilitação como interessado será indeferido quando formulado após a inclusão do processo em pauta. Avalia-se que o dispositivo é de duvidosa constitucionalidade, uma vez que, se alguém é de fato interessado, por possuir razão legítima parra intervir no processo, a ausência de manifestação nos autos, antes de eventual decisão de mérito, é causa de nulidade absoluta desta, por violação ao princípio do contraditório e da ampla defesa.

Conforme o §6º do dispositivo, quando o ingresso de interessado ocorrer na fase de recurso, este deve demonstrar, na peça recursal, em preliminar, o seu interesse em intervir no processo, nos termos do §1º, devendo a questão ser avaliada no juízo de admissibilidade.

9.2.2 Interessado em processos de pessoal

Os beneficiários de atos de pessoal não figuram como interessados nos processos de controle externo, pelo menos no que se refere à faculdade de se manifestar nos autos, exercendo o direito de defesa, antes da decisão do Tribunal que aprecie a legalidade dos atos que lhe digam respeito, para fins de registro. Tal ocorre porque os atos em questão são considerados complexos, de sorte que eles somente são aperfeiçoados após a manifestação do Tribunal.

Essa posição restou positivada na Súmula-STF nº 3, *in verbis*:

> Nos processos perante o Tribunal de Contas da União asseguram-se o contraditório e a ampla defesa quando da decisão puder resultar anulação ou revogação de ato administrativo que beneficie o interessado, excetuada a apreciação da legalidade do ato de concessão inicial de aposentadoria, reforma e pensão.

Como não poderia deixar de ser, há várias decisões do Tribunal em idêntico sentido:

> O Tribunal de Contas, no julgamento da legalidade de concessão de aposentadoria ou pensão, exercita o controle externo que lhe atribui o art. 71, inciso III, da Constituição Federal, no qual não está jungido a um processo contraditório ou contestatório. Posteriormente, após o pronunciamento sobre o registro do ato pelo TCU, é assegurado o contraditório e a ampla defesa aos interessados, por intermédio dos recursos cabíveis.
> (Acórdão nº 3.122/2005-Primeira Câmara. Relator: ministro Marcos Vilaça)

Não há exigência de chamamento do interessado para o exercício do contraditório e da ampla defesa na atividade constitucional do TCU de apreciação da legalidade do ato de concessão de aposentadoria (Súmula Vinculante 3 do STF).
(Acórdão nº 2.764/2007-Segunda Câmara. Relator: ministro Ubiratan Aguiar)

Os atos de alteração de aposentadoria que alterem o fundamento legal dos atos concessórios iniciais têm a mesma natureza jurídica destes, razão por que não há necessidade de observância prévia de contraditório e ampla defesa do interessado.
(Acórdão nº 1.188/2009-Segunda Câmara. Relator: ministro Benjamin Zymler)

Apesar de não gozar da condição de interessado, no sentido técnico do RITCU, antes da decisão que apreciar a legalidade dos atos que lhe digam respeito, os beneficiários de atos de pessoal podem exercer outras faculdades ao longo do processo, tais como pedir vista e cópia dos autos, juntar informações e documentos e requerer a realização de sustentação oral na sessão de julgamento.

Haveria, assim, um direito amplo de petição dos beneficiários, não de formular defesa propriamente, já que, nessa primeira etapa, o processo constitui uma relação jurídica entre o órgão que editou o ato e o TCU, na condição de órgão encarregado de apreciar a legalidade deste, para fins de registro.

Esse *status* muda, no caso de revisão de ofício de atos já registrados pelo Tribunal. Nessa hipótese, o beneficiário passa a ter amplo direito ao contraditório e à ampla defesa, assumindo a condição de interessado. Nesse sentido, cabe mencionar os seguintes precedentes:

Há necessidade de oitiva prévia do servidor antes que seja revisto de ofício o julgamento de sua concessão, em homenagem à ampla defesa e à segurança jurídica.
(Acórdão nº 4.182/2008-Segunda Câmara. Relator: ministro Benjamin Zymler)

Em homenagem aos princípios da ampla defesa e do contraditório, o TCU deve ouvir cada interessado, inativo ou pensionista, antes de reapreciar e proferir novo julgamento tendente a considerar o ato concessivo ilegal.
(Acórdão nº 1.606/2010-Plenário. Relator: ministro Walton Alencar Rodrigues)

9.2.3 Interessado em processos com destinatários indeterminados

O Tribunal, no exercício de sua atividade de controle externo atinente à fiscalização das despesas públicas pode realizar ações de controle sobre folhas de pagamento da Administração Pública federal e apreciar a legalidade de rubricas, vencimentos e gratificações.

Como resultado, o TCU pode expedir determinações visando sanar atos de pagamento indevidos, de beneficiários determinados ou, ainda, proferir determinações de conteúdo genérico para que a Administração corrija, de forma ampla, uma certa situação ilegal verificada no pagamento das folhas de pessoal do órgão fiscalizado.

No primeiro caso, os beneficiários figuram como interessados do processo de controle externo e devem ser ouvidos preliminarmente pelo TCU, em contraditório, antes da expedição da medida corretiva. Tal ocorre porque a ação do Tribunal tem o potencial de piorar a situação jurídica do agente, ou seja, pode resultar numa decisão desconstitutiva ou modificativa de seus direitos. Incide, aqui, o disposto no art. 250, inciso V, do RITCU, segundo o qual o Tribunal determinará a oitiva do terceiro interessado para, no prazo de 15 dias, manifestarem-se sobre fatos que possam resultar em decisão do Tribunal no sentido de desconstituir ato ou processo administrativo ou alterar contrato em seu desfavor.

Com relação ao segundo caso, de expedição de determinações de conteúdo genérico e com destinatários indeterminados, a jurisprudência do TCU se consolidou no sentido de que não é necessária a realização de prévio contraditório dos potenciais atingidos pela deliberação do Tribunal. Eis algumas deliberações nesse sentido:

> Em se tratando de comando genérico, derivado da competência constitucional do TCU no estabelecimento de prazo para que órgão ou entidade cumpra a lei, não há que se falar em contraditório e ampla defesa para uma multidão indeterminada.
> (Acórdão nº 409/2007-Plenário. Relator: ministro Aroldo Cedraz)

> Não cabe ao TCU a instauração de contraditório a todos os atingidos em determinações genéricas do Tribunal – expedidas no exercício de sua competência constitucional de exigir dos jurisdicionados o exato cumprimento da lei –, pois de conteúdo apenas objetivo, sem apreciar situações concretas e subjetivas, portanto, sem a presença de sujeito passivo determinado.
> (Acórdão nº 2.553/2009-Plenário. Relator: ministro José Jorge)

> Não viola os princípios do devido processo legal, do contraditório ou da ampla defesa determinação do TCU para que órgão público adote providências visando ao ressarcimento de valores recebidos indevidamente por servidores ativos, inativos e pensionistas. Não cabe a instauração de contraditório a todos os atingidos por determinações genéricas do TCU, expedidas no exercício de sua competência constitucional de exigir dos jurisdicionados o exato cumprimento da lei, pois de conteúdo apenas objetivo.
> (Acórdão nº 1.908/2012-Plenário. Relator: ministro Valmir Campelo)

Essa posição tem amparo na jurisprudência do STF, como reconheceu a Suprema Corte, no julgamento do Ag. Reg. No MS nº 32.492/DF, em 17.11.2017, pela Segunda Turma (relator: ministro Dias Toffoli). Segue a ementa do julgado:

> Agravo interno em mandado de segurança. Tribunal de Contas da União. Teto constitucional. Procedimento de fiscalização. Ausência de afronta à Súmula Vinculante nº 3 e aos postulados do contraditório e da ampla defesa. Verbas indenizatórias a serem excluídas do abate-teto. Horas extraordinárias não caracterizadas. Acumulação de funções. Subserviência ao teto remuneratório. Agravo interno não provido.
> 1. O Supremo Tribunal Federal já reconheceu que as deliberações do Tribunal de Contas da União, em sede de procedimento fiscalizatório, prescindem de observância aos postulados do contraditório e da ampla defesa, eis que inexistem litigantes. Ausência de precedentes.

Há vários outros precedentes do STF no mesmo sentido, a exemplo do MS nº 34.224, Primeira Turma, publicado em 27.11.2017 (relator: ministro Marco Aurélio) e do MS nº 25.551, Primeira Turma, publicado em 04.08.2016 (relator: ministro Marco Aurélio).

Em situações do tipo, a jurisprudência do TCU e do próprio STF se consolidou no sentido de que o contraditório deve ser realizado no órgão de destino das determinações. Assim, a manifestação dos interessados é prévia à eventual glosa dos pagamentos irregulares e à efetiva correção do ato, pelo órgão da administração, não à determinação corretiva da Corte de Contas, de comando genérico.

O seguinte precedente do Tribunal ilustra esse entendimento:

> O servidor que se sinta prejudicado por decisão do TCU que determina ao órgão jurisdicionado a correção de atos ilegais que afetam indistintamente múltiplos beneficiários, em que não se discute ato administrativo que o tenha especificamente por destinatário, não tem direito assegurado ao contraditório diretamente no Tribunal (mediante ingresso no processo como interessado), sendo-lhe, contudo, assegurado o exercício desse direito no âmbito do próprio órgão a que se vincula. O mesmo se aplica às entidades representativas de servidores.
> (Acórdão nº 2881/2013-Plenário. Relator: ministro-substituto Weder de Oliveira)

O STF também se manifestou quanto ao tema no julgamento do MS nº 27.571 AgR-segundo, Primeira Turma, publicado em 15.09.2016 (relatora: ministra Rosa Weber), cabendo transcrever a sua ementa:

> EMENTA AGRAVO REGIMENTAL EM MANDADO DE SEGURANÇA. INTERPOSIÇÃO SOB A ÉGIDE DO CPC/1973. CONSELHO NACIONAL DE JUSTIÇA. SERVENTIAS EXTRAJUDICIAIS DO ESTADO DO ESPÍRITO SANTO. OUTORGA DE DELEGAÇÃO A SUBSTITUTO, SEM CONCURSO PÚBLICO. SUSTENTADA OFENSA ÀS GARANTIAS DO DEVIDO PROCESSO LEGAL, DO CONTRADITÓRIO E DA AMPLA DEFESA.
> 1. A jurisprudência deste Supremo Tribunal Federal, atenta à viabilidade operacional dos órgãos de controle (Tribunal de Contas da União, Conselho Nacional de Justiça, Conselho Nacional do Ministério Público etc.), e à acertada delimitação das garantias constitucionais de natureza procedimental, *firma-se no sentido de que, na hipótese de a atuação de instituições fiscalizatórias envolver apuração de espectro amplo, voltada à promoção de ajuste da conduta de entes ou órgãos fiscalizados aos ditames legais, sem deliberação imediata sobre situações específicas, não há necessidade de intimação, no âmbito interno do órgão de controle, de cada um dos potenciais interessados nos desdobramentos da decisão administrativa genérica a ser proferida.* Precedentes.
> 2. Em tais hipóteses, incumbirá ao órgão ou ente fiscalizado, no intuito de verificar a subsunção de casos específicos ao genericamente determinado pelo órgão de controle, instaurar, posteriormente, em seu perímetro, *contraditório individualizado e observar as demais garantias de índole procedimental.*
> (grifos acrescidos)

9.3 Amicus curiae

O *amicus curiae* é um terceiro que ingressa no processo para fornecer subsídios ao órgão jurisdicional para o julgamento da causa.[299] A propósito, é bastante didática a explicação do instituto veiculada na ementa do ED na ADI nº 3.460, julgado em 12.02.2015 (relator: ministro Teori Zavascki):

> 1. O *amicus curiae* é um colaborador da Justiça que, embora possa deter algum interesse no desfecho da demanda, não se vincula processualmente ao resultado do seu julgamento. É que sua participação no processo ocorre e se justifica, não como defensor de interesses próprios, mas como agente habilitado a agregar subsídios que possam contribuir para a qualificação da decisão a ser tomada pelo Tribunal. A presença de *amicus curiae* no processo

---
[299] CÂMARA, Alexandre Freitas. *O Novo Processo Civil Brasileiro*. São Paulo: Atlas, 2019. p. 103

se dá, portanto, em benefício da jurisdição, não configurando, consequentemente, um direito subjetivo processual do interessado.

Trata-se de instrumento voltado, primariamente, para a discussão de temas complexos em abstrato, seja em controle de constitucionalidade, seja para a compreensão preliminar de matérias prejudiciais à apreciação do mérito de determinado caso concreto relevante e da ampla repercussão.

A figura em apreço foi positivada no art. 138 do CPC/2015, *in verbis*:

> Art. 138. O juiz ou o relator, *considerando a relevância da matéria, a especificidade* do tema objeto da demanda ou a repercussão social da controvérsia, poderá, por decisão irrecorrível, de ofício ou a requerimento das partes ou de quem pretenda manifestar-se, solicitar ou admitir a participação de pessoa natural ou jurídica, órgão ou entidade especializada, com representatividade adequada, no prazo de 15 (quinze) dias de sua intimação.
> §1º A intervenção de que trata o caput não implica alteração de competência nem autoriza a interposição de recursos, ressalvadas a oposição de embargos de declaração e a hipótese do §3º.
> §2º Caberá ao juiz ou ao relator, na decisão que solicitar ou admitir a intervenção, definir os poderes do *amicus curiae*.
> §3º O *amicus curiae* pode recorrer da decisão que julgar o incidente de resolução de demandas repetitivas. (grifos acrescidos)

Os normativos internos do TCU não preveem a figura do *amicus curiae*. Após um período de vacilação inicial quanto ao uso do instituto no âmbito da jurisdição de contas, o Tribunal o admitiu pela primeira vez no curso do TC 014.293/2012-9, por força de despacho monocrático do ministro relator Raimundo Carreiro. O processo envolvia solicitação do Congresso Nacional a fim de que o TCU realizasse auditoria de natureza operacional sobre a aplicação e fiscalização dos recursos da compensação ambiental criada pela Lei nº 9.985/2000.

A primeira deliberação que expressamente autorizou a participação de um terceiro como *amicus curiae* no processo do Tribunal foi o Acórdão nº 1.659/2016-Plenário (relatora: ministra Ana Arraes). A partir de então, o TCU usou o instrumento em várias oportunidades, desde que fossem cumpridos os seguintes requisitos, extraídos por inspiração do CPC/2015:

> "*Amicus curiae*" e "parte interessada" são categorias jurídico-processuais distintas. O "amigo da corte" não é parte e não tem legitimidade para interposição de recursos, ao contrário do interessado (arts. 144 e 146 do Regimento Interno do TCU), em processos de controle externo. (Acórdão nº 2.881/2013-Plenário. Relator: ministro-substituto Weder de Oliveira)

Os requisitos para admissão de *amicus curiae* são buscados no art. 138 do CPC, aplicado subsidiariamente aos processos de controle externo (art. 298 do Regimento Interno do TCU). Assim, exige-se que a matéria seja relevante, específica ou tenha repercussão social e que a pessoa ou órgão habilitado tenha especialização e representatividade adequadas.

Essas condições foram externadas no voto condutor do Acórdão nº 687/2022-Plenário (relator: ministro Walton Alencar):

Há, portanto, três requisitos a serem atendidos para a admissão do *amicus curiae*: i) a relevância da matéria, que requer que a questão jurídica objeto da controvérsia extrapole os interesses subjetivos das partes; ii) a especificidade do tema, o que se relaciona com o conhecimento técnico ou científico do *amicus curiae* acerca do objeto da demanda, que possa ser útil à formação de convicção pelo julgador sobre a matéria de direito; e iii) a representatividade adequada, fundamentada na necessidade de que o interventor defenda os interesses gerais da coletividade ou aqueles que expressem valores essenciais de determinado grupo ou classe, necessitando que os fins institucionais da pessoa (física ou jurídica, órgão ou entidade especializada) tenham relação com o objeto do processo.

Seguem alguns precedentes sobre a figura do *amicus curiae* no TCU:

A apresentação de argumentos técnicos pelo *amicus curiae*, a despeito de contribuir para a formação do juízo de mérito, não obriga o TCU a se manifestar sobre eles.
(Acórdão nº 8.332/2018-Segunda Câmara. Relator: ministro Vital do Rêgo)

Não cabe recurso contra decisão que indefere pedido de participação de *amicus curiae* no processo, consoante o art. 138, caput, da Lei 15.205/2015 (CPC), de aplicação subsidiária e supletiva no TCU.
(Acórdão nº 1.981/2017-Plenário. Relator: ministro-substituto Weder de Oliveira)

O *amicus curiae* admitido em processo no âmbito do TCU não tem legitimidade para a interposição de recursos, ressalvada a possibilidade de oposição de embargos de declaração (art. 138, §1º, do CPC).
(Acórdão nº 225/2020-Plenário. Relator: ministro-substituto Marcos Bemquerer)

As faculdades processuais conferidas ao *amicus curiae* em processos no âmbito do TCU se limitam, em regra, além do fornecimento de subsídios à solução da causa, à apresentação de memoriais e à produção de sustentação oral, ressalvado o disposto no art. 138, §2º, do CPC.
(Acórdão nº 2.916/2019- relator: ministro-substituto Marcos Bemquerer)

9.4 Direito das partes e interessados

São direitos das partes e interessados:

a) praticar os atos processuais diretamente ou por intermédio de procurador regularmente constituído, *ainda que não seja advogado*;

b) requerer vista e cópia dos processos em qualquer estágio que se encontre, inclusive das peças consideradas sigilosas;

c) realizar sustentação oral, ressalvada a hipótese prevista no §9º do art. 168 do RITCU (julgamento ou apreciação de consulta, embargos de declaração, agravo e medida cautelar);

d) pleitear o que seja de seu interesse e juntar as provas admitidas em Direito, seguindo as regras processuais aplicáveis ao processo de controle externo.

No que se refere ao direito de ter acesso aos elementos integrantes do processo, a jurisprudência do TCU é firme no sentido de que não há sigilo oposto às partes e interessados, no que se refere ao acervo probatório relacionado à matéria em discussão, que possa afetar o seu universo de interesses.

Nesse sentido, invoca-se o seguinte precedente:

A aposição de sigilo em documentos por parte de empresa estatal não pode constranger o exercício do contraditório e da ampla defesa daqueles que foram, com base em tais documentos, instados a responder por seus atos. A concessão de vista e cópia, contudo, impõe aos que tiverem acesso à documentação o dever de manter o sigilo dos respectivos conteúdos.
(Acórdão nº 2.354/2018-Plenário. Relator: ministro Benjamin Zymler)

Conforme o art. 3º da Resolução TCU nº 259, de 7 de maio de 2014, a autuação, a tramitação e a gestão documental e processual, no âmbito do TCU, serão realizadas em meio eletrônico, ressalvadas situações excepcionais previstas em normativo específico.

Para tanto, as partes, interessados e seus eventuais representantes legais deverão acessar a plataforma de serviços digitais – Conecta-TCU, constante do sítio eletrônico do tribunal na *internet* (www.tcu.gov.br), adotando as orientações ali veiculadas para o acesso aos autos, concessão de perfil e demais utilidades.

Segundo a definição contida em sua página de acesso, o Conecta-TCU é uma plataforma de serviços de exposição de informações, de comunicação processual e de interação com TCU. Ela permite, de forma *on-line*, a realização e o acesso a comunicações processuais, o envio de documentos ao Tribunal, acesso a processos e informações existentes no TCU.

O art. 19-A da Resolução TCU nº 170, de 30 de junho de 2004, introduzido pela Resolução TCU nº 316, de 22 de abril de 2020, estabelece que a prática eletrônica de ato processual ou o envio de documento por meio de sistema informatizado podem ser realizados ao longo de qualquer horário, até as vinte e quatro horas do último dia do prazo.

Conforme o §1º do dispositivo, os atos cujos prazos vencerem em dia de ocorrência de indisponibilidade do sistema, sem que tenham sido praticados, serão prorrogados para o dia útil seguinte à solução do problema, quando a indisponibilidade for superior a sessenta minutos, ininterruptos ou não, se verificada entre 6 e 23 horas; ou ocorrer entre as 23 e 23h59.

O §2º do mesmo artigo prescreve que as indisponibilidades ocorridas entre 0 e 6 horas dos dias de expediente, bem assim a qualquer hora em feriados e finais de semana, *não* produzirão o efeito a que se refere o parágrafo anterior. Dito de outra forma, os prazos processuais não serão prorrogados para o dia útil seguinte.

O §3º do dispositivo traz um comando de evidente extração lógica. A restrição ou impossibilidade de uso do sistema por questões técnicas externas não imputáveis ao TCU não caracteriza indisponibilidade. Por consequência, não pode ser legitimamente alegado como escusa o eventual descumprimento dos prazos especificados para exercício das faculdades processuais.

A implementação da plataforma Conecta-TCU proporcionou facilidades aos jurisdicionados e ao próprio Tribunal, dispensando a realização de atos meramente burocráticos de expedição de despachos autorizativos de vista eletrônica após a habilitação do acesso da parte ou interessado nos autos eletrônicos. O seguinte precedente é ilustrativo desse avanço:

> Tendo o ofício de citação explicitado o procedimento a ser empreendido pelo responsável ou por seu representante para a vista eletrônica dos autos no Portal do TCU na internet, o

pedido de acesso às peças do processo é meramente protocolar, não exigindo manifestação do relator ou da secretaria do Tribunal.
(Acórdão nº 10.047/2017-Primeira Câmara. Relator: Walton Alencar)

9.5 Representação processual

As partes e os interessados podem constituir advogados para exercer a sua representação legal perante o Tribunal. Porém, o processo do TCU não exige a intervenção obrigatória destes, de sorte que a representação processual é uma escolha discricionária dos responsáveis.

Como não poderia deixar de ser, os advogados podem exercer, perante o Tribunal, todos os direitos especificados na Lei nº 8.906, de 4 de julho de 1994 (dispõe sobre o Estatuto da Advocacia e a Ordem dos Advogados do Brasil – OAB). Evidentemente, a norma se aplica ao processo de controle externo desde que os atos processuais ali previstos existam na dinâmica procedimental da Corte de Contas.

Isso implica que os representantes legais podem, conforme as disposições do art. 7º da referida lei:

a) ingressar livremente nas salas de sessões do TCU, mesmo além dos cancelos que separam a parte reservada aos magistrados (inciso VI, alínea "a"); em qualquer edifício ou recinto do TCU onde o advogado deva praticar ato ou colher prova ou informação útil ao exercício da atividade profissional, dentro do expediente ou fora dele, e ser atendido, desde que se ache presente qualquer servidor ou empregado (inciso VI, alínea "c");

b) permanecer sentado ou em pé e retirar-se de quaisquer locais indicados na letra anterior, independentemente de licença (inciso VII);

c) dirigir-se diretamente aos ministros, ministros-substitutos e membros do MPTCU nas salas e gabinetes de trabalho, independentemente de horário previamente marcado ou outra condição, observando-se a ordem de chegada (inciso VIII);

d) usar da palavra, pela ordem, na sessão de julgamento, mediante intervenção pontual e sumária, para esclarecer equívoco ou dúvida surgida em relação a fatos, documentos ou afirmações que influam na decisão (inciso X);

e) reclamar, verbalmente ou por escrito, perante o Tribunal, seus ministros, ministros-substitutos e membros do MPTCU, contra a inobservância de preceito de lei, regulamento ou regimento (inciso XI);

f) falar, sentado ou em pé, na sessão de julgamento (inciso XII);

g) examinar os autos de processos findos ou em andamento, mesmo sem procuração, quando não estiverem sujeitos a sigilo, assegurada a obtenção de cópias, com possibilidade de tomar apontamentos (inciso XIII);

h) ter vista dos processos na secretaria competente ou retirá-los pelos prazos legais (inciso XV); e

i) retirar autos de processos findos, mesmo sem procuração, pelo prazo de dez dias (inciso XVI).

Seguem alguns precedentes envolvendo direitos e deveres pertinentes à atuação dos advogados no âmbito do TCU:

a) não obrigatoriedade de suspensão do processo em caso de doença do advogado:

Não configura caso de força maior, para efeito de suspensão de prazo processual, a patologia do advogado que não impede sua atuação profissional de forma absoluta, em especial diante da possibilidade de substabelecimento do mandato que lhe fora outorgado. A patologia do advogado apta a configurar força maior deve observar as características de imprevisibilidade e da involuntariedade, de modo a obstar a prática de atos processuais.
(Acórdão nº 11.553/2020-Primeira Câmara. Relator: ministro-substituto Weder de Oliveira)

b) desistência do patrono:

Não há necessidade de se aguardar a indicação de outro advogado por parte do responsável em face do pedido de desistência do patrono da causa constituído nos autos, uma vez que a defesa dos interessados perante o TCU prescinde da atuação técnica de advogado.
(Acórdão nº 2.012/2018-Plenário. Relator: ministro Walton Alencar)

c) comportamento protelatório do advogado:

Em caso de conduta meramente protelatória por parte de advogado que atua em processo do TCU, a configurar afronta ao princípio da lealdade processual, a Ordem dos Advogados do Brasil (OAB) deve ser cientificada para a adoção das medidas de sua competência.
(Acórdão nº 3.459/2019-Segunda Câmara. Relator: ministro-substituto André de Carvalho)

d) conteúdo do instrumento de procuração:

Ainda que o instrumento de mandato não contenha cláusula específica com outorga de poder para receber citação, o exercício pelo advogado de prerrogativas processuais, requerendo prorrogação de prazo e apresentando elementos de defesa de seu cliente, corresponde ao comparecimento espontâneo da parte aos autos, tornando válida e apta a produzir todos os seus efeitos a citação endereçada diretamente ao causídico.
(Acórdão nº 1.503/2018-Segunda Câmara. Relator: ministro-substituto Marcos Bemquerer)

Cabe ao advogado providenciar a anexação da procuração nos autos em que atua, para que sua condição de procurador legal da parte seja reconhecida e as comunicações processuais sejam a ele dirigidas (art. 179, §7º, do Regimento Interno do TCU), não sendo cabível a alegação de existência de procuração genérica em processo diverso.
(Acórdão nº 3.614/2016-Segunda Câmara. Relator: ministro Vital do Rêgo)

Ainda que o instrumento de mandato não contenha cláusula específica com outorga de poder para receber citação, o exercício pelo advogado de prerrogativas processuais, requerendo prorrogação de prazo e apresentando elementos de defesa de seu cliente, corresponde ao comparecimento espontâneo da parte aos autos, tornando válida e apta a produzir todos os seus efeitos a citação endereçada diretamente ao causídico.
(Acórdão nº 1.503/2018-Segunda Câmara. Relator: ministro-substituto Marcos Bemquerer)

e) procuração emitida na fase interna da tomada de contas especial:

É válida, perante o TCU, procuração outorgada no âmbito interno da tomada de contas especial, desde que contemple poderes para o foro em geral (ad judicia), em qualquer juízo, instância ou tribunal ou ainda, de forma específica, junto ao Tribunal de Contas da União.
(Acórdão nº 2.702/2017-Segunda Câmara. Relator: ministro José Múcio)

f) atuação dos sindicatos como substitutos processuais:

Nos processos em que se examina a legalidade de atos de pessoal (admissões, aposentadorias, pensões e reformas), os sindicatos não estão legitimados a atuar por substituição processual, pois são analisados pretensos direitos individuais heterogêneos (direitos individuais puros) do interessado que figura nos autos, os quais estão fora do âmbito de aplicação do art. 8º, inciso III, da Constituição Federal. No entanto, as entidades sindicais, caso acionadas pelos interessados, poderão prestar auxílio jurídico na condição de representante processual.
(Acórdão nº 2007/2018-Plenário. Relator: ministro Vital do Rêgo)

g) advogado sem procuração:

A apresentação de defesa por advogado sem instrumento de mandato juntado ao processo acarreta a revelia do responsável.
(Acórdão nº 4.790/2019-Primeira Câmara. Relator: ministro Walton Alencar)

CAPÍTULO 10

DISTRIBUIÇÃO DO PROCESSO

Cada processo de controle externo será distribuído a um relator. Este será escolhido entre os ministros e os ministros-substitutos, obedecendo aos princípios da publicidade, da alternatividade e do sorteio, conforme as regras da Resolução TCU nº 346, de 30 de novembro de 2022.

O aludido normativo extinguiu o critério de distribuição por meio das chamadas listas de unidades jurisdicionas, que vigeu até 31.12.2022. Sendo assim, é possível falar que os arts. 148 a 153 do RITCU foram tacitamente revogados, porquanto incompatíveis com norma posterior, de mesmo grau hierárquico.

Conforme o art. 2º da aludida norma, os processos serão distribuídos para relatoria dos ministros e ministros-substitutos por meio de sorteio eletrônico, automático e aleatório, que buscará assegurar a distribuição equânime da carga de trabalho, respeitando-se o princípio do juiz natural.

O aludido princípio possui aplicação no âmbito do processo de controle externo do TCU, consubstanciando-se a partir da ideia de prevenção. Por meio desta, um determinado ministro ou ministro-substituto é designado para relatar um processo, devido à presença de determinadas circunstâncias objetivas previstas em normativo do Tribunal.

A Resolução nº 346/2022 estabelece as seguintes hipóteses de fixação do relator por prevenção:

a) processo de fiscalização para subsidiar a elaboração do parecer prévio das contas do presidente da república: será distribuído para o relator destas (art. 5º, §4º);

b) processo autuado em razão de determinação de formação de apartado, no qual o Plenário reconheça a prevenção do relator original: será distribuído a este (art.9º);

c) processo de denúncia ou representação que trate de questões relativas a assuntos já em análise em processo pelo Tribunal: será distribuído ao relator deste (art. 10);

d) processo de tomada de contas especiais convertido de outro processo, de monitoramento e os constituídos em decorrência de proposta de fiscalização ou de cobrança executiva: serão distribuídos ao relator da deliberação que os originou (art. 11); e

e) em caso de possível conexão ou continência, a partir de proposta formulada pelo presidente do TCU ao Plenário: este designará um único ministro ou ministro-substituto para relatar os processos relacionados (art. 17);

Não obstante, a prática de atos processuais por relator incompetente não acarreta a invalidade das medidas autorizadas por este, no processo do TCU. Tal regra consta expressamente do art. 177 do RITCU, segundo o qual a "eventual incompetência do relator não é causa de nulidade dos atos por ele praticados".

Conforme o art. 2º, §1º, da Resolução nº 346/2022, os seguintes processos serão sorteados entre ministros e ministros-substitutos:

a) processos referentes a atos de admissão de pessoal e de concessão de aposentadoria, reforma ou pensão submetidos ao Tribunal para fins de registro;

b) processos de tomadas de contas especiais, cujo valor do dano atualizado na data de autuação seja inferior a limite anualmente estabelecido pela Presidência;

c) processos de representação e denúncia referentes a licitações promovidas por municípios, cujo valor global seja inferior ao mesmo limite; e

d) processos referentes a unidades jurisdicionadas da administração indireta constantes de lista a ser aprovada pelo Plenário até a primeira semana de dezembro de cada ano.

Conforme exposto, os ministros-substitutos somente participarão do sorteio de representações e denúncias referentes a licitações promovidas por municípios e de tomadas de contas especiais se o valor do orçamento estimativo daquelas e do dano destas forem inferiores ao limite estipulado pela Presidência. Nos demais casos, de certames licitatórios e débitos acima desse montante, e de licitações realizadas por órgãos estaduais e federais, independentemente do valor, somente os ministros participarão do sorteio.

A apuração deste limite tomará como base o valor de dano que corresponda a 95% do quantitativo das tomadas de contas especiais julgadas no ano imediatamente anterior. Em caso de manifesta desproporção da carga de trabalho entre ministros e ministros-substitutos, poderá o presidente adotar medidas de equalização na distribuição dos processos, conforme o §4º do art. 2º do normativo em exame.

Segundo a Portaria TCU nº 189, de 19 de dezembro de 2022, esse valor de alçada foi fixado em R$ 5.700.000,00, para o exercício de 2023.

Conforme o §2º do art. 2º da Resolução nº 346/2022, a relatoria dos demais processos será restrita aos ministros, cabendo-lhes em caráter exclusivo os recursos, consultas, as solicitações do Congresso Nacional, as solicitações de solução consensual e as desestatizações.

O relator das Contas do presidente da república, relativas ao exercício subsequente, será sorteado pelo presidente na primeira sessão ordinária do Plenário do mês de julho, nos termos do art. 5º do mencionado normativo.

A Resolução nº 346/2022 prevê um caso de alteração da relatoria, por questões alheias ao relator. Na hipótese de julgamento em que a proposta do relator não for acolhida, a relatoria do respectivo processo e dos processos dele decorrentes passará ao redator do acórdão, salvo se o colegiado deliberar de forma diversa, consoante o art. 12.

A interposição de recurso contra decisões proferidas pelo TCU implica a mudança da relatoria do processo, salvo nos casos de embargos de declaração e agravo. O objetivo dessa regra é assegurar uma espécie de segunda opinião sobre a matéria discutida no processo, o que se mostra importante para mitigar as chances de eventuais erros de interpretação e apreciação das provas. No caso de embargos de declaração, a manutenção do relator se justifica pela própria natureza do expediente, que visa esclarecer omissões, obscuridades e contradições na decisão proferida. Quanto à forma como os agravos são proferidos contra despachos decisórios ou medidas cautelares, é razoável que a matéria seja presidida novamente pelo próprio relator, devido ao caráter monocrático daqueles e à característica incidental destas, que são tomadas no curso de um processo, antes que ele esteja maduro para ser decidido no mérito.

Os recursos de reconsideração e os pedidos de reexame serão sorteados entre os ministros do colegiado que houver proferido a deliberação, excluído o autor do voto vencedor que fundamentou a deliberação recorrida.

O art. 15 da resolução traz uma modalidade especial de prevenção. Conforme o dispositivo, os recursos de reconsideração, de revisão e os pedidos de reexame interpostos por diferentes interessados contra a mesma deliberação, serão distribuídos ao ministro sorteado como relator do primeiro deles. Isso implica dizer que o mesmo relator presidirá todos os recursos da mesma espécie, a cada etapa recursal.

Os recursos de revisão serão sorteados entre os ministros, excluído o autor do voto vencedor que fundamentou a deliberação original, bem como o dos eventuais recursos de reconsideração interpostos.

No sorteio do relator das diversas espécies recursais, será observada a regra estabelecida no art. 4º da Resolução nº 346/2022, com vistas à distribuição equânime da carga de trabalho entre os ministros.

Conforme visto, o relator de um determinado grupo de processos conexos ou continentes entre si poderá ser definido pelo Plenário a partir de proposta apresentada pelo presidente do Tribunal, por iniciativa própria ou mediante provocação de ministro, ministro-substituto ou representante do Ministério Público.

Aprovada a prevenção pelo Plenário, os processos serão reunidos sob a relatoria do ministro ou ministro-substituto prevento, exceto quanto ao processo que já tiver sido apreciado, nos termos do §3º do art. 17 da Resolução nº 346/2022. Caso o relator se declare impedido ou suspeito em um ou mais processos conexos ou continentes, o processo originalmente sorteado e os que foram a ele distribuídos por prevenção serão redistribuídos mediante sorteio de um único relator, consoante o §4º do mesmo dispositivo.

Apesar de o critério básico para a escolha do relator ser o sorteio, o normativo em exame admite o afastamento dessa regra em determinadas circunstâncias especiais. Consoante o art. 18, o presidente do Tribunal poderá, por iniciativa própria ou mediante provocação de ministro, ministro-substituto ou de representante do Ministério Público, submeter ao Plenário proposta devidamente fundamentada de distribuição de processo ou grupo de processos a um determinado relator, sem a observância das regras de distribuição definidas na aludida resolução. Tal ocorrerá quando a medida se mostrar conveniente para o melhor desenvolvimento dos trabalhos, segundo a avaliação do Plenário.

Apesar da amplitude da norma, entende-se que a aprovação da designação pelo Pleno reduz eventuais disfuncionalidades decorrentes do afastamento do princípio da alternatividade e do sorteio. Nesse contexto, a regra se mostra razoável para tratar de determinados processos cuja matéria envolva certas especificidades, a ponto de ser justificada a escolha de determinado perfil de relator.

ETAPAS DO PROCESSO DE CONTROLE EXTERNO

Conforme o art. 156 do RITCU, são etapas do processo de controle externo:
a) a instrução;
b) o parecer do MPTCU, quando couber; e
c) o julgamento ou a apreciação.

O julgamento ou a apreciação dos processos do Tribunal somente pode ocorrer após a realização dos atos processuais pertinentes às etapas anteriores supramencionadas. Isso implica dizer que não é possível o exame direto dos processos pelo relator, seguido de sua apreciação pelo colegiado, sem a instrução da unidade técnica competente.

No que se refere ao MPTCU, a sua manifestação é obrigatória nos processos de tomada ou prestação de contas e nos concernentes aos atos de admissão de pessoal e de concessão de aposentadorias, reformas e pensões, assim como em todos os recursos, exceto nos embargos de declaração, no agravo e no pedido de reexame em processo de fiscalização de ato ou contrato, nos termos dos arts. 62, inciso III, e 280 do RITCU.

11.1 Instrução

11.1.1 Atribuições da secretaria

Na etapa de instrução, o processo é distribuído a um auditor federal de controle externo lotado na secretária responsável pelo processamento da matéria, a qual é definida conforme as regras de organização administrativa adotadas pelo Tribunal.

Após a distribuição, o auditor realizará a primeira análise do objeto do processo, avaliando os documentos, relatórios e demais peças eventualmente já existentes e propondo a realização de eventuais medidas saneadoras.

Caso seja identificada a necessidade de novos documentos ou informações, o auditor pode propor a realização de diligências ou mesmo a efetivação de inspeção na entidade jurisdicionada, com vistas à coleta de provas e novos elementos para a melhor compreensão dos fatos em discussão no processo, a eventual quantificação dos prejuízos e a identificação dos responsáveis.

Após o saneamento da matéria, o processo é novamente distribuído a um auditor federal de controle externo lotado na unidade técnica responsável, o qual poderá propor o contraditório dos responsáveis e interessados caso identifique a ocorrência de irregularidades passíveis de ensejar a aplicação de sanções, a condenação em débito e a assinatura de prazo para correção de atos ilegais. As aludidas medidas preliminares serão encaminhadas pela unidade técnica diretamente ao relator, salvo na hipótese de existência de delegação de competência.

Se não forem identificadas irregularidades, o auditor poderá alvitrar o imediato julgamento do feito, com a expedição de recomendações e determinações, se cabíveis. Neste caso, o processo é encaminhado ao relator para a adoção da decisão definitiva ou terminativa.

Realizado o contraditório dos responsáveis e transcorrido o prazo fixado para a resposta, o processo é novamente distribuído a um auditor federal de controle externo, que analisará o mérito do processo, fazendo as propostas que entender adequadas, conforme a legislação de regência. Na sequência, o processo é despachado ao relator pelo titular da unidade técnica responsável, que irá decidir de forma definitiva ou terminativa.

No caso de processos de auditoria, a sequência é diferente, pois não há propriamente documentos e peças nos respectivos autos, já que esses elementos serão produzidos na etapa de execução, *in loco*, a partir de requisições efetivadas junto à entidade fiscalizada.

As auditorias são precedidas de uma fase de planejamento, na qual ocorre o levantamento inicial quanto às informações disponíveis e necessárias sobre o objeto fiscalizado, inclusive quanto aos sistemas informatizados e aos controles internos a ele associados. Além disso, há discussões a respeito da definição do escopo, dos procedimentos e técnicas a serem utilizados; da elaboração de questionários e roteiros de entrevista a serem utilizados na fase de execução; e da produção dos documentos exigidos pelas normas internas de fiscalização do TCU.

Após a conclusão dos trabalhos de campo, há a etapa de elaboração do relatório de auditoria, conforme os padrões estabelecidos nas normas de fiscalização do Tribunal. Nas auditorias operacionais, a regra é submeter o relatório preliminar aos comentários dos gestores, inclusive os achados, as conclusões e as propostas de encaminhamento formuladas pela equipe. Nos demais tipos, a orientação é enviar ao gestor, para comentários, excerto do relatório preliminar contendo a situação encontrada, os objetos nos quais os achados foram encontrados, os critérios de auditoria e a proposta de encaminhamento, para cada achado que resultar em proposta de determinação e/ou recomendação.

Ao término dessa etapa, há a constituição propriamente do processo de controle externo, com a juntada dos documentos formais da fiscalização (portarias, ofícios de requisição e outros), além do próprio relatório e das evidências dos achados de auditoria.

Daí, o processo de fiscalização segue o fluxo normal dos demais processos de controle externo, com a remessa dos autos ao relator para manifestação a respeito das medidas propostas e a realização de eventuais audiências e oitivas, antes da decisão de mérito sobre a matéria.

O auditor federal de controle externo também atua na etapa de instrução dos processos julgados que tenham sido objeto de recurso. Nessa hipótese, o expediente é submetido a um prévio juízo de admissibilidade, o qual será encaminhado pela unidade técnica competente para a apreciação do relator. Caso o expediente recursal seja conhecido, o feito será devolvido à unidade técnica, sendo novamente distribuído a um auditor de controle externo, que analisará o mérito do recurso.

Conforme o art. 86 da LOTCU, são obrigações do servidor que exerce funções específicas de controle externo no TCU:

> I – manter, no desempenho de suas tarefas, atitude de independência, serenidade e imparcialidade;
> II – representar à chefia imediata contra os responsáveis pelos órgãos e entidades sob sua fiscalização, em casos de falhas e/ou irregularidades;
> III – propor a aplicação de multas, nos casos previstos no Regimento Interno;
> IV – guardar sigilo sobre dados e informações obtidos em decorrência do exercício de suas funções e pertinentes aos assuntos sob sua fiscalização, utilizando-os, exclusivamente, para a elaboração de pareceres e relatórios destinados à chefia imediata.

11.1.2 Atribuições do relator

A instrução do processo será presidida pelo relator. Ele poderá determinar, mediante despacho, de ofício ou por provocação da unidade de instrução ou do MPTCU, o sobrestamento do julgamento ou da apreciação, a citação e a audiência dos responsáveis ou outras providências consideradas necessárias ao saneamento dos autos.

No caso de processos de fiscalização de atos e contratos, o relator ou o Tribunal pode determinar, nos termos do art. 250 do RITCU:

a) o arquivamento do processo, ou o seu apensamento às contas correspondentes, se útil à apreciação destas, quando não apurada transgressão a norma legal ou regulamentar de natureza contábil, financeira, orçamentária, operacional ou patrimonial (inciso I);

b) a adoção de providências corretivas por parte do responsável ou de quem lhe haja sucedido quando verificadas tão somente falhas de natureza formal ou outras impropriedades que não ensejem a aplicação de multa aos responsáveis ou que não configurem indícios de débito e o arquivamento ou apensamento do processo às respectivas contas, sem prejuízo do monitoramento do cumprimento das determinações (inciso II);

c) a audiência do responsável para, no prazo de quinze dias, apresentar razões de justificativa, quando verificada a ocorrência de irregularidades decorrentes de ato ilegal, ilegítimo ou antieconômico, bem como infração a norma legal ou regulamentar de natureza contábil, financeira, orçamentária ou patrimonial (inciso IV);

d) a oitiva da entidade fiscalizada e do terceiro interessado para, no prazo de quinze dias, manifestarem-se sobre fatos que possam resultar em decisão do Tribunal no sentido de desconstituir ato ou processo administrativo ou alterar contrato em seu desfavor (inciso V);

A audiência marca, propriamente, o início do controle subjetivo dos atos e contratos com vistas à eventual aplicação de sanção. A partir de então, é constituída a relação processual com as partes arroladas, que passam a ter as prerrogativas e as faculdades processuais previstas no RITCU, com vistas à plena garantia dos princípios do contraditório e da ampla defesa.

A oitiva marca, formalmente, o início do controle objetivo de atos e contratos, com o objetivo de permitir a sua eventual correção, em caso de ilegalidade, ou determinação para anulação. Da mesma forma, é constituída a relação processual com a entidade fiscalizada e/ou com os terceiros interessados, sendo que estes passam a ter as prerrogativas e as faculdades processuais previstas no RITCU, com vistas à plena garantia dos princípios do contraditório e da ampla defesa. Quanto à entidade fiscalizada, a relação processual é formada desde a constituição do processo, até porque ela é interessada no resultado deste, pela sua própria condição de jurisdicionada.

Conforme visto, incide no TCU o princípio do impulso oficial. Nessa perspectiva, o relator pode ampliar o objeto ou o escopo do processo, cabendo apenas assegurar a participação dos eventuais responsáveis e interessados após a produção de novas provas e evidências, a fim de que o seu exercício de defesa seja pleno, abrangendo todo o objeto do processo. Seguem alguns precedentes sobre o assunto:

> A atuação do TCU não está adstrita às questões suscitadas por quem o provocou. O Tribunal, com base no princípio do impulso oficial, pode, por iniciativa própria, circunscrito às suas competências, ampliar o escopo de investigação dos fatos trazidos ao seu conhecimento.
> (Acórdão nº 2.278/2016-Plenário. Relator: ministro-substituto Weder de Oliveira)

> O TCU possui rito processual próprio, que não prevê a obrigatoriedade de abertura de novo processo caso tenha que apurar fatos que se sobressaiam a partir do início da apuração de uma representação e/ou denúncia.
> (Acórdão nº 532/2014-Plenário. Relator: ministro José Jorge)

O princípio do impulso oficial é evidenciado, ainda, pelo fato de o relator poder dar seguimento à representação mesmo após a desistência do seu autor. A decisão a seguir ilustra esse posicionamento:

> Requerimento de desistência de representação formulada pela empresa representante não obsta o prosseguimento do processo quando forem verificadas nos autos questões de interesse público a serem tuteladas pelo TCU, ante os princípios do impulso oficial, da verdade material e da indisponibilidade do interesse público.
> (Acórdão nº 2.443/2017-Plenário. Relator: ministro Aroldo Cedraz)

Do mesmo modo, o relator pode prosseguir com a apuração de denúncia anônima:

> É possível o TCU deflagrar investigação em decorrência de denúncia anônima, desde que seguida de diligências realizadas para averiguar os fatos noticiados.
> (Acórdão nº 1.817/2013-Plenário. Relator: ministro Benjamin Zymler)

Conforme o art. 157, §1º, "o relator poderá, mediante portaria, delegar competência a titular de unidade técnica, para realização de citação, audiência, diligência e outras providências necessárias ao saneamento do processo".

A medida também abrange a oitiva, por força do §7º do art. 250 do RITCU. Conforme o dispositivo, "observar-se-ão em relação à oitiva prevista no inciso V as normas aplicáveis à audiência, no que couber".

Segundo o §4º do art. 157, o relator, ou seu sucessor, permanece vinculado ao processo, mesmo depois de prolatada a deliberação, exceto nos casos de recurso que ensejem sorteio de novo relator, bem como ao respectivo processo de cobrança executiva, quando houver. O dispositivo veicula uma regra de prevenção, a qual consiste em um critério para fixação da competência, quando vários ministros seriam em tese competentes.

Consoante o art. 41, §5º, do RITCU, "o relator do processo originador ou seu sucessor ficará prevento em relação ao processo de TCE". Cuida-se, portanto, de outro critério de prevenção, que se justifica pelo fato de o último processo ser uma mera continuidade do primeiro, de sorte que a manutenção do relator é adequada sob o ponto de vista do princípio da eficiência processual.

11.1.2.1 Suspeição e impedimento

A LOTCU não trata das hipóteses de suspeição e impedimento dos ministros do Tribunal. Embora não use, propriamente, esses termos, o RITCU prevê algumas vedações aos ministros, nos incisos VII, VIII e IX do art. 39, as quais impactam no exercício de suas atividades processuais. Conforme os dispositivos, é vedado ao ministro do Tribunal:

> VII – manifestar, por qualquer meio de comunicação, opinião sobre processo pendente de julgamento, seu ou de outrem, ou emitir juízo depreciativo sobre despachos, votos ou sentenças de órgãos judiciais, ressalvada a crítica nos autos e em obras técnicas ou no exercício de magistério;
> VIII – atuar em processo de interesse próprio, de cônjuge, de parente consanguíneo ou afim, na linha reta ou na colateral, até o segundo grau, ou de amigo íntimo ou inimigo capital, assim como em processo em que tenha funcionado como advogado, perito, representante do Ministério Público ou servidor da Secretaria do Tribunal ou do Controle Interno.
> IX – atuar em processo quando nele estiver postulando, como advogado da parte, o seu cônjuge ou qualquer parente seu, consanguíneo ou afim, em linha reta ou colateral, até o segundo grau.

A manifestação sobre processo pendente de julgamento é retratada pela doutrina como uma hipótese de suspeição, uma vez que sugere uma quebra no pressuposto da imparcialidade do julgador, assim como uma espécie de prejulgamento, o que vai de encontro ao princípio do devido processo legal.

Essa tese foi defendida por Christiano Fragoso a pretexto de comentar as vedações a que está sujeito o juiz criminal:

> Considerando as normas jurídicas já existentes (art. 145, IV, CPC; art. 449, III, CPP; e art. 36, III, LOMAN), embora ainda não haja previsão legal explícita, deve ser possível, ao meu sentir, a arguição de suspeição na hipótese em que qualquer magistrado criminal prejulgue a causa, ou seja, em que manifeste açodadamente seu convencimento acerca da demanda que lhe é submetida.[300]

De todo modo, a arguição de suspeição por imparcialidade de ministro exige que a parte demonstre concretamente quais elementos convergem para o seu induvidoso interesse pelo resultado do processo. Meras conjecturas não devem ser aceitas para o

---

[300] FRAGOSO, Christiano. Prejulgamento induz suspeição de juiz criminal. *Revista Interdisciplinar de Direito*, v. 14, n. 1, p. 235-246, jan./jun. 2017, p. 240-241.

afastamento de ministro da deliberação do processo, devendo ser preservado o princípio do juiz natural.

O seguinte precedente do STJ ilustra essa posição:

> Ementa: PROCESSUAL CIVIL. RECURSO ESPECIAL. EXCEÇÃO DE SUSPEIÇÃO. OMISSÃO. CONTRADIÇÃO. VÍCIOS INEXISTENTES. QUEBRA DA IMPARCIALIDADE DO MAGISTRADO. MERAS CONJECTURAS. INADMISSIBILIDADE. JUIZ NATURAL. PRESERVAÇÃO.
> 1. Recurso especial interposto em 20/01/2014 e atribuído a este Gabinete em 25/08/2016.
> 2. Ausentes os vícios do art. 535 do CPC, rejeitam-se os embargos de declaração.
> 3. Para o acolhimento da suspeição do magistrado prevista no art.135, V, do CPC/73 é indispensável que a parte supostamente prejudicada pela quebra de imparcialidade demonstre concretamente quais elementos convergem para o induvidoso interesse do juiz no desfecho da lide.
> 4. Meras conjecturas, ilações sem vínculo efetivo com a realidade ou pretensões destituídas de qualquer elemento objetivo e demonstrável nos autos não são hipóteses de afastamento do juiz natural da causa.
> 5. Recurso especial não provido.
> (REsp nº 1469827/PR. Relatora: ministra Nancy Andrighi)

Quanto às hipóteses consignadas nos incisos VIII e IX do art. 39 do RITCU, elas constituem causas de impedimento expressamente previstas nos incisos III e IV do art. 144 do CPC/2015. O art. 151 do RITCU também anunciava tais dispositivos como causas de impedimento, porém, a disposição foi revogada pela Resolução TCU nº 345, de 30 de novembro de 2022.

De toda sorte, considerando que as disposições das normas processuais em vigor, desde que compatíveis com a LOTCU, são aplicadas subsidiariamente ao processo do TCU, nos termos do art. 298 do RITCU, os arts. 144 e 145 do CPC/ 2015 podem ser utilizados para arguir suspeição e impedimento dos ministros do Tribunal, no que couber.

Segue a redação dos dispositivos:

> Art. 144. Há impedimento do juiz, sendo-lhe vedado exercer suas funções no processo:
> I – em que interveio como mandatário da parte, oficiou como perito, funcionou como membro do Ministério Público ou prestou depoimento como testemunha;
> II – de que conheceu em outro grau de jurisdição, tendo proferido decisão;
> III – quando nele estiver postulando, como defensor público, advogado ou membro do Ministério Público, seu cônjuge ou companheiro, ou qualquer parente, consanguíneo ou afim, em linha reta ou colateral, até o terceiro grau, inclusive;
> IV – quando for parte no processo ele próprio, seu cônjuge ou companheiro, ou parente, consanguíneo ou afim, em linha reta ou colateral, até o terceiro grau, inclusive;
> V – quando for sócio ou membro de direção ou de administração de pessoa jurídica parte no processo;
> VI – quando for herdeiro presuntivo, donatário ou empregador de qualquer das partes;
> VII – em que figure como parte instituição de ensino com a qual tenha relação de emprego ou decorrente de contrato de prestação de serviços;
> VIII – em que figure como parte cliente do escritório de advocacia de seu cônjuge, companheiro ou parente, consanguíneo ou afim, em linha reta ou colateral, até o terceiro grau, inclusive, mesmo que patrocinado por advogado de outro escritório;

IX – quando promover ação contra a parte ou seu advogado.
§1º Na hipótese do inciso III, o impedimento só se verifica quando o defensor público, o advogado ou o membro do Ministério Público já integrava o processo antes do início da atividade judicante do juiz.
§2º É vedada a criação de fato superveniente a fim de caracterizar impedimento do juiz.
§3º O impedimento previsto no inciso III também se verifica no caso de mandato conferido a membro de escritório de advocacia que tenha em seus quadros advogado que individualmente ostente a condição nele prevista, mesmo que não intervenha diretamente no processo.
Art. 145. Há suspeição do juiz:
I – amigo íntimo ou inimigo de qualquer das partes ou de seus advogados;
II – que receber presentes de pessoas que tiverem interesse na causa antes ou depois de iniciado o processo, que aconselhar alguma das partes acerca do objeto da causa ou que subministrar meios para atender às despesas do litígio;
III – quando qualquer das partes for sua credora ou devedora, de seu cônjuge ou companheiro ou de parentes destes, em linha reta até o terceiro grau, inclusive;
IV – interessado no julgamento do processo em favor de qualquer das partes.
§1º Poderá o juiz declarar-se suspeito por motivo de foro íntimo, sem necessidade de declarar suas razões.
§2º Será ilegítima a alegação de suspeição quando:
I – houver sido provocada por quem a alega;
II – a parte que a alega houver praticado ato que signifique manifesta aceitação do arguido.

Consoante o art. 111 do RITCU, o "ministro ou ministro-substituto que alegar impedimento ou suspeição, de acordo com o parágrafo único do art. 151, não participará da discussão e da votação do processo". Apesar da revogação do dispositivo, como já assinalado, a regra continua, evidentemente, em vigor.

Além da possibilidade de o próprio ministro se declarar suspeito ou impedido, a questão pode ser invocada por qualquer parte ou interessado. Nessa hipótese, será instaurado incidente processual, o qual seguirá o rito definido na Questão de Ordem 3/2019, aprovada pelo Plenário do TCU, na sessão de 11.12.2019, a saber:

1. A arguição de impedimento ou suspeição dará origem a incidente processual, a ser conduzido em autos apartados (RISTJ, art. 276, §1º), que terão natureza urgente e tramitação preferencial e serão constituídos por cópia das peças processuais necessárias ao exame da matéria;
2. O processo incidente será sorteado imediatamente entre os ministros (Lei 8.443/1992, art. 107), excluindo-se os arguidos. O processo principal não será julgado até a resolução do incidente.
3. O relator do incidente, em até 5 dias, caso considere não ser hipótese de manifesta improcedência da arguição, abrirá prazo de 10 dias para manifestação dos ministros arguidos (RISTJ, art. 277), ficando estes, a partir desse momento, impedidos de atuar no processo principal até o julgamento do incidente;
4. Se relator do processo principal ficar impedido de atuar, a instrução do feito passará a ser presidida provisoriamente pelo ministro que vier a ser sorteado como relator do incidente;
5. As arguições serão apreciadas individualmente (contra um ministro, depois contra o outro; RISTF, art. 284; RISTJ, art. 281), sem a presença do ministro recusado (RISTJ, art. 278 – em consequência da individualização, o ministro apenas não vota na arguição que lhe

diz respeito, mas pode votar nas demais). A decisão do incidente será juntada ao processo principal;

6. Afirmados o impedimento ou a suspeição pelo arguido, ou declarados pelo Plenário, o julgamento do incidente delimitará os atos nulos e deliberará acerca do encaminhamento adequado a ser dado ao processo original;

7. Se nenhuma das arguições for acolhida pelo TCU, o incidente será encerrado e o processo principal retomará sua tramitação. Nele, os ministros arguidos oficiarão normalmente.

Como se vê, será instaurado um incidente processual com a natureza de processo administrativo a ser presidido por relator sorteado entre os ministros não arguidos como impedidos ou suspeitos. Após a solução da matéria, o processo principal segue seu rito normal, podendo ser presidido e deliberado pelos ministros não considerados impedidos ou suspeitos.

Consoante o art. 124, §2º, do RITCU, se o presidente do Tribunal declarar impedimento ou suspeição no momento do desempate, a votação será reiniciada com a convocação de um ministro-substituto presente à sessão, apenas para esse fim, observada a ordem de antiguidade no cargo.

11.1.3 Sobrestamento

Conforme o art. 2º, inciso XXI, da Resolução TCU nº 259/2014, o sobrestamento é "a suspensão do julgamento ou apreciação de um processo em razão de surgimento de matéria ou fato que obste seu regular prosseguimento, sem prejuízo da continuidade de sua instrução no que for possível".

As regras para a determinação do sobrestamento constam do art. 47 da mencionada resolução. Ele ocorrerá a juízo do relator, das câmaras ou do Plenário.

O despacho ou deliberação que determinar o sobrestamento especificará claramente a matéria objeto de sobrestamento ou os responsáveis que terão o julgamento de suas contas sobrestado, bem como o motivo justificador de tal providência.

O sobrestamento não prejudicará a adoção de providências com vistas ao saneamento do processo nem a apreciação de matéria diversa da que teve sua apreciação sobrestada, tampouco o julgamento das contas dos demais responsáveis arrolados no processo.

Quanto a isso, é preciso cuidado a fim de que o sobrestamento determinado pelo TCU não acabe ensejando a ocorrência da prescrição das pretensões punitiva e ressarcitória, por conta dos fatos em apuração.

Acerca do assunto, o art. 7º, inciso II, da Resolução TCU nº 344, de 11 de outubro de 2022, definiu que não corre prescrição "durante o sobrestamento do processo, *desde que não tenha sido provocado pelo TCU, mas sim por fatos alheios à sua vontade*, fundamentadamente demonstrados na decisão que determinar o sobrestamento" (grifos acrescidos).

Seguem alguns precedentes importantes acerca do instituto em exame:

> O ajuizamento de ação perante o Poder Judiciário não é motivo para sobrestar o julgamento de processo no TCU, quando as pessoas e matérias objeto da causa estão sujeitas ao controle externo.
> (Acórdão nº 3.545/2006-Primeira Câmara. Relator: ministro Marcos Vilaça)

A existência de ação judicial com o mesmo objeto de tomada de contas especial não justifica o sobrestamento do processo no âmbito do TCU, pois, além de serem instâncias independentes, a eventual quitação da dívida elide o débito em ambos os processos.
(Acórdão nº 2.470/2009-Plenário. Relator: ministro Raimundo Carreiro)

O exame dos atos de admissão fundamentados em decisão judicial devem ser sobrestados até o efetivo trânsito em julgado.
(Acórdão nº 3.959/2013-Segunda Câmara. Relator: ministro Aroldo Cedraz)

Eventual sobrestamento, em função do instituto da repercussão geral previsto no art. 543-B do CPC, vincula apenas os órgãos do Poder Judiciário, não se aplicando aos processos em andamento no TCU.
(Acórdão 2132/2014-Primeira Câmara | relator: JOSÉ MÚCIO MONTEIRO)

A existência de recurso extraordinário no STF, com repercussão geral reconhecida, pendente de apreciação, não obriga o sobrestamento de processos no âmbito do TCU, em respeito ao princípio da independência de instâncias. Compete ao TCU exercer juízo de conveniência e oportunidade quanto ao sobrestamento de seus processos.
(Acórdão nº 1.115/2017-Primeira Câmara. Relator: ministro Bruno Dantas)

A existência de investigação criminal em andamento, com potencial de produzir elementos capazes de interferir no desfecho de mérito de processo em curso no TCU, pode justificar o sobrestamento do julgamento dos autos, com base no art. 157 do Regimento Interno do TCU.
(Acórdão nº 2.239/2018-Primeira Câmara. Relator: ministro Augusto Sherman)

O andamento de negociação para a celebração de acordo de leniência no âmbito da CGU não é motivo para o sobrestamento de processo no TCU em que se analisa a possibilidade de aplicação da pena de declaração de inidoneidade (art. 46 da Lei 8.443/1992), porquanto trata-se do exercício de competência constitucional do controle externo e de sanção que tem contorno de incidência distinto das aplicadas pelos próprios órgãos administrativos ou pelo controle interno com fundamento no 87 da Lei 8.666/1993.
(Acórdão nº 1.744/2018-Plenário. Relator: ministro Benjamin Zymler)

11.1.4 Análise de admissibilidade de representações, denúncias, consultas e solicitações

11.1.4.1 Denúncias e representações

Conforme o art. 103 da Resolução TCU nº 259/2014, as denúncias e as representações sobre irregularidades ou ilegalidades que derem entrada no Tribunal, nos termos dos arts. 234 a 237 do RITCU, serão registradas e encaminhadas à unidade técnica responsável pelo exame da matéria para autuação, exame de admissibilidade e, se for o caso, exame de mérito.

O exame de admissibilidade das denúncias e representações abordará os seguintes aspectos, nos termos do §1º do art. 103 da mencionada resolução:

a) a competência do Tribunal sobre o assunto;
b) a legitimidade do autor;
c) a suficiência dos indícios; e
d) a existência de interesse público no trato da suposta ilegalidade apontada.

Para a verificação da competência do TCU no trato da matéria, é preciso recorrer aos arts. 70 e 71 da CF/1988, cuja análise foi efetivada no capítulo 4 *supra*.

Conforme o art. 237 do RITCU, os seguintes órgãos e agentes têm legitimidade para representar ao Tribunal:

a) o Ministério Público da União, nos termos do art. 6º, inciso XVIII, alínea "c", da Lei Complementar nº 75/1993;

b) os órgãos de controle interno, em cumprimento ao §1º do art. 74 da CF/1988;

c) os senadores da República, os deputados federais, estaduais e distritais, os juízes, os servidores públicos e outras autoridades que comuniquem a ocorrência de irregularidades de que tenham conhecimento em virtude do cargo que ocupem;

d) os tribunais de contas dos estados, do Distrito Federal e dos municípios, as câmaras municipais e os ministérios públicos estaduais;

e) as equipes de inspeção ou de auditoria, nos termos do art. 246 do RITCU;

f) as unidades técnicas do Tribunal; e

g) outros órgãos, entidades ou pessoas que detenham essa prerrogativa por força de lei específica.

Quanto ao assunto, é preciso não confundir a legitimidade das equipes de inspeção ou de auditoria com a das unidades técnicas do Tribunal. Isso porque a primeira é exercida autônoma e conjuntamente pelas pessoas designadas em portaria de fiscalização, de modo que a interposição de representação, nesta hipótese, *não* depende da anuência do corpo diretivo da unidade técnica, que *não* tem o poder de divergir de seu conteúdo e arquivar sumariamente a peça elaborada pela equipe.

Isso implica que, protocolada a representação, o titular da secretaria competente deve dar seguimento ao exame da matéria como qualquer outra representação que lhe tenha sido enviada pelos demais atores legitimados, distribuindo o feito para outro auditor, com vistas ao exame de admissibilidade e posterior encaminhamento ao relator competente para deliberação.

Quanto ao último requisito, cabe ressaltar que o interesse público que justifica a atuação do TCU, nos termos do §1º do art. 103 da Resolução TCU nº 259/2014, é o que diz respeito aos valores jurídicos tutelados pelo Tribunal, por expressa determinação constitucional, a saber, a legitimidade, a legalidade e a economicidade na guarda e no emprego dos bens, valores e dinheiros públicos e a fiel execução do orçamento, em auxílio ao Congresso Nacional.

A jurisdição do TCU somente se faz presente, de forma direta, em face de atos que tenham repercussão sobre as finanças públicas e a execução do orçamento, ou seja, sobre atos que envolvam a gestão do patrimônio público e a realização da receita e da despesa.

O tema foi tratado da seguinte forma no voto condutor do Acórdão nº 310/2023-Plenário (relator: ministro Benjamin Zymler):

> 16. [...] não é qualquer irregularidade ou dano que pode legitimamente desencadear a atuação primária do TCU. No exercício da função de controle contábil, financeiro, orçamentário, operacional e patrimonial da administração federal, o Tribunal analisa o cumprimento das normas que disciplinam os aspectos indicados no item anterior, não lhe cabendo atuar como guardião geral da legalidade, tampouco de todo e qualquer interesse difuso ou coletivo.

17. Afinal, o TCU exerce jurisdição especializada sobre a administração pública, a qual não se confunde com a realizada pelo Poder Judiciário, mediante a iniciativa do Ministério Público e das demais entidades legitimadas à tutela dos direitos coletivos e difusos.

18. Por esses motivos, a presente representação não deve ser conhecida para apurar eventual responsabilidade civil de Furnas Centrais Elétricas S.A. perante terceiros, como sugerido na letra "a" do item 2 retro.

19. Trata-se de típica atribuição do Poder Judiciário, cuja atuação está sujeita à iniciativa das pessoas legitimadas e do Ministério Público, não o de Contas, no que se refere à tutela dos eventuais interesses difusos e patrimoniais de terceiros envolvidos.

Consoante o art. 104 da Resolução TCU nº 259/2014, tratando-se de denúncia, serão adotadas, de imediato, pelo setor em que der entrada, as providências cabíveis com vistas à preservação do sigilo, nos termos do art. 236 do RITCU.

O art. 105 da Resolução TCU nº 259/2014 estabelece que as denúncias ou representações que, após mero exame preliminar, no juízo da unidade técnica, não preencham os requisitos de admissibilidade serão, de imediato, encaminhadas ao relator com proposta de arquivamento. Como se vê, *não* cabe o arquivamento sumário de denúncia e representação por despacho da unidade técnica, a menos que haja delegação de competência nesse sentido pelo relator.

Consoante o parágrafo único do mencionado dispositivo, o relator, mediante despacho fundamentado, determinará liminarmente o arquivamento da denúncia ou representação que não atenda aos requisitos de admissibilidade, dando-se ciência ao denunciante ou representante, conforme o caso. A despeito da autorização da norma, entende-se que essa decisão, de caráter terminativo, deveria ter o mesmo nível de publicidade das deliberações tomadas de forma colegiada pelo Tribunal. Dito de outra forma, deveria ser assegurada, ao menos, a publicação do inteiro teor de tais despachos no sítio eletrônico oficial do TCU.

Afinal, aplica-se ao Tribunal o disposto no art. 93, inciso IX, da CF/1988, segundo o qual "todos os julgamentos dos órgãos do Poder Judiciário serão públicos, e fundamentadas todas as decisões, sob pena de nulidade".

O conhecimento das denúncias e representações não implica, necessariamente, que será promovido o exame de mérito. Consoante o art. 106 da Resolução TCU nº 259/2014, caso se façam presentes os requisitos de admissibilidade, as unidades técnicas realizarão exame sumário acerca do risco para a unidade jurisdicionada, da materialidade e relevância dos fatos noticiados na denúncia ou representação, exceto aquelas formuladas com base no art. 113, §1º, da Lei nº 8.666/1993.[301]

Conforme o §3º do art. 106 da Resolução TCU nº 259/2014, a unidade técnica submeterá os autos ao relator com proposta de conhecimento da denúncia ou representação e mais o seguinte:

a) no caso de os fatos serem considerados de baixo risco, materialidade e relevância, de que as questões sejam levadas ao conhecimento das unidades jurisdicionadas para

---

[301] Atual art. 170, §4º, da Lei nº 14.133/2021: "qualquer licitante, contratado ou pessoa física ou jurídica poderá representar aos órgãos de controle interno ou ao tribunal de contas competente contra irregularidades na aplicação desta Lei".

a adoção das providências de sua alçada, com cópia para o órgão de controle interno, e de arquivamento do processo (inciso I);

b) no caso de os fatos serem considerados de alto risco, materialidade ou relevância, prosseguimento do processo (inciso II).

Na primeira hipótese, o relator, caso esteja de acordo com a proposta da unidade técnica, determinará a adoção das providências nele referenciadas e o arquivamento da denúncia ou representação, dando-se ciência ao denunciante ou representante, conforme o caso.

Acolhida a denúncia ou a representação em face do risco, da materialidade ou da relevância dos fatos, o relator restituirá o processo à unidade técnica para apuração, nos termos do §7º do art. 106 da Resolução TCU nº 259/2014.

Segundo o art. 107 da aludida resolução, o relator, mediante despacho fundamentado, determinará o arquivamento das denúncias e representações que, após as diligências pertinentes, revelarem-se improcedentes, dando-se ciência ao denunciante ou representante, conforme o caso.

Da mesma forma que o arquivamento sumário após o exame de admissibilidade, entende-se que essa decisão, de caráter terminativo, deveria ter o mesmo nível de publicidade das deliberações tomadas de forma colegiada pelo Tribunal. Em verdade, considerando que a aludida deliberação avança sobre o mérito da matéria, compreende-se que ela deveria ser adotada de forma colegiada ainda que por meio de relação.

De toda sorte, deveria ser assegurada, ao menos, a publicação do inteiro teor de tais despachos terminativos, no sítio eletrônico oficial do TCU. Afinal, aplica-se ao Tribunal o disposto no art. 93, inciso IX, da CF/1988, conforme já defendido.

11.1.4.2 Consultas

Consoante o art. 264 do RITCU, são legitimadas a endereçar consulta ao TCU as seguintes autoridades:

I – presidentes da República, do Senado Federal, da Câmara dos Deputados e do Supremo Tribunal Federal;
II – Procurador-Geral da República;
III – Advogado-Geral da União;
IV – presidente de comissão do Congresso Nacional ou de suas casas;
V – presidentes de tribunais superiores;
VI – ministros de Estado ou autoridades do Poder Executivo federal de nível hierárquico equivalente;
VII – comandantes das Forças Armadas.

Ademais, as consultas devem:
a) envolver dúvida na aplicação de dispositivos legais e regulamentares concernentes à matéria de competência do Tribunal;
b) conter a indicação precisa do seu objeto; e
c) ser formuladas articuladamente e instruídas, sempre que possível, com parecer do órgão de assistência técnica ou jurídica da autoridade consulente.

Por fim, as autoridades referidas nos incisos IV, V, VI e VII do art. 264 do RITCU deverão demonstrar a pertinência temática da consulta às respectivas áreas de atribuição das instituições que representam, conforme o §2º do mencionado dispositivo.

A unidade técnica competente para apreciação da matéria, segundo as normas internas do Tribunal, procederá ao exame de admissibilidade das consultas que derem entrada no Tribunal, verificando os aspectos supramencionados.

Após o exame preliminar, serão encaminhadas ao relator as consultas em que a unidade técnica se manifeste pela não admissibilidade, nos termos regimentais, ou que versem sobre caso concreto. Nessa hipótese, o relator, mediante despacho fundamentado, determinará o arquivamento de consulta, dando-se ciência ao consulente, conforme o art. 102 da Resolução TCU nº 259/2014. Não sendo o caso, a unidade técnica analisará o mérito da consulta e submeterá a sua análise à apreciação do relator para julgamento no Plenário.

Colhem-se alguns precedentes da jurisprudência selecionada do Tribunal sobre a admissibilidade das consultas:

> Não cabe ao TCU fixar orientações acerca da aplicação de lei federal a órgãos e entidades que não integrem a esfera federal, ressalvadas as hipóteses de transferência de bens, valores ou dinheiro federais a outros entes federados.
> (Acórdão nº 831/2003-Plenário. Relator: ministro Benjamin Zymler)

> O Defensor Público-Geral Federal é competente para formular consultas ao Tribunal de Contas da União, apesar de tal autoridade não constar do rol de legitimados a manejar o expediente processual. Deve-se dar à Defensoria Pública tratamento análogo ao da Procuradoria-Geral da República.
> (Acórdão nº 929/2014-Plenário. Relator: ministro José Jorge)

> Não se conhece de consulta sobre questão que trata de rito procedimental em matéria de competência exclusiva do Congresso Nacional, como a possibilidade da lei orçamentária anual suplementar valores indicados em tratados internacionais.
> (Acórdão nº 345/2015-Plenário. Revisor: ministro-substituto André de Carvalho)

> Não cabe ao TCU responder consulta acerca de interpretação da legislação processual civil, exceto no que se refere à aplicação supletiva e subsidiária desta aos processos de controle externo, por força do que dispõe o art. 15 da Lei 13.105/2015 (CPC)
> (Acórdão nº 489/2017-Plenário. Relator: ministro Walton Alencar)

> O consulente está autorizado a mencionar o caso concreto que o levou a formular a consulta, desde que submeta ao TCU, em tese, a dúvida suscitada na aplicação de dispositivos legais e regulamentares concernentes a matéria de sua competência, conforme disposto no art. 1º, inciso XVII, da Lei 8.443/1992 (Lei Orgânica do TCU).
> (Acórdão nº 1.184/2020-Plenário. Relator: ministro Augusto Nardes)

> Não se conhece de consulta formulada por presidente de comissão do Congresso Nacional ou de suas casas sem a demonstração de correlação entre o assunto objeto da consulta e as atribuições da comissão estabelecidas em ato normativo (art. 264, §2º, do Regimento Interno do TCU).
> (Acórdão nº 1.099/2021-Plenário. Relator: ministro Walton Alencar)

O TCU pode conhecer de consulta para reanálise de matéria que já tenha sido objeto de consulta anterior, quando considerar que os fundamentos fáticos e jurídicos trazidos são suficientemente densos e relevantes e desde que não haja abuso de direito por parte do consulente.
(Acórdão nº 2.313/2021-Plenário. Relator: ministro Raimundo Carreiro)

Mesmo diante do não conhecimento de consulta, pode o TCU, exercendo a sua jurisdição por impulso oficial e atuando de forma pedagógica, analisar o caso que lhe foi apresentado. Em tal situação, as conclusões assumidas no processo não têm caráter normativo nem constituem prejulgamento da tese, não obstante possam ser utilizadas como subsídio ao processo decisório do órgão demandante.
(Acórdão nº 2.589/2021-Plenário. Relator: ministro Benjamin Zymler)

Não se conhece de consulta, por ausência de requisito de admissibilidade, quando houver jurisprudência pacífica do TCU sobre o assunto, pois, nessa situação, não há dúvidas a serem esclarecidas pelo Tribunal (art. 1º, inciso XVII, da Lei 8.443/1992 e arts. 264 e 265 do Regimento Interno do TCU).
(Acórdão nº 2.565/2022-Plenário. Relator: ministro-substituto Weder de Oliveira)

11.1.4.3 Solicitações

Consoante o art. 59 da Resolução TCU nº 259/2014, as solicitações encaminhadas ao TCU relacionadas ao controle externo serão classificadas, conforme seu conteúdo, em:

I – solicitações do Congresso Nacional;
II – solicitações de informação ou de cópia por órgãos ou autoridades legitimados;
III – solicitações de informação para subsidiar ação judicial;
IV – solicitações de certidão;
V – solicitações de acesso a informações para esclarecimentos de interesse particular, coletivo ou geral;
VI – solicitações de prorrogação de prazos para apresentação de prestação de contas; e
VII – pedidos de partes relativos ao exercício da ampla defesa.

As solicitações de que trata o inciso V correspondem aos pedidos previstos no art. 5º, inciso XXXIII, da CF/1988, regulados pela Lei nº 12.527, de 18 de novembro de 2011. As solicitações de que tratam os incisos I, V e VI serão disciplinadas por normas específicas, aplicando-se, no que couber, a Resolução TCU nº 259/2014.

11.1.5 Citação, audiência, oitiva e diligência

A citação é o ato por meio do qual o relator ou o Tribunal, de forma preliminar, define a responsabilidade individual ou solidária pelo ato de gestão inquinado que tenha causado *dano ao Erário*, ordenando o chamamento dos responsáveis para que, *no prazo de quinze dias*, apresente alegações de defesa ou recolha a quantia devida, *atualizada monetariamente*, ou ainda, a seu critério, adote ambas as providências.

A citação fixa a matéria controvertida. É preciso especificar os atos irregulares, as condutas inquinadas e o valor do prejuízo ao Erário.

A citação é o instrumento que fixa a relação processual e possibilita o exercício dos princípios da ampla defesa e do contraditório em processos nos quais se discute a ocorrência de dano ao Erário, com vistas à imputação de débito e multa aos responsáveis (controle subjetivo ressarcitório).

O não atendimento da citação, no prazo fixado, implica o reconhecimento da revelia do responsável e o prosseguimento do processo, conforme o §3º do art. 12 da LOTCU.

A não elisão das irregularidades e o não pagamento do prejuízo podem ensejar o julgamento das contas pela irregularidade, com a imputação do débito e a aplicação da multa do art. 57 da LOTCU se presentes as circunstâncias para imputação de sanção.

Somente é possível a citação em processos de tomada e prestação de contas e tomada de contas especiais.

Conforme o §1º do art. 202 do RITCU, os débitos serão atualizados monetariamente e, caso o responsável venha a ser condenado pelo Tribunal, serão acrescidos de juros de mora, nos termos da legislação vigente. A despeito disso, houve mudança na jurisprudência do Tribunal, que passou a admitir a quitação do débito, diante do pagamento integral do valor atualizado monetariamente, sem a posterior cobrança do valor remanescente a título de juros, por ocasião do julgamento.

Eis a tese extraída do repositório da jurisprudência selecionada do Tribunal:

> O pagamento tempestivo do débito na fase de citação, atualizado monetariamente, opera sua quitação, não cabendo a incidência de juros quando do julgamento do processo. Todavia, caso não reste caracterizada a boa-fé do responsável ou na subsistência de outras irregularidades, as contas serão julgadas irregulares com aplicação da multa prevista no art. 58, inciso I, da Lei 8.443/1992.
> (Acórdão nº 2.144/2018-Plenário. Relator: ministro Bruno Dantas)
> (Acórdão nº 1.143/2019-Primeira Câmara. Relator: ministro Benjamin Zymler)
> (Acórdão nº 1.624/2021-Plenário. Relator: ministro Raimundo Carreiro)

A audiência é o ato por meio do qual o relator ou o Tribunal, de forma preliminar, define a responsabilidade pelo ato de gestão inquinado, que não tenha causado dado ao Erário, mas possa ser enquadrado como ato irregular na gestão de recursos federais, tipificado na LOTCU, ordenando o chamamento dos responsáveis aos autos para que, no prazo de quinze dias, apresente razões de justificativa.

A audiência fixa a matéria controvertida. É preciso especificar os atos irregulares e as condutas inquinadas. De preferência, é importante apontar as normas violadas.

Trata-se de ato processual que constitui a relação processual e concretiza os princípios da ampla defesa e do contraditório em processos nos quais se discute a ocorrência de infrações administrativas tipificadas na LOTCU, sem a configuração de débito, com vistas à imputação de multa e outras sanções admitidas em lei (controle subjetivo punitivo).

O não atendimento da audiência, no prazo fixado, implica o reconhecimento da revelia do responsável e o prosseguimento do processo conforme o §3º do art. 12 da LOTCU.

A diligência é o ato por meio do qual o relator ou a unidade técnica, por delegação de competência, solicita informações e documentos necessários à instrução do processo. Cuida-se de instrumento necessário à complementação de evidências e ao esclarecimento de fatos, visando à configuração preliminar das irregularidades, a identificação dos responsáveis e a quantificação dos prejuízos se for o caso.

O ato que ordenar diligência assinará prazo para seu cumprimento, findo o qual a matéria poderá ser apreciada, mesmo para a imposição de sanções legais. Se o ato for omisso a respeito, será de quinze dias o prazo para cumprimento de diligência, salvo se existir disposição especial para o caso (art. 187 do RITCU).

As autoridades são obrigadas a responder à diligência realizada pelo Tribunal. Do contrário, é possível a aplicação da multa especificada no inciso IV do art. 268 do RITCU.

Por constituir atos necessários ao saneamento do processo e à delimitação da matéria controvertida, as diligências devem ser realizadas antes do chamamento dos responsáveis para o exercício do contraditório. A jurisprudência do TCU é pacífica nesse sentido:

> As diligências necessárias ao saneamento de indícios de irregularidades em apuração devem ser realizadas previamente ao exercício do contraditório dos responsáveis e interessados. Na eventual necessidade de novas diligências após o chamamento das partes, a unidade técnica deve avaliar a repercussão dos novos documentos na situação processual de cada responsável ou interessado, promovendo novamente o contraditório se essa documentação fundamentar proposta de mérito desfavorável à parte.
> (Acórdão nº 1.601/2014-Plenário. Relator: ministro Benjamin Zymler)

> Deve-se promover novamente o contraditório no caso de juntada aos autos, após ou concomitantemente à realização de audiência ou citação dos responsáveis, de novos documentos que lhes sejam desfavoráveis.
> (Acórdão nº 3.615/2015-Primeira Câmara. Relator: ministro Benjamin Zymler)

A oitiva é o ato por meio do qual o relator ou o Tribunal, de forma preliminar, verifica a ocorrência de irregularidade em ato ou contrato, ordenando o chamamento da entidade fiscalizada e do terceiro interessado para, no prazo de quinze dias, manifestarem-se sobre fatos que possam resultar em decisão do Tribunal no sentido de desconstituir ato ou processo administrativo ou alterar contrato em seu desfavor.

A oitiva fixa a matéria controvertida no controle objetivo de atos e contratos. É preciso especificar os atos irregulares e os danos potenciais relacionados à irregularidade.

Tomando como base o disposto no art. 147 da Lei nº 14.133/2021, é preciso perquirir a existência de interesse público antes de eventual determinação corretiva para a anulação de contrato. Para tanto, o Tribunal deve requerer a demonstração dos fatores indicados no dispositivo por parte da entidade fiscalizada e/ou do terceiro interessado, por ocasião da oitiva.

A oitiva é o instrumento para o cumprimento do princípio da ampla defesa e do contraditório em processos nos quais se discute a ocorrência de ilegalidades em atos e contratos ainda em execução, com vistas à eventual fixação de prazo para a correção das irregularidades.

O não atendimento da oitiva, no prazo fixado, implica o reconhecimento da revelia da entidade fiscalizada e do terceiro interessado, bem como o prosseguimento do processo, conforme o §3º do art. 12 da LOTCU, aplicável por analogia.

A não elisão de irregularidades pode ensejar a assinatura de prazo para a correção daquelas ou a determinação para que o ato ou o contrato seja anulado, se não for possível o saneamento e a decretação de nulidade se revelar medida de interesse público, nos termos do inciso IX do art. 71 da CF/1988 c/c o art. 45 da LOTCU.

A oitiva somente deve ser autorizada em processos que contemplem o controle corretivo de atos e contratos, ou seja, quando as irregularidades ainda estão em andamento, de forma que é possível a sua correção antes do exaurimento de seus efeitos.

Seguem alguns precedentes a respeito dos mencionados atos processuais:

a) possibilidade de citação em momentos distintos: a medida se justifica pelos princípios da duração razoável do processo e da racionalidade processual. Além disso, o art. 503 do CPC/2015 autoriza o julgamento parcial do mérito, o que permite o andamento descompassado do feito sem a necessidade de apreciação conjunta dos fatos, com vistas à imputação do débito solidário. Por fim, a medida é relevante para evitar o risco de prescrição das pretensões ressarcitória e punitiva em face de determinados responsáveis pela necessidade de adoção de medidas saneadoras envolvendo determinado agente, sem a movimentação do processo para aqueles.

> Em casos excepcionais, o TCU pode ordenar a citação de responsáveis solidários em momentos distintos e até mesmo em autos apartados, com fundamento nos princípios da duração razoável do processo e da racionalidade processual, sendo também possível que os julgamentos ocorram em ocasiões diversas.
> (Acórdão nº 1.720/2016-Plenário. Relator: ministro Vital do Rêgo)

b) necessidade de se cumprir o princípio da congruência, correlação ou adstrição:

> Caso o responsável não seja instado expressamente, no ofício citatório, a justificar sua omissão no dever de prestar contas, não pode tê-las julgadas irregulares tão somente pela omissão injustificada.
> (Acórdão nº 7.848/2016-Segunda Câmara. Relator: ministro Vital do Rêgo)

> O ofício citatório deve, sob pena de nulidade, apresentar os fatos e as condutas em relação aos quais os responsáveis devem se defender, com vistas a atender a sua função de chamar a parte aos autos e fornecer-lhe os elementos para o exercício da ampla defesa.
> (Acórdão nº 9.438/2020-Segunda Câmara. Relator: ministro Raimundo Carreiro)

c) necessidade de especificação dos fatos para o escorreito exercício do contraditório e da ampla defesa:

> A comunicação processual para a realização de audiência, de modo a assegurar o pleno direito à ampla defesa e ao contraditório, deve conter: i) a descrição da irregularidade, com a indicação da norma violada; ii) a descrição da conduta omissiva ou comissiva do responsável; iii) o nexo de causalidade entre a conduta e a irregularidade; e iv) a relação das evidências (suporte probatório) relativas à irregularidade.
> (Acórdão nº 2.177/2019-Plenário. Relator: ministro Bruno Dantas)

d) necessidade de especificação das irregularidades atribuídas às pessoas jurídicas:

> É nula a citação à empresa contratada, na qualidade de responsável solidária, que informa ser o débito decorrente "da não comprovação da boa e regular aplicação dos recursos do convênio", deixando de especificar devidamente as irregularidades a ela atribuídas, pois a obrigação de comprovar a boa e regular aplicação dos recursos é pessoal do signatário do

convênio, ou de seus sucessores. À empresa cabe executar regularmente o objeto contratado, respondendo pelas falhas e irregularidades atinentes a essa execução.
(Acórdão nº 4.940/2016-Segunda Câmara. Relator: ministro-substituto André de Carvalho)

e) impossibilidade de se endereçar audiência à pessoa jurídica:

A audiência é instrumento pelo qual se instaura o contraditório e a ampla defesa de responsável que praticou ato de gestão irregular do qual não resulte dano ao erário. Portanto, é inaplicável a pessoa jurídica, porquanto esta não pratica atos de gestão. Falhas relacionadas a conduta da pessoa jurídica, que indiquem eventual fraude ao certame, devem ser objeto da oitiva prevista no art. 250, inciso V, do Regimento Interno do TCU.
(Acórdão nº 10.041/2015-Segunda Câmara. Relator: ministro Marcos Bemquerer)

f) o instituto da solidariedade passiva é benefício conferido pelo legislador ordinário ao credor:

A ausência de um possível responsável solidário no polo passivo não obriga o retorno dos autos para nova citação dos responsáveis, uma vez que o instituto da solidariedade passiva é benefício conferido pelo legislador ordinário ao credor, que pode exigir de um ou de alguns dos devedores, parcial ou totalmente, o pagamento da integralidade da dívida, bem como renunciar à solidariedade em favor de um, de alguns ou de todos os devedores, sem prejuízo do direito do devedor que satisfaz a dívida por inteiro de exigir de cada um dos codevedores a sua quota.
(Acórdão nº 3.320/2015-Plenário. Relator: ministro José Múcio)
(Acórdão nº 425/2019-Plenário. Relator: ministro Benjamin Zymler)

g) destinatário da oitiva:

Como regra, a oitiva determinada pelo Tribunal é dirigida à entidade fiscalizada, por meio de um de seus representantes, que não é necessariamente o responsável pelos atos de gestão impugnados, nem o faz tornar gestor responsável o fato de ter recebido a correspondência.
(Acórdão nº 374/2015-Plenário. Relator: ministro-substituto Weder de Oliveira)

h) a oitiva é o ato processual endereçado ao contraditório da entidade fiscalizada:

A audiência é instrumento pelo qual se instaura o contraditório e a ampla defesa de responsável que praticou ato de gestão irregular do qual não resulte dano ao erário. Portanto, é inaplicável a pessoa jurídica, porquanto esta não pratica atos de gestão. Falhas relacionadas a conduta da pessoa jurídica, que indiquem eventual fraude ao certame, devem ser objeto da oitiva prevista no art. 250, inciso V, do Regimento Interno do TCU.
(Acórdão nº 10.041/2015-Segunda Câmara. Relator: ministro-substituto Marcos Bemquerer)

i) o destinatário de oitiva passa a ser parte interessada no processo:

O terceiro instado pelo TCU a se manifestar sobre fatos que possam resultar em decisão do Tribunal no sentido de desconstituir ato ou processo administrativo ou alterar contrato em seu desfavor (art. 250, inciso V, do Regimento Interno do TCU) automaticamente adquire a condição de parte interessada no processo.
(Acórdão nº 1.893/2017-Plenário. Relator: ministro Bruno Dantas)

11.1.6 Apresentação de alegações de defesa, de razões de justificativa e de documentos novos

As alegações de defesa e as razões de justificativa serão admitidas dentro do prazo determinado na citação e na audiência, respectivamente, que é de quinze dias (incisos I e II do art. 202 do RITCU). O aludido prazo é prorrogável mediante a apresentação de justificativa, conforme a avaliação discricionária do relator. Como é sabido, incidem no TCU os princípios do formalismo moderado e da busca da verdade material, o que acarreta uma maior flexibilidade quanto aos prazos processuais, especialmente os aplicáveis à etapa preliminar do processo.

Porém, há um limite temporal para a juntada de provas atinentes ao exercício do direito de defesa. Conforme o §1º do art. 160 do RITCU, esta medida é facultada desde a constituição do processo até o término da etapa de instrução.

A etapa de instrução é considerada terminada no momento em que o titular da unidade técnica ou o diretor de subunidade a ele subordinado, por delegação de competência, emitir seu parecer conclusivo, conforme o §2º do art. 160 do RITCU.

A despeito dessas regras regimentais, não é incomum os relatores admitirem a juntada de documentos e informações e a produção de novas provas atinentes ao exercício da defesa mesmo depois de encerrada a etapa de instrução.

Tal ocorre especialmente quando os elementos carreados aos processos parecem trazer fatos novos e parecem relevantes para o deslinde da matéria controvertida. Conforme visto, vigem no Tribunal os princípios do formalismo moderado e da busca da verdade material, de modo que não há propriamente preclusão no processo de controle externo, especialmente nessas circunstâncias:

> No âmbito do TCU, o reconhecimento da preclusão de uma faculdade processual pode ser afastado, em respeito à busca da verdade material e ao princípio do formalismo moderado.
> (Acórdão nº 1.540/2020-Plenário. Relator: ministro Benjamin Zymler)

> Encerrada a fase de instrução, não cabe mais a juntada de novos elementos de defesa para fins de inovação de teses ou contraposição às conclusões da unidade responsável pelo exame da matéria, *exceto na superveniência de fato que altere substancialmente o mérito do feito, sem embargo da possibilidade de a parte fazer distribuir memoriais informativos após a inclusão do processo na pauta de julgamentos.*
> (Acórdão nº 557/2017-Plenário. Relator: ministro Augusto Nardes)

O cumprimento do §1º do art. 160 do RITCU se impõe em situações nas quais é evidente o caráter procrastinatório da medida processual pleiteada, ou seja, quando as evidências e informações são meras repetições de peças e argumentos já expostos na defesa ou quando é evidente a ineficácia da prova produzida.

Outro aspecto que deve ser ressaltado quanto ao exercício de defesa perante o Tribunal diz respeito à necessidade de os responsáveis apresentarem, de forma organizada, os elementos relativos ao cumprimento do seu dever legal de prestar contas, a fim de permitir, minimamente, a verificação do nexo causal entre as despesas e os recursos. Nesse sentido, cabe transcrever o voto condutor do Acórdão nº 3.582/2022-Primeira Câmara (relator: ministro-substituto Weder de Oliveira):

Insta esclarecer, ademais, que a obrigação de prestar contas é dos gestores, cabendo ao repassador dos recursos a incumbência de analisá-las.

A remessa a esmo de documentos esparsos não transfere para este Tribunal o ônus de avaliar se tais documentos estão aptos a comprovar a correta aplicação dos recursos. Essa é uma obrigação do repassador.

11.1.7 Memorial

Conforme visto, é facultada à parte a juntada de documentos novos, desde a constituição do processo até o término da etapa de instrução. Não obstante, o §3º do art. 160 do RITCU permite que a parte apresente memorial aos ministros, ministros-substitutos e ao representante do MPTCU, após a inclusão do processo em pauta. Evidentemente, essa faculdade processual se estende aos interessados legitimados nos autos.

Apesar da literalidade do dispositivo, não é necessário que o processo entre em pauta para que haja distribuição de memoriais aos membros do Tribunal e do MPTCU. As partes e os interessados podem ingressar com tais elementos, após a etapa da instrução, a qualquer momento, a fim de convencer o relator e demais ministros, assim como o representante do MPTCU, a respeito da procedência de suas alegações. A diferença, neste caso, é que esse memorial não será objeto de nova instrução pela unidade técnica, determinada pelo relator, constituindo, apenas, um elemento adicional para o convencimento do colegiado.

A propósito do assunto cabe delimitar o conceito de memorial. Consoante Rané Ariel Dotti, o memorial é um resumo da causa a ser julgada pelo Tribunal. Em suas palavras:

> Trata-se, portanto, de um instrumento de persuasão pelo qual se procura chamar a atenção do julgador para determinados aspectos factuais ou jurídicos da causa, visando a decisão que atenda à pretensão defendida. Não se trata, portanto, de uma repetição do que já foi dito na inicial, nas alegações finais ou no recurso. O memorial, como o próprio nome está dizendo, é memória ou lembrança acerca de determinados fatos ou aspectos jurídicos. É uma síntese de pontos essenciais que não podem ser omitidos ou esquecidos na hora do julgamento.[302]

É justamente pela finalidade do elemento, de proporcionar uma lembrança aos julgadores, que se fala que o memorial poderá ser juntado após a inclusão do processo em pauta, como acentuado no §3º do art. 160 do RITCU. É uma faculdade, não um limite temporal, que poderá ser exercido a qualquer tempo, segundo a conveniência das partes e dos interessados.

Ainda de acordo com René Ariel Dotti, o memorial é peça extraprocessual, isto é, que não se junta aos autos. Devido ao rigor existente quanto ao princípio da contrariedade no processo civil, em que as provas e alegações devem ser contraditadas pela outra

---

[302] DOTTI, René Ariel. O conteúdo do memorial da causa. *Revista Migalhas*, 18 de dezembro de 2019. Atualizado às 08:38. Disponível em: https://www.migalhas.com.br/depeso/316885/o-conteudo-do-memorial-da-causa. Acesso em: 15 abr. 2023.

parte, esse documento deve ser absolutamente fiel na reconstituição dos fatos discutidos no processo. Por isso, afirma-se que não é possível inovar quanto à matéria factual.[303]

A jurisprudência do TCU reflete essa compreensão:

> Os memoriais, ou alegações finais, constituem oportunidade para que a defesa demonstre a coerência do seu pedido e evidencie os pontos relevantes que deverão ser levados em conta no julgamento, à luz de tudo o quanto foi produzido nos autos. Prestam-se, portanto, a resumir e a ratificar as alegações já consignadas no processo. Não devem inovar, quer na apresentação de provas ou na formulação de novo pedido.
> (Acórdão nº 3.437/2013-Plenário. Relatora: ministra Ana Arraes)

Apesar dessas características do memorial, o TCU admite, excepcionalmente, que ele contenha argumentos e documentos novos, nos termos do princípio da verdade real. A diferença, nesse caso, é que o relator não é obrigado a enfrentá-los textualmente, nem determinar o retorno dos autos para nova instrução. Não obstante, ele pode usar as evidências e informações, desde logo, para a formação de seu juízo sobre o objeto do processo, desde que, evidentemente, se convença do direito alegado.

Assim, os memoriais *não* compõem a defesa formal das partes e interessados, não havendo, por parte do relator e do Tribunal, o dever de analisá-los expressamente na fundamentação da decisão.

Seguem alguns precedentes sobre o assunto:

> A etapa de instrução processual se encerra no momento em que o titular da unidade técnica emite seu parecer conclusivo. Memoriais podem ser distribuídos aos gabinetes das autoridades após essa etapa, mas não condicionam a avaliação do julgador. Memoriais não se prestam a aditar as razões recursais apresentadas ao órgão judicante no correto momento processual.
> (Acórdão nº 4.466/2013-Segunda Câmara. Relator: ministro José Jorge)

> Memorial (art. 160, §3º, do Regimento Interno do TCU) apresentado pela parte não integra formalmente o processo e, por isso, não se constitui em informação necessária e imprescindível para a formação de juízo de valor. Eventual aproveitamento de informação apresentada em memorial não constitui fato vinculativo para o relator.
> (Acórdão nº 2.920/2014-Plenário. Relator: ministro Aroldo Cedraz)

> Por força da preclusão consumativa, que se operou com a interposição de pedido de reexame, não há amparo jurídico para a juntada de novos elementos relacionados a esta fase recursal. Admitem-se tão somente memoriais.
> (Acórdão nº 7.364/2014-Segunda Câmara. Relator: ministro Aroldo Cedraz)

> O teor do memorial previsto no art. 160, §3º, do Regimento Interno do TCU pode ser considerado ou ignorado pelo relator, a seu exclusivo juízo, sem que a negativa represente prejuízo à defesa ou nulidade da deliberação proferida, porque essa peça, de caráter meramente informativo, não se confunde com aquela prevista no art. 454, §3º, do CPC.
> (Acórdão nº 689/2015-Primeira Câmara. Relator: ministro Walton Alencar)

---

[303] DOTTI, René Ariel. O conteúdo do memorial da causa. *Revista Migalhas*, 18 de dezembro de 2019. Atualizado às 08:38. Disponível em: https://www.migalhas.com.br/depeso/316885/o-conteudo-do-memorial-da-causa. Acesso em: 15 abr. 2023.

Não incorre em omissão a decisão que deixa de apreciar questão levantada exclusivamente em sede de memoriais. Após o término da fase de instrução, documentação entregue pelos responsáveis tem natureza jurídica de memorial (art. 160, §§1º e 3º do Regimento Interno/TCU) e, ainda que contenha argumentos inéditos aos autos, não vincula a formação de juízo do relator, podendo este até mesmo não autorizar sua juntada ao processo.
(Acórdão nº 1.880/2015-Plenário. Relator: ministro Bruno Dantas)

Após o término da fase de instrução, documentação entregue pelos responsáveis tem natureza jurídica de memorial (art. 160, §§1º e 3º, do Regimento Interno do TCU) e, ainda que contenha argumentos inéditos aos autos, não vincula a formação de juízo do rel7ator, podendo este até mesmo não autorizar sua juntada ao processo. Não existe na processualística do Tribunal etapa de contestação da instrução da unidade técnica e tampouco fase processual de réplica ao parecer do Ministério Público.
(Acórdão nº 1.171/2018-Plenário. Relatora: ministra Ana Arraes)

11.1.8 Aproveitamento de defesa

Segundo o art. 161 do RITCU, havendo mais de um responsável pelo mesmo fato, a defesa apresentada por um deles aproveitará a todos, mesmo ao revel, no que concerne às circunstâncias objetivas, e não aproveitará no tocante aos fundamentos de natureza exclusivamente pessoal. Tal ocorre, por exemplo, quando uma das partes demonstra que não subsiste o débito ou que houve prescrição da pretensão punitiva quanto aos fatos em análise.

11.1.9 Defesa em oitiva

Conforme visto, a oitiva é a medida processual adequada para a defesa da entidade fiscalizada e do terceiro interessado no âmbito do controle objetivo de atos e contratos, com vistas a eventual correção de ilegalidade.

Assim como a audiência e a citação, ela materializa o direito de defesa em processos de controle corretivo. Por esse motivo, as disposições referentes à juntada de documentos e ao encaminhamento de resposta em face da citação e da audiência, de que tratam os arts. 160 e 161 do RITCU, aplicam-se às oitivas consignadas no art. 250, inciso V, do RITCU.

11.1.10 Efeitos da revelia

Conforme visto, o responsável que não atender à citação ou à audiência será considerado revel pelo Tribunal, para todos os efeitos, dando-se prosseguimento ao processo. Todavia, não há uma presunção de verdade com relação às irregularidades que lhe foram atribuídas, devendo a unidade técnica e o Tribunal, na etapa de julgamento, apreciar todos os elementos de prova existentes nos autos, requerendo, inclusive, a realização de novas diligências, a fim de lograr alcançar a verdade acerca do objeto do processo.

Seguem alguns precedentes:
a) natureza da revelia no TCU:

A revelia em processo do TCU não gera presunção de veracidade dos fatos imputados ao responsável, efeito típico do processo civil. Eventual condenação pelo Tribunal deve estar fundamentada em provas que caracterizem a conduta irregular do agente revel.
(Acórdão nº 11.477/2021-Primeira Câmara. Relator: ministro Vital do Rêgo)

b) revelia do ente da federação (entendimentos divergentes):

A revelia do ente federado conduz ao julgamento do mérito de suas contas, afastando-se eventual possibilidade de concessão de novo e improrrogável prazo para que recolha o valor devido (art. 12, §§1º e 2º, da Lei 8.443/1992).
(Acórdão nº 18.986/2021-Segunda Câmara. Relator: ministro-substituto Marcos Bemquerer)

Havendo débito imputável a ente federado, deve-se fixar novo e improrrogável prazo para o recolhimento da dívida, atualizada monetariamente, sem incidência de juros de mora (art. 12, §§1º e 2º, da Lei 8.443/1992, mesmo na hipótese de revelia).
(Acórdão nº 5.141/2021-Segunda Câmara. Relator: ministro Bruno Dantas)

Remanescendo débito após o exame das alegações de defesa de pessoa jurídica de direito público, deve-se fixar novo e improrrogável prazo para o seu recolhimento, atualizado monetariamente e sem incidência de juros de mora (art. 12, §§1º e 2º, da Lei 8.443/1992), inclusive se o devedor optar pelo pagamento parcelado da dívida.
(Acórdão nº 2.229/2019-Primeira Câmara. Relator: ministro-substituto Weder de Oliveira)

11.2 Parecer do Ministério Público junto ao TCU

Conforme o art. 62, inciso III, do RITCU, compete ao Procurador-Geral e, por delegação prevista no art. 82 da LOTCU, aos subprocuradores-gerais e procuradores, dizer de direito, oralmente ou por escrito, em todos os assuntos sujeitos à decisão do Tribunal, sendo obrigatória sua audiência nos processos de tomada ou prestação de contas e nos concernentes aos atos de admissão de pessoal e de concessão de aposentadorias, reformas e pensões.

Isso implica dizer que a manifestação do MPTCU é etapa obrigatória dos processos de contas e de apreciação de atos de pessoal.

Ademais, o art. 280 do RITCU prescreve que é obrigatória a audiência do MPTCU em todos os recursos, ainda que o recorrente tenha sido ele próprio, exceto nos embargos de declaração, no agravo e no pedido de reexame em processo de fiscalização de ato ou contrato (representações, denúncias, auditorias e inspeções).

Todavia, o relator poderá deixar de encaminhar os autos ao MPTCU, solicitando sua manifestação oral na sessão de julgamento quando, nos recursos, apresentar ao colegiado as seguintes propostas, conforme o §1º do art. 280 do RITCU: de não conhecimento; de correção de erro material; ou de evidente conteúdo de baixa complexidade que não envolva o mérito.

Nesses casos, o §2º do aludido dispositivo prevê que representante do MPTCU pode pedir vista dos autos se entender conveniente. Esse pedido de vista poderá ser em mesa, para oferecimento de manifestação na própria sessão de julgamento, ou em seu gabinete, para apresentação de parecer ao relator, no prazo de cinco dias úteis.

A manifestação oral do Ministério Público, nas hipóteses tratadas nos mencionados parágrafos, deverá ser reduzida a termo, assinada por seu representante e, no prazo de quarenta e oito horas após o encerramento da sessão, juntada aos autos. Essa providência se faz necessária porque o princípio da oralidade é de aplicação reduzida no Tribunal, devendo os atos processuais, como regra, assumirem a forma escrita.

Eis algumas decisões relevantes sobre a atuação do MPTCU nos processos do Tribunal:

> Quando o Ministério Público junto ao TCU suscita apenas a incidência de prescrição e esta não é acolhida, não é impositivo o retorno dos autos ao órgão ministerial para nova manifestação. Não é determinante para os posteriores atos processuais, praticados pelo relator ou pelo Tribunal, o uso que o Ministério Público faz da oportunidade de manifestação em sua audiência obrigatória.
> (Acórdão nº 9.283/2021-Segunda Câmara. Relator: ministro-substituto Marcos Bemquerer)

> A ausência de manifestação do Ministério Público junto ao TCU quanto ao mérito em tomada de contas especial (art. 62, inciso III, do Regimento Interno do TCU) implica nulidade do acórdão proferido, impondo o retorno dos autos ao relator a quo para saneamento do vício e novo julgamento.
> (Acórdão nº 7.064/2019-Primeira Câmara. Relator: ministro Vital do Rêgo)

11.3 Julgamento ou apreciação

Após a conclusão da etapa de instrução e a manifestação do representante do MPTCU, quando cabível, o processo é encaminhado ao relator para apreciação e eventual submissão a julgamento. Nessa etapa, o relator analisará os elementos constantes dos autos e, conforme as suas próprias razões de convencimento, adotará as medidas processuais que entender adequadas.

Se o relator entender por bem incluir o processo em pauta de julgamento, elaborará as minutas de relatório, voto e acórdão e as submeterá à discussão e votação na sessão prevista.

11.3.1 Pauta de julgamento

O art. 141 do RITCU prescreve que as pautas das sessões ordinárias e das extraordinárias serão organizadas pela unidade responsável pelo seu secretariado, sob a supervisão do presidente do respectivo colegiado, observadas a ordem de antiguidade dos relatores e a forma de apreciação dos processos.

O RITCU estipula um prazo máximo para a inclusão de processos na pauta de julgamento. Conforme o §1º do aludido dispositivo, até as 14 horas do terceiro dia útil anterior à realização da respectiva sessão, os gabinetes dos relatores deverão fornecer à unidade supramencionada, preferencialmente mediante sistema informatizado, as informações relativas aos processos que constituirão a pauta do relator e, se houver, dos revisores. Na ocasião, deve ser indicada a forma de apreciação – por relação ou unitária – e, para os processos apreciados de forma unitária, as classes.

As pautas das sessões serão divulgadas até quarenta e oito horas antes da sessão mediante as seguintes formas, consoante o §3º do art. 141 do RITCU:

    a) afixação em local próprio e acessível do edifício-sede do Tribunal;
    b) publicação nos órgãos oficiais; e

c) disponibilização no Portal do TCU na *internet*.

A divulgação da pauta ou de seu aditamento no Portal do TCU na *internet* e em excerto do Boletim do Tribunal de Contas da União (BTCU), com a mesma antecedência supramencionada, suprirá a ausência de publicação nos órgãos oficiais, nos termos do §4º do mencionado dispositivo.

A jurisprudência do TCU é pacífica quanto à desnecessidade de intimação pessoal dos responsáveis acerca da data da sessão em que o processo será julgado pelo TCU. Nesse sentido, invocam-se os seguintes precedentes:

> É desnecessária a intimação pessoal acerca da data da sessão em que o processo será julgado pelo TCU, sendo suficiente a publicação da pauta de julgamentos no Diário Oficial da União. (Acórdão nº 1.417/2014-Primeira Câmara. Relator: ministro Walton Alencar)

> A publicação da pauta de julgamentos no Diário Oficial da União supre a comunicação pessoal aos interessados sobre a data de julgamento, de modo que a ausência da comunicação não ofende os princípios constitucionais ligados à defesa. Os interessados devem acompanhar o andamento processual e a publicação feita no Diário Oficial, que é suficiente para conferir publicidade ao ato processual e permitir a participação nas sessões do TCU.
> (Acórdão nº 2.997/2015-Segunda Câmara. Relatora: ministra Ana Arraes)

11.3.1.1 Inclusão em pauta de processos de alto risco e relevância

Em atenção a comunicado apresentado na sessão plenária de 30.11.2022, de autoria do ministro Walton Alencar, o Tribunal editou a Resolução TCU nº 349, de 13 de dezembro de 2022, com o objetivo de dispor sobre prazos de instrução e julgamento de processos de alto risco e relevância.

Consoante o art. 1º do normativo são considerados de alto risco e relevância os documentos e processos referentes à:

a) contratação de concessões, permissões e autorizações de serviços públicos;
b) privatização de empresas estatais;
c) contratação de Parcerias Público-Privadas (PPP); e
d) outorga de atividades econômicas reservadas ou monopolizadas pelo Estado;
e) os que, por deliberação da Presidência ou pelo Plenário, possam impactar os processos supramencionados.

O processo de alto risco e relevância tem natureza urgente e tramitação preferencial, sendo apreciado privativamente pelo Plenário do TCU. Ademais, deve ser julgado, no mérito, exclusivamente de forma unitária, conforme o art. 2º da Resolução TCU nº 349/2022.

A unidade responsável pela instrução de processo de alto risco e relevância deverá promover seu saneamento e remeter proposta de mérito ao relator em prazo de até 90 dias a contar da data de autuação, nos termos do art. 4º da aludida norma.

O aludido prazo é suspenso durante o período regimental previsto para a manifestação de responsáveis e interessados, bem como durante os atrasos no encaminhamento de respostas a diligências, oitivas ou a outras medidas saneadoras promovidas pela unidade responsável, consoante o §1º do mencionado dispositivo. Não correrá prazo ao TCU até que as informações solicitadas sejam prestadas na íntegra.

O §2º do art. 2º da Resolução TCU nº 349/2022 admite a prorrogação do prazo indicado em casos excepcionais, nos quais a magnitude e a complexidade do empreendimento assim o exijam. Nesse caso, o ministro relator poderá submeter ao colegiado competente, mediante proposta da unidade técnica, a fixação de prazo superior ao fixado no *caput* desde que não ultrapasse o período de 150 dias.

Nas fiscalizações de iniciativa própria do TCU, exclui-se do prazo estabelecido neste artigo o período estipulado em portaria de fiscalização para a realização das etapas de planejamento, execução e relatório, nos termos do §3º da disposição em exame.

O §4º do art. 2º da Resolução TCU nº 349/2022 estipula um prazo para a MPTCU quando houver a sua manifestação. Consoante o dispositivo, esta deverá ser realizada em até 30 dias.

O prazo previsto no *caput* da aludida disposição também se aplica à instrução de recursos interpostos contra decisões em processos de alto risco e relevância. Isso implica dizer que a unidade competente deve promover seu saneamento e remeter proposta de mérito ao relator em prazo de até 90 dias a contar da data de autuação do expediente recursal. No caso de agravos e embargos de declaração, o referido prazo é de 45 dias, conforme o §4º do art. 5º do normativo em exame.

Segundo o §6º do art. 2º da Resolução TCU nº 349/2022, os prazos fixados no artigo *não* se aplicam aos processos de acompanhamento.

O normativo em exame também estipulou prazo para o gabinete do relator. Conforme o seu art. 5º, o processo de alto risco e relevância que lhe for encaminhado com proposta de mérito deverá ser submetido ao colegiado no prazo de até 60 dias de seu recebimento.

Esgotado esse prazo, o processo será automaticamente incluído em pauta, conforme o §1º do art. 5º da resolução. Caso o relator não tenha concluído a sua análise, deverá submeter ao colegiado as razões que levaram à extrapolação do prazo e informar a data estimada de sua conclusão. O mencionado dispositivo estabelece que essa data não poderá ser superior a 60 dias, improrrogáveis, cabendo ao Plenário deliberar sobre a concessão do período ou o sorteio de novo relator.

Havendo sorteio de novo relator, será concedido a este o prazo improrrogável de 60 dias para submissão do processo ao colegiado, consoante o §2º do art. 5º da resolução.

De modo geral, somente é admitida a juntada de documentos novos até o término da etapa de instrução, consoante o art. 160, §1º do RITCU. Não obstante, o art. 5º, §3º, da Resolução TCU nº 349/2022 criou uma regra especial aplicável aos processos de alto risco e relevância.

Conforme o dispositivo, o interessado pode requerer a juntada de novos documentos ou informações após a fase instrutiva desde que o faça acompanhado de justificativas que evidenciem sua pertinência e os motivos que impediram sua apresentação no momento processual adequado.

Este requerimento será submetido pelo ministro relator ao Plenário, que decidirá pela sua pertinência e fixará prazo para exame pela unidade técnica, período em que restará suspenso o prazo a que alude o *caput* deste artigo.

Conforme visto, a Resolução TCU nº 349/2022 introduziu uma importante inovação ao modo de atuação do Tribunal, na medida em que lhe impôs prazos rígidos para a apreciação de processos de maior risco e relevância, conferindo maior celeridade ao exercício da missão de controle externo, em situações que merecem um tratamento especial.

Nesse particular, o normativo está em linha com o próprio CPC/2015, que contém, em seu art. 1.048, uma relação de procedimentos com prioridade de tramitação.

11.3.2 Rito da sessão

O RITCU estabelece uma ordem de julgamento, conforme a natureza do processo e o seu objeto, depois de encerrada a fase de expediente. Conforme os arts. 104 e 105, são apreciadas, nessa ordem, as medidas cautelares, os processos constantes das relações previstas no art. 143 e os demais incluídos na pauta

Estes últimos são organizados por relator, os quais apregoarão sequencialmente todos os seus processos, identificados por classes de assuntos, conforme a natureza, observada a ordem preferencial indicada no art. 105 do RITCU. No caso das sessões da Câmara, a ordem de julgamento é estabelecida no art. 137 do RITCI.

Conforme o §1º do art. 105 do RITCU, no julgamento e apreciação dos processos será respeitada a ordem de antiguidade decrescente dos relatores, salvo pedido de preferência deferido pelo Plenário, formulado, oralmente, no início da sessão. Terá preferência para julgamento ou apreciação o processo incluído em pauta no qual deva ser produzida sustentação oral, nos termos do §2º do mencionado dispositivo.

Segundo o art. 106 do RITCU, é facultado ao relator limitar-se a enunciar a identificação do processo e a ler a minuta de acórdão, ressalvado quando houver sustentação oral, caso em que se observará o art. 168.

11.3.2.1 Discussão

Conforme o §1º do art. 106 do RITCU, a simples leitura da minuta de acórdão não dá início à fase de votação, podendo, ainda, a matéria ser discutida. A discussão pode ser provocada por qualquer ministro ou ministro-substituto presente no colegiado, assim como pelo representante do MPTCU.

Caberá ao relator prestar os esclarecimentos solicitados no curso dos debates, nos termos do §2º do mencionado dispositivo. O presidente, durante a discussão, poderá aduzir informações que orientem o Plenário, nos termos do art. 107 do RITCU. Em verdade, qualquer integrante do colegiado pode trazer as informações de que disponha que se mostrem relevantes para a apreciação da matéria.

No curso da discussão, o relator, qualquer ministro ou ministro-substituto poderá solicitar a audiência do MPTCU. Além de atuar por provocação do colegiado, o representante do MPTCU poderá, ainda, usar da palavra, a seu pedido, para prestar esclarecimentos, alegar ou requerer o que julgar oportuno, consoante o art. 109 do RITCU.

A etapa de discussão é conduzida pelo presidente do colegiado. Nenhum ministro ou ministro-substituto falará sem que aquele lhe conceda a palavra, nem interromperá, sem licença, o que dela estiver usando, nos termos do art. 110 do RITCU.

O ministro ou ministro-substituto que alegar impedimento ou suspeição não participará da discussão e da votação do processo. Ademais, é possível que a parte ou o interessado apresentem arguição de impedimento ou suspeição de qualquer integrante do colegiado, o que provocará a interrupção do julgamento e autuação de incidente processual, seguindo o rito da Questão de Ordem nº 3/2019. O assunto foi exposto no item 11.1.2 deste capítulo.

Apresentado o processo pelo relator e não mais havendo quem queira discutir a matéria, o presidente encerrará a fase de discussão e abrirá, a seguir, a fase de votação nos termos do art. 114.

11.3.2.2 Pedido de vista

Consoante o art. 112 do RITCU, em qualquer fase da deliberação, qualquer ministro ou ministro-substituto convocado poderá pedir vista dos autos em mesa ou na forma regimental, se não se considerar habilitado a proferir imediatamente seu voto. No caso de vista regimental, o ministro ou ministro-substituto convocado passará a atuar como revisor.

Tratando-se de vista em mesa, o julgamento dar-se-á na mesma sessão, tão logo o julgador que a requereu se declare habilitado a votar. Na hipótese de vista na forma regimental, o julgamento ficará adiado pelo prazo improrrogável de até 20 dias, nos termos do §2º do mencionado dispositivo. Após esse período, o processo será automaticamente reincluído em pauta para ser julgado na sessão subsequente, com ou sem a devolução tempestiva dos autos.

Apregoado o julgamento do processo, após o transcurso do referido prazo, o julgamento será retomado, ainda que o revisor não se sinta habilitado a votar.

Excepcionalmente, dependendo da natureza e da complexidade da matéria, poderá o órgão colegiado, a requerimento de qualquer julgador, fixar prazo distinto para a reinclusão do processo em pauta, o qual será, no máximo, de 60 dias. Como regra, o presidente do colegiado pergunta ao ministro revisor o período que avalia razoável para a reinclusão do processo na pauta, no mesmo ato em que este formula o pedido de vista regimental.

Ao representante do MPTCU também é facultado pedir vista de qualquer processo até o término da fase de discussão, pelo prazo máximo de 20 dias, consoante o §4º do art. 112 do RITCU.

Requerida a vista por algum dos julgadores, o presidente do órgão julgador, na respectiva sessão, determinará a disponibilização eletrônica da integralidade dos autos para todos os demais julgadores até o término do julgamento do processo, nos termos do §5º do mencionado dispositivo. Conforme o próprio dispositivo anuncia, em sua parte final, isso implica que o processo se encontra em vista coletiva para todos os integrantes do colegiado.

Somente é admitido um pedido de vista no mesmo processo na mesma fase processual. Isso implica dizer que, superado o prazo fixado para a reinclusão do processo, não pode haver novo pedido de vista do mesmo ou de outro julgador. Não obstante, pode ocorrer adiamento do julgamento do processo, nas condições descritas no próximo item.

Consoante o §7º do art. 112 do RITCU, quando houver pedido de vista, qualquer julgador poderá antecipar o seu voto desde que se declare esclarecido e habilitado para fazê-lo. Todavia, entende-se que essa antecipação de voto *não* poderá ser efetivada se houver pedido de sustentação oral autorizado e não realizado, devido à formulação de pedido de vista.

Tal ocorre porque a sustentação oral deve ser realizada após a apresentação, ainda que resumida, do relatório e antes da leitura do voto resumido do relator, nos termos do art. 168 do RITCU. A antecipação de voto antes da efetivação de sustentação oral, requerida e autorizada pelo presidente do colegiado, constitui uma grave violação aos princípios da ampla defesa e do contraditório, uma vez que implica o início do julgamento, antes do exercício de uma prerrogativa processual assegurada à parte.

11.3.2.3 Retomada da discussão

Voltando o processo à pauta para apreciação e julgamento, caberá ao presidente do órgão julgador apresentar breve resumo do curso do debate até então procedido, passando a palavra ao relator, que apresentará novamente a matéria, podendo falar, em seguida, o revisor e os demais membros do colegiado e o representante do Ministério Público, nos termos do §9º do art. 112 do RITCU.

Reiniciado o julgamento, qualquer dos julgadores, dependendo da natureza e da complexidade da matéria, poderá solicitar a transferência do processo para a pauta da sessão seguinte, uma única vez, conforme o §10 do mencionado dispositivo. Alternativamente e nas mesmas circunstâncias, poderá ser fixado novo prazo para reinclusão do processo em pauta, a pedido de qualquer julgador, respeitado o limite máximo de 60 dias, previsto no §3º do art. 112 do RITCU. Isso implica dizer que somente será possível a prorrogação por mais 40 dias.

Segundo o §11, se o revisor deixar de proferir o seu voto ou, por qualquer motivo, não puder comparecer à sessão, será considerado desistente do pedido de vista anteriormente formulado, salvo, nesse último caso, se houver prévia justificação dirigida ao presidente do colegiado.

Como regra, a matéria será apresentada, na sessão de reinclusão do processo em julgamento, pelo relator. Na ocorrência de afastamento definitivo deste sem que tenha proferido seu voto, a matéria será apresentada pelo ministro que o suceder ou, na persistência da vacância, por ministro-substituto convocado para substituí-lo, conforme o §14 do art. 112 do RITCU. Se o afastamento do relator se der depois de proferido seu voto, a matéria será reapresentada pelo ministro revisor.

O §15 do dispositivo em exame prescreve que, em caso de pedido de vista formulado por ministro-substituto convocado, caberá a este votar no lugar do ministro substituído mesmo que cessada a convocação. Dito de outra forma, a continuidade da votação ocorrerá sem a participação do ministro substituído.

Ao dar prosseguimento à votação, serão computados os votos já proferidos pelos ministros ou ministros-substitutos convocados, ainda que não compareçam, não mais componham o órgão julgador ou hajam deixado o exercício do cargo.

11.3.2.4 Adiamento da discussão

Conforme o §12 do art. 112 do RITCU, o revisor poderá solicitar adiamento da apreciação de processo que tenha requerido vista, após o esgotamento do prazo fixado, desde que apresente justificativa prévia, aceita pelo presidente do colegiado. Nessa hipótese, este adiará o julgamento até a primeira sessão em que o revisor estiver presente, procedendo-se à publicação na pauta correspondente.

Da mesma forma se o relator não puder comparecer à sessão em que o julgamento for retomado, o processo será automaticamente incluído na pauta da primeira sessão em que ele estiver presente, nos termos do §13 do mencionado dispositivo.

Segundo o art. 113 do RITCU, a discussão também poderá ser adiada, por decisão do Plenário, mediante proposta fundamentada do presidente, de qualquer ministro ou de ministro-substituto convocado, nos seguintes casos:

> I – se a matéria requerer maior estudo;
> II – para instrução complementar, por considerar-se incompleta;
> III – se for solicitada a audiência do Ministério Público;
> IV – se for requerida sua apreciação em sessão posterior.
> Parágrafo único. As providências previstas nos incisos I a III deverão ser processadas em caráter de urgência.

A abertura concedida no aludido dispositivo constitui uma espécie de válvula de escape oferecida pelo próprio RITCU à limitação conferida aos pedidos de vista no dispositivo anterior. Em suma, *não* há, propriamente, nenhuma restrição temporal rígida ao adiamento da discussão de um processo, estando a matéria sujeita à decisão discricionária do colegiado, conforme a eventual complexidade do tema.

11.3.2.5 Sustentação oral

Consoante o art. 168 do RITCU, no julgamento ou apreciação de processo, ressalvada a hipótese prevista no §9º, a ser comentado a seguir, as partes poderão produzir sustentação oral após a apresentação, ainda que resumida, do relatório e antes da leitura do voto resumido do relator.

Como já anunciado, trata-se de importante prerrogativa processual conferida não apenas às partes, como também aos interessados habilitados no processo, a despeito da literalidade do dispositivo. A jurisprudência do TCU também admite a realização de sustentação oral pelo *amicus curiae*, como ilustra o precedente a seguir:

> As faculdades processuais conferidas ao *amicus curiae* em processos no âmbito do TCU se limitam, em regra, além do fornecimento de subsídios à solução da causa, à apresentação de memoriais e à produção de sustentação oral, ressalvado o disposto no art. 138, §2º, do CPC. (Acórdão nº 2.916/2019- relator: ministro-substituto Marcos Bemquerer)

A sustentação oral será realizada pessoalmente pela parte ou interessado ou por procurador devidamente constituído. A única condição exigida, além da legitimidade de seu autor e a existência de procuração nos autos, no caso de representante legal, é que o pedido tenha sido formulado ao presidente do respectivo colegiado até quatro horas antes do início da sessão. Todavia, este pode autorizar, excepcionalmente, a produção de sustentação oral nos casos em que houver pedido fora do prazo estabelecido, conforme o *caput* do art. 168.

Se houver solicitação da parte interessada na sustentação oral, poderá o relator autorizá-la a obter cópia do relatório antes da sessão, fato que dispensará a sua apresentação por ocasião do julgamento. De qualquer modo, a parte pode dispensar a leitura do relatório na sessão de julgamento, em qualquer hipótese.

Após o pronunciamento, se houver, do representante do MPTCU, a parte ou seu procurador falará uma única vez e sem ser interrompida, pelo prazo de dez minutos, podendo o presidente do colegiado, ante a maior complexidade da matéria, prorrogar o tempo por até igual período, se previamente requerido, nos termos do §3º do art. 168 do RITCU.

No caso de procurador de mais de uma parte, aplica-se o prazo dobrado, de 20 minutos, conforme o §4º do mencionado dispositivo.

O §5º do art. 168 do RITCU trata da efetivação de sustentação oral em processos com interesses opostos em discussão. Nessa hipótese, observar-se-á, relativamente a cada parte, o disposto nos parágrafos anteriores quanto aos prazos para sustentação oral. Assim, cada polo contrário falará por 10 ou 20 minutos, a depender da complexidade da matéria e da existência de procurador de mais de uma parte. O importante é que haja uma divisão equalitária do tempo entre os polos antagônicos no processo.

Havendo mais de uma parte com procuradores diferentes, o prazo previsto no §3º será duplicado e dividido em frações iguais entre estes, observada a ordem cronológica dos requerimentos, conforme o §6º do art. 168 do RITCU.

Durante a discussão e o julgamento, por solicitação de ministro, ministro-substituto ou representante do MPTCU, poderá ser concedida a palavra à parte ou a seu procurador para estrito esclarecimento de matéria de fato. Nesse caso, não é possível a produção de novos argumentos de mérito e a formulação de teses jurídicas contrárias à defendida por eventual membro do colegiado.

Não se admitirá sustentação oral no julgamento ou apreciação de consulta, embargos de declaração, agravo e medida cautelar, nos termos do §9º do art. 168 do RITCU.

11.3.2.6 Votação

A etapa de votação é iniciada com o exame das questões preliminares ou prejudiciais, que serão decididas antes do julgamento ou da apreciação de mérito proposta pelo relator, nos termos do art. 116 do RITCU. Seria o caso, por exemplo, da alegação de eventual nulidade no curso do processo, como a ausência de citação ou vício nesta, ou, ainda, de questão factual relevante invocada, em sustentação oral, que afete o julgamento da matéria e não tenha sido invocada, anteriormente, nem enfrentada pelo relator, antes do julgamento.

Conforme o §1º do mencionado dispositivo, se a preliminar versar sobre falta ou impropriedade sanável, o Tribunal poderá converter o julgamento ou apreciação em diligência. A título de exemplo, o colegiado pode determinar o retorno dos autos à unidade técnica para enfrentar o ponto específico suscitado por ocasião da sessão de julgamento ou mandar repetir um ato processual não praticado conforme as normas vigentes.

Rejeitada a preliminar, dar-se-á a palavra ao relator e, se for o caso, aos revisores, para apresentarem os seus votos, com as correspondentes minutas de acórdão, nos termos do §2º do art. 116 do RITCU.

O art. 116 ora em análise, certamente, não abrange as questões preliminares e prejudiciais já deduzidas e enfrentadas pela unidade técnica e pelo MPTCU e/ou consideradas superadas pelo próprio relator, em seu voto. Nesse caso, essas questões e o próprio mérito serão decididos na mesma oportunidade pelo colegiado, que deliberará sobre o voto apresentado pelo relator.

Apresentados os votos a que se refere o §2º do mencionado dispositivo, qualquer ministro ou ministro-substituto convocado poderá se manifestar sobre a matéria em discussão, conforme o art. 117 do RITCU.

O art. 118 do RITCU cuida da sequência da votação depois de concluída a fase de encaminhamento.

O presidente tomará os demais votos, primeiramente dos ministros-substitutos convocados e depois dos ministros, observada a ordem crescente de antiguidade em ambos os casos, exceto na sessão que aprecia as contas do Presidente da república, quando a ordem de tomada de declarações de votos será invertida.

Antes de proclamado o resultado da votação, cada ministro ou ministro-substituto convocado, caso modifique o seu voto, poderá falar uma vez, sendo facultado ao presidente, de ofício ou a pedido, reabrir a discussão.

Nenhum ministro ou ministro-substituto convocado presente à sessão poderá deixar de votar, salvo se declarar impedimento ou suspeição, nos termos do art. 111, ou se esteve ausente por ocasião da apresentação e discussão do relatório, salvo se se der por esclarecido.

Cabe ressaltar que não poderá, ainda, participar da votação o ministro ou ministro-substituto convocado para substituí-lo quando um deles já houver proferido o seu voto, consoante o §3º do art. 118 do RITCU.

Por vezes, durante a discussão do processo no colegiado, há sugestão de mudanças por outros ministros na minuta do acórdão proposto pelo relator. Caso a alteração seja acolhida pelo relator, a votação será suspensa, até a leitura da sua redação final, que deverá ser realizada até o término da sessão de julgamento, nos termos do art. 120 do RITCU.

Conforme o art. 28, incisos VI e VIII, do RITCU, compete ao presidente do TCU presidir as sessões plenárias, apresentar ao Plenário as questões de ordem e resolver os requerimentos que lhe sejam formulados, sem prejuízo de recurso ao colegiado. O presidente do TCU não participa da etapa de votação, com exceção das seguintes hipóteses previstas nos incisos IX, X, XI e XII do mencionado dispositivo:

a) quando houver empate em processo submetido ao Plenário, proferindo o voto de desempate;

b) quando se apreciar inconstitucionalidade de lei ou de ato do poder público;

c) quando se apreciarem processos que envolvam matéria administrativa e projetos de atos normativos; e

d) quando se apreciar agravo contra despacho decisório de sua autoria, hipótese em que o próprio presidente relata o processo.

O ministro que estiver momentaneamente substituindo o presidente do TCU, na condução da sessão plenária, exerce as competências estabelecidas no art. 28 do RITCU relativas à direção dos trabalhos. Isso implica que ele não participa da etapa de votação dos processos incluídos na pauta. Todavia, o art. 121 do RITCU admite que peça vista de processo, a fim de poder votar quando da sua reinclusão na pauta, havendo o retorno do presidente.

Conforme o art. 123, não participará da votação o ministro ou ministro-substituto convocado que esteve ausente por ocasião da apresentação e discussão do relatório, salvo se se der por esclarecido.

Quando forem apresentadas mais de duas propostas de mérito, dar-se-á a apuração mediante votações sucessivas, das quais participarão todos os ministros e ministros-substitutos convocados que participaram da fase de discussão, observando-se o seguinte procedimento, estatuído no art. 127 do RITCU:

a) será, desde logo, declarada vencedora a proposta de mérito que superar, em número de votos, a soma dos votos das demais propostas (inciso I);

b) não ocorrendo a hipótese prevista no inciso anterior, elimina-se a proposta menos votada entre elas e submetem-se à votação as propostas que obtiverem os maiores números de votos (inciso II).

Isso implica que somente se for alcançada a maioria exigida no inciso I do art. 127 do RITCU, na primeira votação, esta será encerrada com a declaração da proposta vencedora. Do contrário, serão realizadas seguidas rodadas de votação, eliminando-se a proposta menos votada, até que alguma das remanescentes supere, em número de votos, a soma dos votos das demais propostas.

Havendo duas ou mais propostas com o mesmo número de votos, serão colocadas inicialmente em votação as duas propostas que mais se assemelhem, observando-se, a seguir, o disposto no inciso II supramencionado (parágrafo único).

Segue um exemplo. Supondo que, em um determinado processo submetido a deliberação do Plenário, houve a apresentação de quatro propostas de mérito distintas, com a seguinte votação, na primeira apuração:

- Proposta A: 3 votos
- Proposta B: 2 votos
- Proposta C: 2 votos
- Proposta D: 1 voto

Como se vê, nenhuma proposta atingiu o número de votos necessário para que seja declarada vencedora ao término da primeira rodada de votação. Nesse caso, o número de votos obtidos pela Proposta A (três) é *menor* que a soma dos votos das demais propostas (cinco).

Sendo assim, será eliminada a Proposta D, conforme regra estatuída, sendo reaberta a etapa de votação agora com as outras três propostas.

Supondo que nessa segunda rodada de votação o resultado alcançado tenha sido o seguinte:

- Proposta A: 3 votos

- Proposta B: 3 votos
- Proposta C: 2 votos

Da mesma forma que na rodada anterior, nenhuma proposta atingiu o número de votos necessário para que seja declarada vencedora ao término da segunda rodada de votação. Nesse caso, o número de votos obtidos pela Proposta A (três) permanece *menor* que a soma dos votos das demais propostas (cinco).

Sendo assim, será eliminada a Proposta C, conforme regra estatuída, sendo reaberta a etapa de votação apenas com as duas remanescentes mais votadas. Assim, será declarada vencedora a que obtiver a maioria dos votos, numa terceira rodada de votação, entre as Propostas A e B.

11.3.2.7 Desempate

Caso haja empate na votação, caberá ao presidente do Tribunal ou ao ministro que estiver na Presidência do Plenário proferir voto de desempate, conforme o art. 124 do RITCU.

Se este não se julgar habilitado a proferir o voto de desempate, deverá fazê-lo, preferencialmente, na primeira sessão a que comparecer, nos termos do §1º do referido dispositivo. Não obstante, o RITCU não impõe que o presidente o faça nessa oportunidade, nem estipula um prazo máximo para tal.

Assim, na prática, o voto de desempate pode ser proferido quando o presidente se julgar apto para tal, a qualquer tempo, segundo uma avaliação própria. Por evidente, é preciso atentar para que não seja superado o prazo da prescrição intercorrente, segundo as regras previstas na Resolução TCU nº 344/2022.

Consoante o §2º do art. 124 do RITCU, se o presidente do Tribunal declarar impedimento ou suspeição no momento do desempate, a votação será reiniciada com a convocação de um ministro-substituto presente à sessão, apenas para esse fim, observada a ordem de antiguidade no cargo.

Não sendo possível convocar um ministro-substituto para a mesma sessão, o processo será reincluído em pauta para julgamento ou apreciação em nova data, reiniciando-se a votação, nos termos do §3º do mencionado dispositivo. Em ambos os casos, poderá o presidente do Tribunal continuar presidindo a sessão, durante a reapreciação ou julgamento do processo.

Conforme o §5º do art. 124 do RITCU, também haverá a convocação do ministro-substituto presente à sessão para proferir o voto de desempate quando o empate decorrer do voto do presidente. Nessa hipótese, serão aplicados os §§2º e 3º do mencionado dispositivo.

O exemplo a seguir ilustra a situação prevista no §5º do art. 124 do RITCU.

Supondo que, ao término da primeira votação, houve três propostas com os seguintes resultados:

- Proposta A: 3 votos
- Proposta B: 3 votos
- Proposta C: 2 votos

Após a convocação do presidente para o exercício da competência estabelecida no art. 124 do RITCU, este resolve votar na Proposta C, o que acarretou uma situação de empate entre as três propostas, cada um com três votos. Nesse caso, o ministro-substituto presente à sessão para proferir o voto de desempate, consoante o §5º do mencionado dispositivo.

Tais regras não se aplicam diretamente aos processos das câmaras, uma vez que os seus presidentes relatam os processos que lhe forem distribuídos e votam normalmente, conforme o art. 33, incisos III e IV, do RITCU.

Caso ocorra empate nas votações das câmaras, o processo será submetido a deliberação do Plenário, salvo se tratar de pedido de reexame, recurso de reconsideração ou embargos de declaração contra as suas próprias deliberações.

Nessa hipótese, o art. 139 do RITCU impõe a aplicação da mesma solução dada nos §§1º, 2º e 3º do art. 124 já comentado. Apesar da obscuridade da redação, visto que o mencionado dispositivo trata da expedição do voto de desempate pelo presidente do colegiado, que, no caso das câmaras, já votou no processo, entende-se que a solução a que se refere o art. 139 do RITCU é a convocação de ministro-substituto para proferir voto de desempate.

Adaptando a redação dos referidos parágrafos, caso o ministro-substituto convocado para proferir voto de desempate não se julgue habilitado a tal, deverá fazê-lo, preferencialmente, na primeira sessão a que comparecer.

Se ele declarar impedimento ou suspeição no momento do desempate, a votação será reiniciada com a convocação de outro ministro-substituto presente à sessão, apenas para esse fim, observada a ordem de antiguidade no cargo.

Não sendo possível convocar um ministro-substituto para a mesma sessão, o processo será reincluído em pauta para julgamento ou apreciação em nova data, reiniciando-se a votação.

11.3.2.8 Proclamação do resultado e demais providências

Encerrada a votação, o presidente proclamará o resultado, nos termos do art. 125 do RITCU.

Caso a proposta do relator seja declarada vencedora, este redigirá e assinará o acórdão. Vencido no todo o voto do relator, o ministro ou ministro-substituto convocado que houver proferido em primeiro lugar o voto vencedor atuará como redator, cabendo-lhe redigir e assinar o acórdão e a respectiva declaração de voto, consoante o art. 126 do RITCU. Vencido em parte o voto do relator, o acórdão será também por este assinado, conforme o parágrafo único do mencionado dispositivo.

O art. 128 do normativo citado admite, ainda, que qualquer ministro ou ministro-substituto convocado apresente, por escrito, declaração de voto, desde que faça comunicação nesse sentido, logo após a proclamação do resultado. Essa faculdade poderá ser exercida no prazo de quarenta e oito horas.

Essa peça processual corresponde à manifestação por escrito de quem tenha participado da etapa de votação a respeito de qualquer questão debatida no processo. Consoante o parágrafo único do mencionado dispositivo, a apresentação de declaração de voto é obrigatória quando o ministro ou ministro-substituto proferir voto divergente ou votar com ressalva.

Mesmo que encerrada a votação e proclamado o resultado, qualquer ministro ou ministro-substituto convocado poderá pedir reexame de processo julgado na mesma sessão e com o mesmo quórum, nos termos do art. 129.

A despeito da redação do dispositivo, não se deve confundir essa faculdade processual com o recurso de idêntico nome previsto no RITCU. Na hipótese aludida na mencionada disposição, há a reabertura da discussão e da votação do processo devido a alguma questão não percebida ou suscitada por ministro ou ministro-substituto convocado.

11.3.3 Decisão em processos de contas

As decisões em processos de prestação ou de tomada de contas, mesmo especial, podem ser de três tipos, conforme o art. 201 do RITCU:

a) preliminar: quando o relator ou o *Tribunal*, antes de pronunciar-se quanto ao mérito das contas, resolve sobrestar o julgamento, ordenar a citação ou a audiência dos responsáveis, rejeitar as alegações de defesa e fixar novo e improrrogável prazo para recolhimento do débito ou, ainda, determinar outras diligências necessárias ao saneamento do processo;

b) definitiva: quando o Tribunal julga as contas regulares, regulares com ressalva ou irregulares;

c) terminativa: quando o Tribunal ordena o trancamento das contas que forem consideradas iliquidáveis ou determina o seu arquivamento pela ausência de pressupostos de constituição e de desenvolvimento válido e regular do processo ou por racionalização administrativa e economia processual, nos termos dos arts. 211 a 213 do RITCU.

Por evidente, a decisão definitiva somente transitará em julgado, no âmbito do TCU, após o exaurimento dos recursos cabíveis.

11.3.3.1 Critérios para o julgamento das contas

Conforme o art. 1º, §1º, da LOTCU, no julgamento de contas e na fiscalização que lhe compete, "o Tribunal decidirá sobre a legalidade, a legitimidade e a economicidade dos atos de gestão e das despesas deles decorrentes, bem como sobre a aplicação de subvenções e a renúncia de receitas".

Os parâmetros estabelecidos pelo legislador para o julgamento das contas se mostram coerentes com o art. 70, *caput*, da CF/1988, o qual atribuiu ao sistema de controle externo a competência de realizar a fiscalização contábil, financeira, orçamentária, operacional e patrimonial da União e das entidades da administração direta e indireta, segundo os critérios da legalidade, legitimidade e economicidade.

Ainda que o dispositivo tenha se dirigido à fiscalização que será exercida pelo Congresso Nacional, no exercício do controle externo, é sabido que este será realizado com o auxílio do TCU, nos termos do art. 71. Dessa forma, tendo a CF/1988 incumbido ao Tribunal a tarefa de julgar as contas dos responsáveis e realizar inspeções e auditorias, no exercício da missão de controle externo, nada mais natural que realize tais competências de acordo com os parâmetros de controle supramencionados.

André Rosilho critica a amplitude do art. 1º, §1º, da LOTCU ao pontuar que o texto constitucional só teria permitido que o TCU viesse a reprovar contas a partir do exame de legalidade em matérias inseridas no seu campo de jurisdição direta.[304]

O autor construiu a sua tese em razão do disposto no inciso VIII do art. 71 da CF/1988, segundo o qual compete ao TCU "aplicar aos responsáveis, em caso de ilegalidade de despesa ou irregularidade de contas, as sanções previstas em lei". Como a aplicação de sanção exige prévia cominação legal, nos termos do inciso XXXIX do art. 5º da CF/1988, a irregularidade das contas somente estaria evidenciada se houvesse infração à norma legal.

Discorda-se da análise de André Rosilho. Em nenhum ponto o constituinte assentou que as contas somente poderiam ser julgadas irregulares se houvesse violação à lei. Com as devidas vênias, entende-se que há petição de princípio na assertiva do autor, uma vez que ele parece usar a tese que pretende demonstrar como premissa de sua afirmação.

A CF/1988, certamente, exige que os fatos geradores e as respectivas sanções sejam definidos em lei. Não obstante, os critérios para o julgamento das contas são especificados no próprio art. 70 da CF/1988, que é expresso quanto à possibilidade de avaliação conforme a legalidade, legitimidade e economicidade.

Sendo assim, não há nenhuma inconstitucionalidade no art. 1º, §1º, da LOTCU, que se limitou a reproduzir os parâmetros estabelecidos na própria CF/1988; no art. 16, inciso III, alínea "c", da LOTCU, que admitiu o julgamento das contas pela irregularidade, em razão de dano ao Erário decorrente de ato de gestão *ilegítimo ou antieconômico*; e no art. 58, inciso III, da LOTCU, que previu a imputação de multa em razão de "ato de gestão ilegítimo ou antieconômico de que resulte injustificado dano ao Erário".

Em suma, é plenamente compatível com a CF/1988 o julgamento das contas pela irregularidade, tomando como base a ocorrência de ato ilegítimo ou antieconômico com a consequente imputação da sanção supramencionada. Trata-se, portanto, de uma escolha do legislador, coerente com o art. 70 da CF/1988.

Não obstante, o critério supramencionado é passível de crítica por ensejar o julgamento das contas e a aplicação de sanção por algo subjetivo. Quanto a esse ponto, seria razoável que o legislador definisse, da maneira mais objetiva possível, como os parâmetros constitucionais seriam examinados, em concreto, como forma de reduzir a subjetividade dessa análise.

Nesse particular, concorda-se com André Rosilho, quando ele afirma que a LOTCU não esclareceu a maneira pela qual os aludidos critérios poderiam ser concretamente manejados pelo Tribunal.[305] Tal aspecto não foi atendido pelo RITCU, nem pela Instrução Normativa TCU nº 84/2020.

Avalia-se, portanto, que o TCU possui grande discricionariedade e elevado grau de subjetividade para avaliar as contas e, daí, de modo indireto, impor a sua visão a respeito do modo pelo qual os responsáveis devem gerir a coisa pública. Embora esse papel indutor do TCU seja desejável, compreende-se que a avaliação negativa das contas deve

---

[304] ROSILHO, André. *Tribunal de Contas da União*. Competências, Jurisdição e Instrumentos de Controle. São Paulo: Quartier Latin, 2019, p. 179.
[305] ROSILHO, André. *Tribunal de Contas da União*. Competências, Jurisdição e Instrumentos de Controle. São Paulo: Quartier Latin, 2019, p. 178.

ser reservada apenas para situações extremas, de grande distanciamento da gestão, frente às boas práticas da Administração Pública. Eventual falha no desenho de políticas e no funcionamento dos órgãos, que implique escolhas ilegítimas ou antieconômicas, pode até gerar o julgamento das contas pela irregularidade, mas apenas excepcionalmente deve ensejar medidas corretivas de ordem impositiva.

Avançando na análise da LOTCU, as contas serão julgadas regulares, regulares com ressalva ou irregulares, conforme os critérios do art. 16.

As contas serão julgadas regulares quando expressarem, de forma clara e objetiva, a exatidão dos demonstrativos contábeis, a legalidade, a legitimidade e a economicidade dos atos de gestão do responsável (inciso I).

Regulares com ressalva quando evidenciarem impropriedade ou qualquer outra falta de natureza formal de que não resulte dano ao Erário (inciso II).

Irregulares quando comprovada qualquer das seguintes ocorrências (inciso III):

a) omissão no dever de prestar contas;
b) prática de ato de gestão ilegal, ilegítimo, antieconômico, ou infração à norma legal ou regulamentar de natureza contábil, financeira, orçamentária, operacional ou patrimonial;
c) dano ao Erário decorrente de ato de gestão ilegítimo ao antieconômico; e
d) desfalque ou desvio de dinheiros, bens ou valores públicos.

Nas hipóteses consignadas nas alíneas "c" e "d" do inciso III do art. 16 da LOTCU, o Tribunal, ao julgar irregulares as contas, fixará a responsabilidade solidária, consoante o §2º do mencionado dispositivo:

a) do agente público que praticou o ato irregular, e
b) do terceiro que, como contratante ou parte interessada na prática do mesmo ato, de qualquer modo haja concorrido para o cometimento do dano apurado.

Verificada a ocorrência prevista no §2º, supramencionado, o Tribunal providenciará a imediata remessa de cópia da documentação pertinente ao Ministério Público da União, para ajuizamento das ações civis e penais cabíveis, nos termos do §3º do art. 16 da LOTCU.

Tais disposições foram reproduzidas nos arts. 207, 208 e 209 do RITCU.

Conforme o parágrafo único do art. 207 do RITCU, quando julgar as contas regulares, o Tribunal dará quitação plena ao responsável. Quando julgar regulares com ressalva, dará quitação ao responsável e lhe determinará, ou a quem lhe haja sucedido, se cabível, a adoção de medidas necessárias à correção das impropriedades ou faltas identificadas, de modo a prevenir a ocorrência de outras semelhantes, nos termos do §2º do art. 208 do mencionado normativo.

O §1º do último dispositivo prescreve que o acórdão de julgamento pela regularidade com ressalva deverá indicar, resumidamente, os motivos que ensejam a ressalva das contas.

A redação atual do art. 206 do RITCU, aprovada por ocasião da alteração promovida por meio da Resolução TCU nº 246, de 30 de novembro de 2011, inovou substancialmente o texto anterior.

Na redação original, estava previsto que a decisão definitiva em processo de tomada ou prestação de contas ordinária *constituía* fato impeditivo da imposição de multa ou débito em outros processos nos quais constassem como responsáveis os mesmos gestores. Por consequência, era necessário interpor recurso de revisão para reabrir as contas outrora apreciadas sempre que fossem identificadas irregularidades nos respectivos exercícios, envolvendo os gestores cujas contas foram julgadas.

Essa realidade foi modificada com mudança ocorrida no art. 206 do RITCU, com redação vigente a partir de 1º.12.2012. Conforme o dispositivo:

> a decisão definitiva em processo de tomada ou prestação de contas ordinária *não* constituirá fato impeditivo da aplicação de multa ou imputação de débito em outros processos, *salvo se a matéria tiver sido examinada de forma expressa e conclusiva*, hipótese na qual o seu exame dependerá do conhecimento de eventual recurso interposto pelo Ministério Público. (grifos acrescidos)

Com isso, não é mais impositiva a reabertura das contas ordinárias de determinado exercício, sempre que identificada falha naquele período. A partir de então, essa medida somente será necessária se a irregularidade envolver matéria examinada de forma expressa no julgamento das contas ordinárias. Prestigia-se, assim, a segurança jurídica daqueles cujas condutas foram expressamente apreciadas pelo TCU, no julgamento das contas ordinárias, e, ao mesmo tempo, possibilita-se que o Tribunal avance na apreciação de outros fatos não abrangidos no julgamento daquelas, sem a necessidade de reabri-las.

Conforme o art. 250, §5º, do RITCU, a aplicação de multa em processo de fiscalização não implicará prejulgamento das contas ordinárias da unidade jurisdicionada, devendo o fato ser considerado no contexto dos demais atos de gestão do período envolvido.

Assim, o Tribunal deve verificar se as irregularidades apuradas no processo de fiscalização, no contexto dos demais atos de gestão praticados no período envolvido, são graves o bastante para macular o conjunto da gestão. Em caso positivo, pode julgar irregulares as respectivas contas ordinárias do responsável, deixando de aplicar nova sanção, tendo em vista o princípio do *não bis in idem*.

Nesse caso, não é necessária a realização de nova audiência no processo de contas, a respeito dos mesmos fatos já apreciados em processo de fiscalização, na linha da ampla jurisprudência do TCU. Nesse sentido, colhe-se o seguinte precedente:

> É desnecessária nova audiência do gestor, por ocasião do processamento de tomada ou prestação de contas anuais, acerca de fatos a serem considerados na avaliação da gestão que já foram objeto de defesa prévia e reputados irregulares em processos autônomos anteriormente julgados. Fica ao juízo do relator e do Tribunal avaliar se os atos isolados tratados nas fiscalizações são graves o bastante para macular o conjunto da gestão.
> (Acórdão nº 1.383/2015-Primeira Câmara. Relator: ministro José Múcio)

A pacificação desse entendimento no âmbito do Tribunal deu ensejo à edição da Súmula TCU nº 288, lavrada no seguinte sentido:

> O julgamento pela irregularidade de contas ordinárias ou extraordinárias prescinde de nova audiência ou citação em face de irregularidades pelas quais o responsável já tenha sido ouvido em outro processo no qual lhe tenha sido aplicada multa ou imputado débito.

11.3.3.2 Análise da resposta da citação

Conforme visto, a citação é o ato por meio do qual o relator ou o Tribunal, de forma preliminar, define a responsabilidade individual ou solidária pelo ato de gestão inquinado que tenha causado *dano ao Erário*, ordenando o chamamento dos responsáveis para que, *no prazo de quinze dias*, apresente alegações de defesa ou recolha a quantia devida, *atualizada monetariamente*, ou ainda, a seu critério, adote ambas as providências.

Cumprida a medida processual, com o encaminhamento da resposta pelo responsável, o Tribunal examinará a ocorrência de boa-fé na conduta do responsável e a inexistência de outra irregularidade nas contas, nos termos do §2º do art. 202 do RITCU.

Quanto ao assunto, a jurisprudência do Tribunal se consolidou no sentido de que se deve verificar a ocorrência da boa-fé objetiva. Conforme Luiz Felipe Bezerra Almeida Simões, esse exame:

> leva em consideração a prática efetiva e as consequências de determinado ato à luz de um modelo de conduta social, adotada por um homem leal, cauteloso e diligente, em lugar de indagar-se simplesmente sobre a intenção daquele que efetivamente o praticou.[306]

Essa etapa processual serve para o Tribunal decidir se as contas serão, de imediato, julgadas irregulares, caso a irregularidade não seja elidida e não seja demonstrada a boa-fé, ou se será concedido um prazo adicional de quinze dias para o pagamento atualizado do débito, sem a incidência de juros, se comprovada a boa-fé.

Nesse ponto, cabe esclarecer que o responsável deve comprovar que agiu de boa-fé, na gestão de recursos públicos. Quanto ao isso, o processo do TCU não segue a lógica do Código Civil e a própria divisão do ônus da prova do processo comum, em que a boa-fé é presumida, devendo a má-fé ser comprovada.

Na verdade, quando o Tribunal conclui que alguém não demonstrou que agiu com boa-fé na gestão de recursos públicos, ele não está a afirmar que o responsável agiu de má-fé. Trata-se, apenas, de uma avaliação quanto à insuficiência das alegações apresentadas, dentro da análise estipulada no §2º do art. 202 do RITCU. A propósito, não é necessária a presença de má-fé para que alguém seja responsabilizado pelo TCU, bastando a presença de culpa em sua conduta e não demonstração, pelo responsável, de sua boa-fé.

Seguem alguns precedentes quanto ao assunto:

> Tratando-se de processos atinentes ao exercício do controle financeiro da Administração Pública, a boa-fé não pode ser presumida, devendo ser demonstrada e comprovada a partir dos elementos que integram os autos.
> (Acórdão nº 763/2007-Segunda Câmara. Relator: ministro-substituto Augusto Sherman)

> Nos processos do TCU, a boa-fé dos responsáveis não pode ser simplesmente presumida, mas efetivamente comprovada.
> (Acórdão nº 1.322/2007-Plenário. Relator: ministro Aroldo Cedraz)

---

[306] SIMÕES, Luiz Felipe Bezerra Almeida. A Caracterização da Boa-fé nos Processos de Contas. *Revista do Tribunal de Contas da União*, Brasília, v. 32, n. 88, p. 73, abr./jun. 2001.

No âmbito do TCU, é considerado de boa-fé o responsável que, embora tenha concorrido para o dano ao erário ou outra irregularidade, seguiu as normas pertinentes, os preceitos e os princípios do direito. A análise é feita sob o ponto de vista objetivo, sem que seja necessária a comprovação de má-fé, mas apenas da ausência de boa-fé, para que se julguem de imediato as contas com a cobrança dos juros cabíveis.
(Acórdão nº 1.921/2011-Segunda Câmara. Relator: ministro Raimundo Carreiro)

Não comprovado o pagamento do débito, mas evidenciada a boa-fé do responsável, conforme os critérios supramencionados, o Tribunal proferirá, mediante acórdão, deliberação de rejeição das alegações de defesa e dará ciência ao responsável para que, em novo e improrrogável prazo de quinze dias, recolha a importância devida, consoante o §3º do art. 202 do RITCU.

Nessa hipótese, a liquidação tempestiva do débito atualizado monetariamente, dentro do aludido prazo, saneará o processo e o Tribunal julgará as contas regulares com ressalva e dará quitação ao responsável, conforme o §4º do aludido normativo.

A jurisprudência do TCU evoluiu com relação à repercussão da análise da boa-fé, caso o responsável tenha efetuado o recolhimento da dívida atualizada. O entendimento atualmente em vigor é no sentido de que o pagamento tempestivo do débito, atualizado monetariamente, na fase de citação implica a sua quitação. Nessa hipótese, a avaliação da existência ou não da boa-fé do responsável tem efeitos apenas no julgamento das contas do responsável, não interferindo na decisão quanto à quitação da dívida. Os precedentes a seguir ilustram essa tese:

> O pagamento tempestivo do débito na fase de citação, atualizado monetariamente, opera sua quitação, não cabendo a incidência de juros quando do julgamento do processo. Todavia, caso não reste caracterizada a boa-fé do responsável ou na subsistência de outras irregularidades, as contas serão julgadas irregulares com aplicação da multa prevista no art. 58, inciso I, da Lei 8.443/1992.
> (Acórdão nº 2.144/2018-Plenário. Relator: ministro Bruno Dantas)
> (Acórdão nº 1.143/2019-Primeira Câmara. Relator: ministro Benjamin Zymler)
> (Acórdão nº 1.624/2021-Plenário. Relator: ministro Raimundo Carreiro)

Não comprovado o pagamento e *não* evidenciada a boa-fé do responsável, conforme os critérios supramencionados, o Tribunal proferirá, desde logo, o julgamento definitivo de mérito pela irregularidade das contas.

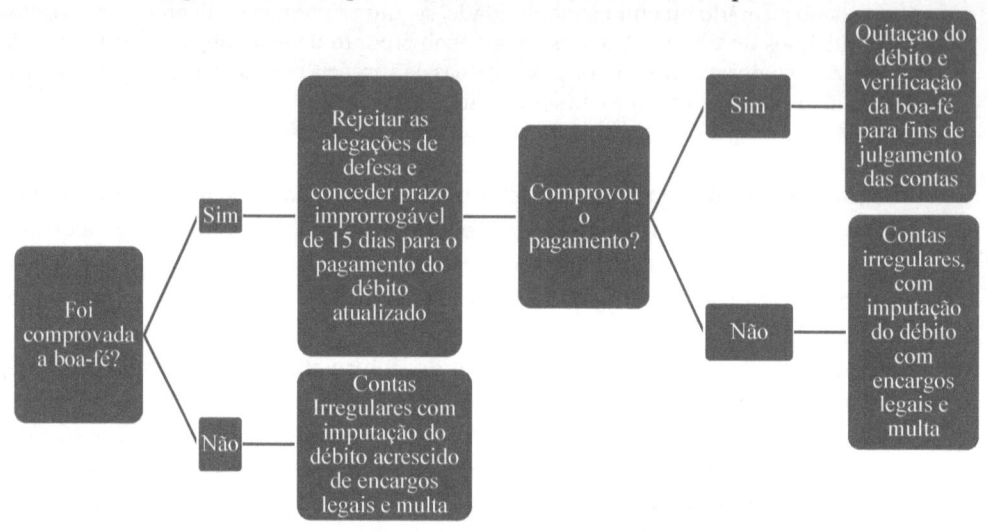

Figura 8 – Fluxograma da análise da boa-fé do responsável

[Fluxograma: Foi comprovada a boa-fé? → Sim: Rejeitar as alegações de defesa e conceder prazo improrrogável de 15 dias para o pagamento do débito atualizado → Comprovou o pagamento? → Sim: Quitação do débito e verificação da boa-fé para fins de julgamento das contas / Não: Contas irregulares, com imputação do débito com encargos legais e multa. Foi comprovada a boa-fé? → Não: Contas Irregulares com imputação do débito acrescido de encargos legais e multa]

11.3.3.2.1 Boa-fé de pessoas jurídicas de direito público

Situação peculiar diz respeito à aferição da boa-fé de pessoas jurídicas de direito público. Quanto ao assunto, a jurisprudência do TCU é pacífica no sentido de que tais entes gozam de presunção de boa-fé, de modo que o Tribunal deve sempre conceder novo e improrrogável prazo para o recolhimento do débito atualizado, sem a incidência de juros.

Nesse sentido, mencionam-se os seguintes precedentes:

> No caso de débito atribuído a ente federativo, a presunção de boa-fé milita em favor da pessoa jurídica de direito público interno, devendo-se assinar-lhe novo prazo para reparação do dano ao erário federal.
> (Acórdão nº 4.033/2010-Segunda Câmara. Relator: ministro-substituto André de Carvalho)

> A presunção de boa-fé de que goza a pessoa jurídica de direito público gera como consequência a abertura de novo e improrrogável prazo para recolhimento do débito, mesmo diante de revelia do ente.
> (Acórdão nº 5.118/2014-Primeira Câmara. Relator: ministro Bruno Dantas)

Ainda sobre o tema, há oscilação jurisprudencial quanto ao reconhecimento ou não da boa-fé do ente federativo em caso de revelia. A favor dessa presunção, mencionam-se os Acórdãos nºs 1.449/2013-Segunda Câmara (relator: ministro Aroldo Cedraz), 5.118/2014-Primeira Câmara (relator: ministro Bruno Dantas) e 7.241/2016-Primeira Câmara (relator: ministro-substituto Augusto Sherman), dentre outros. Em sentido contrário, invocam-se os Acórdãos nºs 4.369/2014-Primeira Câmara (relator: ministro Benjamin Zymler) e 2.465/2014-Plenário (relator: ministro-substituto Marcos Bemquerer).

Entende-se que a segunda opção é a mais adequada, pois somente com a resposta à citação é que se poderá analisar a ocorrência de boa-fé do responsável e a inexistência de outra irregularidade nas contas, condições necessárias para a concessão do benefício de novo prazo para que o responsável recolha o débito imputado.

Em caso de débito solidário entre ente federado e pessoa física, a presunção de boa-fé que milita em favor daquele implicará a concessão de novo e improrrogável prazo para o ente, ficando adiado o julgamento das contas da pessoa física, caso não seja comprovada a sua boa-fé, a fim de evitar descompassos processuais. Nessa trilha, cabe mencionar o seguinte precedente:

> Havendo citação solidária de ente federado e de pessoa física, o julgamento das contas da pessoa física deve ocorrer, se rejeitadas as alegações da entidade, após o escoamento do novo prazo fixado para a pessoa jurídica de direito público ressarcir o dano, a fim de evitar descompasso processual e impedir eventual prolação de duas decisões de mérito em um só processo.
> (Acórdão nº 2.486/2016-Primeira Câmara. Relator: ministro-substituto Weder de Oliveira)

11.3.3.2.2 Boa-fé de pessoas jurídicas de direito privado

No caso de pessoas jurídicas de direito privado, o exame da boa-fé envolve a avaliação do comportamento de seus administradores. O precedente a seguir ilustra esse posicionamento:

> O exame da boa-fé, para fins de concessão de novo prazo para o recolhimento do débito sem a incidência de juros de mora (art. 202 do Regimento Interno do TCU), quando envolver pessoa jurídica de direito privado, será feito, em regra, em relação à conduta de seus administradores, uma vez que os atos destes obrigam a pessoa jurídica, desde que exercidos nos limites dos poderes definidos no ato constitutivo do ente (art. 47 do Código Civil).
> (Acórdão nº 5.664/2014-Primeira Câmara. Relator: ministro Bruno Dantas)

11.3.3.2.3 Requerimento de pagamento parcelado do débito após a citação

Consoante o art. 217 do RITCU, em qualquer fase do processo, o Tribunal ou o relator poderá autorizar o pagamento parcelado da importância devida em até trinta e seis parcelas desde que o processo *não* tenha sido remetido para cobrança judicial. Isso implica que o responsável pode, por ocasião da resposta à citação, requerer o parcelamento do seu débito.

Não obstante a literalidade da mencionada disposição, o Tribunal tem admitido parcelamentos por períodos maiores que trinta e seis vezes. A título de exemplo, mencionam-se os seguintes precedentes:

> O TCU pode deferir pedido de parcelamento da dívida em mais de 36 parcelas mensais, em caráter excepcional, levando em consideração a boa-fé e a capacidade econômica do requerente.
> (Acórdão nº 6.537/2016-Primeira Câmara. Relator: ministro Bruno Dantas)
> (Acórdão nº 2.395/2017-Primeira Câmara. Relator: ministro Benjamin Zymler)

O TCU, em caráter excepcional, pode deferir pedido de parcelamento do débito em mais de 36 parcelas mensais (art. 217 do Regimento Interno do Tribunal), levando em consideração o interesse do requerente em cumprir a obrigação de recolhimento, a sua capacidade econômica e o interesse público na quitação da dívida sem a necessidade da ação de execução, assim como os princípios do formalismo moderado e da razoabilidade.
(Acórdão nº 4.611/2021-Segunda Câmara. Relator: ministro Raimundo Carreiro)

Ademais, cabe destacar a existência de decisão do TCU admitindo o pagamento parcelado de débito, conforme a capacidade de pagamento da proponente (*ability to pay*), que tenha sido reconhecido por empresa, na condição de colaboradora perante a jurisdição de contas. Tal ocorreu no Acórdão nº 965/2022-Plenário (relator: ministro Benjamin Zymler), sob as seguintes condições, veiculadas na parte dispositiva da mencionada decisão:

> 9.7. comunicar à [...] que, caso deseje renovar o pedido de parcelamento conforme a sua capacidade de pagamento (*ability to pay*), ela deve atender às seguintes condições:
> 9.7.1. admitir a participação nas irregularidades em apreciação neste processo;
> 9.7.2. apresentar provas e informações que sejam considerados úteis pelo TCU para a comprovação dos ilícitos em apuração neste feito e da participação e da culpabilidade dos responsáveis indicados; e
> 9.7.3. juntar parecer técnico de agente independente que ateste, mediante procedimento analítico, a sua real capacidade de pagamento.

O Tribunal tem admitido pagamento parcelado de dívidas sem a cobrança de juros de mora quando requerido pela parte antes do julgamento das contas. Não obstante, a análise da ocorrência de ou não da boa-fé do responsável será realizada em momento posterior, quando da decisão do mérito do processo. Seguem algumas decisões nesse sentido:

> Em caso de parcelamento da dívida antes do julgamento de mérito das contas, os acréscimos legais incidentes sobre cada parcela devem se restringir à atualização monetária. Contudo, no julgamento definitivo, a não imposição de juros moratórios sobre o débito liquidado dependerá do reconhecimento da boa-fé do responsável e da inexistência de outras irregularidades nas contas.
> (Acórdão nº 7.496/2017-Primeira Câmara. Relator: ministro Bruno Dantas)

> Em caso de parcelamento da dívida antes do julgamento de mérito das contas, os acréscimos legais incidentes sobre cada parcela devem se restringir à atualização monetária. Contudo, no julgamento definitivo, a não imposição de juros moratórios sobre o débito liquidado dependerá do reconhecimento da boa-fé do responsável e da inexistência de outras irregularidades nas contas.
> (Acórdão nº 9.529/2017-Segunda Câmara. Relator: ministro Aroldo Cedraz)

> Uma vez julgado o mérito do processo, com imputação de débito, não há como afastar a incidência dos acréscimos legais, juros de mora inclusive, sobre eventual parcelamento da dívida atualizada (art. 26 da Lei 8.443/1992 c/c art. 217 do Regimento Interno do TCU), por ausência de previsão regimental para tanto, ainda que a condenação tenha previsto apenas atualização monetária do valor original do prejuízo apurado.
> (Acórdão nº 7.935/2018-Segunda Câmara. Relator: ministro-substituto Augusto Sherman)

Conforme visto, a jurisprudência do TCU passou a admitir a expedição de quitação da dívida em caso de pagamento tempestivo do débito na fase de citação, atualizado monetariamente. Essa tese foi adotada nos Acórdãos nºs 2.144/2018-Plenário (relator: ministro Bruno Dantas), 1.143/2019-Primeira Câmara (relator: ministro Benjamin Zymler) e 1.624/2021-Plenário (relator: ministro Raimundo Carreiro), já mencionados.

Embora os precedentes supramencionados não abranjam casos de dívidas parceladas na etapa preliminar do processo, não há razão para que o entendimento *não* seja aplicado também nessas situações, uma vez que a premissa usada é exatamente a mesma, em ambas as hipóteses: o pagamento integral de um débito atualizado na etapa de citação.

Retomando a leitura do RITCU, o §2º do art. 217 prescreve que a falta de pagamento de qualquer parcela importará no vencimento antecipado do saldo devedor. Não obstante, há decisão do Tribunal flexibilizando a aplicação dessa regra, em determinadas circunstâncias excepcionais. Tal ocorreu no seguinte precedente:

> O TCU pode excepcionalmente autorizar a suspensão, por prazo determinado, do recolhimento parcelado da dívida, desde que o pedido esteja devidamente justificado, sendo obrigatória a inclusão dos correspondentes acréscimos legais incorridos no período.
> (Acórdão nº 2.157/2021-Plenário. Relator: ministro Aroldo Cedraz)

Seguem outras decisões sobre parcelamento de dívidas no processo do TCU:

> Não é possível a autorização do recolhimento parcelado de apenas parte da dívida do responsável, por falta de amparo legal.
> (Acórdão nº 2.288/2022-Plenário. Relator: ministro Bruno Dantas)

> Não há óbices ao ressarcimento de dívida de servidor militar por meio de descontos em seu contracheque, de maneira análoga às indenizações e reposições ao erário devidas pelos servidores públicos civis (art. 46 da Lei 8.112/1990), podendo, em casos excepcionais, a quantidade de descontos necessária para elidir a dívida ultrapassar o limite de 36 parcelas estabelecidas regimentalmente (art. 217 do Regimento Interno do TCU), levando em consideração o interesse do requerente em cumprir a obrigação de recolhimento, a sua capacidade econômica e o interesse público na quitação da dívida sem a necessidade da ação de execução, assim como os princípios do formalismo moderado e da razoabilidade.
> (Acórdão nº 21/2023-Plenário. Relator: ministro-substituto Marcos Bemquerer)

> Remanescendo débito após o exame das alegações de defesa de pessoa jurídica de direito público, deve-se fixar novo e improrrogável prazo para o seu recolhimento, atualizado monetariamente e sem incidência de juros de mora (art. 12, §§1º e 2º, da Lei 8.443/1992), inclusive se o devedor optar pelo pagamento parcelado da dívida.
> (Acórdão nº 2.229/2019-Primeira Câmara. Relator: ministro-substituto Weder de Oliveira)

11.3.3.3 Apresentação das contas em resposta à citação

O responsável citado em virtude da omissão no dever de prestar contas deve apresentar a documentação comprobatória das despesas e justificar a omissão.

A apresentação posterior das contas, sem justificativa para a falta, não elidirá a respectiva irregularidade, podendo o débito ser afastado se a documentação estiver de acordo com as normas legais e regulamentares e demonstrar a boa e regular aplicação dos recursos.

Nesse caso, as contas serão julgadas irregulares, com fulcro no art. 209, inciso I, do RITCU, sem imputação de débito e com aplicação da multa prevista no inciso I do art. 268.

> A apresentação intempestiva de documentação comprovando a boa e regular aplicação dos recursos financeiros recebidos da União elide o débito, mas não afasta a omissão inicial do gestor, ensejando a irregularidade das contas com a aplicação de multa ao responsável.
> (Acórdão nº 4.838/2017-Segunda Câmara. Relator: ministro-substituto Marcos Bemquerer)

A citação pelo TCU é o marco temporal a partir do qual a apresentação da prestação de contas não descaracteriza a omissão.

> A omissão no dever de prestar contas fica caracterizada apenas a partir da citação por essa irregularidade. Prestadas as contas antes de expedida a comunicação processual, não há incidência do art. 209, §4º, do Regimento Interno do TCU, por falta do suporte fático delimitado pela norma.
> (Acórdão nº 964/2018-Plenário. Relator: ministro Augusto Nardes)

Dessa forma, apresentadas as contas na fase externa da tomada de contas especial, *antes da citação*, o responsável terá suas contas julgadas regulares com ressalva se a documentação apresentada lograr comprovar a boa e regular aplicação dos recursos públicos.

> A omissão no dever de prestar contas fica caracterizada apenas a partir da citação feita pelo TCU. A apresentação da prestação de contas até o momento anterior ao da citação configura intempestividade no dever de prestar contas e deve ser considerada falha formal, hipótese que, aliada à demonstração da adequada e integral aplicação dos recursos, conduz ao julgamento das contas pela regularidade com ressalva.
> (Acórdão nº 1.792/2020-Primeira Câmara. Relator: ministro-substituto Weder de Oliveira)

11.3.3.4 Dever de enfrentar os argumentos apresentados

O relator, na condição de presidente do processo e responsável pela elaboração das minutas do relatório, voto e acórdão, tem o múnus de cumprir o dever de fundamentação, ínsito a toda e qualquer decisão, concretizando o princípio do contraditório substancial.

Conforme já anunciado, este princípio confere à parte o direito de influenciar e participar da construção da verdade do processo. Nessa perspectiva, ela não tem apenas o direito de manifestar-se no processo, mas também de ver os seus argumentos considerados pelo órgão incumbido de julgar, o que exige deste último capacidade de apreensão e isenção de ânimo para contemplar as razões apresentadas.[307]

Não obstante, o julgador não é obrigado a se manifestar sobre todos os argumentos e documentos trazidos pela parte, podendo decidir com base no conjunto fático e probatório que reputa suficiente para firmar a sua convicção. Há vários precedentes nesse sentido, cabendo citar os Acórdãos nºs 1.723/2022-Plenário (relator: ministro Benjamin Zymler), 2.349/2019-Segunda Câmara (relator: ministro Aroldo Cedraz) e

---

[307] MENDES, Gilmar Ferreira; BRANCO, Paulo Gustavo Gonet. *Curso de direito constitucional*. São Paulo: Saraiva, 2012. p. 546.

3.477/2018-Segunda Câmara (relator: ministro Aroldo Cedraz), apenas para mencionar alguns dos mais recentes.

Essa tese também é aceita no âmbito dos Tribunais Superiores, inclusive após o advento do CPC/2015. Nesse sentido, cabe transcrever a ementa do seguinte julgado do STJ:

> Mesmo após a vigência do CPC/2015, não cabem embargos de declaração contra decisão que não se pronuncie tão somente sobre argumento incapaz de infirmar a conclusão adotada. Os embargos de declaração, conforme dispõe o art. 1.022 do CPC/2015, destinam-se a suprir omissão, afastar obscuridade ou eliminar contradição existente no julgado. O julgador não está obrigado a responder a todas as questões suscitadas pelas partes, quando já tenha encontrado motivo suficiente para proferir a decisão. A prescrição trazida pelo inciso IV do §1º do art. 489 do CPC/2015 ["§1º Não se considera fundamentada qualquer decisão judicial, seja ela interlocutória, sentença ou acórdão, que: (...) IV – não enfrentar todos os argumentos deduzidos no processo capazes de, em tese, infirmar a conclusão adotada pelo julgador"] veio confirmar a jurisprudência já sedimentada pelo STJ, sendo dever do julgador apenas enfrentar as questões capazes de infirmar a conclusão adotada na decisão. (EDcl no MS 21.315-DF, Rel. Min. Diva Malerbi (Desembargadora convocada do TRF da 3ª Região), julgado em 8/6/2016, DJe 15/6/2016).

11.3.3.5 Responsável ouvido apenas em audiência em processo de contas

A jurisprudência do TCU se consolidou no sentido de que não é necessário julgar as contas dos responsáveis que tenham sido arrolados, em processos de contas ordinárias ou especiais, para justificar irregularidades não associadas, na origem, à ocorrência de dano ao Erário. Em suma, a posição do Tribunal é a de que, caso os agentes públicos sejam ouvidos em audiência em processo de contas, cabe apenas perquirir a aplicação de multa, não sendo devido o julgamento de suas contas (pela regularidade ou irregularidade). Nesse sentido, invocam-se os seguintes precedentes extraídos do repositório da jurisprudência selecionada do Tribunal:

a) contas especiais:

> Em processo de tomada de contas especial, quando, além dos responsáveis citados pelo débito, há responsável que foi apenas ouvido em audiência por irregularidade da qual não decorra dano ao erário, não cabe o julgamento de suas contas, mas apenas a aplicação da multa do art. 58, inciso II, da Lei 8.443/1992, se for o caso.
> (Acórdão nº 4.223/2017-Primeira Câmara. Relator: ministro-substituto Augusto Sherman)
> (Acórdão nº 1.511/2018-Primeira Câmara. Relator: ministro: Bruno Dantas)
> (Acórdão nº 2.185/2023-Primeira Câmara. Relator: ministro-substituto Weder de Oliveira)

> Não deve ocorrer o julgamento das contas de responsáveis cujas condutas não demandariam, por si sós, a instauração de tomada de contas especial, aplicando-se nesses casos apenas, quando cabível, a multa do art. 58 da Lei 8.443/1992.
> (Acórdão nº 5.811/2012-Primeira Câmara. Relator: ministro José Múcio)

b) contas ordinárias:

> Em processo de tomada ou prestação de contas ordinárias, pode ser aplicada multa a gestor não arrolado como responsável pelas contas, situação em que o agente apenado não tem as contas julgadas.
> (Acórdão nº 1.828/2015-Primeira Câmara. Relator: ministro Benjamin Zymler)
> (Acórdão nº 1.460/2016-Segunda Câmara. Relator: ministro Vital do Rêgo)
> (Acórdão nº 1.878/2017-Primeira Câmara. Relator: ministro Bruno Dantas)

> Não há óbice para, em processo de tomada ou prestação de contas ordinárias, imputação de multa a agente não arrolado como responsável pelas contas. Contudo, nesse caso, o agente apenado não tem contas julgadas pelo TCU.
> (Acórdão nº 340/2015-Plenário. Relator: ministro Raimundo Carreiro)

11.3.3.6 Julgamento de pessoas privadas

Conforme já visto, é juridicamente possível o TCU julgar as contas de pessoas privadas responsáveis por danos cometidos ao Erário, desde que as ações do particular contrárias ao interesse público derivem de ato, contrato administrativo ou instrumento congênere sujeito ao controle externo. Nesse sentido, invoca-se o Acórdão nº 321/2019-Plenário (relatora: ministra Ana Arraes).

Todavia, afastado o débito, não cabe o julgamento das contas de pessoa privada estranha à administração, a menos que atue na condição de gestora de recursos, quando signatária de convênio ou instrumento congênere. Seguem alguns precedentes quanto ao assunto:

> Afastado o débito em relação a pessoas jurídicas estranhas à Administração Pública, não cabe o julgamento de suas contas, uma vez que a jurisdição do TCU somente as alcança, em matéria de contas, se elas derem causa a perda, extravio ou outra irregularidade de que resulte prejuízo ao erário (art. 71, inciso II, da Constituição Federal).
> (Acórdão nº 995/2022-Plenário. Relator: ministro Benjamin Zymler)

> Não afastado o dano ao erário, mas ausentes os elementos necessários para apuração do exato montante ou para estimativa do seu valor, as contas da pessoa jurídica de direito privado destinatária de recursos de transferências voluntárias, bem como as contas dos seus administradores, devem ser julgadas irregulares, mesmo sem imputação de débito. Contudo, a multa do art. 58 da Lei 8.443/1992 não pode ser aplicada à pessoa jurídica, mas apenas aos administradores, uma vez que tal sanção só é aplicável a quem pratica atos de gestão.
> (Acórdão nº 3.065/2019-Plenário. Relator: ministro Bruno Dantas)

11.3.3.7 Análise da resposta da audiência

Conforme visto, a audiência é o ato por meio do qual o relator ou o Tribunal, de forma preliminar, define a responsabilidade pelo ato de gestão inquinado, que não tenha causado dado ao Erário, mas possa ser enquadrado como ato irregular na gestão de recursos federais, tipificado na LOTCU, ordenando o chamamento dos responsáveis aos autos para que, no prazo de quinze dias, apresentem razões de justificativa.

No caso de rejeição das razões de justificativa, o Tribunal aplicará as sanções previstas nos arts. 268 e 270 do RITCU, comunicando ambas as decisões ao responsável.

Para tanto, cabe ao TCU verificar as circunstâncias especificadas na LINDB para o exercício de seu poder sancionatório. Além disso, o Tribunal deve fundamentar a dosimetria da pena aplicada, conforme já anunciado.

11.3.3.8 Expedição de determinações

Conforme o art. 208, §2º, do RITCU, se o Tribunal julgar as contas regulares com ressalva, dará quitação ao responsável e lhe determinará, ou a quem haja sucedido, se cabível, a adoção de medidas necessárias à correção das impropriedades ou faltas identificadas de modo a prevenir a ocorrência de outras semelhantes.

Recentemente, o Tribunal aprovou a Resolução TCU nº 315, de 22 de abril de 2020, com o objetivo de disciplinar a elaboração de deliberações que contemplem medidas a serem tomadas pelas unidades jurisdicionadas no âmbito do TCU.

Consoante o seu art. 14, *caput* e §1º:

> Art. 14. A unidade técnica instrutiva deve oportunizar aos destinatários das deliberações a apresentação de comentários sobre as propostas de determinação e/ou recomendação, solicitando, em prazo compatível, informações quanto às consequências práticas da implementação das medidas aventadas e eventuais alternativas.
> §1º A manifestação a que se refere o caput deve ser viabilizada mediante o envio do relatório preliminar da fiscalização ou da instrução que contenha as propostas de determinação ou recomendação.

Segundo o art. 15 da Resolução TCU nº 315/2020, as propostas finais de deliberação devem considerar as manifestações das unidades jurisdicionadas e, em especial, justificar a manutenção das propostas preliminares caso apresentadas consequências negativas ou soluções de melhor custo-benefício.

11.3.3.9 Condenação em débito

Conforme o art. 209, §5º, do RITCU, nas hipóteses dos incisos II, III e IV do dispositivo,[308] o Tribunal, ao julgar irregulares as contas, fixará a responsabilidade solidária:

I – do agente público que praticou o ato irregular; e
II – do terceiro que, como contratante ou parte interessada na prática do mesmo ato, de qualquer modo haja concorrido para o cometimento do dano apurado.

Como já adiantado, o pressuposto para a responsabilização de terceiro privado, estranho à Administração Pública, é a existência de débito.

Chama atenção o fato de dispositivo supramencionado destoar do art. 16, §2º, da LOTCU, que lhe serviu de inspiração.

---

[308] II – prática de ato de gestão ilegal, ilegítimo ou antieconômico, ou infração a norma legal ou regulamentar de natureza contábil, financeira, orçamentária, operacional ou patrimonial;
III – dano ao erário decorrente de ato de gestão ilegítimo ou antieconômico; e
IV – desfalque ou desvio de dinheiros, bens ou valores públicos.

Isso porque este incluiu, dentre as hipóteses de responsabilização solidária do agente público e do terceiro pelo débito, as situações previstas nas alíneas "c" e "d" do inciso III do art. 16 da LOTCU, as quais são equivalentes aos incisos III e IV do art. 209 do RITCU. Segue a redação de ambos os dispositivos para efeito de comparação:

LOTCU	RITCU
Art. 16. As contas serão julgadas: [...] III – irregulares, quando comprovada qualquer das seguintes ocorrências: [...] c) dano ao Erário decorrente de ato de gestão ilegítimo ao antieconômico; d) desfalque ou desvio de dinheiros, bens ou valores públicos.	Art. 209. O Tribunal julgará as contas irregulares quando evidenciada qualquer das seguintes ocorrências: II – prática de ato de gestão ilegal, ilegítimo ou antieconômico, ou infração a norma legal ou regulamentar de natureza contábil, financeira, orçamentária, operacional ou patrimonial; III – dano ao erário decorrente de ato de gestão ilegítimo ou antieconômico; IV – desfalque ou desvio de dinheiros, bens ou valores públicos.
§2º Nas hipóteses do inciso III, <u>alíneas "c" e "d" deste artigo</u>, o Tribunal, ao julgar irregulares as contas, fixará a responsabilidade solidária: [...]	§5º Nas hipóteses dos <u>incisos II, III e IV</u>, o Tribunal, ao julgar irregulares as contas, fixará a responsabilidade solidária: [...]

Em suma, o RITCU incluiu o fato previsto no inciso II do art. 209 do RITCU dentre as situações aptas a gerar a imputação de débito ao agente público e ao terceiro que, como contratante ou parte interessada na prática do mesmo ato, de qualquer modo haja concorrido para o cometimento do dano apurado.

Não se vislumbra nenhuma ilegalidade nessa previsão normativa, pois a existência de dano decorrente da prática de ato de gestão ilegal, ilegítimo ou antieconômico ou de infração a uma norma legal ou regulamentar caracteriza, simultaneamente, um ato de gestão antieconômico, de forma que há certa sobreposição entre as hipóteses dos incisos II e III do art. 209, quando houver débito.

Assim, entende-se que o §5º do art. 209 do RITCU está de acordo com o espírito da LOTCU e da CF/1988.

Consoante o art. 209, §6º, do RITCU, a responsabilidade do terceiro de que trata derivará:

I – do cometimento de irregularidade que não se limite ao simples descumprimento de obrigações contratuais ou ao não pagamento de títulos de crédito ou;
II – da irregularidade no recebimento de benefício indevido ou pagamento superfaturado.

Com relação à primeira hipótese, ela consubstancia a ideia de que o TCU é um órgão vocacionado para apurar irregularidades e imputar débito na gestão de recursos públicos. Nesse sentido, a eventual responsabilização de terceiro ocorrerá sempre que ele, de qualquer forma, concorrer com uma situação de malversação de dinheiro público.

Sendo assim, uma mera situação de descumprimento contratual ou inadimplemento de título, praticado por uma conduta atribuída unicamente ao particular, não deve merecer a tutela da jurisdição de contas, na medida em que não haveria propriamente uma irregularidade na gestão de recursos, mas, sim, uma conduta privada contrária aos interesses da administração, em uma relação sinalagmática, apta a ensejar os mecanismos de *enforcement* e cobrança, do próprio instrumento contratual.

Isso implica dizer que é a própria administração, na condição de parte do ajuste, quem deve adotar as medidas para forçar o cumprimento do ajuste e reaver prejuízo, fazendo uso, inclusive, dos instrumentos previstos no próprio contrato, tais como a execução de garantia e a retenção de pagamentos.

Essa tese foi desenvolvida com maestria no voto condutor do Acórdão nº 321/2019-Plenário, da lavra da ministra Ana Arraes:

> 26. De outra sorte, ainda que o particular tenha vínculo contratual com a Administração, a jurisprudência deste Tribunal positivada no Regimento Interno é de que a sua responsabilização no TCU não ocorre nas hipóteses de simples descumprimento de obrigações contratuais.
> 27. Da mesma forma que não compete a esta Corte atuar nas questões de interesse exclusivamente privado que não envolvam o resguardo do interesse público, o simples descumprimento de cláusula contratual pelo particular que não importe dano ao erário deve ser tratado pela própria Administração mediante ação judicial ou utilização dos instrumentos previstos na legislação (advertência, multa, suspensão temporária de participação em licitação e impedimento de contratar, declaração de inidoneidade, rescisão unilateral de contrato e execução de garantias).
> 28. Não é papel do TCU substituir a Administração ou o Poder Judiciário, sob risco de se imiscuir em competências alheias, nas contendas sobre a aplicação de cláusulas puramente comerciais sem indicativos de prejuízos ao interesse público.
> (Acórdãos nºs 1.236 e 2.202/2017 – Plenário, da minha relatoria)

No que se refere à irregularidade no recebimento de benefício indevido ou pagamento superfaturado, trata-se de situação típica em que o particular é beneficiário de ato administrativo (em sentido largo) irregular e/ou concorre na formação de vínculo contratual com superfaturamento.

A jurisprudência do TCU é pacífica quanto à responsabilidade de terceiros em situação do tipo. Seguem alguns precedentes:

> Os licitantes, sob risco de responderem por superfaturamento em solidariedade com os agentes públicos, têm a obrigação de oferecer preços que reflitam os paradigmas de mercado [...].
> (Acórdão nº 1229/2020-Primeira Câmara. Relator: ministro Bruno Dantas)
> (Acórdão nº 7.053/2019-Primeira Câmara. Relator: ministro Benjamin Zymler)

> O fato de a empresa não participar da elaboração do edital e do orçamento base da licitação não a isenta de responsabilidade solidária pelo dano (art. 16, §2º, da Lei 8.443/1992) na hipótese de recebimento de pagamentos por serviços superfaturados, pois à licitante cabe ofertar preços compatíveis com os praticados pelo mercado (art. 43, inciso IV, da Lei 8.666/1993), independentemente de eventual erro cometido pela Administração quando da elaboração do edital e do orçamento.
> (Acórdão nº 1.304/2017-Plenário. Relator: ministro Benjamin Zymler)

[...] a obrigação de seguir os preços praticados no mercado se aplica tanto à Administração Pública quanto aos colaboradores privados, pois ambos são destinatários do regime jurídico-administrativo relativo às contratações públicas.
(Acórdão nº 1.392/2016-Plenário. Relator: ministro Benjamin Zymler)

A responsabilização solidária do particular pelo dano resta sempre evidenciada quando, recebedor de pagamentos por serviços superfaturados, contribui de qualquer forma para o cometimento do débito, nos termos do art. 16, §2º, da Lei 8.443/1992.
(Acórdão nº 2.262/2015-Plenário. Relator: ministro Benjamin Zymler)

Não devem as empresas tirar proveito de orçamentos superestimados pela Administração, haja vista incidirem no regime de contratação pública regras próprias de Direito Público, mais rígidas, sujeitas à aferição de legalidade, legitimidade e economicidade pelos órgãos de controle. A responsabilização solidária pelo dano resta sempre evidenciada quando, recebedora de pagamentos por serviços superfaturados, a empresa contratada contribui de qualquer forma para o cometimento do dano, nos termos do art. 16, §2º, da Lei 8.443/1992.
(Acórdão nº 454/2014-Plenário. Relator: ministro-substituto Augusto Sherman)

A redação do §5º do art. 209 do RITCU suscita questionamentos sobre se a responsabilidade dos terceiros, contratados ou interessados, fora da estrutura da Administração Pública, é de natureza objetiva ou exige a perquirição da presença de culpa (corporativa ou empresarial). Esta última opção causa certa estranheza, já que não há propriamente um elemento subjetivo nos atos da pessoa jurídica, que age a partir da vontade e da conduta material de seus prepostos.

Há dois precedentes do TCU a respeito do assunto.

Em um primeiro momento, a matéria foi tangenciada no voto condutor do Acórdão nº 1.254/2020-Plenário (relator: ministro Aroldo Cedraz), quando se discutiu a responsabilidade de empresa por sobrepreço identificado em contrato, não obstante a sua proposta tivesse ficado abaixo do orçamento estimativo da licitação.

Na ocasião, o ministro Benjamin Zymler proferiu declaração de voto defendendo que essa responsabilidade também é de natureza subjetiva, baseado no critério da culpa contra a legalidade. Segue excerto da fundamentação adotada:

> 42. Não se pode olvidar que o contrato administrativo é espécie do gênero contrato, em que a vontade do contratado também é relevante para a formação do vínculo. Apesar de ele se submeter à potestade do Estado no que concerne às cláusulas de serviço e às disposições formais do ajuste – a minuta do contrato é parte do edital –, a vontade do contratado se faz plena na decisão de participar da licitação ou de ser contratado diretamente e na oferta da proposta de preço.
> 43. Dessa forma, *o particular responde plenamente por essa manifestação voluntária tendente ao aperfeiçoamento do vínculo contratual, podendo a sua proposta ser desclassificada por sobrepreço ou por inexequibilidade. Mais ainda, firmada a avença, a vontade do contratado se integra à da Administração, motivo pelo qual ele também responde por eventual superfaturamento.*
> [...]
> 52. Nesse ponto, registro que *a responsabilidade do terceiro, nos termos do §2º do art. 16 da Lei 8.443/1992, decorre da chamada culpa contra a legalidade. Considerando que o art. 43, inciso IV, da Lei 8.666/1993 se destina não apenas à Administração, mas também aos particulares que atuam em colaboração com o Estado, quando das contratações públicas, compreendo que o agente privado*

incorre em culpa presumida ao deixar de seguir a regra posta e ofertar preços acima dos parâmetros de mercado. (grifos acrescidos)

Essa posição foi posteriormente reafirmada no julgamento do Acórdão nº 84/2023-Plenário (relator: ministro Benjamin Zymler), sendo oportuno transcrever a seguinte passagem do voto condutor da decisão:

> 49. No caso, observo que as empresas ofertaram preço abaixo do orçamento de referência, mas acima do valor justo de mercado, apurado posteriormente pelo TCU, a partir da eliminação de parte das inconsistências verificadas no orçamento estimativo elaborado no âmbito da SEP/PR. *Assim, é preciso apurar a culpabilidade das recorrentes, diante do aludido contexto fático.*
> 50. Quanto a isso, divirjo da assertiva do MPTCU de que "a percepção de valores indevidamente desembolsados pelo erário, ainda que ausente a culpa ou dolo do beneficiário, enseja o dever de restituição da quantia recebida injustamente". *Isso porque a responsabilidade dos particulares perante o TCU também é de natureza subjetiva, sendo impositivo avaliar, nesses casos, a ocorrência da chamada culpa contra a legalidade.*
> [...]
> 52. Considerando que a culpa corresponde a um comportamento contrário a um dever de cuidado objetivo, é preciso perquirir qual a conduta exigida das empresas, no contexto em análise. [...].

Dessa forma, considerando que a culpa corresponde a um comportamento contrário a um dever de cuidado objetivo, uma empresa que oferece proposta de preços em desacordo com o regime jurídico administrativo que rege as contratações públicas atua em dissonância com o parâmetro de conduta esperado, sendo possível afirmar que ela agiu com culpa contra a legalidade.

Por essa razão, defende-se que a responsabilidade de terceiros estranhos à Administração Pública também é de natureza subjetiva.

Verificadas as ocorrências previstas nos incisos III e IV do art. 209 do RITCU, o Tribunal, por ocasião do julgamento, determinará a remessa de cópia da documentação pertinente ao Ministério Público da União para ajuizamento das ações cabíveis, podendo decidir sobre essa mesma providência também nas hipóteses dos incisos I e II (§7º).

Cuida-se de fatos mais graves que, eventualmente, podem configurar ilícitos catalogados na Lei de Improbidade Administrativa ou mesmo no Código Penal.

Quando julgar as contas irregulares, havendo débito, o Tribunal condenará os responsáveis ao pagamento da dívida, atualizada monetariamente a partir da data da irregularidade, acrescida dos juros de mora devidos, nos termos do art. 210 do RITCU. Além disso, pode imputar-lhes a multa do art. 267 do referido normativo.

O débito pode ser quantificado de duas formas, consoante o §1º do art. 210 do RITCU:

a) por verificação, quando for possível quantificar com exatidão o real valor devido; ou

b) por estimativa, quando, por meios confiáveis, apurar-se quantia que seguramente não excederia o real valor devido.

O primeiro método é o mais comum na prática do TCU. Como exemplo do segundo, menciona-se a deliberação do Tribunal que aprovou o estudo econométrico, que avaliou o prejuízo provável aos cofres da Petrobras em virtude da atuação do cartel nas obras de implantação de refinarias, no período de 2002 a 2015.

Conforme o Acórdão nº 3.089/2015-Plenário (relator: ministro Benjamin Zymler):

> 9.1.1. o "valor mais provável" do potencial prejuízo causado na Petrobras na redução dos descontos nas licitações, no período de 2002 a 2015, em razão da existência dos cartéis na Diretoria de Abastecimento, é de 17% em relação à estimativa das licitações tomando por base metodologia econométrica e dados de regressão consagrados internacionalmente e fartamente aceito pelas cortes americanas (Harkrider e Rubinfeld – 2005; e Korenblit – 2012) e brasileiras (Supremo Tribunal Federal (STF), RE 68.006-MG).

Não havendo débito, mas evidenciada qualquer das ocorrências previstas nos incisos I, II e III do *caput* e no §3º do art. 209 do RTCU, o Tribunal aplicará ao responsável a multa prevista no inciso I do art. 268 da referida norma. Conforme já debatido, não é possível a aplicação desta sanção a pessoa privada alheia à Administração Pública, uma vez que a responsabilidade desta perante o TCU somente subsiste quando há débito, hipótese que seria possível a incidência da multa do art. 267 do RITCU.

Quando não for possível precisar a data do débito com exatidão, far-se-á o seu arbitramento por estimativa desde que essa providência não desfavoreça o responsável, nos termos do §3º do art. 210 do RITCU.

Busca-se adotar uma postura conservadora na estimação do débito por esse método, o que se justifica pela falta de exatidão no cálculo realizado.

Seguem alguns outros precedentes envolvendo o julgamento de contas:

a) prazo para julgamento das contas ordinárias:

> O prazo para o TCU julgar as contas, qual seja, até o término do exercício seguinte àquele em que foram apresentadas, é considerado prazo impróprio, cuja previsão o legislador reputou recomendável no sentido de enfatizar ao Colegiado o dever de dar a devida celeridade ao julgamento das contas; mas que, uma vez desatendido tal prazo, não há consequências processuais.
> (Acórdão nº 3.470/2009-Primeira Câmara. Relator: ministro José Jorge)

b) independência do juízo a respeito das contas com relação à eventual prática de ato de improbidade administrativa:

> O julgamento pela irregularidade das contas do responsável com condenação para que ele promova o ressarcimento do dano ao erário independe de ter havido ou não prática de ato de improbidade administrativa ou obtenção de vantagem pessoal em decorrência da gestão de recursos públicos.
> (Acórdão nº 10.853/2018-Primeira Câmara. Relator: ministro Bruno Dantas)

c) desnecessidade de concessão de prazo especial para o pagamento de débito por ente federativo:

> Em caso de condenação de ente da Federação em débito, não deve ser concedido prazo para comprovação de medidas para inclusão do crédito correspondente na lei orçamentária anual do exercício seguinte, pois a possível indisponibilidade de recursos financeiros do ente

condenado não é motivo para que o TCU estabeleça prazos para recolhimento do débito distintos dos previstos na Lei 8.443/1992 e no Regimento Interno/TCU.
(Acórdão nº 3.990/2016-Primeira Câmara. Relator: ministro Bruno Dantas)

d) dever de apreciar o mérito a respeito das irregularidades inquinadas às pessoas arroladas no processo:

> A omissão da informação sobre a exclusão de responsável da relação processual no acórdão enseja o acolhimento de embargos de declaração, ainda que seja possível depreender pela leitura do voto que a responsabilidade fora afastada, pois quem é citado pelo TCU e, ao final, não é responsabilizado, tem legítima expectativa de ver esse encaminhamento expressamente registrado na parte dispositiva da decisão.
> (Acórdão nº 10.268/2021-Segunda Câmara. Relator: ministro Bruno Dantas)

11.3.3.10 Contas iliquidáveis

Segundo o art. 211 do RITCU, as contas serão consideradas iliquidáveis quando caso fortuito ou de força maior, comprovadamente alheio à vontade do responsável, tornar materialmente impossível o julgamento de mérito. Nessa hipótese, o Tribunal ordenará o trancamento das contas e o consequente arquivamento do processo, nos termos do §1º do dispositivo.

Para que essa medida seja adotada, é preciso que o motivo que obstaculizou o julgamento de mérito das contas não seja imputável ao responsável. Nesse sentido, invocam-se os seguintes precedentes:

> A tardia instauração de tomada de contas especial não é razão bastante para considerar as contas iliquidáveis, especialmente se o responsável não encaminhou a prestação de contas na época adequada. O ônus de comprovar a regularidade integral na aplicação dos recursos públicos compete ao gestor.
> (Acórdão nº 2.257/2006-Segunda Câmara (relator: ministro Benjamin Zymler)

> Só há contas iliquidáveis diante de fatos alheios à vontade do gestor. Se ele não cumpre a sua obrigação de prestar contas na época apropriada e, quando o faz, não apresenta toda a documentação necessária, não pode alegar demora na instauração da TCE para se eximir dos compromissos que contraiu ao assinar o convênio.
> (Acórdão nº 3.845/2009-Primeira Câmara. Relator: ministro Walton Alencar)

> Consideram-se iliquidáveis as contas na hipótese da ocorrência de extravio de prestação de contas derivada da desorganização administrativa do concedente, portanto fora do controle de quem tinha o dever de prestá-las.
> (Acórdão nº 2.294/2012-Plenário. Relator: ministro Walton Alencar)

> Só há contas iliquidáveis diante de fatos alheios à vontade do gestor. Se ele não cumpre a obrigação de prestar contas na época apropriada ou, quando o faz, não apresenta toda a documentação necessária, não pode alegar demora na instauração da tomada de contas especial para se eximir dos compromissos que assumiu ao assinar o convênio.
> (Acórdão nº 6.667/2016-Primeira Câmara. Relator: ministro Benjamin Zymler)

O Tribunal poderá, à vista de novos elementos considerados suficientes, autorizar o desarquivamento do processo e determinar que se ultime a respectiva tomada ou prestação de contas. Para tanto, essa medida deve ser adotada dentro do prazo de cinco anos da publicação, nos órgãos oficiais, da decisão que ordenou o trancamento das contas, conforme o §2º do art. 211 do RITCU.

A despeito do silêncio da Resolução TCU nº 344/2022, não há que se falar em contagem de prescrição neste período, de impossibilidade de julgamento das contas. Sobrevindo novos elementos, permitindo o desarquivamento e a tomada ou prestação de contas, a partir de então inicia-se o cômputo do prazo prescricional, uma vez que é somente após esse marco que a administração e o TCU têm condições materiais de exercer as pretensões punitiva e ressarcitória.

Transcorrido o aludido prazo, sem que tenha havido a decisão pelo desarquivamento, o §3º do mencionado dispositivo estabelece que as contas serão consideradas encerradas, com baixa na responsabilidade do administrador.

11.3.3.11 Arquivamento pela ausência de pressupostos de constituição e desenvolvimento do processo

Consoante o art. 212 do RITCU, o Tribunal determinará o arquivamento do processo de prestação ou de tomada de contas, mesmo especial, sem julgamento do mérito, quando verificar a ausência de pressupostos de constituição e de desenvolvimento válido e regular do processo.

Diferentemente da deliberação que ordena o trancamento das contas, em que há mera suspensão do processo, devido à impossibilidade material de julgar o seu mérito, por motivo que não se sabe permanente, nesta há o arquivamento imediato dos autos, devido a obstáculo que impede, definitivamente, o prosseguimento do feito.

A jurisprudência do TCU contém vários exemplos que consubstanciam a aplicação do dispositivo:

a) absolvição criminal:

> A absolvição criminal pelo reconhecimento da inexistência do fato impõe o afastamento do débito no âmbito do TCU e o consequente arquivamento da tomada de contas especial, sem julgamento de mérito, por ausência de pressupostos de constituição e de desenvolvimento válido e regular do processo (art. 212 do Regimento Interno do TCU).
> (Acórdão nº 10.939/2018-Primeira Câmara. Relator: ministro-substituto Augusto Sherman)

b) falecimento do responsável:

> O falecimento do responsável antes da citação e a comprovação da inexistência de bens em ação sucessória ocasionam o arquivamento da TCE, por ausência de pressupostos de constituição e de desenvolvimento válido e regular do processo.
> (Acórdão nº 2.287/2014-Primeira Câmara. Relator: ministro-substituto Weder de Oliveira)

> Quando houver falecimento do responsável antes da citação e não existir inventário aberto ou indicação de bens deixados pelo falecido, bem como inexistir representante legal do espólio e tampouco identificação de sucessores, de modo a viabilizar a citação e a persecução

do ressarcimento administrativo ou judicial, arquiva-se o processo de tomada de contas especial por ausência de pressupostos de desenvolvimento válido e regular do processo.
(Acórdão nº 5.893/2016-Primeira Câmara. Relator: ministro-substituto Weder de Oliveira)

c) falecimento do responsável com herdeiros: nesse caso, não se deve arquivar o processo por ausência de pressupostos de constituição e de desenvolvimento válido e regular:

> A eventual inexistência ou insuficiência de bens transferidos da pessoa jurídica sucedida para a pessoa jurídica sucessora – que responde pelo ressarcimento ao erário por prejuízos causados pela sucedida, no limite do patrimônio transferido – é questão que se encontra fora da alçada do TCU e deve ser dirimida pelo Poder Judiciário, no âmbito da ação de execução do acórdão condenatório.
> (Acórdão nº 4.585/2021-Segunda Câmara. Relator: ministro Augusto Nardes)

A jurisprudência do TCU tem reconhecido, em determinadas circunstâncias especiais, a ausência de pressupostos de constituição e de desenvolvimento válido e regular do processo devido à comprovação de situação de evidente prejuízo ao exercício do contraditório e da ampla defesa. Nesse sentido, invocam-se os seguintes precedentes:

> O longo transcurso de tempo entre a prática do ato pelo responsável falecido e a citação dos seus herdeiros e sucessores, sem que tenham dado causa à demora processual, inviabiliza o exercício do contraditório e da ampla defesa, dando ensejo ao arquivamento das contas, sem julgamento do mérito, por ausência de pressupostos para desenvolvimento válido e regular do processo, com fundamento no art. 212 do Regimento Interno do TCU c/c arts. 6º, inciso II, e 19 da IN-TCU 71/2012.
> (Acórdão nº 3.879/2017-Primeira Câmara. Relator: ministro-substituto Augusto Sherman)
> (Acórdão nº 8.791/2016-Segunda Câmara. Relator: ministro Augusto Nardes)

> O processo deve ser arquivado, por falta de pressupostos de desenvolvimento válido e regular, quando há longo transcurso de tempo entre a prestação de contas e a instauração da tomada de contas especial, somado à ausência de inequívoca ciência, pelo responsável, quanto à apuração dos fatos tidos por irregulares durante fase interna do procedimento, tornando inviável o exercício do direito ao contraditório e à ampla defesa.
> (Acórdão nº 5.791/2020-Primeira Câmara. Relator: ministro Vital do Rêgo)

> O transcurso de mais de dez anos entre o fato gerador da irregularidade e a notificação dos responsáveis pela autoridade administrativa competente representa prejuízo ao pleno exercício do direito ao contraditório e à ampla defesa e conduz ao arquivamento da tomada de contas especial, sem julgamento de mérito, por ausência de pressuposto de constituição e de desenvolvimento válido e regular do processo (art. 212 do Regimento Interno do TCU c/c o art. 6º, inciso II, da IN/TCU 71/2012), ainda que o Tribunal reconheça a não ocorrência da prescrição, nos termos estabelecidos pela Resolução TCU 344/2022.
> (Acórdão nº 10.460/2022-Primeira Câmara. Relator: ministro Walton Alencar)

Não obstante, para que o transcurso do prazo supramencionado tenha efeito de arquivar o processo por ausência de pressuposto de constituição e de desenvolvimento válido e regular, é preciso que a parte demonstre a ocorrência de prejuízo:

O art. 6º, inciso II, da IN-TCU 71/2012 não tem aplicação automática em face do simples transcurso do prazo de dez anos entre a ocorrência do dano e a citação, devendo ser verificado, no caso concreto, se houve efetivo prejuízo à racionalidade administrativa, à economia processual, à ampla defesa ou ao contraditório.
(Acórdão nº 461/2017-Primeira Câmara, relator: ministro Walton Alencar)

Com relação à ocorrência ou não do dano, há divergência jurisprudencial quanto às consequências de sua elisão no curso do desenvolvimento de um processo de tomada de contas especial. Seguem exemplos das duas posições:

a) pelo arquivamento do processo:

O afastamento do débito configura supressão de pressuposto básico para a constituição de tomada de contas especial e determina o arquivamento do processo.
(Acórdão nº 1.406/2013-Plenário. Relator: ministro José Múcio Monteiro)

A elisão do débito apurado em tomada de contas especial é condição suficiente para o arquivamento do feito, sem julgamento de mérito, por ausência dos pressupostos de constituição e de desenvolvimento válido e regular do processo (art. 212 do Regimento Interno/TCU), desde que não existam outras irregularidades que ensejem a atuação do Tribunal.
(Acórdão nº 5.066/2015-Segunda Câmara. Relator: ministro Vital do Rêgo)

Caso a instrução processual revele que o motivo da instauração da tomada de contas especial não é apto a sustentar ocorrência de dano ao erário, o processo não deve ser julgado, e sim arquivado por ausência de pressuposto de constituição e de desenvolvimento válido e regular, com fundamento nos arts. 169, inciso III, 201, §3º, e 212 do Regimento Interno do TCU.
(Acórdão nº 9.650/2017-Primeira Câmara. Relator: ministro-substituto Augusto Sherman)

b) pelo julgamento do mérito do processo:

A existência ou não de dano ao erário é questão que deve ser decidida na análise de mérito da tomada de contas especial, não constituindo pressuposto de constituição, existência ou validade do processo.
(Acórdão nº 5.684/2014-Primeira Câmara. Relator: ministro Walton Alencar)

Instaurada a tomada de contas especial e remetida ao TCU, o Tribunal deve julgar o mérito, ainda que o débito não mais subsista, não sendo cabível arquivá-la com base em ausência de pressuposto de constituição e de desenvolvimento válido e regular do processo (art. 212 do Regimento Interno do TCU).
(Acórdão nº 10.938/2016-Segunda Câmara. Relator: ministro Vital do Rêgo)

Instaurada a tomada de contas especial e remetida ao TCU, o Tribunal deve julgar o seu mérito, ainda que o débito não mais subsista, não sendo cabível arquivá-la com base em ausência de pressuposto de desenvolvimento válido e regular do processo, nos termos do art. 212 do Regimento Interno do TCU.
(Acórdão nº 2.988/2016-Primeira Câmara. Relator: ministro Bruno Dantas)

De toda sorte, a jurisprudência do TCU parece estar se inclinando para a última posição, em que a existência ou não de dano é matéria que faz parte do mérito do processo de contas, não constituindo pressuposto para existência ou validade do processo.

Porém, quando o débito for afastado ou não configurado na fase de instrução preliminar, antes da citação, é de fato adequado o arquivamento dos autos, pois não houve sequer a constituição da relação jurídica processual mediante o chamamento do responsável. Nesse sentido:

> A tomada de contas especial deve ser arquivada quando o débito for descaracterizado antes da citação, tendo em vista a ausência dos pressupostos de desenvolvimento válido e regular do processo (art. 212 do Regimento Interno do TCU).
> (Acórdão nº 12.384/2020-Primeira Câmara. Relator: ministro-substituto Weder de Oliveira)

> A incerteza quanto ao montante e à própria existência do débito, em decorrência da impossibilidade de obtenção de dados necessários à adequada metodologia de cálculo do prejuízo ao erário, impõe o arquivamento, sem exame do mérito, da tomada de contas especial, por ausência de pressuposto de desenvolvimento válido e regular do processo, com fundamento no art. 201, §3º, c/c o art. 212 do Regimento Interno do TCU.
> (Acórdão nº 6.903/2018-Segunda Câmara. Relatora: ministro Ana Arraes)

11.3.3.12 Arquivamento de tomadas de contas de baixo valor

A título de racionalização administrativa e economia processual, e com o objetivo de evitar que o custo da cobrança seja superior ao valor do ressarcimento, o Tribunal poderá determinar, desde logo, nos termos de ato normativo, o arquivamento de processo, sem cancelamento do débito, a cujo pagamento continuará obrigado o devedor, para que lhe possa ser dada quitação.

Atualmente, o tema é tratado na Instrução Normativa TCU nº 71/2012.

Conforme o art. 6º, inciso I, desta norma, fica dispensada a instauração da tomada de contas especial, salvo determinação em contrário do TCU, se "o valor do débito for inferior a R$ 100.000,00, considerando o modo de referenciação disposto no §3º deste artigo".

A materialidade do prejuízo é verificada por responsável, considerando todo o conjunto de processos. Consoante o §1º do mencionado dispositivo, a dispensa de instauração de tomada de contas especial de valor inferior a R$ 100.000,00 não se aplica aos casos em que o *somatório dos débitos de um mesmo responsável* atingir o referido valor no âmbito do próprio repassador dos recursos ou, cumulativamente, em outros órgãos ou entidades da Administração Pública Federal.

Para efeito do somatório dos débitos, devem ser desconsiderados aqueles que são inferiores ao limite de inscrição no Cadastro Informativo de créditos não quitados do setor público federal (Cadin) regulado pela Lei nº 10.522/2002, nos termos do §2º do art. 6º da Instrução Normativa TCU nº 71/2012.

Esse limite corresponde a R$ 999,99, conforme a Portaria-STN nº 685, de 14 de setembro de 2006, e a Portaria Normativa PGU/AGU nº 1, de 1º de fevereiro de 2021.

O arquivamento do processo somente é cabível se ainda não houve a citação do responsável.

A baixa materialidade do débito, por si só, pode não constituir motivo para o arquivamento de tomada de contas especial com fundamento no princípio da economia processual se já

foram praticados todos os atos necessários ao julgamento e atendidos os pressupostos para a constituição e desenvolvimento regular do processo.
(Acórdão nº 579/2019-Segunda Câmara. Relator: ministro Augusto Nardes)

O prosseguimento do processo de tomada de contas especial com baixo valor de débito pode não ter efeito prático se o montante da dívida foi inferior ao limite estabelecido pela AGU para cobrança executiva da dívida.

Conforme o art. 1º-A da Lei nº 9.469/1997:

> o Advogado-Geral da União poderá dispensar a inscrição de crédito, autorizar o não ajuizamento de ações e a não-interposição de recursos, assim como o requerimento de extinção das ações em curso ou de desistência dos respectivos recursos judiciais, para cobrança de créditos da União e das autarquias e fundações públicas federais, observados os critérios de custos de administração e cobrança.

Segundo o art. 3º da Portaria-AGU nº 377, de 25 de agosto de 2011, com a nova redação dada pela Portaria nº 349, de 4 de novembro de 2018, tal limite é R$ 10.000,00.

> Art. 3º Os órgãos da Procuradoria-Geral Federal ficam autorizados a não efetuar a inscrição em dívida ativa, a não propor ações, a não interpor recursos, assim como a desistir das ações e dos respectivos recursos, quando o valor total atualizado de créditos das autarquias e fundações públicas federais, relativos a um mesmo devedor, for igual ou inferior a R$ 10.000,00 (dez mil reais), exceto em relação aos créditos originados de multas decorrentes do exercício do poder de polícia, hipóteses nas quais o limite será de R$ 1.000,00 (hum mil reais).

Havia divergência jurisprudencial quanto ao direito de o responsável pleitear a reabertura das contas arquivadas por economia processual.

A decisão a seguir ilustra posicionamento contrário à existência desse direito:

> Após decisão terminativa que promove o arquivamento do processo por racionalidade administrativa e economia processual, sem julgamento de mérito, o ordenamento jurídico não assegura ao responsável o direito a exigir do TCU que reabra os autos e se manifeste sobre o débito que lhe foi atribuído pelo órgão/entidade credor. Nessa situação, a documentação considerada apta a comprovar a boa e regular aplicação dos recursos deve ser apresentada diretamente ao órgão/entidade credor, ao qual compete promover a inscrição no Cadin e encaminhar o processo para inscrição na dívida ativa e, se necessário, posterior cobrança judicial.
> (Acórdão nº 895/2014-Primeira Câmara. Relator: ministro-substituto Weder de Oliveira)

Manifestando-se pela existência de pleitear a reabertura das contas, invocam-se os seguintes precedentes:

> No caso de decisão terminativa em que o TCU, por economia processual, ordena o arquivamento dos autos sem julgamento do mérito e sem cancelamento da dívida, o responsável sucumbente poderá requerer o julgamento do mérito por mera petição. Nessa situação, o Tribunal deverá autorizar o desarquivamento do processo, com fundamento no art. 199, §3º, do Regimento Interno do TCU, para que o requerimento do responsável seja examinado como elementos de defesa, sem prejuízo da realização das devidas citações que se fizerem necessárias para o deslinde do feito.

(Acórdão nº 4.620/2015-Primeira Câmara. Relator: ministro José Múcio)
(Acórdão nº 808/2016-Plenário. Relator: ministro-substituto Marcos Bemquerer)

A questão foi finalmente resolvida com a novel redação do §2º do art. 19 da Instrução Normativa TCU nº 71/2012, o qual previu o seguinte:

§2º No caso de tomada de contas especial arquivada com fundamento no caput em razão do limite estabelecido no inciso I do art. 6º desta Instrução Normativa, o responsável poderá solicitar ao Tribunal de Contas da União o desarquivamento do processo para julgamento ou, ainda, efetuar o pagamento do débito, para que lhe possa ser dada quitação. (AC) (Instrução Normativa nº 76, de 23/11/2016, DOU de 12/12/2016)

11.3.4 Decisão em processos de fiscalização de atos e contratos

No caso de representações, denúncias e fiscalizações, as decisões podem ser de dois tipos, tomando como norte o disposto no art. 201 do RITCU, aplicado por analogia:

a) preliminar: quando o relator ou o Tribunal, antes de pronunciar-se quanto à legalidade do ato ou contrato, conhece da representação ou denúncia que preencham os requisitos de admissibilidade, resolve sobrestar a apreciação, ordenar a oitiva ou a audiência dos responsáveis, expedir medida cautelar ou, ainda, determinar outras diligências necessárias ao saneamento do processo; e

b) definitiva: quando o Tribunal se pronuncia sobre a legalidade dos atos e contratos, aprecia o mérito da representação ou denúncia, manifestando-se sobre a sua procedência ou não, e assina prazo para a correção da ilegalidade ou para a anulação de atos e contratos, caso não seja possível o saneamento.

Os processos de fiscalização de atos e contratos contemplam o controle objetivo destes, com vistas à eventual expedição de medida corretiva, e o controle subjetivo de supostas irregularidades identificadas na formação ou execução daqueles instrumentos.

Conforme o art. 250 do RITCU, o relator ou o Tribunal, ao apreciar processo relativo à fiscalização de atos e contratos:

I – determinará o arquivamento do processo, ou o seu apensamento às contas correspondentes, se útil à apreciação destas, quando não apurada transgressão a norma legal ou regulamentar de natureza contábil, financeira, orçamentária, operacional ou patrimonial;

II – determinará a adoção de providências corretivas por parte do responsável ou de quem lhe haja sucedido quando verificadas tão somente falhas de natureza formal ou outras impropriedades que não ensejem a aplicação de multa aos responsáveis ou que não configurem indícios de débito e o arquivamento ou apensamento do processo às respectivas contas, sem prejuízo do monitoramento do cumprimento das determinações;

III – recomendará a adoção de providências quando verificadas oportunidades de melhoria de desempenho, encaminhando os autos à unidade técnica competente, para fins de monitoramento do cumprimento das determinações;

IV – determinará a audiência do responsável para, no prazo de quinze dias, apresentar razões de justificativa, quando verificada a ocorrência de irregularidades decorrentes de ato ilegal, ilegítimo ou antieconômico, bem como infração a norma legal ou regulamentar de natureza contábil, financeira, orçamentária ou patrimonial;

V – determinará a oitiva da entidade fiscalizada e do terceiro interessado para, no prazo de quinze dias, manifestarem-se sobre fatos que possam resultar em decisão do Tribunal no sentido de desconstituir ato ou processo administrativo ou alterar contrato em seu desfavor.

As decisões indicadas nos incisos I, II e III são definitivas e implicam o exame do mérito e o encerramento do processo de fiscalização.

Não se deve confundir as providências corretivas indicadas no inciso II com as previstas no art. 251, a ser comentado adiante.

Enquanto aquelas não estão associadas à ocorrência de irregularidades, estas necessariamente envolvem a ilegalidade de ato ou contrato em execução. Por essas razões, a primeira prescinde da abertura de prazo para o contraditório, possuindo caráter pedagógico e prospectivo. Já a segunda somente pode ser realizada após a oitiva da entidade fiscalizada e do terceiro interessado, nos termos do art. 250, inciso V, do RITCU.

11.3.4.1 Determinações, ciências e recomendações

Tomando como base o art. 250, inciso II, do RITCU, a determinação é uma espécie de deliberação adotada pelo Tribunal, com o intuito de instar uma determinada entidade jurisdicionada, na pessoa de seu responsável ou de quem lhe haja sucedido, a adotar providências corretivas, quando verificadas tão somente falhas de natureza formal ou outras impropriedades que não ensejem a aplicação de multa aos responsáveis ou que não configurem indícios de débito.

Pela redação do dispositivo, elas possuem um viés mais pedagógico e prospectivo, visando evitar a repetição de erros no futuro. Pelo que se depreende do dispositivo, a determinação não visa corrigir ilegalidade, nem impedir a produção dos efeitos de um determinado ato inválido. Tampouco visa desconstituir um ato ou contrato.

Não obstante, esse ato processual foi definido da seguinte forma, no art. 2º, inciso I, da Resolução TCU nº 315, de 22 de abril de 2020:

> I – determinação: deliberação de natureza mandamental que impõe ao destinatário a adoção, em prazo fixado, de providências concretas e imediatas com a finalidade de prevenir, corrigir irregularidade, remover seus efeitos ou abster-se de executar atos irregulares;

Assim, há uma assente incompatibilidade entre a concepção de determinação na Resolução TCU nº 315/2020 e no RITCU, o que impõe um esforço do intérprete, no sentido de buscar preservar a vigência das duas normas.

Dito isso, compreende-se que as determinações corretivas da Resolução TCU nº 315/2020 nada mais são do que as previstas no art. 71, inciso IX, da CF/1988, no art. 45 da LOTCU e no art. 251 do RITCU.

Além de essa conclusão ser depreendida do conceito do inciso I do art. 2º da Resolução TCU nº 315/2020, o art. 4º da norma confirma o viés impeditivo desses atos processuais:

> Art. 4º As determinações devem ser formuladas para:
> I – interromper irregularidade em curso ou remover seus efeitos; ou
> II – inibir a ocorrência de irregularidade iminente.

Além disso, o art. 5º confirma a finalidade do instrumento de servir ao controle corretivo de atos e contratos, ao especificar que:

> as determinações devem indicar a ação ou a abstenção necessárias e suficientes para alcance da finalidade do controle, sem adentrar em nível de detalhamento que restrinja a discricionariedade do gestor quanto à escolha dos meios para correção da situação irregular, *salvo se o caso exigir providência específica para o exato cumprimento da lei*. (grifos acrescidos)

Já a determinação do art. 250, inciso II, do RITCU, guarda maior compatibilidade com a definição de ciência, prevista no art. 2º, inciso II, da Resolução TCU nº 315/2020, a saber:

> II – ciência: deliberação de natureza declaratória que cientifica o destinatário sobre a ocorrência de irregularidade, quando as circunstâncias não exigirem providências concretas e imediatas, sendo suficiente, para fins do controle, induzir a prevenção de situações futuras análogas;

Conforme o art. 9º da mencionada resolução, as ciências se destinam a reorientar a atuação administrativa do jurisdicionado e evitar:

> I – a repetição de irregularidade; ou
> II – a materialização de irregularidade cuja consumação seja menos provável em razão do estágio inicial dos atos que a antecedem e desde que, para preveni-la, for suficiente avisar o destinatário.

Tomando como base o art. 250, inciso III, do RITCU, a recomendação é uma espécie de deliberação adotada pelo Tribunal, com o intuito de sensibilizar uma determinada entidade jurisdicionada, na pessoa de seu responsável ou de quem lhe haja sucedido, a adotar providências avaliadas pelo TCU como adequadas para permitir uma melhoria de desempenho.

Esse ato processual é definido da seguinte forma no art. 2º, inciso III, da Resolução TCU nº 315/2020: "deliberação de natureza colaborativa que apresenta ao destinatário oportunidades de melhoria, com a finalidade de contribuir para o aperfeiçoamento da gestão ou dos programas e ações de governo".

Adiante, o art. 11 do normativo assinala que as recomendações "devem contribuir para o aperfeiçoamento da gestão e dos programas e ações de governo, em termos de economicidade, eficiência e efetividade, cabendo à unidade jurisdicionada avaliar a conveniência e a oportunidade de implementá-las".

O §1º do dispositivo aduz que as recomendações devem se basear em critérios, tais como leis, regulamentos, boas práticas e técnicas de comparação (*benchmarks*), e, preferencialmente, atuar sobre a principal causa do problema quando tenha sido possível identificá-la.

O art. 14 da Resolução TCU nº 315/2020 instituiu uma espécie de contraditório prévio às deliberações de que trata, a ser realizada após a conclusão do relatório preliminar da fiscalização.

Consoante o dispositivo, a unidade técnica instrutiva deve franquear aos destinatários das deliberações a oportunidade de apresentar [...] comentários sobre as propostas de determinação e/ou recomendação, bem como informações quanto às consequências práticas da implementação das medidas aventadas e eventuais alternativas.

O §1º do art. 14 prescreve que a manifestação a que se refere o *caput* "deve ser viabilizada mediante o envio do relatório preliminar da fiscalização ou da instrução que contenha as propostas de determinação ou recomendação".

O objetivo desse ato processual é possibilitar que as eventuais determinações, recomendações e ciências sejam adotadas, de maneira mais refletida, no relatório definitivo das fiscalizações.

Quanto a isso, é importante destacar que o ato previsto no art. 14 da Resolução TCU nº 315/2020 não substitui a oitiva de que trata o art. 250, inciso V, do RITCU, caso as ocorrências "possam resultar em decisão do Tribunal no sentido de desconstituir ato ou processo administrativo ou alterar contrato em seu desfavor".

O §2º do art. 14 dessa resolução dispensa a manifestação dos destinatários das deliberações, na etapa de relatório preliminar se "as circunstâncias do processo permitirem antecipar a possível proposta de encaminhamento, facultando à unidade jurisdicionada manifestar-se sobre as informações previstas no *caput* na etapa de contraditório ou na reunião de encerramento dos trabalhos".

11.3.4.2 Controle subjetivo

Conforme o §1º do art. 250 do RITCU, acolhidas as razões de justificativa, o Tribunal declarará esse fato mediante acórdão e, conforme o caso, adotará uma das providências previstas no inciso I do dispositivo.

Não elidido o fundamento da impugnação, o Tribunal aplicará ao responsável, no próprio processo de fiscalização, a multa prevista no inciso II ou III do art. 268 e determinará o apensamento do processo às contas correspondentes, nos termos do §2º do art. 250 do RITCU.

Todavia, o TCU não imputará sanção ao responsável se matéria tiver sido examinada de forma expressa e conclusiva em tomada ou prestação de contas ordinária, hipótese na qual o seu exame dependerá do conhecimento de eventual recurso interposto pelo Ministério Público. Esse comando está expresso no art. 206 do RITCU e consubstancia o princípio do *non bis in idem*.

A despeito do silêncio da norma, entende-se, pelas mesmas razões, que a regra também é aplicável caso a matéria tenha sido expressamente examinada em contas especiais. Essa conclusão também decorre do princípio da coisa julgada formal e da própria noção da preclusão consumativa, a qual impede que um mesmo ato processual seja praticado mais de uma vez pela autoridade competente.

Assim, se a matéria tiver sido apreciada em tomada ou prestação de contas ou em qualquer outro processo de controle externo, não será possível a aplicação das sanções catalogadas na lei, conforme visto anteriormente.

A aplicação de multa em processo de fiscalização não implicará prejulgamento das contas ordinárias da unidade jurisdicionada, devendo o fato ser considerado no contexto dos demais atos de gestão do período envolvido, conforme já assinalado.

11.3.4.3 Controle corretivo

O controle corretivo ou objetivo tem apreciação prioritária frente ao subjetivo. Tal ocorre porque, naquela modalidade de controle, as irregularidades estão em execução, de forma que é necessária a rápida correção das ilegalidades antes da consumação de todos os seus efeitos.

Essa ideia está consubstanciada no §6º do art. 250 do RITCU, *in verbis*:

> §6º Caso as matérias objeto da oitiva de que trata o inciso V demandem urgente decisão de mérito, a unidade técnica responsável pela fiscalização dará a elas prioridade na instrução processual, deixando para propor as medidas constantes dos incisos II, III e IV em momento posterior à deliberação do Tribunal sobre aquelas questões.

Segundo o art. 251, se verificada a ilegalidade de ato ou contrato em execução, o Tribunal assinará prazo de até quinze dias para que o responsável adote as providências necessárias ao exato cumprimento da lei, com indicação expressa dos dispositivos a serem observados sem prejuízo do disposto no inciso IV do *caput* e nos §§1º e 2º do artigo anterior (controle subjetivo se for o caso).

O dispositivo em análise reproduz o art. 45 da LOTCU, que, por sua vez, decorre do inciso IX e dos §§1º e 2º do art. 71 da CF/1988.

No caso de ato administrativo, o Tribunal, se não atendido (§1º do art. 251):

> I – sustará a execução do ato impugnado;
> II – comunicará a decisão à Câmara dos Deputados e ao Senado Federal;
> III – aplicará ao responsável, no próprio processo de fiscalização, a multa prevista no inciso VII do art. 268.

O dispositivo reafirma a competência plena do TCU de sustar atos administrativos.

No caso de contrato, o Tribunal, se não atendido, aplicará a multa prevista no inciso VII do art. 268 e comunicará o fato ao Congresso Nacional, a quem compete adotar o ato de sustação e solicitar, de imediato, ao Poder Executivo as medidas cabíveis, consoante o §2º do art. 251 do RITCU.

Dito de outra forma, a competência primária de sustar contratos é do Congresso Nacional, podendo o TCU exercê-la de forma residual se o Parlamento se mantiver inerte no prazo de noventa dias. Tal conclusão decorre do §3º do art. 251, que reproduz a lógica do §3º do art. 45 da LOTCU e do §2º do art. 71 da CF/1988:

> §3º Se o Congresso Nacional ou o Poder Executivo, no prazo de noventa dias, não efetivar as medidas previstas no parágrafo anterior, o Tribunal decidirá a respeito da sustação do contrato.

Conforme o §4º, se decidir sustar o contrato, o Tribunal:

> I – determinará ao responsável que, no prazo de quinze dias, adote as medidas necessárias ao cumprimento da decisão;
> II – comunicará o decidido ao Congresso Nacional e à autoridade de nível ministerial competente.

Após tal provimento, o contrato não mais pode ser executado, cabendo aos agentes administrativos, sob pena de responsabilidade, realizar as medidas acessórias para a eficácia da decisão do Tribunal, a exemplo, do recebimento provisório do contrato, anulação de empenhos, denúncia de convênios e devolução dos saldos financeiros ainda existentes, no caso de contratos custeados por instrumentos de transferência voluntária, realização de novo certame licitatório para a continuidade das obras ou serviços, dentre outras medidas, conforme especificado pelo TCU.

Após todo esse trâmite o processo de fiscalização é encerrado no âmbito do Tribunal, sem prejuízo da continuidade do monitoramento, se for caso, em procedimento específico dessa natureza, nova auditoria ou nas próprias contas da entidade fiscalizada. De todo modo, a eventual decisão do Tribunal sobre a sustação ou não do contrato representa o término do processo de controle corretivo, não havendo mais qualquer deliberação a ser adotada a respeito da matéria.

O controle corretivo ou objetivo envolve, como visto, a análise de irregularidades verificadas em atos e contratos em execução, ou seja, que ainda estejam gerando efeitos. Se eles não estiverem mais vigentes e/ou seus efeitos exauridos, não cabe o controle corretivo, mas sim o subjetivo e/ou reparatório, se houver dano.

Segundo o art. 252 do RITCU, se configurada a ocorrência de desfalque, desvio de bens ou outra irregularidade de que resulte dano ao Erário, o Tribunal ordenará, desde logo, a conversão do processo em tomada de contas especial, salvo na hipótese prevista no art. 213 (pequeno valor).

O dispositivo deve ser interpretado conforme o contrato ou ato estejam ou não em andamento. Neste caso, é importante proceder ao controle objetivo, inclusive com a expedição de medida cautelar, antes da abertura do processo de tomada de contas especial.

11.3.5 Dever de fundamentação

Como é sabido, o art. 93, inciso IX, da CF/1988 prescreve que todos os julgamentos dos órgãos do Poder Judiciário serão públicos e fundamentadas todas as decisões. O mencionado dispositivo, certamente, aplica-se às deliberações do TCU, não obstante se saiba que tal órgão não faz parte da estrutura do aludido poder, tendo arquitetura própria.

Conforme o art. 1º, §3º, inciso II, da LOTCU, será parte essencial das decisões do Tribunal "a fundamentação com que o ministro-relator analisará as questões de fato e de direito".

Ademais, incide, por força do art. 298 do RITCU, o §1º do art. 489, do CPC. Consoante o dispositivo, não se considera fundamentada qualquer decisão judicial, seja ela interlocutória, sentença ou acórdão, que:

I – se limitar à indicação, à reprodução ou à paráfrase de ato normativo, sem explicar sua relação com a causa ou a questão decidida;

II – empregar conceitos jurídicos indeterminados, sem explicar o motivo concreto de sua incidência no caso;

III – invocar motivos que se prestariam a justificar qualquer outra decisão;

IV – não enfrentar todos os argumentos deduzidos no processo capazes de, em tese, infirmar a conclusão adotada pelo julgador;
V – se limitar a invocar precedente ou enunciado de súmula, sem identificar seus fundamentos determinantes nem demonstrar que o caso sob julgamento se ajusta àqueles fundamentos;
VI – deixar de seguir enunciado de súmula, jurisprudência ou precedente invocado pela parte, sem demonstrar a existência de distinção no caso em julgamento ou a superação do entendimento.

Quanto ao inciso I, é preciso invocar, ainda, o art. 20 da LINDB. Consoante o dispositivo, "nas esferas administrativa, *controladora* e judicial, não se decidirá com base em valores jurídicos abstratos sem que sejam consideradas as consequências práticas da decisão".

A mencionada regra foi trazida pela Lei nº 13.655/2018, que incluiu várias disposições na LINDB sobre segurança jurídica e eficiência na criação e na aplicação do Direito público.

Dentre os aspectos que foram objeto de preocupação pelo legislador, destaca-se o uso de princípios como critério preponderante de decisão. A reintrodução dos valores e o reconhecimento da força normativa dos princípios na adjudicação jurídica, com os movimentos pós-positivista e neoconstitucionalista, tornaram assente o aumento da discricionariedade na interpretação de normas jurídicas.

No intuito de aumentar a racionalidade de tais deliberações, buscou-se introduzir, de forma expressa, um segundo fator de análise em decisões com maior grau de indeterminação quanto à norma jurídica aplicável: a utilização das consequências.

O uso das consequências como critério de decisão deve ocorrer quando se estiver diante de mais de uma solução válida dentro do sistema, seja em razão da ausência de norma, seja em função de sua vaguez. Nos casos em que a decisão se basear em valores abstratos, princípios e outros conceitos vagos e indeterminados, ou seja, nas zonas de indeterminação do Direito, a autoridade deverá avaliar as consequências das soluções possíveis.

O dispositivo não pode ser interpretado para permitir o afastamento do texto da lei em nome das consequências negativas que a solução preconizada pela norma pode acarretar. A melhor exegese do artigo é a de que, havendo duas soluções deduzidas do sistema jurídico, deve ser proferida a decisão que gerar as melhores consequências.

As partes e o órgão de instrução, no caso de processos nas esferas administrativa e controladora, devem trazer as informações e elementos de prova necessários à avaliação de consequências pela autoridade se a causa de pedir for valores abstratos e conceitos indeterminados.

Por fim, a autoridade responsável deve motivar a opção escolhida de modo a permitir o controle da decisão, não apenas pelos próprios tribunais, como pelos jurisdicionados e pela comunidade jurídica.

Com relação ao inciso IV do §1º do art. 489 do CPC, isso não implica que o relator está obrigado a rechaçar, um a um, os argumentos expendidos pela parte. Essa questão já foi enfrentada pelo TCU, cabendo destacar o seguinte precedente:

7.7. A entrada em vigor do Novo Código de Processo Civil, Lei 13.105/2015, [...] (art. 489, §1º, inciso IV), reforçou este entendimento e não alterou a linha mestre do entendimento

jurisprudencial de que *a fundamentação de todas as decisões deve atender ao princípio da persuasão racional ou do livre convencimento motivado, o qual não impõe ao julgador o rebate pormenorizado das questões postas, com exceção daquelas que influírem e foram nodais para o desate e julgamento dos pedidos formulados.*
(Acórdão nº 4.485/2020-Primeira Câmara. Relator: ministro Benjamin Zymler)

A motivação *per relationem* é absolutamente admitida pelo nosso sistema processual. Ela ocorre quando o relator simplesmente concorda com a análise de pareceres técnicos emitidos anteriormente e incorpora os fundamentos como razão de decidir.

Tal possibilidade está, inclusive, positivada em nosso ordenamento jurídico, mais especificamente no Decreto nº 9.830, de 10 de junho de 2019.

Conforme o art. 2º, §3º, da aludida norma, que regulamentou parte do Decreto-Lei nº 4.657, de 4 de setembro de 1942 (Lei de Introdução às Normas do Direito brasileiro – LINDB), "a motivação poderá ser constituída por declaração de concordância com o conteúdo de notas técnicas, pareceres, informações, decisões ou propostas que precederam a decisão".

Avalia-se que o art. 926 do CPC também se aplica ao TCU. Conforme o dispositivo:

> Art. 926. Os tribunais devem uniformizar sua jurisprudência e mantê-la estável, íntegra e coerente.
> §1º Na forma estabelecida e segundo os pressupostos fixados no regimento interno, os tribunais editarão enunciados de súmula correspondentes a sua jurisprudência dominante.
> §2º Ao editar enunciados de súmula, os tribunais devem ater-se às circunstâncias fáticas dos precedentes que motivaram sua criação.

A disposição encerra a obrigação de respeitar os precedentes, especialmente aqueles veiculados em súmulas da jurisprudência dominante. A regra consubstancia o dever de integridade e coerência que deve pautar a autuação dos órgãos com função jurisdicional, o que, evidente, inclui a atuação do TCU, considerando a sua função de dizer o direito em matéria especializada, o controle orçamentário e financeiro da Administração Pública, nos limites da CF/1988.

Nessa perspectiva, o Tribunal deve buscar uniformizar sua jurisprudência e mantê-la estável, íntegra e coerente. À vista desse dispositivo, os ministros e os órgãos internos do TCU devem obedecer às súmulas e aos incidentes de uniformização editados pelo Tribunal, buscando atender, assim, o princípio da segurança jurídica.

Todavia, é possível a adoção de entendimento diverso do esposado em tais decisões se as circunstâncias do caso concreto forem distintas das analisadas nos precedentes que motivaram a edição da súmula. Nessa hipótese, o julgador tem ônus de motivar, de forma exauriente, a razão do *discrime*.

Da mesma forma, a modificação de enunciado de súmula e do incidente observará a necessidade de fundamentação adequada e específica, considerando os princípios da segurança jurídica, da proteção da confiança e da isonomia, conforme o §4º do art. 927 do CPC.

11.3.6 Consequências do falecimento do responsável (pessoa física) ou extinção da pessoa jurídica

O falecimento do responsável no curso do processo do TCU implica diferentes consequências a depender do momento em que o fato ocorre e do objeto do processo.

Conforme o art. 5º, inciso XLV, da CF/1988, nenhuma pena passará da pessoa do condenado. Trata-se do princípio da intranscendência da pena, de incidência ampla no âmbito do Direito Administrativo Sancionador, ressalvadas as exceções catalogadas na lei.

Assim, caso a matéria em discussão envolva irregularidades passíveis de ensejar a aplicação de multa, o falecimento do responsável extingue a punibilidade do agente se ocorrido antes do trânsito em julgado do acórdão condenatório. Nessas circunstâncias, se o responsável já tiver sido sancionado, caberá a revisão de ofício da decisão para excluir a penalidade aplicada. Nesse sentido, cabe invocar o Acórdão nº 3.429/2015-Segunda Câmara (relator: ministro-substituto Marcos Bemquerer).

As mesmas considerações se aplicam à extinção da pessoa jurídica na hipótese de a sua dissolução ter ocorrido antes do trânsito em julgado da decisão. Essa posição foi adotada no seguinte precedente:

> Havendo a extinção da pessoa jurídica antes do trânsito em julgado da decisão sancionatória, a multa aplicada deve ser declarada, de ofício, inexistente, diante da perda de objeto dessa sanção, aplicando-se, por analogia, o art. 3º, §2º, da Resolução TCU 178/2005, que trata da revisão de acórdão em que houver sido aplicada multa a gestor que tenha falecido antes do trânsito em julgado da deliberação.
> (Acórdão nº 5.311/2019-Segunda Câmara. Relator: ministro André de Carvalho)

Nas demais situações, em que o falecimento do responsável ocorrer depois do trânsito em julgado, é possível o prosseguimento do processo para a cobrança executiva da dívida, junto aos seus sucessores, mesmo se o objeto desta for uma multa. Nesse sentido, mencionam-se os seguintes precedentes:

> Havendo o falecimento do responsável, somente a multa já convertida em dívida patrimonial em decorrência do trânsito em julgado do acórdão gerador da sanção é que pode subsistir e ser cobrada do espólio ou dos sucessores, no limite do patrimônio transferido.
> (Acórdão nº 599/2015-Plenário. Relator: ministro Raimundo Carreiro)
> (Acórdão nº 2.952/2020-Plenário. Relator: ministro Benjamin Zymler)

> No caso de falecimento do responsável após o trânsito em julgado da decisão que lhe imputou multa, a obrigação pecuniária transmite-se aos sucessores, tendo em vista que, em tal situação, o valor da sanção constitui dívida do falecido, a ser suportada pelos sucessores, no limite do patrimônio transferido (art. 1.997 do Código Civil).
> (Acórdão nº 1.664/2022-Plenário. Relator: ministro Walton Alencar)

A decisão a seguir resume os diversos encaminhamentos possíveis no caso de falecimento do responsável no curso de processo que discuta irregularidade passível de aplicação de multa:

> No caso de falecimento do responsável e no que concerne à multa já aplicada, pode ocorrer uma das seguintes situações: a) o TCU pode tornar sem efeito, de ofício, a multa aplicada,

caso o falecimento do responsável ocorra antes do trânsito em julgado; b) o Tribunal pode promover a revisão de ofício do acórdão condenatório, para afastar a multa aplicada, caso o óbito do responsável ocorra após a sua citação válida, mas antes do trânsito em julgado da decisão condenatória; c) o TCU pode manter a correspondente dívida de valor sob a responsabilidade dos sucessores, caso o falecimento do responsável ocorra após o trânsito em julgado da deliberação.
(Acórdão nº 3.461/2017-Segunda Câmara. Relator: ministro-substituto André de Carvalho)

No que se refere ao débito, a questão é tratada de forma diversa, à vista do disposto na parte final do art. 5º, inciso XLV, da CF/1988. Consoante o dispositivo, a obrigação de reparar o dano e a decretação do perdimento de bens poderão ser, nos termos da lei, estendidas aos sucessores e contra eles executadas, até o limite do valor do patrimônio transferido.

Essa regra, certamente, incide nos processos do TCU, havendo, apenas, diferenças quanto ao encaminhamento a ser adotado, a depender da data do óbito.

Quando o falecimento ocorrer no curso do processo, as suas contas serão normalmente apreciadas, podendo a obrigação de ressarcir o débito recair sobre espólio ou os seus herdeiros, a depender da ultimação da partilha. O precedente a seguir ilustra essa posição:

> Julgadas irregulares as contas do gestor falecido, condena-se seu espólio ao recolhimento do débito, ou, caso já concluído o processo de inventário, seus herdeiros, até o limite do valor do patrimônio transferido.
> (Acórdão nº 4.086/2008-Primeira Câmara. Relator: ministro Augusto Nardes)

Além disso, a morte do responsável tem implicações quanto aos destinatários dos atos processuais. Se esta ocorrer antes no curso do processo, os atos processuais subsequentes devem ser endereçados ao espólio, na pessoa de seu administrador provisório ou inventariante, ou aos sucessores do responsável, a depender da ultimação da partilha.

Caso os atos tenham sido endereçados ao responsável falecido, por desconhecimento de seu óbito, a renovação ou não do ato vai depender de quando ocorreu a morte do agente. Se esta se deu em momento anterior ao esgotamento do prazo estabelecido no expediente, o ato será renovado, devendo ser dirigido ao representante do espólio. Se a morte ocorreu depois, o ato processual é considerado válido e o processo segue, a partir de então, em nome do espólio ou dos sucessores, a depender da conclusão ou não da partilha, como visto.

A matéria foi disciplinada na Resolução TCU nº 170, de 30 de junho de 2004.

Conforme o parágrafo único do art. 18-A do mencionado normativo, no caso de responsável falecido, as comunicações serão encaminhadas:

> I – ao espólio, enquanto não homologada a partilha de bens entre os herdeiros, na pessoa do administrador provisório da herança ou do inventariante, se já tiver sido nomeado;
> II – aos herdeiros, após a homologação da partilha de bens.

As citações e as notificações serão renovadas em nome do espólio ou dos herdeiros caso o falecimento do responsável tenha ocorrido antes ou durante o prazo anteriormente concedido ao destinatário, nos termos do art. 18-B da Resolução TCU nº 170/2004.

O §1º do dispositivo prescreve que, vencido o prazo de alegações de defesa em momento anterior ao falecimento, tem-se como válida a citação efetivada na pessoa do responsável. Da mesma forma, transcorrido o prazo para interposição de recurso com efeito suspensivo em momento anterior ao falecimento, tem-se como válida a notificação enviada ao responsável, conforme o §2º do art. 18-B da Resolução TCU nº 170/2004.

Nessa hipótese, caberá à unidade competente:

I – certificar o trânsito em julgado do acórdão condenatório;
II – dar ciência ao espólio, ou aos herdeiros, do objeto tratado nos autos e do resultado do julgamento;
III – adotar as providências necessárias à promoção da cobrança executiva da dívida, na forma determinada pelos normativos internos específicos.

A matéria também foi tratada na Resolução TCU nº 178, de 24 de agosto de 2005, que previu, no §1º de seu art. 3º, que "o falecimento do responsável após o trânsito em julgado do acórdão que lhe condenou em débito ou aplicou multa não impede a constituição nem o curso do processo de cobrança executiva".

Isso implica que, independentemente da necessidade de renovar ou não os atos processuais, nas condições já explicadas, o espólio ou os sucessores sempre assumirão o polo passivo do processo em que se apure o débito. Eventuais alegações quanto à dificuldade de exercer o devido contraditório, por parte do espólio ou sucessores, são questões preliminares de mérito, não afetando a legitimidade processual daqueles no processo de contas.

Seguem alguns precedentes sobre o assunto:

> Enquanto não houver a partilha dos bens eventualmente deixados pelo de cujus, o espólio é quem deve ser condenado à reparação do dano causado ao erário, sendo representado pelo inventariante, de acordo com o art. 12, inciso V, da Lei 5.869/1973 (Código de Processo Civil).
> (Acórdão nº 2.551/2008-Primeira Câmara. Relator: ministro-substituto Marcos Bemquerer)

> O óbito de responsável ocorrido após sua citação válida, mas antes do trânsito em julgado da decisão condenatória, é motivo para a revisão de ofício do acórdão, com a finalidade de afastar a multa aplicada, mantendo-se, porém, incólume o débito imputado.
> (Acórdão nº 1.800/2015-Plenário. Relator: ministro Vital do Rêgo)

> O falecimento do responsável após a apresentação de suas alegações de defesa e antes da sessão em que foi proferido o acórdão condenatório não afasta a validade do julgamento das contas e da condenação em débito do falecido, independentemente da condenação do espólio. Esse, ou os herdeiros, caso tenha havido a partilha, passam a ocupar a posição do de cujus no processo de tomada de contas especial, respondendo pelo ressarcimento do dano ao erário até o limite do patrimônio transferido. A multa eventualmente aplicada ao responsável deve ser, de ofício, tornada insubsistente, ante seu caráter personalíssimo.
> (Acórdão nº 2.726/2016-Plenário. Relator: ministro Augusto Nardes)

Quando o falecimento do responsável ocorre após a apresentação da defesa, considera-se válida a citação e satisfeito o princípio do contraditório e ampla defesa, sem prejuízos à validade do julgamento das contas do falecido. O espólio ou os sucessores, caso tenha havido a partilha, passam a ocupar a posição do de cujus no processo de tomada de contas especial, respondendo pelo ressarcimento do dano ao erário, de natureza indenizatória, até o limite do patrimônio transferido. As consequências jurídicas sancionatórias, no entanto, são exclusivas do gestor, não se transferindo aos sucessores do falecido dada sua natureza personalíssima.
(Acórdão nº 1.726/2021-Primeira Câmara. Relator: ministro Benjamin Zymler)

No caso de falecimento de responsável por irregularidades constatadas em tomada de contas especial, não influencia o julgamento de seu mérito o argumento dos herdeiros quanto à impossibilidade de afetação do espólio, sendo irrelevante o fato da aquisição dos bens ser anterior à gestão das verbas federais. Da mesma forma, eventual impenhorabilidade e natureza familiar do patrimônio somente podem ser consideradas na fase executória do processo.
(Acórdão nº 801/2015-Segunda Câmara. Relatora: ministra Ana Arraes)

Quando o responsável falece antes de apresentar suas alegações de defesa e o conhecimento desse fato só acontece após a prolação do acórdão condenatório, o TCU, de ofício, poderá tornar insubsistente a deliberação, sem prejuízo de determinar a citação do espólio do falecido ou a dos seus sucessores diretamente.
(Acórdão nº 5.148/2015-Primeira Câmara. Relator: ministro Benjamin Zymler)

Compete aos sucessores do responsável apurar o valor efetivamente recebido em função da herança e providenciar o recolhimento da dívida aos cofres públicos, devendo, para obter o certificado de quitação junto ao TCU, fazer prova do excesso de condenação, nos termos do art. 1.792 do Código Civil.
(Acórdão nº 945/2012-Segunda Câmara. Relator: ministro-substituto Marcos Bemquerer)

CAPÍTULO 12

PROVAS

As partes podem utilizar, perante o TCU, qualquer prova admitida em Direito. A única restrição imposta é que ela seja apresentada de forma documental, mesmo as declarações pessoais de terceiros, conforme o art. 162 do RITCU.

Isso implica dizer que o processo de controle externo não admite a produção de prova testemunhal nem a realização de interrogatório dos responsáveis, diretamente perante o Tribunal. A manifestação de terceiros deve ser reduzida a termo e juntada ao processo como declaração. Esse entendimento é pacífico na jurisprudência do TCU, como revelam os seguintes precedentes:

> As provas produzidas perante o TCU devem sempre ser apresentadas de forma documental, o que exclui a produção de prova testemunhal.
> (Acórdão nº 1.177/2009-Segunda Câmara. Relator: ministro Raimundo Carreiro)

> O TCU pronuncia-se apenas com base nas provas documentais, não se admitindo a produção de prova testemunhal ou o interrogatório das partes. No processo de controle externo, diversamente do que ocorre no processo civil ou no processo penal, não há audiência de instrução e julgamento assegurando a manifestação oral das partes no processo, tampouco há fase de interrogatório ou possibilidade de se apresentar alegações finais, dada a ausência de previsão legal nesse sentido.
> (Acórdão nº 10.941/2018-Primeira Câmara. Relator: ministro Benjamin Zymler)

As partes não precisam de autorização do relator ou do Tribunal para produzir as evidências que foram úteis ao exercício de seu direito de defesa, tais como perícias, inspeções e coleta de depoimentos. Da mesma forma, as partes não têm o direito de solicitar ao TCU que produza tais provas.

> As normas que regulam o processo de controle externo não concedem ao responsável a faculdade de solicitar produção de provas ao TCU, como a colheita de depoimentos ou realização de perícias e diligências. O Tribunal deve julgar com base nas provas documentais constantes dos autos, reunidas pelos órgãos de controle interno e pela unidade técnica, em confronto com aquelas produzidas e apresentadas pelo responsável em sua peça de defesa.
> (Acórdão nº 3.535/2015-Segunda Câmara. Relator: ministro Augusto Nardes)

Não cabe ao TCU produzir provas, organizar informações, realizar perícias ou adotar qualquer medida tendente a revelar o nexo de causalidade entre recursos transferidos

e despesas efetuadas, pois compete ao gestor comprovar a boa e regular aplicação dos recursos públicos federais.
(Acórdão nº 3.623/2015-Primeira Câmara. Relator: ministro José Múcio)

Não cabe ao TCU determinar, a pedido do responsável, a realização de diligência, perícia ou inspeção para a obtenção de provas, uma vez que constitui obrigação da parte apresentar os elementos que entender necessários para a sua defesa.
(Acórdão nº 2.805/2017-Primeira Câmara. Relator: ministro Vital do Rêgo)

No que concerne à solicitação de produção de prova pericial formulada pela parte, a jurisprudência do Tribunal também é pacífica no sentido de que a realização daquela prescinde de autorização do TCU, podendo a parte, se for do seu interesse, trazer aos autos as provas de sua defesa, inclusive laudos periciais produzidos por iniciativa própria. Nesse sentido, invocam-se os seguintes julgados:

O processo de controle externo, disciplinado pela Lei 8.443/1992 e pelo Regimento Interno do TCU, não prevê a produção de prova pericial, cabendo ao responsável trazer aos autos os elementos que entender necessários para sua defesa, inclusive laudos periciais, o que prescinde de autorização do Tribunal.
(Acórdão nº 5.040/2022-Segunda Câmara. Relator: ministro Bruno Dantas)

No processo de controle externo, não há previsão para produção de prova pericial eventualmente requerida pelos responsáveis ou interessados, cabendo à parte apresentar os elementos que entender necessários para demonstrar a boa e regular aplicação de recursos públicos que lhe foram confiados.
(Acórdão nº 10.498/2021-Segunda Câmara. Relator: ministro Bruno Dantas)

O processo de controle externo, disciplinado pela Lei 8.443/1992 e pelo Regimento Interno do TCU, não prevê ao Tribunal competência para determinar a realização de perícia para a obtenção de provas. É da iniciativa do responsável trazer aos autos as provas de sua defesa, inclusive laudos periciais, prescindindo de autorização do Tribunal para tanto.
(Acórdão nº 4.843/2017-Primeira Câmara. Relator: ministro José Múcio Monteiro)

Por evidente, a eventual juntada de prova pericial produzida autonomamente pelo responsável não vincula o Tribunal, que, como é de praxe, possui ampla liberdade para valorar a evidência, podendo formar seu convencimento de maneira livre, conforme o princípio da persuasão racional. Essa exegese constou do seguinte precedente, extraído do repositório da jurisprudência do TCU:

A prova pericial, apesar de não vincular o julgador na formação de seu convencimento, tem fé pública e presunção de veracidade, podendo ser considerada pelo julgador em questões técnicas.
(Acórdão nº 269/2016-Plenário. Relator: ministro Benjamin Zymler)

A despeito dessa liberdade das partes, o relator possui um papel importante na produção de prova nos processos do TCU, já que ele tem o poder de requerer, por meio de diligência, a juntada de elementos necessários ao seu convencimento e desconsiderar a juntada de provas ilícitas, impertinentes, desnecessárias ou protelatórias.

Conforme o art. 101 da LOTCU, o Tribunal pode, ainda, requisitar aos órgãos e entidades federais, sem quaisquer ônus, a prestação de serviços técnicos especializados, a serem executados em prazo previamente estabelecido, sob pena de aplicação da sanção prevista no art. 58 da LOTCU.

O procedimento supramencionado não se confunde com uma prova pericial, de sorte que não é necessário seguir o rito estabelecido no CPC para a produção deste meio de prova. Essa lição foi consignada nos seguintes precedentes, também extraídos do repositório da jurisprudência selecionada do Tribunal:

> É incabível a formulação de quesitos ou a indicação de assistentes técnicos pelos responsáveis quando o TCU utiliza a faculdade de requisição de serviços técnicos especializados a órgãos e entidades federais (art. 101 da Lei 8.443/1992). Tal competência insere-se no âmbito das atividades de fiscalização do Tribunal, não se confundindo com a produção de prova pericial de que trata o CPC (art. 465, §1º, incisos II e III, da Lei 13.105/2015).
> (Acórdão nº 2.457/2018-Plenário. Relator: ministro José Múcio Monteiro)

> Não cabe franquear a responsável participação nos serviços técnicos especializados requeridos pelo TCU a órgãos e entidades federais (art. 101 da Lei 8.443/1992), pois a produção desses trabalhos tem por finalidade subsidiar a fiscalização do Tribunal, o que não se confunde com a prova pericial de que trata o Código de Processo Civil. Contudo, em observância ao princípio da ampla defesa, os responsáveis poderão acostar aos autos laudos técnicos que entenderem convenientes, assim como contraditar laudo técnico produzido por órgão ou entidade federal.
> (Acórdão nº 133/2017-Plenário. Relator: ministro Benjamin Zymler)

Dentro da faculdade do relator e da secretaria de promover as diligências cabíveis para a coleta de provas, é possível o Tribunal se valer de informações e documentos oriundos de sistemas de informática disponibilizados à sua atuação de controle externo. A título de exemplo, mencionam-se os elementos extraídos do Sistema de Gestão de Convênios e Contratos de Repasse (Siconv), do Sistema de Gestão de Prestação de Contas (SiGPC), do Sistema Compras, do Sicro e do Sinapi, entre outros.

No caso dos processos de contas e de contas especiais, os gestores devem apresentar as informações e os documentos especificados nas normas de regência e nos respectivos instrumentos de repasse. A título de exemplo, os arts. 28 e 30 da Instrução Normativa-STN nº 1, de 15 de janeiro de 1997, exigem a remessa dos seguintes elementos para a prestação de contas de convênios e instrumentos congêneres celebrados com entidades da Administração Pública federal:

a) relatório de cumprimento do objeto;

b) plano de trabalho;

c) cópia do Termo de Convênio ou Termo Simplificado de Convênio, com a indicação da data de sua publicação;

d) relatório de execução físico-financeira;

f) demonstrativo da execução da receita e despesa, evidenciando os recursos recebidos em transferências, a contrapartida, os rendimentos auferidos da aplicação dos recursos no mercado financeiro, quando for o caso, e os saldos;

f) relação de pagamentos;

g) relação de bens;

h) extrato da conta bancária específica do período do recebimento da 1ª parcela até o último pagamento e conciliação bancária, quando for o caso;

i) cópia do termo de aceitação definitiva da obra, quando o instrumento objetivar a execução de obra ou serviço de engenharia;

j) comprovante de recolhimento do saldo de recursos, à conta indicada pelo concedente, ou DARF, quando recolhido ao Tesouro Nacional;

k) cópia do despacho adjudicatório e homologação das licitações realizadas ou justificativa para sua dispensa ou inexigibilidade, com o respectivo embasamento legal, quando o convenente pertencer à Administração Pública; e

l) documentos originais fiscais ou equivalentes, devendo as faturas, recibos, notas fiscais e quaisquer outros documentos comprobatórios ser emitidos em nome do convenente ou do executor, se for o caso, devidamente identificados com referência ao título e número do convênio.

A produção de provas ganha outra dinâmica em processos de auditorias e inspeções, uma vez que, nesses casos, a própria equipe do TCU irá ao órgão jurisdicionado coletar as evidências necessárias ao cumprimento do objetivo e do escopo da fiscalização.

Conforme os Padrões de Auditoria de Conformidade do Tribunal, aprovado por meio da Portaria-Segecex nº 26, de 19 de outubro de 2009, além da obtenção de provas documentais, é possível a realização de entrevista junto a pessoas designadas pela entidade fiscalizada e a eventuais terceiros, estranhos à Administração Pública, desde que vinculados ao objeto da fiscalização. Nesse caso, as respostas produzidas serão consolidadas em um documento denominado extrato de entrevista, que será elaborado nos termos especificados no Anexo VII aos Padrões de Auditoria de Conformidade do TCU.

Da mesma forma, a referida norma também admite a coleta de evidências testemunhais, as quais devem, sempre que possível, ser reduzidas a termo e corroboradas por outras evidências.[309]

A execução de fiscalizações também utiliza a técnica de inspeção física, a qual consiste na observação *in loco* das características físicas do objeto fiscalizado, a qual servirá de subsídio para a averiguação da existência ou não, do objeto ou item verificado, conforme as especificações indicadas no documento de suporte. No caso, esse trabalho de inspeção deve ser acompanhado por representantes da entidade fiscalizada e de eventuais terceiros interessados, devendo a equipe reduzir a termo os achados identificados, no relatório de fiscalização.

As fotografias ou mídias contendo arquivos de dados, vídeo ou áudio também são consideradas evidências em auditorias.[310] Tais elementos devem ser juntados ao processo de controle externo, se úteis à corroboração de achados, constituindo os chamados "itens não digitalizáveis" das peças processuais juntadas aos autos eletrônicos no sistema do TCU.

---

[309] BRASIL. Tribunal de Contas da União. Secretaria-Geral de Administração. Padrões de Auditoria de Conformidade. Portaria-Segecex nº 26, de 19 de outubro de 2009. Brasília: TCU, 2009, p. 9.

[310] BRASIL. Tribunal de Contas da União. Secretaria-Geral de Administração. Padrões de Auditoria de Conformidade. Portaria-Segecex nº 26, de 19 de outubro de 2009. Brasília: TCU, 2009, p. 9.

Seguindo a trilha da proibição veiculada no art. 5º, inciso LVI, da CF/1988, o art. 162, §1º, do RITCU também considera inadmissíveis no processo de controle externo as provas obtidas por meios ilícitos.

O §2º do mesmo dispositivo prescreve que o relator, em decisão fundamentada, negará a juntada de provas ilícitas, impertinentes, desnecessárias ou protelatórias.

Em verdade, como a produção de evidências pelo responsável prescinde da autorização do Tribunal, não haverá, propriamente, negativa a que tais elementos sejam acostados no processo. O que o mencionado dispositivo sugere, em verdade, é que a eventual juntada de provas ilícitas, impertinentes, desnecessárias ou protelatórias serão desconsideradas pelo TCU, na formação de seu convencimento acerca da matéria em discussão no processo.

12.1 Ônus da prova

Conforme o art. 93 do Decreto-Lei nº 200/1967, "quem quer que utilize dinheiros públicos terá de justificar seu bom e regular emprego na conformidade das leis, regulamentos e normas emanadas das autoridades administrativas competentes".

Isso implica que é do gestor o ônus da prova da escorreita aplicação dos recursos públicos que lhe foram confiados, cabendo-lhe apresentar os documentos exigidos nas normas que regem a prestação de contas, sob pena de ser responsabilizado pelo Tribunal em débito e multa.

A não apresentação dos elementos especificados nas mencionadas regras implica a presunção relativa de dano ao Erário e de culpa do gestor, que somente é afastada pela apresentação de provas que demonstrem a correta aplicação dos valores públicos.

Essa exegese é pacífica na jurisprudência do Tribunal, como ilustram os seguintes precedentes:

> Em sede de prestação de contas de recursos públicos, incumbe ao gestor o ônus de provar o bom e regular emprego dos recursos federais nos fins previamente estabelecidos pela legislação.
> (Acórdão nº 3.512/2006-Segunda Câmara. Relator: ministro Walton Alencar)

> O gestor que subscreve o convênio assume a responsabilidade pessoal pela observância de suas disposições, incluindo o ônus de comprovar a boa e correta aplicação dos recursos públicos recebidos.
> (Acórdão nº 5.742/2016-Primeira Câmara. Relator: ministro Bruno Dantas)
> (Acórdão nº 3.101/2016-Primeira Câmara. Relator: ministro Bruno Dantas)

> Nos processos relativos ao controle financeiro da Administração Pública, a culpa dos gestores por atos irregulares que causem prejuízo ao erário é legalmente presumida, ainda que não se configure ação ou omissão dolosa, admitida prova em contrário, a cargo do gestor. Na fiscalização dos gastos públicos, privilegia-se, como princípio básico, a inversão do ônus da prova. Cabe ao gestor demonstrar a boa aplicação dos dinheiros e valores públicos sob sua responsabilidade (art. 70, parágrafo único, da Constituição Federal e art. 93 do Decreto-Lei 200/1967, c/c o art. 66 do Decreto 93.872/1986).
> (Acórdão nº 1.895/2014-Segunda Câmara. Relatora: ministra Ana Arraes)

Ordinariamente, somente deve ser exigido do responsável o encaminhamento dos documentos especificados nas normas de regência ou no instrumento que formalizou o repasse dos recursos. Todavia, o TCU pode demandar outros elementos de prova se os originalmente previstos não lograrem afastar irregularidades identificadas pelo Tribunal, a partir de outros meios. Nesse sentido, invoca-se o seguinte precedente do Tribunal:

> Na presença de elementos que sugiram a prática de irregularidades em convênios, torna-se insuficiente a remessa de documentos exigidos em normas atinentes à prestação de contas ordinária. Nessas circunstâncias, é não apenas lícito, mas imperativo, exigir elementos de prova mais robustos que comprovem, de forma efetiva, os gastos efetuados, a consecução dos objetivos do repasse e o nexo de causalidade entre as despesas realizadas e os recursos federais recebidos.
> (Acórdão nº 802/2014-Plenário. Relator: ministro Walton Alencar)

> Em uma tomada de contas especial, a comprovação da aplicação dos recursos deve estar acompanhada de todos os elementos necessários e suficientes para conduzir ao convencimento da boa e regular utilização dos recursos públicos, e não somente os documentos previstos em normas atinentes à prestação de contas ordinária.
> (Acórdão nº 3.693/2014-Segunda Câmara. Relator: ministro-substituto André de Carvalho)

De qualquer modo, cabe ao gestor produzir os elementos de prova necessários à demonstração da regular aplicação dos recursos por ele administrados. Por essa razão, a jurisprudência do TCU é pacífica no sentido de que não lhe cabe promover diligência para colher documentos de interesse da defesa de gestor, uma vez que é deste o ônus da prova (Acórdão nº 5.516/2010-Segunda Câmara. Relator: ministro Raimundo Carreiro; Acórdão nº 8.560/2012-Segunda Câmara. Relator: ministro José Jorge).

A responsabilização do gestor nos processos de contas do Tribunal segue uma lógica completamente distinta do processo penal, no qual o ônus da prova é de quem acusa. Do mesmo modo, não incide a regra de distribuição do ônus da prova do processo civil, segundo a qual este incumbe ao autor, quanto aos fatos constitutivos do pedido, e ao réu, quanto aos extintivos, impeditivos e modificativos do direito daquele (art. 373 do CPC/2015).

A divisão do ônus da prova ganha novos contornos nos processos de fiscalização, uma vez que, nesses casos, não há que se falar em prestação de contas, tampouco de dano e culpa presumidos, de modo que os achados devem ser suportados em evidências coletadas pela equipe do Tribunal, a partir de requisições endereçadas ao órgão jurisdicionado.

Dessa forma, cabe à equipe de fiscalização reunir e juntar as evidências das irregularidades e juntá-las ao relatório, antes do chamamento dos responsáveis para a apresentação de defesa. Não obstante, não se pode olvidar que o gestor continua obrigado a prestar as informações e entregar os documentos requeridos pelo Tribunal, estando sujeito à multa dos incisos V e VI do art. 58 da LOTCU,[311] caso não cumpra essa obrigação.

---

[311] Art. 58. O Tribunal poderá aplicar multa {...}, aos responsáveis por:
V – obstrução ao livre exercício das inspeções e auditorias determinadas;
VI – sonegação de processo, documento ou informação, em inspeções ou auditorias realizadas pelo Tribunal;

Assim, as partes interessadas devem oferecer contraprova das evidências e dos fatos deduzidos pela equipe de auditoria e produzidos de ofício pelo Tribunal durante a fase de instrução e, ainda, produzir prova dos fatos alegados por elas, que sejam capazes de impedir, modificar ou extinguir o direito que decorreria dos fatos narrados pela Secretaria do Tribunal. Tais evidências formam, juntamente com as carreadas pela fiscalização, o acervo probatório a ser utilizado para o convencimento do TCU, o que permite afirmar que o ônus probatório, mesmo em processos de fiscalização, também compete aos interessados, nos termos mencionados.

Embora não seja possível, a rigor, falar de partes antagônicas nos processos do Tribunal, entende-se que a distribuição do ônus probatório nos processos de fiscalização segue, grosso modo, a disciplina do art. 373 do CPC/2015, o qual deve ser lido segundo as peculiaridades da atividade de controle externo. Dessa forma, incumbe à Secretaria do Tribunal demonstrar os fatos apurados nas fiscalizações, mediante a juntada das evidências que os suportem, e aos órgãos fiscalizados e aos terceiros interessados, os fatos impeditivos, modificativos ou extintivos dos deduzidos pelo corpo instrutivo do Tribunal a partir das evidências colhidas na auditoria ou na instrução.

A jurisprudência do Tribunal é firme quanto a essa divisão do ônus da prova em processos de fiscalização:

> Considerando que o acompanhamento da aplicação de recursos transferidos fundo a fundo, a exemplo do SUS, é realizado normalmente por meio de inspeções e auditorias, e não se operacionaliza automaticamente por meio da prestação de contas, tal qual ocorre nos convênios e instrumentos congêneres, não cabe aqui a inversão do ônus da prova, razão pela qual os réus são beneficiados pela dúvida quanto à existência de materialidade e autoria de fatos que possam levá-los à condenação.
> (Acórdão nº 2.311/2010-Primeira Câmara. Relator: ministro Walton Alencar)

> Em processos de auditoria, o ônus da prova sobre ocorrências consideradas ilegais cabe ao TCU, devendo tais ocorrências estar acompanhadas de fundamentação que permita a identificação do dano, da ilegalidade, do responsável por sua autoria e da entidade ou empresa que tenha contribuído para a prática do ato ilegal.
> (Acórdão nº 721/2016-Plenário. Relator: ministro Vital do Rêgo)

> A distribuição do ônus probatório nos processos de fiscalização do TCU segue a disciplina do art. 373 da Lei 13.105/2015 (CPC), aplicada às peculiaridades da atividade de controle externo, competindo: a) à unidade técnica do Tribunal demonstrar os fatos apurados nas fiscalizações, mediante a juntada das evidências que os suportam; b) aos órgãos fiscalizados e aos terceiros interessados provar os fatos impeditivos, modificativos ou extintivos do direito do Estado de obter ressarcimento e/ou punir a prática de ato ilegal, ilegítimo e antieconômico que lhes fora atribuída pelo corpo instrutivo do Tribunal.
> (Acórdão nº 1.522/2016-Plenário. Relator: ministro Benjamin Zymler)

Do mesmo modo, compete à Secretaria do Tribunal o ônus da prova da participação de terceiros contratados em irregularidades cometidas na execução de contratos administrativos, o que ocorre a partir das evidências obtidas junto a entidade pública responsável pela contratação. Tal exegese se justifica porque os particulares não possuem o *status* de gestores públicos quando atuam como meros signatários de tais ajustes

Essa posição também é amparada pela jurisprudência do TCU, como ilustram os seguintes precedentes do Tribunal:

> O ônus da prova sobre ocorrências ilegais imputadas a terceiros contratados pela Administração Pública cabe ao TCU, o qual deve evidenciar a conduta antijurídica praticada para fins de imputação de débito. A obrigação de demonstrar a boa e regular aplicação de recursos públicos é atribuída ao gestor, e não a terceiros contratados pela Administração Pública.
> (Acórdão nº 901/2018-Segunda Câmara. Relator: ministro José Múcio)
> (Acórdão nº 2.544/2020-Plenário. Relator: ministro Bruno Dantas)

> O terceiro que recebe pagamento da Administração pela prestação de serviços ou fornecimento de bens não tem o dever de prestar contas dos valores recebidos, pois não é, nessa condição, gestor de recursos ou bens públicos. Cabe ao TCU o ônus de provar que o terceiro beneficiário do pagamento concorreu de alguma forma para o cometimento do dano apurado. Os responsáveis por demonstrar a regularidade das despesas são os gestores que autorizaram os pagamentos inquinados.
> (Acórdão nº 5.344/2014-Primeira Câmara. Relator: ministro Benjamin Zymler)

> A presunção de inexecução do objeto do convênio, no caso de não comprovação, é dirigida ao gestor, a quem compete demonstrar a boa e regular aplicação dos recursos, e não ao particular contratado. A obrigação do contratado de comprovar a prestação dos serviços como condição para receber o pagamento devido, nos termos da Lei 4.320/1964, dá-se perante a administração contratante, e não por exigência do órgão de controle, que, para condenar terceiro solidário, deve atestar que o serviço deixou de ser realizado.
> (Acórdão nº 8.057/2021-Segunda Câmara. Relator: ministro Augusto Nardes)
> (Acórdão nº 6.884/2016-Primeira Câmara. Relator: ministro José Múcio)

12.2 Provas emprestadas

O TCU admite o uso de provas emprestadas oriundas da investigação penal, do inquérito civil ou do próprio processo judicial desde que haja autorização do juiz ou que este tenha tornado públicos os documentos. A validade da prova emprestada exige a realização de contraditório no processo do Tribunal, não sendo necessário que as partes sejam as mesmas, nos processos de destino e origem. A jurisprudência da Corte de Contas está consolidada nesse sentido, cabendo mencionar os Acórdãos nºs 2.426/2012-Plenário (relator: ministro-substituto André de Carvalho), 1.718/2014-Plenário (relator: ministro Walton Alencar) e 1.457/2018-Plenário (relator: ministro Benjamin Zymler).

O aludido entendimento se aplica, inclusive, para as informações obtidas mediante interceptação telefônica. Nesse sentido, invoca-se o seguinte precedente:

> É válida a utilização de informações obtidas mediante interceptação telefônica constantes de processo criminal como prova emprestada em processo do TCU, desde que haja autorização judicial para esse aproveitamento e que sejam concedidas as garantias constitucionais do contraditório e da ampla defesa acerca do elemento trazido de empréstimo.
> (Acórdão nº 2.257/2016-Plenário. Relator: ministro Benjamin Zymler)

No que se refere às provas obtidas a partir de acordos de colaboração ou de leniência, o uso desses elementos pelo Tribunal depende do atendimento das condições e dos limites estabelecidos pela autoridade judicial responsável pela homologação desses instrumentos, incidindo, portanto, o princípio da aquisição condicionada da prova. Esse entendimento foi adotado no Acórdão nº 954/2019-Plenário (relator: ministro Benjamin Zymler), como se verifica no seguinte trecho do voto condutor do *decisum*:

> 31. Em situações do tipo, é preciso fazer uma releitura do princípio da comunhão ou aquisição da prova. Considerando que as provas pertenciam ao colaborador e somente vieram a juízo por força de uma promessa de benefícios, é razoável que a utilização de tais provas pelo Estado respeite as condições firmadas no pacto que viabilizou sua obtenção. O mesmo entendimento se aplica as provas que decorreram das colaborações ou foram interpretadas a partir de informações prestadas por colaboradores. Por essa razão, compreendo que as provas coletadas em função de acordos de colaboração estão sujeitas ao princípio da comunhão ou aquisição condicionada ou mitigada.

Quando o Tribunal resolve utilizar o acervo probatório advindo de tais acordos, isso significa que ele concorda com os seus termos, comprometendo-se a oferecer os mesmos benefícios dados ao colaborador, no que se refere às irregularidades que fazem parte do escopo dos instrumentos. Eventual uso da prova pelo TCU, fora da abrangência permitida, pode implicar uma postura de deslealdade, ficando as decisões sujeitas a eventual decretação de nulidade pelo órgão judiciário competente.

A consequência da adesão a um acordo de cooperação é a limitação do exercício do poder sancionatório da autoridade que adere ao instrumento. O uso de tais provas impõe um dever de uniformidade e coerência por parte da instância que recebe o acervo probatório, conforme o princípio da segurança jurídica. Essa lição foi esposada no seguinte trecho do voto condutor do Acórdão nº 2.446/2018-Plenário (relator: ministro Benjamin Zymler):

> 51. Em minha visão, há um dever de uniformidade e coerência, quando um outro órgão de estado, embora independente, não produz provas autônomas e utiliza, no exercício de suas competências, somente evidências obtidas de outro órgão, que deixou de exercer o seu poder sancionatório sobre um determinado administrado. Em outras palavras, sou da opinião que deve haver um compromisso de comunicabilidade de instância, por meio do qual o segundo órgão adere aos termos de cooperação firmados pelo primeiro e não impõe outra consequência jurídica além das já tomadas por este.
> 52. Nesta hipótese, o segundo órgão também deixa de exercer seu poder sancionatório, em troca de todos os benefícios processuais que podem advir do uso dos elementos de prova juntados nos acordos de colaboração, em sua própria instância.

O limite de proteção conferida por um acordo de leniência ou colaboração premiada que tenha sido aderido pelo TCU, expressa ou tacitamente, são as irregularidades admitidas no instrumento, que forma o seu escopo. O TCU exerce sua competência de controle externo plena para os fatos que não tenham sido contemplados no acordo. Nesse sentido, invoca-se o seguinte precedente:

> A celebração de acordo de leniência, de colaboração premiada ou congêneres em outras instâncias de controle não interfere na atuação do TCU sobre irregularidades não abrangidas pelo acordo.
> (Acórdão nº 2.329/2020-Plenário. Relator: ministro Benjamin Zymler)

Caso sejam respeitadas as condições estabelecidas no acordo, o Tribunal pode utilizar livremente as provas e informações advindas do instrumento a fim de ampliar o escopo de seus processos e/ou fundamentar melhor a configuração das irregularidades e a responsabilização. As evidências e informações não podem ser usadas contra o colaborador, para fins sancionatórios, apenas para o ressarcimento integral do débito.

A repercussão de acordos de leniência e de colaboração premiada sobre o poder sancionatório do TCU depende da avaliação da utilidade das provas derivadas do instrumento. Caso as provas sejam úteis à jurisdição de contas, o Tribunal adere ao instrumento, concede sanções premiais ao colaborador e usa as evidências para sancionar terceiros. Do contrário, o Tribunal recusa aderir ao acordo e não faz uso das provas no exercício de sua jurisdição. Essa foi a lição esposada no voto condutor do Acórdão nº 1.310/2021-Plenário (relator: ministro Benjamin Zymler).

> 72. Dessa forma, para que haja repercussão dos acordos de leniência anticorrupção sobre o poder sancionatório desta Corte de Contas é preciso que o Tribunal adira ao referido instrumento, como faz – e até já fez – com os do MPF e do Cade.
> 73. Esse procedimento *depende da verificação da utilidade, a partir de uma autêntica análise de custo/benefício dos elementos produzidos no acordo anticorrupção para a missão institucional do TCU. Tal adesão ocorrerá mediante ato formal ou simples recebimento e utilização das evidências compartilhadas sob condição, o que implicará a anuência ao compromisso de não sancionamento do colaborador em razão dos fatos resolvidos no ajuste.*
> 74. A necessidade de adesão ao acordo de leniência por outros órgãos não signatários para que eles utilizem as evidências fornecidas e haja restrição à competência sancionatória de outras instâncias está em linha de consonância com o pensamento do próprio MPF, no Estudo Técnico nº 01/2017-CCR. Nesse sentido, invoco o excerto do documento transcrito no item 59 retro. (grifos acrescidos)

Nada obstante, ainda que o TCU não se valha das evidências para o exercício de sua missão de controle externo, a colaboração com outras instâncias pode ser considerada uma circunstância atenuante pelo Tribunal para fins de aplicação de sanções de sua competência. Essa posição foi adotada no Acórdão nº 1.527/2019-Plenário (relator: ministro Benjamin Zymler)

> A celebração de acordo de leniência, de colaboração premiada ou congêneres, em outras instâncias de controle, mesmo quando as informações lá colhidas não forem utilizadas para a instrução de processo no âmbito do controle externo, pode ser considerada como circunstância atenuante para fins de responsabilização perante o TCU. O fato de o Tribunal não se subordinar a tais ajustes não impede que sejam considerados no contexto da análise de condutas irregulares, em observância à uniformidade e à coerência da atuação estatal.

12.3 Prova de sobrepreço

Compete à Secretaria do Tribunal juntar ao processo os elementos de suporte da existência de sobrepreço em contratos administrativos, o que inclui tanto os documentos fornecidos pela entidade contratante como as medições, as faturas de pagamento, as composições de custos unitários e os orçamentos, dentre outros, como os produzidos pela própria unidade técnica em seu trabalho de análise, a exemplo das planilhas, das memórias de cálculo explicativas e dos excertos das tabelas referência de preços consultadas.

Não obstante, a jurisprudência do TCU é pacífica no sentido de que as informações contidas nessas tabelas, tais como o Sicro3[312] e o Sinapi, gozam de presunção relativa de que são representativas do preço de mercado. Por esse motivo, os particulares e os demais responsáveis devem comprovar a inadequação dos valores contidos em tais sistemas, o que se dará a partir da juntada de documentação idônea apta a infirmar os dados e as premissas adotadas ou mesmo a inaplicabilidade daqueles parâmetros ao caso concreto.

Essa exegese foi esposada nos seguintes precedentes:

> As tabelas oficiais de custos adotadas como parâmetros para aferição da regularidade de preços contratados de obras públicas, a exemplo do Sicro 2, apresentam presunção de confiabilidade, cabendo ao interessado em impugná-las fazer prova de sua inaplicabilidade. (Acórdão nº 1.466/2016-Plenário. Relatora: ministra Ana Arraes)

> Compete aos responsáveis comprovar, a partir de elementos fáticos, suas alegações de que os preços extraídos de sistemas oficiais de referência não se aplicam ao caso concreto ou necessitam de adequação para tanto, uma vez que esses sistemas da Administração refletem os preços de mercado e gozam de presunção de veracidade e de legitimidade, razão pela qual podem e devem ser considerados para a análise de adequação de preços e apuração de eventual superfaturamento.
> (Acórdão nº 1.637/2016-Plenário. Relator: ministro Benjamin Zymler)
> (Acórdão nº 1.000/2017-Plenário. Revisor: ministro Benjamin Zymler)

12.4 Força probatória dos documentos públicos

A Secretaria do TCU pode se valer de documentos públicos como elementos de corroboração da ocorrência de irregularidades na gestão de recursos públicos.

Nesse contexto, incluem-se relatórios de auditoria, inspeção ou vistoria produzidos pelos órgãos concedentes, na condição de tomadores de contas, os quais têm presunção relativa de veracidade, apenas afastada mediante a apresentação de prova robusta em contrário. Essa lição foi esposada no Acórdão nº 964/2008-Primeira Câmara (relator: ministro Marcos Vilaça) e no Acórdão nº 4.454/2014-Primeira Câmara (relator: ministro Walton Alencar), dentre outros.

Ademais, os documentos públicos também possuem presunção legal relativa de autenticidade, cabendo à parte que alega a falsidade o ônus da prova, seja obtendo seu reconhecimento judicial, seja carreando aos autos elementos suficientemente fortes para caracterizar a ocorrência da alegada falsificação (Acórdão nº 49/2015-Plenário. Relator: ministro Bruno Dantas).

Porém, é preciso maior cautela quando os documentos públicos constituírem os próprios relatórios de comissão de sindicância ou as decisões proferidas em processos

---

[312] O Sistema de Custos Referenciais de Obras (SICRO) é mantido pelo Departamento Nacional de Infraestrutura de Transportes (DNIT) e reúne parâmetros de custos para referenciar a elaboração dos orçamentos de projetos e a licitação de obras rodoviárias. O Sistema Nacional de Pesquisa de Custos e Índices da Construção Civil (Sinapi) é mantido pela Caixa Econômica Federal e contempla custos de obras e serviços de engenharia, exceto os serviços e obras de infraestrutura de transporte.

sancionadores, uma vez que tais elementos não são propriamente uma prova, mas o resultado da apreciação destas pela autoridade competente. Por esse motivo, deve o TCU juntar as próprias evidências, não o juízo de convencimento formulado pelo agente legitimado para tal. Essa posição foi externada no seguinte precedente do TCU:

> O relatório da comissão de sindicância, desacompanhado dos elementos de prova que lhe deram suporte, não é suficiente para embasar a responsabilização perante o TCU, pois traduz tão somente entendimento ou conclusão acerca de determinados fatos submetidos à apreciação daquele colegiado. A presunção de veracidade do relatório não afasta o ônus do TCU de buscar as provas que o fundamentaram e elucidar os fatos sob exame, podendo o Tribunal chegar a entendimento distinto daquele ao qual chegou a sindicância, dado o princípio da independência das instâncias.
> (Acórdão nº 4.003/2021-Primeira Câmara. Relator: ministro Bruno Dantas)

12.5 Alegação de dificuldade de obtenção da prova

A eventual dificuldade do gestor em obter a documentação necessária à comprovação da regular aplicação dos recursos públicos não impede o julgamento de suas contas pela irregularidade, uma vez que é deste o ônus de produzir tais elementos, assim como remover os eventuais obstáculos à sua obtenção. Essa posição corrobora o que foi afirmado anteriormente, de que não cabe ao Tribunal realizar diligências ou inspeções para obter documentos de interesse do jurisdicionado.

Essa lição foi exposta nos seguintes precedentes do TCU:

> Eventuais dificuldades do gestor na obtenção dos documentos necessários à prestação de contas dos recursos geridos, inclusive as derivadas de ordem política, se não resolvidas administrativamente, devem ser por ele levadas ao conhecimento do Poder Judiciário por meio de ação própria, uma vez que a responsabilidade pela comprovação da boa e regular aplicação dos recursos públicos é pessoal.
> (Acórdão nº 3.357/2016-Primeira Câmara. Relator: ministro Bruno Dantas)
> (Acórdão nº 1.838/2019-Primeira Câmara. Relator: ministro Vital do Rêgo)

> Caso os documentos necessários à prestação de contas tenham sido apreendidos judicialmente, cabe ao responsável adotar medidas administrativas e judiciais para a obtenção de cópias de tais documentos.
> (Acórdão nº 5.442/2008-Segunda Câmara. Relator: ministro Benjamin Zymler)

Por outro lado, eventual dificuldade de produzir em prova em virtude do transcurso do tempo deve ser objeto de demonstração pelo responsável, que deve indicar os obstáculos existentes e as providências adotadas para removê-los. Quanto a isso, colhem-se os precedentes a seguir:

> Cabe ao responsável o ônus de comprovar o eventual impedimento à plenitude do exercício de defesa ou mesmo dificuldade em sua realização, em decorrência de grande transcurso de tempo entre a ocorrência dos fatos e a citação.
> (Acórdão nº 443/2018-Plenário. Relator: ministro José Múcio)

> O longo decurso de tempo para instauração da tomada de contas especial não é, por si só, razão suficiente para levar à presunção de prejuízo à ampla defesa e, por consequência,

a se considerarem iliquidáveis as contas. Eventual impedimento à plenitude do exercício de defesa, ou mesmo dificuldade na sua realização, deve ser provado, cabendo à parte o ônus dessa evidenciação.
(Acórdão nº 9.570/2015-Segunda Câmara. Relator: ministro Augusto Nardes)
(Acórdão nº 10.452/2016-Segunda Câmara. Relator: ministro-substituto Marcos Bemquerer)

12.6 Prova de caso fortuito ou força maior

Conforme o art. 20 da LOTCU, as contas serão consideradas iliquidáveis quando caso fortuito ou de força maior, comprovadamente alheio à vontade do responsável, tornar materialmente impossível o julgamento de mérito a que se refere o art. 16 desta norma (contas regulares, regulares com ressalva ou irregulares). Diante dessa situação excepcional, é afastada a regra que impõe ao gestor o dever de comprovar a regular utilização dos recursos públicos, haja vista a impossibilidade material de fazê-lo, devido a fatos estranhos à sua vontade e ação.

Não obstante, o responsável deve provar a ocorrência do caso fortuito ou de força maior, para o fim de se escusar da obrigação de demonstrar a correta aplicação do dinheiro público. Tal ocorre porque aquelas circunstâncias constituem fatos impeditivos, modificativos ou extintivos do direito do Estado de tomar as contas dos gestores, sendo aplicável a regra do art. 373, inciso II, do CPC, acerca da distribuição do ônus da prova.

Nesse sentido, cabe citar o seguinte precedente:

> O fato fortuito que impossibilite materialmente a prestação de contas deve ser demonstrado por laudos oficiais ou documentos periciais emitidos por órgão oficial que evidencie o momento e o alcance de suposto sinistro.
> (Acórdão nº 7.482/2014-Primeira Câmara. Relator: ministro Walton Alencar)

Para que o caso fortuito ou força maior possa ser legitimamente invocado para os fins do art. 20 da LOTCU, é preciso demonstrar, ainda, que a documentação pertinente não poderia ser obtida de outra forma, seja pela juntada de cópias físicas extraídas dos originais, seja pelo acesso a versões eletrônicas e digitais dos documentos. Essa situação é possível, por exemplo, no caso de extratos bancários, notas fiscais eletrônicas, dentre outros. Esse entendimento foi externado no seguinte precedente:

> A destruição involuntária de documentos não pode ser classificada como impedimento absoluto à prestação de contas, requisito indispensável ao afastamento da responsabilidade em razão de caso fortuito ou força maior, quando for possível a restauração do processo administrativo correspondente.
> (Acórdão nº 6.833/2016-Primeira Câmara. Relator: ministro Walton Alencar)

Por fim, o trancamento das contas em razão de força maior ou caso fortuito exige que o responsável não tenha contribuído, de alguma forma, com a impossibilidade de prestar contas. Caso o evento impeditivo ocorra no período em que o gestor se encontra omisso no dever de prestar contas ou devido a circunstâncias provocadas pelo próprio responsável, não será cabível invocar essa causa excludente, ficando o agente sujeito às consequências de sua omissão. Seguem algumas decisões externando esse posicionamento:

O caso fortuito não exime a responsabilidade do gestor público que, tendo tido a oportunidade de demonstrar, na época certa, o correto emprego dos recursos sob sua administração, não o tenha feito. O gestor faltoso assume os riscos inerentes à mora a que deu causa.
(Acórdão nº 130/2008-Segunda Câmara. Relator: ministro Benjamin Zymler)
(Acórdão nº 1.040/2018-Primeira Câmara. Relator: ministro Walton Alencar)

O gestor que se apropria ilicitamente de acervo documental do município assume os riscos inerentes à destruição dos documentos, ainda que esta decorra de ato que, em tese, poderia ser classificado como caso fortuito ou força maior.
(Acórdão nº 6.833/2016-Primeira Câmara. Relator: ministro Walton Alencar)

O agente responde pela impossibilidade de apresentar documentação probatória da regular aplicação dos recursos públicos em razão de ocorrência de caso fortuito ou de força maior, se o suposto evento impeditivo tenha acontecido quando o responsável já estava em atraso no dever que lhe competia, a teor do disposto no art. 399 do Código Civil.
(Acórdão nº 2.226/2014-Plenário. Relator: ministro Walton Alencar)

A ocorrência de caso fortuito ou de força maior posteriormente ao prazo estipulado para o envio da prestação de contas não isenta de responsabilidade o gestor em mora. Ao não encaminhar a prestação de contas no prazo fixado, o responsável assume o risco de eventual extravio dos documentos (art. 399 do Código Civil).
(Acórdão nº 5.644/2020-Segunda Câmara. Relatora: ministra Ana Arraes)

12.7 Prova de fato novo em recurso de reconsideração

Conforme o art. 32, parágrafo único, da LOTCU, não se conhecerá de recurso interposto fora do prazo, salvo em razão da superveniência de fatos novos, na forma prevista no RITCU. O art. 285, §2º, desta norma prescreve, por sua vez, que a interposição do expediente recursal, nessas condições, deve se dar dentro do período de cento e oitenta dias contados do término do prazo original.

Para que seja superada a intempestividade do recurso, a jurisprudência do TCU exige a indicação expressa do fato novo capaz de permitir a análise do mérito do expediente, na forma dos dispositivos mencionados. O precedente a seguir ilustra esse entendimento:

> É ônus do recorrente, na interposição de recurso de reconsideração fora do prazo de quinze dias, mas dentro do período de 180 dias, apontar qual o fato novo a ensejar o recebimento do apelo (art. 32, parágrafo único, da Lei 8.443/1992 c/c o art. 285, §2º, do Regimento Interno do TCU). Não cabe ao Tribunal inferir ou buscar, entre os argumentos, alegações e documentos trazidos, qual o fato novo com eficácia sobre a prova produzida a ser considerado para o conhecimento do recurso.
> (Acórdão nº 2.728/2014-Plenário. Relator: ministro José Múcio)

12.8 Exigência de prova específica

A demonstração da regular aplicação dos recursos públicos perante o TCU exige a apresentação das provas discriminadas na legislação de regência. Na maioria das vezes, a eventual ausência de um dos documentos não causa qualquer consequência se o responsável conseguir, por outro meio, demonstrar o uso correto dos valores na finalidade pactuada.

Todavia, a falta de documentos específicos pode ensejar a reprovação das contas, no que se refere a determinadas políticas públicas. Tal ocorre quanto aos pareceres dos conselhos municipais, no caso despesas realizadas à conta do Programa Nacional de Alimentação Escolar (Pnae), do Sistema Único de Assistência Social – SUAS e de outros programas de duração continuada, a depender da legislação de regência. Nesse sentido, colhem-se os seguintes precedentes:

> A ausência do parecer do Conselho de Alimentação Escolar (CAE) acerca da prestação de contas impede a comprovação da lisura na gestão dos recursos recebidos à conta do Programa Nacional de Alimentação Escolar (Pnae).
> (Acórdão nº 3.688/2014-Segunda Câmara. Relator: ministro-substituto Marcos Bemquerer)

> A ausência de manifestação do Conselho de Assistência Social (CAS) quanto à regular aplicação dos recursos federais transferidos na modalidade fundo a fundo pelo Fundo Nacional de Assistência Social (FNAS) a entes da Federação, na vigência da Portaria-MDS 625/2010, para atender aos programas Proteção Social Básica e Proteção Social Especial, inviabiliza a aprovação da prestação de contas desses recursos.
> (Acórdão nº 5.968/2018-Segunda Câmara. Relator: ministro-substituto Marcos Bemquerer)

Todavia, essa exegese tem sido flexibilizada em precedentes mais recentes, nos quais se admitiu a comprovação da regularidade das despesas por outros meios, ainda que ausente o parecer do conselho municipal. As decisões listadas adiante ilustram esse posicionamento:

> A ausência de parecer dos conselhos municipais de controle social, quando previsto em programas federais de natureza continuada, *não existindo outras provas que demonstrem a correta aplicação dos recursos repassados*, conduz ao julgamento pela irregularidade das contas. (grifos acrescidos)
> (Acórdão nº 2.762/2016-Segunda Câmara. Relator: ministro Vital do Rêgo)
> Comentário: se houver outras provas que demonstrem a correta aplicação dos recursos repassados, seria possível o julgamento pela regularidade;

> O parecer conclusivo do Conselho de Acompanhamento e Avaliação do Programa de Garantia de Renda Mínima é peça de controle social indispensável para a comprovação da boa e regular aplicação dos recursos. A sua ausência pode levar ao julgamento pela irregularidade das contas e à imputação de débito e multa aos responsáveis. (grifos acrescidos)
> (Acórdão nº 5.131/2017-Primeira Câmara. Relator: ministro Bruno Dantas)
> Comentário: a ausência do parecer apenas pode levar ao julgamento das contas, não o impondo necessariamente.

> A ausência de parecer do Conselho de Alimentação Escolar na prestação de contas do Programa Nacional de Alimentação Escolar gera presunção relativa de dano ao erário, *não impedindo que a comprovação da boa e regular utilização dos recursos se faça por intermédio de outros meios lícitos de prova*. (grifos acrescidos)
> (Acórdão nº 662/2020-Plenário. Relatora: ministra Ana Arraes)

Outro exemplo de prova específica para a comprovação da regular aplicação de recursos consiste na exigência de apresentação de recibo ou documento congênere que comprove o efetivo recebimento do cachê pelo artista ou por seu representante exclusivo, no caso de despesas com realização de eventos artísticos. Essa obrigação passou a constar da Portaria-MTur nº153, de 6 de outubro de 2009, após a modificação trazida pela Portaria-MTur nº 73, de 30 de setembro de 2010 – que instituiu regras e critérios para a formalização de apoio a eventos do turismo e de incremento do fluxo turístico local, regional, estadual ou nacional.[313] A partir de então, o TCU passou a exigir a apresentação desse elemento como condição para a verificação do nexo causal entre os valores pagos e recebidos pelos artistas. A matéria foi tratada nos seguintes precedentes:

> Na contratação direta de intermediação de show artístico com recursos de convênio, a ausência de recibo ou documento congênere que comprove o efetivo recebimento do cachê pelo artista ou por seu representante exclusivo implica a imputação de débito aos responsáveis com o consequente julgamento pela irregularidade das contas, uma vez que impede o estabelecimento do nexo causal entre os recursos transferidos e os serviços artísticos prestados.
> (Acórdão nº 14.534/2019-Primeira Câmara. Relator: ministro Benjamin Zymler)
> (Acórdão nº 5.904/2019-Primeira Câmara. Relator: ministro Walton Alencar)

> Em convênio para a realização de evento, celebrado antes da alteração da Portaria-Mtur 153/2009 pela Portaria-MTur 73/2010, de 30/9/2010, envolvendo a contratação de profissional do setor artístico, não se exige a apresentação de notas fiscais ou recibos emitidos diretamente pelo artista ou por seu representante exclusivo para fim de comprovação do nexo de causalidade entre os recursos repassados e as despesas efetuadas, haja vista que não era exigência prevista nos ajustes ou normativos da época, podendo essa comprovação ser efetuada, se for o caso, mediante a demonstração do pagamento à empresa intermediária contratada pelo convenente.
> (Acórdão nº 3.265/2022-Primeira Câmara. Relator: ministro-substituto Augusto Sherman)

Comentário: no caso de convênios celebrados após a referida data, exige-se a apresentação de notas fiscais ou recibos emitidos diretamente pelo artista ou por seu representante exclusivo para fim de comprovação do nexo de causalidade entre os recursos repassados e as despesas efetuadas, como condição para aferir o nexo de causalidade entre os recursos e os pagamentos.

Todavia, há precedente do Tribunal admitindo o afastamento do débito se houver outros elementos nos autos que comprovem a efetiva prestação dos serviços artísticos e a inexistência de superfaturamento. Nesse sentido, invoca-se a seguinte decisão:

> Nos convênios para a realização de eventos, ainda que o contrato de exclusividade, no caso de contratação direta por inexigibilidade, e os comprovantes dos cachês pagos aos artistas tenham sido exigidos no termo do ajuste, sua ausência na prestação de contas não é suficiente para imputação de débito se os elementos dos autos comprovarem que houve, de fato, a prestação dos serviços artísticos e não for constatado superfaturamento. Contudo, o descumprimento de obrigação expressamente assumida no termo do convênio e a contratação fundamentada em inexigibilidade de licitação sem a caracterização da inviabilidade de

---
[313] A matéria é atualmente disciplinada pela Portaria MTUR nº 39, de 10 de março de 2017.

competição constituem erro grosseiro (art. 28 do Decreto-lei 4.657/1942 – LINDB) e justificam o julgamento pela irregularidade das contas e aplicação de multa ao gestor convenente.
(Acórdão nº 22/2021-Segunda Câmara. Relator: ministro Aroldo Cedraz)

12.9 Fotografias e declarações

A jurisprudência do TCU se consolidou há bastante tempo quanto ao baixo valor probatório das fotografias e declarações de terceiros, quando desacompanhadas de outros elementos comprobatórios da escorreita aplicação dos recursos públicos. Nesse sentido, invocam-se os seguintes precedentes:

> Fotografia não é meio de prova suficiente para comprovar a regularidade da aplicação dos recursos públicos transferidos por meio de convênio, pois não é capaz de revelar, efetivamente, a origem da verba supostamente gasta.
> (Acórdão nº 1.318/2014-Primeira Câmara. Relator: ministro José Múcio)

> Fotografias desacompanhadas de outras provas são insuficientes para comprovar a origem dos recursos aplicados, tampouco a realização do objeto em conformidade com as metas traçadas no plano de trabalho; desse modo, quando desacompanhadas de provas mais robustas, as fotografias não se consubstanciam em base suficiente para reformar decisão proferida pelo TCU.
> (Acórdão nº 4.780/2011-Segunda Câmara. Relator: ministro Raimundo Carreiro)

> Declarações e fotografias não têm pleno valor probatório, sobretudo quando desacompanhadas de documentos capazes de estabelecer o nexo causal entre os recursos recebidos da União e as despesas incorridas na execução do objeto do convênio.
> (Acórdão nº 6.180/2019-Segunda Câmara. Relator: ministro Augusto Nardes)

> Fotografias isoladamente consideradas possuem baixo poder probatório, especialmente quando não contêm informações como data, imagens da localização do objeto e outras capazes de estabelecer nexo de causalidade entre a obra executada e os recursos federais repassados.
> (Acórdão nº 1.824/2015-Primeira Câmara. Relator: ministro Benjamin Zymler)

> No âmbito do TCU, a declaração de terceiros tem baixo valor probatório, pois faz prova apenas da existência da declaração, mas não do fato declarado, competindo ao interessado demonstrar a veracidade do alegado.
> (Acórdão nº 2.834/2015-Segunda Câmara. Relator: ministro Augusto Nardes)

Todavia, as fotografias e outros meios audiovisuais têm importante força probatória no caso de despesas realizadas com objetos de realização instantânea ou que se exaurem com o tempo, tais como shows artísticos e outros eventos culturais. No caso dos primeiros, a normatização de regência exige a apresentação de filmagens ou fotografias, dentre a documentação especificada para a comprovação da regular execução física dos eventos. A jurisprudência do TCU tem o seguinte posicionamento quanto ao assunto:

> A falta de elementos consistentes, como material publicitário e, principalmente, filmagens ou fotografias, contendo o nome e a logomarca do Ministério do Turismo, que comprovem a efetiva realização do evento supostamente promovido com recursos de convênio, não configura mera falha formal, porquanto esses elementos são essenciais para demonstrar

tanto a vinculação do evento ao Ministério do Turismo como a própria realização do objeto do ajuste.
(Acórdão nº 4.916/2016-Primeira Câmara. Relator: ministro Bruno Dantas)

Na ausência de outros meios de prova, é exigível nos convênios celebrados com o Ministério do Turismo para a realização de eventos a apresentação de filmagens ou fotografias contendo o nome e a logomarca do ministério, que comprovem a execução física do objeto, mesmo que o termo do ajuste não faça tal exigência.
(Acórdão nº 4.570/2021-Segunda Câmara. Relator: ministro Augusto Nardes)

A apresentação de material audiovisual relativo ao evento objeto de convênio celebrado com o Ministério do Turismo, como filmagens e fotografias contendo o nome e a logomarca do órgão concedente, constitui prova suficiente para demonstrar a execução física do objeto, sendo insuficiente, contudo, por si só, para comprovar o nexo de causalidade entre os recursos transferidos e as despesas realizadas.
(Acórdão nº 13.715/2019-Primeira Câmara. Relator: ministro Vital do Rêgo)

Todavia, a exigência de tais elementos depende da legislação vigente à época da celebração do instrumento de repasse. Nesse sentido, colhe-se a seguinte decisão:

Não há amparo legal para se exigir do gestor, como prova da realização de eventos, a apresentação de registros de filmagem ou fotográficos, se tal previsão não constar do termo de convênio.
(Acórdão nº 6.712/2015-Primeira Câmara. Relator: ministro Bruno Dantas)

Comentário: presume-se que o termo de convênio reproduza as exigências contidas na legislação de regência, no que se refere à prestação de contas. No entanto, se o instrumento for omisso, ainda assim aplicam-se as disposições da norma vigente, pois as partes signatárias dos ajustes não podem alegar o desconhecimento do Direito vigente à época.

12.10 Prova diabólica

A prova diabólica é aquela cuja produção é considerada como impossível ou muito difícil. Segundo Fredie Didier Júnior, trata-se de expressão que se encontra na doutrina para fazer referência àqueles casos em que a prova da veracidade da alegação a respeito de um fato é extremamente difícil.[314]

A questão da exigência de prova diabólica pelo TCU foi tratada em um precedente específico envolvendo a comprovação da participação de empresa em cartel de licitações ocorrido na Petrobras. No caso, a licitante foi acusada de ter participado de acerto para fraudar licitação daquela companhia, tendo atuado mediante a prática de supressão dolosa de proposta (a modalidade da licitação era convite).

A matéria foi enfrentada da seguinte forma no voto condutor do Acórdão nº 1.256/2019-Plenário (relator: ministro Benjamin Zymler):

---

[314] DIDIER JÚNIOR, Fredie. A distribuição legal, jurisdicional e convencional do ônus da prova no Novo Código de Processo Civil Brasileiro. *Revista EMERJ*, Rio de Janeiro, v. 20, p. 147-173, maio/agosto 2018, p. 156.

122. Acerca da alegação de que a empresa teria que apresentar prova negativa, dita *probatio diabolica*, para refutar a irregularidade, ressalto incialmente que nem toda prova negativa é diabólica.

123. Segundo Fredie Didier Júnior, "prova diabólica é aquela impossível de ser demonstrada, senão muito difícil, como a prova de não ser a parte proprietária de nenhum outro imóvel, para a ação de usucapião especial" (DIDIER JR., Fredie. *Curso de direito processual civil*. Direito probatório, decisão judicial, cumprimento de sentença e liquidação da sentença e coisa julgada. Salvador: Juspodivm, 2007. p. 60).

124. A distinção entre prova negativa e diabólica pode ser evidenciada nas lúcidas palavras de Haroldo Lourenço, em excerto de sua obra "Teoria Dinâmica do Ônus da Prova no Novo CPC (Lei nº 13.105/15)", reproduzida no site "GenJurídico":

"A prova negativa somente será diabólica se for uma negativa genérica, pois esta, nenhum meio de prova é capaz de produzi-la, por exemplo, impossível a prova de que nunca se esteve em um determinado lugar".

Já a prova negativa definida ou específica pode ser provada, não sendo, portanto, uma prova diabólica. Por exemplo, pode-se afirmar que no dia tal, a parte não estava em determinado lugar, um fato negativo, provando-se que se estava em outro.

Há, portanto, hipóteses em que uma alegação negativa traz, inerente, uma afirmativa que pode ser provada. Desse modo, sempre que for possível provar uma afirmativa ou um fato contrário àquele deduzido pela outra parte, tem-se como superada a alegação de "prova negativa", ou "impossível" (LOURENÇO, Humberto. A dinamização do ônus da prova no CPC/15. GenJurídico em 12/7/2016. Disponível em: http://genjuridico.com.br/2016/07/12/a-dinamizacao-do-onus-da-prova-no-cpc15/. Acesso em: 5 abr. 2019).

125. No presente caso, a empresa [...] se limitou a negar participação no cartel, apresentando versão inverossímil de sua abstenção nas licitações bilionárias da Rnest. Apesar das robustas provas juntadas aos autos e da gravidade dos fatos e das consequências jurídicas que poderiam advir do processo, a interessada não juntou evidências de suas alegações, tais como atas de reuniões internas, e-mails, relatórios e planos de negócios, que pudessem justificar a sua atuação lícita nas obras da Rnest.

126. Da mesma forma, a defendente não contestou a prova documental obtida pela Polícia Federal, nem apresentou versão sobre a razão de seu nome constar de planilhas apreendidas na sede da Engevix e ter sido mencionado em variados depoimentos, de agentes públicos e privados, como integrante do cartel.

No final, o TCU decidiu declarar a inidoneidade da empresa para participar, por um ano, de licitação na Administração Pública federal, principalmente porque esta não conseguiu refutar as provas juntadas aos autos pela Secretaria do TCU, indicando a sua participação em reuniões do cartel. Ademais, a interessada não conseguir trazer elementos convincentes, de sua alegada decisão estratégica empresarial de não participar de licitação materialmente relevante da Petrobras, envolvendo obras que tinha expertise técnica e econômica para executar.

CAPÍTULO 13

EXECUÇÃO DAS DECISÕES

Conforme o art. 214 do RITCU, a decisão definitiva do Tribunal publicada nos órgãos oficiais constituirá:

I – no caso de contas regulares, certificado de quitação plena do responsável para com o erário;
II – no caso de contas regulares com ressalva, certificado de quitação com determinação, se cabível, nos termos do §2º do art. 208;
III – no caso de contas irregulares:
a) obrigação de o responsável, no prazo de quinze dias, provar, perante o Tribunal, o pagamento da quantia correspondente ao débito que lhe tiver sido imputado ou da multa cominada;
b) título executivo bastante para a cobrança judicial da dívida decorrente do débito ou da multa, se não recolhida no prazo pelo responsável;
c) fundamento para que a autoridade competente proceda à efetivação da sanção e da medida cautelar previstas respectivamente nos arts. 270 e 275.

O dispositivo possui redação com teor similar ao do art. 23 da LOTCU.

Assim, as decisões proferidas em processos de contas, tão logo sejam publicadas nos órgãos oficiais, assumem a seguinte natureza, em face dos responsáveis cujas contas foram julgadas: de certificado de quitação dos valores administrados (plena ou com determinação); ou de título executivo para cobrança da dívida, caso haja condenação em débito e/ou multa.

Esse último aspecto foi reforçado no art. 215 do RITCU, o qual prescreveu que "a decisão do Tribunal, de que resulte imputação de débito ou cominação de multa, torna a dívida líquida e certa e tem eficácia de título executivo". Em verdade, essa disposição repete o art. 24 da LOTCU, estando ambos fundados no art. 71, §3º, da CF/1988.

O título executivo é um ato dotado de eficácia executiva. Conforme Alexandre Freitas Câmara, trata-se, pois, de um ato jurídico com aptidão para permitir a incidência da responsabilidade patrimonial, ou seja, a sujeição de um patrimônio para viabilizar a realização de um crédito.[315]

Conforme o aludido autor, "o título executivo é o ato jurídico capaz de legitimar a prática dos atos de agressão a serem praticados sobre os bens que integram um dado patrimônio, de forma a tornar viável sua utilização na satisfação de um crédito".

---
[315] CÂMARA, Alexandre Freitas. *O novo processo civil brasileiro*. São Paulo: Atlas, 2021, p. 328.

Por evidente, os acórdãos condenatórios do TCU têm a natureza de título executivo extrajudicial. Afinal, eles não são formados mediante um processo desenvolvido no âmbito do Poder Judiciário, não estando, assim, incluídos no rol previsto no art. 515 do CPC/2015.

Além de se diferenciarem quanto ao modo de formação, os títulos executivos judicial e extrajudicial se distinguem quanto ao modo de execução. Enquanto os primeiros são executados mediante um procedimento de cumprimento de sentença, previsto nos arts. 513 a 538 do CPC/2015, os segundos são por meio de um processo de execução, descrito no Livro II da Parte Especial do CPC/2015, sendo a ele aplicado de forma subsidiária o regime do Livro I da Parte Especial.

Após a formação do título, o responsável será notificado para efetuar e provar o pagamento das dívidas decorrentes de imputação de débito ou cominação de multa, consoante o art. 216 do RITCU. Cuida-se, portanto, de providência essencial para a continuidade do processo de cobrança judicial da dívida, caso a parte não efetue o pagamento desta, dentro do prazo fixado.

Além das decisões condenatórias, há ainda, como visto no capítulo 4, as decisões corretivas que impõem aos seus destinatários uma obrigação de fazer (corrigir, anular ou desfazer) ou de não fazer (abster-se de prorrogar um contrato de prestação de serviços continuados, por exemplo). Em caso de descumprimento, o TCU tem o poder de sustar os atos e contratos, nas condições designadas na CF/1988, na LOTCU e no RITCU, conforme já exposto. Evidentemente, existem obrigações acessórias a estes comandos, que devem ser efetivadas pelas entidades jurisdicionadas, de sorte que o eventual descumprimento pelos responsáveis os sujeita à aplicação das sanções previstas na LOTCU.

Seguem alguns precedentes a respeito do assunto:

> O gestor não deve deixar de dar cumprimento a determinação do TCU sob a alegação de eventual dificuldade ou impossibilidade de fazê-lo. Em caso de obstáculo na adoção de providências determinadas pela Corte de Contas, cabe ao órgão jurisdicionado interpor, tempestivamente, os recursos próprios previstos na legislação.
> (Acórdão nº 8.934/2017-Segunda Câmara. Relatora: ministra Ana Arraes)

> As determinações do TCU não estão sujeitas ao juízo de conveniência dos gestores integrantes da Administração Pública, uma vez que se revestem de caráter coativo. Havendo dúvidas ou inconformismo em relação a deliberação do Tribunal, cabe ao órgão jurisdicionado interpor, tempestivamente, os recursos próprios previstos na Lei Orgânica do TCU e no seu Regimento Interno.
> (Acórdão nº 2.467/2015-Primeira Câmara. Relator: ministro José Múcio)

13.1 Autorização de pagamento parcelado

Consoante o art. 217 do RITCU, em qualquer fase do processo, o Tribunal ou o relator poderá autorizar o pagamento parcelado da importância devida em até trinta e seis parcelas, desde que o processo *não* tenha sido remetido para cobrança judicial.

Não obstante a literalidade da mencionada disposição, o Tribunal tem admitido parcelamentos por períodos maiores que trinta e seis vezes. A título de exemplo, mencionam-se os seguintes precedentes:

O TCU pode deferir pedido de parcelamento da dívida em mais de 36 parcelas mensais, em caráter excepcional, levando em consideração a boa-fé e a capacidade econômica do requerente.
(Acórdão nº 6.537/2016-Primeira Câmara. Relator: ministro Bruno Dantas)
(Acórdão nº 2.395/2017-Primeira Câmara. Relator: ministro Benjamin Zymler)

O TCU, em caráter excepcional, pode deferir pedido de parcelamento do débito em mais de 36 parcelas mensais (art. 217 do Regimento Interno do Tribunal), levando em consideração o interesse do requerente em cumprir a obrigação de recolhimento, a sua capacidade econômica e o interesse público na quitação da dívida sem a necessidade da ação de execução, assim como os princípios do formalismo moderado e da razoabilidade.
(Acórdão nº 4.611/2021-Segunda Câmara. Relator: ministro Raimundo Carreiro)

Quanto aos pedidos de parcelamento realizados após a formalização do processo de cobrança executiva e a remessa da documentação pertinente à AGU, a jurisprudência do TCU é pacífica quanto à sua inadmissibilidade, seguindo, assim, a literalidade do art. 217 do RITCU. Nesse sentido, mencionam-se os Acórdãos nºs 90/2007-Plenário (relator: ministro Benjamin Zymler), 199/2012-Primeira Câmara (relator: ministro José Múcio) e 2.594/2020-Plenário (relator: ministro Bruno Dantas), dentre vários.

Conforme o §1º do art. 217 do RITCU, caso seja deferido o parcelamento, incidirão sobre cada parcela, corrigida monetariamente, os correspondentes acréscimos legais. Isso implica que, como regra, incidem juros de mora sobre o débito parcelado, por força do aludido comando normativo. O precedente transcrito a seguir aplicou essa orientação:

> O pedido de parcelamento para quitação de débito sem a incidência de juros não encontra amparo normativo. No parcelamento da dívida, incidirão sobre cada parcela, corrigida monetariamente, os correspondentes acréscimos legais.
> (Acórdão nº 1.924/2013-Plenário. Relator: ministro-substituto Augusto Sherman)

Porém, a jurisprudência do TCU admite o pagamento parcelado do débito sem a cobrança de juros de mora quando requerido pela parte antes do julgamento das contas. Nesse caso, a cobrança ou não dos encargos legais dependerá da avaliação da ocorrência ou não da boa-fé, o que ocorrerá em momento posterior, quando da decisão do mérito do processo. Seguem algumas decisões nesse sentido:

> Em caso de parcelamento da dívida antes do julgamento de mérito das contas, os acréscimos legais incidentes sobre cada parcela devem se restringir à atualização monetária. Contudo, no julgamento definitivo, a não imposição de juros moratórios sobre o débito liquidado dependerá do reconhecimento da boa-fé do responsável e da inexistência de outras irregularidades nas contas.
> (Acórdão nº 7.496/2017-Primeira Câmara. Relator: ministro Bruno Dantas)

> Em caso de parcelamento da dívida antes do julgamento de mérito das contas, os acréscimos legais incidentes sobre cada parcela devem se restringir à atualização monetária. Contudo, no julgamento definitivo, a não imposição de juros moratórios sobre o débito liquidado dependerá do reconhecimento da boa-fé do responsável e da inexistência de outras irregularidades nas contas.
> (Acórdão nº 9.529/2017-Segunda Câmara. Relator: ministro Aroldo Cedraz)

Uma vez julgado o mérito do processo, com imputação de débito, não há como afastar a incidência dos acréscimos legais, juros de mora inclusive, sobre eventual parcelamento da dívida atualizada (art. 26 da Lei 8.443/1992 c/c art. 217 do Regimento Interno do TCU), por ausência de previsão regimental para tanto, ainda que a condenação tenha previsto apenas atualização monetária do valor original do prejuízo apurado.
(Acórdão nº 7.935/2018-Segunda Câmara. Relator: ministro-substituto Augusto Sherman)

Por fim, cabe invocar a jurisprudência mais recente do TCU admitindo a expedição de quitação da dívida em caso de pagamento tempestivo do débito na fase de citação, atualizado monetariamente, independentemente da configuração ou não da boa-fé. A tese foi adotada nas seguintes deliberações:

O pagamento tempestivo do débito na fase de citação, atualizado monetariamente, opera sua quitação, não cabendo a incidência de juros quando do julgamento do processo. Todavia, caso não reste caracterizada a boa-fé do responsável ou na subsistência de outras irregularidades, as contas serão julgadas irregulares com aplicação da multa prevista no art. 58, inciso I, da Lei 8.443/1992.
(Acórdão nº 2.144/2018-Plenário. Relator: ministro Bruno Dantas)
(Acórdão nº 1.143/2019-Primeira Câmara. Relator: ministro Benjamin Zymler)
(Acórdão nº 1.624/2021-Plenário. Relator: ministro Raimundo Carreiro)

Embora os precedentes supramencionados não abranjam casos de dívidas parceladas na etapa preliminar do processo, não há razão para que o entendimento *não* seja aplicado também nessas situações, uma vez que a premissa usada é exatamente a mesma, em ambas as hipóteses: o pagamento integral de um débito atualizado.

Retomando a leitura do RITCU, o §2º do art. 217 prescreve que a falta de pagamento de qualquer parcela importará no vencimento antecipado do saldo devedor. Não obstante, há decisão do Tribunal flexibilizando a aplicação dessa regra em determinadas circunstâncias excepcionais. Tal ocorreu no seguinte precedente:

O TCU pode excepcionalmente autorizar a suspensão, por prazo determinado, do recolhimento parcelado da dívida, desde que o pedido esteja devidamente justificado, sendo obrigatória a inclusão dos correspondentes acréscimos legais incorridos no período.
(Acórdão nº 2.157/2021-Plenário. Relator: ministro Aroldo Cedraz)

Seguem outras decisões sobre o parcelamento de dívidas no processo do TCU:

Não há óbices ao ressarcimento de dívida de servidor militar por meio de descontos em seu contracheque, de maneira análoga às indenizações e reposições ao erário devidas pelos servidores públicos civis (art. 46 da Lei 8.112/1990), podendo, em casos excepcionais, a quantidade de descontos necessária para elidir a dívida ultrapassar o limite de 36 parcelas estabelecidas regimentalmente (art. 217 do Regimento Interno do TCU), levando em consideração o interesse do requerente em cumprir a obrigação de recolhimento, a sua capacidade econômica e o interesse público na quitação da dívida sem a necessidade da ação de execução, assim como os princípios do formalismo moderado e da razoabilidade.
(Acórdão nº 21/2023-Plenário. Relator: ministro-substituto Marcos Bemquerer)

Remanescendo débito após o exame das alegações de defesa de pessoa jurídica de direito público, deve-se fixar novo e improrrogável prazo para o seu recolhimento, atualizado

monetariamente e sem incidência de juros de mora (art. 12, §§1º e 2º, da Lei 8.443/1992), inclusive se o devedor optar pelo pagamento parcelado da dívida.
(Acórdão nº 2.229/2019-Primeira Câmara. Relator: ministro-substituto Weder de Oliveira)

13.2 Pagamento integral da dívida

Segundo o art. 218 do RITCU, provado o pagamento integral, o Tribunal expedirá quitação do débito ou da multa ao responsável, desde que o processo não tenha sido remetido para cobrança judicial. Nesta hipótese, se a documentação para cobrança executiva já tiver sido encaminhada, a comunicação do pagamento da dívida será enviada ao órgão executor, conforme o §2º do aludido dispositivo.

De toda sorte, o pagamento integral do débito ou da multa não importa em modificação do julgamento quanto à irregularidade das contas, nos termos do §1º do art. 218 do RITCU. O dispositivo tem a sua razão de ser, pois a quitação de uma dívida, após devidamente constituída em um título executivo, é um incidente que deve ser apreciado na etapa de execução, não interferindo na decisão de mérito ocorrida na etapa anterior, de conhecimento das irregularidades.

13.3 Cobrança da dívida

Consoante o art. 219 do RITCU, expirado o prazo a que se refere a alínea "a" do inciso III do art. 214, sem manifestação do responsável, o Tribunal poderá adotar as seguintes medidas visando o pagamento forçado da dívida pelo responsável:

> I – determinará o desconto integral ou parcelado da dívida nos vencimentos, subsídio, salário ou proventos do responsável, observados os limites previstos na legislação pertinente;
> II – autorizará, alternativamente, a cobrança judicial da dívida, por intermédio do Ministério Público junto ao Tribunal;
> III – providenciará a inclusão do nome do responsável no Cadastro Informativo de créditos não quitados do setor público federal – Cadin, na forma estabelecida em ato normativo.

Quanto à providência indicada no inciso I, trata-se de comando que se justifica pelo regime jurídico especial a que está sujeito o agente público, fruto da relação hierárquico-funcional que mantém com o Estado. Esse regime lhe confere uma série de prerrogativas e sujeições, dentre as quais a de sofrer desconto em sua remuneração ou provento, desde que autorizado por lei.

A propósito, o mencionado dispositivo é aplicável apenas quando o responsável for servidor público federal regido pela Lei nº 8.112/1990. Tal ocorre porque os demais entes federativos *não* são jurisdicionados do TCU, de modo que não cabe ao Tribunal lhes endereçar determinações cogentes, especialmente quando não gozarem da condição de responsáveis perante esta Corte de Contas. Essa posição foi adotada no seguinte precedente:

> A determinação para o desconto integral ou parcelado de dívida na remuneração de responsável (art. 28, inciso I, da Lei 8.443/1992) somente pode ser dirigida a servidor regido pela Lei 8.112/1990.
> (Acórdão nº 2.193/2017-Plenário. Relator: ministro Benjamin Zymler)

Pela mesma razão, caso o ressarcimento deva ser feito a estado ou município, o Tribunal remeter-lhes-á a documentação necessária à cobrança judicial da dívida, nos termos do parágrafo único do art. 219 do RITCU. Nesse caso, as providências relativas à execução do débito devem ser adotadas pela advocacia competente, responsável pela representação judicial do ente federal.

O RITCU não estipulou parâmetros para a definição da quantidade de parcelas e do valor máximo da dívida a ser descontado da remuneração de agentes públicos, tendo remetido a questão à legislação pertinente. Com relação ao assunto, o art. 46, §1º, da Lei nº 8.112/1990 prescreve que, no caso de reposições e indenizações ao Erário, "o valor de cada parcela não poderá ser inferior ao correspondente a dez por cento da remuneração, provento ou pensão".

Apesar de não haver previsão de um limite máximo, nem no RITCU, nem na LOTCU, nem na Lei nº 8.112/1990, o STJ adota como parâmetro superior o percentual de 30% da remuneração do servidor. Esse montante decorre do limite para endividamento do empréstimo consignado, que posteriormente foi expandido para outras dívidas, inclusive previdenciárias. Nesse sentido, invoca-se o seguinte precedente:

> II – Essa Corte Superior, no julgamento do REsp n. 1.401.560/MT (Tema n. 692), de relatoria do ministro Sérgio Kukina (DJe de 13/10/2015), firmou entendimento no sentido de que a reforma da decisão que antecipa a tutela obriga o autor da ação a devolver os benefícios previdenciários indevidamente recebidos.
>
> III – Posteriormente, o referido Tema passou por revisão pela Primeira Seção do Superior Tribunal de Justiça. Assim, no julgamento da Pet n. 12.482/DF, da relatoria do ministro Og Fernandes (DJe de 24/5/2022), revisou o entendimento já mencionado e firmou entendimento no sentido de que a reforma da decisão que antecipa os efeitos da tutela final obriga o autor da ação a devolver os valores dos benefícios previdenciários ou assistenciais recebidos, o que pode ser feito por meio de desconto em valor que não exceda 30% da importância de eventual benefício que ainda lhe estiver sendo pago. Confira-se: Pet n. 12.482/DF, relator ministro Og Fernandes, Primeira Seção, julgado em 11/5/2022, DJe de 24/5/2022.
>
> IV – Ocorre que o acórdão ora recorrido, ao aplicar o entendimento cristalizado no Tema n. 692, determinou que o desconto se limite a até 10% da remuneração dos benefícios previdenciários percebidos, até a sua quitação. Assim, considerando que, quanto ao ponto, não houve interposição de recurso por parte da União, não é possível modificar o percentual a fim de enquadramento no repetitivo, ante a vedação ao reformatio in pejus.
> (AgInt no REsp nº 1661701/ CE. Relator: ministro Francisco Falcão)

De toda sorte, caberá à unidade administrativa responsável pelo cumprimento da determinação do TCU definir o valor pertinente das parcelas, seguindo um padrão de razoabilidade. Essa posição foi externada no seguinte precedente:

> A unidade administrativa responsável pelo cumprimento de deliberação do TCU que determinar o ressarcimento de débito via desconto na remuneração ou provento do servidor, ao definir os valores das parcelas, deve atentar para a razoabilidade do desconto, dentro dos limites legais previstos, para que esse montante não seja irrisório, perpetuando o pagamento do débito, tampouco inviabilize a sobrevivência do responsável e seus familiares.
> (Acórdão nº 1.778/2007-Primeira Câmara. Relator: ministro-substituto Marcos Bemquerer)

Seguem outras decisões a respeito do tema:
a) inaplicabilidade da regra que prescreve a impenhorabilidade do salário:

> A impenhorabilidade do salário prevista no Código de Processo Civil (CPC) não impede o ressarcimento ao erário mediante o desconto da dívida, determinado pelo TCU (art. 28, inciso I, da Lei 8.443/1992), na remuneração de servidor público, pois, em eventual conflito de normas, a especial prevalece sobre a geral.
> (Acórdão nº 1.520/2016-Plenário. Relator: ministro Benjamin Zymler)

b) desnecessidade de autorização do servidor para o desconto das dívidas impostas pelo TCU em sua remuneração:

> A determinação do TCU para desconto da dívida na remuneração dos responsáveis tem fundamento na Lei 8.443/1992 (art. 28, inciso I), e não na Lei 8.112/1990 (art. 46), devendo ser cumprida independentemente de concordância do servidor atingido.
> (Acórdão nº 1.520/2016-Plenário. Relator: ministro Benjamin Zymler)

c) dívida solidária entre particulares e servidores públicos:

> As unidades técnicas do TCU devem, nas instruções de mérito, nos casos de ocorrência de débito solidário entre particulares e servidores públicos, propor determinação de desconto da dívida na remuneração destes últimos concomitantemente com autorização para cobrança judicial da dívida dos demais responsáveis solidários.
> (Acórdão nº 1.486/2017-Plenário. Relatora: ministra Ana Arraes)

13.4 Compensação de dívidas

Conforme os arts. 368 e 369 do CC/2002:

> Art. 368. Se duas pessoas forem ao mesmo tempo credor e devedor uma da outra, as duas obrigações extinguem-se, até onde se compensarem.
> Art. 369. A compensação efetua-se entre dívidas líquidas, vencidas e de coisas fungíveis.

A compensação de dívidas constitui uma das formas admitidas em Direito para a extinção ou abatimento de obrigações recíprocas entre dois sujeitos. Nessa perspectiva, seria cabível, em tese, a formulação de pedido com esse teor perante o TCU, antes ou após a decisão definitiva de mérito que constitua o título executivo.

Não obstante, o processamento desse requerimento exige a verificação do atendimento dos requisitos estabelecidos nos arts. 368 e 369 do CC/2002, especialmente da liquidez e da exigibilidade das dívidas que as partes buscam compor, bem como a condição recíproca destas como credor e devedor.

Por esse motivo, entende-se que o TCU deve evitar proceder a essa compensação, a menos que haja elementos seguros de que o crédito declarado pelo responsável, perante o mesmo cofre credor da dívida imputada pelo Tribunal, seja líquido e certo; de que ele não está sendo cobrado em outras instâncias; e, ainda, de que ele não foi pago pelo Poder Público. Para tanto, seriam necessárias a juntada de documentos, a manifestação do credor da dívida do responsável e da advocacia pública competente. Não atendidas essas condições, compreende-se que o pedido de compensação deve ser formulado e instruído perante o Poder Judiciário, como incidente da execução da dívida fixada pelo TCU.

A jurisprudência do TCU reflete, de modo geral, esse posicionamento, não obstante haja precedentes em que a compensação foi realizada, sob determinadas circunstâncias especiais. Seguem algumas decisões a respeito do assunto:

> A compensação de dívida decorrente de débito apurado pelo TCU com crédito para com a União está condicionada à existência de disposição legal que possibilite o pagamento de passivo originador do crédito e à adoção das providências necessárias por parte do órgão ao qual está vinculado o servidor responsabilizado perante a Corte de Contas.
> (Acórdão nº 2.474/2007-Primeira Câmara. Relator: ministro Marcos Vilaça)

> A compensação de débito apurado em processo de controle externo com crédito salarial não deve, na falta de autorização legal específica, ser deferida, sob pena de comprometer a segurança jurídica na recuperação do débito e o próprio fluxo processual.
> (Acórdão nº 3.408/2007-Primeira Câmara. Relator: ministro-substituto Marcos Bemquerer)

Uma situação mais fácil de perquirir seria a compensação de crédito de responsável perante a União, decorrente de eventual pagamento em excesso ou duplicidade de débito apurado em processo do TCU, com outra dívida em apuração no próprio Tribunal. Essa hipótese foi tratada no seguinte precedente:

> É possível, em observância aos princípios da racionalidade administrativa e da celeridade processual, a compensação de crédito reconhecido pelo TCU, em função de pagamento de débito em duplicidade, com dívida apurada em outro processo de controle externo que tenha o mesmo responsável e o mesmo cofre credor.
> (Acórdão nº 8.893/2011-Primeira Câmara. Relator: ministro José Múcio)

Nesse caso, em que a matéria estava sendo discutida no próprio TCU, não haveria déficits de informação e riscos não administrados quanto à segurança jurídica da compensação, até porque os elementos necessários para as medidas estavam disponíveis nos próprios processos do Tribunal. Todavia, compreende-se que, mesmo nessa hipótese, seria necessária a adoção de medidas de cautela, a fim de prevenir eventual ação de cobrança futura do crédito do particular junto a outra instância. Em situações do tipo, entende-se que o TCU deve dar ciência da decisão à advocacia pertinente e exigir do particular a expedição de quitação do crédito que possui, por força da compensação realizada no âmbito do Tribunal.

No que se refere aos créditos tributários do particular, a jurisprudência do TCU é firme quanto à inadmissibilidade de sua compensação com dívidas constituídas no Tribunal:

> Não devem ser abatidos dos débitos imputados pelo TCU os valores retidos no pagamento de faturas a título de tributos, cabendo à empresa contratada, credora dos eventuais tributos indébitos, buscar sua restituição junto aos órgãos próprios.
> (Acórdão nº 2.827/2016-Plenário. Relatora: ministra Ana Arraes)

Não devem ser abatidos dos débitos imputados pelo TCU os valores retidos no pagamento de faturas a título de tributos, cabendo ao eventual credor, na ocorrência de indébito tributário, buscar a restituição junto aos órgãos competentes.
(Acórdão nº 1.859/2018-Plenário. Relatora: ministra Ana Arraes)
(Acórdão nº 601/2019-Plenário. Relator: ministro Raimundo Carreiro)

Em outro precedente, o Tribunal entendeu que a compensação não era devida, ainda que o crédito do responsável decorresse de decisão judicial transitada em julgada. Segue a tese extraída do repositório da jurisprudência selecionada do TCU:

Não há fundamento legal para a compensação de débito imputado pelo TCU com créditos que o responsável eventualmente tenha contra a Fazenda Nacional, ainda que estes sejam decorrentes de decisão judicial transitada em julgado.
(Acórdão nº 1.935/2014-Plenário. Relator: ministro Benjamin Zymler)

Seguem outros precedentes sobre o tema:
a) compensação de débitos com serviços:

Não há fundamento legal para a compensação de dívida decorrente de débito apurado pelo TCU por meio da prestação de serviços públicos.
(Acórdão nº 3.606/2017-Segunda Câmara. Relator: ministro José Múcio)

b) compensação de valores pagos em acordos de leniência ou de colaboração premiada com débitos do TCU:

Os pagamentos efetuados no âmbito dos acordos de leniência e de colaboração premiada, a título de ressarcimento de danos, multas de natureza indenizatória ou confiscos, podem ser considerados para amortização dos valores dos débitos imputados pelo TCU contra os responsáveis colaboradores, desde que configurada a identidade dos fatos geradores e do cofre credor.
(Acórdão nº 2.619/2019-Plenário. Relator: ministro Benjamin Zymler)
(Acórdão nº 2688/2020-Plenário. Relator: ministro-substituto André de Carvalho)
(Acórdão nº 462/2022-Plenário. Relator: ministro Benjamin Zymler)

c) impossibilidade de compensar dívida perante cofre federal com crédito que o responsável tenha perante ente federativo destinatário dos recursos federais transferidos:

Não compete ao TCU determinar a compensação de débito apurado em tomada de contas especial, relativo a recursos federais transferidos a estados e municípios, com suposto crédito que o responsável possua a seu favor junto ao ente federativo beneficiário da transferência, cabendo ao eventual credor buscar a restituição nos órgãos competentes.
(Acórdão nº 2.197/2020-Plenário. Relator: ministro Vital do Rêgo)

d) inadmissibilidade de compensação de dívida paga em acordo de não persecução penal e cível:

A existência de acordo de não persecução penal e cível, firmado com o Ministério Público Federal e homologado pelo Poder Judiciário, por meio do qual o responsável se compromete a reparar integralmente o dano ao erário, não afasta a jurisdição do TCU, diante do princípio

da independência de instâncias. Eventual ressarcimento do débito no âmbito do acordo pode ser aferido na fase de cobrança executiva do título condenatório do Tribunal.
(Acórdão nº 2.886/2022-Primeira Câmara. Relator: ministro Walton Alencar)

Por outro lado, cabe registrar que há precedente do TCU admitindo a compensação. Segue a tese extraída do repositório da jurisprudência selecionada do Tribunal:

> Constatado superfaturamento, é legítima a compensação de débitos e créditos existentes entre a Administração Pública e a empresa contratada, diante de indiscutível existência de dívidas recíprocas e das dificuldades inerentes ao processo de reparação de dano ao erário, com fundamento no art. 54 da Lei 8.666/1993, que prevê a aplicação supletiva de normas do direito privado aos contratos administrativos, como é o caso do instituto da compensação, constante do art. 368 da Lei 10.406/2002 (Código Civil).
> (Acórdão nº 4.040/2020-Plenário. Relator: ministro Walton Alencar)

Com relação à compensação/abatimento dos valores retidos cautelarmente, entende-se que essa medida é possível desde que o Tribunal determine, no mérito, a retenção definitiva da quantia e o seu recolhimento ao cofre credor, cientificando a advocacia pertinente a fim de prevenir eventuais ações judiciais futuras.

Caso o Tribunal tenha decidido o mérito, sem adoção dessas providências, não cabe a reforma do julgado para acolher pedido de compensação, a menos que haja prova nos autos de que o valor retido foi, de fato, recolhido ao cofre credor. Não sendo este o caso, compreende-se que a matéria deve ser tratada no Poder Judiciário, na fase de execução do acórdão do Tribunal.

Nesse contexto de incerteza, avalia-se que é sempre importante o TCU condenar o responsável pela integralidade do prejuízo, pois somente assim essa dívida terá o respaldo de um título executivo, inclusive para subsidiar eventual decretação da perda dos valores retidos, em favor da Administração, na etapa de cobrança judicial da dívida.

Reputa-se mais prudente o TCU condenar o responsável pela integralidade do débito, apenas ressaltando, na parte dispositiva, que o responsável pode requerer o abatimento/compensação parcial da dívida com os valores retidos, na fase de execução.

Essa solução foi adotada no Acórdão nº 2.240/2018-Plenário, de relatoria do ministro Benjamin Zymler:

> 22. Em vista do exposto nos parágrafos precedentes, manifesto-me inicialmente acerca do valor do débito a ser imputado aos responsáveis solidários. Com as vênias de estilo, observo que a eficácia das retenções cautelares efetuadas em atendimento à deliberação do TCU ainda se encontra em apreciação no âmbito do Poder Judiciário.
> 23. Assim, penso que o TCU deva imputar aos responsáveis a integralidade do valor do superfaturamento apurado, constituindo o respectivo título executivo. Em eventual etapa recursal, sobrevindo o trânsito em julgado que torne a referida retenção definitiva, tal montante poderá ser deduzido do débito imputado.
> 24. Da mesma forma, após o trânsito em julgado deste processo de controle externo, na fase de cobrança executiva, as partes poderão comprovar a quitação de parcela do débito com os valores eventualmente retidos em caráter definitivo.

13.5 Demais efeitos das decisões condenatórias em processos de contas

Conforme o art. 220 do RITCU, para os fins previstos no art. 1º, inciso I, alínea "g", e no art. 3º da Lei Complementar nº 64, de 18 de maio de 1990, o Tribunal, com a devida antecedência ou quando solicitado, enviará ao Ministério Público Eleitoral, em tempo hábil, o nome dos responsáveis cujas contas houverem sido julgadas irregulares nos cinco anos imediatamente anteriores à época em que forem realizadas eleições no âmbito da União, dos estados, do Distrito Federal e dos municípios.

Cuida-se de importante função do TCU, no sentido de contribuir com a remessa de informações relevantes à Justiça Eleitoral, a fim de que esta possa deliberar sobre as condições de elegibilidade daqueles que registraram sua candidatura, a cada pleito. Porém, é preciso lembrar que a competência para decretar a inelegibilidade dos candidatos é do Poder Judiciário, cabendo ao TCU apenas enviar a lista pertinente, nos termos da legislação.

Consoante o parágrafo único do art. 220 do RITCU, não se aplica o disposto neste artigo aos processos em que houver recurso com efeito suspensivo cuja admissibilidade tenha sido reconhecida pelo relator.

CAPÍTULO 14

COMUNICAÇÕES

14.1 Regras gerais das comunicações processuais emitidas pelo TCU

Conforme o art. 179 do RITCU, a citação, a audiência ou a notificação, bem como a comunicação de diligência e de rejeição de alegações de defesa, far-se-ão:

I – por meio eletrônico ou digital, regulamentado em ato normativo próprio;
II – por meio de publicação no Diário Eletrônico do TCU;
III – mediante comparecimento das partes nos autos ou do seu representante;
IV – por servidor designado;
V – mediante carta registrada, com aviso de recebimento que comprove a entrega no endereço do destinatário;
VI – por edital publicado nos órgãos oficiais, quando o seu destinatário não for localizado.

As regras a respeito da elaboração e da expedição das comunicações processuais emitidas pelo Tribunal foram estabelecidas na Resolução TCU nº 170, de 30 de junho de 2004, e alterações posteriores.

Segundo o art. 2º do referido normativo, consideram-se comunicações processuais:

I – citação;
II – comunicação de audiência;
III – comunicação de rejeição de defesa;
IV – comunicação de diligência;
V – notificação;
VI – comunicação de adoção de medida cautelar;
VII – outras comunicações de interesse das partes e de terceiros.

A despeito da omissão da Resolução TCU nº 170/2004, existem mais três comunicações processuais deduzidas do RITCU e da prática do Tribunal:

a) oitiva da entidade fiscalizada e do terceiro interessado prévia ao controle corretivo de atos e contratos (art. 250, inciso V);

b) oitiva do licitante fraudador com vista à eventual aplicação da sanção do art. 46 da LOTCU; e

c) oitiva prévia ou posterior do órgão interessado e do terceiro interessado a respeito da adoção de medida cautelar.

Assim, apesar de o §5º do art. 179 do RITCU estabelecer que estão abrangidas no conceito de audiência as comunicações processuais da oitiva prevista no art. 250, inciso V – o que poderia ser estendido às oitivas de cautelar e do licitante fraudador –, entende-se que tais comunicações devem manter as suas respectivas terminologias, uma vez que são atos processuais específicos com finalidades diferentes, sendo relevante, até mesmo para fins didáticos, o uso de nomenclaturas distintas. Assim, o dispositivo deve ser interpretado apenas para indicar que as audiências e as oitivas possuem o mesmo tratamento, no que se refere a prazos e regras de conteúdo.

A parte final do §5º do art. 179 do RITCU preconiza que estão abrangidas no conceito de notificação todas as comunicações processuais não caracterizadas por citação, audiência ou diligência. Isso implica que as decisões e as demais comunicações de interesse das partes e de terceiros deverão ser enviadas aos seus destinatários mediante a expedição de ofício de notificação.

As comunicações serão encaminhadas aos seus destinatários mediante o uso das seguintes formas, conforme o art. 3º da Resolução TCU nº 170/2004:

a) correio eletrônico, fac-símile ou telegrama;
b) servidor designado;
c) carta registrada, com aviso de recebimento;
d) edital publicado no Diário Oficial da União, quando o seu destinatário não for localizado, nas hipóteses em que seja necessário o exercício de defesa;
e) plataforma de serviços digitais Conecta-TCU ou outra solução de tecnologia da informação adotada pelo Tribunal com funcionalidades específicas de comunicação processual.

As formas de comunicação específicas nas letras "a" e "b" *supra* poderão ser utilizadas desde que fique confirmada inequivocamente a entrega da comunicação ao destinatário. No caso do uso de fac-símile, a unidade técnica competente deverá, no prazo de até cinco dias, remeter o original ao destinatário, nos termos do §1º do art. 3º da Resolução TCU nº 170/2004.

Já a carta registrada exige a comprovação da entrega no endereço do destinatário. A propósito, a jurisprudência do Tribunal é firme no sentido de que o aviso de recebimento não precisa ser assinado pelo próprio destinatário, sendo suficiente a demonstração da entrega do expediente em endereço válido pertencente ao responsável. Essa exegese foi veiculada no Acórdão nº 1.019/2008-Plenário (relator: ministro Benjamin Zymler), no Acórdão nº 5.793/2017-Segunda Câmara (relator: ministro Vital do Rêgo) e no Acórdão nº 3.254/2015-Primeira Câmara (relator: ministro Benjamin Zymler), dentre outros.

O destinatário será considerado não localizado, para os fins de realização de comunicação mediante publicação de edital no DOU (letra "d" *supra*), quando for verificado que ele está em lugar ignorado, incerto ou inacessível, consoante o §2º do art. 3º da Resolução TCU nº 170/2004. Para tanto, é preciso que a unidade responsável esgote as possibilidades de comunicação previstas, buscando outros endereços do responsável nos cadastros oficiais da Administração Pública.

Consoante o §4º do referido dispositivo, o uso do correio eletrônico deve observar os procedimentos definidos em ato do presidente.

O §5º do art. 3º da Resolução TCU nº 170/2004 estabeleceu a *utilização preferencial* da plataforma de serviços digitais Conecta-TCU ou de outra solução de tecnologia da informação que vier a substituí-la para a efetivação das comunicações, exceto nos casos de indisponibilidade ou inviabilidade técnica ou que justifique o uso de outro previsto no mencionado artigo. Para tanto, a unidade técnica deve observar os procedimentos e formas específicos definidos em ato do presidente.

O acesso e uso dos serviços disponíveis na Plataforma Conecta-TCU, assim como do protocolo eletrônico, requer realização prévia de cadastro e credenciamento no Portal TCU pelos usuários. Para tanto, é necessário estar registrado no Cadastro Único do Governo Federal (gov.br) e possuir identidade Nível Verificado – Prata ou Nível Comprovado – Ouro, conforme exposto no Guia da Plataforma de Serviços Digitais Conecta-TCU.[316] O aludido documento contém todas as informações relevantes para uso do mencionado sistema pelos órgãos, entidades, responsáveis, membros de advocacias públicas e advogados.

As comunicações feitas na referida plataforma devem conter, entre outros, os elementos necessários para identificação do destinatário da informação, bem assim do objeto e do conteúdo a serem comunicados, nos termos do §6º da referida disposição. A ciência da comunicação é feita mediante registro em campo próprio no sistema Conecta-TCU, no qual o responsável identificado aceita os seus termos. Concluídas essas providências, o usuário poderá acessar e efetuar o *download* da comunicação e do termo de ciência.

Da mesma forma, a resposta à comunicação, o envio de documentos, o acesso às peças processuais ou a realização de peticionamento ao Tribunal de Contas da União, por parte do responsável, deve ocorrer mediante a plataforma de serviços digitais Conecta-TCU ou outra solução de tecnologia da informação que vier a substituí-la, nos termos do §7º do art. 3º da Resolução TCU nº 170/2004.

Segundo o art. 179, §1º, do RITCU, as comunicações processuais são determinadas, conforme o caso, pelo relator, pelo presidente ou pelos colegiados e serão expedidas pela unidade técnica competente da Secretaria do Tribunal. Segundo o art. 43, inciso V, da Resolução TCU nº 347/2022, essa atribuição pertence, atualmente, à Seproc, a quem compete providenciar e expedir comunicações processuais, bem como realizar o controle dos respectivos prazos.

No caso de adoção de medida cautelar, o §2º do art. 179 do RITCU recomenda a adoção do meio mais célere possível, entre os previstos, devendo ser observado o §4º do art. 276 do RITCU. Este último dispositivo prescreve que as notificações e comunicações e, quando for o caso, a resposta do responsável ou interessado poderão ser encaminhadas por telegrama, fac-símile ou outro meio eletrônico, sempre com confirmação de recebimento, com posterior remessa do original, no prazo de até cinco dias, iniciando-se a contagem do prazo a partir da mencionada confirmação do recebimento.

---

[316] BRASIL. Tribunal de Contas da União. Secretaria de Gestão de Processos – Seproc. Guia da Plataforma de Serviços Digitais Conecta-TCU. Brasília: fevereiro de 2022, p. 9. Disponível em: https://contas.tcu.gov.br/ords/registra_pesquisa_serv_adm/srv/anexo_servico_cidadao?COD=37. Acesso em: 24 fev. 2023.

O cumprimento das mencionadas orientações é importante para que o Tribunal cumpra a regra estatuída no §1º do art. 171 da Lei nº 14.133, de 1º de abril de 2021, que trata da nova lei de licitações e contratos administrativos. Segue a redação do dispositivo:

> §1º Ao suspender cautelarmente o processo licitatório, o tribunal de contas deverá pronunciar-se definitivamente sobre o mérito da irregularidade que tenha dado causa à suspensão no prazo de 25 (vinte e cinco) dias úteis, contado da data do recebimento das informações a que se refere o §2º deste artigo, prorrogável por igual período uma única vez [...].

O §3º do art. 179 do RITCU estipula que as notificações ao responsável para pagamento de débito ou de multa serão acompanhadas das informações necessárias à efetivação do respectivo recolhimento.

O §6º do art. 179 do RITCU assevera que, quando a parte for representada por advogado, a comunicação deve ser dirigida ao representante legalmente constituído nos autos. A regra guarda semelhança com a especificada no art. 242, *caput*, do CPC/2015, segundo o qual "a citação será pessoal, podendo, no entanto, ser feita na pessoa do representante legal ou do procurador do réu, do executado ou do interessado".

No que se refere aos entes federativos e suas respectivas autarquias e fundações de direito público, o TCU já deliberou que a comunicação destes não segue o disposto no §3º do art. 242 do CPC/2015, que impõe a citação perante o órgão de Advocacia Pública responsável por sua representação judicial.

A questão foi enfrentada no julgamento do Acórdão nº 6.305/2018-Segunda Câmara (relatora: ministra Ana Arraes), que acolheu a fundamentação trazida pela unidade técnica, no sentido de que a citação do município deve obedecer às regras específicas aplicáveis ao processo de contas, não sendo cabível a utilização do mencionado dispositivo do CPC. Segue excerto da análise realizada, transcrita no relatório condutor da decisão:

> 45. Deve-se esclarecer, entretanto, que o rito processual desta Corte de Contas é singular e decorre de suas atribuições outorgadas pela Constituição Federal (arts. 70 e 71), por sua Lei Orgânica (Lei 8.443/1992) e por seu Regimento Interno (Resolução TCU 246/2011).
> 46. Não há fundamento jurídico no raciocínio do responsável no sentido de que o CPC deve prevalecer no presente caso, em detrimento da Lei Orgânica do Tribunal, a qual estabelece regras processuais próprias para atender às necessidades específicas do TCU. Mesmo porque não há qualquer prevalência hierárquica do CPC sobre a Lei 8.443/1992.
> 47. Note-se que o próprio Regimento Interno/TCU estabelece o emprego apenas subsidiário do CPC no âmbito do TCU, nos termos do seu art. 298, que prescreve a aplicação, no que couber, das disposições das normas processuais em vigor, desde que compatíveis com a Lei Orgânica.
> [...]
> 50. No que se refere especificamente à questão levantada pela defesa, quanto à forma de se fazer a citação, verifica-se que a Lei 8.443/1992 e o Regimento Interno/TCU trazem dispositivos específicos que regulam por completo a questão, não havendo espaço para aplicação subsidiária de outras normas processuais.
> [...]
> 52. Neste processo, a citação do Município de Imperatriz/MA foi promovida por meio do Ofício 1087/2016-TCU/SECEXMA, de 28/4/2016 (peça 29), encaminhado ao então prefeito municipal, a quem compete privativamente representar o município em juízo e fora dele,

consoante o art. 51, inciso I, da própria Lei Orgânica Municipal, disponível no portal eletrônico da Prefeitura Municipal de Imperatriz/MA (https://www.imperatriz.ma.gov.br/portal/imperatriz/leis-municipais.html). A referida comunicação processual foi entregue no endereço do destinatário constante na base de dados da Receita Federal (v. peça 18) em 19/5/2016, conforme o aviso de recebimento juntado à peça 35 dos autos.
[...]
54. Assim, mostra-se desarrazoado o argumento de que houve cerceamento ao direito de defesa do município, visto que esta Corte realizou a citação do responsável em perfeita consonância com os ditames do Regimento Interno/TCU (art. 179, inciso II) e da Lei 8.443/1992 (art. 22, inciso II), razão pela qual devem ser rejeitas as alegações de defesa apresentadas.

14.2 Comunicação relativa aos processos de verificação dos atos de pessoal

A apresentação das informações pelos órgãos da Administração com vistas ao exame e registro de atos de pessoal pelo TCU ocorrerá em meio eletrônico, por intermédio do sistema e-Pessoal. Da mesma forma, o Tribunal praticará os atos processuais pertinentes no aludido sistema na forma disciplinada pela Instrução Normativa TCU nº 78/2018.

Ademais, as comunicações de todos os atos apreciados pelo Tribunal poderão ser feitas de forma eletrônica, cabendo ao gestor do órgão de pessoal a responsabilidade pela verificação das providências a serem adotadas quando houver determinação expedida ao órgão jurisdicionado, conforme o art. 21 da referida norma.

O dispositivo elenca as ações que devem ser adotadas pelo órgão jurisdicionado quando houver determinações corretivas:

a) enviar pelo e-Pessoal comprovante de ciência do interessado, nos termos do que foi estabelecido no acórdão, independentemente de interposição de eventual recurso; e

b) ultimar as medidas a seu cargo, no prazo estabelecido no acórdão, notificando formalmente o Tribunal por meio de ofício de resposta e dos documentos comprobatórios anexados no e-Pessoal.

Como se extrai da própria LOTCU, a ausência de atendimento tempestivo às determinações do Tribunal poderá ensejar aplicação da multa prevista no art. 58, inciso IV, aos responsáveis.

14.3 Conteúdo das comunicações

A Resolução TCU nº 170/2004 discrimina o conteúdo obrigatório das comunicações efetivadas pelo Tribunal.

Conforme o art. 8º, o ato que ordenar a citação, a audiência, a notificação, a comunicação de rejeição de defesa ou a comunicação de diligência assinará prazo para seu cumprimento. A despeito do silêncio da norma, o dispositivo também se aplica às oitivas de cautelar e às oitivas de mérito do controle corretivo de atos e contratos.

14.3.1 Conteúdo comum de todas as comunicações

O art. 9º da Resolução TCU nº 170/2004 prescreve que a comunicação deverá explicitar a sua finalidade, com especificações e fundamentos bastantes para o saneamento do processo e o exercício da ampla defesa. Além disso, ela deve conter as seguintes informações ao seu destinatário:

a) a faculdade de acesso e cópia do processo;

b) as sanções a que estará sujeito na hipótese de não atendimento da comunicação, ou, tratando-se de citação e audiência, os efeitos de sua revelia ou da eventual rejeição de sua defesa;

c) caso a defesa seja enviada via fac-símile ou meio eletrônico, a necessidade de os originais serem remetidos ao Tribunal, no prazo de até cinco dias, contados da data do seu recebimento, sob pena de serem considerados como não praticados os atos processuais fundamentados nas peças não substituídas.

14.3.2 Conteúdo da citação

Segundo o art. 12 da resolução, o expediente citatório deverá conter, além dos elementos mencionados no tópico anterior, as informações necessárias à apresentação da defesa e o recolhimento da importância devida, tais como:

a) descrição sobre a origem do débito;

b) indicação do valor histórico;

c) indicação da data de ocorrência;

d) indicação da entidade ou do órgão ao qual deve ser recolhida a importância devida;

e) esclarecimento ao responsável de que o recolhimento tempestivo do débito somente saneará o processo caso seja reconhecida a boa-fé do envolvido e não tenha sido constatada outra irregularidade nas contas;

f) esclarecimento ao responsável de que o não atendimento à citação implicará revelia, para todos os efeitos, dando-se prosseguimento ao processo;

g) quando a responsabilidade pelo recolhimento envolver herdeiros, informação de que estes respondem pelo débito atribuído ao gestor falecido, cada qual em proporção da parte que na herança lhe coube, até o limite do valor do patrimônio transferido.

Apesar da omissão da norma, é necessário que o expediente contenha os dois elementos principais para o exercício do contraditório: a descrição da irregularidade imputada ao responsável e da conduta irregular praticada.

Com relação ao inciso V do art. 12 da resolução – informação de que o valor deverá ser recolhido com atualização monetária e acréscimo de juros de mora devidos, abatendo-se na oportunidade a quantia já ressarcida atualizada monetariamente, nos termos da legislação em vigor – o dispositivo perdeu eficácia diante das mudanças mais recentes da jurisprudência do TCU, no sentido de que o pagamento tempestivo do débito na fase de citação, *atualizado monetariamente*, opera sua quitação, não cabendo a incidência de juros quando do julgamento do processo. Nesse sentido, invocam-se os seguintes precedentes extraídos do repositório da jurisprudência do Tribunal:

> O pagamento tempestivo do débito na fase de citação, atualizado monetariamente, opera sua quitação, não cabendo a incidência de juros quando do julgamento do processo. Todavia, caso não reste caracterizada a boa-fé do responsável ou na subsistência de outras irregularidades, as contas serão julgadas irregulares com aplicação da multa prevista no art. 58, inciso I, da Lei 8.443/1992.

(Acórdão nº 2.144/2018-Plenário. Relator: ministro Bruno Dantas)
(Acórdão nº 1.143/2019-Primeira Câmara. Relator: ministro Benjamin Zymler)

Por esse motivo, entende-se que a informação veiculada no inciso V do art. 12 da resolução não deveria mais constar dos ofícios citatórios. Da mesma forma, esses expedientes não deveriam contemplar a informação de que o mero recolhimento do débito atualizado monetariamente não impedirá a incidência de juros de mora sobre o débito, abatendo-se os eventuais valores já recolhidos, caso não seja reconhecida a boa-fé.

De acordo com o §1º do art. 12 da resolução, o expediente citatório deverá ser acompanhado de demonstrativo de atualização de débito e, quando o valor tiver de ser recolhido ao Tesouro Nacional, do correspondente documento de arrecadação, devidamente preenchido com dados que não sofrerão modificações até a data indicada para pagamento.

Os elementos indicados poderão ser dispensados se o demonstrativo de atualização de débito e a GRU estiverem disponíveis no Portal do TCU e este contiver mecanismo que permita, quando for o caso, a atualização dos valores neles constantes, conforme o §2º do mencionado artigo.

14.3.3 Conteúdo da audiência

Segundo o art. 13 da Resolução TCU nº 170/2004, o expediente que comunicar a audiência poderá conter, além dos elementos mencionados no item 14.3.1 *supra*, outros que se revelem necessários à apresentação das razões de justificativa.

Apesar da omissão da norma, é necessário que o expediente contenha os dois elementos principais para o exercício do contraditório: a descrição da irregularidade imputada ao responsável e a da conduta irregular praticada.

O expediente que der ciência da audiência esclarecerá ao responsável que o não atendimento desta implicará revelia, para todos os efeitos, dando-se prosseguimento ao processo, e que a rejeição das razões de justificativa poderá ensejar a aplicação da multa prevista no art. 58 da LOTCU.

14.3.4 Conteúdo da comunicação de rejeição das alegações de defesa

Conforme o art. 14 do mencionado normativo, o expediente que der ciência da rejeição das alegações de defesa informará expressamente que a liquidação tempestiva do débito, atualizado monetariamente, saneará o processo e o Tribunal julgará as contas regulares com ressalva, dando quitação ao responsável, caso reconhecida a boa-fé do envolvido e não tenha sido constatada outra irregularidade nas contas.

O expediente deve ser acompanhado das mesmas informações constantes do §1º do art. 12 da resolução, mencionadas no item anterior, as quais poderão ser dispensadas caso estejam disponíveis no Portal do TCU, conforme o §2º.

14.3.5 Conteúdo da oitiva da entidade fiscalizada e do terceiro interessado prévia ao controle corretivo de atos e contratos

A despeito do silêncio da Resolução TCU nº 170/2004, entende-se que a oitiva da entidade fiscalizada e do terceiro interessado, prévia ao controle corretivo de atos e contratos, de que trata o inciso V do art. 250 do RITCU, poderá conter, além dos elementos mencionados no item 14.3.1 *retro*, outros que se revelem necessários à apresentação de defesa sobre fatos que possam resultar em decisão do Tribunal no sentido de desconstituir ato ou processo administrativo ou alterar contrato em seu desfavor.

Por evidente, é necessário que o expediente contenha o principal elemento para o exercício do contraditório: a descrição da ilegalidade verificada no ato ou no contrato.

O expediente que der ciência da oitiva esclarecerá ao responsável que o não atendimento ao expediente implicará revelia, para todos os efeitos, dando-se prosseguimento ao processo, e que a rejeição da defesa poderá ensejar a adoção de medidas corretivas.

14.3.6 Conteúdo da oitiva do licitante fraudador com vista à eventual aplicação da sanção do art. 46 da LOTCU

A despeito do silêncio da Resolução TCU nº 170/2004, compreende-se que a oitiva do licitante fraudador com vista à eventual aplicação da sanção do art. 46 da LOTCU poderá conter, além dos elementos mencionados no item 14.3.1 supra, outros que se revelem necessários à apresentação de defesa sobre a eventual ocorrência de fraude à licitação.

Nessa perspectiva, é necessário que o expediente contenha os dois elementos principais para o exercício do contraditório: a descrição da irregularidade imputada ao responsável e a da conduta irregular praticada.

O expediente que der ciência da oitiva esclarecerá ao responsável que o não atendimento desta implicará revelia, para todos os efeitos, dando-se prosseguimento ao processo, e que a rejeição da defesa poderá ensejar a aplicação da sanção catalogada no art. 46 da LOTCU.

14.3.7 Conteúdo da notificação

Consoante o art. 15 da Resolução TCU nº 170/2004, a notificação para pagamento de débito ou de multa deverá conter informações sobre o acórdão condenatório e demais elementos necessários ao recolhimento da dívida, fazendo-se acompanhar, quando cabível, do demonstrativo de atualização monetária e dos respectivos juros e, sendo o beneficiário do recolhimento o Tesouro Nacional, da GRU, devidamente preenchida com dados que não sofrerão modificações até a data indicada para pagamento.

No caso de multa, a notificação também deverá informar que o valor será atualizado monetariamente a partir do dia seguinte ao término do prazo estabelecido, até a data do efetivo recolhimento, na forma da legislação em vigor, conforme impõe o §1º do mencionado dispositivo.

A notificação informará ainda, segundo o §2º do artigo em exame:

a) que o acórdão do Tribunal, nos casos de imputação de débito e aplicação de multa, tem eficácia de título executivo e torna a dívida líquida e certa para fundamentar a respectiva ação de execução, nos termos dos arts. 19, 23, inciso III, alínea "b", e 24, da LOTCU;

b) que, transitado em julgado o acórdão, a não quitação da dívida no prazo ensejará a inscrição do devedor no Cadastro Informativo de Créditos não Quitados do Setor Público Federal (CADIN).

Havendo disponibilização do demonstrativo de atualização de débito e da GRU, assim como de mecanismo que permita, quando for o caso, a atualização dos valores neles constantes, no Portal do TCU, não será necessária a remessa de tais elementos junto à notificação, desde que essa informação conste do expediente.

14.3.8 Conteúdo da diligência

Segundo o art. 16 do normativo em exame, as diligências serão endereçadas ao dirigente do órgão ou entidade ou, se for o caso, diretamente ao interessado e deverão conter, quando cabíveis, os elementos mencionados no item 14.3.1 *retro*, além de outros necessários para o cumprimento da medida.

O expediente que comunicar a diligência informará que o não atendimento da diligência não impedirá a apreciação da matéria pelo Tribunal e poderá ensejar a aplicação da multa prevista no art. 58, inciso IV, da LOTCU.

14.3.9 Conteúdo da adoção de medida cautelar e/ou de sua oitiva

As comunicações a respeito da adoção de medida cautelar e sua oitiva serão efetivadas pelo meio mais célere possível, entre os previstos nos incisos I e II do artigo 3º da Resolução TCU nº 170/2004.

A despeito do silêncio da norma, entende-se que o expediente deve conter a descrição das irregularidades apuradas, assim como das circunstâncias que motivaram a adoção da medida cautelar. Ademais, é preciso esclarecer que a entidade e/ou terceiro deverá(ão) se manifestar sobre a presença dos pressupostos para a expedição do provimento cautelar, bem como sobre a ausência do perigo da demora reverso.

14.4 Destinatários das comunicações

Conforme o art. 18-A da resolução, as comunicações serão dirigidas ao responsável, ou ao interessado, ou ao dirigente de órgão ou entidade, ou ao representante legal ou ao procurador constituído nos autos, com poderes expressos no mandato para esse fim.

No caso de responsável falecido, as comunicações serão encaminhadas:

a) ao espólio, enquanto não homologada a partilha de bens entre os herdeiros, na pessoa do administrador provisório da herança ou do inventariante, se já tiver sido nomeado;

b) aos herdeiros, após a homologação da partilha de bens (AC) (Resolução TCU nº 235, de 15.09.2010, BTCU 36/2010, DOU de 20.09.2010).

As citações e as notificações serão renovadas em nome do espólio ou dos herdeiros caso o falecimento do responsável tenha ocorrido antes ou durante o prazo anteriormente concedido ao destinatário, nos termos do art. 18-B do normativo.

Vencido o prazo de alegações de defesa em momento anterior ao falecimento, tem-se como válida a citação efetivada na pessoa do responsável, conforme o §1º do art.

18-A da resolução. O mesmo se aplica se o falecimento ocorrer depois de transcorrido o prazo para interposição de recurso com efeito suspensivo. Nessa hipótese, a notificação enviada ao responsável será considerada válida, cabendo à unidade competente:

a) certificar o trânsito em julgado do acórdão condenatório;

b) dar ciência ao espólio, ou aos herdeiros, do objeto tratado nos autos e do resultado do julgamento;

c) adotar as providências necessárias à promoção da cobrança executiva da dívida, na forma determinada pelos normativos internos específicos.

14.5 Precedentes relevantes sobre as comunicações do Tribunal

As seguintes decisões refletem a jurisprudência do TCU a respeito das comunicações processuais:

> Não há qualquer afronta aos princípios do contraditório e da ampla defesa na realização da citação mediante a simples entrega do ofício de comunicação no endereço do responsável. Contudo, o ato processual de citação original é nulo quando o ofício não for entregue no endereço correto do responsável.
> (Acórdão nº 5.821/2013-Segunda Câmara. Relator: ministro Benjamin Zymler)

> A comunicação processual realizada pelo TCU é considerada válida quando a correspondência é entregue a porteiro ou zelador do prédio de residência do responsável (art. 179, inciso II, do Regimento Interno do TCU c/c art. 248, §4º, do Código de Processo Civil).
> (Acórdão nº 1.251/2019-Plenário. Relator: ministro Aroldo Cedraz)

> Para a validade da citação, não é necessário que a comunicação processual seja pessoalmente entregue ao destinatário, bastando que o ofício com o aviso de recebimento dos Correios (AR) seja recebido no endereço do responsável, obtido em fonte de dados oficial, a exemplo da base da Receita Federal.
> (Acórdão nº 11.696/2021-Segunda Câmara. Relator: ministro-substituto Marcos Bemquerer)

> No caso de localidades onde a entrega postal é do tipo interna – na qual o destinatário deve se deslocar até a agência dos Correios para receber a correspondência –, não há vício no chamamento de responsável aos autos quando ficar comprovado que não ocorreu falha na indicação do endereço e que a comunicação processual ficou à disposição do responsável por tempo suficiente.
> (Acórdão nº 9.386/2020-Primeira Câmara. Relator: ministro-substituto Augusto Sherman)
> (Acórdão nº 9.811/2019-Primeira Câmara. Relator: ministro Benjamin Zymler)

> O fato de a notificação do acórdão condenatório ter sido dirigida ao endereço do escritório de advocacia durante o recesso forense previsto no art. 220 da Lei 13.105/2015 (CPC) não implica devolução do prazo para interposição de recurso.
> (Acórdão nº 3.887/2017-Primeira Câmara. Relator: ministro-substituto Weder de Oliveira)

> Não há como se presumir válida a comunicação processual entregue no endereço residencial do responsável que se encontra na condição de preso. No âmbito do controle externo, o domicílio necessário do preso é o lugar em que cumpre a sentença, aplicando-se por analogia o que estabelece o Código Civil (art. 76 da Lei 10.406/2002).
> (Acórdão nº 2.682/2015-Segunda Câmara. Relator: ministro Raimundo Carreiro)

NULIDADES PROCESSUAIS

As nulidades no processo do TCU e as consequências jurídicas de sua identificação encontram-se disciplinadas nos arts. 171 a 178 do RITCU. Além disso, incidem subsidiariamente as disposições do CPC/2015, no que couber e desde que compatíveis com a LOTCU, na linha do que ocorre com qualquer regra processual, nos termos do art. 298 do RITCU.

Segundo o art. 171 do RITCU, nenhum ato será declarado nulo se do vício não resultar prejuízo para a parte, para o Erário, para a apuração dos fatos pelo Tribunal ou para a deliberação adotada. Cuida-se do chamado princípio do prejuízo, de ampla aceitação no Direito Processual.

Conforme Fredie Didier Júnior, "a invalidade processual é sanção que somente pode ser aplicada se houver a conjugação de defeito do ato processual (pouco importa a gravidade do defeito) com a existência de prejuízo".[317] Na visão do autor, a cominação dessa sanção exige a presença desse duplo suporte fático, o defeito e o prejuízo, mesmo que se trate de vício caracterizado pela lei como nulidade absoluta.

Isso implica dizer que, ausente o prejuízo, não seria possível invalidar o ato processual, mesmo nas hipóteses legais de nulidade absoluta. Caberia à parte, portanto, comprovar a presença de ambos os requisitos a fim de requerer a decretação da nulidade do ato inquinado.

Ainda se valendo da teoria de Fredie Didier Júnior, há prejuízo sempre que o defeito impedir que o ato atinja a sua finalidade.[318] Seria o caso, por exemplo, da entrega do ofício de citação em endereço diverso do pertencente ao responsável, situação que impediria o conhecimento dos fatos e o regular exercício do contraditório e da ampla defesa por este. Nessa hipótese, estaria configurado prejuízo na medida em que o ato processual não teria cumprido a sua finalidade, qual seja, permitir a participação da parte na formação do convencimento do julgador.

Segundo o parágrafo único do art. 171 do RITCU, "quando puder decidir o mérito a favor da parte a quem aproveitaria a declaração de nulidade, o TCU não a pronunciará nem mandará repetir o ato ou suprir-lhe a falta". O dispositivo configura uma mera

---

[317] DIDIER JÚNIOR, Fredie. *Curso de direito processual civil*: introdução ao direito processual civil, parte geral e processo de conhecimento. Salvador: Juspodivm, 2018, p. 418.

[318] DIDIER JÚNIOR, Fredie. *Curso de direito processual civil*: introdução ao direito processual civil, parte geral e processo de conhecimento. Salvador: Juspodivm, 2018, p. 418.

aplicação do princípio em exame, uma vez que retrata situação de evidente ausência de prejuízo. Segue precedente nesse sentido:

> O reconhecimento de oficio de nulidade absoluta não é necessário se os elementos de convicção existentes nos autos permitirem a adoção de encaminhamento mais favorável ao responsável do que a anulação do ato viciado.
> (Acórdão nº 9.429/2020-Segunda Câmara. Relator: ministro Aroldo Cedraz)

Conforme o art. 172 do RITCU, *"não se tratando de nulidade absoluta*, considerar-se-á válido o ato que, praticado de outra forma, tiver atingido o seu fim" (grifos acrescidos).

A disposição anuncia o princípio da instrumentalidade das formas, de ampla aceitação no campo do Direito Processual. Não obstante, o comando normativo tem uma especificidade com relação ao dispositivo equivalente do CPC/2015: a previsão de que ele não se aplica aos casos de nulidade absoluta, ressalva que não se faz presente no art. 188 da norma processual civil, a saber: "os atos e os termos processuais independem de forma determinada, salvo quando a lei expressamente a exigir, considerando-se válidos os que, realizados de outro modo, lhe preencham a finalidade essencial".

Todavia, não se vislumbra razão a que o princípio da instrumentalidade das formas também incida nos casos de nulidade absoluta. Afinal, conforme visto antes, não existe prejuízo se o ato, ainda que viciado (de forma absoluta), atingir o seu fim.

Seria o caso, por exemplo, de um ofício citatório, entregue inequivocamente em endereço errado, ser informalmente levado ao conhecimento do destinatário, que espontaneamente compareça ao processo e exerça a sua defesa, sem alegar qualquer tipo de prejuízo. Nesta hipótese, o comparecimento espontâneo da parte sanaria a nulidade absoluta da citação, uma vez que o ato inquinado atingiu, de outra forma, o seu fim.

Essa posição encontra respaldo na própria jurisprudência do TCU, como ilustra o seguinte precedente:

> O comparecimento espontâneo do responsável aos autos supre eventual vício na notificação, nos termos do art. 239, §1º, do CPC, aplicável subsidiariamente aos processos no TCU, fluindo, a partir de então, o prazo para a prática de ato processual pendente, sem necessidade de requerimentos ou autorizações.
> (Acórdão nº 9.335/2020-Primeira Câmara. Relator: ministro Walton Alencar)

15.1 Nulidades absolutas

De toda sorte, o RITCU não especifica as hipóteses de nulidade absoluta, sendo necessário, assim, recorrer à jurisprudência. Como regra, costuma-se apontar como causas de nulidade absoluta aqueles atos processuais que implicam prejuízo ao exercício do direito de defesa e à intervenção nos autos da parte ou do interessado, conforme as regras vigentes. Isso ocorre, por exemplo, mediante:

a) a expedição de decisão em desfavor da parte ou do interessado, sem a anterior notificação destes para eventual intervenção e participação nos autos (citação, audiência ou oitiva);

b) a citação ou audiência do responsável após o seu falecimento;

c) a citação, audiência ou oitiva da parte ou interessado, em endereço diverso do registrado em sistemas oficiais;

d) a não publicação dos nomes dos advogados constituídos nos autos na pauta da sessão de julgamento;

e) a não disponibilização de acesso a peças do processo à parte ou interessado, que tenham sido utilizadas em desfavor destes para o convencimento do Tribunal; e

f) a utilização de provas obtidas por meio ilícito.

A hipótese indicada na letra "a" implica frontal violação aos princípios constitucionais da ampla defesa e do contraditório, com evidente prejuízo à parte ou interessado.

O caso mencionado na letra "b" implica uma situação de inexistência da própria relação processual, até porque o falecimento da parte acarreta a inexistência da pessoa física e a perda de sua capacidade civil, não havendo, portanto, como ela praticar os demais atos que lhe cabem para o desenvolvimento regular do processo. Nesse sentido, invoca-se o seguinte precedente:

> A citação do responsável, após a sua morte, mesmo que entregue no endereço que tinha em vida, é causa de nulidade absoluta, pois impraticável o exercício do contraditório e da ampla defesa.
> (Acórdão nº 4.702/2012-Primeira Câmara. Relator: ministro Valmir Campelo)

Os casos aludidos nas letras "c" a "f" também configuram infração aos referidos princípios, havendo, nessas hipóteses, presunção de prejuízo.

Quanto à situação descrita na letra "c", o Tribunal entende que é válida a citação/audiência/oitiva entregue no endereço do responsável/interessado constante da base da Receita Federal. Haveria, assim, uma presunção relativa de legalidade do ato, cabendo ao responsável indicar no próprio processo outro endereço, antes de sua notificação, ou produzir prova robusta em contrário de que residia em outro domicílio, distinto daquele para o qual o expediente foi enviado, caso a decisão de mérito tenha sido adotada à sua revelia.

Com relação à última hipótese, é preciso lembrar que todos aqueles que participem de processo estão sujeitos à obrigação de manter atualizados seus endereços e demais dados cadastrais perante o Poder Judiciário e, no caso de microempresas e empresas de pequeno porte, perante a Administração Tributária, conforme o art. 77, inciso VII, do CPC/2015. Segue a redação do dispositivo:

> Art. 77. Além de outros previstos neste Código, são deveres das partes, de seus procuradores e de todos aqueles que de qualquer forma participem do processo: [...]
> VII – informar e manter atualizados seus dados cadastrais perante os órgãos do Poder Judiciário e, no caso do §6º do art. 246 deste Código, da Administração Tributária, para recebimento de citações e intimações. (Incluído pela Lei nº 14.195, de 2021)

Entende-se que essa obrigação se impõe a todo aquele que de alguma forma administre recursos públicos, pois a sua sujeição ao dever de prestar contas impõe a necessidade de atualização constante de suas informações cadastrais perante a Administração Pública, a fim de possibilitar eventuais notificações do Poder Público referentes ao exercício desse dever.

São vários os precedentes a respeito do assunto:

a) requisitos de validade de uma notificação: endereço obtido em base de dados oficial:

> Para a validade da citação, não é necessário que a comunicação processual seja pessoalmente entregue ao destinatário, bastando que o ofício com o aviso de recebimento dos Correios (AR) seja recebido no endereço do responsável, obtido em fonte de dados oficial, a exemplo da base da Receita Federal.
> (Acórdão nº 316/2018-Plenário. Relator: ministro Vital do Rêgo)

> A presunção de validade da notificação encaminhada ao endereço contido na base CPF é afastada se existir nos autos outro endereço específico para remessa de comunicações processuais informado pelo responsável.
> (Acórdão nº 2.202/2014-Segunda Câmara. Relatora: ministra Ana Arraes)

b) dever do responsável de manter atualizado o seu domicílio nos órgãos públicos:

> A utilização do endereço constante na base de dados da Receita Federal é válida para fins de citação. Compete ao responsável manter seu domicílio atualizado perante os órgãos públicos.
> (Acórdão nº 3.254/2015-Primeira Câmara. Relator: ministro Benjamin Zymler)

> O responsável que deixa de atualizar seu endereço na base de dados da Receita Federal (CPF e CNPJ) não pode invocar a nulidade de comunicação processual do TCU enviada ao endereço desatualizado constante da referida base, uma vez que o ordenamento jurídico brasileiro não admite arguição de nulidade por quem lhe deu causa (art. 243 do CPC).
> (Acórdão nº 371/2016-Plenário. Relator: ministro Vital do Rêgo)

c) falha alheia ao responsável, no registro correto de seu endereço no Sistema da Receita Federal:

> Considera-se inválida a citação feita com base em dados obtidos do Sistema CPF, da Receita Federal, quando houve mudança no endereço do destinatário não captada pelo referido sistema.
> (Acórdão nº 999/2014-Primeira Câmara. Relator: ministro José Múcio)

A ausência dos nomes dos advogados constituídos nos autos na pauta da sessão de julgamento acarreta uma situação de prejuízo presumido à defesa, já que dificulta, pelas vias de busca eletrônica, o conhecimento do fato pelos procuradores da parte, obstaculizando o exercício de importantes faculdades processuais, tais como a realização de sustentação oral e a entrega de memoriais. Há vários precedentes nesse sentido:

> É motivo de nulidade absoluta do acórdão proferido a ausência, na publicação da pauta da sessão de julgamento, dos nomes dos advogados constituídos nos autos.
> (Acórdão nº 2.297/2013-Plenário. Relator: ministro Benjamin Zymler)

> A omissão do nome de advogado legalmente constituído na publicação da pauta prejudica o exercício da ampla defesa e do contraditório, uma vez que há prejuízo ao direito de o responsável requerer sustentação oral e de apresentar memoriais previamente à sessão, ensejando a declaração de nulidade absoluta da decisão.
> (Acórdão nº 1.878/2015-Plenário. Relator: ministro Bruno Dantas)

A omissão na publicação do nome e do número da inscrição na OAB do advogado da parte na pauta da sessão de julgamento atinge o direito de defesa e do contraditório, caracterizando nulidade absoluta da deliberação, que deve ser reconhecida de ofício.
(Acórdão nº 3.004/2016-Plenário. Relator: ministro-substituto Augusto Sherman)

A não disponibilização de acesso a peças do processo à parte ou interessado que tenham sido utilizadas em desfavor destes para o convencimento do Tribunal constitui uma situação de evidente prejuízo, uma vez que impede a produção de prova e informações em contrário às deduzidas nos referidos elementos cujo acesso foi sonegado ao responsável.

O uso de provas não admitidas pelo Direito corresponde a uma violação ao princípio constitucional da inadmissibilidade das provas ilícitas, consignado no art. 5º, inciso LVI, da CF/1988.

Segundo Cândido Rangel Dinamarco:

Provas ilícitas são as demonstrações de fatos obtidas por modos contrários ao direito, quer no tocante às fontes de prova, quer quanto aos meios probatórios. A prova será ilícita – ou seja, antijurídico e portanto ineficaz a demonstração feito – quando o acesso à fonte probatória tiver sido obtido de modo ilegal ou quando a utilização da fonte se fizer por modos ilegais. Ilicitude da prova, portanto, é ilicitude na obtenção das fontes ou ilicitude na aplicação dos meios. No sistema do direito probatório o veto às provas ilícitas constitui limitação ao direito à prova. No plano constitucional, ele é instrumento democrático de resguardo à liberdade e à intimidade das pessoas contra atos arbitrários ou maliciosos.[319]

Esse vício também implica uma situação de presunção de prejuízo, não apenas à parte prejudicada por uma hipotética postura desleal do TCU, na instrução do processo, como à própria sociedade, que é a destinatária do princípio constitucional da inadmissibilidade de provas ilícitas.

Assim, bastaria o responsável comprovar a ocorrência de qualquer um dos vícios supramencionados para que se imponha a decretação da invalidade dos atos processuais irregulares e dos subsequentes que derivaram daqueles.

Ademais, extrai-se do art. 62, inciso III, c/c o art. 178 do RITCU que a não realização de audiência do MPCU nos processos de tomada ou prestação de contas, inclusive as tomadas de contas especiais, e nos concernentes à apreciação dos atos de admissão de pessoal e de concessão de aposentadorias, reformas e pensões, implica a nulidade do processo a partir do momento em que esse órgão deveria ter-se pronunciado.

Nesse sentido, invoca-se o seguinte precedente:

A ausência de manifestação do Ministério Público junto ao TCU quanto ao mérito em tomada de contas especial (art. 62, inciso III, do Regimento Interno do TCU) implica nulidade do acórdão proferido, impondo o retorno dos autos ao relator a quo para saneamento do vício e novo julgamento.
(Acórdão nº 7.064/2019-Primeira Câmara. Relator: ministro Vital do Rêgo)

---

[319] DINAMARCO, Cândido Rangel. *Instituições de direito processual civil*. São Paulo: Malheiros, 2001, p. 49.

Não obstante, é possível o saneamento desse vício pelo próprio MPTCU se ele se manifestar nos autos antes da decisão definitiva de mérito do Tribunal, anuindo expressamente os atos praticados, consoante o parágrafo único do art. 178 do RITCU. Essa manifestação pode ocorrer por escrito ou, ainda, oralmente durante a sessão de julgamento, anteriormente à leitura do relatório e, evidentemente, às etapas de votação e discussão.

Os casos de nulidade absoluta podem ser invocados a qualquer tempo pela parte prejudicada, podendo ser formulados, inclusive, por mera petição. Seguem alguns precedentes:

> A manifestação da parte para arguir nulidades absolutas, como na hipótese de vício de citação, independe de recurso propriamente dito, podendo ser veiculada por simples petição (art. 174 do Regimento Interno do TCU).
> (Acórdão nº 135/2017-Plenário. Relator: ministro Benjamin Zymler)

> Após o trânsito em julgado da decisão condenatória, apenas a ausência ou vícios da citação em processo julgado à revelia representam nulidade processual absoluta passível de ser arguida pela parte, pois, nessa hipótese, estará em dúvida a própria existência da relação jurídico-processual. As nulidades, em regra, devem ser arguidas até o trânsito em julgado, sob pena de preclusão máxima inerente à coisa julgada.
> (Acórdão nº 960/2018-Plenário. Relator: ministro Benjamin Zymler)

> A ausência de citação ou a sua realização com vícios em processo julgado à revelia representam nulidade processual absoluta, que pode ser arguida, inclusive, após o trânsito em julgado da decisão.
> (Acórdão nº 1.997/2022-Plenário. Relator: ministro Aroldo Cedraz)

Não obstante, a parte não poderá arguir nulidade a que haja dado causa ou para a qual tenha, de qualquer modo, concorrido, nos termos do art. 173 do RITCU. Seria o caso, por exemplo, da omissão do responsável em manter atualizado o seu endereço, reportando eventual mudança de domicílio no curso do processo.

15.2 Nulidades relativas

Além das situações destacadas, há ainda os casos de nulidade relativa, os quais são objeto de tratamento distinto pelo Tribunal, especialmente quanto ao seu processamento.

Com relação ao assunto, a jurisprudência do TCU entende que a indicação equivocada do nome do representante legal da parte no acórdão ou na pauta de julgamentos constitui uma hipótese de nulidade relativa, a qual será corrigida somente se a parte, reputando-se prejudicada, alegar na primeira oportunidade de manifestação. Além disso, seria necessária a demonstração de prejuízo. Seguem alguns precedentes a respeito:

> Eventual nulidade do acórdão por mero erro na grafia, na pauta de julgamento, do número de registro do advogado na OAB só deve subsistir no caso de esse erro resultar em inequívoco prejuízo para a parte, tendo em vista o princípio do formalismo moderado, que rege os processos de controle externo, e o princípio da ausência de nulidade sem prejuízo.
> (Acórdão nº 2.566/2017-Segunda Câmara. Relator: ministro-substituto André de Carvalho)

A ausência ou a indicação equivocada do nome do representante legal da parte no acórdão ou na pauta de julgamentos, que constitui nulidade relativa, será corrigida somente se a parte, reputando-se prejudicada, alegar, na primeira oportunidade de manifestação, a ocorrência do vício, nos termos do art. 278 do CPC, sob pena de preclusão do direito de apontar a falha e de convalidação do ato.
(Acórdão nº 6.842/2016-Segunda Câmara. Relator: ministro Augusto Nardes)
(Acórdão nº 2.682/2018-Plenário. Relator: ministro Walton Alencar)

A falta de publicação do nome do advogado da parte na pauta de julgamento não caracteriza prejuízo ao direito de defesa e, portanto, não enseja nulidade do acórdão proferido se a parte, devidamente notificada da referida decisão, deixa de apontar o erro quando lhe era possível fazê-lo, mediante interposição de recursos ou ingresso com petição anulatória, consentindo assim com o trânsito em julgado da decisão.
(Acórdão nº 10.753/2016-Segunda Câmara. Relator: ministro Augusto Nardes)

15.3 Procedimento

A competência para declarar a nulidade do ato pertence à autoridade que o expediu, nos termos do art. 174 do RITCU. De toda sorte, o colegiado é sempre competente para invalidar atos dos processos submetidos à sua apreciação, até porque é ampla a sua cognição. O dispositivo prescreve, ainda, que o "Tribunal ou o relator declarará a nulidade de ofício, se absoluta, ou por provocação da parte ou do Ministério Público junto ao Tribunal, em qualquer caso.

A nulidade do ato, uma vez declarada, causará a dos atos subsequentes que dele dependam ou sejam consequência, consoante o art. 175 do RITCU. A regra decorre da própria ideia do processo, como um conjunto de atos encadeados que se sucedem no tempo, sendo que alguns deles possuem uma relação de dependência entre si. Dessa forma, haverá a contaminação dos atos posteriores que sejam dependentes ou consequentes do ato declarado nulo, os quais devem ser repetidos no processo caso não ocorra alguma situação de preclusão ou prescrição.

Por outro lado, o parágrafo único do art. 175 do RITCU estabelece que a nulidade de uma parte do ato não prejudicará as outras que dela sejam independentes. Trata-se de uma consequência da regra supramencionada, que consubstancia o princípio da eficiência processual, o qual busca a preservação de todo e qualquer ato que possa ser aproveitado por não estar relacionado a outro praticado sob vício.

O precedente a seguir ilustra a aplicação da regra indicada:

É possível a declaração de nulidade apenas parcial de acórdão condenatório, por vício insanável na citação de um dos responsabilizados, quando não resultar em prejuízo aos demais responsáveis.
(Acórdão nº 7.761/2019-Segunda Câmara. Relator: ministro-substituto André de Carvalho)

Como consectário lógico das disposições supramencionadas, o art. 176 do RITCU impõe que o relator ou o Tribunal, ao pronunciar a nulidade, declare os atos a que ela se estende, ordenando as providências necessárias, a fim de que sejam repetidos ou retificados. Cuida-se de uma medida de transparência para as partes, que, assim, podem fazer uma espécie de controle da decisão do julgador, opondo os recursos pertinentes caso discordem da extensão da nulidade promovida por este.

Na avaliação dos atos que também serão declarados nulos, o relator ou o Tribunal deve preservar os subsequentes que não resultem prejuízo para a parte. Essa exceção consta da parte final do aludido dispositivo, que mandou ressalvar da regra geral o disposto no art. 171 do RITCU.

O parágrafo único do art. 176 do RITCU traz regras específicas à declaração de nulidade na fase recursal. Conforme a disposição, ocorrendo a invalidação do ato pelo Tribunal, o relator do recurso ou o Tribunal se limitará a declarar os atos a que ela se estende. Caberá ao relator original, sob cuja presidência o ato declarado nulo foi praticado, ou ao seu sucessor, ordenar as providências necessárias para a repetição ou retificação do ato. Cuida-se de regra importante para evitar a chamada supressão de instância, até porque a decretação de nulidade, nessas circunstâncias, significará o retorno do processo à sua etapa anterior, cuja presidência compete ao relator *a quo*.

O art. 177 do RITCU preconiza que a eventual incompetência do relator não é causa de nulidade dos atos por ele praticados. Cuida-se de uma mitigação, no processo do TCU, do princípio do juiz natural. Em verdade, a regra tem a sua lógica, pois, em verdade, todos os ministros do Tribunal são igualmente competentes para exercer as atribuições de controle externo previstas no art. 71 da CF/1988, agindo por delegação legal, conforme as regras processuais vigentes. Assim, uma eventual falha no impulsionamento do processo não constitui uma situação de nulidade presumida à parte, até porque ela pode ser convalidada pelo relator natural ou pelo próprio colegiado competente, por ocasião do julgamento.

Seguem outros precedentes a respeito da configuração de nulidade nos processos do TCU:

a) publicação em pauta do julgamento do nome dos advogados constituídos:

> A publicação em pauta de julgamento somente do nome de estagiário de advocacia no rol de representantes do responsável implica nulidade do acórdão proferido, mesmo que exista autorização ou substabelecimento de advogado regularmente constituído, tendo em vista que as normas processuais do TCU exigem expressamente a notificação de advogados constituídos nos autos (art. 179, §7º, do Regimento Interno do TCU; art. 40 da Resolução TCU 164/2003).
> (Acórdão nº 899/2019-Plenário. Relator: ministro Benjamin Zymler)

> Nos processos do TCU, quando a parte for representada por advogado, a comunicação deve ser dirigida ao representante legalmente constituído nos autos, nos termos do art. 179, §7º, do Regimento Interno do TCU. No entanto, se a comunicação for endereçada ao responsável e não ao seu advogado, mas este se fizer presente nos autos, considera-se sanado o vício.
> (Acórdão nº 6.026/2015-Segunda Câmara. Relator: ministro Vital do Rêgo)

> A ausência de notificação, pela administração, de advogado constituído pela parte na fase interna da tomada de contas especial não implica a nulidade daquela, para fins de verificação de causa interruptiva de prescrição.
> (Acórdão nº 2.616/2022-Plenário. Relator: ministro Walton Alencar)

b) pedidos de prorrogação de prazo, retirada do processo da pauta de julgamento e de realização de sustentação oral:

Não é causa de nulidade a ausência de comunicação ao responsável do deferimento de seu pedido de prorrogação de prazo para apresentação de defesa, cabendo a ele acompanhar o desfecho do pleito (art. 183, parágrafo único, do Regimento Interno do TCU).
(Acórdão nº 10.236/2021-Primeira Câmara. Relator: ministro Vital do Rêgo)

Não há nulidade no acórdão, por ofensa ao direito de defesa, quando a prorrogação de prazo concedida ao responsável expirou antes de sua notificação sobre o pedido de prorrogação, haja vista que, segundo o que dispõe o art. 183, parágrafo único, do Regimento Interno do TCU, o prazo de prorrogação começa a contar a partir do término do prazo inicialmente concedido para a defesa, independentemente da notificação do responsável.
(Acórdão nº 4.789/2016-Primeira Câmara. Relator: ministro Bruno Dantas)

Padece de nulidade, por erro de procedimento (*error in procedendo*), acórdão que julgou processo sem analisar requerimento de sustentação oral efetuado nos termos das disposições regimentais.
(Acórdão nº 10.172/2020-Segunda Câmara. Relator: ministro Raimundo Carreiro)

Não caracteriza omissão apta ao acolhimento de embargos de declaração a ausência de pronunciamento em relação a pedido de retirada de processo de pauta, pois não há direito subjetivo processual da parte quanto à designação de outra data para julgamento. O deferimento do pleito é de caráter facultativo e deve ser sopesado com os princípios da celeridade e da economia processual.
(Acórdão nº 8.809/2019-Primeira Câmara. Relator: ministro Bruno Dantas)

O deferimento de pedido de retirada do processo de pauta, ainda que sob alegação de impossibilidade de comparecimento do advogado da parte à sessão para realizar sustentação oral, é decisão discricionária do relator, não adstrita à agenda do responsável ou do profissional que atua em sua defesa.
(Acórdão nº 8.689/2019-Segunda Câmara. Relator: ministro Augusto Nardes)

c) intempestividade na formalização do processo de tomada de contas especial na fase interna:

A intempestividade na formalização de processo de tomada de contas especial (extrapolação do prazo de 180 dias) não gera nulidade processual, podendo ser considerada grave infração à norma legal para fins de responsabilização da autoridade administrativa competente. O intuito dos arts. 84 do Decreto-Lei 200/1967 e 8º da Lei 8.443/1992 não é conferir um direito ao responsável pelo dano, mas, sim, delinear a atuação da Administração Pública, minimizando-se o risco de ineficácia em razão da utilização intempestiva do instrumento da tomada de contas especial.
(Acórdão nº 690/2017-Primeira Câmara. Relator: ministro Bruno Dantas)

d) contraditório na fase interna das tomadas de contas especiais:

A ausência de notificação do responsável na fase interna do processo de tomada de contas especial não implica vício, porquanto a fase interna constitui procedimento inquisitório de coleta de provas, assemelhado ao inquérito policial, e a fase externa, que se inicia com a autuação do processo no TCU, é que garante o direito à ampla defesa e ao contraditório.
(Acórdão nº 653/2017-Segunda Câmara. Relator: ministro Augusto Nardes)

e) citação por edital:

Constitui vício processual insanável a citação realizada por edital quando há nos autos indicação pelo próprio responsável de seu endereço.
(Acórdão nº 2.830/2015-Segunda Câmara. Relator: ministro-substituto Marcos Bemquerer)

f) defesa apresentada pelo município:

A defesa apresentada pelo próprio município (pessoa jurídica de direito público interno) supre eventual nulidade de citação por ter sido a comunicação processual dirigida à respectiva prefeitura (unidade despersonalizada).
(Acórdão nº 7.149/2014-Primeira Câmara. Relator: ministro-substituto Augusto Sherman)

CAPÍTULO 16

PRAZOS

Conforme o art. 183 do RITCU, os prazos referidos neste normativo contam-se dia a dia, a partir da data:

I – do recebimento pela parte:
a) da citação ou da comunicação de audiência;
b) da comunicação de rejeição das alegações da defesa;
c) da comunicação de diligência;
d) da notificação;
II – constante de documento que comprove a ciência da parte;
III – da publicação nos órgãos oficiais, quando a parte não for localizada;
IV – nos demais casos, salvo disposição legal expressa em contrário, da publicação do acórdão no Diário Oficial da União.

A redação do dispositivo é um tanto confusa e repetitiva, pois o recebimento pela parte da citação, das comunicações de audiência, de rejeição das alegações de defesa e de diligência e da notificação (inciso I) será comprovado pelo documento que demonstre a sua ciência (inciso II), quando tais expedientes foram encaminhados por correio eletrônico, fac-símile ou telegrama, servidor designado ou carta registrada com aviso de recebimento (art. 3º, incisos I, II e III, da Resolução TCU nº 170/2004). Assim, compreende-se que os incisos I e II do art. 183 do RITCU, em regra, se confundem, a menos que a demonstração do recebimento pela parte ocorra de outra forma, que não o registro em documento.

Conforme o art. 19, inciso II, da Resolução TCU nº 170/2004, o prazo para atendimento da comunicação será contado da entrega no endereço do destinatário ou do órgão ou entidade, nas hipóteses do §3º do art. 4º da referida norma. Segundo este dispositivo, caso a comunicação seja destinada a diretor, servidor ou empregado de órgão ou entidade sob a jurisdição do Tribunal, este último "poderá endereçá-la ao presidente da instituição, com solicitação para a entrega ao destinatário, tomada de ciência e restituição do respectivo ofício ao Tribunal". O objetivo dessa regra é maximizar as chances de entrega efetiva ao destinatário do expediente, principalmente quando este for vinculado à Administração Pública.

A regra tem duas justificativas. Primeiro, a de que o servidor público tem domicílio necessário, que é o lugar em que exercer permanentemente suas funções (art. 76, *caput* e parágrafo único, do Código Civil). Segundo, a de que o presidente das entidades públicas possui responsabilidade institucional perante o TCU de adotar as medidas necessárias ao regular o exercício de sua missão de controle externo.

A despeito da possibilidade aventada no §3º do art. 4º da Resolução TCU nº 170/2004, entende-se que a medida deve ser adotada simultaneamente ao envio das comunicações ao endereço pessoal dos próprios responsáveis, a fim de evitar que estes sejam prejudicados por eventual omissão ou demora na efetiva entrega do documento pelos dirigentes, devido a falhas na estrutura interna de comunicação da entidade.

A despeito do silêncio da norma, o disposto nos incisos I e II do art. 183 do RITCU também se aplica ao recebimento pela parte da comunicação da oitiva prévia à eventual aplicação da sanção do art. 46 da LOTCU; da oitiva prévia ao controle corretivo de atos e contratos (art. 250, inciso V, do RITCU); e da oitiva referente à adoção de medida cautelar (prévia ou posterior). Logo, os prazos de resposta a essas comunicações processuais serão contados a partir da data do recebimento pela parte dos respectivos expedientes.

Pelo que se depreende do art. 183 do RITCU, o termo inicial da contagem dos prazos é a ciência da comunicação pelo seu destinatário. Sendo assim, não são aplicáveis ao processo do TCU as disposições do art. 231 do CPC/2015, em especial os seus incisos I e II, que consideram como dia do começo do prazo a juntada aos autos do aviso de recebimento ou do mandado cumprido. Nesse sentido, cabe invocar o Acórdão nº 1.547/2011-Plenário (relator: ministro José Múcio), como se verifica na seguinte passagem de seu voto condutor:

> 11. Mais uma fórmula tentada para superar a intempestividade destes embargos está na defesa de que a contagem do prazo se dê a partir da juntada aos autos do aviso de recebimento da notificação do julgamento, à semelhança do art. 241, inciso III, do CPC [atual art. 231 do CPC/2015].
> 12. Tal saída é rejeitada pela jurisprudência deste Tribunal, visto que a Lei nº 8.443/92, que rege o processo de controle externo, prevê no seu art. 30, inciso I, que o prazo se inicia quando a parte recebe a notificação no seu endereço. Cito, em apoio, os Acórdãos nºs 1766/2006, 288/2004 e 246/2002, todos do Plenário.

Consoante o parágrafo único do art. 183, a prorrogação, quando cabível, contar-se-á a partir do término do prazo inicialmente concedido e independerá de notificação da parte. A propósito, a prorrogação dos prazos processuais pelo Tribunal não é um direito subjetivo das partes, podendo o Tribunal rejeitar eventuais pedidos nesse sentido, desde que o faça de maneira fundamentada. Nesse sentido, invocam-se os seguintes precedentes:

> A rejeição fundamentada, à luz das circunstâncias do caso concreto, de pedido de prorrogação de prazo para a apresentação de defesa não implica violação ao princípio da ampla defesa, haja vista que a dilação de prazo não constitui direito da parte.
> (Acórdão nº 2.525/2017-Primeira Câmara. Relator: ministro Benjamin Zymler)

> Não há ofensa ao devido processo legal, cerceamento de defesa ou prejuízo ao contraditório se o TCU não oferecer oportunidade de manifestação nos autos ao contratado no caso de decisão que obsta a renovação ou a prorrogação contratual, tendo em vista que não há direito subjetivo à prorrogação de contrato celebrado com o Poder Público, e sim mera expectativa de direito.
> (Acórdão nº 776/2018-Plenário. Relator: ministro Vital do Rêgo)

Segundo o art. 184 do RITCU, os acréscimos em publicação e as retificações em comunicação que contiverem informações substanciais capazes de afetar a esfera de direito subjetivo do destinatário importam em devolução do prazo à parte.

Esse dispositivo tem uma racionalidade evidente, pois as comunicações visam estabilizar os atos processuais praticados anteriormente e, assim, permitir a prática dos subsequentes, de interesse da parte ou do interessado, seja para contraditar as irregularidades que lhe foram imputadas, seja para dar cumprimento aos comandos do Tribunal. Por evidente, para que os responsáveis e interessados possam exercer suas prerrogativas processuais, é necessário que os atos anteriores contenham todas as informações pertinentes e estejam aperfeiçoados, pois, do contrário, será preciso reabrir os prazos a fim de possibilitar o escorreito fluxo processual.

O disposto no *caput* do art. 184 não se aplica à correção de inexatidão material nos atos anteriores ou à comunicação de atos que não afetem os destinatários. Segundo o parágrafo único do dispositivo, a comunicação de mera correção de inexatidão material ou de resultado de julgamento de recurso interposto por outro interessado, observado o disposto no artigo 281 do RITCU, não ensejará restituição de prazo.

O mencionado dispositivo preconiza que, havendo mais de um responsável pelo mesmo fato, o recurso apresentado por um deles aproveitará a todos, mesmo àquele que houver sido julgado à revelia, no que concerne às circunstâncias objetivas, não aproveitando no tocante aos fundamentos de natureza exclusivamente pessoal. Assim, somente não haverá restituição de prazo se a decisão do recurso de terceiro *não* tiver alterado a situação processual da parte, pois, do contrário, será preciso nova notificação a fim de que esta exerça as suas faculdades processuais, segundo a sua nova situação jurídica.

Conforme o art. 185 do RITCU, na contagem dos prazos, salvo disposição legal em contrário, excluir-se-á o dia do início e incluir-se-á o do vencimento. Ademais, o prazo começa a correr a partir do primeiro dia em que houver expediente no Tribunal, nos termos do §1º do mencionado dispositivo. Se o vencimento recair em dia em que não houver expediente, o prazo será prorrogado até o primeiro dia útil imediato, consoante o §2º do mesmo artigo. Dessa forma, conquanto os prazos no processo de controle externo não sejam contados em dias úteis, tal como no CPC/2015, os dias de início e de vencimento necessariamente devem cair em dia que haja expediente no Tribunal.

Consoante o art. 186 do RITCU, os prazos para interposição de recursos e para apresentação de alegações de defesa, de razões de justificativa, de atendimento de diligência, de cumprimento de determinação do Tribunal, bem como os demais prazos fixados para a parte, em qualquer situação, não se suspendem nem se interrompem em razão do recesso do Tribunal, previsto no art. 68 da LOTCU.

O parágrafo único do art. 92 fixou esse período de recesso. Segundo o dispositivo, este ocorrerá no período de 17 de dezembro a 16 de janeiro do ano subsequente, não ocasionando a paralisação dos trabalhos do Tribunal, nem a suspensão ou interrupção dos prazos processuais. Nesse particular, o processo do TCU se distingue dos processos judiciais, cujos prazos ficam suspensos durante o período de recesso forense, conforme as regras estabelecidas por cada tribunal.

Decorrido o prazo fixado para a prática do ato, extingue-se, independentemente de declaração, o direito do jurisdicionado de praticá-lo ou alterá-lo, se já praticado, salvo comprovado justo motivo. Tal regra consubstancia os princípios da preclusão temporal e consumativa, estando expressa no parágrafo único do art. 186 do RITCU.

O RITCU estabelece, de modo expresso, os prazos de atendimento dos atos processuais. A única exceção são as diligências, que terão os seus prazos definidos no próprio ato que ordená-las, nos termos do art. 187 do RITCU. O parágrafo único do mencionado dispositivo preconiza que, se o ato for omisso a respeito, será de quinze dias o prazo para cumprimento de diligência, salvo se existir disposição especial para o caso.

A tabela a seguir reúne os prazos para a prática das faculdades processuais pelas partes e interessados definidos no RITCU:

Tabela 2 – Prazos para a prática de faculdades processuais

(continua)

Faculdade processual	Prazo	Fundamento (RITCU)
Regularização de eventual vício na representação da parte ou interessado	10 dias	Art. 145, §1º
Exercício das prerrogativas processuais previstas no RITCU pelo interessado	15 dias	Art. 146, §4º
Requerimento de realização de sustentação oral	Até quatro horas antes do início da sessão	Art. 168
Realização de sustentação oral na sessão de julgamento	10 minutos	Art. 168, §3º
Realização de sustentação oral na sessão de julgamento, quando houver mais de uma parte com procuradores diferentes	20 minutos, divididos em frações iguais entre as partes	Art. 168, §6º
Resposta à citação	15 dias	Art. 202, inciso II
Resposta à audiência	15 dias	Arts. 202, inciso III, e 250, inciso IV
Recolhimento da importância devida, no caso de verificação da ocorrência de boa-fé e de inocorrência de outras irregularidades	15 dias	Art. 202, §3º
Pagamento da quantia correspondente ao débito ou da multa fixada em decisão definitiva	15 dias	Art. 214, inciso III, alínea "a"
Apresentação de documentos, informações e esclarecimentos julgados necessários, no caso de obstrução ao livre exercício de auditorias e inspeções, ou de sonegação de processo, documento ou informação	Até 15 dias	Art. 245, §1º

(conclusão)

Faculdade processual	Prazo	Fundamento (RITCU)
Resposta à oitiva sobre fatos que possam resultar em decisão do Tribunal no sentido de desconstituir ato ou processo administrativo ou alterar contrato em seu desfavor	15 dias	Art. 250, inciso V
Adoção das providências necessárias ao exato cumprimento da lei, se verificada ilegalidade em ato ou contrato em execução	Até 15 dias	Art. 251
Cessação de todo e qualquer pagamento decorrente de ato impugnado, quando o Tribunal considerar ilegal ato de admissão de pessoal	15 dias	Art. 261
Cessação de todo e qualquer pagamento decorrente, quando o Tribunal considerar ilegal ato de concessão de aposentadoria ou reforma ou pensão	15 dias	Art. 262
Oitiva prévia de medida cautelar	5 dias úteis	Art. 276, §2º
Oitiva posterior de medida cautelar	15 dias	Art. 276, §3º
Remessa dos originais, quando as respostas das partes ocorrerem mediante telegrama, fac-símile ou outro meio eletrônico	Até 5 dias	Art. 276, §4º
Interposição de recurso de reconsideração	15 dias	Art. 285
Interposição de recurso de reconsideração em razão da superveniência de fatos novos	180 dias	Art. 285, §2º
Interposição de pedido de reexame	15 dias	Art. 286, parágrafo único
Interposição de pedido de reexame em razão da superveniência de fatos novos	180 dias	Art. 286, parágrafo único
Oposição de embargos de declaração	10 dias	Art. 287
Interposição de Recurso de Revisão	5 anos	Art. 288
Interposição de Agravo	5 dias	Art. 289
Apresentação de contrarrazões em recursos com partes com interesses opostos	Mesmo prazo do recurso	Art. 284

Seguem alguns precedentes envolvendo a contagem de prazos extraídos do repositório da jurisprudência selecionada do Tribunal:

> Nos processos em que a Defensoria Pública da União atue como procuradora da parte, devem ser observadas as prerrogativas de intimação pessoal e contagem dos prazos em dobro, previstas no art. 44, inciso I, da LC 80/1994.
> (Acórdão nº 15.125/2021-Primeira Câmara. Relator: ministro Vital do Rêgo)

Não é aplicável aos processos de controle externo no âmbito do TCU a contagem de prazos em dias úteis prevista no art. 212 da Lei 13.105/2015 (Código de Processo Civil), pois o art. 30 da Lei 8.443/1992, c/c o art. 183 do Regimento Interno do TCU, estabelecem a contagem de prazo dia a dia.
(Acórdão nº 1.314/2018-Primeira Câmara. Relator: ministro Walton Alencar)

Não há previsão legal para dilação ou interrupção de prazo para interposição de recursos a pedido de responsável.
(Acórdão nº 7.505/2017-Primeira Câmara. Relator: ministro-substituto Augusto Sherman)

O intervalo de 48 horas entre a publicação da pauta e a realização da sessão no TCU (art. 141, §3º, do Regimento Interno do TCU) é contado minuto a minuto, nos termos do art. 132, §4º, do Código Civil, tendo início no momento da publicação da pauta e não no primeiro dia útil seguinte.
(Acórdão nº 5.776/2015-Primeira Câmara. Relator: José Múcio)

CAPÍTULO 17

PROCEDIMENTO CAUTELAR

Diferentemente da tutela provisória de urgência do processo civil, que pode ser concedida em caráter antecedente ou incidental, conforme o parágrafo único do art. 294 do CPC/2015, as medidas cautelares do TCU somente são expedidas no curso de um processo de controle externo que discute o mérito da irregularidade.

Dito de outra forma, não há que se falar em processo autuado apenas para a apreciação de tutela cautelar requerida em caráter antecedente, em que o exame de mérito da questão principal dependa de outro pedido, formulado posteriormente, sob pena de perda de eficácia da medida cautelar eventualmente concedida. Tal ocorre porque não existe, no RITCU, dispositivo similar ao art. 308 do CPC/2015, segundo o qual, efetivada a tutela cautelar antecedente, "(...) o pedido principal terá de ser formulado pelo autor no prazo de 30 (trinta) dias, caso em que será apresentado nos mesmos autos em que deduzido o pedido de tutela cautelar".

Com isso, todas as medidas cautelares previstas na LOTCU e no RITCU são tramitadas e apreciadas no curso de um único processo de controle externo, destinado ao exame de todas as questões de fato e direito relativas ao seu objeto. Todavia, os mencionados normativos são lacônicos quanto ao rito processual das medidas cautelares.

A tutela cautelar possui as seguintes características principais, que se fazem presentes em quaisquer de suas modalidades: a provisoriedade, a sumariedade, a não satisfatividade e a instrumentalidade.

Os dois primeiros atributos decorrem do caráter urgente da tutela pretendida de forma cautelar, o qual vem a ser um dos pressupostos para a sua concessão, como se verá adiante. Não é por outra razão que o CPC/2015 usa a expressão "tutela de urgência" para abarcar as suas duas espécies, tutela cautelar ou antecipada.

Nessa perspectiva, as medidas cautelares servem para contornar o fator tempo, evitando o perecimento de determinado direito, à vista do tempo necessário para o completo conhecimento dos fatos e das questões de direito. Justamente por isso, tais provimentos são instrumentais a essa tutela definitiva, já que viabilizam a sua fruição.

Com relação à provisoriedade, isso significa que a tutela cautelar não é projetada para durar para sempre. Conforme Daniel Amorim Assumpção Neves, a duração da tutela de urgência – a cautelar é uma delas – depende da demora para a obtenção da definitiva, porque, uma vez concedida ou denegada, deixará de existir.[320]

Todavia, isso não significa que a cautelar deva necessariamente ser revogada com a prolação da decisão de mérito. Segundo o mencionado autor, a sentença deverá confirmar ou rejeitar a tutelar provisória anteriormente concedida, o que deve ocorrer de forma expressa, a fim de evitar qualquer dúvida a respeito do assunto. Não havendo a tal manifestação expressa, o *status* da tutela provisória dependerá do conteúdo da sentença, segundo Daniel Amorim Assumpção Neves:

> (a) havendo procedência do pedido do autor, a tutela provisória terá sido implicitamente confirmada;
> (b) havendo improcedência do pedido do autor ou extinção sem resolução de mérito, a tutela provisória terá sido implicitamente revogada.[321]

No mesmo sentido, Luiz Guilherme Marinoni defende que a cautelar não morre com a sentença. Em suas palavras:

> A doutrina clássica, ao supor a tutela cautelar como dirigida a assegurar a efetividade do processo, frisou a ideia de que esta nasceria para morrer quando da prolação da sentença que dirigisse o litígio, pondo fim ao processo. A falta de percepção de que a tutela cautelar se destina a assegurar uma tutela do direito, não sendo, portanto, uma simples decisão marcada pela cognição sumária, levou a doutrina a incidir no grave equívoco de subordinar o tempo de vida da tutela cautelar à sentença condenatória.[322]

Sendo assim, é possível a manutenção ou até mesmo a concessão de medida cautelar, ainda que após o julgamento de mérito do processo. Esse entendimento se aplica ao processo do TCU, como reconhece a sua ampla jurisprudência:

> Não se revoga medida cautelar nos casos em que a decisão de mérito a confirmar na íntegra. Se o conteúdo da cautelar se torna definitivo por ocasião da apreciação de mérito, é porque a tutela provisória foi confirmada pela deliberação, não sendo concebível confirmá-la e, ao mesmo tempo, determinar sua revogação.
> (Acórdão nº 1.476/2016-Plenário. Relator: ministro Walton Alencar)

> O dever-poder de cautela há de ser exercido pelo Tribunal em qualquer etapa do processo, não se limitando à fase que antecede o exame do mérito. Pode a medida cautelar vir a ser deferida por ocasião do julgamento de mérito e, até mesmo, após essa deliberação.
> (Acórdão nº 2.528/2013-Plenário. Relator: ministro Walton Alencar)

Outra consequência da provisoriedade das medidas cautelares é a possibilidade de sua revogação, alteração ou ampliação a qualquer tempo pela autoridade que as tiver adotado. Essa regra está expressa no §5º do art. 276 do RITCU, que trata das cautelares suspensivas de atos, procedimentos e contratos. Segue a redação do dispositivo: "a

---

[320] ASSUMPÇÃO, Daniel Amorim. *Manual de Direito Processual Civil*. Volume único. Salvador: Juspodivm, 2021, p. 494.
[321] ASSUMPÇÃO, Daniel Amorim. *Manual de Direito Processual Civil*. Volume único. Salvador: Juspodivm, 2021, p. 498.
[322] MARINONI, Luiz Guilherme. *Tutela provisória*. São Paulo: Revista dos Tribunais, 2017, p. 39.

medida cautelar de que trata este artigo pode ser revista de ofício por quem a tiver adotado ou em resposta a requerimento da parte".

Daniel Amorim Assumpção Neves entende que a revogação ou modificação das cautelares está sujeita a limites. Conforme o autor, esse provimento é possível desde que sejam alteradas as circunstâncias fáticas ou a interpretação do direito aplicável, neste caso, por força da apresentação de novos elementos pelo interessado. Nessa perspectiva, estaria vedada a mudança de opinião do julgador a partir de nova reflexão sobre os mesmos fatos, haja vista a incidência do princípio da segurança jurídica. A seguinte passagem da obra se ampara nesse entendimento:

> A conclusão é vedar ao juiz simplesmente alterar o seu entendimento jurídico do caso em questão e modificar, assim, o seu julgamento. Fica reservada essa possibilidade quando se verificar mudança fática ou, ainda, para situações em que, mesmo imutáveis os fatos, novos argumentos das partes interessadas demonstrem outra visão e entendimento daqueles fatos. Ao se permitir a simples modificação de opinião do juiz, estar-se-iam abrindo as portas para uma insegurança que não deve ser bem recebida pelos operadores do direito.[323]

Avalia-se que o §5º do art. 276 do RITCU deve ser interpretado à luz do entendimento de Daniel Amorim Assumpção Neves, pois, do contrário, será admitida a reiterada discussão de medidas cautelares concedidas, o que se mostra contrário ao princípio da eficiência processual e à própria ideia de preclusão *pro judicato*.

Outra característica das medidas cautelares é a sumariedade. Isso significa que tais provimentos são concedidos mediante cognição sumária ou não exauriente, isto é, a partir da mera probabilidade de o direito material existir, *in casu*, a irregularidade suscitada na peça inicial de representação ou denúncia ou no relatório de auditoria realizada pelo TCU. Conforme Daniel Amorim Assumpção Neves, trata-se da exigência do *fumus boni iuris*, a qual significa, para parcela significativa da doutrina, que o juiz deve conceder a tutela cautelar fundada em juízo de simples verossimilhança ou de probabilidade.[324]

Na visão do mesmo autor, a cognição sumária pode ser consequência tanto de um contraditório postergado (oitiva posterior) como de um conhecimento superficial do contraditório tradicional, hipótese na qual, mesmo recebendo informações das partes, o juiz decide por meio de atividade cognitiva superficial.[325]

Essa segunda hipótese ocorre, no processo do TCU, quando a oitiva dos interessados se verifica antes da concessão da medida cautelar. Nesse caso, como o contraditório abrange apenas a verificação da presença dos pressupostos para a expedição do provimento de urgência, possuindo, portanto, escopo limitado, não cabe falar em contraditório tradicional, uma vez que não há propriamente uma dialética a respeito das irregularidades e do fundo de direito necessário para a solução de mérito. Justamente por

---

[323] ASSUMPÇÃO, Daniel Amorim. *Manual de Direito Processual Civil*. Volume único. Salvador: Juspodivm, 2021, p. 502-503.

[324] ASSUMPÇÃO, Daniel Amorim. *Manual de Direito Processual Civil*. Volume único. Salvador: Juspodivm, 2021, p. 552.

[325] ASSUMPÇÃO, Daniel Amorim. *Manual de Direito Processual Civil*. Volume único. Salvador: Juspodivm, 2021, p. 553.

esse motivo, é necessário proceder a um novo contraditório de mérito após a realização do contraditório da medida cautelar. O precedente a seguir ilustra essa posição:

> A oitiva prévia em medida cautelar (art. 276 do Regimento Interno do TCU), por meio da qual a entidade fiscalizada e o terceiro interessado são chamados a se manifestarem quanto à presença dos requisitos da fumaça do bom direito e do perigo da demora, não supre a necessidade de se realizar a oitiva de mérito sobre fatos que possam resultar em decisão do TCU no sentido de desconstituir ato ou alterar contrato em desfavor deles (art. 250, inciso V, do referido normativo).
> (Acórdão nº 365/2020-Plenário. Relator: ministro-substituto Augusto Sherman)

Quanto à não satisfatividade, esse atributo significa que as medidas cautelares visam apenas assegurar a tutela do direito, não a sua satisfação. Esse é justamente o fator que as distingue da tutela antecipada, na qual são antepostos os efeitos práticos que seriam gerados com a concessão da tutela definitiva do direito pleiteado pelo autor por ocasião da sentença.

À vista da ausência de previsão da tutela antecipada na LOTCU e no RITCU, entende-se que não cabe a expedição de medida cautelar que, na prática, implique a satisfação do direito que somente seria alcançado com a decisão de mérito, especialmente quando a medida gerar consequências irreversíveis ou de custosa reversão. A título de exemplo, não cabe a expedição de provimento com essa natureza, determinando a anulação ou alteração de determinado ato administrativo, porquanto tal conteúdo se confunde com a própria tutela pretendida, após o exaurimento do contraditório, no âmbito do controle corretivo de atos e contratos.

Com relação à instrumentalidade, essa característica implica que as medidas cautelares são vocacionadas a dar segurança à tutela do direito que se pretende. No caso do processo do TCU, elas visam assegurar a plena consecução das diversas atribuições de controle externo, em especial, a devolução de danos, a não concretização destes e a correção de ilegalidades. Trata-se do atributo mais importante das medidas cautelares, porquanto consubstanciam a principal função destas, de resguardar o resultado útil dos processos do Tribunal.

Conforme Luiz Guilherme Marinoni:

> A tutela cautelar é instrumento da tutela satisfativa, na medida em que objetiva assegurar a sua frutuosidade. Além disto, a tutela cautelar sempre se refere a uma tutela satisfativa do direito, que desde logo pode ser exigida ou que, dependendo do acontecimento de certas circunstâncias, poderá ser exigida.[326]

No caso do processo do Tribunal, a tutela cautelar também serve para inibir o ilícito, bem como para remover os seus efeitos concretos. Nessa perspectiva, as medidas cautelares do TCU são úteis não apenas para assegurar a tutela dos direitos patrimoniais do Erário e a preservação da ordem jurídica. Elas constituem uma genuína tutela preventiva, na medida em que evitam a consumação de novos danos e a perpetração

---

[326] MARINONI, Luiz Guilherme. *Tutela provisória*. São Paulo: Revista dos Tribunais, 2017, p. 35.

de outras irregularidades, principalmente as verificadas em relações de trato sucessivo, como é o caso de contratos administrativos.

O RITCU não tem propriamente um capítulo que trate do rito processual das medidas cautelares passíveis de serem adotadas pelo Tribunal. A única que foi objeto de disposições mais específicas quanto ao assunto foi a medida cautelar destinada à suspensão do ato ou do procedimento impugnado, até que o Tribunal decida sobre o mérito da questão suscitada, prevista no art. 276.

Passemos ao exame das medidas cautelares previstas no RITCU.

17.1 Afastamento temporário

Conforme o art. 273 do RITCU:

> Art. 273. No início ou no curso de qualquer apuração, o Plenário, de ofício, por sugestão de unidade técnica ou de equipe de fiscalização ou a requerimento do Ministério Público, determinará, cautelarmente, nos termos do art. 44 da Lei nº 8.443, de 1992, o afastamento temporário do responsável, se existirem indícios suficientes de que, prosseguindo no exercício de suas funções, possa retardar ou dificultar a realização de auditoria ou inspeção, causar novos danos ao erário ou inviabilizar o seu ressarcimento.

A disposição exige uma análise minuciosa dos diversos aspectos que integram a sua extensão.

A medida cautelar em exame pode ser adotada no início ou no curso de qualquer apuração, o que implica dizer que ela é cabível em qualquer processo, não apenas em fiscalizações.

O dispositivo ampliou o rol de pessoas legitimadas a requerer o afastamento temporário do responsável, porquanto permitiu que ele fosse adotado por sugestão do MPTCU, da unidade técnica ou de equipe de fiscalização, diferentemente do art. 44 da LOTCU, que somente admitia a formulação de pedido pelo *Parquet* de Contas.

Por outro lado, o art. 273 do RITCU restringiu a competência para a expedição da medida cautelar, na medida em que a reservou apenas ao Plenário, diferentemente do art. 44 da LOTCU, que admitia a sua adoção pelo Tribunal – o que, evidentemente, incluía suas câmaras.

O pressuposto para a adoção dessa medida cautelar, conforme a literalidade do art. 273 do RITCU, é a existência de indícios suficientes de que o responsável, prosseguindo no exercício de suas funções, possa retardar ou dificultar a realização de auditoria ou inspeção, causar novos danos ao Erário ou inviabilizar o seu ressarcimento.

Como o afastamento temporário de responsável pode ser adotado em qualquer apuração, conforme visto, deve-se interpretar o mencionado dispositivo a fim de abarcar a hipótese em que a manutenção do gestor no exercício de suas funções possa retardar ou dificultar a conclusão de qualquer processo, causando novos danos ou inviabilizando seu ressarcimento. Tal ocorreria, por exemplo, se o dirigente de um órgão insistisse em não responder a diligências do TCU, impedindo o acesso a provas que pudessem subsidiar o julgamento de mérito de uma tomada de contas especial. Esse entendimento foi adotado no precedente transcrito a seguir:

A sonegação de informações relativas a contas bancárias específicas de ajustes com a União, por consistir em obstrução indevida ao exercício dos controles interno e externo, é considerada falta de natureza grave, sujeitando os responsáveis, além da aplicação de penalidades, à medida cautelar de afastamento temporário do cargo, conforme previsto no art. 44 da Lei 8.443/1992.
(Acórdão nº 131/2014-Plenário. Relator: ministro Augusto Sherman)

A medida cautelar de afastamento temporário do responsável é dirigida a autoridade hierarquicamente superior deste, que deve cumprir a determinação cautelar, no prazo especificado pelo Tribunal. Do contrário, a autoridade poderá ser arrolada como responsável solidária por eventuais danos causados pelo responsável durante o período que deveria estar afastado, nos termos do §1º do art. 44 da LOTCU.

O RITCU não previu a existência de contraditório, prévio ou posterior, relativo à medida cautelar de afastamento temporário de responsável. Dessa forma, entende-se que esse provimento deve ser expedido de forma *inaudita alter pars*, sem prejuízo de franquear ao gestor afastado o direito de apresentar petição, pugnando pela alteração ou revogação da medida cautelar, em analogia ao disposto na parte final do §5º do art. 276 do RITCU. Com isso, defende-se a aplicação plena do mencionado dispositivo sobre a medida cautelar de afastamento temporário do responsável, como forma de assegurar o cumprimento do princípio da ampla defesa e do contraditório no âmbito desse incidente.

Esse entendimento se revela importante, uma vez que o afastamento temporário do responsável não é passível de ser impugnado mediante agravo, como reconhece a jurisprudência dessa Casa. Nesse sentido, transcreve-se o seguinte precedente:

> Não cabe agravo em face de medida cautelar, proferida mediante acórdão, que determina o afastamento temporário ou a indisponibilidade de bens de responsável (arts. 273 e 274 do Regimento Interno do TCU), por ausência de previsão regimental.
> (Acórdão nº 927/2016-Plenário. Relator: ministro Vital do Rêgo)

17.2 Decretação de indisponibilidade dos bens

Consoante o art. 274 do RITCU:

> Art. 274. Nas mesmas circunstâncias do artigo anterior, poderá o Plenário, sem prejuízo das medidas previstas nos arts. 270 e 275, decretar, por prazo não superior a um ano, a indisponibilidade de bens do responsável, tantos quantos considerados bastantes para garantir o ressarcimento dos danos em apuração, nos termos do §2º do art. 44 da Lei nº 8.443, de 1992.

A menção ao artigo anterior implica dizer que a indisponibilidade de bens pode ser adotada, no início ou no curso de qualquer apuração, pelo Plenário, de ofício ou por sugestão de unidade técnica ou de equipe de fiscalização ou a requerimento do MPTCU. Todavia, o art. 273 do RITCU não se aplica integralmente à referida medida cautelar, uma vez que esta tem pressupostos distintos dos exigidos para o afastamento temporário do responsável, até porque visa resguardar interesse distinto, que é o ressarcimento ao Erário. Há precedente do Tribunal nesse sentido:

Não se aplicam à medida cautelar de indisponibilidade de bens (art. 44, §2º, da Lei 8.443/1992) os requisitos exigidos para a adoção da medida cautelar de afastamento temporário de responsável (art. 44, caput, da Lei 8.443/1992).
(Acórdão nº 2.469/2018-Plenário. Relator: ministro-substituto Augusto Sherman)

Dito isso, cabe ressaltar que o art. 274 do RITCU não especificou os requisitos para a adoção de indisponibilidade de bens. Quanto a isso, a jurisprudência do TCU exige a presença da fumaça do bom direito e do perigo da demora, os quais são evidenciados pela materialidade do dano e das irregularidades, bem como pelo risco que isso pode representar ao resultado útil da tutela ressarcitória. Quanto a esse último aspecto, não é necessária a existência de indícios concretos de dilapidação do patrimônio por parte dos responsáveis ou de qualquer outra ação tendente a inviabilizar o ressarcimento ao Erário para a decretação da aludida medida cautelar. Seguem alguns precedentes com relação ao assunto:

> A decretação de indisponibilidade de bens, sendo medida excepcional de natureza cautelar, não necessita ser precedida de indícios concretos de dilapidação do patrimônio por parte dos responsáveis ou de qualquer outra ação tendente a inviabilizar o ressarcimento ao erário, embora deva ser verificada, quando de sua utilização, a presença de conduta reprovável que represente riscos significativos de desfazimento de bens que possa prejudicar o ressarcimento ao erário.
> (Acórdão nº 224/2015-Plenário. Relator: ministro Walton Alencar)
> (Acórdão nº 3.057/2016-Plenário. Relator: ministro Benjamin Zymler)

> Na concessão da medida cautelar de indisponibilidade de bens, a fumaça do bom direito deve ser analisada sob o prisma da materialidade do dano e dos indícios probatórios sobre a autoria dos atos lesivos ao erário; o perigo da demora, por sua vez, fica presumido em razão da gravidade das falhas e da relevância de se preservar os cofres públicos, sendo dispensável a existência de concreta dilapidação do patrimônio por parte dos responsáveis ou mesmo de outra conduta tendente a inviabilizar o ressarcimento pretendido.
> (Acórdão nº 1.876/2018-Plenário. Relator: ministro-substituto André de Carvalho)
> (Acórdão nº 2.316/2021-Plenário. Relator: ministro Bruno Dantas)

> A decretação de indisponibilidade de bens (art. 44, §2º, da Lei 8.443/1992), embora prescinda de indícios de dilapidação do patrimônio por parte dos responsáveis, somente deve ocorrer, dado o seu caráter de excepcionalidade e a complexidade dos procedimentos a serem observados, nos casos em que existam evidentes riscos de que o ressarcimento ao erário se tornará inviável, seja pela suspeita de possíveis ações dos responsáveis com esse intuito, seja pelo elevado montante dos débitos apurados.
> (Acórdão nº 2.742/2018-Plenário. Relator: ministro Walton Alencar)

O art. 274 do RITCU assinala que a indisponibilidade de bens do responsável será decretada por prazo não superior a um ano. Não obstante, a jurisprudência do TCU admite a sua prorrogação por sucessivos anos, desde que mantidos os pressupostos que fundamentaram a sua decretação inicial. Seguem algumas decisões a respeito do assunto:

> Admite-se a renovação do prazo de medidas cautelares de indisponibilidade de bens por mais um ano após seu vencimento, a despeito da ausência de previsão normativa, quando permanecerem presentes os requisitos iniciais para a sua adoção.
> (Acórdão nº 2.452/2016-Plenário. Relator: ministro-substituto Augusto Sherman)

Admite-se a decretação de nova medida cautelar de indisponibilidade de bens quando, transcorrido o prazo de um ano da decretação anterior, permanecerem presentes os requisitos legais para a adoção da medida, de modo a assegurar o ressarcimento dos danos em apuração (art. 44, §2º, da Lei 8.443/1992).
(Acórdão nº 425/2016-Plenário. Relator: ministro Vital do Rêgo)
(Acórdão nº 441/2017-Plenário. Relator: ministro Vital do Rêgo)

O art. 274 do RITCU prescreve, em sua parte final, que serão bloqueados tantos bens quantos considerados bastantes para garantir o ressarcimento dos danos em apuração, nos termos do §2º do art. 44 da LOTCU. Isso implica dizer que é necessária a prévia quantificação do débito, ainda que em juízo preliminar, antes da decretação dessa medida.

Na linha do disposto no §5º do art. 276 do RITCU, aplicável por analogia à cautelar em exame, a decretação de indisponibilidade de bens pode ser revista de ofício por quem a tiver adotado ou em resposta a requerimento da parte. Isso implica a possibilidade de sua alteração, caso haja apresentação de outras garantias, por exemplo. Nesse sentido, cabe transcrever a seguinte deliberação:

> A indisponibilidade dos bens decretada pelo TCU pode ser gradativamente reduzida, na mesma proporção da implementação das garantias que venham a ser oferecidas pela empresa objeto da medida acautelatória.
> (Acórdão nº 2.109/2016-Plenário. Relator: ministro Benjamin Zymler)

Estão excluídos da cautelar em exame os bens financeiros e os valores de natureza alimentar, o que abrange os necessários ao sustento das pessoas físicas ou à operação das pessoas jurídicas, os quais devem ser indicados pelos responsáveis na resposta de suas oitivas. Seguem algumas deliberações nesse sentido:

> As verbas de caráter alimentar – vencimentos, subsídios, soldos, salários, remunerações, proventos de aposentadoria, pensões, pecúlios e montepios, bem como as quantias recebidas por liberalidade de terceiro e destinadas ao sustento do devedor e de sua família – não se sujeitam à indisponibilidade de bens decretada pelo TCU (art. 44, §2º, da Lei 8.443/1992).
> (Acórdão nº 425/2016-Plenário. Relator: ministro Vital do Rêgo)

> A cautelar de indisponibilidade de bens decretada pelo TCU (art. 44, §2º, da Lei 8.443/1992) não deve abranger os bens financeiros necessários ao sustento das pessoas físicas e à continuidade das operações das pessoas jurídicas.
> (Acórdão nº 2.428/2016-Plenário. Relator: ministro Benjamin Zymler)

> Ao ser decretada a indisponibilidade de bens prevista no art. 44, §2º, da Lei 8.443/1992, deve ser franqueada aos responsáveis a possibilidade de indicação dos bens por eles considerados essenciais ao sustento das pessoas físicas e à manutenção das atividades operacionais das sociedades empresariais e, portanto, não suscetíveis ao alcance da medida cautelar, acompanhada das devidas justificativas.
> (Acórdão nº 1.601/2017-Plenário. Relator: ministro Benjamin Zymler)

A jurisprudência do TCU evoluiu quanto à impossibilidade de se decretar a indisponibilidade de bens de empresa em recuperação judicial sem a autorização do juízo competente. Nesse sentido, invocam-se os seguintes precedentes:

> A decretação de indisponibilidade de bens incluídos em plano de recuperação judicial depende de autorização do juízo competente.
> (Acórdão nº 435/2018-Plenário. Relator: ministro-substituto André de Carvalho)

> Não é possível ao TCU decretar medida cautelar de indisponibilidade de bens (art. 44, §2º, da Lei 8.443/1992) de empresa em situação de recuperação judicial, em razão da indivisibilidade e da universalidade do juízo de recuperação judicial (Lei 11.101/2005), que tem competência exclusiva para promover medidas constritivas do patrimônio de empresa submetida a esse regime e para o qual, se for o caso, devem ser encaminhados, por intermédio da AGU, os pedidos de bloqueio de bens formulados pelo Tribunal para assegurar o ressarcimento dos danos ao erário em apuração.
> (Acórdão nº 1.982/2018-Plenário. Redator: ministro Benjamin Zymler)
> (Acórdão nº 1.563/2020-Plenário. Relator: ministro Vital do Rêgo)

O art. 274 do RITCU não dispôs a respeito do contraditório dos responsáveis em face da presente medida cautelar. Não obstante, a jurisprudência do TCU se consolidou no sentido de que o contraditório dos responsáveis deve ocorrer após a decretação do provimento, sendo indevida a oitiva prévia. Seguem alguns precedentes sobre o tema:

> A realização de oitiva prévia é incompatível com o requisito de urgência da medida acautelatória de indisponibilidade de bens dos responsáveis, tendo em vista a possibilidade de ocultação de patrimônio, prejudicando a efetividade do processo para o ressarcimento do dano ao erário.
> (Acórdão nº 1.083/2017-Plenário. Revisor: ministro-substituto Weder de Oliveira)
> (Acórdão nº 296/2018-Plenário. Relator: ministro Benjamin Zymler)

> Na adoção da indisponibilidade de bens inaudita altera pars, em atenção aos princípios do contraditório e da ampla defesa, nos termos do art. 276, §3º, do Regimento Interno do TCU, deve ser concedido prazo de até quinze dias, sem efeito suspensivo, aos responsáveis cujos bens ficarão indisponíveis para que se pronunciem, caso queiram, a respeito da cautelar adotada.
> (Acórdão nº 2.109/2016-Plenário. Relator: ministro Benjamin Zymler)

A propósito, a jurisprudência do TCU também evoluiu no sentido de que as condutas relativas às irregularidades que subsidiaram a decretação de indisponibilidade de bens devem ser individualizadas e quantificadas antes da adoção dessa medida. Nessa trilha, invoca-se o seguinte precedente:

> A adoção da medida cautelar de indisponibilidade de bens (art. 44, §2º, da Lei 8.443/1992) exige que as condutas e as quantias atinentes ao prejuízo ao erário que está sendo apurado estejam, ainda que em cognição inicial, individualizadas e quantificadas para cada responsável.
> (Acórdão nº 2.757/2018-Plenário. Relator: ministro José Múcio)

A medida cautelar de indisponibilidade de bens pode alcançar tanto os agentes públicos quanto os terceiros particulares responsáveis pelo ressarcimento dos danos em apuração. Nessa trilha, invocam-se os Acórdãos nºs 2.428/2016-Plenário e 296/2018-Plenário, ambos da relatoria do ministro Benjamin Zymler. Esse entendimento é reconhecido pela jurisprudência do STF, como assinalado no item 4.13.2 do capítulo 4.

No que se refere à possibilidade de se interpor agravo contra decisão que tenha decretado indisponibilidade de bens, o TCU se posicionou, em um primeiro momento, pela inadmissibilidade dessa via, tendo em vista a falta de amparo regimental (Acórdãos nºs 562/2015-Plenário e 927/2016-Plenário, ambos da relatoria do ministro Vital do Rêgo). Posteriormente, houve uma mudança de interpretação na Corte de Contas, que passou a admitir o manejo dessa espécie recursal, invocando o art. 289 do RITCU, por analogia. Seguem alguns dos precedentes mais recentes sobre o assunto:

> É cabível a interposição de agravo contra medida cautelar de decretação de indisponibilidade de bens de responsáveis (art. 44, §2º, da Lei 8.443/1992), por analogia da espécie recursal do art. 289 do Regimento Interno do TCU com o agravo de instrumento previsto no art. 1.017 da Lei 13.105/2015 (CPC).
> (Acórdão nº 27/2018-Plenário. Relator: ministro Benjamin Zymler)

> É cabível a interposição de agravo contra medida cautelar de decretação de indisponibilidade de bens de responsáveis (art. 44, §2º, da Lei 8.443/1992), por analogia da espécie recursal do art. 289 do Regimento Interno do TCU com o agravo de instrumento previsto no art. 1.017 da Lei 13.105/2015 (CPC).
> (Acórdão nº 228/2018-Plenário. Relator: ministro-substituto André de Carvalho)
> (Acórdão nº 2.006/2018-Plenário. Relator: ministro Vital do Rêgo)

17.3 Arresto

Conforme o art. 275 do RITCU:

> Art. 275. O Plenário poderá solicitar, por intermédio do Ministério Público junto ao Tribunal, na forma do inciso V do art. 62, à Advocacia-Geral da União ou, conforme o caso, aos dirigentes das entidades que lhe sejam jurisdicionadas, as medidas necessárias ao arresto dos bens dos responsáveis julgados em débito, devendo ser ouvido quanto à liberação dos bens arrestados e sua restituição, nos termos do art. 61 da Lei nº 8.443, de 1992.

Conforme visto no item 4.13.3 do capítulo 4, a medida cautelar em exame se diferencia das demais por resguardar a etapa de execução da dívida veiculada em acórdão condenatório do Tribunal. Nesse particular, o provimento se distingue da indisponibilidade de bens porquanto é solicitada após a decisão de mérito do TCU. Nesse sentido, invoca-se o seguinte precedente:

> A indisponibilidade de bens é medida cautelar a ser adotada no início ou no curso do processo. Na fase posterior ao julgamento das contas, a medida cabível é a solicitação de arresto dos bens dos responsáveis aos órgãos competentes.
> (Acórdão nº 2.429/2016-Plenário. Relator: ministra Ana Arraes)

A solicitação de providências para arresto de bens não depende do trânsito em julgado da decisão condenatória do Tribunal. Nessa trilha, cabe transcrever o seguinte precedente:

A solicitação de providências para arresto de bens (art. 61 da Lei 8.443/1992) está condicionada unicamente ao julgamento dos responsáveis em débito, sendo desnecessário aguardar o trânsito em julgado do acórdão condenatório do TCU, uma vez que o arresto tem natureza cautelar e visa garantir a eficácia de futuro processo de execução.
(Acórdão nº 2.861/2018-Plenário. Relator: ministro-substituto Augusto Sherman)

Outro fator distintivo desse provimento cautelar é que ele é decretado pelo Poder Judiciário a partir de solicitação do MPTCU, na forma do inciso V do art. 62 do RITCU, à Advocacia-Geral da União ou, conforme o caso, aos dirigentes das entidades que lhe sejam jurisdicionadas. Logo, a competência do Tribunal quanto ao assunto é apenas requerer às autoridades legitimadas a pleitear a medida constritiva judicialmente. Por essa razão, vige o seguinte entendimento:

Não cabe ao TCU delimitar o patrimônio a ser alcançado por medida de arresto de bens, pois se trata de solicitação de competência da AGU em sede de ação de execução baseada em acórdão condenatório do Tribunal.
(Acórdão nº 1.191/2019-Plenário. Relator: ministro-substituto Augusto Sherman)

Tal como as cautelares anteriores, o RITCU também foi omisso quanto aos pressupostos para a sua adoção e o rito processual aplicável. Esses temas foram edificados na jurisprudência do TCU, que estipulou algumas premissas para a adoção do arresto de bens.

A adoção das providências necessárias ao arresto de bens é medida excepcional, cuja adoção só se justifica nos casos em que houver indícios razoáveis de que os responsáveis estão se desfazendo de seus bens como forma de contornar a obrigação de reparar o dano causado ou diante da possibilidade de assim o fazer.
(Acórdão nº 6.242/2013-Segunda Câmara. Relator: ministro Aroldo Cedraz)

A adoção das medidas necessárias ao arresto de bens de responsáveis, conforme faculta o art. 61 da Lei 8.443/1992, pressupõe a existência de indícios de possível risco de frustração à futura ação executiva, embora a Lei Orgânica do TCU não exija a presença de condições objetivas para justificar o uso dessa medida constritiva.
(Acórdão nº 1.310/2014-Plenário. Relator: ministro Walton Alencar)

A solicitação de providências para arresto de bens (art. 61 da Lei 8.443/1992) deve ser reservada aos casos em que haja fundado risco de frustração da futura ação executiva, a exemplo de situação que envolva responsável com condenações anteriores pelo TCU já transitadas em julgado e cujo débito somado atinja elevada monta.
(Acórdão nº 2.694/2020-Plenário. Relator: ministra Ana Arraes)

O arresto só se justifica nos casos em que houver indícios razoáveis de que o responsável vem-se desfazendo de seus bens como forma de contornar a obrigação de reparar o dano causado ou diante da possibilidade de assim o fazer.
(Acórdão nº 2.709/2009-Segunda Câmara. Relator: ministro-substituto Augusto Sherman)

Como se vê, a cautelar de arresto é mais restrita que a de indisponibilidade de bens, pois exige indícios razoáveis de dilapidação dos bens, ou seja, a presença de risco a futura ação executiva, o qual deve ser evidenciado, desde logo, no requerimento formulado pelo MPTCU às autoridades legitimadas.

A solicitação desse provimento cautelar não demanda oitiva prévia. Esse posicionamento foi ilustrado no seguinte precedente:

> O Tribunal, independentemente de justificação prévia, pode, em nome da União, requerer ao órgão jurídico competente a adoção das medidas necessárias ao arresto de bens do devedor condenado em débito ou em multa, com vistas a garantir futura execução da dívida. Tal medida, entretanto, deve ser utilizada com parcimônia, em situações extremamente graves nas quais haja indícios mínimos de fraude por parte do devedor à futura execução.
> (Acórdão nº 2.865/2013-Plenário. Relator: ministro Walton Alencar)

Atualmente, o Tribunal tem evitado a solicitação de tal providência cautelar, tendo em vista a suposta ineficácia da medida e os riscos de novos prejuízos ao Erário por conta da eventual condenação da União ao pagamento das custas processuais e expressivos valores de honorários advocatícios de sucumbência, caso a demanda judicial seja julgada improcedente.

Nesse contexto, o TCU buscou endereçar medidas para solucionar ou mitigar esse problema, tendo aprovado, em 17.8.2022, proposta de criação de uma comissão técnica sob a coordenação do ministro Antonio Anastasia, com a participação de representantes da Advocacia-Geral da União, da Procuradoria-Geral da Fazenda Nacional, do Banco Central, do Conselho Nacional de Justiça e de agentes cartorários, entre outros, com o objetivo de encontrar o melhor caminho para preservar a eficácia do art. 61 da LOTCU.

17.4 Cautelares suspensivas de atos, contratos e provimentos

Conforme o art. 276 do RITCU:

> Art. 276. O Plenário, o relator, ou, na hipótese do art. 28, inciso XVI, o presidente do TCU, em caso de urgência, de fundado receio de grave lesão ao Erário, ao interesse público, ou de risco de ineficácia da decisão de mérito, poderá, de ofício ou mediante provocação, adotar medida cautelar, com ou sem a prévia oitiva da parte, determinando, entre outras providências, a suspensão do ato ou do procedimento impugnado, até que o Tribunal decida sobre o mérito da questão suscitada, nos termos do art. 45 da Lei nº 8.443, de 1992.

A disposição exige uma análise minuciosa dos diversos aspectos que integram a sua extensão.

Como se depreende do texto normativo, são três as autoridades competentes para expedir as cautelares suspensivas: o relator, o presidente e o Plenário do TCU. Em verdade, apenas o Plenário do Tribunal possui competência plena para expedir tais provimentos, pois a eficácia dos expedidos pelo relator e pelo presidente depende da posterior confirmação daquele colegiado, a ser realizada na sessão subsequente. Tanto é assim que o §1º do mencionado dispositivo preconiza que o despacho dessas autoridades será submetido ao Plenário na primeira sessão subsequente.

No que se refere à competência cautelar do presidente do TCU, tal decorre da atribuição que lhe foi conferida pelo art. 28, inciso XVI, do RITCU, de despachar os processos e documentos urgentes e determinar a realização de inspeção na hipótese de afastamento legal do relator no período de recesso. Nessas circunstâncias, o presidente do TCU pode avocar os processos de controle externo e proferir despachos cautelares, submetendo a medida ao referendo do Plenário, na primeira sessão após o término do recesso. Por evidente, a apreciação dos atos processuais subsequentes incumbirá ao relator, que dará seguimento aos processos até o seu julgamento de mérito, podendo, inclusive, revogar ou alterar a tutela de urgência outrora proferida.

São três os requisitos exigidos para a expedição das cautelares suspensivas, conforme o referido texto normativo:
a) a urgência;
b) o fundado receio de grave lesão ao Erário ou ao interesse público; e
c) o fundado receio de risco de ineficácia da decisão de mérito.

Como se vê, o dispositivo destoa do que, usualmente, é considerado como pressuposto para a concessão de medida cautelar, que seriam o perigo da demora e a probabilidade do direito, também conhecido, no jargão jurídico, como fumaça do bom direito. A título ilustrativo, o art. 300 do CPC/2015 preconiza que "a tutela de urgência será concedida quando houver elementos que evidenciem a probabilidade do direito e o perigo de dano ou o risco ao resultado útil do processo".

Não obstante, a jurisprudência do TCU adota os mesmos critérios do Direito Processual Civil ao exigir a presença do perigo da demora e da fumaça do direito para a concessão das cautelares suspensivas de que trata o art. 276 do RITCU. Nesse sentido, cabe mencionar o seguinte precedente:

> A concessão de medida cautelar demanda a ocorrência simultânea dos requisitos do perigo da demora (*periculum in mora*) e da fumaça do bom direito (*fumus boni juris*). A fumaça do bom direito é caracterizada pela probabilidade, e não possibilidade, da verossimilhança do direito alegado. O perigo da demora é o risco de ineficácia da decisão, por inércia do julgador em adotar a medida de urgência.
> (Acórdão nº 1.552/2011-Plenário. Relator: ministro-substituto Marcos Bemquerer)

Embora o *caput* do art. 276 tenha adotado a conjunção "ou", entre o segundo e o terceiro requisito, entende-se que tais pressupostos são exigidos de forma cumulativa. Dessa forma, somente com a demonstração da presença de todos os requisitos ali consignados, é possível a concessão de tal medida cautelar. A urgência e o fundado receio de risco de ineficácia da decisão de mérito consubstanciam o requisito do perigo da demora (*periculum in mora*), enquanto o fundado receio de grave lesão ao Erário ou ao interesse público abarca a ideia da fumaça do bom direito (*fumus boni iuris*).

Como se vê, não é possível a concessão de medida cautelar no processo do TCU para tutelar eventual lesão ao patrimônio do particular ou à sua esfera de direitos e interesses, bem como para prevenir suposto perigo da demora que comprometa o resultado útil do processo em favor de terceiro privado. Tal decorre da ideia de que a jurisdição de contas não é o local adequado para pleitear e resolver eventual violação a direitos e interesses privados das partes, mas para verificar a legalidade, legitimidade e economicidade dos atos de gestão de bens e valores públicos. Assim, se o terceiro não pode se valer do TCU para satisfazer eventual direito próprio, tampouco pode para proteger, dar segurança ou prevenir eventual perecimento deste, mediante requerimento de tutela cautelar.

Conforme o art. 276 em análise, o Plenário, o relator ou o presidente poderá adotar medida cautelar, de ofício ou mediante provocação. Tal decorre porque, no processo do Tribunal, não se aplica o princípio da inércia da jurisdição. Pelo contrário, prospera no Tribunal de Contas o princípio do impulso oficial, podendo o relator e o colegiado adotarem as medidas processuais que entenderem adequadas para o saneamento do feito, inclusive a adoção de tutela cautelar para resguardar o Erário e o interesse público.

A medida cautelar pode ser expedida com ou sem a prévia oitiva da parte. No primeiro caso (oitiva prévia), o prazo para resposta será de até 5 dias úteis, conforme o §2º do art. 276 do RITCU. Se o provimento for adotado *inaudita alter pars*, será determinada, no mesmo ato, a oitiva da parte, para que se pronuncie em até 15 dias a respeito da matéria, consoante o §3º do art. 276.

Como já destacado, o objeto do contraditório, prévio ou posterior à medida cautelar, resume-se a discussão quanto à presença dos requisitos da fumaça do bom direito e do perigo da demora. Não há, propriamente, discussão quanto ao fundo de direito e às circunstâncias fáticas relacionadas às irregularidades reportadas, embora as partes não estejam impedidas de fazê-la, inclusive, para demonstrar a ausência de fumaça de bom direito.

Nesse caso, em que as pessoas arroladas tenham se pronunciado sobre o mérito das ocorrências, juntando provas e informações que possibilitem a formação de juízo em cognição exauriente, não há óbice a que o TCU decida, desde logo, a questão principal do processo, proferindo acórdão com conteúdo decisório definitivo, com fulcro no princípio da eficiência processual.

Essa opção encontra amparo no §6º do art. 276 do RITCU, lavrado no seguinte sentido:

> §6º. Recebidas eventuais manifestações das partes quanto às oitivas a que se referem os parágrafos anteriores, deverá a unidade técnica submeter à apreciação do relator análise e proposta tão somente quanto aos fundamentos e à manutenção da cautelar, salvo quando o estado do processo permitir a formulação imediata da proposta de mérito.

A oitiva da cautelar deverá ser dirigida à entidade fiscalizada que tenha praticado o ato ou contrato impugnado e ao terceiro interessado, que eventualmente seja prejudicado pela decisão de mérito do processo, no sentido de desconstituir ato ou processo administrativo ou alterar contrato em seu desfavor. Tal decorre da própria menção, na parte final do art. 276 do RITCU, ao art. 45 da LOTCU.

O último dispositivo prescreve que:

> verificada a ilegalidade de ato ou contrato, o Tribunal, na forma estabelecida no Regimento Interno, assinará prazo para que o responsável adote as providências necessárias ao exato cumprimento da lei, fazendo indicação expressa dos dispositivos a serem observados.

Dessa forma, considerando que a medida cautelar do art. 276 do RITCU é instrumental à decisão de mérito do controle corretivo de atos e contratos, a sua oitiva deve ser endereçada aos mesmos sujeitos que serão posteriormente ouvidos na oitiva de mérito. Por isso, o contraditório da cautelar segue a mesma lógica do art. 250 do RITCU.

As notificações e demais comunicações do Tribunal relativas à adoção de medida cautelar e, quando for o caso, à resposta do responsável ou interessado devem ser encaminhadas, preferencialmente, por meio eletrônico, nos termos do §4º do art. 276 do RITCU. Nessa hipótese, deve ser observada a regra prevista no §3º do art. 179-B da aludida norma, aplicável às comunicações realizadas por meio eletrônico ou digital. Conforme o mencionado dispositivo, tais comunicações serão consideradas realizadas no dia em que o destinatário efetivar a consulta eletrônica ao seu teor ou aos autos do processo.

A medida cautelar prevista no art. 276 em exame pode ser revista de ofício por quem a tiver adotado ou em resposta a requerimento da parte, consoante o §5º do dispositivo. Considerando que tais provimentos devem necessariamente passar pelo crivo do Plenário, conforme visto, a leitura isolada desse parágrafo levaria à conclusão de que somente esse colegiado poderia rever as cautelares expedidas pelo TCU. Todavia, o §1º do art. 276 do RITCU admite a revisão de cautelar por despacho, bastando a submissão da medida ao Plenário na primeira sessão subsequente. Segue a redação do dispositivo:

> §1º. O despacho do relator ou do presidente, de que trata o *caput, bem como a revisão da cautelar concedida, nos termos do §5º deste artigo, será submetido ao Plenário na primeira sessão subsequente.* (grifos acrescidos)

A medida cautelar adotada com fundamento no art. 276 do RITCU está sujeita a recurso de agravo, nos termos do art. 289. O rito processual dessa espécie recursal é tratado no item 19.4.4 do capítulo 19.

CAPÍTULO 18

DESCONSIDERAÇÃO DA PERSONALIDADE JURÍDICA

A desconsideração da personalidade jurídica é um instrumento processual que tem por objetivo ampliar a possibilidade de reparação dos danos causados por empresas a terceiros e à sociedade de modo geral, mediante o atingimento do patrimônio de seus administradores e sócios, nas condições determinadas na lei. Ela visa coibir o uso indevido da pessoa jurídica mediante a prática de atos contrários à sua função social e à ordem jurídica.

Nessa ordem de ideias, a medida desafia a ideia da autonomia patrimonial das empresas, uma vez que permite a responsabilização das pessoas físicas que a impulsionam, ampliando a efetividade da tutela judicial quanto às obrigações de pagar quantia certa. Essa ideia foi expressa na doutrina de Marlon Tomazette:

> A desconsideração é, pois, a forma de adequar a pessoa jurídica aos fins os quais ela foi criada, vale dizer, é a forma de limitar e coibir o uso indevido deste privilégio que é a pessoa jurídica, vale dizer, é uma forma de reconhecer a relatividade da pessoa jurídica das sociedades. Este privilégio só se justifica quando a pessoa jurídica é usada adequadamente, o desvio de função faz com que deixe de existir razão para a separação patrimonial. O conceito será sustentado apenas enquanto seja invocado e empregado para propósitos legítimos. A perversão do conceito para usos impróprios e fins desonestos (e. g., para perpetuar fraudes, burlar a lei, para escapar de obrigações), por outro lado, não será tolerada. Entre esses são várias as situações onde as cortes podem desconsiderar a pessoa jurídica para atingir um justo resultado.[327]

Nem a LOTCU, nem o RITCU atribuíram expressamente ao Tribunal a competência de desconsiderar a personalidade jurídica de empresas para incluir no rol de responsáveis os seus administradores ou sócios, de sorte a permitir a condenação destes em débito.

A adoção dessa medida se deu a partir da jurisprudência do TCU, que se baseou, originalmente, na doutrina do Direito Comercial e em decisões proferidas no âmbito do STJ.

A primeira deliberação que utilizou o instituto foi a Decisão nº 290/1997-Segunda Câmara (relator: ministro José Antônio Barreto de Macedo), a qual se arrimou nos seguintes fundamentos:

---
[327] TOMAZETTE, Marlon. *Curso de direito empresarial*: teoria geral e direito societário. São Paulo: Atlas, 2011, p. 233.

2. Sobre a responsabilidade dos sócios-gerentes nas sociedades por cotas, ensina Rubens Requião que para os atos que praticar violando a lei e os estatutos, de nada serve ao sócio-gerente o anteparo da pessoa jurídica da sociedade. *Sua responsabilidade pessoal e ilimitada emerge dos fatos, quando resultarem de sua violação ou do contrato*, causando sua imputabilidade civil e penal. (*In*: Curso de Direito Comercial. 22. ed. São Paulo: Forense, p. 358).

3. Tal importância merece a matéria, que no Direito Comercial foi criada, inicialmente nos Estados Unidos da América e na Inglaterra, a *doutrina da Desconsideração da Personalidade Jurídica da sociedade mercantil* Disregard of Legal Entity, sobre a qual discorre o Professor Fran Martins (*In*: Curso de Direito Comercial. 22. ed. São Paulo: Forense, p. 216): Constatado o fato de que *a personalidade jurídica das sociedades servia a pessoas inescrupulosas que praticassem em benefício próprio abuso de direito ou atos fraudulentos por intermédio das pessoas jurídicas, que revestiam as sociedades, os tribunais começaram a desconhecer a pessoa jurídica para responsabilizar os praticantes de tais atos.* Esse procedimento chegou ao Brasil, tendo a jurisprudência várias decisões a respeito, como se vê do estudo do Prof. Rubens Requião (o primeiro jurista a tratar do assunto no Brasil), inserto no seu livro Aspectos Modernos do Direito Comercial (Ed. Saraiva, 1977, p. 67 e ss.)

4. Diversas decisões há nos tribunais brasileiros sobre a matéria (v.g., Acórdão de 13.03.90 da 3ª Turma do Superior Tribunal de Justiça, RESP 0001695 – Recurso Especial – "in" Diário da Justiça de 02.04.90).

5. Nestas condições, entendo, "in casu", que os dois sócios devem responder pessoalmente perante o Tribunal, em solidariedade com o [...], uma vez que a pessoa jurídica [...], foi utilizada ilicitamente para os negócios dos seus proprietários. (grifos acrescidos)

Como se vê, o instituto da desconsideração da personalidade jurídica foi incorporado à prática do TCU sob inspiração da doutrina e da jurisprudência do STF. Somente após o advento do Código Civil de 2002, passou-se a invocar, por analogia, o seu art. 50, lavrado no seguinte sentido, em sua redação original:

Art. 50. Em caso de abuso da personalidade jurídica, caracterizado pelo desvio de finalidade, ou pela confusão patrimonial, pode o juiz decidir, a requerimento da parte, ou do Ministério Público quando lhe couber intervir no processo, que os efeitos de certas e determinadas relações de obrigações sejam estendidos aos bens particulares dos administradores ou sócios da pessoa jurídica.[328]

Em verdade, o instituto da desconsideração da personalidade jurídica já constava de outras normatizações, a saber: da Lei nº 9.605, de 12 de fevereiro de 1998, que dispõe sobre sanções penais e administrativas decorrentes de condutas e atividades lesivas ao meio ambiente (art. 4º); e da Lei nº 8.078, de 11 de setembro de 1990, que trata do Código de Defesa do Consumidor (art. 28).

Posteriormente, houve a previsão do instrumento na Lei nº 9.615, de 24 de março de 1998, que institui normas gerais sobre o desporto (art. 27); na Lei nº 12.529, de 30 de novembro de 2011, que estrutura o Sistema Brasileiro de Defesa da Concorrência (art. 34); na Lei nº 12.846, de 1º de agosto de 2013, que dispõe sobre a responsabilização administrativa e civil de pessoas jurídicas pela prática de atos contra a Administração

---

[328] A Lei nº 13.874, de 20 de setembro de 2019, deu nova redação ao dispositivo, como se verá adiante.

Pública (art. 14); no CPC/2015 (arts. 133 a 137); e na Lei nº 14.133, de 1º de abril de 2021, que trata da nova lei geral de licitações e contratos (art. 160).

Diante desse contexto normativo, a medida passou a ser amplamente utilizada pelo TCU, que se baseou nos requisitos estabelecidos no art. 50 do CC/2002, conforme ampla jurisprudência do Tribunal.

Não obstante, o uso do instrumento pelo TCU foi objeto de questionamentos judiciais devido à ausência de norma específica autorizando a decretação da medida pelo Tribunal. Nessa perspectiva, mostra-se oportuna a apresentação de um breve histórico da discussão sobre o assunto no âmbito do STF.

A primeira deliberação a tratar, de forma mais aprofundada sobre a matéria, foi a proferida, de forma monocrática, pelo ministro Celso de Mello, no bojo do MS nº 32.494 MC, em 11.11.2013. Apesar de suscitar relevantes argumentos favoráveis à decretação do instrumento pelo TCU, o relator levou em consideração "razões de prudência e o reconhecimento da plausibilidade jurídica da pretensão" para deferir a cautela, de maneira a obstar a desconsideração da personalidade jurídica da impetrante pelo Tribunal. A mesma posição foi adotada no julgamento monocrático da liminar requerida no MS nº 36.650-MC, pelo ministro Ricardo Lewandowski, em 30.09.2019.

Todavia, a ministra Rosa Weber, em sentido diverso, indeferiu as liminares requeridas nos MS nºs 36.569/DF, 36.571/DF, 36.984-MC/DF, 36.989-MC/DF, 37.010-MC/DF, 37.011-MC/DF, sem, no entanto, adentrar no mérito da questão, pois ponderou que a determinação tomada pelo TCU ainda era passível de mudança no julgamento da tomada de contas.

A questão foi finalmente decidida, de forma mais aprofundada, no julgamento do MS nº 35.506, Tribunal Pleno, em 10.10.2022 (relator: ministro Ricardo Lewandowski). Na ocasião, o STF reconheceu, por maioria, a competência do TCU de promover a desconsideração da personalidade jurídica para alcançar os administradores das empresas arroladas em seus processos, com fulcro na teoria dos poderes implícitos. Segue excerto da ementa do referido julgado:

> Ementa: MANDADO DE SEGURANÇA. ATO DO TRIBUNAL DE CONTAS DA UNIÃO. TOMADA DE CONTAS ESPECIAL. ACÓRDÃO 2.014/2017-TCU/PLENÁRIO. MEDIDAS CAUTELARES. SITUAÇÕES DE URGÊNCIA. DECRETAÇÃO DE INDISPONIBILIDADE DE BENS DE PARTICULAR E *DESCONSIDERAÇÃO DA PERSONALIDADE JURÍDICA. TEORIA DOS PODERES IMPLÍCITOS*. OBSERVÂNCIA DOS CRITÉRIOS DE RAZOABILIDADE E PROPORCIONALIDADE. INVASÃO DA COMPETÊNCIA DO PODER JUDICIÁRIO. INOCORRÊNCIA. CONTRADITÓRIO DIFERIDO. VIOLAÇÃO AO DEVIDO PROCESSO LEGAL NÃO CONSTATADA. OFENSA A DIREITO LÍQUIDO E CERTO. INEXISTÊNCIA. ORDEM DENEGADA.
> [...]
> VII – Nada obsta, porém, que o TCU decrete a indisponibilidade cautelar de bens, pelo prazo não superior a um ano (art. 44, §2º), *sendo-lhe permitido, ainda, promover, cautelarmente, a desconsideração da personalidade jurídica da pessoa jurídica objeto da apuração, de maneira a assegurar o resultado útil do processo.*
> VIII – No caso sob exame, a desconsideração da personalidade foi levada a efeito pelo TCU, em sede preambular, e não definitiva, sob o argumento de que "os seus administradores utilizaram-na para maximizar os seus lucros mediante a prática de ilícitos em prejuízo da Petrobras". IX – Assegurada a oportunidade de manifestação posterior dos responsáveis

pelos supostos danos ao erário, hipótese de contraditório diferido que não implica ofensa à garantia do devido processo legal. (grifos acrescidos)

Como se vê, o STF atribui à decisão pela desconsideração da personalidade jurídica a natureza de medida cautelar. Todavia, entende-se que o provimento não tem como objetivo assegurar a tutela de direito e o resultado útil do processo, sendo, em verdade, um mero instrumento para alcançar terceiros que figurem como potenciais responsáveis pelas irregularidades e pelo dano ao Erário.

Não obstante, é válida a invocação da teoria dos poderes implícitos, pois o uso do instituto permite que o TCU exerça a sua jurisdição sobre os verdadeiros causadores de prejuízos e outras irregularidades na gestão de recursos públicos, ampliando a possibilidade de ressarcimento dos cofres públicos. Dito de outra forma, a desconsideração da personalidade jurídica é um meio útil à maximização da efetividade do Tribunal no exercício de sua competência de tutelar o Erário.

18.1 Requisitos

Os requisitos para a desconsideração da personalidade jurídica dependem, naturalmente, da legislação aplicável ao processo no qual ela será decretada. Considerando a existência de múltiplas normas admitindo o uso do instituto, a doutrina e a jurisprudência costumam dividir o tratamento do assunto em duas sistematizações: a teoria maior e a teoria menor da desconsideração da personalidade jurídica.

Grosso modo, a primeira exige a prova do abuso da personalidade jurídica, mediante a prática de desvio de finalidade ou confusão patrimonial, enquanto a segunda se contenta com a mera comprovação da insolvência da pessoa jurídica. A diferença entre essas teorias foi minuciosamente tratada no julgamento do Resp nº 279.273/SP, ocorrido em 04.12.2003, no voto proferido pela ministra Nanci Andrighi, acolhido pela maioria do Plenário do STJ:

> A teoria maior não pode ser aplicada com a mera demonstração de estar a pessoa jurídica insolvente para o cumprimento de suas obrigações. Exige-se, aqui, para além da prova de insolvência, ou a demonstração de desvio de finalidade, ou a demonstração de confusão patrimonial.
> A prova do desvio de finalidade faz incidir a teoria (maior) subjetiva da desconsideração. O desvio de finalidade é caracterizado pelo ato intencional dos sócios em fraudar terceiros com o uso abusivo da personalidade jurídica.
> A demonstração da confusão patrimonial, por sua vez, faz incidir a teoria (maior) objetiva da desconsideração. A confusão patrimonial caracteriza-se pela inexistência, no campo dos fatos, de separação patrimonial do patrimônio da pessoa jurídica e do de seus sócios, ou, ainda, dos haveres de diversas pessoas jurídicas.
> *A teoria maior da desconsideração, seja a subjetiva, seja a objetiva, constitui a regra geral no sistema jurídico brasileiro, positivada no art. 50 do CC/02.*
> A teoria menor da desconsideração, por sua vez, parte de premissas distintas da teoria maior: para a incidência da desconsideração com base na teoria menor, basta a prova de insolvência da pessoa jurídica para o pagamento de suas obrigações, independentemente da existência de desvio de finalidade ou de confusão patrimonial.

Para esta teoria, o risco empresarial normal às atividades econômicas não pode ser suportado pelo terceiro que contratou com a pessoa jurídica, mas pelos sócios e/ou administradores desta, ainda que estes demonstrem conduta administrativa proba, isto é, mesmo que não exista qualquer prova capaz de identificar conduta culposa ou dolosa por parte dos sócios e/ou administradores da pessoa jurídica.

No ordenamento jurídico brasileiro, a teoria menor da desconsideração foi adotada excepcionalmente, por exemplo, no Direito Ambiental (Lei nº. 9605/98, art. 4º) e no Direito do Consumidor (CDC, art. 28, §5º). (grifos acrescidos)

O TCU acabou perfilhando a teoria maior da desconsideração da personalidade jurídica, até porque o principal fundamento adotado para a decretação da medida foi o art. 50 do CC/2002, aplicado por analogia. Seguem alguns precedentes a respeito do tema:

> Salvo em situações excepcionais previstas em leis especiais, somente é possível a desconsideração da personalidade jurídica quando verificado o desvio de finalidade (Teoria Maior Subjetiva da Desconsideração), caracterizado pelo ato intencional dos sócios de fraudar terceiros com o uso abusivo da personalidade jurídica, ou quando evidenciada a confusão patrimonial (Teoria Maior Objetiva da Desconsideração), demonstrada pela inexistência, no campo dos fatos, de separação entre o patrimônio da pessoa jurídica e os de seus sócios (STJ REsp 1325663 / SP).
> (Acórdão nº 2.677/2013-Plenário. Relator: ministro Benjamin Zymler)

> A aplicação da teoria da desconsideração da personalidade jurídica para responsabilizar os sócios de empresa privada é medida excepcional, restrita às hipóteses de abuso da personalidade jurídica, caracterizado pelo desvio de finalidade, ou pela confusão patrimonial.
> (Acórdão nº 5.611/2012-Segunda Câmara. Relator: ministro-substituto Marcos Bemquerer)

> A teoria da desconsideração da pessoa jurídica somente pode ser adotada em situações excepcionais, nas quais tenha ficado sobejamente demonstrado que os administradores dessa entidade praticaram atos fraudulentos ou violaram a lei, o contrato social ou os estatutos, restrita às hipóteses de abuso da personalidade jurídica, caracterizado pelo desvio de finalidade ou pela confusão patrimonial.
> (Acórdão nº 6.294/2013-Segunda Câmara. Relator: ministro José Jorge)

18.2   Alcance

Como regra, o instituto da desconsideração da personalidade jurídica é invocado para atingir os administradores e sócios com poderes de administração das empresas, até porque são estes que impulsionam as sociedades empresariais propriamente, praticando ato de abuso da personalidade jurídica.

Essa ideia encontra-se assentada em diversos precedentes do TCU, como ilustram os transcritos a seguir:

> A desconsideração da personalidade jurídica somente pode incidir sobre os administradores e sócios com poderes de administração e, ainda assim, quando comprovada conduta faltosa (teoria maior da desconsideração da personalidade jurídica), não alcançando, portanto, mero sócio cotista. O instituto jurídico não pode ser utilizado como instrumento para aumentar a possibilidade de se recompor os cofres públicos.
> (Acórdão nº 8.603/2016-Segunda Câmara. Relator: ministro Vital do Rêgo)

O instituto da desconsideração da personalidade jurídica deve incidir sobre os administradores e sócios que tenham algum poder de decisão na empresa, não alcançando, em regra, os sócios cotistas, exceto nas situações em que fica patente que estes também se valeram de forma abusiva da sociedade empresária para tomar parte nas práticas irregulares.
(Acórdão nº 973/2018-Plenário. Relator: ministro Bruno Dantas)

Todavia, o Tribunal tem permitido a desconsideração da personalidade jurídica para alcançar sócios minoritários quando houver prova nos autos de que eles fizeram parte dos atos irregulares que configuraram a situação de abuso de personalidade jurídica. Nesse sentido, invocam-se os seguintes precedentes:

O instituto da desconsideração da personalidade jurídica deve incidir sobre os administradores e sócios que tenham algum poder de decisão na empresa, podendo, porém, alcançar também os sócios minoritários quando ficar demonstrado que estes se valeram de forma abusiva da sociedade empresária para tomar parte nas práticas irregulares, como fraude em licitações e desvio de recursos públicos.
(Acórdão nº 2.252/2018-Plenário. Relator: ministro Bruno Dantas)
(Acórdão nº 1.846/2020-Plenário. Relator: ministro Vital do Rêgo)

Por outro lado, o instituto em exame tem sido invocado para atingir os sócios ocultos de pessoas jurídicas que praticaram e/ou se beneficiaram diretamente dos atos configuradores do abuso da personalidade jurídica. Seguem algumas deliberações nesse sentido:

O uso abusivo de empresa para fraudar licitação pública, em evidente desvio de finalidade, permite a desconsideração de sua personalidade jurídica, para alcançar sócios formais e ocultos, que deverão responder solidariamente pelo débito apurado.
(Acórdão nº 802/2014-Plenário. Relator: ministro Walton Alencar)

Os efeitos da desconsideração da personalidade jurídica alcançam não apenas os sócios de direito, mas também os sócios ocultos que, embora exerçam de fato o comando da pessoa jurídica, utilizam-se de terceiros (laranjas), instituídos apenas formalmente como proprietários da empresa.
(Acórdão nº 4.703/2014-Primeira Câmara. Relator: ministro Bruno Dantas)

Os efeitos da desconsideração da personalidade jurídica alcançam os sócios de direito e os sócios de fato ou ocultos que praticam os atos da empresa junto ao ente estatal, especialmente os de assinatura de contrato e de recebimento de recursos públicos.
(Acórdão nº 5.548/2014-Segunda Câmara. Relator: ministro-substituto Marcos Bemquerer)

Os efeitos da desconsideração da personalidade jurídica alcançam não apenas os sócios de direito, mas também os sócios ocultos que, embora exerçam de fato o comando da pessoa jurídica, se utilizam de terceiros (laranjas) instituídos apenas formalmente como proprietários da empresa.
(Acórdão nº 4.481/2015-Primeira Câmara. Relator: ministro Bruno Dantas)

Os efeitos da desconsideração da personalidade jurídica não alcançam apenas os sócios de direito, mas também os sócios ocultos porventura existentes, nos casos em que estes, embora exerçam de fato o comando da empresa, escondem-se por trás de terceiros instituídos apenas formalmente como sócios.
(Acórdão nº 6.529/2016-Primeira Câmara. Relator: ministro Bruno Dantas)

Os efeitos da desconsideração da personalidade jurídica alcançam não apenas os sócios de direito, mas também os sócios ocultos que exerçam de fato a gerência da pessoa jurídica. (Acórdão nº 877/2022-Plenário. Relator: ministro Benjamin Zymler)

Quanto aos empregados, há inúmeros precedentes no TCU no sentido de que o instituto em exame não pode ser utilizado para alcançá-los nas situações em que o vínculo entre a entidade privada e o Poder Público for contratual. O fundamento invocado é o próprio art. 50 do CC/2002, que só faz referência "aos bens particulares de *administradores ou de sócios* da pessoa jurídica beneficiados direta ou indiretamente pelo abuso". Acerca do assunto, o repositório da jurisprudência do Tribunal produziu a seguinte tese a partir das decisões mencionadas logo a seguir:

> O vínculo contratual entre a entidade privada e o Poder Público não permite a responsabilização dos agentes da empresa contratada (administradores, sócios ou empregados) por prejuízos causados ao erário. Na hipótese de estarem presentes os requisitos para a desconsideração da personalidade jurídica, os sócios e os administradores da empresa contratada podem ser alcançados, mas não os empregados (art. 50 do Código Civil). (Acórdão nº 835/2015-Plenário. Revisor: ministro Bruno Dantas; Acórdão nº 4631/2016-Primeira Câmara. Relator: ministro Bruno Dantas; Acórdão nº 1.714/2017-Plenário. Relator: ministro-substituto Augusto Sherman; Acórdão nº 2.957/2018-Plenário. Relator: ministro Bruno Dantas; Acórdão nº 2.544/2020-Plenário. Relator: ministro Bruno Dantas; Acórdão nº 121/2021-Plenário. Relator: ministro Bruno Dantas; e Acórdão nº 1.484/2022-Plenário. Relator: ministro Jorge Oliveira).

Não obstante, há precedentes do Tribunal fixando a responsabilidade de pessoas físicas, independentemente de sua condição de empregado, sócio-gerente, cotista ou administrador, caso demonstrada a prática de atos ilícitos a partir da aplicação direta dos arts. 70, parágrafo único, e 71, inciso II, da CF/1988.

Segundo essa tese, não seria necessário invocar o instituto da desconsideração da personalidade jurídica para a responsabilização financeira de terceiros, mas as próprias normas constitucionais que regem a atuação do TCU, as quais autorizam o julgamento das contas de qualquer pessoa física ou jurídica, pública ou privada, que derem causa a perda, extravio ou outra irregularidade de que resulte prejuízo ao Erário.

Esse entendimento foi adotado nos seguintes precedentes:

> O TCU pode julgar de forma direta, sem necessidade de desconsideração da personalidade jurídica, as contas de sócios de empresa que participaram ativamente de irregularidade da qual resultou prejuízo ao erário, uma vez que os arts. 70, parágrafo único, e 71, inciso II, da Constituição Federal não fazem distinção entre agentes públicos ou particulares para fins de recomposição de débito.
> (Acórdão nº 2.193/2017-Plenário. Relator: ministro Benjamin Zymler)

> O TCU pode determinar a citação de sócios de empresa, sem necessidade de prévia desconsideração da personalidade jurídica, que tenham participado ativamente de irregularidade da qual resultou prejuízo ao erário, pois os arts. 70, parágrafo único, e 71, inciso II, da Constituição Federal não fazem distinção entre agentes públicos ou particulares para fins de recomposição de dano.
> (Acórdão nº 2.273/2019-Plenário. Relator: ministro Benjamin Zymler)

O instituto da desconsideração da personalidade jurídica foi criado, originalmente, para atingir pessoas físicas pertencentes à estrutura da sociedade desde que satisfeitas as condições especificadas nas normas de regência, conforme visto anteriormente. Porém, a jurisprudência evoluiu no sentido de permitir o uso do instrumento para alcançar outras pessoas jurídicas pertencentes ao mesmo grupo econômico da empresa na qual foi praticada a situação de abuso de personalidade jurídica, bem como os seus dirigentes. Trata-se da chamada desconsideração expansiva da personalidade jurídica.

A medida tem sido aplicada no âmbito do Poder Judiciário no caso de grupo de sociedade com estrutura meramente formal, em que a situação de desvio de finalidade e confusão patrimonial ocorre dentre de um contexto mais amplo, envolvendo várias empresas com vínculos societários entre si.

O seguinte precedente do STJ ilustra um caso de desconsideração expansiva da personalidade jurídica:

> 3. A desconsideração da pessoa jurídica, mesmo no caso de grupos econômicos, deve ser reconhecida em situações excepcionais, onde se visualiza a confusão de patrimônio, fraudes, abuso de direito e má-fé com prejuízo a credores. No caso sub judice, impedir a desconsideração da personalidade jurídica da agravante implicaria em possível fraude aos credores. Separação societária, de índole apenas formal, legitima a irradiação dos efeitos ao patrimônio da agravante com vistas a garantir a execução fiscal da empresa que se encontra sob o controle de mesmo grupo econômico (Acórdão a quo).
> 4. Pertencendo a falida a grupo de sociedades sob o mesmo controle e com estrutura meramente formal, o que ocorre quando diversas pessoas jurídicas do grupo exercem suas atividades sob unidade gerencial, laboral e patrimonial, *é legítima a desconsideração da personalidade jurídica da falida para que os efeitos do decreto falencial alcancem as demais sociedades do grupo. Impedir a desconsideração da personalidade jurídica nesta hipótese implicaria prestigiar a fraude à lei ou contra credores*. A aplicação da teoria da desconsideração da personalidade jurídica dispensa a propositura de ação autônoma para tal. Verificados os pressupostos de sua incidência, poderá o Juiz, incidentemente no próprio processo de execução (singular ou coletiva), levantar o véu da personalidade jurídica para que o ato de expropriação atinja terceiros envolvidos, de forma a impedir a concretização de fraude à lei ou contra terceiros (RMS nº 12872/SP, Relª Minª Nancy Andrighi, 3ª Turma, DJ de 16/12/2002, grifos nossos).
> (REsp nº 767.021/RJ, relator: ministro José Delgado, Primeira Turma, julgado em 16/8/2005)

Há vários precedentes do TCU em que foi usada a desconsideração expansiva da personalidade jurídica, cabendo mencionar os seguintes, extraídos do repositório da jurisprudência selecionada do Tribunal:

> O TCU pode desconsiderar a personalidade jurídica da empresa contratada para responsabilizar solidariamente a holding que a controla, quando há evidências de que a empresa controladora agiu, de forma comissiva ou omissiva, por intermédio de seus gestores e/ou empresa controlada, para o cometimento dos ilícitos que resultaram em dano ao erário.
> (Acórdão nº 2.005/2017-Plenário. Relator: ministro Benjamin Zymler)
> (Acórdão nº 874/2018-Plenário. Relator: ministro Bruno Dantas)

No que se refere ao empresário individual, a jurisprudência do TCU é no sentido de que não é preciso fazer uso do instituto da desconsideração da personalidade jurídica para a responsabilização da pessoa física. As deliberações adiante expressam esse entendimento:

> Não há necessidade de se promover a desconsideração da personalidade jurídica para a condenação de responsável empresário individual, uma vez que a empresa individual não tem personalidade diversa e separada do titular, constituindo-se como única pessoa com único patrimônio.
> (Acórdão nº 10.922/2016-Segunda Câmara. Relator: ministro-substituto André de Carvalho)
> (Acórdão nº 3.201/2018-Segunda Câmara. Relator: ministro Aroldo Cedraz)

Por fim, há precedente do TCU permitindo a utilização do instituto da desconsideração da personalidade jurídica para atingir dirigentes de entidade sem fins lucrativos. Nesse sentido:

> É cabível a desconsideração da personalidade jurídica de entidade sem fins lucrativos, quando constatado abuso de personalidade em face de desvio de finalidade, a fim de responsabilizar seus dirigentes por dano causado à entidade.
> (Acórdão nº 1.854/2012-Primeira Câmara. Relator: ministro Augusto Nardes)

18.3 Competência

A competência para desconsiderar a personalidade jurídica de empresas, no âmbito do TCU, é do colegiado competente para apreciar o processo, conforme a jurisprudência mais recente do TCU.

Todavia, esse entendimento nem sempre foi pacífico no Tribunal, de modo que há precedentes mais antigos admitindo a decretação da medida por decisão monocrática do relator:

> A citação de sócios ou administradores de empresa mediante desconsideração da personalidade da pessoa jurídica depende de prévia concordância do relator do feito, não se encontrando inserida no rol de competências delegadas às unidades técnicas.
> (Acórdão nº 2.589/2010-Plenário. Relator: ministro Aroldo Cedraz)

> Cabe ao relator decidir monocraticamente ou submeter ao colegiado competente proposta para desconsideração da personalidade jurídica de empresa.
> (Acórdão nº 2.590/2013-Primeira Câmara. Relator: ministro-substituto Augusto Sherman)

Porém, o Tribunal evoluiu quanto à necessidade de pronunciamento do colegiado na linha da fundamentação adotada originalmente pelo ministro Walton Alencar, no voto condutor do Acórdão nº 1.891/2010-Plenário:

> [...] necessário avaliar se o ato pode ser praticado pelo relator do processo ou se indispensável a deliberação de órgão colegiado.
> Embora a desconsideração da personalidade jurídica dispense a propositura de ação autônoma, podendo ser concedida incidentalmente no próprio processo de conhecimento ou de execução, tal medida não prescinde do exame do conjunto probatório pelo juízo competente.
> Nos termos do art. 109 do CPC, compete ao juiz da causa principal decidir sobre a ação declaratória incidente. No TCU, cabe aos órgãos colegiados o julgamento da causa principal

e das questões incidentais. Ao relator, é reservada a prática de atos processuais, por meio de despacho (arts. 11 da Lei 8.443/1992, e 162, §3º, do CPC).

Indispensável a análise do conjunto probatório acerca do abuso da personalidade jurídica por sócios ou administradores da empresa responsável pelo dano. Não se trata, portanto, de mero chamamento das pessoas físicas aos autos, em substituição à pessoa jurídica, mas do julgamento da conduta daquelas no uso da pessoa jurídica.

Assim, a proposta de desconsideração da personalidade jurídica, nos casos de abuso de direito, deve ser submetida à deliberação do colegiado competente para julgar o processo em que ocorre a questão incidental.

Ao decidir pelo levantamento do véu da personalidade jurídica, deverá o Tribunal indicar os administradores e sócios responsáveis pelo abuso de direito, os quais responderão pelo dano imposto ao Erário. *Somente após a deliberação do Tribunal, será possível citar as pessoas naturais responsáveis pelo abuso da personalidade jurídica.* (grifos acrescidos)

Esse entendimento foi adotado, posteriormente, em inúmeras deliberações, cabendo citar o Acórdão nº 2.096/2011-Primeira Câmara (relator: ministro Walton Alencar); Acórdão nº 2.089/2012-Primeira Câmara (relator: ministro Walton Alencar); Acórdão nº 2.590/2013-Primeira Câmara (relator: ministro-substituto Augusto Sherman); Acórdão nº 13.196/2016-Segunda Câmara (relatora: ministra Ana Arraes), dentre outros.

Posteriormente, houve certa flexibilização desse posicionamento, tendo sido admitida a desconsideração da personalidade jurídica por decisão monocrática do relator desde que a medida fosse posteriormente convalidada pelo colegiado competente. Essa compreensão foi originalmente consignada no Acórdão nº 385/2018-Plenário (relator: ministro Bruno Dantas), conforme a tese a seguir, extraída do repositório da jurisprudência selecionada do TCU:

Se não houver prejuízo à defesa do responsável alcançado pela decisão, o fato de a citação ter ocorrido antes da desconsideração da personalidade jurídica pelo relator ou pelo Tribunal não impede a aplicação desse instituto para alcançar o patrimônio de sócio de empresa que contribuiu para dano ao erário, tendo em vista a possibilidade de convalidação, pelo colegiado, da citação promovida pela unidade técnica, com fundamento no art. 172 do Regimento Interno do TCU.

Posteriormente, essa exegese foi seguida nos Acórdãos nºs 2.018/2018-Plenário (relator: ministro Aroldo Cedraz), 2.848/2018-Plenário (relator: ministro Augusto Nardes) e 1.060/2021-Plenário (relator: ministro-substituto Augusto Sherman).

De todo modo, a desconsideração da personalidade jurídica não pode ser determinada e efetivada pelas unidades técnicas, que não podem proceder à citação dos administradores e gerentes antes da deliberação do Tribunal ou do relator a respeito da matéria.

18.4 Desconsideração da personalidade jurídica para fins de aplicação de sanção

Conforme visto, o instituto da desconsideração da personalidade jurídica foi pensado, originalmente, para ampliar a possibilidade de reparação dos danos causados ao

Erário, incidindo, originalmente, em processos destinados à apuração da responsabilidade financeira por débito.

Posteriormente, o instrumento passou a ser usado também no âmbito da competência sancionatória do TCU como forma de estender o poder retributivo e dissuasório de suas penas.

Especificamente, a jurisprudência tem admitido a aplicação da teoria da desconsideração da personalidade jurídica para impedir que sócios de uma empresa que tenha sido suspensa ou impedida de participar de licitação ou contratar com a Administração Pública, ou ainda declarada inidônea, possam dolosamente constituir outra pessoa jurídica a fim de burlar as penas aplicadas àquela.

Essa tese foi expressa pelo ministro Celso de Melo, ao apreciar o MS nº 32.494:

> Tenho para mim, em juízo de mera delibação (em afirmação compatível, portanto, com esta fase de incompleta cognição), que o E. Tribunal de Contas da União, ao exercer o controle de legalidade sobre os procedimentos licitatórios sujeitos à sua jurisdição, *possuiria atribuição para estender a outra pessoa ou entidade envolvida em prática comprovadamente fraudulenta ou cometida em colusão com terceiros a sanção administrativa que impôs, em momento anterior, a outro licitante (ou contratante), desde que reconheça, em cada situação que se apresente, a ocorrência dos pressupostos necessários à aplicação da teoria da desconsideração da personalidade jurídica, pois essa prerrogativa também comporia a esfera de atribuições institucionais daquela E. Corte de Contas*, que se acha instrumentalmente vocacionada a tornar efetivo o exercício das múltiplas e relevantes competências que lhe foram diretamente outorgadas pelo próprio texto da Constituição da República. (grifos acrescidos)

Dessa forma, caso seja comprovada uma vinculação técnica ou jurídica entre uma empresa sancionada e outra do mesmo grupo, existente ou constituída intencionalmente, para dar continuidade às atividades daquela de forma a burlar a sanção do Tribunal, será possível estender a estas a pena de inidoneidade prevista no art. 46 da LOTCU.

Há vários precedentes nesse sentido lavrados pelo TCU, cabendo destacar os seguintes:

> A declaração de inidoneidade para participar de licitação não pode ser aplicada aos sócios e administradores de empresas, por falta de previsão legal, tampouco a futuras empresas constituídas com o mesmo quadro societário de empresas declaradas inidôneas, pois não se pode antecipar aplicação de sanção. *Entretanto, por desconsideração da personalidade jurídica, futuras empresas de sócios e/ou administradores de empresas inidôneas podem ser declaradas inidôneas pela Administração Pública por extensão dos efeitos da sanção do TCU, desde que garantido o contraditório e a ampla defesa.* (grifos acrescidos)
> (Acórdão nº 495/2013-Plenário. Relator: ministro Raimundo Carreiro)

> O abuso da personalidade jurídica evidenciado a partir de fatos como (i) a completa identidade dos sócios-proprietários de empresa sucedida e sucessora, (ii) a atuação no mesmo ramo de atividades e (iii) a transferência integral do acervo técnico e humano de empresa sucedida para a sucessora permitem a desconsideração da personalidade jurídica desta última para estender a ela os efeitos da declaração de inidoneidade aplicada à primeira, já que evidenciado o propósito de dar continuidade às atividades da empresa inidônea, sob nova denominação.
> (Acórdão nº 1.831/2014-Plenário. Relator: ministro José Múcio)

CAPÍTULO 19

RECURSOS

Segundo o art. 277 do RITCU, cabem os seguintes recursos nos processos do Tribunal:
a) recurso de reconsideração;
b) pedido de reexame;
c) embargos de declaração;
d) recurso de revisão;
e) agravo.

Os recursos constituem uma nova oportunidade de o TCU se manifestar sobre matéria decidida anteriormente, desde que cumpridas as condições de admissibilidade previstas na LOTCU e no RITCU.

Há quem entenda que o princípio do duplo grau de jurisdição é um comando implícito da CF/1988. Nessa perspectiva, ele seria extraído da parte final de seu art. 5º, inciso LV, segundo o qual são assegurados aos litigantes, em processo judicial ou administrativo, e aos acusados em geral o contraditório e a ampla defesa com os meios e recursos a ela inerentes. Sendo assim, cabe a ordem infralegal prever o sistema recursal vigente a cada processo a fim de concretizar o mencionado dispositivo.

A grande diferença do sistema recursal do TCU é que, diferentemente do Poder Judiciário, não há órgãos de outro patamar na estrutura da esfera controladora federal que possa apreciar os recursos, de sorte que a matéria seja reexaminada por um juízo realmente distinto, integrado por outros magistrados. O único expediente em que há, pelo menos, uma mudança de colegiado é o recurso de revisão, quando a decisão recorrida tiver sido proferida por uma das câmaras do Tribunal. Tal ocorre porque o Plenário é o colegiado competente para julgar essa espécie recursal.

O Título X do RITCU contém a disciplina dos recursos passíveis de serem manejados pelos responsáveis e interessados no processo do Tribunal.

19.1 Requisitos de admissibilidade

Para que o recurso tenha o seu mérito apreciado, é necessário que haja, primeiro, a análise de sua admissibilidade. Esta etapa consiste na verificação do atendimento dos pressupostos exigidos pela LOTCU e pelo RITCU a fim de que ocorra o processamento do expediente recursal.

Conforme o art. 278 do RITCU, o relator do recurso apreciará sua admissibilidade e fixará os itens do acórdão sobre os quais ele incide, após exame preliminar da unidade técnica. O objetivo dessa especificação pelo relator é permitir a continuidade do processo com vistas à execução da decisão caso o recurso verse sobre itens específicos da deliberação, nos termos do art. 285, §1º do RITCU.

Atualmente, a unidade técnica competente para a apreciação dos expedientes recursais é a Unidade de Auditoria Especializada em Recursos (AudRecursos), consoante a Resolução TCU nº 347/2022.

Caso o recurso seja admitido, o relator determinará as providências para sua instrução, saneamento e apreciação pela AudRecursos, bem como para a comunicação aos órgãos ou entidades pertinentes se houver efeito suspensivo, nos termos do §1º do art. 278 do RITCU. Esta última medida é adotada pela Seproc.

Na sequência, os autos seguem para a manifestação do MPTCU se se tratar de recurso de reconsideração ou de revisão, nos termos do art. 280 do RITCU. O relator pode requerer o pronunciamento do *Parquet*, nos demais casos, sempre que entender necessário.

De toda sorte, o relator é autorizado pelo §1º do aludido dispositivo a não encaminhar os autos ao MPTCU, podendo, no lugar, solicitar sua manifestação oral na sessão de julgamento quando, nos recursos, apresentar ao colegiado proposta de:

a) não conhecimento;
b) correção de erro material;
c) evidente conteúdo de baixa complexidade que não envolva o mérito.

Tal medida visa dar celeridade ao expediente recursal em questões mais simples.

Somente depois de percorrido esse trâmite, o relator apreciará a matéria e a submeterá ao julgamento do colegiado competente, que efetivará o juízo definitivo de admissibilidade do recurso, apreciando o seu mérito em caso positivo.

Caso o recurso não seja admitido, o relator, ouvido o MPTCU, quando cabível, não conhecerá do recurso mediante despacho fundamentado ou, a seu critério, submetê-lo-á ao colegiado, conforme o §2º do mencionado dispositivo. Isso implica que a decisão pelo não conhecimento de expediente recursal pode ser adotada de forma monocrática, por despacho, ou colegiada.

A interposição de recurso, ainda que venha a não ser conhecida, gera preclusão consumativa, nos termos do §3º do art. 278 do RITCU. Isso significa dizer que o recorrente não poderá ingressar com recurso de mesma natureza, tendo em vista o princípio da unicidade recursal ou da singularidade ou da unirrecorribilidade. A propósito, esse princípio está expresso no §4º da referida disposição, lavrada no seguinte sentido: "não se conhecerá de recurso da mesma espécie, exceto embargos de declaração, pela parte ou pelo Ministério Público junto ao TCU, contra deliberação que apreciou o primeiro recurso interposto".

O juízo de admissibilidade envolve a verificação do atendimento dos chamados requisitos de admissibilidade intrínsecos e extrínsecos, adotando-se a conhecida classificação de José Carlos Barbosa Moreira, adaptada às especificidades do processo do Tribunal. São esses os pressupostos de admissibilidade dos recursos interpostos contra as decisões do TCU:

a) requisitos de admissibilidade intrínsecos: cabimento, legitimidade para recorrer, interesse para recorrer e inexistência de fato extintivo ou impeditivo do direito de recorrer;

b) requisitos de admissibilidade extrínsecos: tempestividade e regularidade formal.

Ressalta-se que os recursos no TCU não exigem qualquer preparo, que seria o adiantamento das despesas relativas ao processamento da matéria. Tal ocorre porque o processo do Tribunal é gratuito, não envolvendo o pagamento de custas.

Segundo o §5º do art. 278 do RITCU, "não se conhecerá de recurso contra deliberação proferida em sede de monitoramento de acórdão do Tribunal em que não tenham sido rediscutidas questões de mérito, nem imposto nenhum tipo de sanção".

Conforme já visto, o monitoramento é o instrumento de fiscalização utilizado pelo Tribunal para verificar o cumprimento de suas deliberações e os resultados delas advindos (art. 243 do RITCU). Sendo assim, esse tipo de processo somente gera sucumbência da parte e interessados se promover nova discussão do teor das determinações ou, ainda, se aplicar sanção aos responsáveis, devido ao não cumprimento das determinações sem causa justificada.

O RITCU somente admite recursos contra:

a) decisões que apreciem o mérito do processo; ou

b) despachos decisórios do presidente do Tribunal, de presidente de Câmara ou do relator, desfavorável à parte, e da medida cautelar adotada com base no art. 276 do RITCU.

Segundo o art. 279 do aludido normativo, ressalvada a hipótese de embargos de declaração, não cabe recurso de decisão que rejeitar alegações de defesa, converter processo em tomada de contas especial ou determinar sua instauração, ou ainda que determinar a realização de citação, audiência, diligência ou fiscalização. Tais deliberações são de cunho meramente interlocutório, sendo instrumentais ao impulsionamento do processo. Por isso, não geram sucumbências aptas a ensejar o direito de recorrer da parte ou do interessado.

Se, a despeito disso, a parte intentar o recurso contra as aludidas deliberações, a documentação encaminhada será aproveitada como defesa, sempre que possível, sem prejuízo da realização da citação ou da audiência.

Apesar de a parte final do parágrafo único do art. 279 sugerir que essas medidas nem sempre são obrigatórias, entende-se que a citação e a audiência devem ser ultimadas, ainda que o responsável compareça espontaneamente aos autos, manejando recurso contra o ato que autorizou esses atos processuais.

Tal ocorre porque apenas com a citação ou a audiência é aperfeiçoada a relação processual, visando a apuração da responsabilidade financeira por débito e/ou a aplicação de multa. As mesmas considerações se aplicam à oitiva de que trata o art. 250, inciso V, do RITCU, que trata do ato processual voltado ao exercício do contraditório no âmbito do controle corretivo.

Consoante o art. 281 do RITCU, havendo mais de um responsável pelo mesmo fato, o recurso apresentado por um deles aproveitará a todos, mesmo àquele que houver sido julgado à revelia, no que concerne às circunstâncias objetivas, não aproveitando no tocante aos fundamentos de natureza exclusivamente pessoal. Esse dispositivo constitui uma exceção ao princípio da voluntariedade, a ser comentado adiante.

Os recursos interpostos pelo MPTCU possuem uma etapa adicional em seu processamento. Conforme o art. 283, é necessária a instauração do contraditório, mediante concessão de oportunidade para oferecimento de contrarrazões recursais quando se trata de recurso tendente a agravar a situação do responsável. Tal ocorre porque, nesses casos, é necessária a abertura do contraditório das partes potencialmente prejudicadas, já que a oposição de recursos pelo *Parquet* pressupõe a juntada de novos argumentos e evidências, devido ao princípio da dialeticidade, a ser tratado adiante.

As mesmas considerações se aplicam aos casos em que o processo contém partes com interesses opostos. Havendo a interposição de recurso por uma delas, deve ser franqueado à outra a apresentação de contrarrazões no mesmo prazo dado ao recurso.

19.1.1 Cabimento

O cabimento envolve saber se a decisão é recorrível e se o recurso utilizado é adequado contra essa deliberação. Para a verificação desse pressuposto, é necessário consultar a disciplina da matéria na legislação correlata.

Esse pressuposto está associado ao princípio da unicidade recursal, segundo o qual somente há um recurso adequado para cada caso. A aplicação desse princípio será discutida adiante.

19.1.2 Legitimidade

A legitimidade diz respeito à aptidão subjetiva de alguém interpor recurso contra determinada decisão. Conforme o art. 996 do CPC, o recurso pode ser interposto pela parte vencida, pelo terceiro prejudicado e pelo Ministério Público, como parte ou como fiscal da ordem jurídica. Tomando como referência o aludido dispositivo, possuem legitimidade para recorrer, no âmbito do processo do TCU, a parte e o interessado, que tenham sido atingidos negativamente por deliberação do TCU, e o MPTCU, atuando como *custos legis*.

Sob a ótica da parte e do interessado, o requisito da legitimidade guarda relação com o do interesse para recorrer, a ser tratado adiante. Isso porque somente diante da existência de prejuízo à situação jurídica daqueles, causado pela decisão do TCU, é possível falar em necessidade e utilidade do expediente recursal, que vem a ser os dois elementos que integram a noção de interesse recursal.

Por isso, costuma-se afirmar que o pressuposto em exame está relacionado com a ideia de sucumbência, que corresponde a uma situação de perda ou ônus imposto à esfera de interesses e direitos subjetivos da parte ou interessado, causado pela deliberação do Tribunal.

Seguem alguns precedentes quanto ao assunto:

> Os sucessores do responsável podem opor embargos declaratórios em face do disposto no art. 1.055 do Código de Processo Civil [atual art. 687 do CPC/2015], aplicável subsidiariamente aos processos de controle externo.
> (Acórdão nº 2.831/2015-Segunda Câmara. Relator: ministro Augusto Nardes)

> Não se conhece de recurso interposto por entidade contra decisão do TCU que julgou irregulares as contas de seu dirigente e a este aplicou multa, ante a falta de sucumbência da pessoa jurídica.
> (Acórdão nº 4.869/2014-Segunda Câmara. Relator: ministro-substituto Marcos Bemquerer)

As recomendações expedidas pelo TCU têm caráter informativo, colaborativo e não coercitivo, não impõem qualquer sucumbência aos seus destinatários, razão por que inexiste interesse recursal em desconstituí-las.
(Acórdão nº 8.528/2017-Primeira Câmara. Relator: ministro Bruno Dantas)

As recomendações formuladas pelo TCU têm caráter colaborativo e não coercitivo, respeitando-se ao jurisdicionado avaliar a oportunidade e a conveniência de adotá-las, razão pela qual não cabe recurso contra recomendação expedida pelo TCU.
(Acórdão nº 1.265/2014-Segunda Câmara. Relator: ministro Raimundo Carreiro)

Em regra, as recomendações expedidas pelo TCU não geram sucumbência à parte e não ensejam pretensão recursal. Contudo, a aplicabilidade desse entendimento deve ser analisada em cada caso concreto.
(Acórdão nº 2.533/2015-Plenário. Relator: ministro Bruno Dantas)

A ressalva no julgamento de contas, embora não enseje propriamente sucumbência, satisfaz os requisitos de legitimidade e interesse para recorrer.
(Acórdão nº 8.512/2013-Primeira Câmara. Relator: ministra Ana Arraes)

19.1.3 Interesse para recorrer

O interesse recursal exige que o recurso seja útil e necessário para o recorrente. Quanto ao primeiro aspecto, é preciso que o julgamento do recurso seja apto a conferir, em tese, uma situação mais vantajosa do que a que resultou da decisão recorrida. Tal ocorre quando o expediente recursal tem o potencial de melhorar a situação jurídica do recorrente.

No que se refere ao segundo aspecto, este é atendido quando o uso da via recursal é a única forma disponível para que a parte ou o interessado alcancem o mencionado objetivo no âmbito do TCU.

O pressuposto recursal em exame não se aplica ao MPTCU, que não possui interesse no resultado do processo, mas tão somente em preservar a integridade da ordem jurídica.

Seguem alguns precedentes sobre o assunto:

A expedição de ciência em acórdão do TCU apontando a ocorrência de ato irregular gera interesse recursal, pois ao administrador não é facultado deixar de adotar as providências cabíveis, sob pena de responsabilização.
(Acórdão nº 4.816/2016-Segunda Câmara. Relatora: ministra Ana Arraes)

Não se conhece de recurso, por ausência de interesse recursal, interposto contra decisão que arquiva processo de representação ou denúncia e determina que as questões sejam levadas ao conhecimento das unidades jurisdicionadas e do respectivo órgão de controle interno, por considerar os fatos noticiados de baixo risco, materialidade e relevância (art. 106, §3º, inciso I, da Resolução TCU 259/2014).
(Acórdão nº 3.355/2016-Primeira Câmara. Relator: ministro Bruno Dantas)

O conhecimento de recurso em face de decisão exarada em processo de representação, interposto pelo próprio representante, não é determinado apenas pelo inconformismo de quem maneja a peça recursal, mas pela inequívoca demonstração de que, aliado à primazia do interesse público, existe a possibilidade de que a manutenção da decisão do Tribunal lesione direito subjetivo do recorrente.
(Acórdão nº 4.050/2013-Primeira Câmara. Relator: ministro Walton Alencar)

19.1.4 Inexistência de fato extintivo ou impeditivo do poder de recorrer

Trata-se de fatos que não podem ocorrer, em concreto, sob pena de o recurso não ser admitido. Constituem os chamados pressupostos negativos de admissibilidade.

Segundo Fredie Didier Júnior e Leonardo Carneiro da Cunha, eles correspondem a atos praticados pelo recorrente que sejam aptos a, por si só, acarretar a situação jurídica desfavorável, de modo que não caberia a este tentar revertê-la, posteriormente, usando a via recursal.[329]

Subsistiria, na espécie, o que se costuma pontuar como preclusão lógica, decorrente da perda de uma situação jurídica processual de vantagem por quem tenha realizado atividade incompatível com o respectivo exercício. Nesse contexto, a interposição de recurso implicaria a quebra da ideia de lealdade processual, ensejando um comportamento contraditório, em desacordo ao princípio do *venire contra factum proprium*.

Tal ocorreria, por exemplo, se um determinado contratado, voluntariamente, assinasse aditivo de repactuação de um contrato, reduzindo o seu valor, em cumprimento a medida corretiva determinada pelo TCU e, simultaneamente, interpusesse pedido de reexame contra a deliberação proferida pelo Tribunal.

Nessa hipótese, a situação jurídica desfavorável – diminuição do valor do contrato – teria sido causada diretamente pelo ato voluntário do contratado, de celebrar aditivo de repactuação dos preços do ajuste. Sendo assim, não caberia ao contratado se valer posteriormente de recurso para tentar reverter essa situação, devido à ocorrência de preclusão lógica.

Outro exemplo de fato extintivo ou impeditivo do direito de recorrer seria a desistência do recorrente. Nessa hipótese, aplica-se o art. 998 do CPC/2015, segundo o qual o recorrente poderá, a qualquer tempo, sem a anuência do recorrido ou dos litisconsortes, desistir do recurso.

A jurisprudência do TCU é firme no sentido de não conhecer do recurso ou considerar prejudicado o seu julgamento, em face de pedido de desistência do recurso. Nesse sentido, invocam-se os Acórdãos nºs 201/2022-Segunda Câmara (relator: ministro Raimundo Carreiro), 1.302/2019-Plenário (relatora: ministra Ana Arraes) e 748/2016-Plenário (relator: ministro Raimundo Carreiro).

Todavia, esse posicionamento tem sofrido temperamento no caso de pedidos de desistência de recursos de revisão. Como essa espécie recursal é a última disponível à parte e ao interessado e a homologação do pedido de desistência acarreta a impossibilidade de interpor novo recurso de revisão, por preclusão consumativa, há precedente do TCU admitindo o prosseguimento da análise do expediente se a decisão de mérito puder favorecer o recorrente.

Tal ocorreu no Acórdão nº 964/2018-Plenário (relator: ministro Augusto Nardes), que confirmou o juízo positivo de admissibilidade de recurso de revisão interposto por responsável mesmo após a sua desistência. Na ocasião, o relator acolheu a seguinte fundamentação do MPTCU, reproduzida no relatório condutor do mencionado aresto:

---

[329] DIDIER JÚNIOR, Fredie; CUNHA, Leonardo Carneiro da. *Curso de Direito Processual Civil*: meios de impugnação às decisões judiciais e processo nos tribunais. Vol. 3. Salvador: Juspodivm, 2023, p. 162.

Inicialmente, oportuno ressaltar que, embora haja um pedido de desistência do recurso de revisão, percebe-se que houve, ato contínuo, a apresentação de embargos de declaração, os quais veiculam, prima facie, matéria própria do recurso que ora se examina, contendo, inclusive, supostos documentos novos com eficácia sobre a prova produzida.

Ademais, convém esclarecer que um pedido de desistência do recurso não assegura, por si só, que essa Corte deixe de prosseguir nas apurações de interesse público. Queremos dizer, com isso, que eventuais elementos trazidos em sede recursal podem ser considerados pelo Tribunal para a reforma do julgado. Isso em razão da indisponibilidade do interesse público e, sobretudo, da busca pela verdade material que norteia o processamento e julgamento dos processos de Controle Externo dessa Casa.

No caso em pauta, *vislumbramos possível prejuízo à parte com a aceitação do pedido de desistência, uma vez que tal providência processual geraria, conforme defende a Serur, o não conhecimento do recurso, com a consequente preclusão consumativa, a teor do art. 278, §3º, do RI/TCU, retirando-lhe a última oportunidade de reverter a decisão que lhe foi desfavorável, e mais, retirando também do Tribunal a oportunidade de examinar a prestação de contas dos recursos por ele geridos no âmbito do Convênio nº 723/2008.*

Desse modo, com as devidas vênias por divergir da Serur, manifestamo-nos por que, independentemente do pedido de desistência que repousa à peça 73, preenchidos os requisitos previstos no art. 35, inciso III, da Lei nº 8.443/92, seja conhecido o presente recurso de revisão, com o retorno dos autos à unidade técnica competente para que seja empreendido o exame de mérito do recurso, o qual deve abordar também a documentação trazida em sede de embargos de declaração. (grifos acrescidos)

19.1.5 Tempestividade

Esse pressuposto exige que o recurso seja interposto dentro do prazo fixado pela LOTCU. O termo inicial do prazo recursal é a ciência da deliberação recorrida, que ocorre com a notificação desta. Conforme visto no capítulo 16, não são aplicáveis ao processo do TCU as disposições do art. 231 do CPC/2015, em especial os seus incisos I e II, que consideram como dia do começo do prazo a juntada aos autos do aviso de recebimento ou do mandado cumprido.

A comunicação da deliberação poderá ocorrer mediante as formas especificadas no art. 3º da Resolução TCU nº 170/2004, consoante já exposto no capítulo 14. Os meios admitidos pelo Tribunal são os seguintes:

a) correio eletrônico, fac-símile ou telegrama;

b) servidor designado;

c) carta registrada, com aviso de recebimento;

d) edital publicado no Diário Oficial da União, quando o seu destinatário não for localizado, nas hipóteses em que seja necessário o exercício de defesa.

e) plataforma de serviços digitais Conecta-TCU ou outra solução de tecnologia da informação adotada pelo Tribunal com funcionalidades específicas de comunicação processual (uso preferencial).

Conforme o art. 185 do RITCU, na contagem dos prazos, salvo disposição legal em contrário, excluir-se-á o dia do início e incluir-se-á o do vencimento.

Ademais, o prazo começa a correr a partir do primeiro dia em que houver expediente no Tribunal, nos termos do §1º do mencionado dispositivo. Se o vencimento recair em dia em que não há expediente, o prazo será prorrogado até o primeiro dia útil imediato, consoante o §2º do mesmo artigo. Tais aspectos foram abordados no capítulo 16, sendo aplicáveis à contagem dos prazos recursais.

A tempestividade do recurso é aferida pela data do protocolo. Porém, se o expediente for remetido pelo correio, a data de postagem será considerada como de interposição, conforme o §4º do art. 1.003 do CPC/2015. A aplicação do referido dispositivo aos processos do TCU foi reconhecida no Acórdão nº 7.857/2022-Primeira Câmara (relator: ministro Benjamin Zymler), como se verifica na seguinte passagem de seu voto condutor:

> 9. Assiste razão ao embargante. Nos termos do art. 1.003, §4º, do Código de Processo Civil, "para aferição da tempestividade do recurso remetido pelo correio, será considerada como data de interposição a data de postagem". Baseado nessa premissa, observo que o embargante foi notificado do Acórdão 11477/2021-TCU-Primeira Câmara em 22/10/2021, conforme aviso de recebimento acostado na peça 90. A postagem do recurso ocorreu em 5/11/2021, e entregue ao Tribunal em 9/11/2021.

Cabe ao recorrente comprovar a existência de feriado local no ato da interposição do recurso, conforme entendimento pacífico do STJ, consignado no julgamento do AgInt no AREsp nº 957.821, em 20.11.2017 (relatora para o acórdão: ministra Nancy Andrighi).

Conforme o art. 218, §4º, do CPC/2015, será considerado tempestivo o ato praticado antes do termo inicial do prazo. Isso implica que o recurso interposto antes do *termo a quo* de contagem do prazo pode ser admitido, nos termos do aludido dispositivo, aplicável subsidiariamente ao processo do TCU.

A propósito da incidência das normas do processo civil, o Tribunal já se manifestou no sentido de que não se aplica o prazo duplicado para que o MPTCU possa recorrer das decisões do TCU, tal qual disposto no art. 188 do CPC/1973. Esse entendimento foi esposado nos seguintes precedentes:

> 3. Os prazos para o Ministério Público junto ao Tribunal de Contas da União interpor os recursos previstos na Lei 8.443/92 estão expressamente fixados nessa lei, razão por que não se aplicam, neste Tribunal, as disposições do art. 188 do Código de Processo Civil, que confere ao Ministério Público prazo em dobro para recorrer.
> (Acórdão nº 2.906/2009-Plenário. Relator: ministro Raimundo Carreiro)

> O cômputo de prazo duplicado para o Ministério Público recorrer, previsto no CPC, não vale para o âmbito do TCU, visto que os prazos para interposição de recursos perante este Tribunal estão expressamente fixados na Lei 8.443/1992.
> (Acórdão nº 1.626/2013-Primeira Câmara. Relator: ministro José Múcio)

Tal exegese pode ser estendida ao comando do art. 180 do CPC/2015, segundo o qual "o Ministério Público gozará de prazo em dobro para manifestar-se nos autos, que terá início a partir de sua intimação pessoal, nos termos do art. 183, §1º". Seguindo a trilha dos mencionados precedentes, tal dispositivo também não tem incidência no processo do TCU, uma vez que a atuação do MPTCU está sujeita a regras próprias estabelecidas na LOTCU e no RITCU.

De modo distinto, o Tribunal já decidiu pela aplicabilidade do art. 186 do CPC/2015, o qual prescreve que "a Defensoria Pública gozará de prazo em dobro para todas as suas manifestações processuais". Tal posição foi externada nos Acórdãos nºs 587/2018-Plenário (relator: ministro Bruno Dantas) e 15.125/2021-Primeira Câmara (relator: ministro Vital do Rêgo), que veicularam a seguinte tese, consoante o repositório da jurisprudência selecionada do Tribunal:

> Nos processos em que a Defensoria Pública da União atue como procuradora da parte, devem ser observadas as prerrogativas de intimação pessoal e contagem dos prazos em dobro, previstas no art. 44, inciso I, da LC 80/1994.

Isso implica que as Defensorias Públicas, quando atuam como procuradora da parte, possuem prazo em dobro para recorrer das decisões do Tribunal.

Por fim, o TCU já se pronunciou no sentido de que não se aplica aos seus processos a regra estatuída no art. 229 do CPC/2015, segundo a qual "os litisconsortes que tiverem diferentes procuradores, de escritórios de advocacia distintos, terão prazos contados em dobro para todas as suas manifestações, em qualquer juízo ou tribunal, independentemente de requerimento".

Essa posição foi adotada no julgamento do Acórdão nº 4.565/2009-Segunda Câmara (relator: ministro Walton Alencar), que acolheu a seguinte análise da unidade técnica:

> 29. Ainda em sede de preliminar, calha ressaltar ser indevida a aplicação analógica pretendida pelo recorrente, resultante do cotejo da S. 103/TCU com o art. 191 do CPC, no sentido de lhe ser concedido prazo em dobro para recorrer e, de um modo geral, falar nos autos. Esclareça-se que aqui a omissão legislativa da LO/TCU e/ou RI/TCU não se confunde com "lacuna da lei", posto ser caso evidente de aplicação da "Teoria do Silêncio Eloquente".
> 30. Vê-se, pois, que se o TCU não disciplinou tal assunto foi porque não o quis ou, por outras palavras, porque deliberadamente desejou que não fosse concedido prazo em dobro aos recorrentes/interessados possuidores de causídicos diferentes. Dessarte, se as normas que regulam o prazo não o preveem em dobro em caso de mais de um interessado/recorrente com advogados diversos, não se pode aplicar por analogia o art. 191 do CPC e não se pode concluir que houve lacuna legislativa, mas silêncio eloquente do legislador. Infere-se, portanto, que aqui o silêncio da lei tem o sentido eloquente, um propósito estratégico, com significado ativo (Vide a respeito: STF. RE nº 130552-SP. DJ 28/06/91; STF. RE nº 135637-DF. DJ 16/08/1991; STJ. REsp nº 987943-SC. DJ 28/02/2008; STJ. REsp nº 751634-MG. DJ 26/06/2007).

Conforme o art. 1.004 do CPC/2015, "se, durante o prazo para a interposição do recurso, sobrevier o falecimento da parte ou de seu advogado ou ocorrer motivo de força maior que suspenda o curso do processo, será tal prazo restituído em proveito da parte, do herdeiro ou do sucessor, contra quem começará a correr novamente depois da intimação".

Avalia-se que o dispositivo se aplica aos processos do Tribunal, pois a regra se mostra necessária para permitir o melhor conhecimento da matéria controvertida pelos sucessores, estando em consonância com a maximização dos princípios do contraditório e da ampla defesa.

19.1.6 Regularidade formal

Para que o recurso seja admitido, é preciso que ele cumpra as formalidades exigidas na LOTCU e no RITCU. No caso, só há um pressuposto formal previsto em tais normativos: que a espécie recursal seja formulada por escrito (arts. 285, 287 e 288 do RITCU).

Como regra, o recorrente deve juntar, desde logo, em sua petição recursal as razões de seu apelo, o que se justificaria em face do princípio da dialeticidade. Nesse sentido, invocam-se os Acórdãos nºs 2.295/2020-Plenário (relator: ministro Bruno Dantas) e 3.705/2022-Primeira Câmara (relator: ministro Jorge Oliveira), dentre outros.

Da mesma forma, é impositivo que seja enviada, desde logo, a documentação que arrima o recurso, por conta dos princípios da preclusão consumativa e da vedação à complementaridade.

Nesse particular, o processo do TCU destoa completamente do processo civil, que é caracterizado pela impossibilidade de juntada de documentos ou alegações novas em fase recursal, salvo quando se tratar de fato novo posterior à sentença ou documento de que a parte não tinha conhecimento ou condições de produzir.

Essa regra decorre do art. 435 do CPC/2015, lavrado no seguinte sentido:

> Art. 435. É lícito às partes, em qualquer tempo, juntar aos autos documentos novos, quando destinados a fazer prova de fatos ocorridos depois dos articulados ou para contrapô-los aos que foram produzidos nos autos.
> Parágrafo único. Admite-se também a juntada posterior de documentos formados após a petição inicial ou a contestação, bem como dos que se tornaram conhecidos, acessíveis ou disponíveis após esses atos, cabendo à parte que os produzir comprovar o motivo que a impediu de juntá-los anteriormente e incumbindo ao juiz, em qualquer caso, avaliar a conduta da parte de acordo com o art. 5º.

No caso dos processos do Tribunal, não há qualquer óbice à juntada de informações e documentos novos na etapa recursal. Pelo contrário, é até desejável que o recorrente o faça, até porque o que se busca, na atuação finalística do TCU, é a verificação da correta aplicação dos recursos públicos, o que envolve, certamente, a necessidade da remessa de todos os documentos que sejam úteis ao cumprimento do dever de prestar de contas.

A única limitação formal quanto à juntada de novos documentos ocorre nos embargos de declaração, devido ao limitado escopo dessa modalidade recursal, voltada à apreciação de eventual omissão, obscuridade ou contradição na deliberação recorrida. Ainda assim, o TCU tem aceitado, excepcionalmente, nessa hipótese, que sejam acostados elementos novos, quando estes têm o potencial de alterar o mérito do processo, com fulcro nos princípios da verdade real e da economia processual. O assunto será tratado adiante.

Entretanto, a necessidade de que sejam juntados, desde logo, os documentos que arrimam os recursos costuma ser flexibilizada nos processos do TCU, haja vista a incidência de outros princípios aplicáveis ao seu processo, tais como o do formalismo moderado e o da busca da verdade real.

19.2 Efeitos dos recursos

19.2.1 Efeito devolutivo

O efeito devolutivo consiste em investir o relator sorteado e o colegiado competente de todos os poderes outrora conferidos ao relator e ao colegiado originalmente competentes, quais sejam, os de apreciar as provas, os elementos e as alegações das partes existentes nos autos a fim de decidir o mérito do recurso, no limite da matéria submetida à nova cognição.

O efeito devolutivo ganha contornos específicos no caso de embargos de declaração. Como o objeto dessa modalidade recursal é a existência de supostos vícios de obscuridade, contradição e omissão na deliberação atacada, a matéria devolvida é o próprio ato proferido pelo Tribunal. Isso implica que o relator e o colegiado devem se debruçar a respeito da existência de lacunas em suas partes constitutivas, relatório, voto e parte dispositiva, que impeçam a compreensão e comprometam a racionalidade da matéria decidida. Por conseguinte, não cabe a reapreciação de fatos e a rediscussão do mérito da matéria na apreciação dos embargos de declaração.

Apesar de o recurso de revisão somente ser conhecido nas hipóteses restritas do art. 35 da LOTCU – erro de cálculo nas contas, falsidade ou insuficiência de documentos em que se tenha fundamentado a decisão recorrida ou superveniência de documentos novos com eficácia sobre a prova produzida –, cumpridos os pressupostos de admissibilidade, ele gera efeito devolutivo amplo, sendo cabível a reapreciação de todos os fatos e documentos contidos nos autos em face dos elementos novos e argumentos aportados no expediente recursal.

Nesse sentido, cabe invocar os seguintes precedentes:

> O efeito devolutivo pleno do recurso de revisão devolve ao Tribunal a apreciação da totalidade dos atos de gestão.
> (Acórdão nº 523/2008-Plenário. Relator: ministro Valmir Campelo)

> O efeito devolutivo do recurso de revisão é pleno, abrange o reexame de todos os elementos constantes dos autos. A admissão do recurso de revisão impõe a análise de todas as alegações do recorrente, mesmo que não tenham relação direta de causalidade com o requisito específico apontado como fundamento: (i) erro de cálculo; (ii) falsidade ou insuficiência de documentos em que se tenha fundamentado o acórdão recorrido; (iii) superveniência de documentos novos com eficácia sobre a prova produzida.
> (Acórdão nº 3.421/2013-Plenário. Relator: ministro José Múcio)

> A interposição de recurso de revisão reabre o devido processo legal para o julgamento das contas e apuração das responsabilidades dos respectivos agentes, com amplos efeitos devolutivo e substitutivo.
> (Acórdão nº 599/2015-Plenário. Relator: ministro Raimundo Carreiro)

A ampla devolutividade dos recursos na processualística do TCU não significa que a Corte não esteja limitada ao pedido formulado pelo recorrente. Ressalvados os expedientes recursais formulados pelo MPTCU, que possuem uma dinâmica própria a ser tratada adiante, o relator *ad quem* e o Tribunal estão jungidos à matéria posta a rediscussão pelo recorrente, sendo aplicável o princípio da adstrição ou congruência no que se refere à etapa recursal.

Caso seja necessária a ampliação do escopo do processo e o chamamento de outros responsáveis, por conta dos novos elementos aportados no recurso, tais medidas devem ser remetidas à apreciação do relator *a quo*, ficando a Corte jungida, nesse momento, à apreciação do objeto do expediente recursal no limite do pedido formulado pelo recorrente.

As aludidas considerações não se aplicam aos recursos manejados pelo MPTCU, como antecipado. Tal ocorre porque a interposição de recurso pelo *Parquet* implica a reabertura do processo, podendo o Tribunal adotar as medidas que entender pertinentes, bastando a realização do contraditório dos atingidos. Esse entendimento foi proferido no seguinte precedente, extraído do repositório da jurisprudência selecionada do TCU:

> Na apreciação de recursos do Ministério Público em processos de controle externo, o TCU não está adstrito ao exame do pedido. A processualística do TCU regula-se por normas próprias, nas quais impera a prevalência do interesse público, e adota apenas subsidiariamente normas dos processos judiciais e administrativos. Pedido específico do MP, em sede recursal, para a fixação de prazo para anulação de contrato. Apesar de o recorrente não ter incluído no seu pedido a punição dos responsáveis, a nova discussão a respeito do assunto abre ao TCU a possibilidade de rever seu juízo sobre a ocorrência de irregularidade e eventual aplicação de penalidades, desde que reaberto o contraditório.
> (Acórdão nº 5.300/2013-Primeira Câmara. Relator: ministro José Múcio)

19.2.2 Efeito suspensivo

Conforme a LOTCU, o recurso de reconsideração, o pedido de reexame e os embargos de declaração terão efeito suspensivo (arts. 33, 34 e 48).

Esse efeito significa que, interposto o recurso, a decisão não produzirá os efeitos dela resultantes, de sorte que o responsável e os destinatários de seus comandos estão dispensados de adotar as medidas especificadas na parte dispositiva de cunho satisfativo (obrigações de fazer ou pagar). A deliberação mencionada a seguir é ilustrativa desse entendimento:

> O efeito suspensivo da interposição de recurso somente afasta a exigência do imediato cumprimento da decisão do TCU. Uma vez negado provimento ao recurso, volta a ser exigível o cumprimento do comando anteriormente impugnado, com efeitos retroativos à data da ciência da deliberação recorrida.
> (Acórdão nº 1.090/2014-Plenário. Relator: ministro Benjamin Zymler)

O efeito suspensivo normalmente impede a adoção das medidas relacionadas à cobrança da dívida, no caso de débito e multa, e dispensa o imediato cumprimento das determinações veiculadas nos itens recorridos, especialmente as de natureza constitutiva, desconstitutiva ou modificativa. Dito de outra forma, é suspensa a execução forçada da deliberação.

Todavia, o recorrente não pode praticar atos que venham a afetar a eficácia da prestação jurisdicional do Tribunal, sob pena de arcar com o ônus do descumprimento da decisão recorrida. Essa posição foi externada originalmente na Decisão nº 188/1998-Plenário (relator: ministro Carlos Átila), lavrada no seguinte sentido:

> 6 – considerar como de caráter normativo o entendimento de que o efeito suspensivo dos pedidos [recursos] de reconsideração e de reexame, bem como dos embargos de declaração, impetrados contra as Decisões do Tribunal, susta provisoriamente os efeitos das mesmas até o julgamento do recurso, mas não autoriza o recorrente a, antes do pronunciamento do

Tribunal sobre o mérito do recurso, praticar qualquer ato ou adotar qualquer providência que direta ou indiretamente contrarie qualquer dos itens da decisão recorrida, sujeitando-se o infrator à multa prevista no art. 58, II, da Lei 8.443/92, combinado com o art. 220, II, do Regimento Interno;

O entendimento continua em pleno vigor no Tribunal, como ilustra a seguinte deliberação mais recente:

> O efeito suspensivo dos recursos não autoriza o recorrente ou qualquer terceiro a, antes do pronunciamento definitivo do TCU sobre o mérito dos recursos, praticar novo ato ou adotar providência que, direta ou indiretamente, contrarie quaisquer dos itens da decisão recorrida.
> (Acórdão nº 1.950/2021-Plenário. Relator: ministro-substituto Marcos Bemquerer)

Essa exegese é aplicável, com muito mais razão, a recursos manejados contra decisões que veiculem comandos obstativos (obrigações de não fazer) ou que confirmem, no mérito, o conteúdo de medida cautelar anterior proferida nos autos. Nesse último caso, é como se o Tribunal admitisse o expediente com os seus efeitos legais, mas prorrogasse a medida cautelar anterior ou adotasse uma nova, vigente na etapa recursal, mantendo a suspensão do ato inquinado. A jurisprudência do TCU é pródiga nesse sentido:

> As medidas cautelares conservam sua eficácia na pendência de recurso interposto, com efeito suspensivo, contra acórdão proferido no mesmo sentido da tutela cautelar, consoante os arts. 520, inciso IV, e 807, caput, do Código de Processo Civil.
> (Acórdão nº 2.470/2013-Plenário. Relator: ministro-substituto Augusto Sherman)

> A regra geral que confere efeito suspensivo ao recurso não pode sobrepor-se, de forma absoluta, ao princípio da efetividade do processo, ou seja, não pode pôr em risco a eficácia do acórdão. Por essa razão, a regra geral do efeito suspensivo deve ceder espaço ao poder geral de cautela, sempre que esse efeito ensejar um periculum in mora em ameaça ao interesse público que norteia os processos nos tribunais de contas.
> (Acórdão nº 3.047/2013-Plenário. Relator: ministro Raimundo Carreiro)

> Recurso interposto contra acórdão proferido no mesmo sentido da tutela cautelar deve ser recebido apenas em seu efeito devolutivo, afastando-se o efeito suspensivo e conservando-se a eficácia da medida cautelar, conforme aplicação subsidiária do Código de Processo Civil (art. 520 do CPC de 1973 e art. 1.012, §1º, do CPC de 2015).
> (Acórdão nº 1.476/2016-Plenário. Relator: ministro Walton Alencar)

> O efeito suspensivo dos recursos não autoriza a realização de atos que, direta ou indiretamente, contrariem itens da decisão combatida, podendo o TCU, com o objetivo de evitar práticas nesse sentido, adotar medida cautelar com vistas a não conferir efeito suspensivo ao recurso, garantindo-se, assim, maior efetividade à decisão.
> (Acórdão nº 1.807/2016-Plenário. Relator: ministro Benjamin Zymler)

A jurisprudência do TCU também admite o afastamento do efeito suspensivo dos embargos de declaração quando eles forem considerados de cunho protelatório. Nesse sentido, invoca-se o seguinte *decisum*:

> É possível a aplicação de multa em processos do TCU em razão da oposição de embargos de declaração com intuito manifestamente protelatório e, na hipótese de reiteração, a elevação

do valor e a exigência de prévio recolhimento da multa para interposição de novos recursos (art. 58 da Lei 8.443/1992 c/c art. 1.026, §§2º e 3º, da Lei 13.105/2015 – CPC, na forma do art. 298 do Regimento Interno do TCU). *Nessas situações, os embargos são recepcionados como mera petição, sem efeito suspensivo* (art. 287, §6º, do Regimento Interno do TCU). (grifos acrescidos) (Acórdão nº 55/2022-Primeira Câmara. Relator: ministro Walton Alencar)

Outra hipótese de exclusão do efeito suspensivo pleno dos recursos consiste na do arresto dos bens dos responsáveis julgados em débito durante a pendência da apreciação de recurso de reconsideração. Tal ocorre devido à natureza cautelar desse provimento, conforme já exposto. O precedente transcrito adiante ilustra essa exegese:

> O efeito suspensivo do recurso de reconsideração não se aplica a dispositivo do acórdão que solicita à Advocacia-Geral da União a adoção das medidas necessárias ao arresto de bens dos responsáveis julgados em débito pelo TCU (art. 61 da Lei 8.443/1992), salvo em casos excepcionais devidamente fundamentados.
> (Acórdão nº 1.363/2019-Plenário. Relator: ministro Bruno Dantas)

O recurso de revisão não possui efeito suspensivo, consoante o art. 35 da LOTCU. Todavia, a jurisprudência do Tribunal admite, excepcionalmente, que seja conferido tal efeito a essa modalidade recursal desde que sejam cumpridos os seguintes requisitos:

a) a nova documentação, em análise perfunctória, permita concluir pela plausibilidade jurídica ou verossimilhança das alegações formuladas pelo recorrente, de sorte que é possível o provimento do expediente recursal;

b) do cumprimento da decisão possa resultar lesão grave e de difícil reparação aos atingidos pela deliberação; e

c) a concessão de efeito suspensivo *não* implique, por outro lado, receio de grave lesão ao Erário ou ao interesse público ou risco de ineficácia da decisão de mérito do recurso de revisão.

Nesse sentido, invocam-se os Acórdãos nºs 1.918/2015-Plenário (relatora: ministra Ana Arraes) e 2.002/2016-Plenário (relator: ministro José Múcio), dentre outros.

No que se refere ao agravo, o §4º do art. 289 do RITCU estabelece que, a critério do presidente do Tribunal, do presidente de câmara ou do relator, conforme o caso, poderá ser conferido efeito suspensivo ao expediente recursal.

Todavia, a jurisprudência do TCU é firme no sentido de não ser possível a concessão de efeito suspensivo a agravo interposto contra deliberações de cunho cautelar, uma vez que a medida significaria, em termos práticos, cancelar a medida acautelatória antes da apreciação do mérito do recurso. Nesse sentido, mencionam-se os seguintes precedentes:

> Não têm efeito suspensivo os recursos e agravos interpostos contra as medidas cautelares, pois, caso contrário, significaria, em termos práticos, cancelar a medida acautelatória antes mesmo da apreciação dos argumentos apresentados pelos interessados.
> (Acórdão nº 2.438/2013-Plenário. Relator: ministro Raimundo Carreiro)

> Os recursos contra deliberações de cunho cautelar, a exemplo do agravo, devem ser recebidos sem efeito suspensivo, conforme o art. 1.012 da Lei 13.105/2015 (CPC), aplicada subsidiariamente aos processos do Tribunal, por força da Súmula TCU 103 e do art. 298 do Regimento Interno.
> (Acórdão nº 1.473/2017-Plenário. Relator: ministro Augusto Nardes)

Por evidente, a mesma lógica se aplica a embargos de declaração opostos contra decisão de cunho cautelar, conforme ilustra o seguinte precedente:

> Os embargos de declaração opostos contra deliberação que adota medida cautelar não possuem o efeito suspensivo pleno previsto no art. 287, §3º, do Regimento Interno do TCU, de modo que, nessa hipótese, o efeito suspensivo se limita aos prazos para interposição dos demais recursos cabíveis, não havendo suspensão dos prazos para cumprimento da medida cautelar.
> (Acórdão nº 1.086/2016-Plenário. Relator: ministro-substituto Augusto Sherman)
> (Acórdão nº 2.614/2020-Plenário. Relator: ministra Ana Arraes)

19.2.3 Efeito translativo

O efeito translativo dos recursos permite que o órgão *ad quem* aprecie, de ofício, questões de ordem pública que não tenham sido suscitadas pela parte, nem objeto de pedido, mesmo que o recurso não tenha sido conhecido. Dito de outra forma, é possível a apreciação de tais matérias, pelo relator e colegiado competentes, ainda que o expediente recursal não tenha seu processamento admitido.

Todavia, o Tribunal já decidiu que o efeito translativo somente opera nos recursos ordinários (reconsideração, pedido de reexame e embargos de declaração), não incidindo no recurso de revisão. Nesse sentido, transcreve-se o seguinte excerto do voto condutor do Acórdão nº 2.616/2022-Plenário (relator: ministro Walton Alencar):

> Existem divergências doutrinárias e jurisprudenciais quanto à possibilidade de apreciação *ex-officio*, em sede recursal, de matéria de ordem pública. A título de exemplo, Barbosa Moreira entende que essa possibilidade decorre da dimensão vertical do efeito devolutivo enquanto Nelson Nery Jr. entende o exame dessas questões decorre do que denomina de efeito translativo dos recursos.
> A questão não é meramente teórica, uma vez que se o conhecimento de ofício das matérias de ordem pública dependesse do efeito devolutivo e se o recurso intentado não for conhecido, não haverá devolução e, consequentemente, não poderá haver apreciação das questões de ordem pública.
> Nosso sistema processual, porém, permite que, em determinadas situações, previstas em lei, o órgão judicial possa pronunciar-se de ofício, independentemente de a matéria ter sido ventilada no recurso. É justamente o efeito translativo que permite ao órgão ad quem julgar fora do que foi pedido, usualmente questões de ordem pública, que devem ser conhecidas de ofício pelo juiz.
> De acordo com lição de José Miguel Garcia Medina, no caso de recursos ordinários, as matérias de ordem pública são transladadas ao tribunal, que deverá conhecê-las e julgá-las *ex-officio*, sob pena de a decisão ser omissa, cabendo, até mesmo, a interposição de embargos de declaração para suprir a omissão (MEDINA, J. M. G. O pré-questionamento nos recursos extraordinário e especial. p. 61-2).
> Situação diversa ocorre, porém, nos recursos de natureza especial. Apesar de a lei autorizar o exame de ofício das questões de ordem pública a qualquer tempo e grau de jurisdição, a doutrina e a jurisprudência reconhecem que essas disposições não se aplicam aos recursos extraordinário e especial – chamados pela doutrina de recursos excepcionais, ou extraordinários. Nesses casos, se o Tribunal a quo não tiver se manifestado sobre questão de ordem pública, não caberá ao STJ ou STF o exame desses pontos.

[...]
Nesse ponto, convém destacar que a jurisprudência em nossos tribunais superiores se firmou no sentido de que matérias de ordem pública somente são apreciadas em caso de conhecimento do recurso extraordinário ou especial, ressalvados os casos em que a matéria penal permite que, em não se conhecendo do recurso, seja possível a concessão de habeas corpus ex-officio.
[...]
Delineados os contornos efetivos que a doutrina majoritária e a jurisprudência dos tribunais superiores conferem ao exame de matéria de ordem pública nos recursos especial e extraordinário, convém traçar um paralelo com o recurso de revisão, que guarda várias semelhanças, notadamente o fato de ser também um recurso de fundamentação vinculada e restrita, destinado a corrigir situações específicas tipificadas em lei, e que pressupõe o esgotamento das vias ordinárias, com o julgamento de contas e de eventual recurso de reconsideração.

Muito embora o Tribunal já tenha acolhido entendimento de que pode aferir, de ofício, a ocorrência de prescrição, caso o interessado a tenha arguido em sede de recurso não conhecido (Acórdão nº 993/2017-TCU-Plenário, relator o E. ministro Augusto Nardes), entendo que essa possibilidade somente subsiste nos recursos ordinários, como o pedido de reexame, o recurso de reconsideração e os embargos de declaração.

Em se tratando de recursos especialíssimos, como o recurso de revisão, cujas hipóteses de cabimento são deveras exíguas, deve ser observado o mesmo tratamento que doutrina e jurisprudência conferem aos recursos excepcionais.

Essa, a meu ver, a interpretação que melhor se perfilha ao entendimento acolhido em nossos tribunais superiores, razão pela qual uma vez não conhecido o recurso de revisão, não cabe a apreciação das matérias de ordem pública.

19.3 Princípios recursais

Os seguintes princípios incidem sobre o processo de controle externo.

19.3.1 Princípio da taxatividade

Os recursos existentes no processo do Tribunal são aqueles previstos na LOTCU e no RITCU. Dito de outra forma, não é possível manejar outros expedientes recursais, deduzidos de outras normas de Direito Processual, para impugnar as deliberações proferidas pelo TCU.

O aludido princípio foi invocado na solução dos seguintes casos concretos pelo Tribunal:

> Não é cabível agravo contra decisão colegiada, exceto a que concede medida cautelar, nos termos do art. 289 do Regimento Interno do TCU. A observância dos princípios da ampla defesa e do contraditório não pode ser entendida como asseguradora da possibilidade de utilização de vias recursais inaplicáveis, em respeito ao princípio da taxatividade das espécies recursais.
> (Acórdão nº 1.814/2014-Plenário. Relator: ministro-substituto Augusto Sherman)

> Não é possível, face ao princípio da taxatividade dos recursos, a interposição de agravo contra decisão interlocutória adotada por colegiado do TCU (art. 289 do Regimento Interno/ TCU), ressalvada a medida cautelar fundamentada no art. 276 do RI/TCU. O expediente que apelar de acórdão interlocutório que impôs sucumbência à parte deve ser conhecido como

petição, de modo a se possibilitar a rediscussão da matéria e a observância dos princípios do contraditório e da ampla defesa.
(Acórdão nº 1.854/2015-Plenário. Relator: ministro Benjamin Zymler)

19.3.2 Princípio da unicidade recursal ou da singularidade ou da unirrecorribilidade

Conforme o princípio da unicidade recursal ou da singularidade ou da unirrecorribilidade, somente existe um único recurso previsto no ordenamento jurídico para cada deliberação. Ademais, o expediente recursal cabível somente pode ser interposto uma única vez, seja pela parte, seja pelo MPTCU.

O princípio em exame está expresso no art. 278, §4º, do RITCU, lavrado no seguinte sentido: "não se conhecerá de recurso da mesma espécie, exceto embargos de declaração, pela parte ou pelo Ministério Público junto ao TCU, contra deliberação que apreciou o primeiro recurso interposto".

Isso implica dizer que os embargos de declaração podem ser opostos seguidas vezes desde que subsista algum vício de obscuridade, omissão e contradição na decisão que apreciou o expediente recursal anterior. Todavia, o aludido expediente recursal não pode ser manejado de forma abusiva, com o intuito de protelar o trânsito em julgado da deliberação. Nesse sentido, é oportuno transcrever o seguinte precedente:

> Diferentemente do que ocorre com respeito ao recurso de reconsideração, ao pedido de reexame e ao recurso de revisão, não há qualquer restrição expressa à reiteração de embargos de declaração, sendo, em tese, possível a oposição de segundos embargos, se presentes os pressupostos legais da embargabilidade e desde que o recurso não se revista de caráter abusivo, que evidencie intuito protelatório destinado a impedir o trânsito em julgado do acórdão condenatório.
> (Acórdão nº 5.038/2017-Segunda Câmara. Relator: ministro Aroldo Cedraz)

É importante acentuar que os embargos de declaração devem ser endereçados contra a última deliberação do TCU, não sendo cabível o seu uso, mais de uma vez, contra a mesma decisão. Nesse ponto, o princípio em tela guarda relação com o princípio de preclusão consumativa, como demonstra o *decisum* a seguir:

> Não se conhece de embargos de declaração opostos contra deliberação já embargada em momento anterior, em face do princípio da eventualidade e da preclusão consumativa. Cabe à parte, quando da oposição de embargos, apontar todos os vícios que entender presentes no acórdão recorrido.
> (Acórdão nº 599/2019-Segunda Câmara. Relator: ministro-substituto Marcos Bemquerer)

Outro ponto a ser destacado é que os embargos de declaração somente podem ser interpostos para perquirir a existência de obscuridade, omissão e contradição, não sendo cabível a rediscussão do mérito do processo. Do contrário, isso implicaria, na prática, a possibilidade de repetição de um mesmo recurso para tratar do objeto principal do processo, ferindo assim o princípio em exame. Esse entendimento foi esposado no seguinte precedente:

Embargos de declaração é um recurso de natureza peculiar, cuja fundamentação é vinculada, visto que seu objetivo é estritamente afastar possível omissão, obscuridade ou contradição de determinada deliberação. Logo, esse instrumento não deve servir como meio ilegítimo para rediscussão de mérito, o que representaria, na prática, a possibilidade de repetição de um mesmo recurso, ferindo os princípios da legalidade, da singularidade, da isonomia e da celeridade processual.
(Acórdão nº 7.781/2015-Primeira Câmara. Relator: ministro José Múcio)

O princípio da unicidade recursal ou da singularidade ou da unirrecorribilidade é aplicável mesmo que a espécie recursal seja interposta pelo MPTCU em face de decisão que decidiu recurso anterior em favor do responsável. Essa exegese foi veiculada no seguinte precedente, extraído do repositório da jurisprudência selecionada do Tribunal:

> Não se conhece de recurso de reconsideração, interposto pelo responsável ou pelo Ministério Público junto ao TCU, contra deliberação que apreciou recurso de reconsideração anterior, em atenção ao princípio recursal da unicidade (art. 278, §4º, do Regimento Interno do TCU). Não importa que o segundo recurso seja interposto pela parte sucumbente no primeiro, pois as normas processuais do Tribunal garantem oportunidade ao contraditório no duplo grau de jurisdição, tanto ao responsável quanto ao Ministério Público.
> (Acórdão nº 8.557/2020-Primeira Câmara. Relator: ministro Benjamin Zymler)

A propósito do último *decisum*, importante transcrever a fundamentação contida no voto do ministro relator:

> 12. Os recursos processuais, além de estarem sujeitos ao princípio da taxatividade – somente são cabíveis aqueles previstos nas normas –, estão também submetidos ao princípio da unicidade – as decisões judiciais somente podem ser impugnadas por meio de uma espécie recursal.
> 13. Com base nesses princípios o Regimento Interno do TCU assim dispõe em seu art. 278, §4º: "não se conhecerá de recurso da mesma espécie, exceto embargos de declaração, pela parte ou pelo Ministério Público junto ao TCU, contra deliberação que apreciou o primeiro recurso interposto".
> 14. Com efeito, ao se admitir, como propõe a unidade técnica, o conhecimento de recurso de reconsideração contra decisão proferida em recurso de reconsideração estaria se criando um terceiro grau de jurisdição sem amparo legal.
> 15. A mesma matéria já apreciada na primeira deliberação e no primeiro recurso de reconsideração seria submetida ao órgão julgador uma terceira vez em novo recurso de reconsideração.
> 16. *Não importa que esse segundo recurso de reconsideração seja interposto pela parte sucumbente no primeiro. Isso porque nos dois julgamentos anteriores ambas as partes ou a parte e o Ministério Público junto ao TCU, na condição de fiscal da lei, tiveram a oportunidade de se manifestar.* No julgamento originário, mediante apresentação das alegações de defesa e a emissão do parecer ministerial. No julgamento do recurso, mediante a apresentação das alegações recursais e a concessão de oportunidade ao Parquet para contra-argumentá-las.
> 17. Ou seja, de acordo com o princípio do duplo grau de jurisdição, foi garantido o devido exercício do contraditório em duas oportunidades perante o órgão julgador. Não há razão para se falar em uma terceira oportunidade. (grifos acrescidos)

O princípio da unirrecorribilidade também veda a interposição simultânea de recursos distintos contra a mesma decisão pelo mesmo interessado. A deliberação a seguir ilustra esse posicionamento:

> Não é possível a interposição simultânea, pela mesma parte, de recursos distintos contra a mesma decisão em face do princípio da unirrecorribilidade.
> (Acórdão nº 2.832/2014-Plenário. Relator: ministro Walton Alencar)

19.3.3 Princípio da não supressão de instância

O princípio da não supressão de instância significa que o relator *ad quem* e o colegiado competente somente podem expedir atos voltados ao processamento do recurso, ou seja, ao exame de sua admissibilidade e de seu mérito, devendo se abster de determinar outras medidas relacionadas ao impulsionamento do feito que sejam de alçada do relator e do colegiado originais.

O precedente a seguir ilustra esse entendimento:

> Reconhecida, em sede recursal, a nulidade da citação, não cabe a renovação da comunicação processual pelo relator do recurso, mas o retorno do processo ao relator a quo para a adoção das providências cabíveis, pois todos os atos processuais posteriores à citação, inclusive o acórdão recorrido, são igualmente nulos.
> (Acórdão nº 4.434/2018-Primeira Câmara. Relator: ministro Bruno Dantas)

O princípio em exame guarda relação com o efeito devolutivo dos recursos, que somente autoriza a apreciação de questões vinculadas à matéria decidida no limite do pedido e das questões submetidas à nova cognição. Por conseguinte, também está vedada a ampliação do escopo do processo e a sua resolução, principalmente se as medidas adotadas forem endereçadas a outros sujeitos não partícipes do processo.

Essa questão foi enfrentada durante o julgamento do Acórdão nº 1.259/2022-Plenário (relator: ministro Jorge Oliveira), que, ao apreciar pedido de reexame formulado pela CGU contra determinação que lhe fora imposta, rejeitou proposta de redirecionamento da medida a outro órgão não ouvido na etapa inicial do processo. Segue excerto do voto condutor do *decisum*:

> 24. Acrescente-se, como bem lembrou aquele dirigente, que, processualmente, "não se devem originar novas situações geradoras de sucumbência na etapa recursal. O resultado da medida também poderia implicar supressão da instância originária e cerceamento de defesa, haja vista que a Petrobras estaria impedida, por hipótese, de interpor pedido de reexame contra essa nova decisão ante o exaurimento da fase de recursos".
> 25. Conclui-se, pois, que, em razão da inadequação do endereçamento da determinação em debate à CGU e da impossibilidade de seu redirecionamento a terceiros, resta apenas dar provimento ao pedido de reexame, neste ponto, e torná-la insubsistente, com pequenos ajustes na redação de outros itens do Acórdão criticado, nos termos sugeridos pelo dirigente da unidade técnica, e com orientação àquela Controladoria-Geral para que os elementos constantes de processos administrativos de reparação integral de dano eventualmente instaurados em dissonância com o entendimento expresso nesta oportunidade sejam encaminhados às respectivas entidades interessadas.

19.3.4 Princípio da fungibilidade recursal

O princípio da fungibilidade recursal implica admitir um recurso inadequado como se fora o cabível, segundo as regras aplicáveis. Para que esse princípio possa ser manejado, é preciso o cumprimento de determinadas balizas, tais como a inexistência de prejuízo ao recorrente; o respeito à sua vontade clara e manifestada; e o respeito ao prazo do recurso adequado. Seguem alguns precedentes nesse sentido:

> Não é possível aplicar o princípio da fungibilidade recursal, quando o acolhimento de recurso prejudicar o recorrente, pois a interposição de recurso gera preclusão consumativa.
> (Acórdão nº 1.392/2007-Primeira Câmara. Relator: ministro Valmir Campelo)

> O princípio da fungibilidade recursal só pode ser aplicado quando o recurso impróprio é interposto no prazo adequado.
> (Acórdão nº 509/2007-Plenário. Relator: ministro Aroldo Cedraz)

> Não cabe a aplicação do princípio da fungibilidade recursal quando a medida se mostrar incompatível com a real vontade do recorrente. Este princípio constitui salvaguarda da parte, não podendo ser aplicado aos casos em que contrarie sua vontade.
> (Acórdão nº 4.124/2019-Primeira Câmara. Relator: ministro Bruno Dantas)

Há vários precedentes do Tribunal erigindo como requisito para a adoção desse princípio a existência de dúvida acerca da espécie recursal adequada, decorrente de divergência doutrinária ou jurisprudencial. Nesse sentido, invocam-se os Acórdãos nºs 1.885/2017-Plenário (relator: ministro Aroldo Cedraz) e 2.051/2017-Plenário (relator: ministro Vital do Rêgo), dentre outros.

Não obstante a autoridade da jurisprudência da Casa, avalia-se que a presença de dúvida razoável não deveria constituir critério para a aplicação do princípio da fungibilidade recursal no TCU. Isso porque os processos no Tribunal são caracterizados pelo formalismo moderado e pela busca da verdade real, sendo adequada a flexibilização das regras processuais, especialmente quando a medida não prejudicar as partes. Em nossa visão, o mencionado requisito somente se justifica nos processos judiciais, que são notabilizados por maior rigorismo procedimental, inclusive porque é obrigatória a assistência de advogado, o que não se verifica nos processos do TCU. Logo, defende-se a mudança da jurisprudência do Tribunal quanto a esse aspecto.

19.3.5 Princípio do non reformatio in pejus

O princípio do *non reformatio in pejus* significa que a situação jurídica do recorrente jamais poderá ser alterada para pior, devido a recurso interposto por ele próprio. O aludido princípio não se aplica quando o expediente recursal for interposto por outra parte com interesses antagônicos, bastando, neste caso, que seja assegurado aos eventuais atingido o direito à apresentação de contrarrazões recursais.

O princípio em exame é um consectário lógico do efeito devolutivo dos recursos, já que a finalidade subjacente de qualquer expediente interposto pela parte sucumbente é rediscutir questões decididas em seu desfavor, visando à melhoria de sua posição jurídica.

Seguem alguns precedentes aplicando o princípio em exame:

A alteração do fundamento jurídico no julgamento de contas, per si, não configura a ocorrência de reforma para pior (reformatio in pejus).
(Acórdão nº 667/2013-Plenário. Relator: ministro Benjamin Zymler)

Em exame de recurso, é vedada a apreciação de fatos não examinados na deliberação recorrida tendentes a agravar a situação do recorrente, sob pena de afronta ao princípio do non reformatio in pejus.
(Acórdão nº 1.643/2016-Plenário. Relator: ministro Augusto Nardes)

A correção de erro material em acórdão, com a finalidade de incluir nome de responsável no rol dos que tiveram suas contas julgadas irregulares, não implica reformatio in pejus, quando o mérito pela irregularidade das contas do agente estiver claramente delineado no relatório e no voto.
(Acórdão nº 2.724/2015-Plenário. Relator: ministro José Múcio)
(Acórdão nº 6.273/2016-Segunda Câmara. Relator: ministro-substituto Marcos Bemquerer)

Todavia, há dissonância na jurisprudência quanto à incidência ou não do princípio do *non reformatio in pejus* quando um dos fundamentos da condenação em multa for elidido na etapa recursal. As posições antagônicas estão reveladas nos seguintes precedentes:

Não reduzir o valor da multa ao se excluir irregularidade específica em sede de recurso corresponde a aumentar o valor originalmente atribuído às irregularidades remanescentes, o que ofende o princípio do non reformatio in pejus.
(Acórdão nº 172/2015-Segunda Câmara. Redator: ministro Raimundo Carreiro)

O acolhimento das razões recursais acerca de uma das irregularidades que fundamentaram a sanção não implica, necessariamente, a redução do valor da multa, cabendo ao julgador ad quem reavaliar a lesividade do conjunto das condutas irregulares remanescentes e a culpabilidade do agente para daí fixar nova pena que atenda às finalidades de reprovação e prevenção do ilícito, devendo-se respeitar o princípio do non reformatio in pejus.
(Acórdão nº 2.365/2015-Plenário. Relator: ministro Augusto Nardes)

A *priori*, os autores tendem a concordar com o primeiro posicionamento, pois o *quantum* das sanções deve guardar relação de estreita proporcionalidade com as irregularidades identificadas, de sorte que o Tribunal deve realizar o escorreito cômputo da dosimetria, avaliando a antijuridicidade e a culpabilidade dos fatos e das condutas, por ocasião da deliberação original.

Excluído um dos ilícitos que compôs a racionalidade da pena em grau de recurso, entende-se que esse fato deve repercutir, para menor, na nova dosimetria da sanção. Nesse caso, o relator e o colegiado *ad quem* estão impedidos de reavaliar a lesividade das condutas e a culpabilidade, a partir de critérios distintos dos adotados na decisão original, que impliquem, na prática, um agravamento na situação do recorrente.

Exceção deve ser feita às situações em que o Tribunal procedeu ao cômputo da dosimetria da pena, considerando os múltiplos ilícitos identificados nos autos praticados de forma autônoma e sem relação de continuidade delitiva, mas não aplicou a pena que decorreria dessa avaliação por força do atingimento do limite máximo da sanção previsto no art. 268 do RITCU. Apenas nessa excepcional circunstância, seria possível falar em manutenção do valor da sanção, mesmo que afastado um dos ilícitos se a utilização dos mesmos critérios da decisão recorrida justificar a medida.

19.3.6 Princípio da voluntariedade recursal

Conforme o princípio da voluntariedade recursal, a vontade de recorrer deve ser induvidosamente manifestada pela parte que teria interesse na reforma ou invalidação do ato judicial impugnável.[330] Esse princípio está expresso no art. 998 do CPC/2015, segundo o qual o recorrente poderá, a qualquer tempo, sem a anuência do recorrido ou dos litisconsortes, desistir do recurso. Ele também é adotado como critério para a aplicação do princípio da fungibilidade recursal. Conforme o Acórdão nº 4.124/2019-Primeira Câmara (relator: ministro Bruno Dantas), não cabe a aplicação do princípio da fungibilidade recursal quando a medida se mostrar incompatível com a real vontade do recorrente.

O princípio da voluntariedade recursal foi aplicado no julgamento do Acórdão nº 8.697/2019-Segunda Câmara (relator: ministro Aroldo Cedraz):

> 6. A sucumbência dos responsáveis que recorreram por meio do recurso de reconsideração limita-se à multa do art. 58 da Lei 8.443/1992. Trata-se de punição personalíssima, o que inviabiliza que o efeito suspensivo desses recursos seja estendido para responsáveis que não recorreram, sob pena de violar-se o princípio da voluntariedade dos recursos e comprometer, sem respaldo normativo, a eficácia da decisão do Tribunal, naquilo e por quem não foi impugnada.

19.3.7 Princípio da dialeticidade

Segundo o princípio da dialeticidade, a parte deverá expor as razões do seu inconformismo no ato de interposição do recurso. Como assinalam Fredie Didier Júnior e Leonardo Carneiro da Cunha, o aludido princípio exige que todo recurso seja formulado por meio de petição pela qual a parte não apenas manifeste sua inconformidade com o ato judicial impugnado, mas, também e necessariamente, indique os motivos de fato e de direito pelos quais requer o novo julgamento da questão nele cogitada.[331]

O princípio em exame visa evitar que o recorrente se limite a repetir os argumentos da petição inicial ou de sua defesa sem atacar especificamente os fundamentos da deliberação recorrida. Ele está expresso no inciso II do art. 1.010 e no inciso III do art. 1016 do CPC/2015, que exigem, como requisito de admissibilidade da apelação e do agravo de instrumento, a exposição das razões do pedido de reforma ou de invalidação da decisão recorrida. Ademais, o princípio da dialeticidade é de ampla aceitação nos Tribunais Superiores, como revelam as Súmulas nº 282, 284 e 287 do STF e as Súmulas nºs 126 e 128 do STJ.

O princípio da dialeticidade tem incidência no processo do TCU, como revelam os seguintes precedentes:

---

[330] NERY JÚNIOR, Nelson. *Princípios fundamentais*: teoria geral dos recursos. São Paulo: Revista dos Tribunais, 1997, p. 149.
[331] DIDIER JÚNIOR, Fredie; CUNHA, Leonardo Carneiro da. *Curso de Direito Processual Civil*: meios de impugnação às decisões judiciais e processo nos tribunais. Vol. 3. Salvador: Juspodivm, 2023, p. 169.

Ressalto que em decorrência do princípio da dialeticidade, todo o recurso deve ser argumentativo, dialético. O elemento razão é, portanto, imprescindível às peças de defesa, cabendo ao recorrente demonstrar o porquê de estar recorrendo, expondo os fundamentos de fato e de direito que justificam o erro da decisão. Torna-se necessária, assim, a impugnação específica dos fundamentos da decisão recorrida. A mera insurgência contra a decisão não é suficiente para o acolhimento dos embargos.
(Acórdão nº 2.295/2020-Plenário. Relator: ministro Bruno Dantas)

7. Além de o CPC ser supletiva e subsidiariamente aplicável a processos do TCU, nos termos do art. 15 daquele Código, do art. 282 do Regimento Interno e da Súmula TCU 103, incide no caso o princípio da dialeticidade, segundo o qual cabe ao recorrente impugnar as razões lançadas na decisão atacada, de forma a demonstrar a existência de erro *in procedendo ou in judicando*, a merecer a declaração de nulidade ou novo julgamento da causa, sob pena de restar obstado o conhecimento do recurso, ante a falta de impugnação específica, consoante a Súmula 182 do Superior Tribunal de Justiça – STJ.
(Acórdão nº 3.705/2022-Primeira Câmara. Relator: ministro Jorge Oliveira)

19.3.8 Princípios da vedação à complementaridade

Conforme o princípio da vedação à complementaridade ou da preclusão consumativa em matéria recursal, o recorrente deve apresentar as suas razões recursais no momento da interposição do recurso, sendo vedado complementar a sua motivação, ainda que dentro do prazo.

O aludido princípio foi considerado para reconhecer a intempestividade de recurso interposto originalmente, dentro do prazo regimental, mas sem a dedução das razões fáticas e jurídicas do inconformismo, que somente foram protocoladas posteriormente, após o transcurso do prazo quinzenal. Tal ocorreu no Acórdão nº 662/2003-Plenário (relator: ministro Benjamin Zymler), que acolheu a seguinte fundamentação apresentada pela Serur, transcrita no relatório que antecede a deliberação:

5.6 Também não foi obedecido o princípio da complementaridade, pelo que os recursos devem ser interpostos no prazo juntamente com as razões da irresignação. No processo civil não é permitido o expediente de interpor-se o recurso e, em outra oportunidade mais à frente, deduzir as razões que fundamentam o pedido de nova decisão, como se verifica no processo penal brasileiro – art. 578, caput, c/c os arts. 588, caput, e 600, todos do CPP (NERY JUNIOR, Nelson op. cit. p. 154). Ocorre, desta feita, a preclusão consumativa quando a petição recursal não vier acompanhada das razões da insurgência (STJ – RP 59/30; RSTJ 10/471). O apelante só deverá complementar a fundamentação de seu recurso anteriormente interposto em decorrência de alteração ou integração da decisão, a qual comumente origina-se do acolhimento de embargos declaratórios ou do provimento parcial do recurso interposto por outra parte. Afora essa hipótese, não se afigura juridicamente razoável a aplicação subsidiária aos processos do TCU da exceção ao princípio da complementaridade, contida nos dispositivos da lei processual penal supra citada. O simples argumento de os feitos desta Corte de Contas sofrerem influência do princípio da verdade material não autoriza que se faça tábula rasa da lei específica, a qual estabelece prazos peremptórios para a interposição de recursos, tampouco prevê a possibilidade de apresentação de razões recursais não deduzidas no momento processual oportuno. A juntada de documentos, prevista no art. 8º da Resolução TCU nº 36/95, não tem o condão de suprir a referida exceção, sob pena de invasão de competência legislativa.

O princípio da vedação à complementaridade é adotado pela jurisprudência do TCU, como revelam os seguintes precedentes:

> A interposição de recurso gera a preclusão consumativa, não sendo possível a apresentação de petição com informações complementares.
> (Acórdão nº 4.208/2008-Segunda Câmara. Relator: ministro Ubiratan Aguiar)

> Por força da preclusão consumativa, que se operou com a interposição de pedido de reexame, não há amparo jurídico para a juntada de novos elementos relacionados a esta fase recursal. Admitem-se tão somente memoriais.
> (Acórdão nº 7.364/2014-Segunda Câmara. Relator: ministro Aroldo Cedraz)

> Não é possível a juntada de novos elementos após a interposição do recurso, diante da preclusão consumativa.
> (Acórdão nº 2.928/2016-Plenário. Relator: ministro José Múcio)

Todavia, a prática mais recente do TCU vem admitindo, excepcionalmente, a juntada de novas alegações e documentos ainda que após o transcurso do prazo para interposição do expediente recursal, se tais elementos contribuírem para a formação da obtenção da verdade real. Nesse sentido, cabe invocar o seguinte precedente:

> É facultada ao interessado, inclusive ao recorrente, a juntada de documentos novos, com informações complementares, até o término da etapa de instrução do processo, que se dá com a emissão do parecer conclusivo pelo titular da unidade técnica.
> (Acórdão nº 96/2013-Plenário. Relator: ministro Benjamin Zymler)

Essa exegese foi seguida, posteriormente, no Acórdão nº 3.219/2019 – Primeira Câmara (relator: ministro Benjamim Zymler). Por evidente, o entendimento supramencionado deve ser adotado com a devida cautela em situações realmente excepcionais, sob pena de se prorrogar indefinidamente o direito de recorrer e de impugnar as questões já decididas, em prejuízo ao devido processual legal e à razoável duração do processo.

19.3.9 Princípio da adstrição ou congruência recursal

O princípio da adstrição ou congruência recursal exige que o relator *ad quem* e o colegiado competente decidam o expediente recursal dentro dos limites objetivados pelo recorrente, apreciando as questões no limite do escopo do recurso e do pedido formulado pela parte.

O Tribunal acolheu o seguinte ponto da instrução da unidade técnica no Acórdão nº 1.417/2020-Plenário (relator: ministro Benjamin Zymler)

> 14. Quanto ao encaminhamento, o Secretário aduziu que o exame acerca do alcance da regulamentação do art. 20-A, em sede recursal, extrapolava o princípio processual da adstrição, de forma que seria adequado dar provimento do expediente recursal apenas para tornar insubsistente a determinação constante do item 9.2 do Acórdão 593/2020-TCU-Plenário.

Da mesma forma, a ideia subjacente ao princípio da adstrição recursal foi adotada no voto condutor do Acórdão nº 1.259/2022-Plenário (relator: ministro Jorge Oliveira), como revela a seguinte passagem:

> 23. Nesse particular, acompanho o posicionamento do Titular da Serur, que se manifestou contrariamente a tal redirecionamento ao frisar "que a questão relativa à abrangência do comando não foi arguida pela recorrente. Logo, não caberia à Serur, de ofício, (...), propor essa modificação, sobretudo em nome do princípio da adstrição e da vinculação ao efeito devolutivo do recurso".

O princípio da adstrição ou congruência recursal está relacionado ao efeito devolutivo dos recursos, que somente devem ser apreciados no limite da matéria questionada e do pedido formulado pelo recorrente.

19.4 Espécies recursais

19.4.1 Recurso de reconsideração

O recurso de reconsideração é cabível contra *decisão definitiva* em processo de prestação ou tomada de contas, inclusive especial, consoante o art. 285, *caput*, do RITCU.

Ele possui efeito suspensivo e será apreciado pelo colegiado que houver proferido a decisão recorrida. Pode ser formulado uma só vez e por escrito, pela parte ou pelo MPTCU, dentro do prazo de quinze dias, após a notificação da parte, conforme o princípio da unicidade recursal, da singularidade ou da unirrecorribilidade.

Se o recurso versar sobre item específico do acórdão, os demais itens não recorridos não sofrem o efeito suspensivo, caso em que deverá ser constituído processo apartado para o prosseguimento da execução das decisões, conforme já destacado.

Consoante o §2º do art. 285 do RITCU, não se conhecerá de recurso de reconsideração quando intempestivo, salvo em razão de superveniência de fatos novos e dentro do período de cento e oitenta dias contados do término do prazo indicado no caput, caso em que não terá efeito suspensivo.

A configuração dos chamados fatos novos, para fins de admissão de recurso de reconsideração ou pedido de reexame, recebeu o seguinte tratamento pela jurisprudência:

> É ônus do recorrente, na interposição de recurso de reconsideração fora do prazo de quinze dias, mas dentro do período de 180 dias, apontar qual o fato novo a ensejar o recebimento do apelo (art. 32, parágrafo único, da Lei 8.443/1992 c/c o art. 285, §2º, do Regimento Interno). Não cabe ao Tribunal inferir ou buscar, entre os argumentos, alegações e documentos trazidos, qual o fato novo com eficácia sobre a prova produzida a ser considerado para o conhecimento do recurso.
> (Acórdão nº 1.849/2015-Plenário. Relator: ministro Benjamin Zymler)

> Argumento novo ou tese jurídica nova não podem ser considerados fatos novos para fim de conhecimento de recurso de reconsideração com amparo no art. 32, parágrafo único, da Lei 8.443/1992.
> (Acórdão nº 2.860/2018-Segunda Câmara. Relator: ministro Aroldo Cedraz)

Conforme visto, o recurso de reconsideração é instrumentalizado para atacar o julgamento de mérito proferido em processo de contas ou contas especiais. Não obstante, é possível a utilização dessa modalidade recursal para atacar aspecto relevante do julgamento das contas dos responsáveis: a configuração ou não da boa-fé. Tal ocorre porque o reconhecimento dessa circunstância, em sede recursal, implica a insubsistência da decisão atacada e o retorno do processo à etapa anterior: a fixação de novo e improrrogável prazo de quinze dias para que o responsável recolha a importância devida, atualizada monetariamente, nos termos do art. 202, §3º, do RITCU. Segue precedente nesse sentido:

> Em recurso de reconsideração, o reconhecimento da boa-fé do responsável enseja a desconstituição do acórdão recorrido para que lhe seja concedido novo e improrrogável prazo para o recolhimento do débito atualizado monetariamente, sem a incidência dos juros de mora (art. 12, §§1º e 2º, da Lei 8.443/1992).
> (Acórdão nº 5.326/2018-Segunda Câmara. Relator: ministro Augusto Nardes)

O TCU tem admitido a interposição de recurso de reconsideração contra decisão que tenha apreciado recurso de revisão, promovendo novo julgamento das contas em desfavor do responsável especialmente quando este decorre de fatos novos. Tal ocorre porque esta reabertura das contas e o subsequente julgamento implicam, na prática, a autuação de novo processo e de nova decisão de mérito, de sorte que é cabível o uso de todos os meios recursais admitidos na LOTCU e no RITCU.

A propósito do assunto, cabe transcrever excerto do voto condutor do Acórdão nº 1.994/2007-Plenário (relator: ministro Benjamin Zymler):

> 3. Conforme despacho às fls. 17 do anexo 3, acolhendo a instrução preliminar da Serur, conheci do presente recurso de reconsideração, a despeito de inexistir na Lei Orgânica do Tribunal de Contas da União previsão para impugnação de decisão adotada em sede de Recurso de Revisão e de a jurisprudência deste Tribunal (Acórdãos nº 1.378/2004, 283/2005 e 1.467/2005) ter admitido tão-somente a interposição de um novo recurso de revisão contra decisão que julga recurso de revisão.
> 4. Saliento que o recurso de revisão tem natureza similar à da ação rescisória (art. 288, caput, do RI/TCU) e, de acordo com as regras oriundas do Direito Processual Civil, somente é admissível a proposição de nova ação rescisória para a rescisão de decisão proferida em ação rescisória.
> 5. Todavia, consoante análise expendida pela Serur em exame de admissibilidade (fls. 14/15), o recurso de revisão e a ação rescisória, conquanto similares, não se tratam de institutos processuais idênticos. Enquanto a interposição do recurso de revisão poderá fundar-se em 'fatos novos', conforme preconizam o art. 288, §§2º e 3º, in fine, do RI/TCU, o Acórdão nº 81/1997 e a Decisão nº 203/2002, ambos do Plenário, a proposição de ação rescisória é mais restrita, visto que o art. 485, inciso VII, do CPC admite somente 'documentos novos', e não 'fatos novos', como uma das causas de sua fundamentação.
> 6. Cumpre realçar que, no presente processo, a interposição do recurso de revisão pelo Ministério Público junto ao TCU, constante do Anexo 2, fundamentou-se em 'fatos novos' referentes à ocorrência de violações à legislação trabalhista, apuradas em processos na 4ª Vara do Trabalho de Campo Grande/TRT – 24ª Região. Por conseguinte, a impugnação do Parquet não se realizou à plena semelhança de uma ação rescisória existente no processo

civil, pois, além de rescindir a deliberação original, julgou questões, fatos novos, que não compuseram inicialmente o processo, situação esta inexistente no instituto da ação rescisória.
7. Nesses termos, em consonância com o entendimento esposado pela unidade técnica, havendo nova decisão terminativa em processo de contas baseada em 'fatos novos' apresentados em sede de recurso de revisão, entendo ser cabível a interposição do presente Recurso de Reconsideração, com fulcro nos arts. 32, inciso I, e 33 da Lei nº 8.443/92, c/c art. 285, caput, do Regimento Interno/TCU.

Há outros precedentes nesse sentido:

Conquanto admissível a recorribilidade de deliberação que conhece e dá provimento a recurso de revisão, tornando insubsistente o julgado anterior, o conhecimento de tal recurso depende da perfeita caracterização de fato novo apto a rescindir o julgado e provocar o re-julgamento do caso concreto.
(Acórdão nº 2.455/2009-Plenário. Relator: ministro Valmir Campelo)

É admissível recurso de reconsideração contra o novo julgamento proferido em sede de recurso de revisão, quando fundamentado no surgimento de documentos novos.
(Acórdão nº 603/2011-Plenário relator: ministro José Múcio)

É possível a interposição de recurso de reconsideração contra decisão que apreciou recurso de revisão.
(Acórdão nº 1.855/2013-Plenário. Relator: ministro Aroldo Cedraz)

Apesar de tais precedentes, formando uma corrente majoritária, há entendimento do TCU em sentido contrário:

A possibilidade de interposição de recurso de reconsideração contra decisão que julga recurso de revisão não encontra respaldo na Lei Orgânica do TCU e no seu Regimento Interno.
(Acórdão nº 963/2012-Plenário. Relator: ministro Walton Alencar) 19.4.2. Pedido de Reexame)

O pedido de reexame é cabível contra decisão de mérito proferida em processo concernente a ato sujeito a registro e a fiscalização de atos e contratos, consoante o art. 286 do RITCU.

A referida espécie recursal tem o mesmo regime jurídico dos recursos de reconsideração, diferenciando-se apenas quanto ao tipo de processo no qual é utilizado. Essa característica é evidenciada no parágrafo único do mencionado dispositivo, segundo o pedido de reexame se aplicam as disposições do *caput* e dos parágrafos do art. 285.

Assim, ele possui efeito suspensivo e será apreciado pelo colegiado que houver proferido a decisão recorrida. Pode ser formulado uma só vez e por escrito, pela parte ou pelo MPTCU, dentro do prazo de quinze dias após a notificação da parte.

A presente espécie recursal, tal como o recurso de reconsideração, somente é cabível contra decisões de mérito. Por essa razão, as deliberações que determinam a remessa de documentos e informações não são impugnáveis por tais espécies recursais, uma vez que possuem o caráter interlocutório, constituindo, em verdade, autênticas diligências. Nesse sentido, cabe transcrever o seguinte precedente:

Não cabe pedido de reexame de decisão do TCU que determina a jurisdicionados a apresentação de documentos e informações, pois no caso não existe decisão de mérito, nem

sucumbência do jurisdicionado. Tal tipo de decisão tem natureza interlocutória, visa dar andamento processual, requisitando documentação para análise do Tribunal.
(Acórdão nº 355/2017-Primeira Câmara. Relator: ministro Benjamin Zymler)

Consoante o §2º do art. 285 c/c o parágrafo único do art. 286 do RITCU, não se conhecerá de pedido de reexame quando intempestivo salvo em razão de superveniência de fatos novos e dentro do período de *cento e oitenta dias* contados do término do prazo indicado no *caput, caso em que não terá efeito suspensivo*.

Assim, aplica-se a mesma linha jurisprudencial já exposta no item anterior, quanto à caracterização do que vem a ser fato novo para fins de superação de eventual intempestividade dessa espécie recursal. Eis um precedente a respeito do assunto:

> Argumentos e teses jurídicas, ainda que inéditos, não são considerados fatos novos para fins de conhecimento de recurso de reconsideração ou de pedido de reexame com base no art. 285, §2º, c/c art. 286, parágrafo único, do Regimento Interno do TCU (prazo recursal de 180 dias).
> (Acórdão nº 6.308/2020-Primeira Câmara. Relator: ministro Benjamin Zymler)

Cabe destacar que a decisão proferida em pedido de reexame ganha contornos de definitividade, pois não é possível a interposição de recurso de revisão em processos concernentes a ato sujeito a registro e a fiscalização de atos e contratos.

19.4.2 Recurso de revisão

O recurso de revisão é cabível contra decisão definitiva em processo de prestação ou tomada de contas, inclusive especial, consoante o art. 288 do RITCU. Por via de consequência, não é possível a utilização dessa espécie recursal para impugnar decisão de mérito proferida em processo concernente a ato sujeito a registro e a fiscalização de atos e contratos. Essas modalidades processuais alcançam o trânsito em julgado após a apreciação do pedido de reexame e de eventuais embargos de declaração.

O pedido de reexame tem natureza similar à da ação rescisória, de forma que ele *não* possui efeito suspensivo. Ele pode ser interposto uma só vez e por escrito pelo responsável, seus sucessores, ou pelo MPTCU, dentro do prazo de cinco anos, contados da notificação.

O art. 288 elenca as três hipóteses estritas em que esse expediente recursal é admitido:
a) erro de cálculo nas contas;
b) falsidade ou insuficiência de documentos em que se tenha fundamentado o acórdão recorrido;
c) superveniência de documentos novos com eficácia sobre a prova produzida.

Apesar de essa modalidade recursal ser caracterizada pela admissibilidade restrita, até pela sua natureza similar à ação rescisória, o efeito devolutivo que carrega é pleno, caso seja admitido, respeitado o princípio da adstrição ou congruência. Tal decorre do §4º do art. 288 do RITCU, segundo o qual a instrução do recurso de revisão abrange o reexame de todos os elementos constantes dos autos. Essa exegese abrange, inclusive, os elementos contidos nos autos que não tenham relação de causalidade direta com os fundamentos específicos de sua interposição. Nesse sentido, invoca-se o seguinte precedente:

> O efeito devolutivo do recurso de revisão é pleno, abrange o reexame de todos os elementos constantes dos autos. A admissão do recurso de revisão impõe a análise de todas as alegações do recorrente, mesmo que não tenham relação direta de causalidade com o requisito específico apontado como fundamento: (i) erro de cálculo; (ii) falsidade ou insuficiência de documentos em que se tenha fundamentado o acórdão recorrido; (iii) superveniência de documentos novos com eficácia sobre a prova produzida.
> (Acórdão nº 3.421/2013-Plenário. Relator: ministro José Múcio)

Todavia, essa apreciação ampla somente ocorre depois de superada a barreira da admissibilidade. Afinal, os recursos de revisão não se prestam a um novo reexame das questões decididas no processo, pois, se o assim fosse, eles teriam a natureza de um segundo recurso de reconsideração ou pedido de reexame. Os precedentes a seguir ilustram essa exegese:

> Quando o recorrente não demonstrar qualquer erro de cálculo, fazendo apenas menção à insuficiência de documentos para a fundamentação do acórdão recorrido, sem qualquer elemento probatório adicional; e não trazendo fatos novos, limitando-se a reapresentar argumentos já analisados pelo TCU, não cabe recurso de revisão.
> (Acórdão nº 1.793/2007-Plenário. Relator: ministro Marcos Vilaça)

> O recurso de revisão constitui instância excepcional, semelhante à ação rescisória no processo civil, destinada a correção de erro de cálculo, falsidade ou insuficiência de documentos ou análise de documentos novos, não se admitindo o mero reexame de argumentos e teses jurídicas expostas no julgamento das contas e no recurso de reconsideração.
> (Acórdão nº 1.617/2018-Plenário. Relator: ministro Benjamin Zymler)

No que se refere à conceituação de documentos novos, para fins de recebimento do recurso de revisão, a jurisprudência do TCU desenvolveu-se no seguinte sentido:
a) irrelevância da data de constituição:

> Considera-se documento novo com eficácia sobre a prova produzida, para fins de admissibilidade de recurso de revisão (art. 35, inciso III, da Lei 8.443/1992), aquele ainda não examinado no processo, independente da data de sua constituição.
> (Acórdão nº 2.874/2010-Plenário. Relator: ministro José Múcio)

b) ineditismo no processo que aprecia o recurso:

> Documentos presentes em outros processos que tramitam de forma independente e que não foram levados em consideração nos autos em análise podem ser considerados documento novo para fins de interposição de recurso de revisão.
> (Acórdão nº 3096/2014-Plenário. Relator: ministro Benjamin Zymler)

c) necessidade de se evidenciar a eficácia sobre a prova produzida:

> Para que o recurso de revisão seja conhecido é necessário que os novos documentos apresentados possuam, em tese, a possibilidade de alterar o juízo a respeito dos fatos que ensejaram as condenações, concorrendo para o deslinde da questão. O exame de

admissibilidade deve repelir apresentação de documento novo, como pretexto para ensejar rediscussão do mérito, com base em provas já examinadas no processo.
(Acórdão nº 1.187/2009-Plenário. Relator: ministro Walton Alencar)

A existência ou não de eficácia sobre a prova produzida é uma conclusão própria do exame de mérito portanto não deve ser examinada quando da verificação dos requisitos de admissibilidade do recurso de revisão. O exame do documento novo, para fins de admissão do recurso, deve se restringir à verificação de sua existência à época da prolação do acórdão recorrido e de sua vinculação com a matéria tratada nos autos.
(Acórdão nº 426/2014-Plenário. Relator: ministro Raimundo Carreiro)

d) alteração da jurisprudência do TCU não configura documento novo:

A mudança de entendimento ou a consolidação de jurisprudência no TCU não constitui documento novo para efeito de conhecimento de recurso de revisão (art. 35, inciso III, da Lei 8.443/1992).
(Acórdão nº 1.837/2017-Plenário. Relator: ministro José Múcio)

Acórdão superveniente que decide de forma diferente caso alegadamente similar não caracteriza documento novo capaz de ensejar, em recurso de revisão, a rediscussão do mérito com fundamento nas mesmas provas examinadas na decisão recorrida.
(Acórdão nº 1.503/2018-Plenário. Relator: ministro Benjamin Zymler)

Comentário: apesar da obrigação geral do TCU de manter a sua jurisprudência estável, íntegra e coerente, por força do art. 926 do CPC/2015, é natural que ocorram mudanças de entendimento, na medida em que se introduzem novas normas e interpretações da ordem jurídica. Essa situação decorre da evolução da própria sociedade, a partir de alterações culturais e mudanças de contextos econômicos e sociais. As alterações da jurisprudência constituem um processo natural que não deve ser obstaculizado, cabendo aos Tribunais buscar incorporar as novas exegeses de forma paulatina, de preferência, mediante o uso da técnica da modulação dos efeitos. O objetivo é evitar a violação dos princípios da segurança jurídica e da proteção da confiança legítima, bem como dos objetivos essenciais do Direito de assegurar a paz social e a estabilização das relações sociais. Justamente por esses motivos, eventuais novos entendimentos jurisprudenciais do TCU não devem, como regra, afetar as situações já resolvidas em decisões transitadas em julgado, de modo que tais precedentes não podem ser considerados documentos novos, para efeito de conhecimento e apreciação de recurso de revisão.

e) alteração legislativa não é considerada documento novo:

Alteração legislativa não constitui documento novo apto a ensejar o conhecimento de recurso de revisão. Documento novo com eficácia sobre a prova produzida (art. 35, inciso III, da Lei 8.443/1992) é aquele que se relaciona com fatos que integraram as razões adotadas pelo TCU em sua decisão, com potencial de gerar pronunciamento favorável ao recorrente.
(Acórdão nº 2.470/2022-Plenário. Relator: ministro Walton Alencar)

Comentário: a alteração legislativa não deve ser considerada documento novo para fins de admissão e processamento de recurso de revisão. Essa exegese decorre dos mesmos princípios invocados no comentário do item anterior, assim como da ideia de que as relações jurídicas são regidas pela ordem jurídica vigente à época de sua edição (*tempus regit actum*).

f) decisão do STF declarando a inconstitucionalidade de dispositivo configura documento novo:

> Para fins de admissibilidade de recurso de revisão (art. 35, inciso III, da Lei 8.443/1992), pode ser caracterizada como documento novo decisão do Supremo Tribunal Federal que considere inconstitucional dispositivo de norma que serviu expressamente de fundamento para a decisão recorrida do TCU.
> (Acórdão nº 1.184/2017-Plenário. Relator: ministro José Múcio)

> Para fins de admissibilidade de recurso de revisão (art. 35, inciso III, da Lei 8.443/1992), pode ser caracterizada como documento novo decisão do Supremo Tribunal Federal que considere inconstitucional dispositivo de norma que serviu expressamente de fundamento para o acórdão recorrido do TCU, ainda que a decisão do STF tenha sido adotada em controle de constitucionalidade difuso.
> (Acórdão nº 2.291/2019-Plenário. Relator: ministro Raimundo Carreiro)

Comentário: diferentemente das hipóteses anteriores, decisão do Supremo Tribunal Federal que considere inconstitucional dispositivo de norma que serviu expressamente de fundamento para o acórdão recorrido do TCU pode ser considerada documento novo para fins de admissão de recurso de revisão. Trata-se da repercussão da chamada coisa julgada inconstitucional, de incidência bastante polêmica na doutrina, por reverberar os princípios da segurança jurídica e da proteção da confiança.

Em face de indícios de elementos eventualmente não examinados pelo Tribunal, o MPTCU poderá interpor recurso de revisão, compreendendo o pedido de reabertura das contas e o pedido de mérito, consoante o §2º do art. 288 do RITCU.

Nessa hipótese, o relator ordenará a instauração de contraditório se apurados elementos que conduzam ao agravamento da situação do responsável ou à inclusão de novos responsáveis, conforme o disposto no §3º do mencionado dispositivo.

Com isso, é possível depreender que o recurso de revisão interposto pelo MPTCU não está sujeito ao princípio da supressão de instância na forma descrita no item 19.3.3 do presente capítulo. Isso porque o relator *ad quem* e o colegiado competente podem expedir atos voltados ao processamento de matéria não abarcada na decisão recorrida caso o MPTCU tencione ampliar o escopo do processo com a inclusão de novos responsáveis e a discussão de novas irregularidades.

Conforme o §5º do art. 288 do RITCU, a interposição de recurso de revisão pelo MPTCU dar-se-á em petição autônoma para cada processo de contas a ser reaberto. Assim, mesmo que seja possível evidenciar uma continuidade delitiva, pelo fato de a irregularidade repercutir em vários períodos de gestão, os recursos de revisão serão processados em cada um dos processos de contas. Não obstante, estes serão conduzidos por um único relator, sorteado para o recurso, nos termos do §6º da referida disposição.

19.4.3 Agravo

Segundo o art. 289, o recurso de agravo é cabível contra *despacho decisório* do presidente do Tribunal, de presidente de câmara ou do relator, desfavorável à parte, e da medida cautelar adotada com fundamento no art. 276 do RITCU. A presente espécie recursal não está prevista na LOTCU, tendo sido instituída apenas no Regimento Interno do Tribunal.

O despacho decisório é aquele que impõe alguma sucumbência à parte. A título de exemplo, mencionam-se os despachos que negam a concessão de vista e cópia dos autos que não conheçam de recurso ou que indefiram pedido de habilitação nos autos como interessado. Sendo assim, não cabe agravo contra despachos de natureza interlocutória que se limitam a dar seguimento ao processo, tais como os que determinam a realização de audiência, citação, diligência e oitiva. Nesse sentido, mencionam-se os Acórdãos nºs 5.540/2010-Segunda Câmara (relator: ministro Benjamin Zymler) e 205/2007-Plenário (relator: ministro Aroldo Cedraz), dentre outros.

Conforme visto, somente cabe agravo contra despacho decisório. Isso implica que não cabe a utilização desse expediente recursal contra decisões adotadas de forma colegiada. A única exceção é a medida cautelar prevista no art. 276 do RITCU, a teor do art. 289 supramencionado. Nesse sentido, invoca-se o seguinte precedente do Tribunal:

> Não cabe agravo em face de medida cautelar, proferida mediante acórdão, que determina o afastamento temporário ou a indisponibilidade de bens de responsável (arts. 273 e 274 do Regimento Interno do TCU), por ausência de previsão regimental.
> (Acórdão nº 927/2016-Plenário. Relator: ministro Vital do Rêgo)

O prazo de interposição do agravo é de cinco dias contados da notificação. Não obstante o silêncio da norma, ele também pode ser formulado uma única vez e por escrito, pela parte ou pelo MPTCU, dentro do período supramencionado. Dito de outra forma, aplica-se à presente espécie recursal o princípio da unicidade recursal, da singularidade ou da unirrecorribilidade.

O recurso de agravo possui efeito suspensivo a depender das especificidades do caso concreto, conforme a análise do relator e do colegiado competente. Essa regra consta do §5º do art. 289 do RITCU.

Não obstante, os agravos interpostos contra decisões de cunho cautelar devem ser obrigatoriamente recebidos apenas no efeito devolutivo, pois a concessão de efeito suspensivo implicaria, na prática, revogar a medida acautelatória antes mesmo da apreciação dos argumentos apresentados pelos interessados. Dito de outra forma, atribuir esse efeito ao agravo, na etapa de exame de admissibilidade, implicaria julgar o mérito do recurso, dando-lhe provimento.

Seguem alguns precedentes do TCU a respeito do assunto:

> O efeito suspensivo ao agravo opera a critério do relator (art. 289, §4º, do Regimento Interno do TCU).
> (Acórdão nº 653/2009-Plenário. Relator: ministro Walton Alencar)

> O efeito suspensivo, no recurso do agravo, não tem incidência automática, devendo ser concedido conforme as peculiaridades de cada caso examinado.
> (Acórdão nº 2.470/2009-Plenário. Relator: ministro Raimundo Carreiro)

> Os recursos contra deliberações de cunho cautelar, a exemplo de agravo, devem ser recebidos sem efeito suspensivo, conforme o art. 1.012 da Lei 13.105/2015 (CPC), aplicada

subsidiariamente aos processos do Tribunal, por força da Súmula TCU 103 e do art. 298 do Regimento Interno.
(Acórdão nº 1.473/2017-Plenário. Relator: ministro Augusto Nardes)

Não têm efeito suspensivo os recursos e agravos interpostos contra as medidas cautelares, pois, caso contrário, significaria, em termos práticos, cancelar a medida acautelatória antes mesmo da apreciação dos argumentos apresentados pelos interessados.
(Acórdão nº 2.438/2013-Plenário. Relator: ministro Raimundo Carreiro)

Interposto o agravo, o presidente do Tribunal ou da Câmara ou o relator poderá adotar os seguintes caminhos, nos termos do §1º do art. 289 do RITCU:

a) reformar o seu despacho; ou

b) submeter o feito à apreciação do colegiado competente para o julgamento de mérito do expediente recursal.

Caso o ato impugnado tenha sido proferido por acórdão, como é o caso das ratificações de medidas cautelares deferidas monocraticamente, o relator deve sempre submeter o julgamento do mérito do agravo à deliberação do colegiado competente pelo princípio do paralelismo das formas.

Essa regra se aplica, inclusive, se o relator tiver revogado ou alterado monocraticamente uma medida cautelar, com fulcro no §5º do art. 276 do RITCU. Conforme o dispositivo, a medida cautelar de que trata o *caput* da referida disposição pode ser revista de ofício por quem a tiver adotado ou em resposta a requerimento da parte. Nesse caso, incide aqui o disposto no §1º do mesmo dispositivo, segundo o qual "o despacho do relator ou do presidente, de que trata o *caput*, bem como a *revisão da cautelar concedida*, nos termos do §5º deste artigo, será submetido ao Plenário na primeira sessão subsequente" (grifos acrescidos).

Consoante o §3º do art. 289 do RITCU, caso a decisão agravada seja do Tribunal, o relator do agravo será o mesmo que já atuava no processo ou o redator do acórdão recorrido, se este houver sido o autor da proposta de medida cautelar. Da mesma forma, interposto agravo contra acórdão proferido em processo relatado por ministro-substituto convocado, este permanece vinculado ao respectivo processo, nos termos do §5º do mencionado dispositivo.

Não cabe recurso contra decisão que apreciar agravo, exceto embargos de declaração.

19.4.4 Embargos de declaração

Segundo o art. 287 do RITCU, cabem embargos de declaração quando houver obscuridade, omissão ou contradição em *acórdão* do Tribunal.

A despeito da literalidade do dispositivo, a jurisprudência do TCU tem admitido embargos de declaração contra despachos. Esse entendimento foi originalmente adotado no Acórdão nº 132/2018-Plenário (relator: ministro Bruno Dantas), em cujo voto restou assentado que "as decisões monocráticas podem encontrar-se maculadas de obscuridade, contradição ou omissão, e que, nesses casos, é admissível a oposição de embargos de declaração com vistas a aclarar e integrar a decisão".

Ademais, o relator ressaltou que essa espécie recursal é atualmente aceita no âmbito do Poder Judiciário contra qualquer tipo de deliberação, o que é acolhido pela maioria da doutrina. Além disso, pontuou que os arts. 1.022 e 1.024 do CPC/2015 admitem embargos de declaração contra qualquer decisão, o que evidentemente inclui as proferidas pelo juízo singular.

Esse entendimento foi posteriormente seguido nos Acórdãos nºs 2.289/2020-Plenário e 342/2022-Plenário, ambos da relatoria do ministro-substituto Augusto Sherman.

Consoante o §1º do art. 287 do RITCU, os embargos de declaração podem ser opostos por escrito pela parte ou pelo MPTCU, dentro do prazo de dez dias, contados da notificação da parte. Além disso, o dispositivo exige que o recorrente indique expressamente o ponto obscuro, contraditório ou omisso, o que será avaliado por ocasião do exame de admissibilidade do expediente. Nesse sentido, cabe transcrever o seguinte precedente:

> A mera alegação, sem indicação precisa dos pontos omissos, contraditórios ou obscuros, ou do erro material, não é suficiente para o conhecimento de embargos de declaração, por afronta ao art. 287, §1º, in fine, do Regimento Interno do TCU.
> (Acórdão nº 108/2019-Plenário. Relator: ministro Walton Alencar)

Essa modalidade recursal não está sujeita ao princípio da unicidade recursal, uma vez que ele pode ser oposto seguidamente, desde que persista a ocorrência de vício na deliberação impugnada.

Por evidente, é preciso demonstrar a subsistência dos motivos para a interposição dos novos embargos de declaração, sob pena de estes serem considerados protelatórios e recebidos como mera petição, sem efeito suspensivo. Essa regra encontra-se exposta no §6º do art. 287 do RITCU, lavrado no seguinte sentido: "os embargos de declaração meramente protelatórios serão recebidos como petição, por meio de despacho do relator, não se lhes aplicando o disposto no §3º deste artigo [efeito suspensivo]".

Além disso, a jurisprudência do TCU tem admitido a aplicação de multa por litigância de má-fé quando evidenciada uma situação de abuso no direito de recorrer.

Seguem alguns precedentes a respeito do assunto:

> Configurado o intuito meramente protelatório de embargos de declaração, a reiteração de novos embargos não obstará o trânsito em julgado da deliberação recorrida.
> (Acórdão nº 1.013/2008-Plenário. Relator: ministro Guilherme Palmeira)

> É possível a aplicação de multa em processos do TCU em razão de embargos de declaração com intuito manifestamente protelatório e, na hipótese de reiteração, a elevação do valor e a exigência de prévio recolhimento da multa para interposição de novos recursos. (art. 298 do Regimento Interno do TCU c/c art. 1.026, §§2º e 3º, da Lei 13.105/2015).
> (Acórdão nº 593/2017-Plenário. Relator: ministro Bruno Dantas)

> Configurado o intuito meramente protelatório dos embargos de declaração, o TCU pode declarar que a oposição de novos embargos não suspende a consumação do trânsito em julgado da deliberação original, além de aplicar a multa prevista no art. 1.026, §2º, da Lei 13.105/2015 (Código de Processo Civil).
> (Acórdão nº 6.103/2017-Segunda Câmara. Relator: ministro Aroldo Cedraz)

É possível aplicação de multa em razão da oposição de embargos de declaração com intuito manifestamente protelatório, com fundamento no art. 58, caput, da Lei 8.443/1992 c/c os arts. 15 e 1.026, §2º, da Lei 13.105/2015 (CPC). Nessa situação, os embargos são recepcionados como mera petição, sem efeito suspensivo.
(Acórdão nº 690/2019-Plenário. Relator: ministro Vital do Rêgo)

Segundo o §2º do art. 287 do RITCU, os embargos de declaração serão submetidos à deliberação do colegiado competente pelo relator ou pelo redator, conforme o caso. Diferentemente das demais espécies recursais, não é obrigatória a instrução do expediente pela unidade técnica, podendo a matéria ser submetida à apreciação do colegiado diretamente pelo relator ou redator.

Conforme o §3º do mencionado dispositivo, os embargos de declaração *suspendem os prazos para cumprimento do acórdão embargado e para interposição dos demais recursos previstos* no RITCU. Não obstante, aplica-se o §1º do art. 285 do aludido normativo, o qual autoriza o prosseguimento do processo no que se refere aos itens não recorridos.

A propósito do §3º do art. 287, assinala-se que os embargos de declaração do processo do TCU têm características distintas do expediente de idêntico nome do CPC/2015. Conforme o art. 1026 da norma processual, estes últimos *não* possuem efeito suspensivo e *interrompem o prazo para a interposição de recurso*.

Isso significa que, opostos embargos de declaração em processo judicial, reinicia-se o prazo para a interposição dos demais recursos. No caso da Corte de Contas, como o prazo para o ingresso dos demais recursos é suspenso, ele volta a ser computado após a notificação da decisão que apreciou os embargos de declaração.

Conferidos efeitos infringentes aos embargos, serão devolvidos os prazos a todos os interessados, conforme o §7º do art. 287 do RITCU. Tal ocorre porque a nova decisão substitui a anterior, podendo as partes e os interessados manejar os recursos processuais cabíveis com relação aos itens modificados.

Seguem alguns precedentes sobre essa modalidade recursal:
a) vícios que admitem a interposição de embargos de declaração:

As omissões, obscuridades e contradições que dão ensejo à oposição de embargos de declaração devem ser identificadas no próprio acórdão embargado, descabendo a alegação de contradição entre o acórdão atacado e a jurisprudência, a doutrina ou o ordenamento jurídico.
(Acórdão nº 2.689/2009-Segunda Câmara. Relator: ministro Raimundo Carreiro)

É descabido o manejo de embargos de declaração para apontar contradição entre o acórdão recorrido e outras deliberações do TCU. A contradição deve estar contida dentro dos termos do inteiro teor da deliberação atacada, composta por relatório, voto e acórdão.
(Acórdão nº 7.790/2020-Segunda Câmara. Relatora: ministra Ana Arraes)

Aos embargos declaratórios no âmbito do TCU aplica-se o seguinte: a) não se prestam para a rediscussão do mérito nem para reavaliação dos fundamentos que conduziram à prolação do Acórdão recorrido; b) a contradição deve estar contida dentro dos termos do inteiro teor da deliberação atacada; c) não há omissão quando a matéria é analisada na instrução da unidade técnica que consta do relatório e que integra as razões de decidir da deliberação; d) o julgador não está obrigado a apreciar todos e cada um dos argumentos desfiados pela parte, sendo suficiente que se atenha àqueles bastantes à formação de sua convicção

acerca da matéria; e) eventual erro de julgamento deve ser corrigido por outra via recursal própria; f) no exame de admissibilidade, a simples alegação de omissão, obscuridade ou contradição, presentes os demais requisitos de admissibilidade, já é suficiente para que os embargos sejam conhecidos. Se houve ou não os vícios alegados, a questão passa a ser de acolhimento ou rejeição.
(Acórdão nº 1.620/2015-Plenário. Relator: ministro Bruno Dantas)

b) documentos novos:

Os embargos declaratórios não são a oportunidade processual adequada para a juntada de novas provas, não cabendo em sede de embargo, em princípio, seu exame.
(Acórdão nº 1.495/2007-Primeira Câmara. Relator: ministro Aroldo Cedraz)

É possível, em caráter excepcional, relevando a ausência de omissão, contradição ou obscuridade, acolher embargos declaratórios e atribuir-lhes efeitos infringentes em razão de documentos novos acostados ao processo, aptos à reforma do mérito da decisão embargada, em observância aos princípios da verdade material, do formalismo moderado e da economia processual.
(Acórdão nº 2.350/2020-Plenário. Relator: ministro Bruno Dantas)

c) formalismo moderado:

É possível relevar, em caráter excepcional, o não atendimento do prazo decendial para conhecimento de embargos de declaração, com base nos princípios do contraditório, da ampla defesa, do formalismo moderado e da verdade real.
(Acórdão nº 2.788/2016-Plenário. Relator: ministro Augusto Nardes)

d) erro material ou de fato:

É possível a utilização de embargos de declaração para correção de premissa equivocada, com base em erro de fato, sobre a qual se tenha fundado o acórdão recorrido, dando-se lhes efeitos infringentes.
(Acórdão nº 61/2015-Plenário. Relator: ministro-substituto Augusto Sherman)

O erro material apto a ser sanado por embargos de declaração não se confunde com a divergência de entendimento ou de interpretação a respeito da qualificação jurídica de atos e fatos analisados no processo. O erro material ocorre quando há dissonância entre a intenção do julgador e o que consta da parte dispositiva da decisão.
(Acórdão nº 3.587/2019-Primeira Câmara. Relator: ministro-substituto Marcos Bemquerer)

Admite-se, excepcionalmente, a modificação de julgado por meio de embargos de declaração com efeitos infringentes, para a correção de premissa equivocada com base em erro de fato, sobre a qual tenha se fundado o acórdão embargado, quando o erro tenha sido decisivo para o resultado do julgamento.
(Acórdão nº 5.252/2018-Primeira Câmara. Relator: ministro Bruno Dantas)

É admitida a oposição de embargos de declaração contra decisões do TCU que apresentem erros materiais, inclusive decisões monocráticas, com fundamento nos arts. 32, inciso II, e 34 da Lei 8.443/1992 c/c os arts. 1.022 e 1.024, §2º, do Código de Processo Civil e Súmula TCU 103.
(Acórdão nº 1.350/2018-Plenário. Relator: ministro-substituto Augusto Sherman)

e) contradição:

A contradição entre decisão proferida pelo TCU e eventual recomendação expedida pelo órgão de controle interno não é apta ao provimento de embargos de declaração.
(Acórdão nº 1.301/2018-Primeira Câmara. Relator: ministro Bruno Dantas)

Não configura contradição apta ao acolhimento de embargos de declaração eventual divergência entre o entendimento da unidade instrutora, transcrito no relatório, e a decisão do TCU. A contradição que se combate mediante embargos é aquela resultante de incompatibilidades verificadas entre as proposições constantes do voto ou, ainda, entre a fundamentação do voto e o dispositivo do acórdão.
(Acórdão nº 12.089/2021-Primeira Câmara. Relator: ministro Jorge Oliveira)

f) preclusão lógica:

Não se conhece de embargos de declaração, por preclusão lógica, opostos por responsável solidário contra decisão que julgou recurso que não foi por ele interposto, ainda que os efeitos do recurso se estendam a todos os responsáveis no processo (art. 281 do Regimento Interno do TCU).
(Acórdão nº 31/2019-Plenário. Relator: ministro Raimundo Carreiro)
(Acórdão nº 5/2022-Segunda Câmara. Relator: ministro Augusto Nardes)

g) argumentos novos:

A apresentação de alegação que sequer foi ventilada na fase anterior do processo consiste em inovação argumentativa, o que não se conforma com os limites dos embargos de declaração.
(Acórdão nº 1.265/2019-Plenário. Relator: ministro Augusto Nardes)

É incabível a inovação de alegações ou provas em sede de embargos de declaração, pois admitir tal procedimento representaria interferência no mérito da decisão embargada, além de causar prejuízo ao efeito devolutivo das demais espécies recursais previstas na Lei Orgânica e no Regimento Interno do TCU, bem assim fragilizar o princípio da alternância de relatores.
(Acórdão nº 12.422/2016-Segunda Câmara. Relator: ministro Augusto Nardes)

h) omissão:

Não configura omissão apta ao acolhimento de embargos de declaração a ausência de análise das teses e propostas apresentadas pelo Ministério Público junto ao TCU em seu parecer, emitido no exercício da função de fiscal da lei (custos legis), pois tal manifestação tem caráter eminentemente opinativo, não sendo compulsório abordar seu conteúdo na deliberação.
(Acórdão nº 7.967/2021-Primeira Câmara. Relator: ministro Walton Alencar)

i) juízo de admissibilidade:

Para o conhecimento de embargos de declaração, faz-se necessário o atendimento apenas dos chamados requisitos gerais dos recursos – interesse, singularidade, tempestividade, legitimidade e adequação. Exclui-se do seu juízo de admissibilidade o exame, ainda que em cognição superficial, da existência de obscuridade, omissão ou contradição na deliberação recorrida.
(Acórdão nº 1.349/2015-Plenário. Relator: ministro Vital do Rêgo)

Para o conhecimento de embargos de declaração faz-se necessário o atendimento apenas dos chamados requisitos gerais dos recursos, excluindo-se do seu juízo de admissibilidade o exame, ainda que em cognição superficial, da existência de omissão, contradição ou obscuridade na deliberação recorrida.
(Acórdão nº 2.777/2014-Segunda Câmara. Relator: ministro José Jorge)

O juízo de admissibilidade dos embargos de declaração se restringe ao atendimento dos requisitos gerais do art. 34, §1º, da Lei 8.443/1992, excluindo-se o exame, ainda que superficial, da existência de omissão, obscuridade ou contradição na deliberação recorrida, cuja verificação deve ser feita quando da análise de mérito.
(Acórdão nº 3.064/2012-Plenário. Relatora: ministra Ana Arraes)

Para o conhecimento de embargos de declaração faz-se necessário apenas o atendimento dos chamados requisitos gerais do recurso, aliados à mera alegação de obscuridade, omissão ou contradição na deliberação atacada, sendo que a verificação da ocorrência ou não de uma dessas impropriedades deve ser remetida para o juízo de mérito.
(Acórdão nº 2.955/2012-Plenário. Relator: ministro José Jorge)

j) não cabimento:

Não se conhece de embargos de declaração contra notificação do TCU, pois tal espécie recursal é meio para corrigir ato de cunho decisório, não servindo para dirimir dúvidas em relação a atos meramente de comunicação do Tribunal.
(Acórdão nº 11.289/2020-Primeira Câmara, relator: ministro-substituto Marcos Bemquerer)

CAPÍTULO 20

PRESCRIÇÃO

A prescrição é a extinção da pretensão, ou seja, do direito de pleitear o exercício de um direito material perante a jurisdição competente devido ao transcurso do tempo. Ela denota a inércia do titular de determinado direito, ou, na perspectiva do processo de controle externo, do tribunal de contas competente, que age em substituição à Administração Pública no impulsionamento da pretensão de reaver prejuízos causados ao Erário na gestão de bens e recursos públicos e de aplicar sanções em virtude da violação da legislação pertinente. Tal pretensão é detida pelo Estado e exercida perante a própria Corte de Contas no âmbito do controle financeiro.

Por essa razão, fala-se em prescrição da pretensão ressarcitória e em prescrição da pretensão punitiva, não obstante não haja propriamente partes no processo de controle externo, tal como no processo judicial contencioso.

O tema da prescrição foi objeto de vasta discussão nos últimos anos devido à mudança de entendimento no STF a respeito da prescritibilidade da pretensão de ressarcimento ao Erário fundada em decisão de Tribunal de Contas, objeto do Tema 899 da repercussão geral.

Antes de abordar o modo como a matéria restou assentada na jurisprudência da Suprema Corte e do TCU, mostra-se oportuno traçar um breve histórico a respeito dos entendimentos esposados sobre o tema.

20.1 Posicionamento inicial do TCU e do STF sobre o tema

A controvérsia decorreu, basicamente, da ausência de dispositivo expresso tratando da prescrição nos processos de controle externo. Além disso, a matéria ganhou uma complexidade adicional devido à obscura redação do art. 37, §5º, da CF/1988, especialmente de sua parte final, *in verbis*: "A lei estabelecerá os prazos de prescrição para ilícitos praticados por qualquer agente, servidor ou não, que causem prejuízos ao Erário, *ressalvadas as respectivas ações de ressarcimento*" (grifos acrescidos).

Durante alguns anos, foi majoritária no TCU a tese de que as ações de ressarcimento ao Erário estavam sujeitas ao prazo vintenário previsto no Código Civil. Nesse sentido, invocam-se os Acórdãos nºs 11/1998-Segunda Câmara e 71/2000-Plenário, ambos relatados pelo ministro Bento Bugarin, dentre outros.

Entretanto, a partir de 2001, ganhou força o entendimento contrário, de que as ações de ressarcimento movidas pelo Estado contra os agentes causadores de danos ao

Erário eram imprescritíveis. A questão foi pacificada com o julgamento proferido pelo STF no Mandado de Segurança nº 26.210/DF (relator: ministro Ricardo Lewandowski). Na ocasião, a Suprema Corte apreciou ação interposta contra decisão do TCU que havia condenado responsável ao pagamento de débito, tendo decidido pela incidência da parte final do art. 37, §5º, da CF/1988, no tocante à alegada prescrição.

A partir desse julgado, houve reiteradas decisões do próprio STF e do TCU no mesmo sentido, o que culminou com a edição da Súmula TCU nº 282 com o seguinte teor: "As ações de ressarcimento movidas pelo Estado contra os agentes causadores de danos ao Erário são imprescritíveis".

Quanto à prescrição da pretensão punitiva, a matéria foi resolvida em incidente de uniformização de jurisprudência apreciado por meio do Acórdão nº 1.441/2016-Plenário (redator: ministro Walton Alencar), que deixou assente a seguinte exegese: "a pretensão punitiva do Tribunal de Contas da União subordina-se ao prazo geral de prescrição indicado no art. 205 do Código Civil".

20.2 Alteração da jurisprudência do STF

Retomando ao tema da prescrição da pretensão ressarcitória, a convergência de entendimentos começou a se alterar com o julgamento do Recurso Extraordinário nº 669.069 (relator: ministro Teori Zavascki), no qual se discutiu o Tema 666, da repercussão geral. Ao final, o STF negou provimento ao recurso da AGU e assentou a seguinte tese: "é prescritível a ação de reparação de danos à Fazenda Pública decorrente de ilícito civil".

Interessante notar que não foi fixado qual seria o prazo prescricional. Não obstante, o ministro relator defendeu o uso do prazo trienal previsto no Código Civil para a reparação civil, como se verifica na seguinte passagem de seu voto:

> Assim, até 31 de dezembro de 2002, estava a demanda em questão submetida ao prazo prescricional vintenário, ficando, a partir de 1º de janeiro de 2003, imediatamente sujeita às regras prescricionais da nova codificação, que, segundo o art. 206, §3º, V, é de três anos em matéria de reparação civil.

Não houve unanimidade entre os ministros do STF quanto à incidência desse prazo. Alguns defendiam o lapso quinquenal (regras de Direito Público), enquanto outros, o decenal (prazo geral do novo Código Civil). Ao final, como essa questão não foi aduzida no recurso da Fazenda Pública, por força do princípio devolutivo, a decisão quanto ao lapso temporal foi deixada para outro momento.[332]

Posteriormente, o tema voltou à baila na Suprema Corte, por ocasião do julgamento do Recurso Extraordinário nº 852.475/SP (redator: ministro Édson Fachin), no qual se discutia o Tema 897 da repercussão geral. Ao final, em maioria bastante apertada, o Tribunal decidiu, conforme a ementa do julgado:

> DIREITO CONSTITUCIONAL. DIREITO ADMINISTRATIVO. RESSARCIMENTO AO ERÁRIO. IMPRESCRITIBILIDADE. SENTIDO E ALCANCE DO ART. 37, §5º, DA

---

[332] ZYMLER, Benjamin; MOREIRA, Daniel Miranda Barros. Ressarcimento baseado em decisão do TCU. *Interesse Público*, Belo Horizonte, v. 22, n. 123, p. 208, set./out. 2020.

CONSTITUIÇÃO. *1. A prescrição é instituto que milita em favor da estabilização das relações sociais.* 2. Há, no entanto, uma série de exceções explícitas no texto constitucional, como a prática dos crimes de racismo (art. 5º, XLII, CRFB) e da ação de grupos armados, civis ou militares, contra a ordem constitucional e o Estado Democrático (art. 5º, XLIV, CRFB). 3. *O texto constitucional é expresso (art. 37, §5º, CRFB) ao prever que a lei estabelecerá os prazos de prescrição para ilícitos na esfera cível ou penal, aqui entendidas em sentido amplo, que gerem prejuízo ao erário e sejam praticados por qualquer agente.* 4. A Constituição, no mesmo dispositivo (art. 37, §5º, CRFB) decota de tal comando para o Legislador as ações cíveis de ressarcimento ao erário, tornando-as, assim, imprescritíveis. 5. *São, portanto, imprescritíveis as ações de ressarcimento ao erário fundadas na prática de ato doloso tipificado na Lei de Improbidade Administrativa.* 6. Parcial provimento do recurso extraordinário para (i) afastar a prescrição da sanção de ressarcimento e (ii) determinar que o tribunal recorrido, superada a preliminar de mérito pela imprescritibilidade das ações de ressarcimento por improbidade administrativa, aprecie o mérito apenas quanto à pretensão de ressarcimento. (grifos acrescidos)

É importante ressaltar que, à época do julgado, existiam quatro tipos de atos de improbidade administrativa – i) os que importavam enriquecimento ilícito; ii) os que causavam prejuízo ao Erário; iii) os decorrentes de concessão ou aplicação indevida de benefício financeiro ou tributário; e iv) os que atentavam contra princípios da Administração Pública –, sendo que a jurisprudência pacífica dos Tribunais Superiores era no sentido de que apenas o ato de improbidade que causa prejuízo ao Erário admitia a conduta culposa do agente público/terceiro, de sorte que os demais somente podiam ser cometidos a título doloso.

Como se vê, o aludido julgado não afetava expressamente a atuação dos tribunais de contas na apuração da responsabilidade financeira reintegratória, uma vez que cuidava dos ressarcimentos ao Erário decorrentes de ação de improbidade administrativa.

Todavia, a questão sofreu enorme guinada com o julgamento do Recurso Extraordinário nº 636.886/AL (relator: ministro Alexandre de Moraes), relativo ao Tema 899 da repercussão geral. O referido julgado tratou de acórdão do Tribunal Regional Federal da 5ª Região que havia reconhecido a prescrição intercorrente em ação de execução fiscal de acórdão proferido pelo TCU após aquela permanecer parada por cinco anos sem que a Fazenda Pública adotasse qualquer diligência. Isso levou as instâncias ordinárias a reconhecerem a prescrição intercorrente com fulcro no art. 40, §4º, da Lei nº 6.830/1980, c/c art. 174 do CTN (prazo quinquenal).

Ao apreciar a matéria, o STF chegou à seguinte conclusão, exposta na ementa do julgado (transcrita no essencial):

EMENTA: CONSTITUCIONAL E ADMINISTRATIVO. REPERCUSSÃO GERAL. EXECUÇÃO FUNDADA EM ACÓRDÃO PROFERIDO PELO TRIBUNAL DE CONTAS DA UNIÃO. PRETENSÃO DE RESSARCIMENTO AO ERÁRIO. ART. 37, §5º, DA CONSTITUIÇÃO FEDERAL. PRESCRITIBILIDADE.
[...]
3. A excepcionalidade reconhecida pela maioria do SUPREMO TRIBUNAL FEDERAL no TEMA 897, portanto, não se encontra presente RE 636886 / AL no caso em análise, uma vez que, no processo de tomada de contas, o TCU não julga pessoas, não perquirindo a existência de dolo decorrente de ato de improbidade administrativa, mas, especificamente, realiza o julgamento técnico das contas à partir da reunião dos elementos objeto da fiscalização e

apurada a ocorrência de irregularidade de que resulte dano ao erário, proferindo o acórdão em que se imputa o débito ao responsável, para fins de se obter o respectivo ressarcimento.
4. A pretensão de ressarcimento ao erário em face de agentes públicos reconhecida em acórdão de Tribunal de Contas prescreve na forma da Lei 6.830/1980 (Lei de Execução Fiscal).

Na ocasião, o Pretório Excelso assentou a seguinte tese: "é prescritível a pretensão de ressarcimento ao erário fundada em decisão de Tribunal de Contas".

Posteriormente, houve a interposição de embargos de declaração pela União a fim de que o STF esclarecesse a norma aplicável para a verificação da prescrição, o termo inicial de contagem e os marcos suspensivos e interruptivos do prazo prescricional. Além disso, defendeu a modulação dos efeitos da decisão proferida.

A matéria foi apreciada em 23.08.2021, tendo a Suprema Corte decidido que o acórdão embargado não continha omissões, contradições e obscuridades. Na oportunidade, o ministro relator Alexandre de Moraes ressaltou que a decisão original não tinha analisado o prazo para constituição do título executivo, mas apenas a fase posterior à sua formação, de modo que seriam "impertinentes as alegações do embargante no sentido de que devem ser esclarecidos o regramento, bem como os marcos inicial, suspensivos e interruptivos do prazo de prescrição, aplicáveis para o exercício da pretensão punitiva pelo TCU".

O teor do julgamento dos embargos de declaração ensejou, em um primeiro momento, a manutenção do entendimento do TCU de que a pretensão ressarcitória veiculada em seus processos permanecia imprescritível, uma vez que o STF havia tratado apenas da pretensão da fase executória. Tal entendimento foi esposado em uma profusão de acórdãos, o que culminou com a interposição de vários mandados de segurança junto ao STF suscitando o reconhecimento da prescrição também na fase de conhecimento da matéria, no âmbito dos tribunais de contas.

Depois de seguidas decisões da Suprema Corte com significativa tendência à convergência de que o prazo prescricional da pretensão ressarcitória, na fase constitutiva do título executivo, seria de cinco anos a contar da data do fato, por aplicação direta das regras da Lei nº 9.873/1999, o Tribunal decidiu, por meio do Acórdão nº 459/2022-Plenário (relator: ministro Antonio Anastasia), determinar a formação de grupo técnico de trabalho para que apresentasse projeto de normativo que disciplinasse:

> [...] de forma completa e detalhada, o tema da prescrição da pretensão ressarcitória e da prescrição da pretensão punitiva no âmbito do controle externo, tendo por base jurisprudência predominante do Supremo Tribunal Federal, adequando-a às especificidades das diversas formas de atuação do Tribunal de Contas da União, devendo incluir, no estudo que fundamentará o projeto de normativo, avaliação do impacto das teses prescricionais discutidas sobre as responsabilidades e danos apurados nos processos em andamento no Tribunal, sobretudo os mais sensíveis, relevantes e de elevada materialidade.

Em cumprimento, o Tribunal aprovou, por meio do Acórdão nº 2.285/2022-Plenário (relator: ministro Antonio Anastasia), a Resolução TCU nº 344, de 11 de novembro de 2022, cujo teor passa-se a discutir.

20.3 Regulamentação pelo TCU

Para a disciplina da matéria, o TCU tomou como base as conclusões do julgamento, pelo STF, da ADI nº 5.509 (relator: ministro Édson Fachin), proferido posteriormente ao Recurso Extraordinário nº 636.886. Apesar de o inteiro teor do acórdão ainda não ter sido disponibilizado no momento que escrevemos este capítulo da obra, foram essas as conclusões manejadas no voto conduto do aresto:

a) a atuação fiscalizatória dos Tribunais de Contas está sujeita à Lei nº 9.873, de 23 de novembro de 1999, de incidência direta ou por analogia;

b) o termo inicial da contagem da prescrição é o do ingresso do processo de fiscalização no Tribunal de Contas;

c) a atuação de ofício ou provocada dos Tribunais de Contas – por meio, respectivamente, de auditorias e de representações, por exemplo – também deve ser caracterizada como marco inicial para a contagem do prazo prescricional.

Essa foi, portanto, a razão pela qual a Resolução TCU nº 344/2022 estipulou, em seu art. 1º, que a prescrição nos processos de controle externo em curso no TCU observará o disposto na Lei nº 9.873/1999, na forma aplicada pelo STF, em especial a ADI nº 5.509.

Todavia, a norma excluiu de sua incidência os processos de apreciação para fins de registro, da legalidade dos atos de admissão de pessoal ou de concessão de aposentadorias, reformas e pensões, os quais estão sujeitos a outra lógica, estando submetidos ao instituto da decadência. O tema será no próximo capítulo.

Nesse cenário, restou definido, no art. 2º da resolução, que as pretensões punitiva e de ressarcimento prescreviam em cinco anos, contados dos termos iniciais indicados no artigo 4º, conforme cada caso.

Por outro lado, foi estipulado que a prescrição no TCU seria regida pelo prazo previsto na lei penal caso os fatos fossem objeto de denúncia recebida na esfera criminal (art. 3º). Alterado o enquadramento típico na ação penal, o prazo de prescrição definido anteriormente deverá ser reavaliado conforme o parágrafo único do mencionado dispositivo.

Essas regras impõem ao Tribunal o desafio de buscar informações de processos criminais envolvendo o mesmo objeto dos processos de controle externo, o que pode constituir uma dificuldade adicional à missão de controle no caso de ações tramitando em segredo de justiça.

20.3.1 Contagem da prescrição

Segundo o art. 4º da resolução, o prazo de prescrição será contado:

a) da data em que as contas deveriam ter sido prestadas no caso de omissão de prestação de contas;

b) da data da apresentação da prestação de contas ao órgão competente para a sua análise inicial;

c) do recebimento da denúncia ou da representação pelo Tribunal ou pelos órgãos de controle interno, quanto às apurações decorrentes de processos dessas naturezas;

d) da data do conhecimento da irregularidade ou do dano, quando constatados em fiscalização realizada pelo Tribunal, pelos órgãos de controle interno ou pelo próprio órgão ou entidade da Administração Pública onde ocorrer a irregularidade;

e) do dia em que tiver cessado a permanência ou a continuidade, no caso de irregularidade permanente ou continuada.

A partir desse termo *a quo*, inicia-se a contagem do prazo prescricional de cinco anos, de sorte que a prescrição será configurada caso não ocorra nenhuma das seguintes causas interruptivas da prescrição consignadas no art. 5º:

Conforme o aludido dispositivo, a prescrição se interrompe:

a) pela notificação, oitiva, citação ou audiência do responsável, inclusive por edital;

b) por qualquer ato inequívoco de apuração do fato;

c) por qualquer ato inequívoco de tentativa de solução conciliatória;

d) pela decisão condenatória recorrível.

Como regra, a prescrição é interrompida pela primeira vez pelos fatos indicados nas letras "a" e "b" *supra*. A prescrição pode ser interrompida mais de uma vez por causas distintas ou por uma mesma causa desde que, por sua natureza, essa causa seja repetível no curso do processo nos termos do §1º.

Interrompida a prescrição, começa a correr novo prazo a partir do ato interruptivo, ou seja, recomeça a contagem do prazo prescricional de cinco anos.

O §3º do art. 5º elenca os fatos processuais que não interrompem a prescrição. São eles:

a) o pedido e concessão de vista dos autos;

b) a emissão de certidões;

c) a prestação de informações;

d) a juntada de procuração ou substabelecimento; e

e) outros atos de instrução processual de mero seguimento do curso das apurações.

Com relação à tentativa de solução conciliatória, considerando a ausência de norma que autorize o TCU a firmar acordos assemelhados aos de leniência, entende-se que o dispositivo apenas se aplica às situações em que a própria Administração ou os órgãos legitimados celebrarem instrumentos consensuais envolvendo fatos que possam vir a ser objeto de apuração no Tribunal.

Dessa forma, apesar de o §4º do art. 5º prever que essa causa de interrupção pode ocorrer a partir da iniciativa do próprio órgão ou entidade da Administração Pública onde for praticada a irregularidade, compreende-se que esta é a única hipótese em que o inciso III do *caput* é aplicável nos processos de controle externo.

Em verdade, o aproveitamento de causas interruptivas de outros processos é admitido de forma mais ampla no art. 6º da resolução, quando se tratar de fato coincidente ou que esteja na linha de desdobramento causal da irregularidade ou do dano em apuração.

Tal ocorre, por exemplo, com os atos praticados pelos órgãos repassadores de recursos mediante transferências voluntárias e os de controle interno, durante a fase interna de tomadas de contas especiais. Os atos praticados nessa etapa de apuração que possam ser enquadrados no *caput* do art. 5º da resolução são considerados causas interruptivas, para fins de verificação das condições de processabilidade dos fatos na fase externa das tomadas de contas especiais. Assim, a ação do TCU, no exercício da missão de controle externo, pode ser alcançada pela prescrição, caso ocorra inércia da entidade da Administração pelo transcurso do prazo prescricional entre dois desses marcos interruptivos.

O dispositivo também se aplica às tomadas de contas especiais originárias da conversão de processos de fiscalização no âmbito do próprio TCU, bem como aos processos autuados pelo Tribunal de forma apartada, para o prosseguimento da apuração de indícios de irregularidades. Em suma, as causas interruptivas de um processo de controle externo podem ser aproveitadas em outro que constitua um desdobramento da análise de irregularidade ou do dano em apuração.

Segundo o art. 7º, o prazo de prescrição não corre nas seguintes situações, que configuram, portanto, *causas suspensivas* da prescrição:

a) enquanto estiver vigente decisão judicial que determinar a suspensão do processo ou, de outro modo, paralisar a apuração do dano ou da irregularidade ou obstar a execução da condenação;

b) durante o sobrestamento do processo, desde que não tenha sido provocado pelo TCU, mas sim por fatos alheios à sua vontade, fundamentadamente demonstrados na decisão que determinar o sobrestamento;

c) durante o prazo conferido pelo Tribunal para o pagamento da dívida na forma do art. 12, §2º, da Lei nº 8.443, de 16 de julho de 1992;

d) enquanto estiver ocorrendo o recolhimento parcelado da importância devida ou o desconto parcelado da dívida nos vencimentos, salários ou proventos do responsável;

e) no período em que, a juízo do Tribunal, justificar-se a suspensão das apurações ou da exigibilidade da condenação quanto a fatos abrangidos em acordo de leniência, termo de cessação de conduta, acordo de não persecução civil, acordo de não persecução penal ou instrumento análogo, celebrado na forma da legislação pertinente;

f) sempre que delongado o processo por razão imputável unicamente ao responsável, a exemplo da submissão extemporânea de elementos adicionais, pedidos de dilação de prazos ou realização de diligências necessárias causadas por conta de algum fato novo trazido pelo jurisdicionado não suficientemente documentado nas manifestações processuais.

Interessante notar que o sobrestamento do processo pelo próprio TCU, devido à necessidade de apurar matéria ou fato que obste seu regular prosseguimento, em processo apartado no âmbito do próprio Tribunal, não é considerado causa suspensiva da prescrição, nos termos do inciso II do art. 7º. Nesses casos, a prescrição continua a correr, sendo aplicável o art. 6º da mesma norma, comentado anteriormente, sendo aproveitadas as causas interruptivas verificadas no processo sobrestante, uma vez que ambos os feitos constituem uma espécie de desdobramento causal da irregularidade ou do dano em apuração.

20.3.2 Prescrição intercorrente

O art. 8º da resolução trata da chamada prescrição intercorrente. Conforme o dispositivo, esta se verifica se o processo ficar paralisado por mais de três anos, pendente de julgamento ou despacho, sem prejuízo da responsabilidade funcional decorrente da paralisação, se for o caso.

Antes de avançar o estudo do conteúdo da norma, cabe explorar o conceito de prescrição intercorrente, tomando como norte a doutrina produzida no âmbito do Direito Processual Civil.

Conforme Luiz Guilherme Marinoni, Sérgio Cruz Arrenhart e Daniel Mitidiero:

> [...] a prescrição intercorrente é aquela que se verifica no curso do processo, e não antes da propositura da ação e da instauração do processo, como ocorre com a prescrição clássica. A rigor, não se trata de prescrição, já que sua incidência no curso do processo impede a sua caracterização como extinção de uma nova pretensão. Trata-se de figura anômala – muito mais parecida com a perempção ou com a preclusão do que com a prescrição –, criada pela doutrina e hoje contemplada por alguns preceitos legais, que faz extinguir o processo por inação da parte.[333]

Dessa forma, a condição essencial para que se verifique a prescrição intercorrente é que tenha havido a constituição do processo, uma vez que ela somente ocorre no curso deste, daí a qualificação "intercorrente", que significa aquilo que sobrevém no curso de algo.

Não obstante, a incidência do instituto depende das regras de cada tipo processual, havendo situações, por exemplo, que a prescrição intercorrente não é prevista na etapa de conhecimento, sendo configurada apenas na etapa da execução. Tal ocorre no processo civil, a teor do art. 921, §4º, do CPC, que até substituiu o termo "prescrição intercorrente" por "prescrição no curso do processo".

Quanto aos processos de controle externo, há uma nota de singularidade, uma vez que este pode se desenvolver a partir de processos autuados no âmbito da própria Administração, como é o caso das tomadas de contas especiais.

Assim, a dúvida que surge é se as regras de prescrição intercorrente previstas na Resolução nº 344/2022 se aplicam apenas ao processo constituído pelo TCU ou se elas também incidem nos processos administrativos antecedentes, que sejam parte do fluxo ordinário de apuração da irregularidade ou do dano, no âmbito da Administração Pública.

Outra questão que sobressai é saber a partir de quando começa a fluir a prescrição intercorrente, se desde a constituição física do processo administrativo para apuração dos fatos ou notificação dos responsáveis, quando constituída propriamente a relação processual.

Sobre o primeiro ponto, há vários precedentes do Tribunal, emanados após a edição da Resolução TCU nº 344/2022, reconhecendo a prescrição intercorrente na fase interna da tomada de contas especial ainda no âmbito dos órgãos repassadores dos recursos, responsáveis originariamente pela autuação desse procedimento. Nesse sentido, invocam-se os Acórdãos nºs 2.775/2022-Plenário (relator: ministro Benjamin Zymler), 10.470/2022-Primeira Câmara (relator: ministro Walton Alencar) e 10.469/2022-Primeira Câmara (relator: ministro Walton Alencar).

---

[333] MARINONI, Luiz Guilherme; ARENHART, Sérgio Cruz; MITIDIERO, Daniel. *Novo Curso de Processo Civil*. São Paulo: Revista dos Tribunais, 2017, p. 656.

Considerando que os referidos processos administrativos são regidos pela Instrução Normativa TCU nº 71, de 28 de novembro de 2012,[334] é razoável que eles sejam disciplinados pelas mesmas regras de verificação da prescrição intercorrente impostas ao Tribunal. Nessa perspectiva, entende-se correto o tratamento uniforme dado à matéria pela jurisprudência da Corte de Contas.

Com relação à segunda questão, o TCU já deliberou pela ocorrência de prescrição intercorrente em período anterior à constituição da tomada de contas especial pelo órgão da administração, ainda na etapa administrativa antecedente, no Acórdão nº 2.775/2022-Plenário (relator: ministro Benjamin Zymler). Em outras decisões, o Tribunal reconheceu o incidente antes mesmo da notificação do responsável, também na fase administrativa antecedente (Acórdão nº 10.458/2022-Primeira Câmara. Relator: ministro Walton Alencar; Acórdão nº 815/2022-Segunda Câmara. Relator: ministro Bruno Dantas).

Essas questões foram debatidas com mais profundidade por ocasião do julgamento do Acórdão nº 534/2023-Plenário (relator: ministro Benjamin Zymler), tendo o Tribunal decidido que a contagem da prescrição intercorrente também ocorria na fase interna da tomada de contas especial, inclusive na etapa administrativa anterior para apuração dos fatos e eventual elisão dos danos. Na oportunidade, o TCU fixou o entendimento de que "o marco inicial da fluição da prescrição intercorrente se inicia somente a partir da ocorrência do primeiro marco interruptivo da prescrição ordinária, consoante elencado no art. 5º da nominada Resolução".

Conforme o §1º do art. 8º, a prescrição intercorrente interrompe-se por qualquer ato que evidencie o andamento regular do processo, excetuando-se pedido e concessão de vista dos autos, emissão de certidões, prestação de informações, juntada de procuração ou substabelecimento e outros atos que não interfiram de modo relevante no curso das apurações.

O dispositivo sugere que as causas interruptivas da prescrição intercorrente são mais amplas que as da prescrição comum, uma vez que, diferentemente desta, qualquer ato que impulsione o processo é apto a interromper a contagem daquela.[335] A título de exemplo, um mero despacho de distribuição do processo para instrução, sem a efetivação desta pelo setor competente, pode constituir uma causa de interrupção da prescrição intercorrente, mas não da prescrição comum, uma vez não teria havido propriamente um ato inequívoco de apuração do fato, nem outro fato catalogado na relação exaustiva do art. 5º.

Segundo o §2º, as causas impeditivas, suspensivas e interruptivas da prescrição principal também impedem, suspendem ou interrompem a prescrição intercorrente. Trata-se de uma consequência lógica e esperada, já que os prazos de ambas correm simultaneamente, sendo razoável que um evento que interfira na contagem daquela

---

[334] Conforme visto, essa norma visa regulamentar a obrigação prevista no art. 8º da LOTCU, imposta à autoridade administrativa competente, sob pena de responsabilidade solidária, de imediatamente adotar providências com vistas à instauração da tomada de contas especial para apuração dos fatos, identificação dos responsáveis e quantificação do dano, nas hipóteses de omissão no dever de prestar contas, de não comprovação da aplicação dos recursos repassados pela União, na forma prevista no inciso VII do art. 5º desta Lei, de ocorrência de desfalque ou desvio de dinheiros, bens ou valores públicos, ou, ainda, de prática de qualquer ato ilegal, ilegítimo ou antieconômico de que resulte dano ao Erário,

[335] Quanto à prescrição comum, vimos que a sua interrupção somente se configura com a ocorrência de uma das hipóteses previstas no rol taxativo do *caput* do art. 5º.

também afete a configuração desta. Por outro lado, nem sempre a interrupção da prescrição intercorrente causa o mesmo efeito sobre a prescrição principal, até porque os marcos interruptivos desta são mais restritos que os daquela, conforme já visto.

20.3.3 Demais disposições sobre o tema

Segundo o art. 9º, a interposição do recurso de revisão previsto no art. 35 da LOTCU dá origem a um novo processo de controle externo para fins de incidência dos prazos prescricionais. Tal ocorre porque a referida espécie recursal tem natureza rescisória e deve ser tratada como uma ação autônoma de impugnação, em analogia com o CPC.

O objetivo da regra, conforme pontuado à época da discussão da resolução no Plenário, foi evitar possíveis interpretações no sentido de que o recurso de revisão poderia ser manejado com a finalidade exclusiva de discutir a prescrição nas etapas anteriores do processo, quando este já transitou em julgado.

Interposto o recurso de revisão, cabe a verificação da prescrição apenas no curso desse novo processo de controle externo, nos expediente interpostos pelo MPTCU para eventual condenação dos responsáveis em débito e/ou multa, em processos de contas, cujo termo inicial de contagem é ingresso do recurso de revisão.

No caso de recursos de revisão interpostos por responsáveis condenados originariamente em débito e multa, não cabe falar em prescrição por inação da Administração Pública, tampouco do próprio Tribunal no exercício da jurisdição de contas, de sorte que a eventual demora no julgamento da matéria, superando os marcos regulamentares, não impõe qualquer perda de direito do Estado-Administração, não havendo óbice ao julgamento do recurso.

Não obstante a regra prevista no dispositivo supramencionado, o art. 10 estipula que a ocorrência de prescrição será aferida, de ofício ou por provocação do interessado, em qualquer fase do processo. Tentando harmonizar as duas disposições, interpreta-se que o Tribunal pode, na análise de um recurso de revisão, reconhecer a ocorrência de prescrição na etapa anterior da interposição do expediente recursal, desde que esta não seja manejada unicamente para discutir a matéria.

Não obstante, a resolução estabelece uma hipótese de impedimento absoluto de análise da prescrição: quando o Tribunal já tiver remetido a documentação pertinente aos órgãos ou entidades executores para a cobrança judicial da dívida, hipótese em que o TCU não se manifestará sobre eventual pedido formulado nesse sentido, nos termos do §1º do art. 10. Tal ocorreu no Acórdão nº 1.216/2022-Plenário (relator: ministro Walton Alencar).

O reconhecimento da prescrição da pretensão punitiva e da pretensão ressarcitória em relação à totalidade das irregularidades pelo Tribunal ensejará o arquivamento do processo, com relação à apuração das responsabilidades financeiras sancionatória e reintegratória. Não obstante, esse fato não impede o julgamento das contas, a adoção de determinações, recomendações ou outras providências motivadas pelas ocorrências, destinadas a reorientar a atuação administrativa, consoante o art. 12.

Todavia, o julgamento das contas, nesta hipótese, somente ocorrerá se a matéria for relevante; exceder em 100 vezes o valor mínimo para a instauração de tomada de contas especial; e já tiver sido realizada a citação ou audiência, consoante o parágrafo único do art. 12.

Verificada a prescrição, o TCU poderá imputar o dano ao Erário integralmente a quem lhe deu causa, na forma do art. 13 da resolução.

Ademais, o Tribunal pode remeter cópia da documentação pertinente ao Ministério Público da União para ajuizamento das ações cabíveis se houver indícios de crime ou da prática de ato de improbidade administrativa.

Da mesma forma, o respectivo órgão de controle interno ou a autoridade superior competente deverá promover a imediata apuração da inércia de agente público na ocorrência de prescrição e dar a imediata ciência da falha ao TCU, sob pena de responsabilidade solidária.

Segundo o §2º do art. 13, o próprio TCU poderá promover a apuração administrativa sobre a responsabilidade pela prescrição causada por omissão da autoridade administrativa competente ou do agente público no exercício da atividade de controle interno, aplicando-lhe as sanções cabíveis proporcionais à conduta e, se for o caso, imputando-lhe a integralidade débito, quando comprovado o dolo.

A Resolução nº 344/2022 trouxe regras de gestão do estoque processual a fim de reduzir os riscos de ocorrência de prescrição, em virtude de conduta omissiva na condução do feito pelo próprio TCU.

Segundo ao art. 14, os processos com maior risco de prescrição das pretensões punitiva ou ressarcitória terão andamento urgente e tratamento prioritário pelas unidades técnicas e pelos gabinetes, sendo objeto de alerta específico a ser regulamentado pela Presidência.

Outra regra interessante, no mesmo sentido de evitar a consumação de prescrição por inércia do próprio Tribunal, é a especificada no art. 16. Conforme o dispositivo, o autor de proposta para apensamento de processo deve apresentar a correspondente análise sobre o efeito da prescrição no processo a ser apensado. Tal medida se mostra importante para orientar a própria decisão de apensamento e, ainda, a prática dos demais atos necessários à instrução da matéria, de modo a cumprir os marcos interruptivos previstos na resolução.

Segundo o art. 15, os atos necessários à operacionalização da resolução serão expedidos pela Presidência ou pelo Tribunal. No momento em que este livro estava sendo escrito, ainda não havia sido editada nenhuma portaria a respeito do tema.

A norma trouxe uma regra de direito intertemporal para os fatos ocorridos antes de 1º de julho de 1995. Nesse caso, aplica-se a regra de direito intertemporal prevista no art. 4º da Lei nº 9.873/1999.

O referido dispositivo estipula que "ressalvadas as hipóteses de interrupção previstas no art. 2º, para as infrações ocorridas há mais de três anos, contados do dia 1º de julho de 1998, a prescrição operará em dois anos, a partir dessa data".

Para a compreensão do dispositivo, é importante ressaltar que a Lei nº 9.873/1999 surgiu da conversão de medidas provisórias reeditadas sucessivamente, sendo que a primeira delas, a de nº 1.708, de 30 de junho de 1998, já trazia essa regra de direito intertemporal, tomando como referência a data de sua publicação no Diário Oficial da União (1º.7.1998).

O objetivo foi submeter todos os atos anteriores a 1º.7.1995, na prática, ao mesmo regime de prescrição limitada a cinco anos (3 anos antes de 1º.7.1998 + 2 anos após essa data) e, simultaneamente, possibilitar que a Administração apurasse eventuais infrações no prazo adicional de 2 anos estipulado.

O propósito do art. 15 da resolução foi apenas dar aos atos apurados na jurisdição de contas o mesmo tratamento ofertado pela legislação que rege o poder de polícia no período de transição daquela.

Quanto à incidência da resolução, esta somente se aplica aos processos nos quais não tenha ocorrido o trânsito em julgado no TCU até a data de publicação desta norma, que ocorreu no BTCU Deliberações nº 198 de 21.10.2022.

A medida está coerente com a interpretação do STF a respeito das mudanças dos prescricionais da LIA, as quais somente atingem os processos em curso, que não estejam transitados em julgado.

Seguem alguns precedentes sobre a matéria:

Em processos que envolvam a análise de diversas irregularidades, o ato de apuração relativo a uma irregularidade específica não interrompe a contagem da prescrição para as demais. A interrupção da prescrição por ato inequívoco que importe apuração do fato exige identidade entre as irregularidades investigadas e aquelas que futuramente venham a justificar o exercício da pretensão punitiva ou ressarcitória.
(Acórdão nº 668/2023-Plenário. Relator: ministro Walton Alencar)

Despacho declaratório de impedimento para relatar processo, com o consequente sorteio de novo relator, não interrompe o curso da prescrição (arts. 5º, §3º, e 8º, §1º, da Resolução TCU 344/2022).
(Acórdão nº 579/2023-Plenário. Relator: ministro Vital do Rêgo)

No caso de as datas suscitadas para avaliação da prescrição encontrarem-se precisamente no limiar prescritivo, a prescrição deve ser reconhecida, assumindo-se que os prazos de meses e anos expiram no dia de igual número do de início (art. 132, §3º, do Código Civil).
(Acórdão nº 2.151/2023-Primeira Câmara. Relator: ministro Benjamin Zymler)

Ato inequívoco de apuração dos fatos (art. 5º, inciso II, da Resolução TCU 344/2022) constitui causa objetiva de interrupção do prazo prescricional, que atinge todos os possíveis responsáveis indistintamente, pois possui natureza geral, de sorte a possibilitar a identificação dos responsáveis. Contudo, a oitiva, a notificação, a citação ou a audiência (art. 5º, inciso I, do mencionado normativo) constituem causas de interrupção de natureza pessoal, com efeitos somente em relação ao responsável destinatário da comunicação do TCU.
(Acórdão nº 2.219/2023-Segunda Câmara. Relator: ministro Jhonatan de Jesus)

Nas denúncias e representações apresentadas ao TCU, a data de início da contagem do prazo prescricional (art. 4º, inciso III, da Resolução TCU 344/2022) deve ser a do recebimento da documentação pelo protocolo do Tribunal, e não a data de autuação do respectivo processo.
(Acórdão nº 1.730/2023-Segunda Câmara. Relator: ministro Antonio Anastasia)

CAPÍTULO 21

DECADÊNCIA

Nas palavras de Antônio Luís da Câmara Leal, a decadência é "a extinção do direito pela inércia do seu titular, quando sua eficácia foi, de origem, subordinada à condição de seu exercício, dentro de um prazo prefixado, e este se esgotou sem que esse exercício se tivesse verificado".[336] Trata-se, portanto, da perda de um direito subjetivo pelo comportamento do próprio titular.

Diferencia-se, assim, da prescrição, que corresponde à perda de outro direito, de ordem processual, de pleitear a satisfação de um direito material perante uma instância competente, devido à eventual resistência deste por um terceiro. Cuida-se, portanto, da perda do direito de ação pelo comportamento do próprio titular após a violação de um direito material por um terceiro.

Em síntese, a decadência gera a extinção de um direito subjetivo, enquanto a prescrição acarreta a extinção de uma pretensão a ser exercida perante um órgão com poder de decidir, configurando assim a perda de um direito de ação (em sentido largo).

A despeito dessa base teórica, nem sempre é fácil distinguir os institutos na realidade prática. Antônio Luís da Câmara Leal apresenta os seguintes critérios para tanto:

> É de decadência o prazo estabelecido, pela lei ou pela vontade unilateral ou bilateral, quando prefixado ao exercício do direito pelo seu titular. *E será de prescrição quando fixado não para o exercício do direito, mas para o exercício que o protege.* Quando, porém, o direito deve ser exercido por meio da ação, originando-se ambos do mesmo fato, de modo que o exercício da ação representa o próprio exercício do direito, o prazo estabelecido para a ação deve ser tido como prefixado ao exercício do direito, sendo, portanto, de decadência, embora aparentemente se afigure de prescrição. Praticamente, portanto, *para se saber se um prazo estatuído para a ação é de decadência ou de prescrição, basta indagar se a ação constitui, em si, o exercício do direito, que lhe serve de fundamento, ou se tem por fim proteger um direito, cujo exercício é distinto do exercício da ação. No primeiro caso, o prazo é extintivo do direito e o seu decurso produz a decadência; no segundo caso, o prazo é extintivo da ação e o seu decurso produz a prescrição.*[337] (grifos acrescidos).

Francisco Ferreira Jorge Neto e Jouberto de Quadros Pessoa Cavalcante trouxeram outras distinções entre os institutos:

---

[336] LEAL, Antônio Luís da Câmara. *Da prescrição e da decadência*. Rio de Janeiro: Forense, 1959, p. 115.
[337] LEAL, Antônio Luís da Câmara. *Da prescrição e da decadência*. Rio de Janeiro: Forense, 1959, p. 130.

(a) a prescrição, ao contrário da decadência, pode ser suspensa ou interrompida, excetuando apenas a situação da incapacidade absoluta – art. 3º, CC (arts. 208 e 198, I, CC); (b) a prescrição só corre contra algumas pessoas, enquanto a decadência corre contra todos – erga omnes; (c) a decadência legal, diferentemente da prescrição, não pode ser renunciada (art. 209), a qual pode ser após sua consumação, sem prejuízo de terceiro (art. 191); (d) o prazo decadencial é fixado por lei ou por vontade unilateral ou bilateral das partes (art. 211), enquanto a prescrição somente é fixada por lei (art. 192).[338]

Agnelo Amorim Filho trata da distinção entre prescrição e decadência conforme a natureza da ação em discussão:

> 1º Estão sujeitas à prescrição: todas as ações condenatórias, e somente elas [...]; 2º Estão sujeitas à decadência (indiretamente, isto é, em virtude da decadência do direito a que correspondem): as ações constitutivas que têm prazo especial de exercício fixado em lei; 3º São perpétuas (imprescritíveis): (a) as ações constitutivas que não têm prazo especial de exercício fixado em lei; e (b) todas as ações declaratórias.[339]

21.1 Decadência administrativa

A decadência administrativa é a perda do direito da Administração de anular seus próprios atos ilegais, tendo em vista o decurso do tempo.

Tal como a decadência comum, tem como fundamento os princípios da segurança jurídica, da proteção da confiança legítima e da boa-fé dos administrados. O instituto materializa uma espécie de ponderação realizada pelo próprio legislador entre aqueles princípios e o da legalidade. Nessa perspectiva, admite-se a preservação de atos jurídicos ilegais se a Administração não exercer o seu poder de autotutela, no prazo especificado na lei.

No âmbito federal, a decadência administrativa foi positivada no art. 54 da Lei nº 9.784/1999, lavrado nos seguintes termos:

> Art. 54. O direito da Administração de anular os atos administrativos de que decorram efeitos favoráveis para os destinatários decai em cinco anos, contados da data em que foram praticados, salvo comprovada má-fé.
> §1º No caso de efeitos patrimoniais contínuos, o prazo de decadência contar-se-á da percepção do primeiro pagamento.
> §2º Considera-se exercício do direito de anular qualquer medida de autoridade administrativa que importe impugnação à validade do ato.

---

[338] JORGE NETO, Francisco Ferreira; CAVALCANTE, Jouberto de Quadros Pessoa. A decadência e a prescrição no direito brasileiro. *In*: CAMPILONGO, Celso Fernandes; GONZAGA Alvaro de Azevedo; FREIRE, André Luiz (coord.). *Enciclopédia jurídica da PUC-SP*. Tomo: Direito do Trabalho e Processo do Trabalho. Pedro Paulo Teixeira Manus e Suely Gitelman (coord. de tomo). 1. ed. São Paulo: Pontifícia Universidade Católica de São Paulo, 2017. Disponível em: https://enciclopediajuridica.pucsp.br/verbete/339/edicao-1/a-decadencia-e-a-prescricao-no-direito-brasileiro. Acesso em: 23 jan. 2022.

[339] AMORIM FILHO, Agnelo. Critério científico para distinguir a prescrição de decadência e para identificar as ações imprescritíveis. *Revista dos Tribunais*, v. 300, p. 37.

21.2 Decadência e os processos de controle externo

Tomando como base a teoria de Agnelo Amorim Filho vista no início do presente capítulo, os processos de controle externo cujo objeto seja a apuração da responsabilidade financeira por débito e/ou multa estão sujeitos a prescrição, uma vez que buscam a condenação dos responsáveis a uma obrigação de pagar. O mesmo se afirma dos processos do TCU voltados ao controle corretivo de atos e contratos, porquanto almejam a condenação das entidades jurisdicionadas a uma obrigação de fazer, qual seja, a correção de ilegalidades identificadas, no prazo fixado.

Em suma, o exercício das competências típicas de controle externo pelo TCU, consignadas nos incisos II, VIII e IX do art. 71 da CF/1988, *não* está sujeito ao instituto da decadência administrativa. Esse entendimento é pacífico na Corte de Contas, cabendo invocar, a título ilustrativo, a seguinte tese extraída do repositório da jurisprudência selecionada do Tribunal:

> Não incide a decadência administrativa, prevista no art. 54 da Lei 9.784/1999, aos processos por meio dos quais o TCU exerce a sua competência constitucional de controle externo.
> (Acórdão nº 911/2009-Primeira Câmara. Relator: ministro Marcos Vilaça)
> (Acórdão nº 1614/2010-Primeira Câmara. Relator: ministro José Múcio)

A decadência administrativa não gera efeitos sobre a jurisdição de contas, nem mesmo se ocorrer na fase interna do processo de tomada de contas especial. Nesse sentido:

> Eventual decadência ocorrida na fase interna da tomada de contas especial não tem repercussão no processo de controle externo. A decadência de que trata o art. 54, §1º, da Lei 9.784/1999 é aplicável ao TCU somente como meio de autotutela no desempenho de sua função administrativa, e não aos processos de controle externo.
> (Acórdão nº 8.206/2020-Primeira Câmara. Relator: ministro-substituto Weder de Oliveira)

Quanto aos processos de apreciação de atos de pessoal para fins de registro, o posicionamento do TCU a respeito do tema foi modificando com o tempo a partir de decisões do STF.

A princípio, a interpretação do Tribunal foi a de que o prazo decadencial estabelecido pelo art. 54 da Lei nº 9.784/1999 somente começava a fluir a partir do ato de registro do ato pelo Tribunal (Acórdãos nºs 1.704/2006-Primeira Câmara. Relator: ministro Guilherme Palmeira; e 700/2007-Primeira Câmara. Relator: ministro Aroldo Cedraz; dentre outros).

Isso implica dizer que, segundo esse primeiro entendimento, entre o ato concessório inicial e a manifestação do TCU, não corria nenhum prazo, podendo o Tribunal exercer a sua competência do art. 71, inciso III, da CF/1988, a qualquer tempo, não incidindo o instituto da decadência. As seguintes teses ilustravam esse posicionamento:

> Sendo complexo o ato de aposentadoria, o prazo para sua anulação começa a fluir a partir do momento em que ele se aperfeiçoa, com o respectivo registro pelo TCU. Assim, ainda que se admita a aplicabilidade da Lei 9.784/99 às atividades de controle externo, o prazo decadencial estabelecido pelo seu art. 54 não constitui impedimento à apreciação contemplada pelo art. 71, inciso III, da CF.
> (Acórdão nº 2.262/2007-Primeira Câmara. Relator: ministro Aroldo Cedraz)

A apreciação da legalidade da aposentadoria, culminada com o respectivo registro pelo TCU, é essencial para que o ato se aperfeiçoe para todos os fins de direito. A decadência prevista no art. 54 da Lei 9.784/1999 não se aplica aos processos de ato de concessão de aposentadoria, reforma e pensão apreciados pelo TCU.
(Acórdão nº 882/2008-Primeira Câmara. Relator: Guilherme Palmeira)

Sob essa perspectiva, somente estariam sujeitas à decadência administrativa a anulação do ato de pessoal pela Administração e a revisão de ofício pelo TCU, as quais deveriam se dar dentro do prazo de 5 anos, contados do registro daquele pela Corte de Contas. Essa era a posição vigente à época no TCU:

O Tribunal pode rever de ofício suas decisões que tratam de ato sujeito a registro, desde que, dentro do prazo decadencial de 5 (cinco) anos, sejam adotadas as medidas necessárias à impugnação da validade do ato.
(Acórdão nº 1.107/2008-Plenário. Relator: ministro Aroldo Cedraz)

O fundamento jurídico adotado, à época, é que a revisão de ofício feita pelo TCU, após o registro do ato, seria uma manifestação do poder de autotutela da Administração Pública, estando, também, sujeita ao instituto da decadência. Esse entendimento decorria da interpretação de que o ato de aposentadoria tinha a natureza de ato complexo. Os precedentes a seguir refletiam esse posicionamento:

Tendo em vista tratar-se de ato complexo, o prazo decadencial aplicável a aposentadoria começa a fluir a partir da deliberação proferida pelo TCU.
(Acórdão nº 2.056/2009-Segunda Câmara. Relator: ministro Walton Alencar)

Para que o ato complexo se aperfeiçoe, o Tribunal tem que apreciar a legalidade da aposentadoria, registrando-a. O prazo decadencial, então, começa a ser contado a partir do respectivo registro e não da concessão da aposentadoria por parte do órgão/entidade.
(Acórdão nº 6.311/2009-Segunda Câmara. Relator: ministro Raimundo Carreiro)

Esse entendimento acabou sedimentado na Súmula – TCU nº 278, lavrada no seguinte sentido:

SÚMULA TCU 278: Os atos de aposentadoria, reforma e pensão têm natureza jurídica de atos complexos, razão pela qual os prazos decadenciais a que se referem o §2º do art. 260 do Regimento Interno e o art. 54 da Lei nº 9.784/99 começam a fluir a partir do momento em que se aperfeiçoam com a decisão do TCU que os considera legais ou ilegais, respectivamente.

Todavia, a jurisprudência do TCU evoluiu no sentido de assegurar o contraditório e a ampla defesa do beneficiário do ato de pessoal caso haja o transcurso de cinco de anos desde o ingresso deste no Tribunal. Em situações do tipo, não haveria, portanto, a incidência do instituto da decadência administrativa, mas tão somente o reconhecimento do direito de o particular intervir no processo, em homenagem aos princípios supramencionados. Seguem os precedentes veiculados a respeito do assunto:

O transcurso de longo lapso temporal entre a edição do ato e sua apreciação pelo TCU não converte atos ilegais em legais, mas gera tão-somente a necessidade de instauração do contraditório e da ampla defesa para a validade do processo. O termo inicial para contagem

do prazo de cinco anos, a partir do qual deve ser instaurado o contraditório, ocorre não a partir da edição do ato, mas do ingresso do processo no TCU.
(Acórdão nº 3.245/2010-Plenário. Relator: ministro Augusto Nardes)
(Acórdão nº 1.424/2011-Primeira Câmara. Relator: ministro Valmir Campelo)

O transcurso do tempo de 5 anos entre a emissão do ato concessório e o seu julgamento pelo TCU não autoriza ou convalesce atos eivados de vícios; garante ao interessado, somente, a possibilidade de exercício do direito ao contraditório e à ampla defesa.
(Acórdão nº 1.747/2011-Primeira Câmara. Relator: ministro Walton Alencar)

Diante de constatação que possa levar à negativa de registro de ato de admissão de pessoal e de concessão de aposentadoria, reforma e pensão, deve-se assegurar ao(s) interessado(s)/beneficiário(s) a oportunidade do uso das garantias constitucionais do contraditório e da ampla defesa, sempre que transcorrido lapso temporal superior a cinco anos entre a data da apreciação e a data da entrada do ato no TCU.
(Acórdão nº 587/2011-Plenário. Relator: ministro Valmir Campelo)
(Acórdão nº 2.586/2011-Segunda Câmara. Relator: ministro Raimundo Carreiro)

Dessa forma, caso o ato de pessoal fosse apreciado antes do prazo de cinco anos de seu ingresso no TCU, não haveria sequer a necessidade de realização do contraditório. Esse posicionamento, ainda em vigor, decorre do entendimento de que os processos do TCU que apreciam tais atos, para fins de registro, não exigem a abertura de prazo para a defesa dos beneficiários. Essa posição está expressa na Súmula Vinculante STF nº 3, ainda em pleno vigor:

> nos processos perante o Tribunal de Contas da União asseguram-se o contraditório e a ampla defesa quando da decisão puder resultar anulação ou revogação de ato administrativo que beneficie o interessado, *excetuada a apreciação da legalidade do ato de concessão inicial de aposentadoria, reforma e pensão.*

Houve, portanto, nesse primeiro momento, apenas a relativização do referido enunciado sumular, caso superado o prazo de cinco anos entre a data da entrada do ato no TCU e a apreciação deste pelo Tribunal. Esse posicionamento foi adotado, inclusive, quando a decisão pela negativa de registro ocorria em grau de recurso. O seguinte precedente ilustra a tese:

> Nos processos em que se constate a possibilidade de negativa de registro de ato de admissão, de concessão de aposentadoria, reforma e pensão, se transcorridos mais de cinco anos da entrada do ato no TCU, deve-se abrir a oportunidade para o exercício do contraditório e da ampla defesa, ainda que em grau de recurso, caso em que enseja a declaração de nulidade do acórdão recorrido para responsáveis abarcados pelo lapso temporal.
> (Acórdão nº 9.240/2011-Primeira Câmara. Relator: ministro José Múcio)

Todavia, o julgamento do Recurso Especial (RE) nº 636.553 (relator: ministro Gilmar Mendes) pelo STF, apreciando o Tema 445 de repercussão geral, mudou completamente esse quadro, especialmente para os atos de aposentadoria, reforma e pensão.

Na ocasião, o STF passou a admitir a incidência, por analogia, do prazo de cinco anos para que o TCU se manifestasse a respeito da legalidade de tais anos, sob pena de não ser permitida a recusa do registro, com fulcro nos princípios da segurança jurídica e da proteção da confiança. Assim, não houve propriamente o reconhecimento do instituto da decadência, nos processos do Tribunal, entre a data da emissão do ato e a apreciação do TCU, mas apenas a aplicação dos referidos princípios, a fim de permitir a perfectibilização do ato de aposentadoria, reforma ou pensão, após o transcurso de certo tempo. Eis a ementa do julgado:

> Recurso extraordinário. Repercussão geral. 2. Aposentadoria. Ato complexo. Necessária a conjugação das vontades do órgão de origem e do Tribunal de Contas. *Inaplicabilidade do art. 54 da Lei 9.784/1999 antes da perfectibilização do ato de aposentadoria, reforma ou pensão. Manutenção da jurisprudência quanto a este ponto. 3. Princípios da segurança jurídica e da confiança legítima. Necessidade da estabilização das relações jurídicas. Fixação do prazo de 5 anos para que o TCU proceda ao registro dos atos de concessão inicial de aposentadoria, reforma ou pensão, após o qual se considerarão definitivamente registrados. 4. Termo inicial do prazo. Chegada do processo ao Tribunal de Contas.* 5. Discussão acerca do contraditório e da ampla defesa prejudicada. 6. TESE: "Em atenção aos princípios da segurança jurídica e da confiança legítima, os Tribunais de Contas estão sujeitos ao prazo de 5 anos para o julgamento da legalidade do ato de concessão inicial de aposentadoria, reforma ou pensão, a contar da chegada do processo à respectiva Corte de Contas". 7. Caso concreto. Ato inicial da concessão de aposentadoria ocorrido em 1995. Chegada do processo ao TCU em 1996. Negativa do registro pela Corte de Contas em 2003. Transcurso de mais de 5 anos. 8. Negado provimento ao recurso. (grifos acrescidos)

Além de o mencionado entendimento estar expresso na tese veiculada no julgado, ele também constou do voto do relator, como ilustra a seguinte passagem:

> Assim, apesar de entender que a concessão da aposentadoria é ato complexo e que o art. 54 da Lei 9784/1999 não se aplica diretamente à hipótese, parece-me que, por motivos de segurança jurídica e necessidade da estabilização das relações, é necessário fixar-se, por analogia, um prazo para que a Corte de Contas exerça seu dever constitucional.

A despeito da clareza desse posicionamento, o TCU passou a compreender que o instituto da decadência se aplicava aos seus processos de apreciação de atos de aposentadoria, reforma e pensão, como ilustra o seguinte precedente:

> O TCU está sujeito ao prazo decadencial de cinco anos, previsto no art. 54 da Lei 9.784/1999, para a apreciação da legalidade dos atos de concessão inicial de aposentadoria, reforma ou pensão, a contar da chegada do processo ao Tribunal, conforme a decisão do STF no julgamento do RE 636.553 (Tema 445 da Repercussão Geral).
> (Acórdão nº 4.397/2020-Segunda Câmara. Relator: ministro Raimundo Carreiro)

> O prazo de cinco anos estabelecido pelo STF para a apreciação definitiva de atos sujeitos a registro, contado da data de entrada do ato no TCU (RE 636.553 – Tema 445 da Repercussão Geral), possui natureza decadencial, não se sujeitando a marcos suspensivos ou interruptivos.
> (Acórdão nº 8.660/2021-Primeira Câmara. Relator: ministro Vital do Rêgo)

Sendo assim, é possível afirmar que, após o julgamento do RE nº 636.553, passou-se a reconhecer a incidência de decadência para a primeira apreciação do TCU a respeito dos atos de pessoal, com vistas à concessão ou não do registro.

Conforme o art. 260, §2º, do RITCU, o acórdão que considerar legal o ato e determinar o seu registro não faz coisa julgada administrativa e poderá ser revisto de ofício pelo Tribunal, com a oitiva do Ministério Público e do beneficiário do ato, nas seguintes condições:

a) dentro do prazo de cinco anos da apreciação se verificado que o ato viola a ordem jurídica; ou

b) a qualquer tempo, no caso de comprovada má-fé.

Entende-se que o prazo estipulado no aludido dispositivo para a revisão de ofício dos atos de pessoal registrados, tácita ou expressamente, também possui natureza decadencial, sendo aplicável o art. 54, §2º, da Lei nº 9.784/1999.

Conforme o dispositivo, "considera-se exercício do direito de anular qualquer medida de autoridade administrativa que importe impugnação à validade do ato". Assim, não é necessário que o Tribunal proceda à anulação do registro no prazo especificado, bastando que ele adote qualquer medida tendente a apurar eventual irregularidade do ato, dentro do lapso temporal indicado.

Essa questão foi decidida no Acórdão nº 227/2021-Plenário (relator: ministro Benjamin Zymler), sendo oportuno transcrever a seguinte passagem do voto:

> 34. Ora, uma vez que o entendimento deste Tribunal se firmou no sentido de que a revisão de ofício – ou seja, a reapreciação do ato registrado – deveria ser feita no prazo máximo de cinco anos, a interpretação literal do dispositivo regimental não se coaduna com a Lei 9.784/1999. Isso porque, nos termos da lei, o exercício do direito de anular ocorre com a adoção de qualquer medida que importe impugnação à validade do ato.
>
> [...]
>
> 37. A leitura do §2º do art. 260 do Regimento Interno, como é feita hoje, além de contrariar disciplina legal aplicável aos atos sujeitos a registro, tem, pelo menos, duas consequências práticas indesejáveis. A primeira é permitir que atos contrários à ordem jurídica continuem a produzir efeitos financeiros contra o Erário, dada a impossibilidade prática de seguir os trâmites processuais em prazo reduzido – situação que ocorre, por exemplo, quando se verifica a ilegalidade a poucos meses do prazo fatal de cinco anos.
>
> 38. A segunda consequência é a possível não observância dos princípios formalismo moderado e da busca da verdade material, que regem o processo administrativo, em razão da necessidade extrema de se observar os prazos processuais. Assim, pedidos de prorrogação de prazo pelo interessado ou propostas de diligência eventualmente sugeridas pelo Ministério Público, que normalmente seriam acatados, tendem a ser indeferidos, com possíveis prejuízos à ampla defesa e à busca da verdade material. Daí a inteligência do §2º do art. 54 da Lei 9.784/1999, que não exige a revisão do ato administrativo no prazo de cinco anos, mas apenas a prática de ato com o inequívoco propósito de rever esse ato.
>
> [...]
>
> 43. Considerando que a interpretação do Regimento Interno deve se harmonizar com os dispositivos legais e que a jurisprudência do STF é inequívoca quanto à aplicação da lei do processo administrativo aos atos sujeitos a registro, deve-se conferir interpretação ao §2º do art. 260 do Regimento Interno em conformidade com o §2º do art. 54 da Lei 9.784/1999.

A propósito do tema decadência administrativa nos processos de apreciação de atos de pessoal, seguem alguns precedentes relevantes do TCU, envolvendo outros tópicos igualmente importantes:

a) não incidência de decadência para a revisão de atos de pessoal inconstitucionais:

A revisão de ofício de atos de aposentadorias, reformas ou pensões flagrantemente inconstitucionais não está sujeita ao prazo de cinco anos estabelecido no art. 260, §2º, do Regimento Interno do TCU, pois não incide decadência em atos administrativos que violam diretamente a Constituição.
(Acórdão nº 2.863/2019-Plenário. Relator: ministro Augusto Nardes)

Não incide a decadência administrativa de que cuida o art. 54 da Lei 9.784/1999 em relação a atos administrativos flagrantemente inconstitucionais, a exemplo dos atos que implicam assunção de cargo público sem a prévia realização de concurso (art. 37, inciso II, da Constituição Federal), como a ascensão funcional.
(Acórdão nº 14.536/2019-Primeira Câmara. Relator: ministro Benjamin Zymler)

b) limites para a revisão de atos de pessoal:

Após cinco anos da apreciação da concessão inicial de aposentadoria, não pode o TCU, ao examinar posterior ato de alteração, considerar o benefício ilegal em face de irregularidade já existente e não identificada no momento da primeira decisão, uma vez que, transcorrido o prazo de cinco anos, decai o direito de o Tribunal rever a decisão que considerou legal o ato e determinou seu registro, ressalvada a hipótese de comprovada má-fé (art. 54 da Lei 9.784/1999 c/c art. 260, §2º, do Regimento Interno do TCU).
(Acórdão nº 15.075/2018-Primeira Câmara. Relator: ministro Bruno Dantas)

c) decadência para revisão de atos de pessoal registrados tacitamente:

A possibilidade de revisão de ofício pelo TCU de ato de pessoal tacitamente registrado (RE 636.553 – Tema 445 da Repercussão Geral) subordina-se ao prazo decadencial quinquenal do art. 54 da Lei 9.784/1999, contado a partir da data em que se deu o registro tácito.
(Acórdão nº 6.842/2021-Segunda Câmara. Relator: ministro Raimundo Carreiro)

d) não incidência de decadência para apreciar ilegalidades não identificadas no caso de registro de alterações posteriores de atos de pessoal:

A presença de ilegalidade em ato já registrado e sem possibilidade de revisão de ofício em razão da decadência (art. 260, §2º, do Regimento Interno do TCU) é obstáculo a registro de alteração para incremento do valor do benefício. *Ao apreciar alteração de ato sujeito a registro, o TCU deve examinar a legalidade de todos os aspectos do ato, inclusive irregularidades eventualmente já existentes e não identificadas no momento da apreciação inicial, ainda que decorrido o prazo decadencial.* (grifos acrescidos)
(Acórdão nº 5.969/2021-Primeira Câmara. Relator: ministro Vital do Rêgo)

e) inaplicabilidade da decadência administrativa quando se pretende apenas corrigir valores relativos a obrigações de trato sucessivo:

É inaplicável a decadência administrativa (art. 54 da Lei 9.784/1999) em processo que trata de ato sujeito a registro quando não se pretende desconstituir o direito no caso examinado, mas sim corrigir a ilegalidade dos cálculos referentes a prestação mensal de trato sucessivo oriunda desse direito, cuja possibilidade de correção renova-se mensalmente no tempo.
(Acórdão nº 2.378/2022-Plenário. Relator: ministro Walton Alencar)

f) não aplicação do RE nº 636.553 (Tema nº 445 da Repercussão Geral) para registro de atos de admissão:

> O TCU não está sujeito ao prazo decadencial de cinco anos, a contar da chegada do processo ao Tribunal, previsto no art. 54 da Lei 9.784/1999, para a apreciação da legalidade dos atos de admissão de pessoal, pois a decisão proferida pelo STF no julgamento do RE 636.553 (Tema 445 da Repercussão Geral) se aplica somente a atos de concessão inicial de aposentadoria, reforma ou pensão.
> (Acórdão nº 13.423/2020-Primeira Câmara. Relator: ministro-substituto Weder de Oliveira)

CAPÍTULO 22

PROCESSO DE ACOMPANHAMENTO DE DESESTATIZAÇÃO

Os processos de desestatização são regidos pela Instrução Normativa TCU nº 81/2018, que substituiu a Instrução Normativa TCU nº 27/1998, a qual disciplinou originalmente o tema a partir da Lei nº 9.491/1997, como visto no item 4.12 do capítulo 4.

Antes de avançar no estudo do tema, cabe repisar o conceito de desestatização para os fins das normas em exame.

Segundo o art. 2º, §1º, da Lei nº 9.491/1997, considera-se desestatização:

a) a alienação, pela União, de direitos que lhe assegurem, diretamente ou através de outras controladas, preponderância nas deliberações sociais e o poder de eleger a maioria dos administradores da sociedade;

b) a transferência, para a iniciativa privada, da execução de serviços públicos explorados pela União, diretamente ou através de entidades controladas, bem como daqueles de sua responsabilidade;

c) a transferência ou outorga de direitos sobre bens móveis e imóveis da União, nos termos desta Lei (incluído pela Medida Provisória nº 2.161-35/2001).

Conforme o art. 4º da referida lei, as desestatizações serão executadas mediante as seguintes modalidades operacionais:

I – alienação de participação societária, inclusive de controle acionário, preferencialmente mediante a pulverização de ações;
II – abertura de capital;
III – aumento de capital, com renúncia ou cessão, total ou parcial, de direitos de subscrição;
IV – alienação, arrendamento, locação, comodato ou cessão de bens e instalações;
V – dissolução de sociedades ou desativação parcial de seus empreendimentos, com a consequente alienação de seus ativos;
VI – concessão, permissão ou autorização de serviços públicos.
VII – aforamento, remição de foro, permuta, cessão, concessão de direito real de uso resolúvel e alienação mediante venda de bens imóveis de domínio da União. (Incluído pela Medida Provisória nº 2.161-35, de 2001)

Dessa forma, os processos de desestatização têm como objeto as privatizações de empresas, a abertura de capital, as diversas formas de alienação e cessão de bens e instalações, a dissolução de sociedades, as concessões e permissões de serviço público, a contratação das Parcerias Público-Privadas (PPP) e as outorgas de atividades econômicas reservadas ou monopolizadas pelo Estado. Além disso, tais processos também abrangem as prorrogações e relicitações de contratos de parceria de investimentos, conforme o art. 11 da Lei nº 13.448/2017.

O controle das desestatizações será realizado por meio do rito previsto na Instrução Normativa TCU nº 81/2018 e, ainda, dos instrumentos de fiscalização definidos no RITCU. Isso implica que a atuação do Tribunal, no exame da legalidade, legitimidade e economicidade dos atos praticados no âmbito das desestatizações, pode ocorrer em processos de auditoria, inspeção, denúncia e fiscalização.

O controle que se busca realizar nas ações estatais do tipo é de natureza preventiva, ou seja, o objetivo é evitar a ocorrência e a consumação de desconformidades quanto aos parâmetros de controle utilizados, possibilitando a correção de aspectos dos editais e das minutas de contratos, antes da conclusão do negócio jurídico que materializará a desestatização.

É importante destacar que a atuação do TCU no contexto em exame não constitui um controle prévio no sentido adotado neste trabalho, uma vez que a aprovação do Tribunal não é condição de eficácia para a ultimação da desestatização.

22.1 Acompanhamento do planejamento da desestatização

Conforme o §1º do art. 2º da instrução normativa, o controle das desestatizações observará o princípio da significância de acordo com os critérios de materialidade, relevância, oportunidade e risco.

Nesse aspecto, o normativo representa um avanço frente às disposições da Instrução Normativa TCU nº 27/1998, uma vez que possibilitou ao Tribunal fiscalizar apenas as desestatizações de maior impacto financeiro e social, o que não estava claro na norma anterior, a qual parecia sugerir uma atuação mais ampla e abrangente, independentemente da significância do ato fiscalizado.

Segundo o §6º do dispositivo, o relator poderá determinar o arquivamento do processo de desestatização com base no princípio da significância e mediante proposta da unidade técnica.

Além disso, a norma atual eliminou os múltiplos estágios de acompanhamento dos processos de desestatização, os quais eram bastante enrijecidos pelos prazos e obrigações existentes no âmbito de cada etapa, burocratizando em certa medida as ações do governo quanto à matéria.

Como é comum e esperado de toda ação administrativa, as desestatizações contemplam uma etapa de planejamento realizada no âmbito do poder concedente e das agências reguladoras. Esta etapa reverbera no Tribunal, que também possui uma etapa de planejamento de suas atividades fiscalizatórias envolvendo a temática.

Conforme o §2º do art. 2º da instrução normativa, para fins de planejamento das ações de controle, os órgãos gestores dos processos de desestatização deverão encaminhar ao TCU o documento intitulado *extrato do planejamento da desestatização* prevista com antecedência mínima de *150 dias* da data prevista para a publicação do edital. Essa peça deve conter a descrição do objeto, a previsão do valor dos investimentos, a sua relevância, localização e respectivo cronograma licitatório nos termos do dispositivo supramencionado.

Além disso, os órgãos gestores dos processos de desestatização são obrigados a comunicar ao TCU quaisquer alterações posteriores havidas no extrato do planejamento da outorga previsto no §2º, consoante o §4º da mencionada disposição. Nesse cenário, cabe acentuar a importância das agências reguladoras na supervisão da fidedignidade e adequação das informações remetidas à Corte de Contas, como ilustra o seguinte precedente, extraído do repositório da jurisprudência do Tribunal:

> A agência reguladora, na condição de gestora dos processos de desestatização, assume total responsabilidade sobre as informações enviadas ao TCU, cabendo-lhe atuar de forma a garantir que outros órgãos ou entidades, públicos ou privados, envolvidos na produção de documentos cumpram as determinações do Tribunal e a legislação pertinente, devendo identificar e sanar eventuais falhas antes da remessa do processo à Corte de Contas. (Acórdão nº 2.602/2017-Plenário. Relator: ministro Aroldo Cedraz)

22.2 Acompanhamento dos atos de desestatização

A partir desses elementos, o Tribunal iniciará o processo de acompanhamento da desestatização propriamente dito, avaliando a legalidade, a legitimidade e a economicidade dos documentos apresentados.

Essa etapa do processo somente se inicia após o envio de um segundo conjunto de documentos pelo poder concedente definidos no art. 3º da instrução normativa.

O dispositivo impõe a remessa dos estudos de viabilidade e das minutas do instrumento convocatório e respectivos anexos, incluindo a minuta contratual e o caderno de encargos, já consolidados com os resultados decorrentes de eventuais consultas e audiências públicas realizadas. Além disso, o poder concedente deve enviar os seguintes documentos específicos quando pertinentes ao caso concreto:

a) deliberação competente para abertura de procedimento licitatório;

b) objeto, área de exploração e prazo do contrato ou do ato administrativo;

c) documentos e planilhas eletrônicas desenvolvidos para avaliação econômico-financeira do empreendimento, inclusive em meio magnético, com fórmulas discriminadas, sem a exigência de senhas de acesso ou qualquer forma de bloqueio aos cálculos, e, quando for o caso, descrição do inter-relacionamento das planilhas apresentadas;

d) relação de estudos, investigações, levantamentos, projetos, obras e despesas ou investimentos já efetuados, vinculados ao objeto a ser licitado, quando houver, com a discriminação dos custos correspondentes;

e) estudo de demanda atualizado e desenvolvido a partir das características do empreendimento a ser licitado;

f) projeção das receitas operacionais devidamente fundamentada no estudo de demanda previsto no item anterior;

g) relação de possíveis fontes de receitas alternativas, complementares, acessórias ou decorrentes de projetos associados, bem como a descrição de como serão apropriadas durante a execução do contrato a fim de promover a modicidade tarifária;

h) relação das obras e dos investimentos obrigatórios a serem realizados pela delegatária durante a execução do termo de ajuste, acompanhados dos respectivos cronogramas físico-financeiros, bem como das obras e dos investimentos que caberão ao poder concedente realizar se for o caso;

i) relação de obras e investimentos não obrigatórios, mas que são vinculados ao nível de serviço, acompanhados da estimativa de sua implantação, por meio de cronogramas físico-financeiros sintéticos;

j) orçamento detalhado e atualizado das obras e dos investimentos a serem realizados obrigatoriamente pela delegatária, de forma que os elementos de projeto básico e o nível de atualização dos estudos apresentados permitam a plena caracterização da obra, do investimento ou do serviço;

k) discriminação fundamentada das despesas e dos custos estimados para a prestação dos serviços;

l) discriminação das garantias exigidas da delegatária para cumprimento do plano de investimentos do empreendimento, adequadas a cada caso;

m) definição da metodologia a ser utilizada para a aferição do equilíbrio econômico-financeiro no primeiro ciclo de revisão do contrato de concessão ou permissão e sua forma de atualização, bem como justificativa para a sua adoção;

n) definição da metodologia para recomposição do equilíbrio econômico-financeiro afetado;

o) descrição da metodologia a ser utilizada para aferir a qualidade dos serviços prestados pela delegatária, incluindo indicadores, períodos de aferição e outros elementos necessários para definir o nível de serviço;

p) obrigações contratuais decorrentes de financiamentos previamente concedidos por organismos ou instituições internacionais que tenham impacto no empreendimento;

q) cópia da licença ambiental prévia, das diretrizes para o licenciamento ambiental do empreendimento ou das condicionantes fixadas pelo órgão ambiental responsável, na forma do regulamento setorial, sempre que o objeto da licitação assim o exigir;

r) relação das medidas mitigadoras e/ou compensatórias dos impactos ao meio ambiente, inclusive do passivo ambiental existente, acompanhada de cronograma físico-financeiro e da indicação do agente responsável pela implementação das referidas medidas;

s) discriminação dos custos para adequação do projeto às exigências ou condicionantes do órgão competente de proteção ao meio ambiente;

t) relatório com manifestação do órgão gestor acerca das questões suscitadas durante a audiência pública sobre os estudos de viabilidade, caso ocorra, e sobre a minuta do instrumento convocatório e anexos; e

u) estudo contendo descrição exaustiva de todos os elementos que compõem a matriz de repartição de riscos do empreendimento, fundamentando a alocação de cada risco mapeado para cada uma das partes envolvidas no contrato a ser firmado.

A documentação indicada no rol supramencionado é aplicável aos casos de concessões e permissões de serviço público.

Os elementos indicados nas letras "f", "g", "h", "i", j", "k", "l" e "s" são necessários para a avaliação da equação econômico-financeira inicial da desestatização, porquanto expressam as receitas e despesas necessárias à operação da desestatização no caso da delegação da execução de serviços públicos.

As peças indicadas na letra "d" podem compor o cálculo supramencionado se for prevista no edital a obrigação estatuída na parte final do art. 21 da Lei nº 8.987, de 13 de fevereiro de 1995, que dispõe sobre o regime de concessão e permissão da prestação de serviços públicos, a saber:

> Art. 21. Os estudos, investigações, levantamentos, projetos, obras e despesas ou investimentos já efetuados, vinculados à concessão, de utilidade para a licitação, realizados pelo poder concedente ou com a sua autorização, estarão à disposição dos interessados, *devendo o vencedor da licitação ressarcir os dispêndios correspondentes, especificados no edital*. (grifos acrescidos).

Os elementos aludidos nas letras "p" e "u" são úteis para a estimação dos custos dos financiamentos e das provisões decorrentes da distribuição das contingências, contidas na matriz de repartição de riscos.

Para a verificação das premissas das receitas e despesas, é importante analisar, previamente, os documentos indicados nas letras "d", "e", "q" e "r", que tratam dos estudos de demanda, projetos técnicos e ambientais, além da licença ambiental prévia, que devem sustentar as bases econômicas da desestatização.

A documentação reportada nas letras "m" e "n" serve para balizar pedidos posteriores de recomposição do equilíbrio econômico-financeiro.

Quando a desestatização se referir à privatização, serão exigidos os seguintes documentos, nos termos do art. 4º da instrução normativa:

a) razões e fundamentação legal da proposta de privatização;

b) recibo de depósito de ações a que se refere o §2º do art. 9º da Lei nº 9.491/97;

c) mandato que outorga poderes específicos ao gestor para praticar todos os atos inerentes e necessários à privatização;

d) edital de licitação para contratação dos serviços de consultoria a que se refere o art. 31 do Decreto nº 2.594/98.

e) processo licitatório para contratação dos serviços de consultoria, incluindo os respectivos contratos;

f) processo licitatório para contratação dos serviços de auditoria a que se refere o art. 21 do Decreto nº 2.594/98, incluindo o respectivo contrato;

g) processos licitatórios para contratação de serviços especializados;

h) relatórios dos serviços de avaliação econômico-financeira e de montagem e execução do processo de privatização;

i) relatório do terceiro avaliador a que se refere o §2º do art. 31 do Decreto nº 2.594/98, se houver;

j) relatório contendo data, valor, condições e forma de implementação dos títulos e meios de pagamentos utilizados a partir da autorização legal da privatização para o saneamento financeiro da empresa ou instituição;

k) relatório contendo data, valor, condições, forma de implementação, títulos e meios de pagamentos utilizados a partir da autorização legal da privatização para investimentos ou inversões financeiras de qualquer natureza realizados na empresa por órgãos ou entidades da Administração Pública federal ou por ela controlada, direta ou indiretamente;

l) relatório contendo data, valor, condições e forma de implementação de renúncia de direitos, a partir da autorização legal para a privatização da empresa, contra entidade privada ou pessoa física, cujo montante supere 1% (um por cento) do patrimônio líquido;

m) proposta e ato de fixação do preço mínimo de venda, acompanhados das respectivas justificativas;

n) cópia de ata da assembleia de acionistas que aprovou o preço mínimo de venda;

o) minuta do edital de privatização.

Os elementos supramencionados visam possibilitar a verificação da legalidade dos atos preparatórios da privatização e, ainda, da avaliação econômica do ativo que será objeto de alienação (*valuation*).

Quando a desestatização se referir a PPP, serão exigidos, além das informações mencionadas nos incisos constantes do art. 3º, os seguintes documentos elencados no art. 5º:

a) pronunciamento prévio e fundamentado do Ministério do Planejamento, Desenvolvimento e Gestão (art. 14, §3º, inciso I, da Lei nº 11.079/2004 c/c o art. 8º, §2º, inciso I, do Decreto nº 5.385/2005) ou do Conselho do Programa de Parcerias de Investimentos da Presidência da República – CPPI (art. 7º, inciso I, da Lei nº 13.334/2016), conforme o caso, sobre o mérito do projeto;

b) autorização legislativa específica, no caso de concessões patrocinadas em que mais de 70% (setenta por cento) da remuneração do parceiro privado seja paga pela Administração Pública (art. 10, §3º, da Lei nº 11.079/2004);

c) autorização competente para abertura de procedimento licitatório devidamente fundamentada em estudo técnico, em que fique caracterizada a conveniência e a oportunidade da contratação mediante identificação das razões que justifiquem a opção pela forma de Parceria Público-Privada (art. 10, inciso I, alínea 'a', da Lei nº 11.079/2004);

d) laudo de viabilidade das garantias emitido pela instituição financeira responsável pela administração do Fundo Garantidor das Parcerias Público-Privadas (FGP), na forma estabelecida no §3º do art. 24 do Regulamento do FGP ou na legislação superveniente;

e) estudo contendo descrição exaustiva de todos os elementos que compõem a matriz de repartição de riscos do empreendimento, fundamentando a alocação de cada risco mapeado para cada uma das partes envolvidas no contrato a ser firmado;

f) estudos de impacto orçamentário-fiscal;

g) aprovação do edital da licitação pelo Comitê Gestor de Parceria Público-Privada (CGP) (art. 14, inciso III, da Lei nº 11.079/2004 c/c o art. 3º, inciso III, do Decreto nº 5.385/2005), inclusive em relação às alterações porventura realizadas;

h) Termo de Repasse, em caso de PPPs das esferas estadual e municipal que utilizem recursos do Orçamento Geral da União (OGU);

i) projetos básicos das obras e respectivo cronogramas físico-financeiros caso seja previsto o aporte de recursos do Orçamento Geral da União, nos termos do art. 6º, §2º, da Lei nº 11.079/2004.

A verificação do impacto orçamentário-fiscal, aludida na letra "f" *supra*, ocorrerá a partir da análise das seguintes informações a serem enviadas pelo poder concedente, entre outras que o órgão gestor da desestatização, no âmbito da Administração Pública, julgue necessárias:

a) demonstrativo acompanhado de memória de cálculo analítica, do impacto da contratação da Parceria Público-Privada sobre as metas de resultado nominal e primário e montante da dívida líquida do governo federal para o ano a que se referirem e para os dois anos seguintes, discriminando valores a serem compensados por meio de aumento permanente de receita ou redução permanente de despesa (art. 10, inciso I, alínea 'b', da Lei nº 11.079/2004 e Anexos da LDO);

b) demonstrativo acompanhado de memória de cálculo analítica, do impacto da contratação sobre: os limites globais para o montante da dívida consolidada da União; as operações de crédito externo e interno da União, de suas autarquias e demais entidades controladas pelo Poder Público federal; e os limites e as condições para a concessão de garantia da União em operações de crédito externo e interno (art. 10, inciso I, alínea 'c', da Lei nº 11.079/2004).

c) demonstrativo, com memória de cálculo analítica, do impacto orçamentário-financeiro nos exercícios em que deva vigorar o contrato de Parceria Público-Privada (art. 10, inciso II, da Lei nº 11.079/2004);

d) declaração do ordenador da despesa de que as obrigações contraídas pela Administração Pública no decorrer do contrato são compatíveis com a lei de diretrizes orçamentárias e estão previstas na lei orçamentária anual (art. 10, inciso III, da Lei nº 11.079/2004);

e) demonstrativo acompanhado de memória de cálculo analítica por exercício financeiro, que contemple a estimativa do fluxo de recursos públicos suficientes para o cumprimento, durante a vigência do contrato e por exercício financeiro, das obrigações contraídas pela Administração Pública (art. 10, inciso IV, da Lei nº 11.079/2004);

f) declaração, acompanhada de documentos comprobatórios, de que o objeto da PPP está previsto no plano plurianual em vigor, no âmbito em que o contrato será celebrado (art. 10, inciso V, da Lei nº 11.079/2004);

g) pronunciamento prévio e fundamentado do Ministério da Fazenda, acompanhado de memória de cálculo analítica, de que a soma das despesas de caráter continuado derivadas do conjunto das parcerias já contratadas não excedeu, no ano anterior, a 1% (um por cento) da receita corrente líquida do exercício, e as despesas anuais dos contratos vigentes, nos 10 (dez) anos subsequentes, inclusive as decorrentes da contratação da parceria em análise, não excederão a 1% (um por cento) da receita corrente líquida projetada para os respectivos exercícios (art. 22 c/c art. 14, §3º, inciso II, da Lei nº 11.079/2004 e art. 8º, §2º, inciso II, do Decreto nº 5.385/2005).

A exigência de elementos adicionais, no caso de PPP, decorre do fato de o poder concedente assumir, parcial ou integralmente, o custeio dos serviços públicos delegados a partir do pagamento de uma contraprestação pública ao parceiro privado, o que implica a presença de maiores riscos fiscais nesse modelo de desestatização. Por consequência, é necessário verificar o atendimento dos limites e demais requisitos estabelecidos na LRF, que visam, em última instância, possibilitar a avaliação do nível de comprometimento do Estado com obrigações do tipo, evitando níveis excessivos de endividamento a comprometer os próprios investimentos em andamento e o equilíbrio das conta públicas.

Conforme o art. 8º da instrução normativa, o órgão gestor do processo de desestatização encaminhará, *obrigatoriamente em meio eletrônico*, as informações e os documentos descritos nos arts. 3º, 4º ou 5º supramencionados, *em 90 dias*, no mínimo, da data prevista para publicação do edital de licitação.

Após a entrada dos elementos indicados, a unidade responsável pela instrução do processo de acompanhamento da desestatização deverá autuá-lo, analisar os documentos e informações e remeter a proposta de mérito ao relator, no prazo de *até 150 dias*, a contar da data de seu recebimento, nos termos do art. 9º.

Cabe destacar que a contagem do aludido prazo somente terá início após o recebimento de toda a documentação descrita, consoante o §1º do mencionado dispositivo.

Outro aspecto digno de nota é que o prazo para análise dos documentos da desestatização pode ser ampliado pelo relator do processo, em casos excepcionais, nos quais a magnitude e a complexidade do empreendimento assim o exijam. Tal regra consta do §7º do art. 9º.

A unidade responsável realizará avaliação dos documentos encaminhados e, caso conclua por sua precariedade, informará ao poder concedente para que sejam adotadas as medidas cabíveis. Eventuais atrasos no encaminhamento de respostas a diligências ou outras medidas saneadoras promovidas pela unidade responsável suspendem a contagem do prazo previsto no *caput* do art. 9º, até que as informações solicitadas pela unidade responsável sejam prestadas na íntegra.

Caso o poder concedente proceda a alterações nas informações e documentos outrora enviados, após a sua protocolização no TCU, a unidade responsável poderá remeter ao ministro relator proposta de prazo adicional para análise, nos termos do §5º do art. 9º da instrução normativa.

Conforme visto, o TCU não é obrigado a analisar toda e qualquer desestatização realizada pela Administração Pública federal. Tampouco lhe é imposto examinar o conjunto de elementos enviados pelo poder concedente. Consoante o §6º, o escopo do acompanhamento deve ser aprovado pelo dirigente da unidade técnica, pelo diretor ou pelo supervisor, com base no princípio da significância, a partir de proposta da equipe de fiscalização. Para tanto, deverão ser observados os critérios de materialidade, relevância, oportunidade e risco.

Preliminarmente ao encaminhamento ao relator, a unidade técnica deve apresentar o relatório de acompanhamento para comentários dos gestores, preferencialmente por meio de reunião técnica, com vistas a assegurar a celeridade do exame da matéria pelo Tribunal.

Caso o órgão gestor do processo de desestatização demonstre interesse em apresentar contribuições adicionais àquelas expostas na reunião de que trata o parágrafo anterior, será concedido prazo de até 15 dias para manifestação, período em que ficará suspenso o prazo previsto no *caput* do art. 9º.

A partir do rol de elementos enviados pelo poder concedente e da instrução da unidade técnica, o Tribunal emitirá pronunciamento quanto à legalidade, legitimidade e economicidade dos atos fiscalizados. Nesse cenário, o TCU pode expedir determinações e recomendações ou, tão somente, ciência de impropriedades identificadas, visando eliminar futuras ocorrências em situações similares no futuro.

A manifestação a respeito dos atos preparatórios da desestatização, pelo Tribunal, não implica o encerramento do acompanhamento desta pela Corte de Contas.

22.3 Acompanhamento dos contratos e termos aditivos referentes a concessões e permissões

Conforme o art. 10 da instrução normativa, o poder concedente deverá encaminhar ao TCU, com no mínimo *150 dias* da assinatura de contratos ou termos aditivos para a prorrogação ou a renovação de concessões ou permissões, inclusive as de caráter antecipado, descrição sucinta do objeto, condicionantes econômicas, localização, cronograma da prorrogação e normativos autorizativos.

Recebida a documentação, a unidade responsável autuará processo de acompanhamento, nos termos do art. 241 do RITCU, se julgar oportuno e conveniente. Havendo a constituição de processo, os documentos serão consolidados e analisados consoante as regras aplicáveis a essa modalidade de fiscalização.

A qualquer momento, se verificados indícios ou evidências de irregularidade grave, os autos serão encaminhados, desde logo, ao ministro relator com proposta para adoção das medidas cabíveis.

O fluxograma a seguir resume o rito processual dos processos de desestatização:

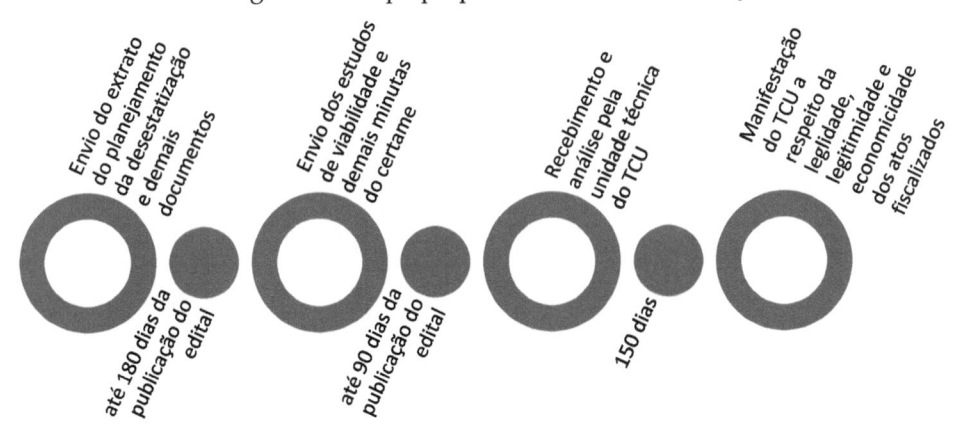

Figura 9 – Etapa preparatória da desestatização

- Envio do extrato do planejamento da desestatização e demais documentos (até 180 dias da publicação do edital)
- Envio dos estudos de viabilidade e demais minutas do certame (até 90 dias da publicação do edital)
- Recebimento e análise pela unidade técnica do TCU (150 dias)
- Manifestação do TCU a respeito da legalidade, legitimidade, economicidade dos atos fiscalizados

Figura 10 – Etapa de execução contratual

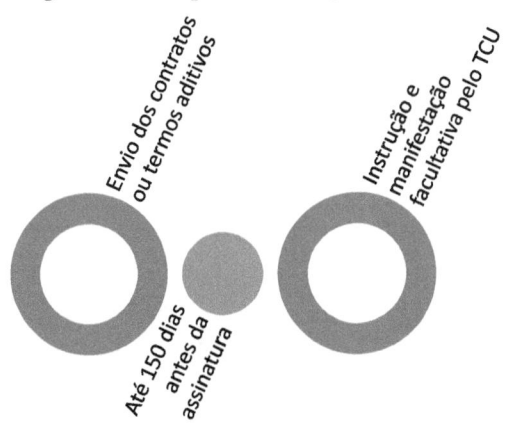

- Envio dos contratos ou termos aditivos (Até 150 dias antes da assinatura)
- Instrução e manifestação facultativa pelo TCU

CAPÍTULO 23

PROCESSO DE FISCALIZAÇÃO DE OBRAS PÚBLICAS EM ATENDIMENTO ÀS LEIS DE DIRETRIZES ORÇAMENTÁRIAS

Além do mecanismo de controle corretivo de contratos previsto na CF/1988, foi instituído um procedimento de fiscalização pelo Poder Legislativo de obras e serviços com indícios de irregularidades graves a partir de informações enviadas pelo TCU.

A Lei nº 9.473, de 22 de julho de 1997 (LDO/1998), foi a primeira a tratar desse procedimento ao prever que o Tribunal deveria enviar a relação das obras em execução com recursos oriundos dos orçamentos fiscal e da seguridade social da União, nas quais tenham sido identificados indícios de irregularidades (art. 69, inciso I).

Antes disso, a atuação do Tribunal no apoio à competência fiscalizatória do Congresso Nacional se dava a partir de solicitações de auditoria e inspeções formuladas pelo Parlamento, cabendo destacar as ocorridas em 1995 e 1996, que culminaram com o encaminhamento de avisos ao Congresso Nacional, naqueles anos, contendo uma relação de subprojetos/subatividades de obras públicas com indícios de irregularidades graves.[340]

Todavia, a primeira LDO a prever expressamente o bloqueio orçamentário de obras públicas com indícios de irregularidades apontados pelo TCU foi a do ano de 2000. Conforme o art. 92, §1º, da Lei nº 9.811, de 28 de julho de 1999 (LDO/2000):

> §1º A lei orçamentária anual poderá contemplar subtítulos relativos a obras mencionadas no inciso I deste artigo com execução orçamentária suspensa até a adoção de medidas saneadoras pelo órgão responsável, sujeitas à apreciação do Congresso Nacional e da Comissão referida no caput deste artigo.

Para tanto, o art. 92, inciso I, da aludida lei previu que o TCU encaminharia à Comissão Mista de Planos, Orçamentos Públicos e Fiscalização (CMO) do Congresso Nacional, até 30 dias após o encaminhamento da proposta orçamentária pelo Poder Executivo, a relação das obras em execução com recursos oriundos dos orçamentos fiscal e da seguridade social, nas quais tivessem sido identificados indícios de irregularidades graves ou de danos ao Erário, incluídas ou não na proposta orçamentária.

---

[340] BRASIL. Tribunal de Contas da União. Fiscobras: 20 anos. Brasília: TCU, Secretaria-Geral de Controle Externo, 2016, p. 20-21,

O propósito, portanto, era utilizar as informações colhidas nas auditorias do TCU na atividade de alocação de recursos orçamentários, realizada anualmente por ocasião da aprovação da lei orçamentária, evitando, assim, a continuidade da liberação de recursos orçamentários para obras com indícios de irregularidades enquanto as falhas não fossem corrigidas pelos órgãos.

Cuida-se de procedimento de caráter preventivo cujo propósito era evitar a consumação dos efeitos financeiros de indícios de irregularidades classificados como graves enquanto o Tribunal apreciasse o mérito da matéria em seus processos de fiscalização. A ideia era induzir a correção das ilegalidades em contratos de obras públicas em andamento antes da consubstanciação de todos os prejuízos, mediante o bloqueio dos créditos orçamentários correspondentes na lei orçamentária do exercício financeiro seguinte.

A partir de então, esse procedimento de aperfeiçoamento, cabendo destacar a instituição de critérios para a classificação das irregularidades como graves e a instituição de um rito processual para a deliberação do TCU e do Congresso, com vistas ao bloqueio/ desbloqueio da execução orçamentária de obras públicas.

Essa atuação do Congresso Nacional depende, portanto, da realização anterior de fiscalizações pelo TCU, em obras e serviços custeados com recursos do orçamento da União, selecionados anualmente a partir de critérios de materialidade, risco e relevância.

Após a conclusão dos trabalhos, o Tribunal encaminha as informações pertinentes para a Comissão Mista de Planos, Orçamentos Públicos e Fiscalização (CMO) a que se refere o §1º do art. 166 da CF/1988, que analisa os relatórios enviados sobre obras e serviços com indícios de irregularidade grave com recomendação de paralisação (IG-P), conforme o rito estabelecido anualmente em cada Lei de Diretrizes Orçamentárias (LDO).

Ao final desse procedimento, o Congresso Nacional decidirá a respeito do bloqueio ou desbloqueio da execução física, orçamentária e financeira de empreendimentos, contratos, convênios, etapas, parcelas ou subtrechos relativos aos subtítulos de obras e serviços com indícios de irregularidades graves do tipo IG-P, consoante critérios previamente estipulados na LDO.

Essa capítulo visa descrever o processo de fiscalização de obras públicas pelo TCU em atendimento às leis de diretrizes orçamentárias. Todavia, antes de iniciar o estudo do tema propriamente, julga-se importante compreender a atuação do Congresso Nacional no exercício dessa função de controle.

A instituição desse mecanismo decorreu da percepção de que não existia – e continua não existindo – na CF/1988 um procedimento formal que pudesse viabilizar a atuação cautelar do Congresso Nacional antes da decisão definitiva do TCU a respeito de irregularidades em contratos de obras públicas, de que trata o art. 71, inciso IX, da CF/1988.

Porém, a demora na conclusão dos processos de fiscalização no TCU, que decorre do caráter processual do controle corretivo de contratos, e a necessidade de evitar a consumação de prejuízos ao Erário, de difícil recuperação, fizeram com que se instituísse, a partir da lei de diretrizes orçamentárias de 2000, esse mecanismo cautelar de suspensão da execução orçamentária, especificamente, de contratos de obras com indícios de irregularidades graves.

O propósito, portanto, era utilizar as informações colhidas nas auditorias do TCU na atividade de alocação de recursos orçamentários realizada anualmente por ocasião da aprovação da lei orçamentária, evitando, assim, a continuidade da liberação de recursos orçamentários para obras com indícios de irregularidades enquanto as falhas não fossem corrigidas pelos órgãos.

Porém, é preciso não confundir a competência do Congresso Nacional de suspender a execução orçamentária de contratos de obras públicas com a que lhe foi deferida no §1º do art. 71 da CF/1988. Conforme explicitado no item 4.7 do capítulo 4, a decisão de sustar contrato constitui deliberação final no controle de contratos, tomada pela Casa Legislativa após a conclusão do processo de fiscalização do TCU, mediante a expedição de decreto legislativo.

Já a deliberação de suspender a execução de contratos pelo Congresso Nacional, específica para obras públicas, é adotada no curso do processo de fiscalização do TCU, isto é, antes da deliberação deste acerca da ocorrência de ilegalidades no contrato e da fixação de prazo para a sua correção (art. 71, inciso IX, da CF/1988).

A decisão cautelar do Congresso Nacional que suspende a execução orçamentária, física e financeira de um contrato de obra é adotada por meio de decreto legislativo ou mediante a inclusão do subtítulo pertinente ao contrato em anexo específico de subtítulos relativos a obras e serviços com indícios de irregularidades graves – também chamado de quadro-bloqueio da lei orçamentária anual. Trata-se de procedimento sujeito a rito específico atualmente estabelecido em capítulo específico das leis de diretrizes orçamentárias.

Após a edição da LDO/2000, a disciplina da matéria foi ampliada, estando prevista no capítulo X da Lei nº 14.436, de 9 de agosto 2022 (LDO/2023) – norma vigente à época da conclusão deste trabalho.

A competência cautelar do Congresso Nacional não se confunde com a do TCU. Quanto ao assunto, o TCU e o Congresso Nacional podem ter entendimentos distintos sobre a necessidade ou não de suspender a execução do contrato ou adotar outra medida cautelar que condicione a continuidade do empreendimento.

Por exemplo, o TCU pode, seguindo os requisitos estabelecidos no RITCU, expedir medida cautelar de suspensão da execução de contrato ao apreciar o relatório de fiscalização. Após remessa das informações pertinentes ao processo de fiscalização ao Congresso Nacional, nos termos da lei de diretrizes orçamentárias, o Parlamento pode, de forma contrária ao TCU, entender que as irregularidades não são graves o bastante para ensejar a paralisação da execução orçamentária, física e financeira do contrato, deliberando pela continuidade da obra.

Nessa hipótese, considerando a competência primária do Congresso Nacional de adotar a medida extrema de sustar o contrato, entende-se que o juízo cautelar do TCU cede à deliberação cautelar do Congresso Nacional. Dessa forma, a decisão do Congresso no sentido de que não cabe o bloqueio da execução do contrato implica a revogação automática da deliberação cautelar do TCU, podendo o contrato, a partir de então, prosseguir segundo a decisão e as condicionantes eventualmente estabelecidas pelo Congresso. Tal exegese, ao mesmo tempo em que preserva a função cautelar dos órgãos constitucionais encarregados de efetuar o controle externo de contratos, mantém a harmonia e o arranjo de competências estabelecido pela CF/1988.

Por outro lado, há registros de diversas irregularidades classificadas com recomendação de continuidade (IG-C) pelo TCU que, ao serem submetidas ao descortino do Parlamento, resultaram em juízo diverso, ensejando a inclusão dos respectivos empreendimentos no quadro de bloqueio da LOA.

Do exposto, conclui-se que o TCU e o Parlamento atuam de forma colaborativa na fiscalização de contratos administrativos, tendo a CF/1988 reservado ao primeiro o poder de revisão de contratos mediante o exercício da competência estatuída no art. 71, inciso IX, ficando o segundo encarregado de impedir a ação administrativa irregular por meio da adoção do ato de sustação caso o órgão fiscalizado não cumpra as determinações do TCU (art. 71, §1º, da CF/1988). Subsidiariamente, compete ao TCU utilizar o poder de impedir, nos termos dos art. 71, §2º, da CF/1988. Ambos os órgãos de controle detêm competência cautelar de suspender a execução de contratos irregulares, respeitados os requisitos regimentais e legais pertinentes.

23.1 Rito do procedimento cautelar de bloqueio e desbloqueio da execução do orçamento de contratos de obras públicas no âmbito do Congresso Nacional

Conforme o art. 112 da LDO/2023, o Projeto de Lei Orçamentária de 2023 e a respectiva lei poderão contemplar subtítulos relativos a obras e serviços com indícios de irregularidades graves, hipótese em que a execução física, orçamentária e financeira de empreendimentos, contratos, convênios, etapas, parcelas ou subtrechos permanecerá condicionada à deliberação prévia da CMO, sem prejuízo do disposto nos §1º e §2º do art. 71 da CF/1988 e observado o disposto nos §§6º e 8º do art. 149 da LDO/2023.

A suspensão da execução física, orçamentária e financeira se dá mediante a inclusão do subtítulo, seguido da discriminação dos contratos, convênios, etapas, parcelas ou subtrechos pertinentes, no anexo específico de subtítulos relativos a obras e serviços com indícios de irregularidades graves da LOA. Nessa hipótese, os ordenadores de despesa e os órgãos setoriais de orçamento devem registrar tal bloqueio nos sistemas próprios, até a deliberação em contrário da CMO.

A LDO/2023, seguindo uma tradição legislativa iniciada com a edição da Lei nº 9.473, de 22 de julho de 1997 (LDO/1998), e aperfeiçoada a partir da Lei nº 10.524, de 25 de julho de 2002 (LDO/2003), especificou um rito processual detalhado desde a remessa das informações pelo TCU até a decisão do Congresso Nacional sobre o bloqueio ou desbloqueio de obras com indícios de irregularidades.

No âmbito do processo cautelar de controle de contratos de obras públicas, foi prevista uma intensa colaboração do TCU, que deverá remeter uma série de informações sobre os indícios de irregularidades apurados em suas fiscalizações e se pronunciar sobre a necessidade ou não de paralisação cautelar da obra e o eventual saneamento das irregularidades.

Por ocasião de suas fiscalizações, o TCU deverá classificar os indícios de irregularidades em três tipos: indício de irregularidade grave com recomendação de paralisação

(IGP); indício de irregularidade grave com recomendação de retenção parcial de valores (IGR); e indício de irregularidade grave que não prejudique a continuidade (IGC).

O enquadramento das constatações das auditorias em um dos referidos tipos deverá se dar segundo os critérios estabelecidos no art. 144, §1º, incisos IV, V e VI, da LDO/2023, lavrado nos seguintes termos:

> IV – indício de irregularidade grave com recomendação de paralisação – IGP – ato ou fato materialmente relevante em relação ao valor total contratado que apresente potencialidade de ocasionar prejuízos ao erário ou a terceiros e que:
> a) possa ensejar nulidade de procedimento licitatório ou de contrato; ou
> b) configure graves desvios relativamente aos princípios constitucionais a que está submetida a administração pública federal;
> V – indício de irregularidade grave com recomendação de retenção parcial de valores – IGR – aquele que, embora atenda ao disposto no inciso IV, permite a continuidade da obra desde que haja autorização do contratado para retenção de valores a serem pagos, ou a apresentação de garantias suficientes para prevenir o possível dano ao erário até a decisão de mérito sobre o indício relatado; e
> VI – indício de irregularidade grave que não prejudique a continuidade – IGC – aquele que, embora gere citação ou audiência do responsável, não atenda ao disposto nos incisos IV ou V.

Da leitura dos incisos mencionados, percebe-se que o legislador deu um peso maior ao critério da economicidade para a classificação de um indício de irregularidade como grave. Porém, nem sempre foi assim.

Entre a LDO/2003,[341] quando as regras sobre o assunto foram tornadas expressas, e a LDO/2010,[342] quando os critérios foram alterados para ganhar a forma atual, ou seja, até 2009, a potencialidade de ocasionar prejuízos significativos ao Erário ou a terceiros era apenas um dentre os requisitos para o enquadramento de um achado como grave.

Por exemplo, se fossem constatados indícios de irregularidade que pudessem ensejar nulidade de procedimento licitatório ou de contrato (ausência de projeto básico) ou graves desvios relativamente aos princípios a que está submetida a Administração Pública (conluio entre licitantes), tais fatos eram suficientes para ensejar a paralisação cautelar do contrato, mesmo que não tivesse sido identificado prejuízo potencial ao Erário ou a terceiro. Nesse sentido, a violação ao critério da legalidade estrito, por si só, era suficiente para a suspensão cautelar de uma obra, sopesada, evidentemente, a gravidade da irregularidade.

A partir da LDO/2010, a ocorrência de prejuízo potencial passou a ser condição obrigatória para a paralisação cautelar de uma obra. Ainda que fossem identificadas

---

[341] Art. 86, §2º, da Lei nº 10.524, de 25 de julho de 2002 (LDO/2003): §2º Os indícios de irregularidades graves, para os fins deste artigo, são aqueles que tornem recomendável a paralisação cautelar da obra ou serviço, e que, sendo materialmente relevantes, tenham a potencialidade de, entre outros efeitos: I – ocasionar prejuízos significativos ao erário ou a terceiros; e II – ensejar nulidade do procedimento licitatório ou de contrato.

[342] Art. 94, §1º, inciso IV, da Lei nº 12.017, de 12 de agosto de 2009 (LDO/2010): IV – indícios de irregularidades graves, os atos e fatos que, sendo materialmente relevantes em relação ao valor total contratado, tendo potencialidade de ocasionar prejuízos ao erário ou a terceiros e enquadrando-se em pelo menos uma das condições seguintes, recomendem o bloqueio preventivo das execuções física, orçamentária e financeira do contrato, convênio ou instrumento congênere, ou de etapa, parcela, trecho ou subtrecho da obra ou serviço: a) possam ensejar nulidade de procedimento licitatório ou de contrato; ou b) configurem graves desvios relativamente aos princípios a que está submetida a Administração Pública.

graves violações à norma legal, as irregularidades não seriam capazes de ensejar a suspensão dos contratos se não tivessem potencial de gerar prejuízo ao Erário ou a terceiros. Ademais, não bastava a mera existência de prejuízo potencial ao Erário ou a terceiros. Era preciso que os atos e fatos que pudessem gerar prejuízos fossem materialmente relevantes em relação ao valor total contratado.

É preciso ressaltar que tais critérios não condicionam nem restringem a competência do Tribunal de apreciar a legalidade dos contratos administrativos e estabelecer as medidas necessárias à sua correção segundo seu próprio convencimento, até porque se o fizessem poderiam ser considerados inconstitucionais, por representarem uma limitação ao exercício pelo TCU de atribuições que lhe foram deferidas diretamente na Constituição. Nesse sentido, mesmo que o Congresso entenda não haver motivos para a suspensão do contrato, o TCU pode, apreciando o mérito do processo, entender ilegal o contrato e assinar prazo para que o órgão corrija as ilegalidades identificadas.

Por óbvio, uma eventual decisão futura do TCU pela ilegalidade de um contrato e pela necessidade de sua anulação após a conclusão do processo de fiscalização poderia, na prática, ser ineficaz caso o Congresso Nacional já tivesse deliberado, preliminarmente, que as ocorrências deveriam ser classificadas como IGC.

Nesse caso, como não houve a suspensão da execução física, orçamentária e financeira dos respectivos contratos segundo o rito da LDO/2015, é difícil imaginar que o Congresso Nacional, ao final do processo, iria deliberar pela sustação do contrato, nos termos da Constituição, principalmente se a obra estivesse em estágio avançado de execução.

De todo modo, entende-se que o TCU não deve condicionar o prosseguimento do processo de fiscalização nem o juízo de valor acerca da gravidade das irregularidades aos critérios estabelecidos nas leis de diretrizes orçamentárias, que, em verdade, se dirigem apenas à atividade do legislador orçamentário de alocar créditos orçamentários conforme sua oportunidade e conveniência.

Ainda sobre a classificação dos indícios de irregularidades pelo Tribunal, o art. 144, §3º, da LDO/2015 estabeleceu que não estão sujeitos ao bloqueio da execução física, orçamentária e financeira os casos para os quais tenham sido apresentadas garantias suficientes à cobertura integral dos prejuízos potenciais ao Erário, na forma prevista na legislação pertinente.

A parte final do dispositivo prescreve que a exigência desse instrumento se dará sem prejuízo do disposto nos §§1º e 2º do art. 71 da CF/1988, hipótese em que será permitido apresentar as garantias à medida que sejam executados os serviços sobre os quais recaia o apontamento de irregularidade grave.

Embora o artigo tenha feito menção à observância do art. 71, §§1º e 2º, não se visualiza conexão de sentido clara entre a regra e a disciplina constitucional de sustação de contratos. Em verdade, entende-se de que a apresentação de garantia para a cobertura dos prejuízos em apuração é instrumental e possui natureza cautelar à decisão final do Parlamento de sustar contratos, o que implica dizer que tais instrumentos devem ser executados caso o Congresso Nacional adote tal deliberação.

A possibilidade de substituição do bloqueio cautelar de um contrato pela apresentação de garantias financeiras foi prevista pela primeira vez no art. 94, §2º, da Lei nº 12.017, de 12 de agosto de 2009 (LDO/2010). O referido dispositivo assim como os demais que se seguiram até a LDO/22023 nunca foram regulamentados pelo Congresso Nacional, embora tenham sido utilizados em várias ocasiões para permitir a continuidade de obras e serviços com indícios de irregularidades graves após a apresentação de garantias pelos órgãos fiscalizados.[343]

Retomando o rito do procedimento de fiscalização em análise, o art. 144, §9º, da LDO/2023 estabeleceu que a classificação, pelo TCU, das constatações de fiscalização como IG-P ou IG-R dar-se-á por decisão monocrática ou colegiada.

Ademais, foi estabelecido que tal deliberação deveria ser proferida no prazo máximo de *45 dias corridos* a contar da conclusão da auditoria pela unidade técnica, dentro do qual deverá ser assegurada a oportunidade de manifestação preliminar, em quinze dias corridos, aos órgãos e às entidades aos quais foram atribuídas as supostas irregularidades.

Da mesma forma que os demais prazos estabelecidos nas leis de diretrizes orçamentárias, entende-se que o previsto no dispositivo supramencionado constitui prazo impróprio, ou seja, não gera nenhum tipo de preclusão ou sanção administrativa às autoridades do Tribunal que tiverem dado causa a um eventual descumprimento.

Mesmo que a decisão monocrática ou colegiada do TCU ocorra após 45 dias da constatação, caberá ao Tribunal seguir o rito processual estabelecido na LDO e noticiar os indícios de irregularidades à CMO, que, nem por isso, deverá deixar de apreciar o fato e suspender cautelarmente a obra, se entender cabível. Tal situação foi inclusive, prevista, no art. 146, inciso II, a ser comentado adiante.

O art. 144, §10º, da LDO/2023 atestou o caráter provisório da decisão do relator ou do Tribunal que promove a classificação das irregularidades como IG-P ou IG-R ao prescrever que tal enquadramento poderá ser revisto a qualquer tempo mediante ulterior decisão monocrática ou colegiada do TCU, em face de novos elementos de fato e de direito apresentados pelos interessados.

Após a manifestação sobre a gravidade dos indícios de irregularidades apuradas nos relatórios de fiscalização, o Tribunal deve enviar imediatamente as informações pertinentes ao Congresso Nacional para continuidade do procedimento cautelar de controle de contratos pelo Parlamento.

Segundo o art. 149 da LDO/2023, o TCU, durante o exercício de 2023, remeterá ao Congresso Nacional e ao órgão ou à entidade fiscalizada, no prazo de 15 dias, contado da data da decisão ou do acórdão a que se referem os §§9º e 10 do art. 144, informações relativas a novos indícios de irregularidades graves identificados em empreendimentos, contratos, convênios, etapas, parcelas ou subtrechos relativos a subtítulos constantes da LOA/2023

Dentre os elementos a serem enviados pelo Tribunal, o dispositivo previu a necessidade de serem remetidas informações relativas às execuções física, orçamentária e financeira, acompanhadas das manifestações dos órgãos e das entidades responsáveis

---

[343] Acórdãos nºs 2.213/2009-TCU-Plenário. Ministro relator Aroldo Cedraz. Publicado no DOU de 25.09.2009; 1.383/2012-TCU-Plenário. Ministro relator Walton Alencar Rodrigues. Publicado no DOU de 06.06.2012; 1.622/2012-TCU-Plenário. Ministro relator Raimundo Carreiro. Publicado no DOU de 27.06.2012; 2.088/2013-TCU-Plenário. Ministro relator Marcos Bemquerer Costa. Publicado no DOU de 07.08.2013; 2.400/2014-TCU-Plenário. Ministro relator Augusto Sherman Cavalcanti. Publicado no DOU de 10.09.2014.

pelas obras que permitam a análise da conveniência e oportunidade de bloqueio das execuções física, orçamentária e financeira.

O art. 149 da LDO/2023 constitui exemplo do exercício do controle externo pelo Congresso Nacional com o auxílio do TCU, conforme preconiza o art. 71, *caput*, da CF/1988. Ao enviar para o Parlamento os resultados, ainda que preliminares, de suas fiscalizações, o Tribunal não apenas instrumentaliza a atuação preventiva do Congresso Nacional no controle de obras públicas, nos termos previstos nas leis de diretrizes orçamentárias, como também dá publicidade de suas ações ao órgão titular de controle externo.

Nesse sentido, cabe lembrar que, segundo o art. 71, inciso VII, da Constituição Federal, compete ao TCU:

> VII. Prestar as informações solicitadas pelo Congresso Nacional, por qualquer de suas Casas, ou por qualquer das respectivas Comissões, sobre a fiscalização contábil, financeira, orçamentária, operacional e patrimonial e sobre resultados de auditorias e inspeções realizadas;

Além da remessa de informações individualizadas de processo de fiscalização no qual tenha sido identificado IGP ou IGR, o art. 146, inciso II, da LDO/2023 prescreve que o Tribunal também deverá enviar à CMO, até setenta dias após o encaminhamento do projeto da LOA, relatório consolidado contendo:

> [...] a relação atualizada de empreendimentos, contratos, convênios, etapas, parcelas ou subtrechos relativos aos subtítulos nos quais sejam identificados indícios de irregularidades graves, classificados na forma prevista nos incisos IV, V e VI do §1º do art. 144, e a relação daqueles que, embora tenham tido recomendação de paralisação da equipe de auditoria, não tenham sido objeto de decisão monocrática ou colegiada no prazo previsto no §9º do art. 144, acompanhadas de cópias em meio eletrônico das decisões monocráticas e colegiadas, dos relatórios e votos que as fundamentarem e dos relatórios de auditoria das obras e dos serviços fiscalizados.

Cuida-se, mais uma vez, de obrigação que concretiza a competência prevista no art. 71, inciso VII, da CF/1988, por meio da qual o Tribunal exerce uma espécie de prestação de contas das atividades por ele realizadas na fiscalização da conformidade da execução das despesas orçamentárias do exercício em curso.

É oportuno dar relevo à parte final do dispositivo transcrito. Ainda que o relator ou o Tribunal não tenha se manifestado sobre os indícios de irregularidade do tipo IGP ou IGR constatados, cabe ao TCU enviar as informações levantadas pela equipe de fiscalização ao Congresso Nacional.

Nesse contexto, o Congresso Nacional pode, fazendo uso dos elementos encaminhados no relatório consolidado, deliberar pela inclusão do contrato no anexo específico de subtítulos relativos a obras e serviços com indícios de irregularidades graves, mesmo na ausência de deliberação do TCU.

Após a remessa das informações ao Congresso Nacional, seja na forma do art. 149 da LDO/2023 (individualmente após o despacho ou o acórdão que classificou os indícios como IG-P ou IG-R), seja na forma do art. 146, inciso II, da LDO/2023 (relatório consolidado das fiscalizações), a matéria será analisada pela CMO, mais especificamente pelo COI, conforme previsto no art. 24, inciso IV, da Resolução nº 1, de 22 de dezembro de 2006, do Congresso Nacional.

Em seguida, o COI deverá instruir a matéria, realizar reuniões técnicas e audiências públicas e elaborar relatórios parciais e finais sobre o tema, com vistas à apreciação final da CMO e, por fim, do Congresso Nacional, por ocasião da aprovação da LOA.

Consoante o art. 144, §4º, da LDO/2023, os pareceres da CMO acerca de obras e serviços com indícios de irregularidades graves deverão ser fundamentados explicitando as razões da deliberação. Desse modo, ainda que a decisão final do Congresso Nacional sobre a suspensão cautelar da obra seja de natureza política, dessume-se, a partir do dispositivo em análise, que o legislador quis atribuir um caráter técnico ao pronunciamento da Comissão Mista de Orçamento.

Segundo o art. 145, da LDO/2023, o Congresso Nacional levará em consideração, na sua deliberação pelo bloqueio ou desbloqueio da execução física, orçamentária e financeira de contratos com indícios de irregularidades graves, a classificação da gravidade do indício realizada pelo TCU e as razões apresentadas pelos órgãos e entidades responsáveis pela execução, que deverão abordar, em especial:

> a) os impactos sociais, econômicos e financeiros decorrentes do atraso na fruição dos benefícios do empreendimento pela população;
> b) os riscos sociais, ambientais e à segurança da população local, decorrentes do atraso na fruição dos benefícios do empreendimento;
> c) a motivação social e ambiental do empreendimento;
> d) o custo da deterioração ou da perda de materiais adquiridos ou serviços executados;
> e) as despesas necessárias à preservação das instalações e dos serviços executados;
> f) as despesas inerentes à desmobilização e ao retorno posterior às atividades;
> g) as medidas efetivamente adotadas pelo titular do órgão ou da entidade para o saneamento dos indícios de irregularidades apontados;
> h) o custo total e o estágio de execução física e financeira de empreendimentos, contratos, convênios, obras ou parcelas envolvidas;
> i) empregos diretos e indiretos perdidos em razão da paralisação;
> j) custos para realização de nova licitação ou celebração de novo contrato; e
> k) custo de oportunidade do capital durante o período de paralisação. Trata-se de elementos relacionados à análise econômica e consequencialista da decisão a ser adotada, ou seja, dos impactos econômicos e sociais da eventual paralisação cautelar do contrato, convênio, etapa, parcela ou subtrecho do empreendimento.

A relação anunciada implica a consideração de aspectos extrajurídicos na decisão pelo bloqueio ou não da execução da obra. Em verdade essa tendência de avaliação das consequências das decisões jurídicas está expressa na LINDB, após as alterações promovidas pela Lei nº 13.655/2018, e na Nova Lei de Licitações, como será visto no capítulo 25.

Considerando que a decisão final do Congresso Nacional possui natureza política, é natural que o Parlamento não considere apenas a ordem jurídica em sua deliberação. Nesse cenário, é salutar a previsão de que a CMO analise os aspectos econômicos e sociais supramencionados a fim de municiar o Congresso Nacional de todos os elementos necessários à sua deliberação.

Consoante o art. 145, §§1º e 2º, da LDO/2023, a apresentação das razões e das informações relacionadas é de responsabilidade do titular da entidade responsável pela obra ou serviço em que se tenha verificado indício de irregularidade, no âmbito do Poder Executivo; ou do titular do órgão dos Poderes Legislativo e Judiciário, do Ministério Público da União e da Defensoria Pública da União, para as obras e serviços executados no respectivo âmbito.

O art. 145, §2º, da LDO/2023 estabelece vários prazos para o envio de tais informações. Deve-se ressaltar que, nos termos do art. 145, §3º, da LDO/2023, a omissão na prestação das informações, na forma e nos prazos estabelecidos, não impedirá que a comissão mista e o Congresso Nacional deliberem sobre a matéria, nem retardará a aplicação de qualquer de seus prazos de tramitação e deliberação.

Por outro lado, a norma previu, no art. 145, §4º, que o TCU também subsidiará a deliberação do Congresso Nacional com o envio de informações e avaliações acerca de potenciais prejuízos econômicos e sociais advindos da paralisação.

Interpreta-se que a atuação do TCU quanto a esse aspecto é subsidiária à do órgão fiscalizado, ou seja, ele tão somente analisa as informações produzidas e os elementos relacionados pelo interessado, remetendo ao Congresso Nacional o resultado de seu exame, juntamente com eventuais informações obtidas nesse mister.

Não cabe, *a priori*, ao TCU o levantamento dos elementos especificados no art. 145, da LDO/2023, a menos que o Congresso Nacional o requisite formalmente, no uso da competência estatuída no art. 71, inciso IV, da Constituição, isto é, mediante solicitação de inspeção ou auditoria específica para tratar de tais aspectos.

O art. 148 da LDO/2023 previu que a CMO poderá realizar audiências públicas com vistas a subsidiar as deliberações acerca do bloqueio ou desbloqueio de contratos, convênios, etapas, parcelas ou subtrechos relativos a subtítulos nos quais forem identificados indícios de irregularidades graves.

Segundo o §1º do aludido artigo, serão convidados para as audiências os representantes do TCU e das entidades envolvidas, que poderão expor as medidas saneadoras já tomadas e as razões pelas quais as obras sob sua responsabilidade não devam ser paralisadas, inclusive aquelas a que se refere o art. 145, acompanhadas da justificação por escrito do titular da entidade responsável pelas respectivas contratações.

Tais audiências representam a última oportunidade de convencimento dos parlamentares sobre a necessidade de continuidade ou paralisação da obra. É natural que os auditores do TCU tentem defender a ocorrência dos apontamentos de irregularidade que constam dos relatórios enviados ao CN. Por outro lado, os gestores envolvidos na execução da obra tentam muitas vezes descaracterizar as irregularidades e/ou demonstrar a importância da obra para a sociedade.

Outrossim, é bem frequente a realização de visitas *in loco* dos empreendimentos analisados pelos próprios parlamentares a fim de realmente conhecer as particularidades locais, ouvir a população que será beneficiada pela obra e tomar pé do contexto em que a obra está sendo executada.

Dessa forma, constata-se que o procedimento cautelar de controle de contratos desenvolvido no âmbito do Congresso Nacional também assegura o exercício do contraditório pelos interessados.

O art. 148, *caput*, da LDO/2023 fala em adoção de medidas saneadoras pelos órgãos por ocasião da realização das audiências públicas. Todavia, em boa parte das vezes, o processo de fiscalização do TCU ainda se encontra em estágio preliminar, na ocasião, de forma que ainda não se sabe, de forma definitiva, qual a medida a ser adotada para a elisão dos indícios de irregularidades.

Por essa razão, o Tribunal tem adotado a prática de, antes da apreciação do mérito do processo, ou seja, de forma preliminar e precária, indicar, nos relatórios de fiscalização e/ou nos acórdãos e despachos preliminares, qual a medida corretiva para o saneamento das irregularidades.

Por óbvio, tais providências ainda não são cogentes, de modo que a sua definição, nessa etapa do processo, tem como objetivo tão somente permitir que o órgão fiscalizado e o terceiro interessado, *in casu*, a empresa contratada, na eventualidade de reconhecerem a existência da irregularidade, a corrijam desde logo, possibilitando a continuidade da obra e o encerramento dos processos de fiscalização, se não houver outras irregularidades.

Nesse sentido, o art. 144, §8º, da LDO/2023 especificou que a suspensão cautelar da obra poderá ser evitada a critério da CMO caso as entidades fiscalizadas adotem as medidas corretivas para o saneamento das possíveis falhas ou se forem oferecidas garantias suficientes à cobertura integral dos supostos prejuízos potenciais ao Erário, nos termos do §3º. Nessa situação, o objeto é reclassificado para IGC, no primeiro caso, e para IGR, no segundo, não havendo a inclusão do empreendimento no anexo específico da LOA.

Conforme o art. 148, §2º, da LDO/2023, a decisão pela continuidade da execução de contratos ou etapas, parcelas ou subtrechos nos quais tenham sido identificados indícios de irregularidades graves ainda não sanados dependerá da avaliação das informações recebidas na forma do §2º do art. 145 e de prévia realização da audiência pública, quando deverão ser avaliados os prejuízos potenciais da paralisação para a Administração Pública e para a sociedade.

Sendo assim, a norma admite a continuidade da execução de obra com vícios de legalidade e economicidade, desde que comprovada a superveniência de consequências sociais e economicamente negativas de sua paralisação cautelar, a partir da análise das informações e elementos indicados no art. 145 da LDO/2023.

O presente dispositivo revela de forma clara aspecto importante do controle efetuado pelo Congresso Nacional: a possibilidade de a violação da ordem jurídica pelos órgãos fiscalizados ser relevada – no que se refere à decisão de paralisação e eventual sustação –, em dado caso concreto, em razão das consequências econômicas e sociais que o retorno ao estado da legalidade possa gerar.

Embora tal possibilidade já pudesse ser deduzida na própria Constituição, que reservou ao Parlamento a competência originária de deliberar pela sustação de contratos, inserindo-a, portanto, como uma decisão de natureza política sujeita a critérios mais amplos, a Lei de Diretrizes Orçamentárias a tornou expressa e elencou os aspectos a serem perquiridos para o afastamento parcial da ordem jurídica.

Nesse cenário, cabe às partes interessadas apresentarem os elementos de prova dos prejuízos sociais e econômicos da paralisação da obra, devendo, em seguida, a CMO, analisar, de forma justificada, as evidências juntadas, a fim de subsidiar a posterior deliberação do Congresso Nacional.

O art. 149, §8º, da LDO/2023 evidencia a independência do controle desenvolvido pelo TCU com relação ao exercido pelo Congresso Nacional. Segundo o dispositivo, a decisão pela paralisação ou pela continuidade de obras ou serviços com indícios de irregularidades graves não prejudicará a continuidade das ações de fiscalização e da apuração de responsabilidades dos gestores que lhes deram causa.

Dessa forma, mesmo que o Parlamento tenha deliberado pela não suspensão cautelar da execução física, orçamentária ou financeira de um contrato ou de parte dele, por discordar da classificação do indício de irregularidade realizada pelo TCU ou por conta da inconveniência e inoportunidade da medida em razão dos aspectos econômicos e sociais suscitados no art. 145 da LDO/2023, o Tribunal não apenas pode mas deve dar prosseguimento regular ao seu processo, até porque o exercício de sua competência fiscalizadora decorre diretamente da Constituição.

Conforme já ressaltado, a atribuição deferida ao Congresso Nacional pelas leis de diretrizes orçamentárias – de paralisar ou não cautelarmente a realização de despesas previstas no orçamento – não pode obstaculizar as competências do TCU de aplicar aos responsáveis as sanções previstas em lei (controle subjetivo) e, no que interessa à pesquisa, fixar prazo para a correção das ilegalidades, caso elas tenham sido confirmadas após o exercício do contraditório, nos termos do art. 71, incisos VIII e IX, da CF/1988.

O desenvolvimento regular do processo de fiscalização do TCU até a sua decisão final de mérito, com o esgotamento dos recursos administrativos disponíveis, é condição necessária para que o Congresso Nacional eventualmente exerça a competência que lhe foi conferida no art. 71, §1º, da CF/1988, isto é, avalie se susta ou não a execução do contrato diante dos novos elementos e informações trazidas após o encerramento do processo do TCU e das circunstâncias fáticas do momento. Tais competências, do TCU e do Congresso Nacional, ambas de assento constitucional, enfatiza-se, não poderiam jamais ser afastadas ou diminuídas por lei.

Após a realização das audiências públicas, o COI elabora relatório em que reúne as informações apresentadas pelo TCU e pelos órgãos fiscalizados e, em seguida, propõe a atualização das informações relativas a obras e serviços com indícios de irregularidades para fins de inclusão ou exclusão da lei orçamentária anual, nos termos do art. 24, inciso I, da Resolução nº 1, de 22 de dezembro de 2006. Nesse contexto, o comitê dá parecer sobre o bloqueio ou não de cada uma das obras com indícios de irregularidades informadas pelo TCU.

Posteriormente, o COI submete a matéria ao Plenário da CMO, que em seguida vota pela aprovação ou rejeição do relatório. Por fim, a CMO elabora relatório final sobre o projeto de lei orçamentária anual, incluindo o relatório do COI por ela aprovado, e o envia para apreciação e votação pelo Plenário do Congresso Nacional. Caso haja concordância do Parlamento, os contratos, convênios, etapas, parcelas ou subtrechos com indícios de irregularidades são incluídos no anexo de subtítulos relativos a obras e serviços com indícios de irregularidades graves – IGP, da lei orçamentária aprovada, ficando, desse modo, suspensa a execução física, orçamentária e financeira do empreendimento, nos termos decididos pelo Congresso Nacional.

O bloqueio da execução orçamentária a obras e serviços com indícios de irregularidades graves, a partir da inclusão de uma relação com os subtítulos pertinentes em anexo específico na lei orçamentária anual, acaba por, implicitamente, franquear ao chefe do Poder Executivo a possibilidade de interferir no exercício de competência exclusiva do Congresso Nacional, a saber, o controle cautelar de contratos.

Isso porque o presidente da república pode apor vetos ao projeto de lei orçamentária, o que, inclui, evidentemente, qualquer dispositivo nela contido, inclusive a relação de obras e serviços contidos no referido anexo. Dito de outra forma, o chefe do Poder Executivo pode permitir a continuidade de contratos com indícios de irregularidades graves, a despeito da decisão que deveria ser soberana do Poder Legislativo no exercício de sua competência exclusiva de controle externo.

Tal situação de interferência, que passou ao largo de qualquer questionamento quanto à sua constitucionalidade, se verificou, na prática, por ocasião do veto à proposta orçamentária relativa ao ano de 2010. Na ocasião, o presidente da república vetou a inclusão das obras de construção da Refinaria Abreu e Lima, do Complexo Petroquímico do Rio de Janeiro e do Terminal Barra do Riacho no anexo de subtítulos relativos a obras e serviços com indícios de irregularidades graves – IGP da LOA/2010, permitindo, dessa forma, a continuidade das obras.

Voltando à análise do regime instituído pelas leis de diretrizes orçamentárias, o art. 149, §6º, da LDO/2023 estabelece que, após a publicação da Lei Orçamentária de 2023, o bloqueio e o desbloqueio da execução física, orçamentária e financeira dar-se-ão mediante decreto legislativo baseado em deliberação da CMO.

O dispositivo em análise revela inusitada técnica legislativa, somente aceitável mediante esforço interpretativo de alterar o conteúdo de uma lei por meio de um decreto legislativo.

Todavia, considerando que o controle corretivo de contratos é de competência exclusiva do Congresso Nacional, nos limites e na forma especificada na CF/1988 – não olvidando as atribuições exclusivas do TCU –, entende-se que a disciplina do assunto mediante decreto legislativo é a forma correta de o Parlamento exercer tal função, podendo, inclusive, alterar disposição contida em lei, que materialmente deveria ter sido veiculada em decreto legislativo.

De todo modo, o artigo constitui uma brecha legal para que o problema levantado, do veto presidencial à inclusão de um contrato no anexo específico de subtítulos relativos a obras e serviços com indícios de irregularidades graves, possa ser resolvido segundo a disciplina da própria LDO.

No caso, o Parlamento poderia, em vez de rejeitar o veto, aprovar um decreto legislativo bloqueando a execução física, orçamentária e financeira de contrato com indícios de irregularidades, seguindo o art. 149, §6º, da LDO/2015, em sua literalidade.

Após a inclusão da obra no anexo da LOA, o procedimento de controle cautelar de contratos permanece em aberto, no aguardo da conclusão do processo do TCU ou do eventual saneamento das irregularidades pelo órgão fiscalizado.

Nesse cenário, o legislador, preocupado com o desfecho da fiscalização e o rápido retorno ao estado da legalidade, especificou, no art. 149, §2º, da LDO/2023, que os processos relativos a obras ou serviços que possam ser objeto de bloqueio da execução orçamentária, física e financeira, serão instruídos e apreciados prioritariamente pelo TCU.

Segundo o aludido dispositivo, a decisão do Tribunal deve indicar, de forma expressa, se as irregularidades inicialmente apontadas foram confirmadas e se o empreendimento questionado poderá ter continuidade sem risco de prejuízos significativos ao Erário, no prazo de *até quatro meses, contado da comunicação prevista no caput* – aviso do TCU ao Congresso Nacional sobre a classificação do indício como IGP ou IGR. Trata-se de prazo impróprio, devendo o Tribunal, na impossibilidade de seu cumprimento, informar e justificar ao Congresso Nacional as motivações do atraso, consoante o art. 122, §5º, da LDO/2023.

De todo modo, é possível afirmar que o legislador, ao fixar um prazo para a decisão de mérito do TCU, buscou criar as condições institucionais para que as ilegalidades fossem corrigidas e as obras retomadas de forma célere, minimizando os custos administrativos e sociais do controle externo.

Todavia, deve-se lembrar que as decisões de mérito dos processos de fiscalização ainda estão sujeitas a recursos administrativos no âmbito do TCU, de modo que somente após o esgotamento das vias processuais ordinárias existentes, segundo o RITCU, é possível afirmar se as irregularidades foram ou não confirmadas e se o empreendimento pode ter continuidade.

Conforme o art. 149, §3º, da LDO/2023, a decisão do Tribunal que confirmar os indícios de irregularidades deverá relacionar todas as medidas a serem adotadas pelos responsáveis, com vistas ao saneamento das irregularidades graves. Embora não haja menção expressa, tal deliberação de mérito é a especificada no art. 71, inciso IX, da CF/1988, ou seja, a que assina prazo para que o órgão ou entidade adote as providências necessárias ao exato cumprimento da lei se verificada ilegalidade.

Nesse ponto, cabe ressaltar que em nenhum momento a LDO/2023, a exemplo das leis de diretrizes orçamentárias anteriores, tratou do exercício das competências estatuídas no art. 71, §§1º e 2º, da Constituição. Embora a norma tenha feito menção aos dois dispositivos, no art. 144, *caput*, §§3º, 7º e 8º, a matéria nela tratada, suspensão cautelar do contrato até o saneamento das irregularidades, não guarda conexão de sentido com o ato de sustação previsto na Constituição, que possui natureza definitiva e é adotado somente após a decisão de mérito do TCU, conforme já anunciado.

O procedimento instituído nas leis de diretrizes orçamentárias possui natureza cautelar quanto à competência corretiva do Congresso Nacional, tendo sido viabilizada, conforme visto, para evitar a consumação de prejuízos antes do exaurimento dos contratos. Por conseguinte, ela também preserva e previne a competência constitucional de sustar contratos de obras públicas, prevista no art. 71, §§1º e 2º, da CF/1988.

Tal decisão do Parlamento, de caráter definitivo, não foi objeto de regulamentação, seja por lei específica, seja pelas leis de diretrizes orçamentárias. Não existe norma que disponha sobre o rito processual do controle externo após a decisão de mérito do processo do TCU caso as medidas determinadas pelo Tribunal não tenham sido adotadas pelo órgão fiscalizado no prazo fixado.[344]

---

[344] Deve-se ressaltar que, no período constitucional anterior, o Regimento Comum do Congresso Nacional, originalmente aprovado pela Resolução nº 1, de 1970-CN, previa, em seu art. 113, parágrafo único, que tal deliberação seria tomada por resolução.

Segundo o art. 149, §4º, da LDO/2023, após a manifestação da entidade responsável quanto à adoção das medidas corretivas, o TCU deverá se pronunciar sobre o efetivo cumprimento dos termos da decisão no prazo *de até três meses*, contado da data de entrega da citada manifestação. Cuida-se, da mesma forma, de prazo impróprio, devendo o eventual atraso do Tribunal ser objeto de justificativa, consoante já mencionado art. 149, §5º.

O art. 149, §7º, da LDO/2023 estabeleceu que o TCU deverá encaminhar, até 15 de maio de 2015, à CMO relatório contendo as medidas saneadoras adotadas e as pendências relativas a obras e serviços com indícios de irregularidades graves.

Independentemente do aludido relatório, o Tribunal deverá informar à CMO eventual saneamento das ilegalidades, tão logo delibere sobre a matéria. Conforme o art. 147, §4º, o TCU deverá informar o seu pronunciamento conclusivo quanto a irregularidades graves que não se confirmaram ou ao seu saneamento, a fim de permitir o seu desbloqueio. Dessa forma, o Congresso Nacional poderá deliberar sobre a retirada das obras do anexo da LOA por meio de decreto legislativo, possibilitando, assim, a retomada das obras no menor tempo possível.

Segundo o art. 149, §3º, da LDO/2023, a CMO poderá realizar audiências públicas para subsidiar a apreciação do relatório de que trata o §6º. Da mesma forma, não há óbice para que a CMO promova audiência pública, também no caso em que o saneamento das irregularidades tiver sido informado individualmente, mediante aviso da decisão que apreciou a matéria, antes do relatório.

O art. 147, §3º, da LDO/2023, repetindo disposições similares das leis de diretrizes orçamentárias anteriores, traz interessante dispositivo que revela o caráter peculiar da forma de controle instituído pela LDO quando comparada com a estabelecida na Constituição. Segundo o referido dispositivo legal, as unidades orçamentárias responsáveis por obras e serviços que constem, em dois ou mais exercícios, do anexo da LOA relativo a obras bloqueadas, deverão informar à CMO, até trinta dias após o encaminhamento da proposta orçamentária de 2023, as providências tomadas para sanar as irregularidades apontadas em decisão do TCU em face da qual não caiba mais recurso perante aquela Corte.

A LDO/2023, assim como as anteriores, não dispôs sobre as medidas a serem adotadas pelo Congresso Nacional caso as informações não sejam enviadas ou se as medidas corretivas designadas pelo TCU na etapa preliminar do processo de controle externo não tenham sido adotadas pelo órgão responsável pelo contrato. De qualquer forma, a sustação do contrato pelo Parlamento depende do cumprimento do fluxo previsto no inciso IX e no §1º do art. 71 da CF/1988, qual seja, a decisão de mérito do TCU assinando prazo para a correção da ilegalidade e o posterior descumprimento da deliberação pelo órgão fiscalizado.

Após vinte e cinco anos de legislação sobre a fiscalização pelo Poder Legislativo de obras e serviços com indícios de irregularidades, constata-se que a sistemática estabelecida nas diversas leis de diretrizes orçamentárias não estabeleceu de forma clara a conexão do procedimento instituído com o mecanismo de controle de contratos especificado nos §§1º e 2º do art. 71 da CF/1988.

Embora tal relação pudesse ser dessumida da leitura conjunta dos dispositivos, as referidas leis não tornaram expresso que a medida cautelar de suspensão da execução orçamentária, física e financeira de contratos tinha como propósito resguardar a eficácia da decisão definitiva do Congresso quanto à sustação dos contratos.

Da mesma forma, as normas não buscaram regulamentar os parágrafos citados da Constituição, não tendo sido definido um procedimento relativo à deliberação pela sustação de contratos pelo Congresso Nacional, após o transcurso do prazo determinado pelo TCU para a correção das ilegalidades.

Ao que parece, o legislador quis instituir um mecanismo apenas preventivo, em que as medidas necessárias à correção das ilegalidades não estão sujeitas a um prazo nem a uma consequência em caso de descumprimento.

Tal situação pode ser ilustrada pela existência de várias obras que permaneceram durante seguidos exercícios no anexo específico de subtítulos relativos a obras e serviços com indícios de irregularidades graves, mesmo após a decisão de mérito do TCU sobre a irregularidade, sem que fosse adotado o ato de sustação previsto no art. 71, §1º, da CF/1988.[345]

23.2 Rito do processo de controle externo de fiscalização de obras públicas em atendimento às Leis de Diretrizes Orçamentárias

A Resolução TCU nº 280, de 15 de junho de 2016, disciplina a execução do plano de fiscalização de obras pelo TCU para atendimento ao que dispõem as sucessivas leis de diretrizes orçamentárias.

Tais processos de controle externo visam possibilitar o controle corretivo e subjetivo de atos e contratos de obras públicas e subsidiar o Congresso Nacional de informações a respeito de eventuais indícios de irregularidades graves identificadas, de sorte a viabilizar o exercício da competência cautelar deste, previstas nas diversas LDO.

O art. 2º da resolução contém uma série de definições para os fins propostos da norma. O Fiscobras é o plano de fiscalização de obras do TCU, de periodicidade anual, que contempla as fiscalizações selecionadas em conformidade com as determinações da lei de diretrizes orçamentárias aplicável. Essas fiscalizações são executadas no período compreendido *entre 1º de setembro e 30 de agosto do ano subsequente*, o qual é denominado ciclo Fiscobras.

Segundo o art. 165 da CF/1988, a lei de diretrizes orçamentária, tal como as demais normas orçamentárias, é de iniciativa do Poder Executivo. Conforme o art. 35, §2º, do Ato das Disposições Constitucionais Transitórias (ADCT), o seu projeto de lei será encaminhado até oito meses e meio antes do encerramento do exercício financeiro e devolvido para sanção até o encerramento do primeiro período da sessão legislativa.

---

[345] A situação foi tratada, na dissertação de mestrado de um dos autores desta obra, como uma omissão inconstitucional do Parlamento em usar as competências constitucionais previstas nos §§1º e 2º do art. 71, as quais são irrenunciáveis e existem para dar eficácia a uma das funções principais do controle, que é o de promover a correção de irregularidades identificadas em contratos administrativos antes da consumação de todos os seus efeitos jurídicos (ALVES, Francisco Sérgio Maia Alves. *Controle corretivo de contratos de obras públicas efetuado pelo TCU e pelo Congresso Nacional*: Marco jurídico e análise empírica de sua eficácia. Dissertação (Mestrado em Direito). Instituto CEUB de Pesquisa e Desenvolvimento, Centro Universitário de Brasília, Brasília, 2016, p. 157-158. Disponível em: https://repositorio.uniceub.br/jspui/handle/235/12120. Acesso em: 29 jan. 2023).

Isso implica dizer que o projeto deve ser enviado ao Parlamento até 15 de abril, devendo retornar ao Chefe do Poder Executivo até 17 de julho do mesmo ano.

Assim, a menos que haja algum atraso na votação e sanção da aluda norma, o ciclo Fiscobras de um ano é iniciado conforme a lei de diretrizes orçamentárias daquele ano. Por exemplo, o ciclo Fiscobras 2023 foi iniciado em 1º.9.2023, quando já estava vigente a LDO/2023, editada em 9.8.2022.

Conforme o art. 2º, inciso III, da resolução, o relator do Fiscobras será definido por meio de sorteio e será responsável por relatar o processo consolidado referente ao respectivo ciclo Fiscobras. Tal ocorrerá até o fim do ciclo Fiscobras anterior, nos termos do art. 30. Por exemplo, o relator sorteado do Fiscobras 2022 foi o ministro Aroldo Cedraz, que elaborou o relatório de consolidação pertinente, aprovado por meio do Acórdão nº 2.695/2022-Plenário.

Os incisos IV, V e VI do art. 2º da resolução reproduzem as definições de indício de irregularidade grave com recomendação de paralisação (IGP), de indício de irregularidade grave com recomendação de retenção parcial de valores (IGR) e de indício de irregularidade grave que não prejudique a continuidade (IGC), previstas nas diversas leis de diretrizes orçamentárias.

Além disso, a resolução inclui uma quarta tipologia de achado, denominada falhas/impropriedades (F/I). Conforme o inciso VII do dispositivo, são classificadas como tal "aquelas falhas de natureza formal ou outras impropriedades que não configurem indício de débito ou que não ensejem a aplicação de multa aos responsáveis, mas tão somente determinação de medidas corretivas ou expedição de ciência".

A norma instituiu uma espécie de subtipo de IGP, a proposta de indício de irregularidade grave com recomendação de paralisação (pIGP). Segundo o inciso VIII, é assim considerada aquela que se enquadra no conceito de IGP previsto no inciso IV, mas cuja classificação encontra-se pendente de confirmação pelo TCU, por meio de decisão monocrática ou colegiada, nos termos previstos na LDO vigente.

O inciso X do art. 2º da resolução define a data de conclusão da auditoria pela unidade técnica, para os fins da norma, como o despacho do titular da respectiva unidade técnica no sistema Fiscalis. Essa regra é importante, pois marca o início da contagem do prazo de 40 dias previsto na LDO para que o TCU confirme ou não a classificação de irregularidade pIGP.

Conforme o inciso XII do art. 2º, o saneamento do indício de irregularidade é a correção deste mediante a adoção das medidas corretivas especificadas pelo Tribunal ou de qualquer providência equivalente que seja apta a eliminar as ocorrências verificadas no relatório de auditoria.

Já a elisão do indício de irregularidade é a descaracterização das constatações a partir do acolhimento pelo Tribunal das razões e dos esclarecimentos aduzidos em sede de manifestação preliminar ou oitiva e independentemente da adoção das medidas corretivas especificadas, nos termos do inciso XIII do art. 2º.

O rito do Fiscobras envolve as seguintes etapas:
a) formulação do plano de fiscalização;
b) sorteio do relator;
c) execução das fiscalizações;

d) comunicação de informações relativas a novos indícios de irregularidades classificados como IGP ou IGR ao Congresso Nacional;

e) prosseguimento com a instrução dos processos, especialmente os que contêm IGP e/ou IGR;

f) consolidação do Fiscobras.

23.2.1 Etapas preparatórias da execução das fiscalizações

Segundo o art. 3º, o plano de fiscalização de obras do TCU será proposto pela Presidência, de acordo com o plano estratégico e as diretrizes do Tribunal, e será aprovado pelo Plenário em sessão de caráter reservado no *mês de setembro de cada ano*.

Como é de praxe, todos os prazos estipulados na resolução são considerados impróprios, de sorte que não há nenhum efeito prático de um eventual descumprimento. Por exemplo, a seleção preliminar de obras públicas a serem fiscalizadas pelo Tribunal no âmbito do Fiscobras 2023 foi aprovada por meio do Acórdão nº 2.161/2022-Plenário (relator: ministro Bruno Dantas, na condição de presidente em exercício), *em 5.10.2022*.

O parágrafo único do art. 3º permite a revisão do plano de fiscalização, que será submetida ao Plenário pela Presidência no mês de março de cada ano em consonância com o plano de controle externo de que trata o artigo 188-A do RITCU.

Também integrarão o Fiscobras as ações de controle em editais de obras públicas realizadas em todo o período do ciclo, considerados os critérios de risco, materialidade e relevância, nos termos do art. 5º.

Em linha de princípio, nem seria necessário incluir a fiscalização de editais no âmbito do Fiscobras, pois, a rigor, o controle de atos é competência exclusiva do TCU, cabendo-lhe não apenas o controle corretivo, como o de sustar a execução daqueles, sem qualquer anuência do Parlamento, nos termos do inciso X da CF/1988.

Porém, essa medida foi tornada obrigatória pelas leis de diretrizes orçamentárias, como ilustra o §1º do art. 146, segundo o qual é impositiva a especificação de "[...] editais relativos a etapas, parcelas ou subtrechos nos quais tenham sido identificados indícios de irregularidades graves e da decisão monocrática ou do acórdão a que se refere o §9º do art. 144".

23.2.2 Execução das fiscalizações

Aprovado o plano de fiscalização do Fiscobras, será dado início à sua execução.

Antes disso, propriamente, o presidente sorteará entre os ministros e ministros-substitutos os processos de fiscalização de obras, ainda que não incluídos no aludido plano, consoante o art. 8º.

A resolução estabelece algumas regras de prevenção. Conforme o art. 10, o processo de fiscalização será distribuído ao relator da primeira fiscalização do edital ou do contrato da obra, do serviço de engenharia ou da elaboração do projeto, desde que exista processo aberto sobre aquele objeto. Essa regra é importante no caso de empreendimentos de execução plurianual, com vários contratos e editais, ao longo de sua duração. O objetivo da norma é permitir que um mesmo relator cuide de todos os processos envolvendo atos e contratos de um determinado projeto, o que confere um ganho de eficiência na condução da instrução processual pelo conhecimento pretérito acerca do empreendimento.

O TCU observará um rito comum e especial, previsto na seção III da Resolução nº 280/2016, ao identificar indícios de irregularidades graves com recomendação de paralisação em fiscalizações de obras públicas, ainda que não integrantes do Fiscobras.

Conforme o art. 13, a conclusão da auditoria dar-se-á por meio de despacho do titular da unidade técnica no prazo de 15 dias a contar da data de conclusão do relatório.

Após o término da auditoria, a unidade técnica adotará as providências necessárias à coleta da manifestação preliminar do órgão ou entidade responsável pela realização de obra com pIGP, no prazo improrrogável de 15 (quinze) dias, contados da notificação, nos termos do art. 14.

A improrrogabilidade desse prazo visa permitir que o Tribunal cumpra a disposição repetida seguidamente nas diversas leis de diretrizes orçamentárias – a exemplo do art. 144, §9º, da LDO/2023 –, no sentido de que a decisão monocrática ou colegiada deve ser proferida no prazo máximo de quarenta dias corridos, contado da data de conclusão da auditoria pela unidade técnica.

Por esse motivo, o §4º do art. 13 da resolução estabelece que a unidade técnica devolverá ao remetente a documentação entregue fora do prazo previsto no *caput*, a título de manifestação preliminar. Na ocasião, ela comunicará ao gestor que ele poderá exercer o seu direito de defesa nas etapas processuais posteriores, em conformidade com a LOTCU e o RITCU.

Outra importante disposição visando dar celeridade ao atendimento do prazo da LDO é a contida no §5º do art. 13. Consoante a disposição, a manifestação preliminar de que trata o *caput* dispensa o envio do relatório para comentários do gestor na fase interna da fiscalização. O texto da norma nos parece adequado, seja por causa do prazo já especificado, seja porque a medida seria redundante, dado que o órgão já se pronunciará sobre as questões mais relevantes tratadas na fiscalização, por ocasião da manifestação preliminar prevista na resolução em exame.

Conforme o §1º da mencionada disposição, a unidade técnica informará ao órgão ou entidade responsável que, na hipótese de a manifestação preliminar apresentada não elidir a irregularidade, o TCU, mediante decisão monocrática ou colegiada, poderá classificar o achado como IGP e encaminhar as informações pertinentes ao Congresso Nacional, nos termos da LDO. O objetivo da norma é alertar a unidade administrativa fiscalizada acerca dos desdobramentos possíveis do processo de controle externo nessa etapa preliminar.

Da mesma forma, a unidade técnica deve informar ao órgão ou entidade responsável que poderá reclassificar o achado para IGR se houver autorização do contratado para a retenção de valores a serem pagos ou apresentação de garantias suficientes à cobertura integral dos prejuízos potenciais ao Erário, nos termos da legislação pertinente, até a decisão de mérito sobre o indício relatado (§3º do art. 14). Essa parte do texto reproduz dispositivo similar contido nas diversas leis de diretrizes orçamentárias (art. 144, §1º, inciso V, da LDO/2023) e visa orientar a unidade administrativa fiscalizada sobre as alternativas possíveis para a não expedição da medida cautelar de paralisação do contrato.

O §3º do art. 14 da resolução trata da hipótese de divergência entre a unidade técnica, por um lado, e o relator ou o Tribunal, por outro, quanto à classificação de um achado como pIGP. Caso o Tribunal, manifestando-se de forma monocrática ou colegiada, divirja da unidade técnica e classifique a irregularidade como pIGP, o processo retornará à unidade técnica para que seja colhida a manifestação preliminar do órgão ou entidade responsável, nos termos do *caput*. Nesta hipótese, a unidade coordenadora promoverá a reclassificação do achado para pIGP.

O art. 15 da Resolução TCU nº 280/2016 reafirma o poder cautelar do TCU em matéria de contrato de obras públicas como uma competência independente da exercida pelo Congresso Nacional por força das leis de diretrizes orçamentárias. Conforme visto no item 4.12.5 do capítulo 4, a competência do Tribunal de suspender a execução de contratos decorre de seu poder geral de cautela, o qual é reconhecido de forma ampla pela jurisprudência do STF, inclusive em matéria de contratos.

A inclusão de um procedimento voltado ao bloqueio da execução física, orçamentária e financeira de empreendimentos, contratos, convênios, etapas, parcelas ou subtrechos relativos aos subtítulos de obras e serviços com indícios de irregularidades graves, pelo Parlamento, não prejudica nem é prejudicado pela existência de um poder geral de cautela do TCU em matéria de contratos de obras públicas. Pelo contrário, o exercício deste preserva aquele, evitando a consumação de danos de difícil recuperação, até a decisão de mérito do Tribunal ou a deliberação do Parlamento, contrária à paralisação do empreendimento, por ocasião da votação da LOA, ou determinando o desbloqueio da execução do contrato por meio de decreto legislativo.

Consoante o dispositivo, a unidade técnica poderá propor ao relator, nos termos do art. 276 do RITCU, medida cautelar de suspensão de ato administrativo ou da execução física, orçamentária e financeira de contratos, convênios, etapas, parcelas ou subtrechos relativos às obras públicas fiscalizadas, em caso de urgência, de fundado receio de grave lesão ao Erário, ao interesse público, ou de risco de ineficácia da decisão de mérito do processo de fiscalização.

Todavia, a resolução teve a preocupação de compatibilizar, de alguma forma, o rito do processo de fiscalização às disposições das leis de diretrizes orçamentárias a fim de permitir o exercício de ambas as competências cautelares, de forma célere e eficiente.

Segundo o §1º do art. 15 da resolução, caso as ocorrências que motivaram a proposta de expedição de medida cautelar tenham sido objeto de proposta de IGP, a unidade técnica, com base no princípio da racionalidade administrativa e da concentração dos atos processuais, deverá solicitar a manifestação do órgão ou entidade responsável acerca da presença dos pressupostos da adoção de medida cautelar na mesma oportunidade e no mesmo expediente que colher a manifestação preliminar especificada no art. 14.

Nesse caso, a unidade técnica também deverá promover a oitiva do terceiro interessado na prática do ato ou contrato impugnado, presentes os pressupostos que configurem a existência de interesse jurídico a ser protegido, conforme o §2º do art. 15. Tal medida visa dar cumprimento ao art. 276 do RITCU, que impõe a oitiva, prévia ou posterior, de todas as partes do processo, o que abrange, evidentemente, a empresa contratada no caso de cautelares envolvendo o ajuste. Nesse caso, esta deve se manifestar sobre a existência dos pressupostos da adoção de medida cautelar na mesma oportunidade em que colher a manifestação do órgão ou entidade responsável de que trata o parágrafo anterior.

O art. 16 da resolução buscou ampliar a possibilidade de o Congresso Nacional exercer o seu poder cautelar ao estender o rito estabelecido nas leis de diretrizes orçamentárias para as denúncias e representações que identifiquem indícios de irregularidades em obras públicas.

Conforme o dispositivo, a unidade técnica indicará, nas propostas de cautelares em processos de fiscalização de obras públicas oriundos de denúncias e representações, se os indícios de irregularidades detectados também preenchem os requisitos de IGP. Em caso positivo, ela adotará as providências necessárias para colher a manifestação preliminar do órgão ou entidade fiscalizada, nos termos previstos no art. 14 da resolução.

Transcorrido o prazo regulamentar para a manifestação do órgão fiscalizado – e também do terceiro contratado, caso esteja em discussão a medida cautelar do art. 276 do RITCU –, a unidade técnica examinará os elementos eventualmente aportados e tramitará o processo, com a respectiva análise da manifestação preliminar, ao gabinete do relator no prazo de 15 dias, a contar da data limite de que trata o *caput* do art. 14.

Nessa hipótese, a unidade técnica opinará quanto à confirmação ou não da classificação da irregularidade como IGP e, no caso da hipótese prevista no art. 15, também quanto à concessão de medida cautelar fundada no art. 276 do RITCU.

Recebido o processo devidamente instruído, o TCU decidirá quanto à confirmação da classificação de IGP ou IGR por meio de decisão monocrática ou colegiada no prazo de 10 dias a contar do recebimento do processo pelo gabinete, nos termos do art. 18. Caso a matéria seja decidida por despacho, o procedimento será submetido ao Plenário na primeira sessão subsequente, consoante o §1º do mencionado dispositivo.

A classificação de um indício como IGR exige manifestação expressa, por parte da unidade técnica e, em seguida, do relator ou do Tribunal, quanto ao cumprimento dos requisitos especificados na LDO. Tal procedimento se mostra importante, especialmente no caso de apresentação de garantias, que deverão atender, ainda, os critérios estabelecidos pelo Tribunal em normativo específico,[346] para a sua aceitação.

Segundo o §3º do art. 18, o TCU, por meio do gabinete do ministro relator, consignará justificativa a ser encaminhada ao Congresso Nacional quando da impossibilidade de cumprimento do prazo de 40 dias, contados da conclusão de auditoria, para a confirmação da classificação de IGP ou IGR da irregularidade constatada.

Conforme já anunciado, trata-se de prazo impróprio, cujo descumprimento não acarreta nenhuma consequência quanto ao mérito do processo, não obstante seja importante a exposição de justificativas pelo TCU como forma de prestação de contas ao órgão titular do controle externo, o Congresso Nacional.

A figura a seguir ilustra o fluxo procedimental de identificação, análise e processamento de processos de controle externo com indícios de irregularidades graves, conforme exposto nos dispositivos comentados:

---

[346] Conforme visto no item 4.12.6 do capítulo 4, ainda não houve, até o fechamento da edição deste livro, a edição de norma específica sobre o tema.

Figura 11 – Fluxo procedimental de identificação, análise e processamento de processos de controle externo com indícios de irregularidades graves

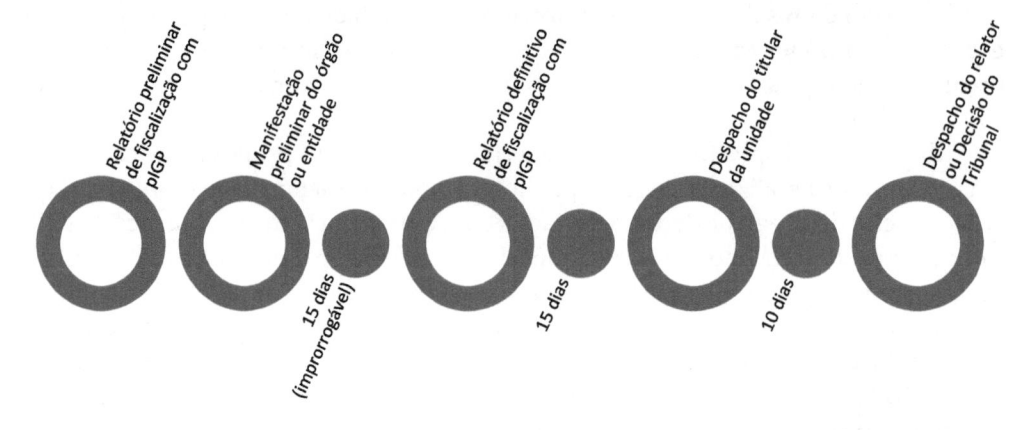

- Relatório preliminar de fiscalização com pIGP
- Manifestação preliminar do órgão ou entidade (15 dias improrrogável)
- Relatório definitivo de fiscalização com pIGP (15 dias)
- Despacho do titular da unidade (10 dias)
- Despacho do relator ou Decisão do Tribunal

23.2.3 Comunicação ao Congresso Nacional

O art. 19 da resolução prescreve que, durante o ciclo Fiscobras, o TCU remeterá ao Congresso Nacional informações relativas a novos indícios de irregularidades classificados como IGP ou IGR em fiscalização de obra pública.

Para que o Tribunal proceda a essa comunicação, é preciso o atendimento de três pressupostos: a efetivação da manifestação preliminar do órgão ou entidade fiscalizada; a análise desta pela unidade técnica e a decisão monocrática ou colegiada com a confirmação da classificação de IGP ou IGR. Essas regras constam do §1º do mencionado dispositivo.

Conforme o §3º, a comunicação de que trata o *caput* será encaminhada ao presidente da CMO, por meio de aviso da Presidência do TCU, no prazo de 15 dias da decisão monocrática ou colegiada que confirmar a classificação de IGP ou IGR. Para o pleno conhecimento da matéria, o TCU disponibilizará ao Congresso Nacional, por meio do sistema Fiscalis, relatório referente à fiscalização de que trata o *caput*, bem como acesso ao respectivo sistema eletrônico de fiscalização de obras e serviços, nos termos do §4º do dispositivo em análise.

A Resolução TCU nº 280/2016 prevê outros deveres de comunicação do TCU para o Congresso Nacional, seguindo o fluxo procedimental de análise e eventual saneamento dos indícios de irregularidades identificados.

Conforme o art. 37, o TCU encaminhará, até quinze de maio de cada ano, à CMO relatório contendo as medidas saneadoras adotadas e as pendências relativas a obras e serviços com IGP ou IGR.

O art. 38 estipula que o Tribunal encaminhará à Secretaria de Orçamento Federal do Ministério do Planejamento, Orçamento e Gestão (ou ao órgão equivalente a depender da estrutura administração do Poder Executivo federal vigente) e aos órgãos setoriais do Sistema de Planejamento e de Orçamento Federal, até 1º de agosto de cada ano, a relação das obras e dos serviços com IGP ou IGR.

Na ocasião, a Corte de Contas remeterá o correspondente banco de dados, especificando as classificações institucional, funcional e programática vigentes, com os respectivos números dos contratos e convênios, na forma do Anexo referente ao quadro bloqueio da Lei Orçamentária Anual, acrescida do custo global estimado de cada obra ou serviço listado e do respectivo estágio da execução física, com a data a que se referem essas informações.

A medida tem como objetivo subsidiar o processo de elaboração das leis orçamentárias anuais, mediante a atualização das informações pertinentes aos subtítulos com IGP e IGR confirmados.

23.2.4 Etapas processuais subsequentes

Seguindo o disposto nas leis de diretrizes orçamentárias, o art. 20 da resolução estipula que os processos relativos a obras ou serviços com IGP ou IGR serão instruídos e apreciados prioritariamente pelo TCU.

Após a decisão confirmando ou não a classificação de IGP ou IGR de que trata o art. 18, a unidade técnica avaliará a necessidade e, se for o caso, promoverá novas diligências com vistas ao saneamento do processo antes da promoção do contraditório de mérito do órgão ou entidade responsável e do terceiro interessado.

Em verdade, tais medidas saneadoras podem ser analisadas e propostas por ocasião da análise da manifestação preliminar do órgão responsável antes da decisão supramencionada, em linha com os princípios da concentração dos atos processuais e da razoável duração do processo.

Após o saneamento dos autos, o TCU deve realizar a oitiva da entidade fiscalizada e do terceiro interessado, prevista no art. 250, inciso V, do RITCU, acerca dos indícios de irregularidade identificados na fiscalização, nos termos indicados no art. 22 da resolução. O objetivo dessa medida é evidente: permitir a decisão de mérito do Tribunal em face dos achados constatados no âmbito do controle corretivo de atos e contratos.

O procedimento deve ser autorizado pelo relator ou pelo Tribunal a partir de proposta da unidade técnica, que poderá examinar a necessidade de adoção da medida na mesma oportunidade em que examinar a manifestação preliminar do órgão responsável, submetendo também em respeito aos princípios da concentração dos atos processuais e da razoável duração do processo.

Conforme §2º do art. 22 da resolução, caso o objeto da oitiva de que trata o *caput* demande urgente decisão de mérito, a unidade técnica responsável pela fiscalização dará a ele prioridade na instrução processual, deixando para propor as medidas constantes dos incisos II, III e IV do art. 250 RITCU em momento posterior. A disposição basicamente reproduz o disposto no §6º do art. 250 do RITCU,[347] cujo propósito é viabilizar o controle objetivo de atos e contratos, em detrimento do controle subjetivo, em situações que demandem uma rápida decisão de mérito.

Recebidas as respostas da oitiva de que trata o artigo anterior, a unidade técnica promoverá a instrução da matéria de forma a atender os prazos especificados nos arts.

---

[347] §6º Caso as matérias objeto da oitiva de que trata o inciso V demandem urgente decisão de mérito, a unidade técnica responsável pela fiscalização dará a elas prioridade na instrução processual, deixando para propor as medidas constantes dos incisos II, III e IV em momento posterior à deliberação do Tribunal sobre aquelas questões.

24 e 25 desta norma. O §1º do art. 23 da resolução estabelece uma espécie de conteúdo mínimo obrigatório das instruções e os acórdãos relativos aos processos com IGP ou IGR. Conforme o dispositivo, tais peças devem indicar, de forma expressa:

I – se as irregularidades inicialmente apontadas foram confirmadas ou elididas;
II – se os indícios inicialmente apontados foram saneados mediante a adoção de providências corretivas por parte do órgão ou entidade responsável;
III – se o empreendimento questionado poderá ter continuidade sem risco de prejuízos significativos ao erário.

Caso os indícios inicialmente apontados não tenham sido elididos nem saneados, as instruções e os acórdãos relativos aos processos com IGP ou IGR devem indicar também, nos termos do §2º:

I – se houve autorização do contratado para retenção de valores a serem pagos ou a apresentação de garantias suficientes para prevenir o possível dano ao erário em relação a cada achado e objeto da obra fiscalizada, se for o caso;
II – o potencial dano ao erário;
III – as medidas corretivas necessárias ao exato cumprimento da lei, as quais deverão ser adotadas pelo órgão ou entidade responsável, nos termos do art. 71, inciso IX, da Constituição e do art. 45 da Lei 8.443/1992; e
IV – o prazo concedido aos responsáveis para a adoção das medidas corretivas, na forma do art. 71, inciso IX, da Constituição e do art. 45 da Lei 8.443/1992.

Os parágrafos anteriores também se aplicam às instruções e aos acórdãos que tratem de recursos interpostos contra as deliberações especificadas no *caput*, conforme o §3º do art. 23 da resolução.

Conforme o art. 24 da resolução, o TCU deve expedir a decisão de mérito de que trata a disposição anterior, no prazo de 120 dias, contado a partir da data de encaminhamento do aviso de IGP ou IGR ao Congresso Nacional. Esse prazo é dividido internamente no âmbito do TCU da seguinte forma:

a) 80 dias para a unidade técnica responsável pelo processo; e
b) 40 dias para o gabinete do relator do processo.

A norma reproduz disposição contida nas leis de diretrizes orçamentárias, inclusive a LDO/2023 (art. 149, §2º), no sentido de que o Tribunal deve deliberar "[...] se as irregularidades inicialmente apontadas foram confirmadas e se o empreendimento questionado poderá ter continuidade sem risco de prejuízos significativos ao Erário, no prazo de quatro meses, contado da data da comunicação prevista no *caput*".

A norma também estipula um prazo máximo para a deliberação do TCU caso o órgão ou a entidade responsável se manifeste quanto à adoção das medidas corretivas indicadas na decisão preliminar de que trata o art. 18 (correção espontânea das irregularidades).

Segundo o art. 25, o TCU deverá se pronunciar sobre o efetivo cumprimento dos termos da decisão em até 90 (noventa) dias, contado a partir da data de entrega da documentação comprobatória, prazo esse dividido internamente no âmbito do Tribunal de Contas da União da seguinte forma:

a) 60 dias para a unidade técnica responsável pelo processo; e
b) 30 dias para o gabinete do relator do processo.

Do mesmo modo, a resolução reproduz disposição contida nas leis de diretrizes orçamentárias, inclusive a LDO/2023 (art. 149, §4º), no sentido de que o Tribunal deve "[...] se pronunciar sobre o cumprimento efetivo da decisão de que trata o §2º, no prazo de três meses, contado da data da entrega da referida manifestação".

Após o trânsito em julgado do acórdão de que trata o art. 23 e o transcurso do prazo concedido aos responsáveis para a adoção das medidas corretivas, na forma do art. 71, inciso IX, da Constituição e do art. 45 da Lei nº 8.443/1992, a unidade técnica adotará, de imediato, as medidas processuais visando verificar se estas foram cumpridas pelo órgão ou entidade responsável, nos termos do art. 26 da resolução.

Caso as medidas corretivas não tenham sido implementadas pelo órgão ou entidade responsável, a unidade técnica instruirá a matéria e submeterá os autos ao ministro relator para que seja providenciada a comunicação do fato ao Congresso Nacional, nos termos estabelecidos no art. 45, §2º, da Lei nº 8.443/1992.

A unidade técnica acompanhará as medidas adotadas pelo Congresso Nacional e pelo órgão ou entidade responsável e instruirá a matéria, submetendo ao relator proposta de sustação do contrato, caso o Congresso Nacional ou o Poder Executivo, no prazo de 90 (noventa) dias, não efetive as medidas previstas no parágrafo anterior.

Na hipótese do parágrafo anterior, o Tribunal decidirá a respeito da sustação do contrato, nos termos do art. 45, §3º, da Lei nº 8.443/1992 e do art. 71, §2º, da Constituição.

Conforme visto, a Resolução TCU nº 280/2016 buscou regulamentar internamente os dispositivos pertinentes da CF/1988 e da LOTCU que tratam do poder de sustar contratos pelo TCU, no caso de obras públicas.

Da mesma forma que previsto no art. 19, §4º, da mencionada resolução, o TCU, por meio do gabinete do ministro relator, consignará justificativa a ser encaminhada ao Congresso Nacional quando da impossibilidade de cumprimento dos prazos estipulados nos arts. 24 e 25.

Segundo o art. 29, o enquadramento na classificação de IGP ou IGR poderá ser revisto a qualquer tempo mediante ulterior decisão monocrática ou colegiada do Tribunal de Contas da União, em face de novos elementos de fato ou de direito apresentados pelos interessados, nos termos previstos na Lei de Diretrizes Orçamentárias vigente. Por evidente, a discussão do mérito dos achados tem como limite temporal a decisão de mérito do Tribunal acerca dos indícios de irregularidades apurados, consoante a parte final do referido dispositivo.

A decisão monocrática de que trata o *caput* será submetida ao Plenário na primeira sessão subsequente. A reclassificação de irregularidade classificada como IGP ou IGR pelo TCU será comunicada ao presidente da CMO, por meio de aviso, no prazo de 15 dias da respectiva decisão.

A figura a seguir ilustra o fluxo procedimental de instrução do processo de fiscalização após a decisão de confirmação da IGP ou IGR:

Figura 12 – Fluxo procedimental de instrução do processo de fiscalização após a decisão de confirmação da IGP ou IGR

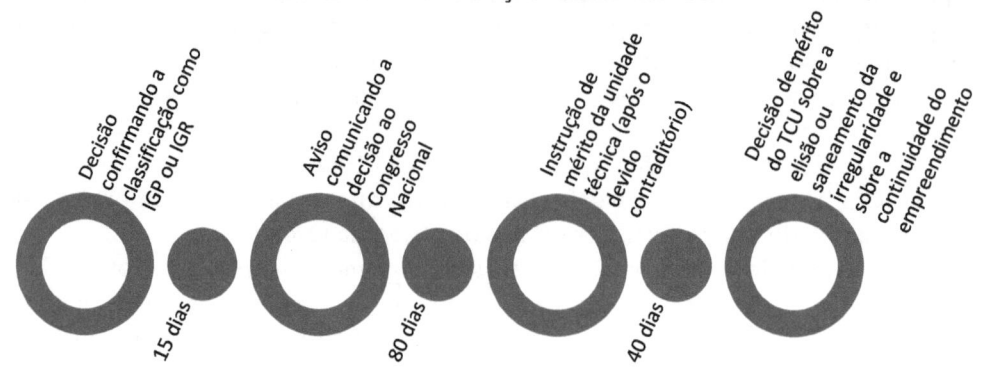

[Fluxo 1: Decisão confirmando a classificação como IGP ou IGR → 15 dias → Aviso comunicando a decisão ao Congresso Nacional → 80 dias → Instrução de mérito da unidade técnica (após o devido contraditório) → 40 dias → Decisão de mérito do TCU sobre a elisão ou saneamento da irregularidade e sobre a continuidade do empreendimento]

Ou, caso o órgão informe o saneamento da irregularidade.

[Fluxo 2: Decisão confirmando a classificação como IGP ou IGR → 15 dias → Aviso comunicando a decisão ao Congresso Nacional → Manifestação do órgão indicando o saneamento da irregularidade → 60 dias → Instrução da unidade técnica sobre a matéria → 30 dias → Decisão do TCU sobre o saneamento ou não da irregularidade]

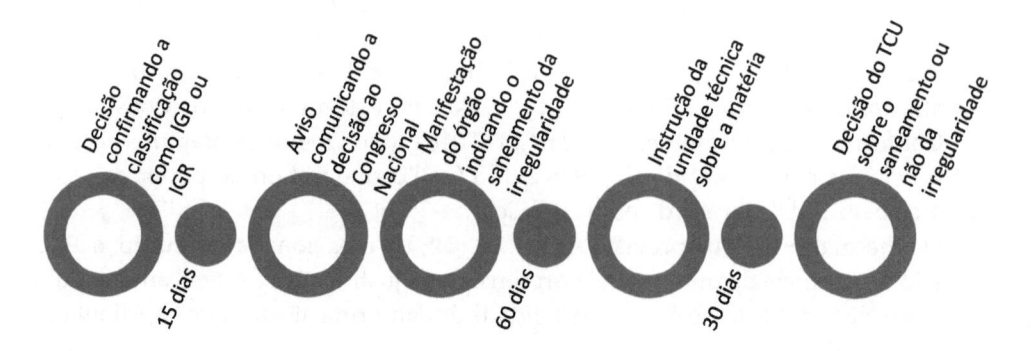

23.2.5 Consolidação do Fiscobras

Conforme o art. 31, o relatório consolidado do Fiscobras para fins de cumprimento da LDO vigente deverá ser apreciado pelo TCU e encaminhado à CMO em até 70 dias após o encaminhamento do projeto de Lei Orçamentária Anual pelo Poder Executivo.

O relatório contemplará as seguintes informações:

I – as fiscalizações selecionadas na forma estabelecida na seção I desta Resolução;
II – denúncias e representações que resultarem em indícios de irregularidades classificados como IGP ou IGR;
III – atualização das informações referentes às irregularidades classificadas como IGP ou IGR no Fiscobras anterior;
IV – demais fiscalizações que resultarem em indícios de irregularidades classificados como IGP ou IGR, ainda que referentes ao ciclo Fiscobras subsequente;
V – informações acerca das medidas cautelares vigentes concedidas pelo Tribunal de Contas da União, com suspensão de ato ou procedimento impugnado em obras públicas, considerados os critérios de materialidade e relevância; e
VI – outros trabalhos relacionados ao setor de infraestrutura que já tenham sido realizados e, a critério do relator, devam ser comunicados ao Congresso Nacional.

Consoante o §1º do art. 31, a atualização das informações de que trata o inciso III poderá ser realizada por meio de diligência, inspeção ou outro instrumento de fiscalização, a critério da unidade técnica responsável pelo processo que trata da irregularidade, e deverá ser confirmada pelo TCU por meio de decisão monocrática ou colegiada.

A unidade técnica responsável pelo processo providenciará o levantamento das informações a que se refere o parágrafo anterior até 30 dias antes da entrega do relatório consolidado do Fiscobras à CMO, de sorte a permitir o cumprimento do prazo especificado no *caput* pelo TCU.

Após a entrega do relatório consolidado do Fiscobras, a unidade coordenadora disponibilizará ao público, por meio do portal do Tribunal de Contas da União na internet, quadro de informações relativas às obras com IGP ou IGR, nos termos do art. 32 da resolução. Tais elementos envolvem a descrição sintética das medidas corretivas a serem adotadas pelo órgão ou entidade responsável para que o Tribunal de Contas da União possa reavaliar a recomendação de paralisação ou a retenção parcial de valores. A medida visa ampliar a transparência e instigar o controle social na fiscalização de obras públicas.

Dentro desse mesmo propósito, a unidade coordenadora manterá atualizado o quadro de informações relativas às obras com IGP ou IGR de que trata o *caput*.

CAPÍTULO 24

PROCESSO DE APRECIAÇÃO DE ATOS DE PESSOAL PARA FINS DE REGISTRO

Os processos de apreciação de atos de pessoal são aqueles autuados com a finalidade de verificar a legalidade, para fins de registro, dos atos de admissão de pessoal, a qualquer título, na Administração direta e indireta, incluídas as fundações instituídas e mantidas pelo Poder Público, excetuadas as nomeações para cargo de provimento em comissão; e dos atos de concessão de aposentadorias, reformas e pensões, ressalvadas as melhorias posteriores que não alterem o fundamento legal do ato concessório.

Em síntese, trata-se dos processos de controle externo constituídos para o exercício da competência prevista no art. 71, inciso III, da CF/1988.

Para que o TCU possa exercer essa competência, é preciso que os órgãos competentes prestem as informações relacionadas a cada tipo de ato de pessoal, o que ocorre mediante a alimentação de um sistema eletrônico mantido pelo Tribunal (Sistema e-Pessoal). Na sequência, o órgão de controle interno deverá emitir parecer sobre a legalidade dos referidos atos e torná-los disponíveis à apreciação do Tribunal na forma estabelecida em ato normativo.

O envio, o processamento e a tramitação de informações alusivas a tais processos estão disciplinados na Instrução Normativa TCU nº 78/2018.

Conforme o art. 2º da aludida norma, a autoridade administrativa responsável submeterá ao Tribunal, para fins de registro, informações relativas aos seguintes atos:

a) admissão de pessoal;
b) concessão de aposentadoria;
c) concessão de pensão civil;
d) concessão de pensão especial a ex-combatente;
e) concessão de reforma;
f) concessão de pensão militar;
g) alteração de concessão.

A mencionada autoridade também deve enviar para apreciação do TCU os atos de alteração de concessão quando ocorrerem quaisquer das seguintes hipóteses previstas no §1º do art. 2º da referida norma, a saber:

a) modificações do fundamento legal;
b) revisões de tempo de serviço ou contribuição que impliquem alteração no valor dos proventos;

c) revisões de tempo de serviço ou contribuição que, mesmo não implicando alteração do valor dos proventos, modifiquem a natureza dos tempos averbados do ato inicial;

d) melhorias posteriores decorrentes de inclusão ou majoração de parcelas, gratificações ou vantagens de qualquer natureza, que tenham caráter pessoal;

e) novos critérios ou bases de cálculo dos componentes do benefício quando tais melhorias se caracterizarem como vantagem pessoal do servidor público civil ou militar e não tiverem sido previstas no ato concessório originalmente submetido à apreciação do Tribunal;

f) inclusão de novo beneficiário;

g) alteração do enquadramento legal do pensionista;

h) modificação da proporcionalidade da concessão; e

i) alteração da forma de cálculo do benefício.

Não estão sujeitos a registro e, portanto, *não* devem ser remetidos ao Tribunal os atos de alteração no valor dos proventos decorrente de acréscimo de novas parcelas, gratificações ou vantagens concedidas em caráter geral ao funcionalismo ou introduzidas por novos planos de carreira, nos termos do §2º do art. 2º da Instrução Normativa TCU nº 78/2018.

Embora não estejam sujeitos a registro, a autoridade administrativa responsável deverá enviar ao Tribunal informações pertinentes aos seguintes atos, conforme o art. 3º do mencionado normativo:

a) desligamento de servidor;

b) cancelamento de concessão;

c) restabelecimento de admissão;

d) exclusão de beneficiário;

e) anulação de admissão; e

f) anulação de concessão.

A remessa de tais elementos ao TCU é útil para subsidiar a apreciação da legalidade de eventuais atos de pessoal envolvendo as pessoas designadas ou, mesmo, para possibilitar outras ações de controle envolvendo a realização de despesas de pessoal.

Conforme o art. 4º da Instrução Normativa TCU nº 78/2018, as informações a que se referem os arts. 2º e 3º deverão ser apresentadas ao Tribunal em meio eletrônico, por intermédio do sistema e-Pessoal. O aludido sistema será de acesso restrito aos servidores dos órgãos da Administração Pública federal em exercício nas unidades de controle interno e de pessoal, previamente cadastrados.

A inclusão de tais informações de modo estruturado em um sistema viabiliza a utilização de ferramentas de tecnologia de informação para a análise preliminar dos atos cadastrados. Conforme o §2º do art. 4º do referido normativo, tais atos serão preliminarmente criticados por um algoritmo acoplado ao sistema e-Pessoal a partir de parâmetros previamente definidos para identificação de inconsistências ou omissões no lançamento dos dados antes de serem definitivamente enviados ao Tribunal para fins de exame e registro

O exercício da competência estatuída no art. 71, inciso III, da CF/1988 exige que as informações incluídas no sistema sejam completas, íntegras e fidedignas. Atento a essa premissa, o *caput* do art. 6º da Instrução Normativa TCU nº 78/2018 estipulou que a omissão de informações nos atos cadastrados no e-Pessoal, o lançamento de dados falsos e/ou incorretos no sistema e o uso de perfil por terceiros poderão ensejar a aplicação da multa prevista no inciso II do art. 58 da LOTCU, sem prejuízo de outras que se revelarem pertinentes, de ordem administrativa, civil ou penal, previstas no ordenamento jurídico.

Conforme o §1º do art. 6º da Instrução Normativa TCU nº 78/2018, considera-se responsável, para fins do *caput*, o gestor da área de pessoal incumbido de realizar o cadastramento e o controle de acesso ao sistema, o usuário que efetivamente realizou o cadastramento de atos e informações, bem como qualquer pessoa que tenha contribuído para a ocorrência da irregularidade.

O §3º do art. 6º da norma reafirma o dever do sistema de controle interno de apoiar o controle externo no exercício de sua missão institucional. Consoante o dispositivo, na análise dos atos de pessoal que lhes forem submetidos, os responsáveis pelo órgão de controle interno que tomarem conhecimento de irregularidade ou ilegalidade no âmbito do órgão entidade, a qualquer momento, dela darão imediata ciência ao TCU, sob pena de responsabilidade solidária.

24.1 Atuação do órgão de pessoal

Consoante o art. 7º da Instrução Normativa TCU nº 78/2018, as informações pertinentes aos atos de admissão e de concessão deverão ser cadastradas no sistema e-Pessoal *no prazo de 90 dias*, contados:

a) da data de sua publicação ou, em sendo esta dispensada, da data de assinatura do ato;

b) da data do efetivo exercício do cargo pelo interessado nos casos de admissão de pessoal; e

c) da data do apostilamento no caso de alteração.

A norma estabeleceu um prazo distinto para o cadastramento das informações referentes aos atos de admissão de pessoal contratado por tempo determinado para atender necessidade temporária de excepcional interesse público, previstos na Lei nº 8.745, de 9 de dezembro de 1993. Conforme o §1º do art. 7º, essa obrigação deve ser cumprida de forma prioritária, devendo tais atos serem remetidos ou disponibilizados ao controle interno *no prazo improrrogável de 30 dias*, pelo órgão de pessoal.

O não cumprimento desses deveres também pode suscitar a aplicação da pena consignada no inciso II do art. 58 da LOTCU, sem prejuízo de outras que se revelarem pertinentes, de ordem administrativa, civil ou penal, previstas no ordenamento jurídico.

24.2 Atuação do órgão de controle interno

Após a juntada das informações no e-Pessoal, o órgão de controle interno emitirá parecer sobre a legalidade dos atos de admissão e de concessão disponibilizados no sistema pelos órgãos de pessoal a ele vinculados, nos termos do art. 11 da Instrução Normativa TCU nº 78/2018.

A referida manifestação e os respectivos atos de admissão e de concessão deverão ser colocados à disposição do TCU, no e-Pessoal, *no prazo de 120 dias* a contar do recebimento do ato, conforme o §1º do art. 11 do normativo. No caso de atos de admissão de pessoal contratado por tempo determinado para atender necessidade temporária de excepcional interesse público, o órgão de controle interno deve emitir seu parecer *no prazo improrrogável de 30 dias*, consoante o §2º do aludido dispositivo.

A despeito dos aludidos prazos, a unidade técnica responsável do TCU pode, diante de indício de irregularidade em ato sujeito a registro, enviar diligência eletrônica ao órgão de controle interno para que providencie o respectivo parecer, *no prazo máximo de 30 dias*, contados da data de recebimento da diligência, nos termos do §4º do art. 11 da Instrução Normativa TCU nº 78/2018.

O objetivo dessa medida é abreviar o fluxo de análise de atos de pessoal com supostas irregularidades de modo a permitir a atuação tempestiva do TCU no exercício da competência estabelecida no inciso III do art. 71 da CF/1988.

24.3 Atuação do TCU

Conforme o art. 14 da Instrução Normativa TCU nº 78/2018, o relator, o presidente, os colegiados e a unidade técnica responsável poderão dispensar a manifestação do órgão de controle interno quando os atos de pessoal estiverem no órgão gestor de pessoal e encontrarem-se aptos ao julgamento imediato pelo Tribunal por conta da verificação das seguintes situações, dentre outras:

a) o caso exigir o julgamento pela irregularidade e negativa de registro do ato de admissão e de concessão, conforme decisões reiteradas ou enunciado de súmula de jurisprudência do TCU; e

b) perda de objeto ante o exaurimento dos efeitos financeiros do ato antes de sua análise ou em razão do advento do termo final das condições objetivas necessárias à manutenção do benefício.

Além disso, o relator, o presidente, os colegiados e a unidade técnica responsável poderão avocar os atos de admissão ou de concessão cadastrados no Sisac ou no e-Pessoal que se encontrem no órgão de controle interno, de acordo com critérios de conveniência e oportunidade, mediante prévia comunicação.

Para o exercício de suas atribuições, o TCU pode efetivar diligências e requerer outras informações pertinentes à matéria. Conforme o art. 20 da Instrução Normativa TCU nº 78/2018, tais medidas e as respectivas ciências dos órgãos e entidades poderão ser realizadas pelo e-Pessoal.

Consoante o art. 9º da norma, o Tribunal poderá, a qualquer momento, solicitar dos órgãos da Administração direta e indireta de qualquer dos Poderes da União acesso direto aos seus sistemas eletrônicos de pessoal ou envio de folha de pagamentos e de dados cadastrais de seus servidores, empregados, aposentados e pensionistas. O propósito dessa disposição é permitir que o TCU tenha acesso a todos os elementos necessários ao exercício de sua atribuição constitucional de verificar a legalidade de atos de pessoal.

Como forma de facilitar o fluxo de informações entre a Administração Pública e o TCU, o art. 10 da Instrução Normativa TCU nº 78/2018 autorizou os órgãos de pessoal a implementarem procedimentos de integração de sistemas de gestão de recursos humanos com o e-Pessoal destinados à alimentação automática de dados. Nessa hipótese, o processo de integração deve ser previamente autorizado pelas unidades técnicas responsáveis, no Tribunal, pela instrução dos atos sujeitos a registro e pela gestão de tecnologia da informação.

Após o cadastramento das informações relativas aos atos de admissão e de concessões de aposentadorias, reformas e pensões, no e-Pessoal, esse conjunto de elementos passará por críticas eletrônicas desenvolvidas pela unidade técnica responsável do TCU, com base na legislação pertinente e na jurisprudência do Tribunal.

Na sequência, a secretaria competente analisa a legalidade do ato e a viabilidade de seu registro, encaminhando sua proposta à manifestação do MPTCU, nos termos do art. 62, inciso III, do RITCU. Posteriormente, o processo segue para o ministro relator, que submete a matéria à Câmara à qual está vinculado ou ao Plenário para discussão, votação e apreciação.

Conforme o art. 260, §1º, do RITCU, o Tribunal determinará o registro dos atos que considerar legais e recusará o registro dos atos considerados ilegais.

Na apreciação de atos de pessoal, não está previsto o contraditório dos interessados antes da decisão do Tribunal que apreciar a legalidade do ato de pessoal que lhe diga respeito. Essa característica do processo de pessoal decorre da natureza complexa dos atos de admissão e das concessões de aposentadorias, reformas e pensões, que somente se aperfeiçoam após o registro pelo TCU, com o julgamento pela legalidade.

Esse entendimento está consolidado há bastante tempo na jurisprudência do STF, embora haja posições contrárias em parte da doutrina e na própria composição atual da Suprema Corte. Fato é que ainda persiste o entendimento esposado na Súmula Vinculante nº 3 do STF, nos seguintes termos:

> Nos processos perante o Tribunal de Contas da União asseguram-se o contraditório e a ampla defesa quando da decisão puder resultar anulação ou revogação de ato administrativo que beneficie o interessado, *excetuada a apreciação da legalidade do ato de concessão inicial de aposentadoria, reforma e pensão.* (grifos acrescidos)

A despeito disso, a jurisprudência do TCU e do STF foi, aos poucos, evoluindo para exigir o contraditório dos interessados em determinadas hipóteses especiais, tendo em vista a presença de circunstâncias objetivas aptas a tutelar a confiança legítima dos beneficiários.

A primeira exceção foi reconhecida pelo próprio TCU após algumas decisões proferidas em mandados de segurança no âmbito do STF. Por meio do Acórdão nº 587/2011-Plenário (relator: ministro Valmir Campelo), o Tribunal decidiu que, diante de constatação que possa levar à negativa de registro de ato de admissão de pessoal e de concessão de aposentadoria, reforma e pensão, deve assegurar ao(s) interessado(s)/beneficiário(s) a oportunidade do uso das garantias constitucionais do contraditório e da ampla defesa sempre que transcorrido lapso temporal superior a cinco anos quando da apreciação, contados a partir da entrada do ato no TCU.

Essa prática passou a ser adotada pelo Tribunal, como indicam os Acórdãos nºs 5.669/2015-Segunda Câmara (relatora: ministra Ana Arraes) e 6.310/2016-Primeira Câmara (relator: ministro José Múcio), dentre outros.

Posteriormente, o TCU passou a exigir a instauração de contraditório no caso de recusa de registro de atos de admissão após o transcurso do prazo de estabilidade do servidor no cargo público. Nesse sentido, cabe invocar os seguintes precedentes extraídos do repositório da jurisprudência selecionada do Tribunal:

> É nula a decisão que julga, sem oportunizar o contraditório e a ampla defesa ao interessado, ilegal ato de admissão de servidor que já adquiriu estabilidade.
> (Acórdão nº 1.043/2014-Segunda Câmara. Relator: ministro Aroldo Cedraz)

> Diante de constatação que possa levar à negativa de registro de ato de admissão, caso o interessado já tenha adquirido estabilidade no serviço público, o TCU deve assegurar-lhe a oportunidade do contraditório e da ampla defesa.
> (Acórdão nº 1.456/2018-Segunda Câmara. Relator: ministro Augusto Nardes)

Há uma outra hipótese em que se exige o contraditório prévio do beneficiário: quando se imputa a este a participação em fraude na concessão de um ato de pessoal.

A propósito do entendimento inaugurado pelo Acórdão nº 587/2011-Plenário, essa exegese perdeu objeto com o recente julgamento do Recurso Extraordinário RE nº 636.553 (relator: ministro Gilmar Mendes), em 19.2.2020, que apreciou o Tema 445 da repercussão geral. Conforme a tese proferida ao final da votação, restou assentado que:

> Em atenção aos princípios da segurança jurídica e da confiança legítima, os Tribunais de Contas estão sujeitos ao prazo de 5 anos para o julgamento da legalidade do ato de concessão inicial de aposentadoria, reforma ou pensão, a contar da chegada do processo à respectiva Corte de Contas.

Pelo exposto no julgado, o transcurso do prazo de 5 anos da entrada do ato no Tribunal não mais exige o contraditório dos interessados, ensejando o registro tácito do ato por força dos princípios supramencionados.

Conforme o §2º do art. 260 do RITCU, o acórdão que considerar legal o ato e determinar o seu registro não faz coisa julgada administrativa, podendo ser revisto de ofício pelo Tribunal, "com a oitiva do Ministério Público e do beneficiário do ato, dentro do prazo de cinco anos da apreciação, se verificado que o ato viola a ordem jurídica, ou a qualquer tempo, no caso de comprovada má-fé".

Esse entendimento decorre da natureza complexa dos atos de pessoal, o que implica dizer que o direito de o TCU anular a sua manifestação também está sujeito às regras do art. 54 da Lei nº 9.784/1999, que estabeleceu o prazo decadencial de 5 anos, ressalvada a demonstração de má-fé. Tal exegese foi expressa na Súmula TCU nº 278, lavrada no seguinte sentido:

> Os atos de aposentadoria, reforma e pensão têm natureza jurídica de atos complexos, razão pela qual os prazos decadenciais a que se referem o §2º do art. 260 do Regimento Interno e o art. 54 da Lei nº 9.784/99 começam a fluir a partir do momento em que se aperfeiçoam com a decisão do TCU que os considera legais ou ilegais, respectivamente.
> (Acórdão nº 1.462/2012-Plenário. Relator: ministro Augusto Nardes)

Assim, diante do posicionamento atual do STF a respeito do registro de atos de pessoal somente haverá o contraditório do beneficiário quando houver a revisão de ofício de ato já registrado pelo TCU, a qual deve ocorrer dentro do prazo de cinco anos deste, sob pena de preclusão.

Segundo o §4º do art. 260 do RITCU, os atos que, a despeito de apresentarem algum tipo de inconsistência em sua versão submetida ao exame do Tribunal, não estiverem dando ensejo, no momento de sua apreciação, a pagamentos irregulares, serão considerados legais, para fins de registro, devendo ser consignada no julgamento a ressalva em relação à falha que deixou de existir.

A aplicação prática do referido dispositivo exige que o TCU tenha acesso direto aos sistemas eletrônicos de pessoal dos órgãos, bem como às folhas de pagamentos e de dados cadastrais de seus servidores, empregados, aposentados e pensionistas, o que é assegurado pelo art. 9º da Instrução Normativa TCU nº 78/2018, como visto.

O Tribunal poderá considerar prejudicado, por perda de objeto, o exame dos atos de admissão e concessão cujos efeitos financeiros tenham se exaurido antes de sua apreciação, conforme o §5º do art. 260 do RITCU. Tal ocorre, por exemplo, quando tiver havido o desligamento de servidor, o cancelamento ou anulação da concessão e a anulação de admissão, com a cessação dos pagamentos.

Por outro lado, será considerado prejudicado, por inépcia, o ato de admissão ou concessão que apresentar inconsistências nas informações prestadas pelo órgão de pessoal que impossibilitem sua análise, devendo ser determinado o encaminhamento de novo ato, livre de falhas, nos termos do §6º do art. 260 do RITCU

Conforme o art. 19 da Instrução Normativa TCU nº 78/2018, a apreciação do Tribunal pela ilegalidade de atos de admissão ou de concessão obrigará o órgão ou entidade de origem *a cessar, no prazo de 15 dias*, todo e qualquer pagamento decorrente do ato impugnado, no caso de admissão e das irregularidades apontadas, no caso de concessão.

Esse dever também consta do *caput* dos arts. 261 e 262 do RITCU. O responsável que injustificadamente deixar de adotar as medidas especificadas, no prazo de quinze dias, contados da ciência da decisão do Tribunal, ficará sujeito a multa e ao ressarcimento das quantias pagas após essa data, nos termos do §1º dos aludidos dispositivos.

O §3º do art. 19 da Instrução Normativa TCU nº 78/2018 estatui outra obrigação ao órgão ou entidade de origem. Conforme o dispositivo, este deve informar o cancelamento da concessão ou o desligamento do servidor, no sistema e-Pessoal, *no prazo de 30 dias* a contar da ciência da deliberação que tenha apreciado o ato pela ilegalidade.

O mencionado dispositivo prescreve que o órgão ou entidade poderá, quando for possível, sanear as irregularidades identificadas e submeter ao TCU novo ato em substituição àquele considerado ilegal, sem prejuízo de providenciar, entre outras, as correções devidas na folha de pagamento, "nos dados cadastrais do servidor ou do benefício, ou ainda, na portaria que deferiu ou modificou a concessão. No mesmo sentido, o §2º do art. 262 do RITCU assinala que, "recusado o registro do ato, por ser considerado ilegal, a autoridade administrativa responsável poderá emitir novo ato, se for o caso, escoimado das irregularidades verificadas".

A emissão de atos de pessoal incompatíveis com a ordem jurídica e/ou contendo parcelas de remuneração indevidas implica a realização de gastos em excesso pela

Administração Pública. Por essa razão, o §2º dos arts. 261 e 262 do RITCU prescreve que o Tribunal determinará a instauração ou conversão do processo em tomada de contas especial para apurar responsabilidades e promover o ressarcimento das despesas irregularmente efetuadas.

O §3º do art. 262 do RITCU contém regra interessante, que marca o espaço de atuação do TCU na apreciação da legalidade de atos de pessoal, nos termos do inciso III do art. 71 da CF/1988. Conforme aquela disposição, se verificada a omissão total ou parcial de vantagens a que faz jus o interessado, o Tribunal poderá considerar o ato legal independentemente das comunicações que entender oportunas para cada caso.

O TCU age dessa forma porque não é um tribunal administrativo voltado à resolução de litígios entre a Administração e os beneficiários de atos de pessoal. A atuação da Corte de Contas, nesse contexto, tem como objetivo apreciar a legalidade dos atos de pessoal sob a perspectiva das despesas deles decorrentes, o que implica dizer que apenas o excesso destas, por eventual incompatibilidade com a norma jurídica, é objeto de tutela pelo Tribunal.

A situação contrária, de omissão total ou parcial de vantagens, constitui uma situação de ilegalidade que deve ser discutida pelos interessados perante o Poder Judiciário ou perante a própria Administração Pública a que se encontra vinculado o servidor, não cabendo ao TCU expedir nenhuma determinação corretiva que envolva a tutela de direito subjetivo dos beneficiários. Isso, evidentemente, não impede o Tribunal de fazer as comunicações que entender oportunas para cada caso, embora ele não esteja obrigado a tal.

CAPÍTULO 25

IMPACTO DA LEI Nº 14.133/2021 SOBRE O PROCESSO DOS TRIBUNAIS DE CONTAS

Como é sabido, a Lei nº 14.133, de 1º de abril de 2021, estabeleceu normas gerais de licitação e contratos para as Administrações Públicas diretas, autárquicas e fundacionais da União, dos Estados, do Distrito Federal e dos Municípios, substituindo o regime da Lei nº 8.666/1993.

Além de tratar das contratações públicas, propriamente, o novel estatuto trouxe um capítulo específico disciplinando o controle dos atos e contratos.

25.1 Estrutura do controle das contratações públicas

Conforme o art. 169 da Lei nº 14.133/2021, as contratações públicas deverão submeter-se a práticas contínuas e permanentes de gestão de riscos e de controle preventivo, inclusive mediante adoção de recursos de tecnologia da informação. Além disso, elas estarão sujeitas ao controle social e ao realizado pela própria Administração Pública, mediante a atuação de três linhas de defesa, a saber:

a) primeira linha de defesa, integrada por servidores e empregados públicos, agentes de licitação e autoridades que atuam na estrutura de governança do órgão ou entidade;

b) segunda linha de defesa, integrada pelas unidades de assessoramento jurídico e de controle interno do próprio órgão ou entidade;

c) terceira linha de defesa, integrada pelo órgão central de controle interno da Administração e pelo tribunal de contas.

A nova lei de licitações se inspirou no modelo de controle tratado originalmente no documento intitulado *Guidance on the 8th EU Company Law Directive – art. 41*, elaborado pela *European Confederation of Institutes of Internal Auditing* (ECIIA) e pela *Federation of European Risk Management Associations* (Ferma).

Esse modelo seria baseado na existência de diversas instâncias responsáveis pelo controle dos atos praticados no seio de uma organização, cada uma delas com papéis distintos.

Todavia, o novo diploma legal tem *várias diferenças conceituais em relação ao clássico modelo de três linhas de defesa* desenvolvido na Comunidade Europeia e incorporado em alguns manuais de governança no Brasil.

Por exemplo, o Referencial Básico de Gestão de Riscos do TCU estipula que a primeira linha de defesa é ocupada por funções que gerenciam e têm propriedade de riscos; a segunda por funções que supervisionam riscos e a terceira por aquelas que fornecem avaliações independentes.[348]

Segundo o documento, os:

> [...] órgãos de controle externo, reguladores, auditores externos e outras instâncias externas de governança estão fora da estrutura da organização, mas podem desempenhar um papel importante em sua estrutura geral de governança e controle, podendo ser considerados linhas adicionais de defesa, que fornecem avaliações tanto às partes interessadas externas da organização, como às instâncias internas de governança e à alta administração da entidade.[349]

A figura a seguir, extraída do Referencial Básico de Gestão de Riscos do TCU, ilustra o modelo de três linhas de defesa reconhecido pela literatura nacional e internacional:

Figura 13 – Modelo de três linhas de defesa reconhecido pela literatura nacional e internacional

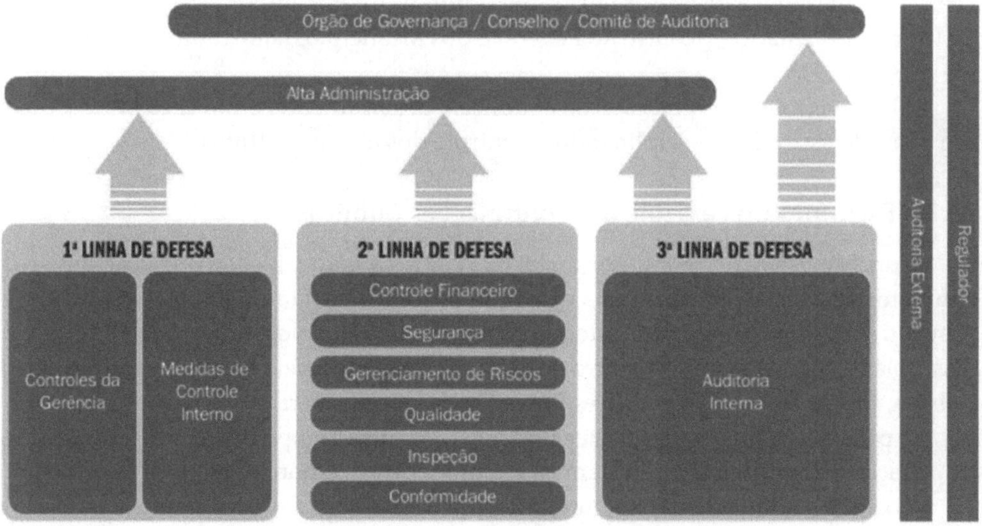

Fonte: Referencial Básico de Gestão de Riscos do TCU.

Dessa forma, a disciplina da lei não seguiu exatamente a teoria que a inspirou, devido à inclusão dos tribunais de contas na terceira linha de controle. Não obstante a liberdade do legislador de estruturar o controle da forma que melhor lhe aprouver, entende-se que o desenho da Lei nº 14.133/2021 é incompatível com a autonomia funcional dos órgãos de controle externo, que atuam a partir de critérios próprios, em auxílio ao Congresso Nacional.

A propósito do assunto, há dúvidas quanto à constitucionalidade das disposições da Lei nº 14.133/2021 que cuidam da forma de atuação dos tribunais de contas, devido ao

---

[348] BRASIL. Tribunal de Contas da União. Referencial básico de gestão de riscos. Brasília: TCU, Secretaria-Geral de Controle Externo (Segecex), 2018, p. 59. Disponível em: https://portal.tcu.gov.br/data/files/21/96/61/6E/05A1F61 07AD96FE6F18818A8/Referencial_basico_gestao_riscos.pdf. Acesso em: 22 set. 2021.

[349] *Ibidem*, p. 60.

fato de a norma ter se originado do Parlamento, o que implicaria violação ao princípio da reserva de iniciativa das normas que tratam do funcionamento das Cortes de Contas, nos termos do art. 96, inciso I, alínea "a" c/c o art. 73, ambos da CF/1988.

O TCU chegou a discutir a questão, tendo decidido encaminhar representação à Procuradoria-Geral da República com vistas ao ajuizamento de ação direta de inconstitucionalidade perante o STF, questionando, especificamente, o inciso II do §1º e o §3º do art. 171 da Lei nº 14.133/2021.[350]

Todavia, a Procuradoria-Geral da República resolveu, por meio da Decisão nº 99/2022, arquivar a representação formulada pelo TCU por entender que inexistiam motivos suficientes para a sua atuação na via do controle concentrado de constitucionalidade.

Assim, o grande desafio é compatibilizar as normas internas do TCU ao disposto na Lei nº 14.133/2021.

Conforme o §1º do art. 169 da Lei nº 14.133/2021, as práticas a que se refere o *caput* deste artigo serão objeto de regulamento e a sua implementação constitui responsabilidade da alta administração do órgão ou entidade.

O dispositivo comporta interpretação. Entende-se que a regra se dirige à implantação das práticas contínuas e permanentes de gestão de riscos e de controle preventivo, inclusive mediante adoção de recursos de tecnologia da informação, não à atuação propriamente das linhas de controle na fiscalização de sua implementação.

Afinal, o presidente da república somente possui competência para dispor, mediante decreto, sobre a organização e funcionamento da administração federal, não podendo disciplinar o funcionamento dos tribunais de contas, seja pela autonomia funcional desses órgãos, seja pela sua posição vinculada ao Poder Legislativo.

Sendo assim, cabe conferir interpretação conforme ao §1º do art. 169 a fim de assinalar que a atuação dos tribunais de contas no controle das contratações, dentro do modelo de linhas de controle, deve ser objeto de regulamentação específica por ele próprio, tendo em vista a sua autonomia funcional assegurada pela CF/1988.

O §2º assegura aos órgãos de controle acesso irrestrito aos documentos e às informações necessárias à realização dos trabalhos, inclusive aos documentos classificados pelo órgão ou entidade nos termos da Lei nº 12.527, de 18 de novembro de 2011.

No caso do TCU, tal prerrogativa já consta do art. 42 da LOTCU, o qual prescreve que nenhum processo, documento ou informação poderá ser sonegado ao Tribunal em suas inspeções ou auditorias, sob qualquer pretexto.

Do contrário, o Tribunal assinará prazo para apresentação dos documentos, informações e esclarecimentos julgados necessários, comunicando o fato ao ministro de Estado supervisor da área ou à autoridade de nível hierárquico equivalente, para as medidas cabíveis (§1º). Vencido o prazo e não cumprida a exigência, o Tribunal aplicará as sanções previstas no inciso IV do art. 58 da LOTCU, nos termos do §2º do art. 42 desta norma.

Havendo acesso a documentos classificados com grau restrito, o órgão de controle com o qual foi compartilhada eventual informação sigilosa tornar-se-á corresponsável

---

[350] Acórdão nº 2.463/2021-Plenário (relator: ministro Bruno Dantas).

pela manutenção do seu sigilo, consoante o §2º do art. 169 da Lei nº 14.133/2021. Nessa hipótese, ocorre o que a doutrina e a jurisprudência denominam de transferência de sigilo, o que se mostra necessário para o regular o funcionamento dos diversos braços da Administração Pública, cada qual no exercício de suas competências funcionais.

A partir do §3º do art. 169, o novel estatuto traz uma série de disposições que tratam do controle objetivo e subjetivo de atos praticados com infração à lei. Passemos a eles.

25.2 Falhas formais

Conforme o inciso I do §3º do art. 169 da Lei nº 14.133/2021, os integrantes das linhas de defesa observarão o seguinte:

> I – quando constatarem simples impropriedade formal, adotarão medidas para o seu saneamento e para a mitigação de riscos de sua nova ocorrência, preferencialmente com o aperfeiçoamento dos controles preventivos e com a capacitação dos agentes públicos responsáveis;

A regra supramencionada diz respeito ao controle objetivo de atos em face de ocorrências que configurem meras falhas formais. Entende-se que as providências nele estatuídas devem ser primariamente exercidas pelos órgãos integrantes da primeira linha de defesa, até porque são eles que detêm competência de gerenciar e corrigir riscos, diferentemente dos demais, que possuem apenas funções de supervisão a produção de avaliação independente.

Nesse sentido, cabe transcrever a seguinte passagem do Referencial Básico de Gestão de Riscos do TCU:

> [...] a gestão operacional e os procedimentos rotineiros de riscos e controles internos constituem a primeira linha de defesa na gestão de riscos. A gestão operacional serve naturalmente como a primeira linha de defesa porque os controles internos são desenvolvidos como sistemas e processos sob sua orientação e responsabilidade. Nesse nível se identificam, avaliam e mitigam riscos por meio do desenvolvimento e da implementação de políticas e procedimentos internos que possam oferecer garantia razoável de que as atividades estejam de acordo com as metas e objetivo.[351]

Não obstante, os integrantes das demais linhas de controle também devem atuar no controle da governança das contratações públicas por expressa previsão da Lei nº 14.133/2021. Assim, os tribunais de contas devem expedir medidas visando ao aperfeiçoamento da gestão de riscos e de controle preventivo das licitações e dos contratos administrativos sempre que detectarem falhas sistêmicas em contratações públicas.

A LOTCU e o RITCU possuem regras específicas a respeito das providências a serem adotadas caso identificadas simples impropriedades formais.

---

[351] BRASIL. Tribunal de Contas da União. Referencial básico de gestão de riscos. Brasília: TCU, Secretaria-Geral de Controle Externo (Segecex), 2018, p. 61. Disponível em: https://portal.tcu.gov.br/data/files/21/96/61/6E/05A1F61 07AD96FE6F18818A8/Referencial_basico_gestao_riscos.pdf. Acesso em: 22 set. 2021.

a) LOTCU:
Art. 43. Ao proceder à fiscalização de que trata este capítulo, o relator ou o Tribunal:
I – determinará as providências estabelecidas no Regimento Interno, quando não apurada transgressão a norma legal ou regulamentar de natureza contábil, financeira, orçamentária, operacional e patrimonial, ou for constatada, tão-somente, falta ou impropriedade de caráter formal;
b) RITCU
Art. 250. Ao apreciar processo relativo à fiscalização de atos e contratos, o relator ou o Tribunal:
[...]
II – determinará a adoção de providências corretivas por parte do responsável ou de quem lhe haja sucedido quando verificadas tão somente falhas de natureza formal ou outras impropriedades que não ensejem a aplicação de multa aos responsáveis ou que não configurem indícios de débito e o arquivamento ou apensamento do processo às respectivas contas, sem prejuízo do monitoramento do cumprimento das determinações;
III – recomendará a adoção de providências quando verificadas oportunidades de melhoria de desempenho, encaminhando os autos à unidade técnica competente, para fins de monitoramento do cumprimento das determinações;

25.3 Irregularidades que configurem dano

Consoante o inciso II do §3º do art. 169 da Lei nº 14.133/2021, os integrantes das linhas de defesa:

II – quando constatarem irregularidade que configure dano à Administração, sem prejuízo das medidas previstas no inciso I deste §3º, adotarão as providências necessárias para a apuração das infrações administrativas, observadas a segregação de funções e a necessidade de individualização das condutas, bem como remeterão ao Ministério Público competente cópias dos documentos cabíveis para a apuração dos ilícitos de sua competência.

No que se refere à atuação do TCU, o dispositivo trata do controle subjetivo e objetivo de atos que resultem dano.

Se o contrato estiver em andamento, o Tribunal pode expedir medida cautelar suspendendo a execução do ajuste ou dos itens do contrato com sobrepreço.

A competência para expedir medida cautelar não consta expressamente da LOTCU. Ela foi inicialmente reconhecida pela jurisprudência do Tribunal e, posteriormente, pelo STF a partir da teoria dos poderes implícitos.

A matéria é regida pelo art. 276 do RITCU, conforme visto:

Art. 276. O Plenário, o relator, ou, na hipótese do art. 28, inciso XVI, o presidente, em caso de urgência, de fundado receio de grave lesão ao erário, ao interesse público, ou de risco de ineficácia da decisão de mérito, poderá, de ofício ou mediante provocação, adotar medida cautelar, com ou sem a prévia oitiva da parte, determinando, entre outras providências, a suspensão do ato ou do procedimento impugnado, até que o Tribunal decida sobre o mérito da questão suscitada, nos termos do art. 45 da Lei nº 8.443, de 1992.

Além disso, o TCU deve promover a oitiva da entidade fiscalizada e do terceiro interessado, visando apurar a ocorrência de irregularidade e do dano e subsidiar o controle objetivo do contrato, caso os fatos não sejam esclarecidos.

A matéria é disciplinada no art. 250, inciso V, do RITCU:

> Art. 250. Ao apreciar processo relativo à fiscalização de atos e contratos, o relator ou o Tribunal: [...]
> V – determinará a oitiva da entidade fiscalizada e do terceiro interessado para, no prazo de quinze dias, manifestarem-se sobre fatos que possam resultar em decisão do Tribunal no sentido de desconstituir ato ou processo administrativo ou alterar contrato em seu desfavor.

Caso não seja elidida a irregularidade, o Tribunal poderá fixar prazo para que a entidade adote as providências necessárias ao exato cumprimento da lei, nos termos do art. 71, inciso IX, da CF/1988 e do art. 45 da LOTCU.

Nesse caso, o TCU pode determinar:

a) que a entidade fiscalizada negocie aditivo com a contratada, visando à revisão do contrato, expurgando o superfaturamento identificado; ou

b) alternativa ou sucessivamente, que proceda à anulação do contrato, a depender da magnitude da lesão, do estágio de execução do ajuste ou mesmo do insucesso de eventual determinação anterior.

Caso o contrato esteja encerrado ou em estágio de execução avançado ou caso o Tribunal avalie que a suspensão do contrato não é medida que atenda ao interesse público (perigo da demora reverso), pode proceder apenas ao controle subjetivo visando promover a tutela ressarcitória.

Nesse caso, aplica-se o art. 47 da LOTCU, *in verbis*:

> Art. 47. Ao exercer a fiscalização, se configurada a ocorrência de desfalque, desvio de bens ou outra irregularidade de que resulte dano ao Erário, o Tribunal ordenará, desde logo, a conversão do processo em tomada de contas especial, salvo a hipótese prevista no art. 93 desta Lei.

Na apuração de irregularidades que configurem dano, o TCU deve observar a segregação de funções e a necessidade de individualização das condutas, conforme o inciso II, §3º, do art. 169 da Lei nº 14.133/2021.

As normas internas do TCU não possuem disposições que tratem da segregação de funções na instrução dos processos. A matéria deve ser objeto de regulamentação.

A individualização das condutas é praxe na processualística do TCU, sendo condição para o escorreito exercício do controle subjetivo de atos e contratos, visando à imputação de responsabilidade ressarcitória ou sancionatória.

O inciso II, §3º, do art. 169 da Lei nº 14.133/2021 prescreve que os órgão integrantes das linhas de defesa remeterão ao Ministério Público competente cópias dos documentos cabíveis para a apuração dos ilícitos de sua competência.

Aplica-se, nesses casos, o art. 8º da LOTCU caso os recursos sejam federais:

> Art. 8º Diante da omissão no dever de prestar contas, da não comprovação da aplicação dos recursos repassados pela União, na forma prevista no inciso VII do art. 5º desta Lei, da ocorrência de desfalque ou desvio de dinheiros, bens ou valores públicos, ou, ainda, da prática de qualquer ato ilegal, ilegítimo ou antieconômico de que resulte dano ao Erário, a autoridade administrativa competente, sob pena de responsabilidade solidária, deverá

imediatamente adotar providências com vistas à instauração da tomada de contas especial para apuração dos fatos, identificação dos responsáveis e quantificação do dano.

Nessa hipótese, deve ser cumprido o rito da Instrução Normativa TCU nº 71/2012.

> Art. 3º Diante da omissão no dever de prestar contas, da não comprovação da aplicação de recursos repassados pela União mediante convênio, contrato de repasse, ou instrumento congênere, da ocorrência de desfalque, alcance, desvio ou desaparecimento de dinheiro, bens ou valores públicos, ou da prática de ato ilegal, ilegítimo ou antieconômico de que resulte dano ao Erário, *a autoridade competente deve imediatamente, antes da instauração da tomada de contas especial, adotar medidas administrativas para caracterização ou elisão do dano, observados os princípios norteadores dos processos administrativos*. (grifos acrescidos)

25.4 Irregularidades que não configuram dano

A Lei nº 14.133/2021 foi omissa quanto à obrigação de reportar as irregularidades ao tribunal de contas competente.

O art. 169 não trata dos procedimentos a serem adotados pelos órgãos integrantes das linhas de defesa no caso de irregularidades que não configurem dano. Nessa hipótese, aplicam-se os seguintes dispositivos:

a) art. 74, §1º, da CF/1988: "Os responsáveis pelo controle interno, ao tomarem conhecimento de qualquer irregularidade ou ilegalidade, dela darão ciência ao Tribunal de Contas da União, sob pena de responsabilidade solidária";

b) art. 116, inciso VI, da Lei nº 8.112/1990: "São deveres do servidor: [...] levar as irregularidades de que tiver ciência em razão do cargo ao conhecimento da autoridade superior ou, quando houver suspeita de envolvimento desta, ao conhecimento de outra autoridade competente para apuração";

c) art. 3º, parágrafo único, da Instrução Normativa TCU nº 71/2012: "Na hipótese de se constatar a ocorrência de graves irregularidades ou ilegalidades de que não resultem dano ao erário, a autoridade administrativa ou o órgão de controle interno deverão representar os fatos ao Tribunal de Contas da União".

Quanto ao TCU, aplica-se o art. 250, inciso IV, do RITCU:

> IV – determinará a audiência do responsável para, no prazo de quinze dias, apresentar razões de justificativa, quando verificada a ocorrência de irregularidades decorrentes de ato ilegal, ilegítimo ou antieconômico, bem como infração a norma legal ou regulamentar de natureza contábil, financeira, orçamentária ou patrimonial.

25.5 Contraditório

O art. 170, *caput*, da nova lei de licitações prescreve que os órgãos de controle considerarão as razões apresentadas pelos órgãos e entidades responsáveis e os resultados obtidos com a contratação, observado o disposto no §3º do art. 169.

O dispositivo sugere a análise não apenas das alegações trazidas pela entidade, como também das consequência de eventual invalidação do ato ou contrato. Nesse particular, a Lei nº 14.133/2021 se aproxima das disposições da LINDB, em especial do art. 21, *in verbis*: "A decisão que, nas esferas administrativa, controladora ou judicial, decretar a invalidação de ato, contrato, ajuste, processo ou norma administrativa deverá indicar de modo expresso suas consequências jurídicas e administrativas".

A Lei nº 14.133/2021 não previu o contraditório do terceiro interessado. Nesse particular, a norma discrepa do art. 250 do RITCU, que prevê a oitiva da entidade fiscalizada e do terceiro interessado para manifestarem-se sobre fatos que possam resultar em decisão do Tribunal no sentido de desconstituir ato ou processo administrativo ou alterar contrato em seu desfavor.

Conforme o §1º do art. 170 da Lei nº 14.133/2021, as razões apresentadas pelos órgãos e entidades responsáveis deverão ser encaminhadas aos órgãos de controle até a conclusão da fase de instrução do processo e não poderão ser desentranhadas dos autos. Quanto a isso, a disciplina da nova lei de licitações destoa da LOTCU e do RITCU, que estabelecem o prazo de quinze dias, contados da ciência do ofício, para o exercício do direito de defesa pelos responsáveis, entidades e terceiros interessados, conforme visto.

Embora o art. 160, §1º, do RITCU admita a juntada de documentos novos, desde a constituição do processo até o término da etapa da instrução, a manifestação das partes deve ocorrer no prazo especificado no RITCU e na LOTCU, sob pena de revelia.

Essa antinomia entre a Lei nº 14.133/2021 e o RITCU impõe a alteração das normas processuais do Tribunal, especificamente, quando o objeto do controle for contratações públicas regidas pelo novel estatuto licitatório.

O §2º do art. 170 da Lei nº 14.133/2021 assinala que a omissão na prestação das informações não impedirá as deliberações dos órgãos de controle nem retardará a aplicação de qualquer de seus prazos de tramitação e de deliberação. A disposição não traz nenhuma novidade, já que o §8º do art. 202 do RITCU prescreve que "o responsável que não atender à citação ou à audiência será considerado revel pelo Tribunal, para todos os efeitos, dando-se prosseguimento ao processo".

O §3º da Lei nº 14.133/2021 assinala que os órgãos de controle desconsiderarão os documentos impertinentes, meramente protelatórios ou de nenhum interesse para o esclarecimento dos fatos. Essa avaliação se dará pela autoridade ou colegiado responsável pelo julgamento, que ocorrerá segundo a sua livre persuasão racional. No mesmo sentido, a autoridade dispensará a realização de diligências meramente protelatórias e que sejam inúteis ao deslinde do processo, o que se justifica pelos princípios da eficiência e da celeridade processual.

25.6 Direito de representação

O §4º do art. 170 da Lei nº 14.133/2021 reproduz o direito de representação consignado no art. 113 da Lei nº 8.666/1993. Segundo aquele dispositivo, qualquer licitante, contratado ou pessoa física ou jurídica poderá representar aos órgãos de controle interno ou ao tribunal de contas competente contra irregularidades na aplicação desta Lei.

Trata-se de uma alternativa oferecida pelo ordenamento jurídico a fim de que uma pessoa jurídica possa pleitear a anulação ou a declaração de nulidade de atos lesivos ao patrimônio público, considerando que esta não é legitimada a ingressar com ação popular (Súmula STF nº 365).

Todavia, é preciso lembrar que o tribunal de contas não serve para tutelar interesses eminentemente privados dos licitantes, os quais devem ser pleiteados perante o Poder

Judiciário, mediante ação ordinária ou mandado de segurança. Tal entendimento é pacífico no TCU, como revela o seguinte excerto extraído do repositório da jurisprudência do Tribunal:

> Não configurado o interesse público em representação apresentada por licitante afasta-se a competência do TCU, uma vez que não se insere dentre as funções da Corte de Contas o patrocínio de interesses particulares.
> (Acórdão nº 4.779/2011-Primeira Câmara. Relator: ministro-substituto Marcos Bemquerer)

A presença de interesse público é condição de admissibilidade das representações e denúncias formuladas perante o TCU, nos termos do §1º do art. 103 da Resolução TCU nº 259/2014:

> §1º O exame de admissibilidade abordará a competência do Tribunal sobre o assunto, a legitimidade do autor, a suficiência dos indícios e a existência de interesse público no trato da suposta ilegalidade apontada.

As irregularidades verificadas na aplicação da lei podem desencadear tanto o controle objetivo como o subjetivo por parte dos órgãos de controle. Quanto a este último, a nova lei de licitações não trouxe maiores detalhamentos, até porque o assunto é tratado de forma exauriente pelas leis orgânicas e regimentos internos dos tribunais de contas.

25.7 Processo de fiscalização

O art. 171 da Lei nº 14.133/2021 traz uma série de regras sobre o processo de fiscalização desenvolvido no âmbito dos órgãos de controle e sobre a atuação cautelar dos tribunais de contas.

A despeito das dúvidas quanto à constitucionalidade do dispositivo, conforme exposto no início desse capítulo, as novas regras impõem um desafio ao TCU de adaptar os seus normativos à Lei nº 14.133/2021.

Conforme o inciso I do art. 171 do novel estatuto licitatório, no processo de fiscalização, deve ser viabilizada a oportunidade de manifestação aos gestores sobre possíveis propostas de encaminhamento que terão impacto significativo nas rotinas de trabalho dos órgãos e entidades fiscalizados, a fim de que eles disponibilizem subsídios para avaliação prévia da relação entre custo e benefício dessas possíveis proposições.

Antes mesmo da nova lei, o TCU instituiu a denominada "construção participativa de deliberações", ao editar a Resolução TCU nº 315, de 22 de abril de 2020.

A aludida norma teve como objetivo disciplinar a elaboração de deliberações que contemplem medidas a serem tomadas pelas unidades jurisdicionadas no âmbito do Tribunal. Consoante o seu art. 14, *caput* e §1º:

> Art. 14. A unidade técnica instrutiva deve oportunizar aos destinatários das deliberações a apresentação de comentários sobre as propostas de determinação e/ou recomendação, solicitando, em prazo compatível, informações quanto às consequências práticas da implementação das medidas aventadas e eventuais alternativas.
> §1º A manifestação a que se refere o caput deve ser viabilizada mediante o envio do relatório preliminar da fiscalização ou da instrução que contenha as propostas de determinação ou recomendação.

Segundo o art. 15 da Resolução TCU nº 315/2020, as propostas finais de deliberação devem considerar as manifestações das unidades jurisdicionadas e, em especial, justificar a manutenção das propostas preliminares caso apresentadas consequências negativas ou soluções de melhor custo-benefício.

O inciso II do art. 171 da Lei nº 14.133/2021 estabelece que os processos de fiscalização dos órgãos de controle adotarão procedimentos objetivos e imparciais de forma a produzir relatórios tecnicamente fundamentados, baseados exclusivamente nas evidências obtidas e organizados de acordo com as normas de auditoria do respectivo órgão de controle.

Conforme a parte final do dispositivo, o objetivo é evitar que interesses pessoais e interpretações tendenciosas interfiram na apresentação e no tratamento dos fatos levantados. Trata-se de norma programática que, a rigor, já faz parte da rotina e da prática das atividades de fiscalização levadas a cabo pelo TCU.

O inciso III do art. 171 da Lei nº 14.133/2021 traz uma regra que levanta dúvidas quanto ao seu exato sentido. Segundo o dispositivo, na fiscalização realizada pelos órgãos de controle, deverá haver a:

> definição de objetivos, nos regimes de empreitada por preço global, empreitada integral, contratação semi-integrada e contratação integrada, atendidos os requisitos técnicos, legais, orçamentários e financeiros, de acordo com as finalidades da contratação, devendo, ainda, ser perquirida a conformidade do preço global com os parâmetros de mercado para o objeto contratado, considerada inclusive a dimensão geográfica.

De substancial a norma parece sugerir que as fiscalizações devem ser precedidas de um escopo predefinido, o que já faz parte das rotinas administrativas adotadas pelo TCU em suas atividades de auditoria. A parte final do dispositivo estabeleceu que o controle de economicidade desses ajustes ocorrerá a partir da verificação da conformidade do preço global com os parâmetros de mercado para o objeto contratado, devendo ser levados em conta, para tanto, os preços praticados no local de realização dos serviços. Essa prática já é adotada pelas normas de auditoria da Corte de Contas.

Não obstante o exposto, mesmo estando o preço global dessas contratações dentro de parâmetros de mercado, é importante também aferir a economicidade dos preços unitários a fim de prevenir ocorrências de "jogo de cronograma" ou de "jogo de planilha".[352]

---

[352] O jogo de cronograma pode ser observado quando as etapas iniciais de uma obra estão com preços além dos preços de mercado, os quais são compensados por preços inexequíveis nas etapas finais da obra. Assim, ainda que o preço global do objeto esteja em conformidade com o mercado, há fundado risco de abandono do contrato pelo construtor quando concluir as etapas cujos preços lhe são mais vantajosos, deixando inconclusas as etapas com preços inexequíveis. Tal situação é indesejável e causa enormes prejuízos ao Erário e à população destinatária da obra, justificando que o controle também seja exercido sobre os preços unitários do ajuste. Por sua vez o jogo de planilha ocorre quando, por meio de termos de aditamento contratual, há aumento dos quantitativos dos itens com preços mais vantajosos para o particular contratado, podendo haver também a supressão/redução de quantitativos de serviços com preços com maior vantajosidade para a Administração. Como resultado, o jogo de planilha causa o desequilíbrio econômico-financeiro do contrato contra a Administração, resultando, em geral, na redução do desconto ofertado na licitação pela empresa contratada.

25.8 Processo cautelar

Os parágrafos do art. 171 da Lei nº 14.133/2021 cuidam das regras sobre o procedimento cautelar.

Segundo o seu §1º, as cortes de contas, ao suspenderem cautelarmente o processo licitatório, deverão pronunciar-se definitivamente sobre o mérito da irregularidade que tenha dado causa à suspensão no prazo de 25 dias úteis, contado da data do recebimento das informações a que se refere o §2º deste artigo, prorrogável por igual período uma única vez, e definirão objetivamente.

Não obstante as dúvidas à aparente inconstitucionalidade desse dispositivo, assim como dos outros que cuidam da organização do processo dos tribunais de contas, avalia-se que o estabelecimento de um prazo para o exame do mérito de uma medida cautelar é salutar para o interesse público, uma vez que permite a adoção de providências para ultimação da contratação, seja mediante a anulação dos atos irregulares e o seu refazimento, seja por meio da continuidade da licitação.

Todavia, é criticável o estabelecimento de um prazo tão curto para a obtenção de uma decisão definitiva a respeito da irregularidade, especialmente quando o certame licitatório envolver objetos complexos e os fatos questionados exigirem longa dilação probatória, mediante a realização de estudos, ensaios e perícias.

Por evidente, não se toleram trâmites processuais demorados, que prejudicam a Administração Pública e os contratados. Todavia, a busca pela rápida solução de controvérsias não pode atropelar a realidade fática dos processos, tampouco o rigor técnico que se exige na apreciação de questões técnicas muitas vezes complexas, que demandam uma extensa dilação probatória.

Ademais, não se pode olvidar que as decisões de mérito proferidas nos processos de fiscalização desenvolvidos no TCU estão sujeitas a pedidos de reexame, os quais possuem efeito suspensivo e devolutivo, ensejando a rediscussão de toda a matéria fática e jurídica que fundamentou as conclusões do Tribunal.

De todas sorte, o TCU deve adaptar suas normas internas ao novel estatuto licitatório a fim de cumprir o prazo supramencionado dentro de suas especificidades.

Segundo o §2º do art. 171 da Lei nº 14.133/2021, ao ser intimado da ordem de suspensão do processo licitatório, o órgão ou entidade deverá, no prazo de 10 dias úteis, admitida a prorrogação:

a) informar as medidas adotadas para cumprimento da decisão;
b) prestar todas as informações cabíveis;
c) proceder à apuração de responsabilidade, se for o caso.

A competência para expedir medida cautelar não consta expressamente da LOTCU. Conforme visto, ela foi reconhecida pela jurisprudência do Tribunal e, posteriormente, pelo STF, a partir da teoria dos poderes implícitos.

A matéria foi disciplinada da seguinte forma no RITCU:

Art. 276. O Plenário, o relator, ou, na hipótese do art. 28, inciso XVI, o presidente, em caso de urgência, de fundado receio de grave lesão ao erário, ao interesse público, ou de risco de ineficácia da decisão de mérito, poderá, de ofício ou mediante provocação, adotar medida cautelar, com ou sem a prévia oitiva da parte, determinando, entre outras providências, a

suspensão do ato ou do procedimento impugnado, até que o Tribunal decida sobre o mérito da questão suscitada, nos termos do art. 45 da Lei nº 8.443, de 1992.
[...]
§2º Se o Plenário, o presidente ou o relator entender que antes de ser adotada a medida cautelar deva o responsável ser ouvido, o prazo para a resposta será de até cinco dias úteis.
§3º A decisão do Plenário, do presidente ou do relator que adotar a medida cautelar determinará também a oitiva da parte, para que se pronuncie em até quinze dias, ressalvada a hipótese do parágrafo anterior.

Como se vê, as regras da nova lei são completamente distintas das do RITCU, impondo ao Tribunal o desafio de adaptar seus normativos a fim de compatibilizá-los com a Lei nº 14.133/2021.

Conforme o 3º do art. 171 da Lei nº 14.133/2021, a decisão que examinar o mérito da medida cautelar a que se refere o §1º deste artigo deverá definir as medidas necessárias e adequadas, em face das alternativas possíveis, para o saneamento do processo licitatório, ou determinar a sua anulação.

Essa prática já vem sendo adotada pelo TCU no exercício da competência prevista no inciso IX do art. 71 da CF/1988 e no art. 45 da LOTCU. No que se refere à fiscalização de atos e contratos de obras e serviços de engenharia, o assunto é tratado nas leis de diretrizes orçamentárias. A propósito do assunto, o §2º do art. 142 da LDO/2022 preconiza que a decisão que confirmar as irregularidades graves inicialmente apontadas e concluir que o contrato não poderá ter continuidade sem risco de prejuízos significativos ao Erário "deverá relacionar todas as medidas a serem adotadas pelos responsáveis, com vistas ao saneamento das irregularidades graves".

Conforme o §4º, o descumprimento da medida cautelar pela entidade ensejará a apuração de responsabilidade e a obrigação de reparação do prejuízo causado ao Erário. Além disso, seria possível a aplicação do art. 44 da Lei nº 8.443/1992, segundo o qual o Tribunal, no início ou no curso de qualquer apuração, de ofício ou a requerimento do Ministério Público junto ao TCU, poderá determinar, cautelarmente:

[...] o afastamento temporário do responsável, se existirem indícios suficientes de que, prosseguindo no exercício de suas funções, possa retardar ou dificultar a realização de auditoria ou inspeção, causar novos danos ao Erário ou inviabilizar o seu ressarcimento.

25.9 Regras aplicáveis à decisão pela invalidação de contratos

A nova lei de licitações trouxe uma série de regras para a decisão administrativa sobre a suspensão da execução ou sobre a declaração de nulidade do contrato. Tais disposições, consignadas nos arts. 147 a 150, dirigem-se primariamente à Administração Pública contratante no exercício de seu poder de autotutela.

Não obstante, entende-se que tais disposições se aplicam, subsidiariamente, às decisões do TCU que determinarem a suspensão cautelar de procedimentos licitatórios e contratos, bem como a invalidação destes (controle corretivo).

Conforme o art. 147 da Lei nº 14.133/2021, se constatada irregularidade no procedimento licitatório ou na execução contratual, caso não seja possível o saneamento, a decisão sobre a suspensão da execução ou anulação do contrato somente será adotada na hipótese em que se revelar medida de interesse público, com avaliação, entre outros, dos seguintes aspectos:

> I – *impactos econômicos e financeiros* decorrentes do *atraso* na fruição dos benefícios do objeto do contrato;
> II – *riscos sociais, ambientais e à segurança da população local* decorrentes do atraso na fruição dos benefícios do objeto do contrato;
> III – motivação social e ambiental do contrato;
> IV – *custo da deterioração* ou da perda das parcelas executadas;
> V – despesa necessária à preservação das instalações e dos serviços já executados;
> VI – *despesa inerente à desmobilização* e ao posterior retorno às atividades;
> VII – medidas efetivamente adotadas pelo titular do órgão ou entidade para o saneamento dos indícios de irregularidades apontados;
> VIII – custo total e estágio de execução física e financeira dos contratos, dos convênios, das obras ou das parcelas envolvidas;
> IX – fechamento de postos de trabalho diretos e indiretos em razão da paralisação;
> X – custo para realização de nova licitação ou celebração de novo contrato;
> XI – *custo de oportunidade do capital* durante o período de paralisação. (grifos acrescidos)

Busca-se, assim, primariamente, o saneamento da irregularidade. Com base no dispositivo, a Administração deve verificar se as irregularidades são passíveis de correção antes da eventual suspensão cautelar ou invalidação do ajuste.

Se a paralisação ou anulação não se revelar medida de interesse público, o Poder Público deverá optar pela continuidade do contrato e pela solução da irregularidade por meio de indenização por perdas e danos, sem prejuízo da apuração de responsabilidade e da aplicação de penalidades cabíveis, nos termos do parágrafo único do art. 147 da Lei nº 14.133/2021. Dito de outra forma, a norma impõe que se deixe de lado o controle objetivo de atos e se promova, apenas, o controle subjetivo.

Os aspectos exigidos para análise da pertinência ou não da anulação não são novidade no ordenamento jurídico, pois basicamente reproduzem disposições presentes em sucessivas leis de diretrizes orçamentárias acerca das disposições da fiscalização pelo Poder Legislativo das obras com indícios de irregularidades graves.

O dispositivo está em plena consonância com o disposto nos artigos 20 e 21 da LINDB:

> Art. 20. Nas esferas *administrativa, controladora e judicial*, não se decidirá com base em valores jurídicos abstratos sem que sejam consideradas as *consequências práticas* da decisão.
> Parágrafo único. A motivação demonstrará a necessidade e a adequação da medida imposta ou da invalidação de ato, contrato, ajuste, processo ou norma administrativa, inclusive em face das possíveis alternativas.
> Art. 21. A decisão que, nas esferas administrativa, controladora ou judicial, *decretar a invalidação* de ato, contrato, ajuste, processo ou norma administrativa *deverá indicar de modo expresso suas consequências jurídicas e administrativas*.
> Parágrafo único. A decisão a que se refere o *caput* deste artigo deverá, quando for o caso, indicar as condições para que a regularização ocorra de modo proporcional e equânime e sem prejuízo aos interesses gerais, não se podendo impor aos sujeitos atingidos ônus ou perdas que, em função das peculiaridades do caso, sejam anormais ou excessivos. (grifos acrescidos)

O art. 147 da Lei nº 14.133/2021 consubstancia a incorporação do pragmatismo como fundamento filosófico do Direito Administrativo ao impor a avaliação das consequências concretas das soluções possíveis como critério de decisão a respeito da invalidação de um contrato.

A norma instituiu uma espécie de "estudo do impacto invalidatório" do contrato, composto por 11 temas distintos. Ou seja, há uma previsão dos possíveis efeitos decorrentes da anulação do ajuste para avaliar se o desfazimento do ato é mais nocivo do que a sua convalidação. Portanto, é expressamente admitido que o ato inválido produza efeitos jurídicos e seja mantido, ainda que não seja sanado.

Dito de outra forma, o novo estatuto de licitações e contratos permite expressamente a convalidação do ato ou do contrato viciado pela própria Administração, hipótese não prevista na Lei nº 8.666/1993.

A realização do chamado estudo de impacto invalidatório, previsto no art. 147 da Lei nº 14.133/2021, dirige-se primariamente à administração contratante, não cabendo ao TCU a produção dos elementos voltados à evidenciação dos aspectos ali anunciados, até porque não detém os dados brutos e as informações para o regular escrutínio dessa obrigação, tipicamente administrativa.

Não obstante, produzido o estudo pelo órgão jurisdicionado ou expostas, de modo fundamentado, as consequências práticas, jurídicas e administrativas de eventual invalidação ou suspensão do contrato, o TCU deve levar em conta tais argumentos antes de sua decisão pela suspensão cautelar ou determinação de invalidação. Na ausência de tais elementos, é salutar que o órgão de controle externo abra prazo para que os interessados elaborem o denominado estudo do impacto invalidatório e indique motivadamente as possíveis consequências antes da decisão de mérito.

A declaração de nulidade do contrato administrativo requer a análise prévia do interesse público envolvido, nos termos anteriormente expostos, e deve operar retroativamente, impedindo os efeitos jurídicos que deveria produzir ordinariamente e desconstituindo os já produzidos, conforme o art. 148 da Lei nº 14.133/2021. O dispositivo reproduz a ideia de que os atos nulos não geram efeitos, devendo ser extirpados do mundo jurídico como se nunca tivessem existido.

Todavia, nem sempre é possível o retorno ao *status quo ante*. Consoante o §1º do art. 148, caso não seja possível o retorno à situação fática anterior, a nulidade será resolvida pela indenização por perdas e danos sem prejuízo da apuração de responsabilidade e aplicação das penalidades cabíveis.

Tal ocorre, por exemplo, quando o contrato envolver a realização de obras públicas em que a parcela construída é fisicamente incorporada ao terreno, sendo inviável a devolução do bem executado e dos pagamentos realizados. Nesse caso, a decretação de nulidade, se cabível, terá efeito apenas para o futuro, implicando somente o desfazimento do vínculo contratual. Certamente, haverá a discussão quando houver a indenização cabível à empresa pelos serviços executados e, ainda, do valor devido à Administração, em razão de eventuais perdas e danos gerados a esta.

Essa situação também ocorre quando as irregularidades forem constatadas após o encerramento de um contrato e o pagamento integral do preço pactuado. Nessa hipótese, a eventual declaração de nulidade não teria nenhum efeito prático, pois não seria mais possível o retorno à situação fática anterior à contratação. Por conseguinte, a única tutela cabível será a reparatória, o que ocorrerá mediante a cobrança administrativa da indenização dos prejuízos eventualmente causados ao Erário, seguida da instauração da competente tomada de contas especial, caso a empresa não promova espontaneamente o pagamento da dívida.

O §2º do art. 148 da Lei nº 14.133/2021 trata da modulação dos efeitos das decisões que decretarem a nulidade de contratos. Conforme o dispositivo, a autoridade poderá decidir, nesse casos, que a invalidação só tenha eficácia em momento futuro, suficiente para efetuar nova contratação, pelo prazo de até seis meses, prorrogável uma única vez.

O art. 149 da Lei nº 14.133/2021 estabelece que a nulidade não exonerará a Administração do dever de indenizar o contratado pelo que houver executado até a data em que for declarada ou tornada eficaz, bem como por outros prejuízos regularmente comprovados, desde que não lhe seja imputável. Nesse último caso, será promovida a responsabilização de quem lhe tenha dado causa.

Assim, só cabe o pagamento de indenização ao contratado, por outros prejuízos decorrentes do desfazimento do vínculo contratual, nos casos em que este não tenha concorrido para as irregularidades que ensejaram a invalidação do ajuste.

Fundamentada na interpretação de dispositivos semelhantes existentes na Lei nº 8.666/1993, a jurisprudência dominante do STJ alinha-se ao entendimento de que a indenização do contratado pelo que executou é regra, porém, ela não é devida na hipótese de o particular haver agido de má-fé ou concorrido para a nulidade. Ou seja, verificada a hipótese, todos os pagamentos efetuados deveriam ser restituídos à Administração Pública.

Essa conclusão lastreia-se no pressuposto de que a atuação de boa-fé é requisito para que o sujeito receba a proteção do direito relativo à indenização. Afinal, seria inaceitável que o contratado infrator se beneficiasse da própria torpeza para se isentar do dever de ressarcimento integral pelo dano decorrente da ilicitude. Assim, caracterizada a participação do particular no cometimento do ilícito, a este não socorreria qualquer fundamento jurídico para receber indenização pelo que houvesse executado.

Nesse sentido, podem ser citadas as seguintes decisões: AgRg no REsp nº 1.394.161/SC, Rel. ministro Herman Benjamin, DJe 16.10.2013; REsp nº 448.442/MS, Rel. ministro Herman Benjamin, DJe 24.09.2010; AgRg no Ag 1.134.084/SP, Rel. ministro Francisco Falcão, DJe 29.06.2009; REsp nº 928.315/MA, Rel. Min. Eliana Calmon, DJ 29.06.2007; REsp nº 579.541/SP, Rel. Min. José Delgado, DJ 19.04.2004.

Contudo, há decisões em que o STJ admite, mesmo em situações de comprovada má-fé do contratado, a indenização por serviços executados, limitada aos custos efetivamente incorridos na consecução do objeto. É o que se verifica no REsp nº 1.153.337/AC, Rel. ministro Castro Meira, DJe 24.05.2012, e no REsp nº 1.188.289/SP, Rel. ministro Herman Benjamin, DJe 13.12.2013.

Entendeu-se, nesses casos, que do contratado de má-fé não é retirada a posição normal de quem sofre com a declaração de invalidade do contrato, em que o retorno ao *status quo* anterior pode envolver a necessidade de indenização por efeitos de desconstituição impossível, como os serviços devidamente prestados.

Todavia, decidiu-se que o contratado infrator não faria jus à margem de lucro relativa aos itens executados, que deveriam ser indenizados somente pelo valor do custo de produção. Assim se veria respeitado também o princípio da proibição do enriquecimento sem causa em relação à Administração.

Em suma, concluiu-se que ao contratado de má-fé, que concorreu para eivar de nulidade o contrato firmado com a Administração, caberia a devolução de todo o ganho auferido, podendo ser admitido abater deste valor quantia suficiente para cobrir os custos incorridos na execução do objeto do contrato, que se supõe lícito.

Essa parece ser a melhor interpretação da regra trazida pelo art. 149 da Lei nº 14.133/2021. Conclui-se, portanto, que a indenização do contratado pelo que houver executado até a data em que a nulidade for declarada ou tornada eficaz, será correspondente:

a) ao preço dos serviços executados, se não tiver agido de má-fé ou concorrido para a nulidade;

b) ao custo comprovado dos serviços executados, excluindo o lucro do preço pactuado, se tiver agido de má-fé ou concorrido para a nulidade.

A norma não fala especificamente de assegurar o contraditório e a ampla defesa no procedimento de anulação do contrato. Cabe, pois, aplicar por analogia o disposto no art. 137 do novel estatuto licitatório: "Constituirão motivos para extinção do contrato, a qual deverá ser formalmente motivada nos autos do processo, assegurados o contraditório e a ampla defesa, as seguintes situações".

Tal ocorre porque o direito ao contraditório e à ampla defesa possui índole constitucional (art. 5º, inciso LV), de forma que ele incide sobre os processos judiciais e administrativos, independentemente de previsão legal.

Por certo, as decisões a respeito da matéria deverão ser devidamente motivadas.

Todos os dispositivos supramencionados aplicam-se às decisões do TCU que determinarem a invalidação de contratos administrativos após o regular exercício do contraditório dos interessados.

25.10 Fiscalização da ordem cronológica de pagamentos

Segundo o art. 141 da Lei nº 14.133/2021, no dever de pagamento pela Administração, será observada a ordem cronológica para cada fonte diferenciada de recursos.

Apesar de a regra já constar da legislação anterior,[353] não havia um comando expresso na Lei nº 8.666/1993 impondo aos tribunais de contas um dever de fiscalização a respeito da matéria. Além disso, a verificação de eventual ilegalidade quanto ao estrito cumprimento da ordem cronológica de pagamento das obrigações desafiava a jurisprudência pacífica do TCU no sentido de que não era cabível a salvaguarda de direitos e interesses subjetivos dos contratados perante o Tribunal, uma vez que este

---

[353] Art. 5º Todos os valores, preços e custos utilizados nas licitações terão como expressão monetária a moeda corrente nacional, ressalvado o disposto no art. 42 desta Lei, devendo cada unidade da Administração, no pagamento das obrigações relativas ao fornecimento de bens, locações, realização de obras e prestação de serviços, obedecer, para cada fonte diferenciada de recursos, a estrita ordem cronológica das datas de suas exigibilidades, salvo quando presentes relevantes razões de interesse público e mediante prévia justificativa da autoridade competente, devidamente publicada.

não era competente para dirimir controvérsias decorrentes de contratos firmados entre os seus jurisdicionados e terceiros. Essa exegese foi adotada no Acórdão nº 1.648/2020-Plenário (relator: ministro-substituto Augusto Sherman Cavalcanti), a título de exemplo.

Todavia, esse entendimento deve ser revisitado por força do §2º do art. 141 do novel estatuto licitatório. Consoante o dispositivo, "a inobservância imotivada da ordem cronológica referida no *caput* deste artigo ensejará a apuração de responsabilidade do agente responsável, cabendo aos órgãos de controle a sua fiscalização".

Em verdade, a Lei nº 14.133/2021 estatuiu uma espécie de controle concomitante dos atos da Administração ao prever, no §1º do dispositivo, que eventual alteração da ordem cronológica de pagamento deve ser motivada e posteriormente comunicada ao órgão de controle interno da Administração e ao tribunal de contas competente.

Assim, com as alterações promovidas pelo novel estatuto licitatório, o TCU passa a deter o poder-dever de exercer os controles subjetivo e objetivo sobre a matéria, podendo aplicar as sanções e as medidas corretivas cabíveis caso haja infração às regras previstas no art. 141 da Lei nº 14.133/2021.

CAPÍTULO 26

OUTRAS QUESTÕES RELEVANTES INERENTES AO DIREITO PROCESSUAL

O objetivo do presente capítulo é tratar de algumas questões processuais já debatidas ou disciplinadas pelo TCU e expor outras que podem suscitar regulamentação devido à previsão em normas aplicáveis à esfera controladora.

26.1 Cooperação ou colaboração direta

A cooperação ou colaboração direta com o processo do TCU é uma medida consentânea com a ideia de boa-fé processual, estando amparada nos arts. 5º e 6º do CPC/2015, transcrito a seguir:

> Art. 5º Aquele que de qualquer forma participa do processo deve comportar-se de acordo com a boa-fé.
> Art. 6º Todos os sujeitos do processo devem cooperar entre si para que se obtenha, em tempo razoável, decisão de mérito justa e efetiva.

Apesar de haver um dever de cooperação para a obtenção da verdade no processo, a parte, por evidente, não está sujeita a nenhuma sanção pelo fato de não reconhecer o direito que lhe é contraposto, apenas arcando com os eventuais ônus processuais decorrentes de uma decisão desfavorável ao final do processo. Por esse motivo, é razoável pensar no oferecimento de sanção premial àquele que colaborar efetivamente com uma decisão de mérito justa e efetiva.

A propósito do tema, Cleuler Neves e Marcílio Ferreira Filho reconhecem, sob a ótica da Administração Pública, a existência de um dever de consensualidade quando a decisão imperativa e unilateral puder resultar em prejuízos ao Estado ou menor efetividade no seu cumprimento do que uma negociação administrativa[354]

Tais ideias podem ser transplantadas ao processo do TCU a ponto de se admitir a concessão de benefícios processuais aos responsáveis que colaborarem efetivamente com a obtenção da verdade real, permitindo a expedição da decisão de mérito com o menor tempo possível e economia de custos administrativos.

---

[354] NEVES, Cleuler Barbosa das; FERREIRA FILHO, Marcílio da Silva. Dever de consensualidade na atuação administrativa. In: *Revista de Informação Legislativa: RIL*, v. 55, n. 218, p. 63-84, abr./jun. 2018, p. 79.

Essa questão foi enfrentada no Acórdão nº 965/2022-Plenário (relator: ministro Benjamin Zymler), que estabeleceu as seguintes condições para o reconhecimento da colaboração direta de determinado responsável:

a) confissão espontânea dos fatos em apuração;

b) fornecimento de informações e documentos que permitam comprovar as irregularidades em exame ou outras conexas e demonstrar a identificação, a participação e a culpabilidade dos responsáveis; e

c) pagamento dos danos causados em função das irregularidades.

Tais condutas, por permitirem a rápida e justa decisão de mérito, são aptas a configurar a boa-fé processual do responsável e possibilitar a mitigação das sanções que seriam imputadas aos responsáveis, segundo os princípios da equidade e da proporcionalidade da sanção em concreto.

Entretanto, restou assentado, na ocasião, que o Tribunal não está autorizado a celebrar negócio jurídico processual com o responsável, tais como os acordos de leniência e de colaboração premiada. Segue excerto do voto abordando esse ponto:

> 46. Todavia, é preciso esclarecer que o Tribunal não está autorizado pelo legislador a firmar um negócio jurídico processual, a exemplo de acordos de leniência e de colaboração premiada, de forma que o eventual reconhecimento da cooperação com o processo de contas, com a consequente definição das sanções premiais, somente pode ocorrer ao final da instrução processual, mediante decisão colegiada.
>
> 47. Além disso, é preciso esclarecer algo importante: o reconhecimento da colaboração direta perante o TCU somente pode ocorrer de forma endoprocessual, respeitada a competência de cada relator, na presidência dos processos que lhe forem distribuídos. Isso implica dizer que os efeitos decorrentes da cooperação repercutem em cada feito, mediante a eventual isenção ou mitigação das sanções que seriam aplicadas em razão dos fatos em análise no respectivo processo.

26.2 Participação em soluções conciliatórias no âmbito da Administração Pública

Por meio da Instrução Normativa TCU nº 91, de 22 de dezembro de 2022, o Tribunal instituiu procedimentos, em seu âmbito interno, de solução consensual de controvérsias relevantes e prevenção de conflitos afetos a órgãos e entidades da Administração Pública Federal, em matéria de competência do TCU.

Nos considerandos da norma, acentuou-se que o Tribunal executava diversas ações de interlocução com gestores e particulares, no exercício de seu papel pedagógico e orientador, auxiliando-os no estabelecimento de alternativas para a solução de problemas de interesse da Administração Pública.

Diante dessa premissa, avaliou-se que era necessário disciplinar um processo de trabalho formal que viabilizasse a participação do TCU na construção de soluções consensuais de conflitos no âmbito da Administração Pública.

A base jurídica invocada na edição do normativo foi a Lei nº 13.140, de 26 de junho de 2015, que dispôs sobre a utilização da autocomposição de conflitos no âmbito da Administração Pública. Outrossim, mencionou-se o disposto no art. 13, §1º, do Decreto nº 9.830, de 10 de junho de 2019, que regulamentou as mudanças ocorridas na LINDB a partir da Lei nº 13.655/2018, no sentido de que a atuação de órgãos de controle deveria privilegiar ações de prevenção antes de processos sancionadores.

Quanto ao assunto, cabe acentuar que a referida norma não atribuiu ao TCU o papel de conduzir, como árbitro, conciliador ou mediador, a composição de conflitos no âmbito da Administração Pública federal.

Em verdade, essa competência, no âmbito da Administração Pública federal, cabe à AGU, como se depreende do art. 36 da Lei nº 13.140/2015:

> Art. 36. No caso de conflitos que envolvam controvérsia jurídica entre órgãos ou entidades de direito público que integram a administração pública federal, a Advocacia-Geral da União deverá realizar composição extrajudicial do conflito, observados os procedimentos previstos em ato do Advogado-Geral da União.

No caso de conflitos envolvendo particulares, o art. 32, §5º, da lei mencionada destinou essa função às Câmaras de Prevenção e Resolução Administrativa de Conflitos, que poderão ser criadas no âmbito dos respectivos órgãos da Advocacia Pública. Segue a redação do dispositivo:

> Art. 32. A União, os Estados, o Distrito Federal e os Municípios poderão criar câmaras de prevenção e resolução administrativa de conflitos, no âmbito dos respectivos órgãos da Advocacia Pública, onde houver, com competência para:
> [...]
> §5º Compreendem-se na competência das câmaras de que trata o caput a prevenção e a resolução de conflitos que envolvam equilíbrio econômico-financeiro de contratos celebrados pela administração com particulares.

Não obstante, a Lei nº 13.140/2015 designou um papel relevante ao TCU no caso de composição envolvendo matéria já decidida por ele: de aprovar a solução buscada. Segue a redação do dispositivo:

> Art. 36. No caso de conflitos que envolvam controvérsia jurídica entre órgãos ou entidades de direito público que integram a administração pública federal, a Advocacia-Geral da União deverá realizar composição extrajudicial do conflito, observados os procedimentos previstos em ato do Advogado-Geral da União.
> [...]
> §4º Nas hipóteses em que a matéria objeto do litígio esteja sendo discutida em ação de improbidade administrativa ou sobre ela haja decisão do Tribunal de Contas da União, a conciliação de que trata o caput dependerá da anuência expressa do juiz da causa ou do ministro relator.

Em suma, o TCU não possui competência legal de participar ou intervir em soluções consensuais no âmbito da Administração Pública federal. Sua anuência somente é obrigatória e impositiva se ele tiver expedido decisão sobre o tema objeto da conciliação.

Todavia, não há óbice a que um órgão legitimado, diante de controvérsias com outro órgão ou particulares, em assunto de competência do TCU, procure o Tribunal para obter deste uma manifestação a respeito do tema. O pronunciamento do TCU encontra respaldo, a meu juízo, no art. 2º, §2º, do CPC/2015, de aplicação subsidiária no âmbito do Tribunal: "O Estado promoverá, sempre que possível, a solução consensual dos conflitos". Além disso, o art. 13, §1º, do Decreto nº 9.830/2019 privilegia o aspecto preventivo da atuação do TCU antes de processos sancionadores ou corretivos.

Por esses motivos, avalia-se que a instrução normativa tem amparo na ordem jurídica.

Quanto ao procedimento, cabe destacar que o art. 59 da Resolução TCU nº 259, de 7 de maio de 2014, foi alterado pela Resolução TCU nº 350, de 23 de dezembro de 2022, para prever um novo tipo processual, as Solicitações de Solução Consensual (SSC).

Para a implementação das medidas indicadas na instrução normativa foi instituída a Secretaria de Controle Externo de Solução Consensual e Prevenção de Conflitos (SecexConsenso).

Conforme o art. 2º da Instrução Normativa TCU nº 91/2022, a solicitação de solução consensual poderá ser formulada:

a) pelas autoridades legitimadas a formular consulta, as quais encontram-se elencadas no art. 264 do RITCU;

b) pelos dirigentes máximos das agências reguladoras definidas no art. 2º da Lei nº 13.848, de 25 de junho de 2019; e

c) por relator de processo em tramitação no TCU.

As entidades previstas no art. 2º da Lei nº 13.468/2019 são as seguintes: a Agência Nacional de Energia Elétrica (Aneel); a Agência Nacional do Petróleo, Gás Natural e Biocombustíveis (ANP); a Agência Nacional de Telecomunicações (Anatel); a Agência Nacional de Vigilância Sanitária (Anvisa); a Agência Nacional de Saúde Suplementar (ANS); a Agência Nacional de Águas (ANA); a Agência Nacional de Transportes Aquaviários (Antaq); a Agência Nacional de Transportes Terrestres (ANTT); a Agência Nacional do Cinema (Ancine); a Agência Nacional de Aviação Civil (Anac); e a Agência Nacional de Mineração (ANM).

Como se percebe da leitura do mencionado dispositivo da instrução normativa, os particulares não são legitimados a requerer a construção da solução consensual junto ao TCU. Não obstante, infere-se que as autoridades legitimadas e os dirigentes máximos das agências reguladoras devem buscar a anuência dos interessados eventualmente envolvidos na controvérsia antes de requerer a instauração do procedimento, pois, do contrário, há razoável risco que a solução obtida não tenha a eficácia esperada.

Da mesma forma, é preciso obter a manifestação favorável dos órgãos e entidades envolvidos na controvérsia, os quais, por sua vez, devem consultar os particulares afetados caso a solicitação seja de autoria do relator do processo em tramitação do TCU.

A solicitação de solução de controvérsia deverá conter, no mínimo, os seguintes elementos, conforme o art. 3º:

a) indicação do objeto da busca de solução consensual, com a discriminação da materialidade, do risco e da relevância da situação apresentada;

b) pareceres técnico e jurídico sobre a controvérsia, com a especificação das dificuldades encontradas para a construção da solução;

c) indicação, se houver, de particulares e de outros órgãos e entidades da Administração Pública envolvidos na controvérsia;

d) indicação, se houver, da existência de processo no TCU que trate do objeto da busca de solução consensual; e

e) manifestação de interesse na solução consensual dos órgãos e entidades da Administração Pública federal envolvidos na controvérsia quando se tratar de solicitação formulada pela autoridade prevista no inciso III do art. 2º desta IN.

Tais informações e documentos são importantes para subsidiar a análise da admissibilidade do pedido, bem como para aferir a sua abrangência, seja internamente, quanto à repercussão em outros processos de controle externa, seja externamente, no tocante aos órgãos, entidades e particulares envolvidos.

O pedido em apreço, juntamente com os documentos que lhe acompanham, será autuado como processo de Solicitação de Solução Consensual (SSC), o qual deverá ser encaminhado à SecexConsenso para fins de análise prévia de admissibilidade.

Após o exame desta, o processo segue para o presidente do TCU, o qual tem a competência de decidir sobre a conveniência e a oportunidade da admissibilidade da solicitação de solução consensual, nos termos do art. 5º da instrução normativa. O aludido dispositivo elenca como critérios de admissibilidade:

a) a competência do TCU para tratar da matéria;
b) a relevância e a urgência da matéria;
c) a quantidade de processos de SSC em andamento; e
d) a capacidade operacional disponível no Tribunal para atuar nos processos de SSC.

Como se vê, a admissão do pedido é materializada mediante uma decisão discricionária do presidente do TCU, que irá avaliar, dentre outros aspectos, a capacidade operacional do Tribunal de tratar do assunto, à vista de suas limitações de recursos humanos, frente a outras competências de controle externo.

O §1º do art. 5º da instrução normativa estabelece uma barreira objetiva à análise do pedido. Conforme o dispositivo, não será admitida a solicitação nos casos em que haja processo com decisão de mérito no TCU sobre o objeto da busca de solução consensual. Essa medida se mostra salutar, já que o que se busca é justamente uma via alternativa ao processo sancionador ou corretivo, não o prolongamento da discussão de algo que o Tribunal já se manifestou em cognição exauriente.

A decisão do presidente do TCU pela inadmissibilidade da solicitação implica o seu arquivamento, nos termos do §2º do art. 5º. Haverá uma segunda análise de admissibilidade caso o presidente acolha a solicitação e o objeto da controvérsia esteja sendo tratado em processo em tramitação no TCU. Nesta hipótese, o relator do segundo processo se manifestará sobre a matéria, podendo levar em consideração eventual prejuízo à condução processual para ratificar ou não o exame do presidente. Tal regra consta do §1º do art. 6º.

Havendo manifestação favorável à admissibilidade da solicitação, pelo presidente e pelo relator, será sobrestada a apreciação das questões relacionadas ao objeto da matéria abordada no processo que já estava em tramitação, nos termos do §2º do art. 6º. Não obstante, é possível o prosseguimento deste feito, especificamente para o exame de outros pontos não relacionados à questão tratada na solicitação.

Por outro lado, se não houver a ratificação de eventual juízo favorável de admissibilidade do presidente por parte do relator, o processo de SSC será arquivado. Isso implica dizer que esta somente irá prosseguir caso haja processo envolvendo a matéria em discussão e duplo exame positivo de admissibilidade.

Superada a etapa de admissibilidade, o processo de SSC segue para a construção da solução consensual, a qual se dará no âmbito de uma Comissão de Solução Consensual (CSC) cujos membros serão designados pela Secretaria-Geral de Controle Externo (Segecex), ouvida a SecexConsenso.

Conforme o §1º do art. 7º, a CSC será composta, no mínimo, por:

a) um servidor da SecexConsenso, que atuará como coordenador;

b) um representante da unidade de auditoria especializada responsável pela matéria tratada; e

c) um representante de cada órgão ou entidade da Administração Pública federal que tenha solicitado a solução consensual ou que, nos termos do inciso V do art. 3º desta IN, tenha manifestado interesse na solução (nos casos em que o processo de SSC tenha sido autuado por iniciativa do relator).

Além destes, a Segecex poderá, avaliadas as circunstâncias da matéria, admitir a participação de representante de particulares envolvidos na controvérsia, nos termos do §2º. Em verdade, a presença dos agentes privados na CSC é mandatória quando estes forem parte do conflito em análise. Afinal, é difícil imaginar a construção de uma solução conciliatória sem a presença de todas as pessoas que possam ser afetadas pelo acordo celebrado.

Além das partes propriamente envolvidas, é possível a participação de terceiros especialistas que possam, na qualidade de colaboradores, auxiliarem na busca da solução consensual. Tal ocorrerá a partir de decisão unânime dos membros da CSC, nos termos do §3º do art. 7º.

A Instrução Normativa TCU nº 91/2022 estabelece prazos rígidos para a conclusão dos trabalhos da CSC e para a apreciação da matéria pelo Tribunal. A matéria segue o fluxo descrito a seguir:

Figura 14 – Fluxo processual das propostas de soluções conciliadoras

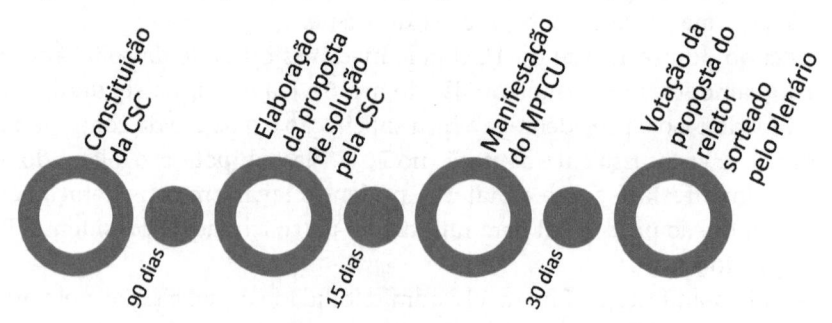

- Constituição da CSC — 90 dias
- Elaboração da proposta de solução pela CSC — 15 dias
- Manifestação do MPTCU — 30 dias
- Votação da proposta do relator sorteado pelo Plenário

É importante destacar que somente haverá proposta de solução consensual se houver unanimidade dos membros da CSC. Do contrário, o processo de SSC será arquivado na origem, sem que a matéria seja sequer submetida ao relator e ao próprio Tribunal para deliberação.

Tal ocorre porque é necessário cumprir dois requisitos para a validação da solução consensual pelo TCU:

- acordo entre as partes interessadas;

- juízo positivo quanto à legalidade, legitimidade e economicidade da construção por parte dos representantes do Tribunal na CSC.

Cumpridos esses pressupostos, o Plenário poderá, por meio de acórdão, sugerir alterações na proposta de solução elaborada pela CSC, acatá-la integralmente ou recusá-la.

Havendo a sugestão de alteração prevista no *caput* deste artigo, os representantes de cada órgão ou entidade da Administração Pública federal integrantes da CSC terão até 15 dias para se manifestarem acerca da referida sugestão, nos termos do §1º do art. 11. A despeito do silêncio da norma, entende-se que os representantes dos particulares envolvidos na controvérsia que façam parte da CSC também deverão se pronunciar sobre a sugestão de alteração trazida do Plenário. Conforme já dito, é difícil imaginar uma solução consensual sem a presença de todas as pessoas que possam ser afetadas, de forma que a ausência de qualquer uma destas põe em risco a própria eficácia da solução construída.

A formalização da solução será realizada por meio de termo a ser firmado pelo presidente do TCU e pelo respectivo dirigente máximo dos órgãos e entidades integrantes da CSC, em até 30 dias após a deliberação final do Plenário do Tribunal que aprovar a referida solução, consoante o art. 12 da instrução normativa.

A manifestação do Tribunal sobre o tema é uma espécie de juízo prévio de juridicidade do acordo que eventualmente seja celebrado entre as entidades públicas e os particulares envolvidos, desde que respeitados os termos e condições da solução construída.

A verificação do cumprimento do termo firmado a que se refere o art. 12 da instrução normativa deverá ser realizada consoante o estabelecido no art. 243 do Regimento Interno do TCU, por meio de monitoramento.

A atuação do TCU na solução de controvérsias e na autocomposição de conflitos no âmbito da Administração Pública é uma forma de dar maior segurança jurídica aos acordos eventualmente firmados pelas partes, segundo as balizas trazidas pelo Tribunal, a partir do procedimento formal de que trata a Instrução Normativa TCU nº 91/2022.

Consoante o art. 15, não caberá recurso das decisões que forem proferidas nos autos de Solicitação de Solução Consensual, tendo em vista a natureza dialógica desses processos.

26.3 Prioridade de julgamento

Conforme visto no item 11.3.3.1 do capítulo 11, o Tribunal editou, recentemente, a Resolução TCU nº 349/2022, com o objetivo de dispor sobre prazos de instrução e julgamento de processos de alto risco e relevância.

O art. 1º do normativo classificou as seguintes matérias como de alto risco e relevância, para os fins da norma:

a) contratação de concessões, permissões e autorizações de serviços públicos;
b) privatização de empresas estatais;
c) contratação de Parcerias Público-Privadas (PPP);
d) outorga de atividades econômicas reservadas ou monopolizadas pelo Estado; e
e) os que, por deliberação da Presidência ou pelo Plenário, possam impactar os processos supramencionados.

Os processos que envolvam as referidas matérias terão natureza urgente e tramitação preferencial, sendo apreciados privativamente pelo Plenário do TCU.

O art. 1.048 do CPC/2015 dispõe o seguinte:

> Art. 1.048. Terão prioridade de tramitação, em qualquer juízo ou tribunal, os procedimentos judiciais:
> I – em que figure como parte ou interessado pessoa com idade igual ou superior a 60 (sessenta) anos ou portadora de doença grave, assim compreendida qualquer das enumeradas no art. 6º, inciso XIV, da Lei nº 7.713, de 22 de dezembro de 1988 ;
> II – regulados pela Lei nº 8.069, de 13 de julho de 1990 (Estatuto da Criança e do Adolescente).
> III – em que figure como parte a vítima de violência doméstica e familiar, nos termos da Lei nº 11.340, de 7 de agosto de 2006 (Lei Maria da Penha). (Incluído pela Lei nº 13.894, de 2019)
> IV – em que se discuta a aplicação do disposto nas normas gerais de licitação e contratação a que se refere o inciso XXVII do caput do art. 22 da Constituição Federal. (Incluído pela Lei nº 14.133, de 2021)

Das hipóteses elencadas, caberia a discussão se as situações descritas nos incisos I e IV deveriam ser objeto de tramitação prioritária no TCU mediante a aplicação analógica dos referidos dispositivos.

A propósito da nova lei de licitações, cabe lembrar que o art. 171, §1º, estabeleceu um prazo de 25 dias úteis para que o tribunal se pronunciasse definitivamente sobre o mérito da irregularidade que tenha dado causa à suspensão cautelar de processo licitatório, contado da data do recebimento das informações pela entidade. O mesmo dispositivo previu que o aludido prazo era prorrogável por igual período uma única vez.

Isso implica que o Tribunal deverá, oportunamente, refletir sobre a necessidade de regulamentação de tais prioridades processuais como forma de dar coerência ao sistema jurídico processual.

26.4 Ordem cronológica para julgamento de processos

Conforme o art. 12 do CPC/2012:

> Art. 12. Os juízes e os tribunais atenderão, preferencialmente, à ordem cronológica de conclusão para proferir sentença ou acórdão. (Redação dada pela Lei nº 13.256, de 2016) (vigência).
> §1º A lista de processos aptos a julgamento deverá estar permanentemente à disposição para consulta pública em cartório e na rede mundial de computadores.

A redação original do dispositivo previa que os juízes e os tribunais *deveriam* obedecer à ordem cronológica de conclusão para proferir sentença ou acórdão. Assim, apesar da flexibilização do texto do art. 12, com a alteração promovida pela Lei nº 13.256/2016, entende-se que a norma é importante para induzir o julgamento de processos em condições de apreciação, contribuindo, assim, para uma melhor tutela jurisdicional.

Tendo em vista a aplicação subsidiária das normas processuais, por força do art. 298 do RITCU, poderá ser suscitada a criação de uma ordem cronológica para julgamento de processos do Tribunal, conforme critérios a serem definidos em regulamento.

26.5 Participação em acordos de não persecução cível

Consoante o art.17-B da Lei nº 8.429, de 2 de junho de 1992, na redação trazida pela Lei nº 14.230, de 25 de outubro de 2021, o Ministério Público poderá, conforme as circunstâncias do caso concreto, celebrar acordo de não persecução civil, desde que dele advenham, ao menos, os seguintes resultados: o integral ressarcimento do dano; ou a reversão à pessoa jurídica lesada da vantagem indevida obtida, ainda que oriunda de agentes privados.

Para fins de viabilizar a apuração do valor do dano a ser ressarcido, o §3º do aludido dispositivo previu a realização "de oitiva do Tribunal de Contas competente, que se manifestará, com indicação dos parâmetros utilizados, no prazo de 90 (noventa) dias".

Desde então, o Tribunal recebeu vários pedidos de manifestação com base no aludido dispositivo, tendo as matérias sido autuadas como processo do tipo "solicitação", com sorteio de relator, conforme questão de ordem submetida pela então ministra-presidente Ana Arraes, em 15.6.2022.

Além disso, houve a constituição de um grupo de trabalho para o disciplinamento do atendimento do disposto no art. 17-B, §3º, da Lei nº 8.429/1992, em cumprimento ao Acórdão nº 1.371/2022-Plenário (relator: ministro-substituto Weder de Oliveira). Até a presente data, não houve a aprovação de norma nesse sentido.

Todavia, o STF, em decisão monocrática proferida pelo ministro Alexandre de Moraes, decidiu, em sede cautelar, suspender a eficácia do aludido dispositivo, ao apreciar a Ação Direta de Inconstitucionalidade (ADI) nº 7.236 MC/DF, proposta pela Associação Nacional dos Membros do Ministério Público.

Por conta dessa deliberação, o Plenário do TCU aprovou a Questão de Ordem nº 1/2023, na sessão de 1º.2.2023, com a determinação para que fossem sobrestados os processos abertos e em curso nesta Corte de Contas, até o deslinde da questão.

REFERÊNCIAS

ABRAHAM, Marcus. *Curso de Direito Financeiro Brasileiro*. Rio de Janeiro: Forense, 2018.

AGRA, Walber de Moura. *Comentários sobre a Lei de Improbidade Administrativa*. Belo Horizonte: Fórum, 2022.

ALVES, Francisco Sérgio Maia. Controle corretivo de contratos de obras públicas efetuado pelo TCU e pelo Congresso Nacional: Marco jurídico e análise empírica de sua eficácia. Dissertação (Mestrado em Direito). *Instituto CEUB de Pesquisa e Desenvolvimento, Centro Universitário de Brasília*, Brasília, 2016. Disponível em: https://repositorio.uniceub.br/jspui/handle/235/12120. Acesso em: 29 jan. 2023.

AMORIM FILHO, Agnelo. *Critério científico para distinguir a prescrição de decadência e para identificar as ações imprescritíveis*. Revista dos Tribunais, v. 300.

ARAGÓN, Manuel. *Constitución y control del poder*. Buenos Aires: Ciudad Argentina, 1995.

ASSUMPÇÃO, Daniel Amorim. *Manual de Direito Processual Civil*. Volume único. Salvador: Juspodivm, 2021.

BALEEIRO, Aliomar. Tribunal de Contas e Controle da Execução Orçamentária. *In: Instituto de Direito Público e Ciências Política*. Estudos sobre a constituição brasileira. Rio de Janeiro: Fundação Getulio Vargas, 1954, p. 97-109.

BALEEIRO, Aliomar. *Uma introdução à ciência das finanças*. Rio de Janeiro: Forense, 1973.

BARBOSA, Rui. Exposição de motivos de Rui Barbosa sobre a criação do TCU. *Revista do Tribunal de Contas da União*, v. 30, n. 82, p. 253-262, out./dez. 1999.

BARROSO, Luís Roberto. Tribunais de contas: algumas incompetências. *Revista de direito administrativo*, Rio de Janeiro, n. 203, p. 131-140, jan./mar. 1996.

BASTOS, Celso Ribeiro; MARTINS, Ives Gandra. *Comentários à Constituição do Brasil*: promulgada em 5 de outubro de 1988. São Paulo: Saraiva, 1997, Tomo II.

BERGERON, Gérard. *Fonctionnement de l'État*. Paris: Librairie Armand Colin, 1965.

BERTOCCELLI, Rodrigo de Pinho. Limites para a retenção de pagamentos em contratos administrativos pelo Tribunal de Contas da União. *Revista Brasileira de Infraestrutura – RBINF*, Belo Horizonte, ano 2, n. 3, p. 131-156, jan./jun. 2013, p. 11-14. Disponível em: http://www.bidforum.com.br/bid/PDI0006.aspx?pdiCntd=90968. Acesso em: 18 abr. 2022.

BETTI, Emílio. *Interpretação da Lei e dos atos jurídicos*. São Paulo: Martins Fontes, 2007.

BIM, Eduardo Fortunato. O poder geral de cautela dos tribunais de contas nas licitações e nos contratos administrativos. *Interesse Público*, n. 36, p. 363-388, mar./abr. 2006.

BRASIL. Tribunal de Contas da União. *Referencial básico de gestão de riscos*. Brasília: TCU, Secretaria Geral de Controle Externo (Segecex), 2018, p. 59. Disponível em: https://portal.tcu.gov.br/data/files/21/96/61/6E/05A1F6107AD96FE6F18818A8/Referencial_basico_gestao_riscos.pdf. Acesso em: 22 set. 2021.

BRASIL. Tribunal de Contas da União. Manual de acompanhamento. Brasília: TCU, Secretaria de Métodos e Suporte ao Controle Externo, 2018.

BRASIL. Tribunal de Contas da União. Referencial de combate à fraude e corrupção: aplicável a órgãos e entidades da Administração Pública. Brasília: TCU, Coordenação-Geral de Controle Externo dos Serviços Essenciais ao Estado e das Regiões Sul e Centro-Oeste (Coestado), Secretaria de Métodos e Suporte ao Controle Externo (Semec), 2018.

BRASIL. Tribunal de Contas da União. Secretaria de Fiscalização e Avaliação de Programas de Governo (Seprog). *Manual de auditoria operacional*. 3. ed. Brasília: TCU, 2010.

BRASIL. Tribunal de Contas da União. Secretaria de Gestão de Processos – Seproc. *Guia da Plataforma de Serviços Digitais Conecta-TCU*. Brasília: Fevereiro de 2022, p. 9. Disponível em: https://contas.tcu.gov.br/ords/registra_pesquisa_serv_adm/srv/anexo_servico_cidadao?COD=37. Acesso em: 24 fev. 2023.

BRASIL. Tribunal de Contas da União. Secretaria Geral de Administração. *Padrões de Auditoria de Conformidade. Portaria-Segecex nº 26*, de 19 de outubro de 2009. Brasília: TCU, 2009.

BRASIL. Tribunal de Contas da União. Secretaria Geral de Controle Externo (Segecex). *Manual de auditoria operacional*. Brasília: TCU, 2020.

BRITTO, Carlos Ayres. O regime constitucional dos tribunais de contas. *Notícias Fórum*, Belo Horizonte, 21 set. 2018. Disponível em: https://www.editoraforum.com.br/noticias/o-regime-constitucional-dos-tribunais-de-contas-ayres-britto. Acesso em: 4 set. 2022.

BUGARIN, Paulo Soares. *O princípio constitucional da economicidade na jurisprudência do Tribunal de Contas da União*. Belo Horizonte: Fórum, 2011.

BUZAID, Alfredo. O Tribunal de Contas no Brasil. *Revista da Faculdade de Direito da Universidade de São Paulo*, São Paulo, v. 62, n. 2, p. 37-62, 1967.

CAETANO, Marcelo. *Direito Constitucional*, vol. I. Rio de Janeiro: Forense. 1977.

CÂMARA, Alexandre Freitas. *O Novo Processo Civil Brasileiro*. São Paulo: Atlas, 2021.

CANOTILHO, J. J. Gomes. *Direito Constitucional e Teoria da Constituição*. Coimbra: Almedina, 2006.

CARVALHO FILHO, José dos Santos. *Manual de Direito Administrativo*. Rio de Janeiro: Lumen Juris, 2008.

CASTRO, Carlos Roberto de Siqueira. A atuação do Tribunal de Contas em face da separação de poderes do Estado. *Revista do Tribunal de Contas do Estado do Rio de Janeiro*, v. 18, n. 38, p. 40-56, out./dez. 1997.

CAVALIERI FILHO, Sérgio. *Programa de Responsabilidade Civil*. São Paulo: Malheiros, 2010.

CINTRA, Antônio Carlos de Araújo; GRINOVER, Ada Pellegrini; DINAMARCO, Cândido Rangel. *Teoria Geral do Processo*. São Paulo: Malheiros, 2015.

CONTI, José Maurício; MOUTINHO, Donato Volkers; NASCIMENTO, Leandro Maciel do. *Controle da Administração Pública no Brasil*. São Paulo: Blucher, 2022.

CONTI, José Maurício; IOCKEN, Sabrina Nunes. A responsabilização do gestor público sob a ótica do Direito Financeiro contemporâneo, o princípio da segurança jurídica e a necessidade de sistematização da jurisdição financeira. *In*: CONTI, José Maurício; MARRARA, Thiago; IOCKEN, Sabrina Nunes; CARVALHO, André Castro (coord.). *Responsabilidade do gestor na Administração Pública*: aspectos gerais. Belo Horizonte: Fórum, 2022.

COSTA, Luiz Bernardo Dias. *Tribunal de Contas*: evolução e principais atribuições no Estado Democrático de Direito. Belo Horizonte: Fórum, 2006.

COUTINHO, Doris, T. P. C. de Miranda. Uniformização da legislação dos tribunais de contas. *Revista de Informação Legislativa: RIL*, v. 53, n. 212, p. 181-201, out./dez. 2016. Disponível em: http://www12.senado.leg.br/ril/edicoes/53/212/ril_v53_n212_p181. Acesso em: 23 abr. 2023.

COUTINHO, Pedro de Oliveira. O controle do poder e a ideia de constituição. *Lex Humana*, Petrópolis, n. 1, p. 250-297, 2009.

DAL POZZO, Gabriela Tomaselli Bresser-Pereira. *As funções do Tribunal de Contas e o Estado de Direito*. Belo Horizonte: Fórum, 2010.

DE VERGOTTINI, Giuseppe. *Derecho constitucional comparado*: traducción de Claudia Herrera. Buenos Aires: Editorial Universidad, 2005.

DI PIETRO, Maria Sylvia Zanella. *Direito Administrativo*. São Paulo: Atlas, 2017.

DI PIETRO, Maria Sylvia Zanella. O papel dos tribunais de contas no controle dos contratos administrativos. *Interesse Público – IP*, Belo Horizonte, ano 15, n. 82, p. 5, nov./dez. 2013. Disponível em: http://www.bidforum.com.br/bid/PDI0006.aspx?pdiCntd=99053. Acesso em: 14 jan. 2022.

DIDIER JÚNIOR, Fredie. A distribuição legal, jurisdicional e convencional do ônus da prova no Novo Código de Processo Civil Brasileiro. *Revista EMERJ*, Rio de Janeiro, v. 20, p. 147-173, maio/ago. 2018.

DIDIER JÚNIOR, Fredie; CUNHA, Leonardo Carneiro da. *Curso de Direito Processual Civil*: Meios de impugnação às decisões judiciais e processo nos tribunais. Vol. 3. Salvador: Juspodivm, 2023.

DIDIER JÚNIOR, Fredie. *Curso de direito processual civil*: introdução ao direito processual civil, parte geral e processo de conhecimento. Salvador: Juspodivm, 2018.

DINAMARCO, Cândido Rangel. *Instituições de direito processual civil*. São Paulo: Malheiros, 2001.

DOTTI, René Ariel. O conteúdo do memorial da causa. *Revista Migalhas*, 18 de dezembro de 2019. Disponível em: https://www.migalhas.com.br/depeso/316885/o-conteudo-do-memorial-da-causa. Acesso em: 15 abr. 2023.

FARIAS, Cristiano Chaves de; ROSENVALD, Nelson. *Curso de Direito Civil*. São Paulo: Atlas, 2015.

FERNANDES, Jorge Ulisses Jacoby. *Tribunais de Contas do Brasil*: jurisdição e competência. Belo Horizonte: Fórum, 2016.

FERNANDES, Jorge Ulysses Jacoby. Controle das Licitações pelos Tribunais de Contas. *Revista do Tribunal de Contas do Distrito Federal*, Brasília/DF, 31, p. 15-34, jan./dez. 2005.

FERREIRA FILHO, Manoel Gonçalves. *Comentários à Constituição Brasileira de 1988*. São Paulo: Saraiva, 1992, vol. 2.

FIGUEIREDO, Lúcia Valle. *Curso de Direito Administrativo*. São Paulo: Malheiros, 2008.

FORTI, Ugo. I Controlli dell'Amministrazione Comunale. *In*: ORLANDO. Vittorio Emanuele. *Primo trattato completo di diritto amministrativo italiano*. Vol. II. Segunda Parte. Milano: Società Editrice Libraria, 1915.

FRAGOSO, Christiano. Prejulgamento induz suspeição de juiz criminal. *Revista Interdisciplinar de Direito*, v. 14, n. 1, p. 235-246, jan./jun. 2017.

FURTADO, José de Ribamar Caldas. Controle de legalidade e medidas cautelares dos Tribunais de Contas. *Fórum de Contratação e Gestão Pública – FCGP*, Belo Horizonte, ano 6, n. 66, p. 5, jun. 2007. Disponível em: http://www.bidforum.com.br/bid/PDI0006.aspx?pdiCntd=40827. Acesso em: 8 jan. 2022.

FURTADO, José de Ribamar Caldas. O Direito financeiro. *Fórum de Contratação e Gestão Pública – FCGP*, Belo Horizonte, ano 6, n. 69, set. 2007.

FURTADO, Lucas Rocha. *Curso de direito administrativo*. Belo Horizonte: Fórum, 2013.

GADAMER, Hans-Georg. *A razão na época da ciência*. Rio de Janeiro: Tempo Brasileiro, 1983.

GASPARINI, Diogenes. *Direito Administrativo*. São Paulo: Saraiva, 2007.

GOBBI, Nathaly; BELLUCI, Marcelo de Oliveira; LOEW, Ricardo Ribeiro da Luz; ROCHA, Dinir Salvador Rios da. Prazo em apólice de seguro garantia judicial é aspecto formal. *Revista Consultor Jurídico*, 1 de julho de 2022, 18h12. Disponível em: https://www.conjur.com.br/2022-jul-01/opiniao-prazo-apolice-seguro-garantia-judicial#:~:text=Segundo%20informativo%20738%2DSTJ%2C%20publicado,para%20garantir%20a%20execu%C3%A7%C3%A3o%20fiscal%22. Acesso em: 3 jan. 2022.

GOMES, Emerson Cesar da Silva. *Responsabilidade Financeira*: uma teoria sobre a responsabilidade no âmbito dos tribunais de contas. Porto Alegre: Núria Fabris, 2012.

GRAU, Eros Roberto. *Ensaio e discurso sobre a interpretação/aplicação do direito*. São Paulo: Malheiros, 2009.

GRAU, Eros Roberto. Tribunal de Contas – Decisão – Eficácia (parecer). *Revista de Direito Administrativo*, Rio de Janeiro, v. 210, p. 354-355, out./dez. 1997.

GUARDIA, Gregório Edoardo Raphael Selingardi. Princípios processuais no direito administrativo sancionador: um estudo à luz das garantias constitucionais. *Revista da Faculdade de Direito*, Universidade de São Paulo, São Paulo, n. 109, p. 773-793, dez. 2014. Disponível em: http://www.revistas.usp.br/rfdusp/article/view/89256. Acesso em: 9 jul. 2020.

GUERRA, Evandro Martins. *Controle Externo da Administração Pública*. Belo Horizonte: Fórum, 2019.

GUERRA, Evandro Martins; PAULA, Denise Mariano de. A função jurisdicional dos Tribunais de Contas. *Fórum Administrativo – FA*, Belo Horizonte, ano 13, n. 143, jan. 2013. Disponível em: http://www.bidforum.com.br/bid/PDI0006.aspx?pdiCntd=84238. Acesso em: 18 abr. 2015.

HÄBERLE, Peter. *Hermenêutica constitucional*: a sociedade aberta dos intérpretes da Constituição: Contribuição para a interpretação pluralista e procedimental da Constituição. Porto Alegre: Sergio Antônio Fabris, 1997.

INSTITUTO RUI BARBOSA. Normas de Auditoria Governamental (NAGS). Palmas: IRB, 2011.

INSTITUTO RUI BARBOSA. Normas Brasileiras de Auditoria do Setor Público (NBASP): nível 3: requisitos mandatórios para auditorias do setor público Curitiba: IRB, 2019.

ISSAI 100. X. Brasília: Secretaria de Relações Internacionais (Serint/TCU). Disponível em: https://portal.tcu.gov.br/biblioteca-digital/normas-internacionais-das-entidades-fiscalizadoras-superiores-issai-principios-fundamentais-de-auditoria-nivel-3.htm. Acesso em: 26 maio 2023.

JORGE NETO, Francisco Ferreira; CAVALCANTE, Jouberto de Quadros Pessoa. A decadência e a prescrição no direito brasileiro. Enciclopédia jurídica da PUC-SP. *In*: CAMPILONGO, Celso Fernandes; GONZAGA, Álvaro de Azevedo; FREIRE, André Luiz (coord.). *Direito do Trabalho e Processo do Trabalho*. 1. ed. São Paulo: Pontifícia Universidade Católica de São Paulo, 2017. Disponível em: https://enciclopediajuridica.pucsp.br/verbete/339/edicao-1/a-decadencia-e-a-prescricao-no-direito-brasileiro. Acesso em: 23 jan. 2022.

JUSTEN FILHO, Marçal. Considerações sobre o Processo Administrativo Fiscal. *Revista Dialética de Direito Tributário*, v. 33, p. 108-132, 1998.

LAVAREDA, Daniel. *O desenvolvimento do processo de contas e a efetividade jurisdicional*: a experiência do Tribunal de Contas dos Municípios do Estado do Pará. Belo Horizonte: Fórum, 2019.

LEAL, Antônio Luís da Câmara. *Da prescrição e da decadência*. Rio de Janeiro: Forense, 1959.

LEMOS, Leany Barreiro de Souza. *Controle Legislativo em Democracias Presidencialistas*: Brasil e EUA em perspectiva comparada. Tese apresentada ao Centro de Pesquisa e Pós-Graduação sobre as Américas-CEPPAC, do Instituto de Ciências Sociais, Universidade de Brasília, como requisito parcial para obtenção do título de Doutora, Brasília, 2005.

LIMA, Dagomar Henriques. Responsabilização por desempenho e controle externo da administração pública. *Revista do Tribunal de Contas da União*, Brasília, DF, v. 40, n. 111, p. 35-42, jan./abr. 2008.

LISBOA, Carolina Cardoso Guimarães. *Normas constitucionais não escritas*. São Paulo: Almedina, 2014.

LOEWENSTEIN, Karl. *Teoría de la constitución*. Traducción y estudio sobre la obra por Alfredo Gallego Anabitarte. Barcelona: Ariel, 1986.

LOPES, Alfredo Cecílio. *Ensaio sobre o Tribunal de Contas*. São Paulo: s. ed., 1947.

LUNA, Guilherme Ferreira Gomes. Parâmetros para o controle dos contratos administrativos. *Revista Brasileira de Infraestrutura – RBINF*, Belo Horizonte, ano 1, n. 1, p. 13, jan./jun. 2012. Disponível em: http://www.bidforum.com.br/bid/PDI0006.aspx?pdiCntd=77583. Acesso em: 14 jan. 2022.

MACHADO FILHO, Eduardo Nery. *Fiscalização de obras públicas* [manuscrito]: estudo das relações entre TCU e o Congresso Nacional. Brasília: 2009.

MADISON, James; HAMILTON, Alexander; JAY, John. *Os artigos federalistas 1787-1788*; apresentação Isaac Krammick; tradução Maria Luiza X. de A. Borges. Rio de Janeiro: Nova Fronteira, 1993.

MARIANO, Jonathan de Mello Rodrigues. Crítica sobre a retroatividade da norma administrativa sancionadora mais benéfica. *Consultor Jurídico*, 22 de fevereiro de 2022. Disponível em: https://www.conjur.com.br/2022-fev-22/mariano-retroatividade-norma-sancionadora-benefica#:~:text=A%20tese%20da%20retroatividade%20da,a%20tutela%20do%20artigo%205%C2%BA%2C. Acesso em: 22 set. 2022.

MARINONI, Luiz Guilherme. *Tutela provisória*. São Paulo: Revista dos Tribunais, 2017.

MARINONI, Luiz Guilherme; ARENHART, Sérgio Cruz; MITIDIERO, Daniel. *Novo Curso de Processo Civil*. São Paulo: Revista dos Tribunais, 2017.

MARQUES, Silvio Antonio. *Improbidade administrativa*. São Paulo: Saraiva, 2010.

MATTOS, Mauro Roberto Gomes de. Tribunais de Contas e contratos administrativos. *Fórum de Contratação e Gestão Pública – FCGP*, Belo Horizonte, ano 1, n. 11, p. 7, nov. 2002. Disponível em: http://www.bidforum.com.br/bid/PDI0006.aspx?pdiCntd=7492. Acesso em: 25 jan. 2022.

MEIRELLES, Hely Lopes. *Direito Administrativo Brasileiro*. São Paulo: Malheiros, 2016.

MEIRELLES, Hely Lopes. A Administração Pública e seus controles. *Revista Direito Administrativo*, Rio de Janeiro, n 114, p. 23-33, out./dez. 1973.

MEIRELLES, Hely Lopes. *Direito Municipal Brasileiro*. São Paulo: Malheiros, 1993.

MELLO, Celso Antônio Bandeira de. Função controlada do Tribunal de Contas. *Revista de Direito Público*, v. 25, n. 99, p. 160-166, jul./set. 1991.

MELLO, Celso Antônio Bandeira de. O enquadramento constitucional do Tribunal de Contas. *In:* FREITAS, Ney José de (org.). *Tribunais de Contas*: Aspectos polêmicos: estudos em homenagem ao Conselheiro João Féder. Belo Horizonte: Fórum, 2009. p. 63-72.

MELLO, Celso Antônio Bandeira de. O Tribunal de Contas e sua jurisdição. *Revista do Tribunal de Contas do Município de São Paulo*, v. 12, n. 38, p. 20-28, ago. 1983.

MELLO, Oswaldo Aranha Bandeira de. Tribunais de contas: natureza, alcance e efeitos de suas funções. *Revista de Direito Público*, v. 18, n. 73, p. 181-192, jan./mar. 1985.

MENDES, Conrado Hubner. Onze ilhas. *Folha de São Paulo*. 1º/02/2010. Disponível em: https://www1.folha.uol.com.br/fsp/opiniao/fz0102201008.htm. Acesso em: 7 jun. 2022.

MENDES, Gilmar Ferreira; BRANCO, Paulo Gustavo Gonet. *Curso de direito constitucional*. São Paulo: Saraiva, 2012.

MILESKI, Helio Saul. Tribunal de Contas: evolução, natureza, funções e perspectivas futuras. *In:* FREITAS, Ney José de (coord.). *Tribunais de Contas*. Aspectos Polêmicos: estudos em homenagem ao Conselheiro João Féder. Belo Horizonte: Fórum, 2009.

MILESKI, Helio Saul. O Controle das Licitações e o Papel dos Tribunais de Contas, Judiciário e Ministério Público. *Interesse Público*, Belo Horizonte, ano 6, n. 27, p. 221-231, set./out. 2004.

MIRANDA, Álvaro Guilherme. *Desenho institucional do Tribunal de Contas no Brasil* (1890 a 2013): da legislação simbólica ao "gerencialismo público" do ajuste fiscal. Tese apresentada ao Corpo Docente do Instituto de Economia da Universidade Federal do Rio de Janeiro como parte dos requisitos necessários à obtenção do título de Doutor em Ciências, Políticas Públicas, Estratégias e Desenvolvimento. Universidade Federal do Rio de Janeiro – UFRJ, Rio de Janeiro, 2013.

MIRANDA, Pontes de. *Comentários à Constituição de 1946*. Rio de Janeiro: Borsoi, 1960.

MIRANDA, Pontes de. *Tratado de direito privado*, t. XXIII. Rio de Janeiro: Borsoi, 1971.

MONTESQUIEU. *Do espírito das leis*; texto organizado com introdução e notas de Gonzague Truc; tradução de Fernando Henrique Cardoso e Leoncio Martins Rodrigues. Vol. 1. São Paulo: Difusão Europeia do Livro, 1962.

MOREIRA NETO, Diogo de Figueiredo. *Curso de Direito Administrativo*: Parte Introdutória, Parte Geral e Parte Especial. Rio de Janeiro: Forense, 2006.

MOREIRA NETO, Diogo de Figueiredo. *Legitimidade e discricionariedade*. Rio de Janeiro: Forense, 1998.

MOREIRA NETO, Diogo de Figueiredo. O parlamento e a sociedade como destinatários do trabalho dos tribunais de contas. *Revista Brasileira de Direito Público – RBDP*, Belo Horizonte, ano 1, n. 2, p. 15, jul./set. 2003. Disponível em: http://www.bidforum.com.br/bid/PDI0006.aspx?pdiCntd=12523. Acesso em: 1 maio 2022.

MOREIRA, Egon Bockmann. *Processo Administrativo*: Princípios Constitucionais e a Lei nº 9.784/1999 (com especial atenção à LINDB). Belo Horizonte: Fórum, 2022.

MOREIRA, Egon Bockmann. Notas sobre os sistemas de controle dos atos e contratos administrativos. *Fórum Administrativo – FA*, Belo Horizonte, ano 5, n. 55, p. 8, set. 2005. Disponível em: http://www.bidforum.com.br/bid/PDI0006.aspx?pdiCntd=30856. Acesso em: 15 maio 2022.

MUSSO, Enrico Spagna. *Diritto Costituzionale*. Pádua: Cedam, 1992.

NERY JÚNIOR, Nelson. *Princípios fundamentais*: teoria geral dos recursos. São Paulo: Revista dos Tribunais, 1997.

NEVES, Cleuler Barbosa das; FERREIRA FILHO, Marcílio da Silva. Dever de consensualidade na atuação administrativa. *Revista de Informação Legislativa: RIL*, v. 55, n. 218, p. 63-84, abr./jun. 2018.

NUCCI, Guilherme de Souza. *Código Penal Comentado*. Rio de Janeiro: Forense, 2017.

NUCCI, Guilherme de Souza. *Manual de direito penal*. Rio de Janeiro: Forense, 2020.

NUNES, Castro. *Teoria e Prática do Poder Judiciário*. Rio de Janeiro: Forense, 1943.

OLIVEIRA, Carlos Eduardo Elias de. O juízo de proporcionalidade na fase de instauração de procedimentos disciplinares. *Revista Jus Navigandi*, Teresina, ano 18, n. 3.555, mar. 2013. Disponível em: https://jus.com.br/artigos/24057. Acesso em: 9 jul. 2020.

OLIVEIRA, Odilon Cavallari de. Diante do princípio federativo, seria constitucional uma lei nacional de processo dos tribunais de contas? *Revista do TCU*, n. 113, p. 13-32, set./dez. 2008.

OLIVEIRA, Rafael Rezende. *Curso de Direito Administrativo*. São Paulo: Método, 2018.

OSÓRIO, Fábio Medina. *Direito Administrativo Sancionador*. São Paulo: Revista dos Tribunais, 2019.

PACCE, Carolina Dalla. Controle Parlamentar da Administração Pública na legislação brasileira: a eficácia dos mecanismos de solicitação de informação. *Revista Digital de Direito Administrativo*, São Paulo, v. 1, n. 2, p. 377-391, 2014.

PACELLI, Eugênio; CALLEGARI, André. *Manual de Direito Penal*: Parte Geral. São Paulo: Atlas, 2016.

PEREIRA, Caio Mário da Silva. *Instituições de Direito Civil*. vol. 1. Rio de Janeiro: Forense Universitária.

PESSANHA, Charles. Fiscalização e Controle: O Poder Legislativo na Argentina e no Brasil Contemporâneos. (Axe VIII, Symposium 30). Independencias – Dependencias – Interdependencias, VI Congreso CEISAL 2010, Jun 2010, Toulouse, France. halshs-00498846, p. 3. Disponível em: https://halshs.archives-ouvertes.fr/halshs-00498846/document. Acesso em: 25 set. 2015.

POLLIT, Christopher; SUMMA, Hikka. Auditoria Operacional e reforma da administração pública. *In:* POLLIT, Christopher *et al*. *Desempenho ou legalidade*. Auditoria operacional e de gestão pública em cinco países. Belo Horizonte: Fórum, 2008.

ROSILHO, André. Tribunal de Contas da União. *Competências, Jurisdição e Instrumentos de Controle*. São Paulo: Quartier Latin, 2019.

SAAD, Amauri Feres. O controle dos tribunais de contas sobre contratos administrativos. *In: Direito administrativo e liberdade*: estudos em homenagem a Lúcia Valle Figueiredo. São Paulo: Malheiros, 2014, p. 59-131.

SAAD, Amauri Feres. O controle dos tribunais de contas sobre contratos administrativos. *In:* MELLO, Celso Antônio Bandeira de; FERRAZ, Sérgio; ROCHA, Silvio Luís Ferreira da; SAAD, Amauri Feres (org.). *Direito Administrativo e liberdade*. Estudos em homenagem a Lúcia Valle Figueiredo. São Paulo: Malheiros Editores, 2014, p. 59-131.

SALLES, Alexandre Aroeira. *O processo nos tribunais de contas*. Belo Horizonte: Fórum, 2018.

SARLET, Ingo Wolfgang; MADALENA, Luis Henrique Braga; GUIMARÃES, Bernardo Strobeç; MEDEIROS, Lucas Sipione Furtado de. STF decide pela irretroatividade parcial da reforma na Lei de Improbidade. *Revista Consultor Jurídico*, 5 de setembro de 2022, 14h52. Disponível em: https://www.conjur.com.br/2022-set-05/direitos-fundamentais-stf-irretroatividade-parcial-reforma-lei-improbidade. Acesso em: 11 jan. 2023.

SCLIAR, Wremyr. Controle externo brasileiro: poder legislativo e tribunal de contas. *Revista de Informação Legislativa*, v. 46, n. 181, p. 249-275, jan./mar. 2009.

SILVA, De Plácido e. *Vocabulário jurídico*. Rio de Janeiro: Forense, 1989, vol. II (letras D a I).

SILVA, Virgílio Afonso da. O STF e o controle de constitucionalidade: deliberação, diálogo e razão pública. *Revista de Direito Administrativo*, v. 250, p. 197-227, 2009, p. 217. Disponível em: https://doi.org/10.12660/rda.v250.2009.4144. Acesso em: 7 jun. 2022.

SIMÕES, Luiz Felipe Bezerra Almeida. A Caracterização da Boa-fé nos Processos de Contas. *Revista do Tribunal de Contas da União*, Brasília, v. 32, n. 88, abr./jun. 2001.

SOUTO, Marcos Juruena Villela. *Direito administrativo contratual*: licitações, contratos administrativos. Rio de Janeiro: Lumen Juris, 2004.

SOUZA, Jorge Munhós de. Responsabilização administrativa na Lei Anticorrupção. *In:* SOUZA, Jorge Munhós de; QUEIROZ, Ronaldo Pinheiro (org.). *Lei Anticorrupção e Temas de Compliance*. Salvador: Juspodivm, 2015, p. 187-241.

SOUZA, Luciano Brandão Alves de. Apreciações sobre o controle externo. *Revista de Informação Legislativa*, v. 43, n. 171, p. 259-264, jul./set. 2006.

SPECK, Bruno Wilhelm. *Inovação e Rotina no Tribunal de Contas da União*: o papel da instituição superior de controle financeiro no sistema político-administrativo do Brasil. São Paulo: Fundação Konrad-Adenauer-Stiftung, 2000.

STOCO, Rui. *Tratado de Responsabilidade Civil*. São Paulo: Revista dos Tribunais, 2004.

SUMMA, Hikka. Definições e Estruturas. *In:* POLLIT, Christopher *et al. Desempenho ou Legalidade*. Auditoria Operacional e de gestão pública em cinco países. Belo Horizonte: Fórum, 2008.

SUNDFELD, Carlos Ari. *Fundamentos de Direito Público*. São Paulo: Malheiros, 2017.

SUNDFELD, Carlos Ari; CÂMARA, Jacintho Arruda. Controle das contratações públicas pelos tribunais de contas – The control of government contracts by the audit courts. *Revista de Direito Administrativo*, Rio de Janeiro, v. 257, p. 111-144, maio/ago. 2011.

TÁCITO, Caio. A Moralidade Administrativa e a Nova Lei do Tribunal de Contas da União. *Revista de Direito Administrativo*, Rio de Janeiro, 190, p. 45-53, out./dez. 1992.

TÁCITO, Caio. Controle da Administração Pública – o Poder de Autotutela (Controle Interno) – Atuação do Tribunal de Contas (Controle Externo) – Eficácia do Controle Popular. *Boletim de Direito Administrativo*, v. 13, n. 5, p. 318-320, maio 1997.

TÁCITO, Caio. *Temas de Direito Público* (Estudos e Pareceres). Rio de Janeiro: Renovar, 1997.

TAVARES, José F. F. *O Tribunal de Contas*. Do visto em especial. Conceito, natureza e enquadramento na atividade de administração. Coimbra: Almedina, 1998.

TOMAZETTE, Marlon. *Curso de direito empresarial*: teoria geral e direito societário. São Paulo: Atlas, 2011.

TORRES, Ricardo Lobo. A legitimidade democrática e o Tribunal de Contas. *Revista Direito Administrativo*, Rio de Janeiro, n. 194, p. 31-45, out./dez. 1993.

TORRES, Ricardo Lobo. *Tratado de Direito Constitucional Financeiro e Tributário*: Orçamento na Constituição. Rio de Janeiro: Renovar, 2000. v. 5.

VENOSA, Sílvio de Salvo. *Direito civil*: parte geral. São Paulo: Atlas, 2011.

VIANA, Ismar dos Santos. Controle da Administração Pública e os novos parâmetros de responsabilização-sanção e responsabilização-reparação: interação interinstitucional e entre os sistemas de responsabilidade civil, administrativa e penal. *In:* CONTI, José Maurício; MARRARA, Thiago; IOCKEN, Sabrina Nunes; CARVALHO, André Castro (coord.). *Responsabilidade do gestor na Administração Pública*: aspectos gerais. Belo Horizonte: Fórum, 2022. p. 61-84.

VITTA, Heraldo Garcia. A atividade administrativa sancionadora e o princípio da segurança jurídica. *In:* VALIM, Rafael; OLIVEIRA, José Roberto Pimenta; DAL POZZO, Augusto Neves (coord.). *Tratado sobre o princípio da segurança jurídica no direito administrativo*. Belo Horizonte: Fórum, 2013. p. 667-680.

ZYMLER, Benjamin; MOREIRA, Daniel Miranda Barros. Ressarcimento baseado em decisão do TCU. *Interesse Público*, Belo Horizonte, v. 22, n. 123, set./out. 2020.

Esta obra foi composta em fonte Palatino Linotype, corpo 10
e impressa em papel Offset 75g (miolo) e Supremo 250g (capa)
pela Forma Certa.